JN196714

# 食文化の諸相

## —海藻・大衆魚・行事食の食文化とその背景—

今田 節子 著

雄山閣

## ワカメの加工法

絞りワカメ（島根県仁摩町）

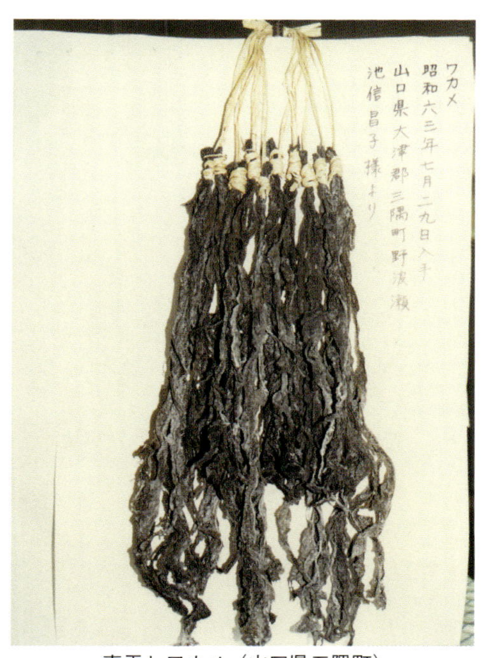


素干しワカメ（山口県三隅町）
小さく刻んでワカメむすびに使用

板ワカメの乾燥（島根県仁摩町）

板ワカメの商品（島根県赤崎町）

湯抜きワカメ（徳島県油木町）

灰干しワカメ（徳島県鳴門市）

## ヒトエグサの養殖（高知県中村市下田）

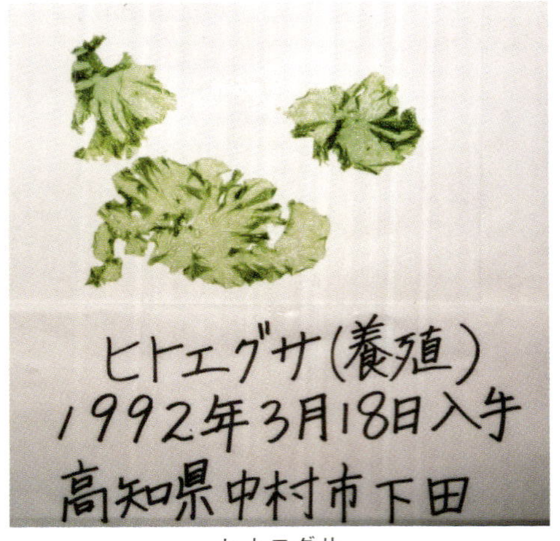


ヒトエグサ

養殖風景（高知県四万十川河口付近）

採取したヒトエグサを真水で洗い刻んで干す

## 日本海沿岸のエゴノリ料理

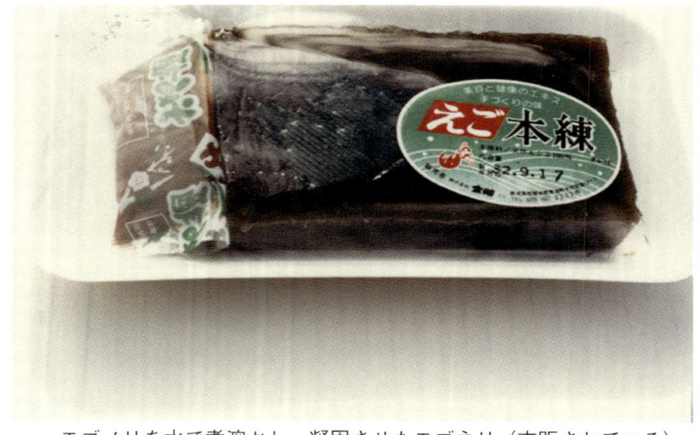


エゴノリを水で煮溶かし、凝固させたエゴネリ（市販されている）

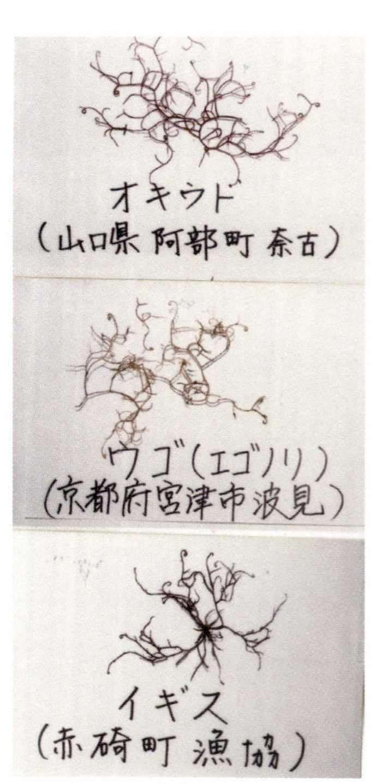


エゴノリ、地域で名称が異なる

**瀬戸内海沿岸、島原湾沿岸のイギス料理**

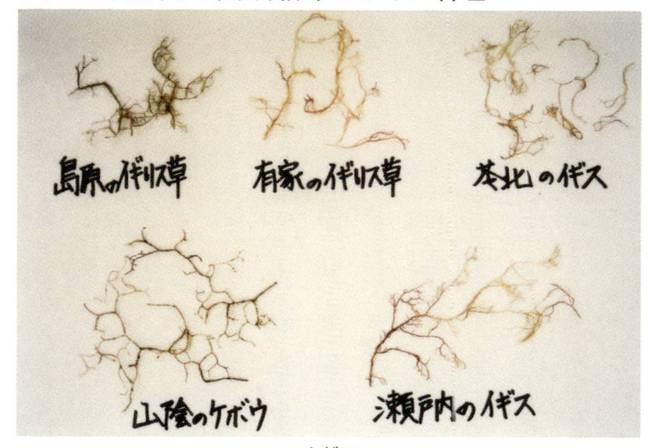


イギス

水洗い、乾燥して、白くさらす

米糠汁をとる

米糠汁で乾燥させたイギスを戻す

加熱溶解して、流し固める

からし酢味噌で食べる（岡山県牛窓町）

長崎県有家町のイギリス
味付けした魚の身や人参、椎茸、木耳を入れて固める

**太平洋沿岸のテングサ料理**

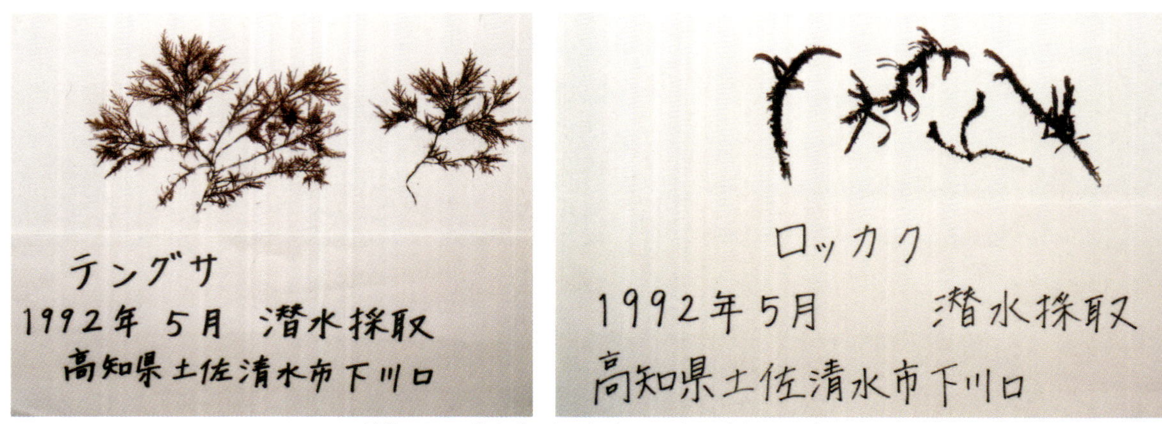


材料のテングサ（マクサ）とロッカク（オニクサ）

テングサは水洗い天日乾燥し、白くさらす。

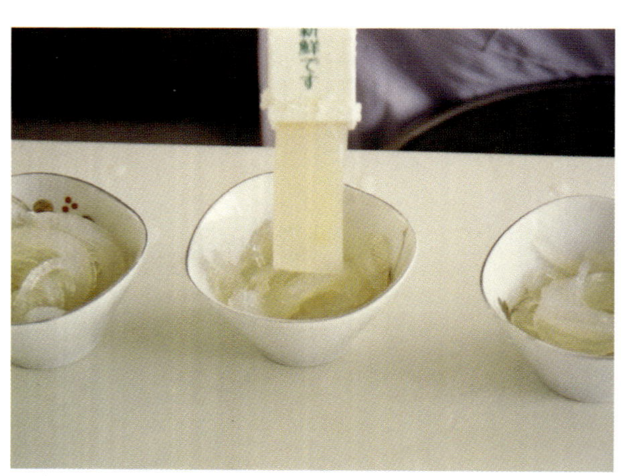

水に少量の酢を入れ煮溶かし漉して固める（トコロテン）

## 鯖街道沿いの鯖の加工と料理

焼鯖（福井県小浜）

焼鯖そうめん（滋賀県朽木）祭りや慰労の料理

なれずし（滋賀県朽木）

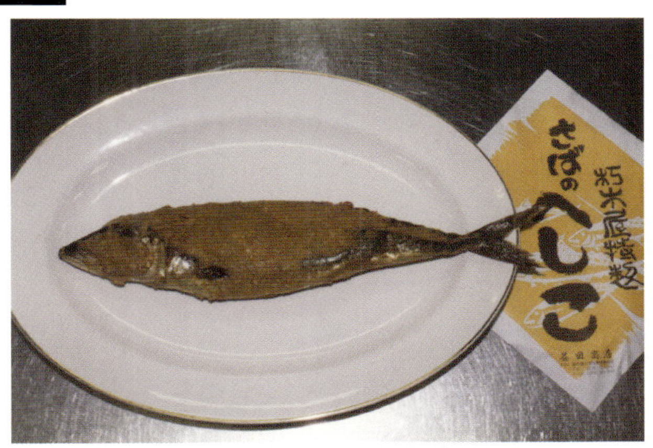


鯖のへしこ（福井県小浜）

## 岡山県のすし

県北の鯖ずし（加茂町）

県北の鯖のこけらずし（加茂町）

県南のばらずし（牛窓町）

県南のままかりずし（牛窓町）

## 九州南部地帯のムカデノリの味噌漬

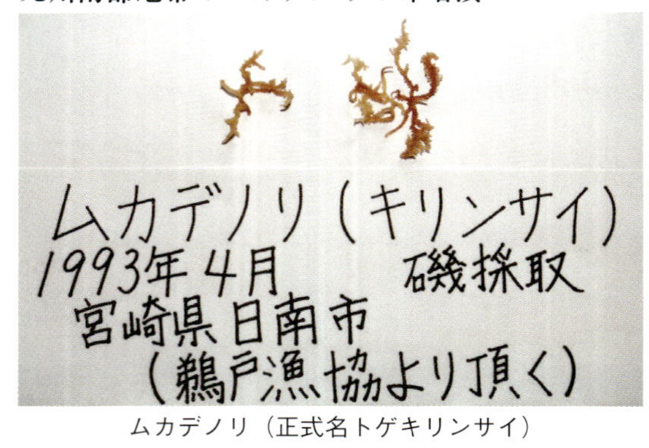


ムカデノリ（正式名トゲキリンサイ）

十分水戻しする

混ぜながら加熱溶解

流し固めたものを味噌漬けにする
（宮崎県日南市鵜戸）

# 目　次

## 第3部　岡山県の年中行事にまつわる食文化と伝承背景

# 序章

## 1. 本書の意図

日本の伝統的食文化、なかでも民間に伝承されてきた食文化に関心をもち調査研究を進めてきた。とはいえ調査研究を開始した1975年（昭和50年）頃は食文化の定義も曖昧で、ただ地域の庶民階層に伝承されてきた食習慣を明確に記録に残し、その背景として習慣のもつ意味や必要性を考察していくこと、そして、可能な範囲でその食習慣の歴史を調べることを目的に現地を訪れ聴き取り調査や観察調査、体験調査、文献調査を進めてきたといった方が適切かもしれない。

このような調査研究に取り組むことになったきっかけは、調理学の教育・研究に携わるようになった経験のなかから生まれたものである。「調理実習および理論」、「調理理論」、「調理学」と学生時代から1985年（昭和60年）頃までに教科目名は代わり、学問としての調理学が構築されていった過程がうかがえる。その中心は調理技術や調理材料の調理による変化を化学的手法により解明していくことにあったように思われる。しかしこのような調理学の教育・研究環境のなかで、地方に伝承されてきた多くの郷土食はもっと幅広くとらえなくては、本当の姿がみえてこないと感じていた。この思いが各地を訪問し、直接住民から郷土食の話を聞く調査研究に繋がっていった。

石毛は『二〇〇一年の調理学』[1]のなかで次のように述べている。「調理という行為が本質的には文化現象であるので、サイエンスだけでは調理を解明するわけにはいかない。人間学としての側面を無視したら、調理は単なる技術論に矮小されてしまう可能性をもつ」、「調理学は、普遍的理論をもつサイエンスとしての側面をもつと同時に、多元的価値観も許容する文化の学としての性格も本来そなえているはずである」、「調理という行為は、人間を主体として繰り広げられる総合的な行為である。その行為全体がどのような体系をもっているかということを考え直してみる必要がある時点にさしかかっている」と、そして「日本人の調理文化について論じるさいには、日本の社会の歴史のなかで調理がどのように変わってきたかをみきわめることが大切である」といった内容である。大学教育における調理学のとらえ方やあり方について熟考を重ねるための指針となるものであった。そして、これまで漠然と考え、試行錯誤しながら取り組んできた郷土食の研究目標や研究手法の指標となる内容でもあった。

この視点を取り入れながら食文化の調査研究に取り組んできた。これまで調査研究の対象とした主なものは海藻や鯖・鰯料理、正月雑煮、祭のすし、祷屋行事食など、地方に伝承されてきた郷土食・郷土料理といわれるものやそれにまつわる食習慣であった。郷土食は、「各地域の気候・風土のもとで生産される特産物や容易に入手できる材料を用い、それぞれの地域の生活環境を反映しながら自然発生的に生まれてきた日常食や行事食などの家庭料理や加工保存食である場合が多く、家庭や地域のなかで母から子へ、姑から嫁へ、地域の大人から子供へ伝承されてきたもの」[2]ととらえることができる。すなわち各地域で共通した食習慣の広がりをもち、行事食にみられるように一定の様式として習慣化され、代々伝承されるという要因をもつものである。

江原は食文化について「民族・集団・地域・時代などにおいて共有され、それが一定の様式として習慣化し、伝承されるほどに定着した食物摂取に関する生活様式をさす」[3]と定義している。すなわち、郷土食は日本の食文化を構成する一分野であるととらえることができる。したがって郷土食を一指標としてそれにまつわる食習慣を明らかにし、その事例を蓄積し敷衍して考察を進めることで、食文化の特徴を具体的に明確にしていくことができると考えられる。

各地を訪れ住民からの聴き取り調査を行うにあたっては郷土食の作り方のみならず、材料の生産や入手過程、日常食や非日常食としての必要性や意義、行事食としてのもてなしの作法や伝承者の行事食への思いなど、物心両面からの把握を心がけた。これらの調査過程のなかで、特に大きな関心事はそれぞれの食習慣の成立、変容に影響を及ぼす要因、すなわち、食習慣の背後に存在する背景に関するものであった。そこで生活環境や社会環境と食習慣の関わりやそれらの変容についても可能な限り観察するとともに資料収集を行い、ひいては共通した食習慣の広がりを地域性としてとらえることに努めた。食習慣の背景をさぐることは容易なことではなかったが、郷土食と各地域の自然環境とのかかわり、生業とのかかわり、住民の価値観の反映、そしてそれらの変容などを把握することで、食生活のなかでの郷土食の位置付けが明らかとなり、郷土食を通して住民の物質的・精神的生活の実態を垣間見ることができるといっても過言ではなかった。民間伝承にみられる食文化の一端を明らかにしていくためには、避けて通れない調査研究の手法であると実感している。

本書は、住民との直接の対話を基本とする聴き取り調査に自然環境や生業、物資の流通、人々の交流などを含めた生活環境に関する観察調査、料理法の習得や行事への参加などの体験調査、そして歴史などの文献調査を組み合わせて実施してきた調査結果から、民間に伝承されてきた伝統的な郷土食の食文化とその背景を明らかにしたものである。

伝統的な郷土食とは、高度経済成長期以前の、しかも第二次世界大戦やその後の極度の物不足により従来の食習慣が中断せざるを得なかった時期を除いた時代、すなわち、明治時代後期から昭和10年頃までの、自給自足を大原則とする時代に工夫、伝承されてきた郷土食をさしている。具体的には海藻の食文化、大衆魚である鯖・鰯・鱈の食文化、岡山県の年中行事食である正月雑煮、祭りのすし、祷屋行事食の特徴とその伝承背景を論じ、その特徴を地域性としてとらえようとしたものである。

## 2. 本書の概要

本書は、第1部「海藻にまつわる伝統的食文化の地域性とその背景」、第2部「大衆魚（鯖･鰯･鱈）の伝統的食文化とその背景」、第3部「岡山県の年中行事にまつわる食文化と伝承背景」から構成される。以下にその概要を述べる。

### 第1部　海藻にまつわる伝統的食文化の地域性とその背景

北陸と近畿を結ぶ地域以西の西日本沿岸地帯を調査地として、聴き取り調査、観察調査、体験調査の手法を用い、明治・大正・昭和初期、すなわち高度経済成長期以前の伝統的な海藻の食文化とその背景を明らかにすることを目的としている。

第1章で瀬戸内海沿岸地帯の海藻の食文化とその背景、第2章で日本海沿岸地帯の海藻の食文化とその背景、第3章で太平洋沿岸南部地帯の海藻の食文化とその背景、第4章で九州西岸地帯の海藻の食文化とその背景について、主に海藻の種類と採取目的、海藻の加工保存法と調理法、行事食としての海藻料理の詳細を述べ、各章のむすびとして各地帯の海藻の食文化の特徴とその背景を考察した。そして第１部のおわりにでは、各章の内容を総合して、西日本沿岸地帯の海藻の食文化の特徴を地域性としてとらえ、その背景を論述した。

各地域の海藻利用のほとんどは、海藻の自生、採取、乾燥保存、調理という系列が定式化したものであった。しかし採取されていた海藻の種類、採取目的、地域独自の加工保存法や料理法、行事食としての海藻利用などの実態を重ね合わせてみると、西日本沿岸地帯における海藻の食文化の特徴は地域性としてとらえることができる。共通した食習慣の広がりを地域性と定義すると、山陰・北近畿・北陸（福井県）沿岸地域の日本海沿岸地帯、瀬戸内海・山口県西岸および島原湾沿岸の内海に面した沿岸地帯、九州南部・四国南部・紀伊半島沿岸一帯の太平洋沿岸南部地帯、対馬海流域の九州西部沿岸地帯、そして瀬戸内海と太平洋の性質が混じり合った豊与海峡および紀伊水道周辺沿岸地帯の５地域に大別してとらえることができることを明らかにした。

このような地域性を生み出してきた背景には、海藻の生態と海の環境との関わり、各地域の気候風土のなかで培われてきた漁業形態と海藻採取の関わり、人々の交流による海藻に関する知識や技術の習得、そして古代から行われてきた海藻利用の歴史的背景などをあげることができる。海という大きな自然界のなかで、自然の恵みとして自生する海藻の食文化の背景には自然的要因が根底に存在し、そこに人々の生活の営みやそこで培われた海藻に対する価値観が反映され形成・伝承されてきたものであることを論じた。

そして抽出した海藻成分の利用ではなく藻体全体を利用した料理法は野菜料理と酷似した習慣であり、この海の野菜（Sea Vegetable）の利用と表現できる料理法は世界に類をみない日本独自の食文化であることを明確にした。

なお、一部の限られた地域の食習慣であった「備前の白藻の食習慣」については別途付論として詳細を述べた。また本論を補うために文献調査を中心に資料を収集した「薬効をもつ食べ物としての海藻利用」および「近世以前の海藻に関する知識と利用」についても、付論として詳細を記載した。

## 第２部　大衆魚（鯖・鰯・鱈）の伝統的食文化とその背景

大衆魚は「広い地域で大量に漁獲され、しかも農山漁村地域を問わず広く流通しており、多くの民衆が比較的安価に購入できる魚介類およびその加工品」[4]と説明することができる。第２部では大衆魚である鯖・鰯・鱈をとりあげ、聴き取り調査および文献調査結果をもとに大衆魚の伝統的な食文化の特徴とその背景について論じた。

第１章では「伝統的食生活にみる魚介類の種類と地域性」と題し、日常食・非日常食で使用されてきた魚介類と加工保存法を地域性としてとらえ、魚食文化の概要を明らかにした。

第２章では「鯖の伝統的食文化とその背景」について、鯖の食習慣の分布と調理法、神事および仏事における鯖の食習慣、田植え儀礼における鯖の食習慣、若狭・近畿地方の鯖の食習慣と鯖街道のかかわり、近世における鯖の食習慣と格付けのかかわりをとりあげ、むすびで鯖の食習慣の特異性とその背景を論じた。

第３章の「鰯の伝統的食文化とその背景」については、鰯の加工保存法と利用形態、煮干し・田作りの食習慣、鰯の干物・塩鰯・生鯖の食習慣に区分して正月関連行事や節分行事における利用意義や近世の行事食との関連を検証し、鰯にまつわる食文化の特異性とその背景を明らかにした。

第４章では「鱈の伝統的食文化とその背景」を取りあげ、日常食としての鱈料理の特徴、正月関連行事食および盆関連行事食としての鱈の食習慣について特徴を明確にし、鱈にまつわる食文化の特異性を論じた。

大衆魚の食文化は次のような特異性をもつものであった。鯖、煮干し、田作り、干し鰯、塩鰯、棒鱈の食文化は二面性を持つという共通した特徴を明らかにした。日常食と非日常食の二面性、鯖が神事と仏事の行事食となる二面性、同じ鯖でも刺し鯖は上魚であるのに対し塩鯖や焼き鯖は下魚となる加工法による評価の二面性、年取り魚や正月魚の鰯のお頭付きという祝いの縁起物に対し、節分の鰯は悪臭により魔除けの縁起物となる二面性、近畿地方の正月料理に対して九州地方の盆料理となる棒鱈の二面性など、様々な二面性が明らかになった。

これらの鯖や鰯、鱈にみられる特異的ともいえる特徴の背景には、漁場が広く漁獲量が多かったという自然的要因、鮮度低下が速い鯖や鰯、鱈が加工され、街道や魚路を通して農村部や山間部まで売り歩かれ、安価に大量買いができたという加工保存法の発達と流通という社会的要因が根底にあったことが明らかとなった。

そして、生見玉の行事における刺し鯖や塩鯖の利用やその意義、正月関連行事の年取り魚や正月魚としての干し鰯や塩鰯の利用とそれらの持つ意義、節分の魔除け、厄除け行事の鰯の利用やその意義、正月三品に位置付けられ農耕と関わりの深い田作りの利用など、神事や仏事と関わりの深い行事は江戸時代の習慣と酷似したもので、歴史的背景の影響が大きいことも明らかになった。

さらには鯖にみられた料理法の多様さは日常と非日常の区別を可能にし、また鰯については焼くという単純な調理法ゆえに日常食として多用され、お頭付きの縁起物という精神的意味を持たせることによって日常と非日常を区別する習慣を生み出してきていることも大きな特徴であった。

## 第３部　岡山県の年中行事にまつわる食文化と伝承背景

第３部では村行事である牛窓町の祷屋行事食、岡山県の正月雑煮と祭りのすしについて、必要性やその意義、伝承背景などを考察することを目的とした。

第１章の「岡山県の年中行事および行事食の特徴と変容」では、牛窓町師楽の年中行事食を中心に述べた。特に村行事である祷屋行事については詳細な聴き取り調査を実施し、祷屋組織や役割、行事食の変容、住民意識の影響などから行事食の意義・役割を論じた。祷屋組は血縁関係を基盤に置くもので、神社の管理と先祖祭などの年８回の年中行事全般の世話をする役割をもつ。なかでも祷本の家を宿として行われる酒宴料理の準備や接待が重要な役割で、金銭的・物質的・精神的負担も大きいものであった。にもかかわらず江戸時代から祷屋行事が継続されてきた背景には、義務感や血縁意識に基づく協力精神に加え、例年通りまたはそれ以上の行事内容にしたいという張り合いや競争心も大きく働いているようであった。神事後に行われる行事食を囲んだ宴会は共同体意識の再認識に繋がり、非日常が日常に還元される意義を持っていたことを論じた。

第２章の「岡山県の正月雑煮の地域性とその背景」では、アンケート調査と聴き取り調査を組み合わせて調査を進め、仕立て方と具材の面から、特徴を地域性としてとらえることができることを明らかにした。岡山県全域を通してみると三が日ともすまし雑煮が多いが、備中地方ではすまし雑煮が主体、美作地方の一部では三が日とも味噌雑煮を作る家庭が増加し、備前地方では三が日のうち１日は小豆雑煮を作るという地域的特徴が認められた。そしてすまし雑煮の具材については備中地方のブリ、美作地方のスルメ、吉備高原以北の豆腐の使用に特徴がみられた。

ブリ雑煮の習慣には、備中中北部に存在した旧正月前の暮れの市の存在が影響しており、この連鎖市はブリ市とも呼ばれ、市が開かれた地域とブリを雑煮の具材とする地域に一致性が高い。しかし近代初期には全家庭でブリを購入できた訳ではなく「市の風に当たると縁起がよい」などといって、毎年のように市に参加して正月用の買い物をした。多くの農民にとってブリを買うのは憧れであったといわれ、葉たばこの増産、大正11年の耕地整理による稲作技術の改良と米の収穫量の増加、そして昭和21年の農地改革、これらの生活環境の変化は徐々に経済的な豊かさをもたらし、農地改革を機に正月雑煮にブリを使う習慣は地域全体に広まり、明確な地域性として把握できる迄の習慣となった。社会的環境の変化を背景に形成された習慣であったことを検証した。

備前地方の海に面する牛窓町本町・東町では、例外なく正月雑煮は三日間味噌仕立てで、丸餅に焼きハゼやフグの干物のだしで白味噌か中味噌で仕立てられる。江戸時代から牛窓港がある本町には瀬戸内海を往来する船が寄港し、潮待ち港、風待ち港としての役割をはたしてきた。また造船町として栄えた東町には船の修理で船員が長期間滞在することもあった。なかでも近畿地方との関わりが深く、味噌雑煮の習慣は近畿地方の習慣の影響を受けている可能性が高いことが示唆された。

岡山県の正月雑煮の特異性として備前南部地域の小豆雑煮の習慣をあげることができる。これはぜんざいまたはしるこ様のもので、三が日とも小豆雑煮、三が日の内1日が小豆雑煮など、家庭によって様々である。正月の小豆雑煮には小豆のもつめでたさ、厄除け、魔除けの力で病魔や邪気を祓い、神仏の力が宿る餅を合わせて食することでより大きな生命力を得、一年の無事を祈願する高い精神性が存在したとみなすことができる。本来はこのような民俗学的な意義や価値観を育んできた歴史的背景が反映したものであるといえそうである。

第3章「岡山県のすしの地域性とその背景」では、吉備高原以北の鯖ずし文化圏と県南のばらずし文化圏に二分できることを明らかにした。

昭和初期には、吉備高原以北には塩物が山陰地方から入ったといわれるから、塩鯖は日本海のものが主流であった。「くされずし」という呼称や「発酵臭がするほど漬けた」などの話も伝承されており、半なれずしに近い状態の時代もあったと推測される。『延喜式』（平安時代）[5] には美作から鮎のすし（なれずし）が貢献されている記録がみられる。すなわち、古代から自然発酵の力を利用したなれずしの技法がこの地方にも存在し、変容を繰り返しながら半なれずしへ、そして酢を使う早ずしへ変容してきたものが近代初期の鯖ずしであった可能性が高い。鮮魚の入手が容易でなかった地理的環境のもとで、塩物とはいえ縁起ものの大魚でお頭付きの鯖に貴重な米を合わせ、いかに美味しく食べるかを工夫してきた結果が祭りの鯖ずしといえる。

吉備高原より南の県南地帯では瀬戸内海のサワラやエビ、アナゴ、イカなどの多種類の鮮魚が使われ、干瓢や高野豆腐、椎茸、人参、牛蒡、蓮根、さやえんどう、などの具を混ぜたすし飯の上に、彩りよく季節の野菜や魚介類、錦糸卵、紅ショウガなどを飾り付ける色鮮やかで豪華なばらずしが祭りのすしの特徴であった。

両者は貴重な米と魚介類を組み合わせた非日常食という点については共通したものであるが、海からの距離を反映した魚介類の種類は特徴を異にする習慣であり、地域性を形成する大きな要因となっている。

「呼ばぬ行くのが祭りの客」「祭りを拾うて歩く」といわた程、祭りは親類縁者の交流の場で、客に呼ばれれば、必ずお返しに客を呼びもてなす、鯖ずしはもらった本数だけみやげとする、客のもてなしとは別にもらった家には必ず重箱に詰めたばらずしを配るなどの習慣があり、相手側に劣らない、または同等のもてなしをという張り合いの意識が常に根底にあったといわれる。このような物質的にも精神的にも負担の大きい、崩すことのできない習慣は、楽しみ的要素と表裏一体となって祭りのすし文化の伝承に大きく関与してきたことは確かであった。

終章では、1部、2部、3部で明らかにしてきた結果より、民間伝承からみた食文化伝承の背景をまとめ、本書の締めくくりとした。

**【註】**

1）松元文子、石毛直道　共編著『二〇〇一年の調理学』、光生館、1988、pp.39 〜 50。
2）今田節子「郷土食」、日本調理科学会編『新版 総合調理科学事典』、光生館、2006、p.17。
3）江原絢子「食文化・食習慣の概念」、日本家政学会編『新版 家政学事典』、朝倉書店、2004、p.479。
4）日本国語大辞典第二版編集委員会『日本国語大辞典』（第二版）第8巻、小学館、2003、p.659。
5）「延喜式」巻24 主計上、経済雑誌社編『国史大系』第13巻、経済雑誌社出版、1879 〜 1901、p.746、国立国会図書館データーコレクション。

# 第1部
# 海藻にまつわる伝統的食文化の地域性とその背景

# はじめに

海藻の食文化は米食文化、魚食文化とならび日本を代表する食文化といっても過言ではない。しかし、日常の主食や副食の主要なものであり、しかも非日常の行事食としても高い位置付けをもつ米や魚介類に比較して、海藻は存在感が高いとはいえず、食文化としての海藻の認識は希薄であるといえるかもしれない。

東西南北に長い海岸線をもつ自然環境のなかで生活を営んできた日本人は、先史時代から海藻と関わりを持ってきたことが考古学分野の調査から明らかにされている。宮下章は著書『海藻』[1)]のなかで、猪目洞窟（島根県簸川郡鰐渕村）の縄文式、弥生式、土師器各時代の遺物からアラメやホンダワラ類とみられる海藻類が険出され、青森県亀ヶ岡の泥炭遺跡では縄文式土器の中からワカメのような海藻が束になったまま発見されたことなどを紹介し、先史時代から日本人が海藻を食べていた有様が実証的に明らかにされたことを高く評価している。その後律令国家になると海藻は税の対象となり、平安時代の『延喜式』[2～4)]によると14種類もの海藻が正税に指定され、諸国から貢納された海藻は、役人の給料や寺社の供料などとして支給され、多方面に利用されてきた様子を読み取ることができる。また近世に至るまでの資料から海藻の記載を拾い上げてみると、海藻の種類は増加し、現在利用されている海藻の全てが近世には出現している（付論3　第1節参照）。このことは日常的な海との関わりのなかで経験的に海藻の識別が進み、知識も増加していったことを物語っている。すなわち、我々の先人達は海浜の住民を中心に先史時代より海藻と深いかかわりを持ち、長い年月をかけて日本独自の海藻の食文化を育んできたといえるのである。

しかしながら、現在の食卓にのぼる海藻の種類はコンブ、ワカメ、ヒジキ、ノリなど限られたものとなり、海藻にまつわる伝統的な食文化の姿は曖昧になってしまった感が強い。近年の健康志向も手伝い海藻の自生分布や分類、養殖技術、海藻の栄養成分や機能性、加工品の開発など、幅広い分野からの研究が進められている[5～10)]。そして各地で郷土食の伝承に関わる活動が進められているが、多くの家庭料理のなかで海藻は一つの食材として扱われるのが普通である。庶民生活のなかで使用されてきた海藻の食習慣やその背景の詳細を明らかにしたものは極めて少ないのが実態である[11～13)]。

筆者は四半世紀近く、民間に伝承されてきた伝統的な食習慣について聴き取り調査を進めているが、その過程でさまざまな海藻の利用について話を聞くことが少なくなかった。しかも、海藻の種類や加工法、食べ方などに地域差があることを実感する事例も多く、その背景との関わりに強い興味を引かれた。日本人の伝統的な食文化を、特に一般庶民の生活のなかで伝承されてきた食文化の特質を明確にしていこうとした時、海藻の食文化の解明は避けて通ることのできないものであると痛感し本研究に着手した。

海藻の自生は海流や海底の様相など自然環境に大きく左右され、東西南北に細長く起伏の多い海岸線を有する日本では、地域により自生する海藻の種類や量が異なる。そして、これらの海藻の中から何を採取し食材料とするか、またどのような食習慣を形成してきたかは、自然環境のみならず各地域の社会環境の影響を大きく受けてきたものと考えられる。この考えを調査の根底に置き、家庭で伝承されてきた海藻料理やそれにまつわる行事食などの習慣を明らかにしていくことにした。

家庭料理は母から娘へ、姑から嫁へ経験的に伝えられるのが本来の姿であり、それらが記録に残されることは極めて少ない。そこで研究方法は、現地を訪れ伝承者から直接話を聞き、海藻料理や生活背景を実際に観察できる聴き取りおよび観察調査によることにした。

本書第1部で扱う内容は、各地域に伝承されてきた海藻の食習慣を具体的に明らかにし、その特徴を生活背景との関わりのなかでとらえようとしたもので、ひいては伝統的な海藻の食文化の特徴を地域性としてとらえることを目的としたものである。調査対象とした西日本地域とは、石川県・福井県と近畿地方以西をさし、接岸する海の環境を考慮すると、瀬戸内海沿岸地域、日本海沿岸地域、太平洋沿岸地域、九州西岸地域に大別される。したがって海藻の食文化の特徴を明らかにするためには、地域ごとに詳細な調査が欠かせず、海藻の自生・採取・流通・加工保存・調理という一連の過程を考慮しながら食習慣をとらえていく必要がある。そこで可能限り現地に出向き、調査地の自然環境や社会環境を観察すると共に、できるだけ多くの住民から聴き取り調査を実施することを調査研究の基本姿勢とした。なお本調査・補充調査を組み合わせることにより、調査結果に誤解が生じることのないように努めた。ちなみに、聴き取り調査地は図1および表1に示した通りであり、おもな調査期間は1985（昭和60）年から1998（平成10）年であった。

まず第1章では、内海性の高い瀬戸内海沿岸地帯を、次に外海性の高い日本海沿岸地帯と太平洋沿岸地帯を第2章と第3章で、また内海性と外海性の両性質を有する九州西岸地帯を第4章であつかい、海藻の食文化を具体的に述へて行くことにする。また、聴き取り調査過程で海藻の食文化の背景を考察していくために欠かせないと要因であると実感してきた薬の効能をもつ海藻の利用、近世以前の海藻に関する知見は文献資料を主体として研究を進め、聞き取り調査結果とは区別して付論2、3としてまとめることにした。また、岡山県備前地域に伝承され、特異的な特徴とみなすことができた「備前の白藻」についても付論1として扱うこととした。

これらの具体的な調査結果から西日本沿岸地域における海藻の食文化の特徴を地域性としてとらえ、その背景を論考していくことを、本書第1部の目的とした。

**【註】**

1）宮下章『海藻』、法政大学出版局、1974、pp.4 ～ 6。
2）正宗敦夫編『延喜式』巻23民部下、覆刻日本古典全集延喜式二、現代思潮社、1978、pp.205 ～ 231。
3）正宗敦夫編『延喜式』巻32・33大膳、覆刻日本古典全集延喜式三、現代思潮社、1978、pp.235 ～ 274。
4）正宗敦夫編『延喜式』巻39内膳司、前掲註3)、pp.163 ～ 169。
5）岡村金太郎『日本海藻誌』、内田老鶴圃新社、1974。
6）日本水産学会編『海藻の生化学と利用』、恒星社厚生閣、1983。
7）西沢一俊、村杉幸子『海藻の本』、研成社、1989。
8）宮下和夫「褐藻素材の栄養機能」、海藻資源（Seaweed resources）(40)、2017、pp.15 ～ 21。
9）宮崎義之「海藻由来機能性多糖フコイダンの免疫増強作用」、Food style 21、20（12）、2016、pp.52 ～ 56。
10）宇治利樹「有用海藻における育種研究の現状と将来展望」、水産育種44、2015、pp.41 ～ 48。
11）林紀代美「海藻・魚醤の利用からみた「能登地域」のひろがり」、E-journal GEO 11（1）、2016、pp.135 ～ 153。
12）奥井隆「日本の食文化と昆布」、vesta（食文化誌ヴェスタ）107、味の素食の文化センター、2017、pp.30 ～ 33。

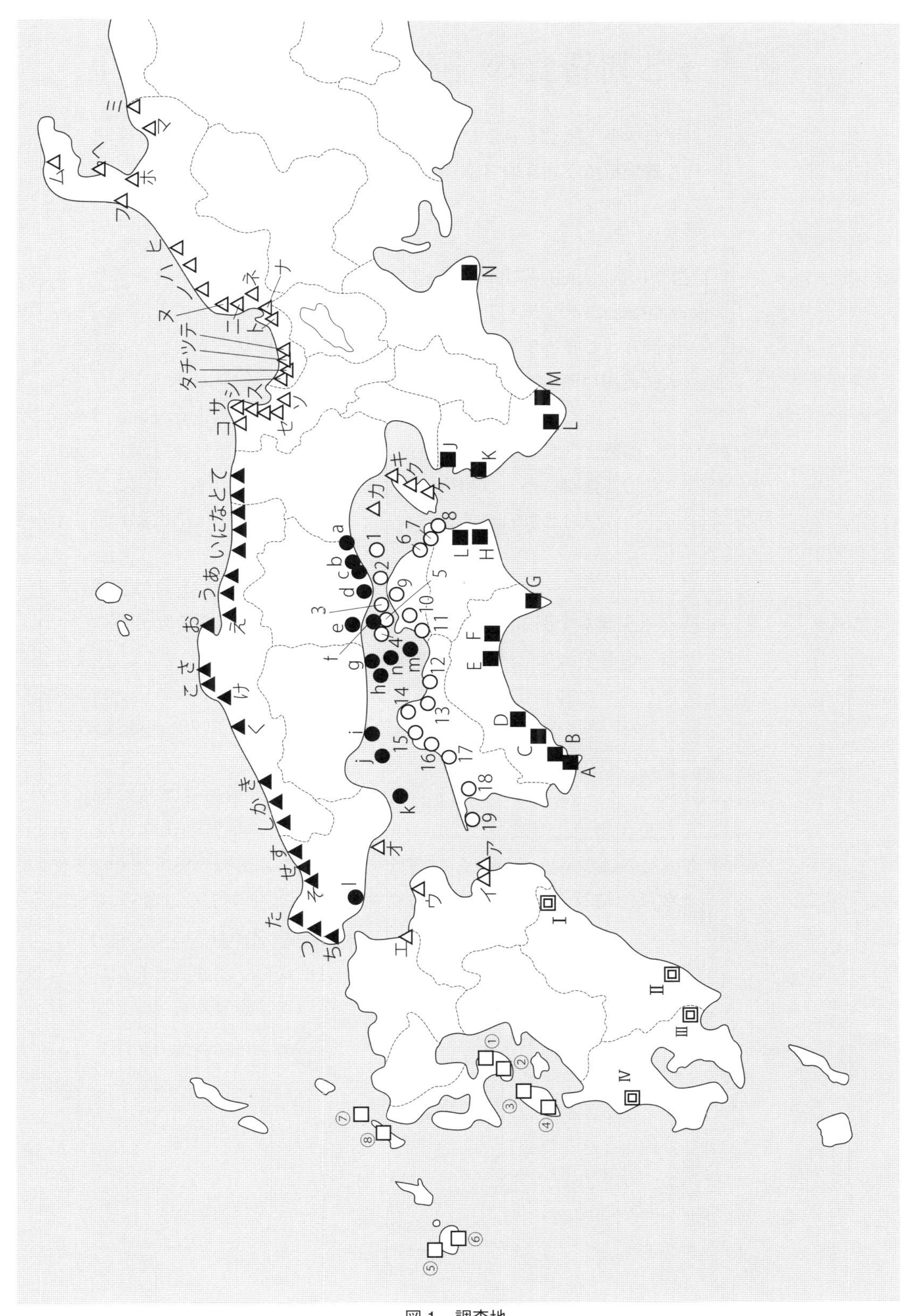

図１　調査地
（図中の記号は表１の記号欄と対応している）

**表1　調査地**

| 昭和60年度調査地 | | | |
|---|---|---|---|
| 記号 | 住　所 | 記号 | 住　所 |
| a | 岡山県和気郡日生町 | h | 広島県因島市中庄·三庄 |
| b | 邑久郡牛窓町西脇·師楽·前島 | i | 安芸郡下蒲刈町三之瀬 |
| c | 岡山市西宝伝 | j | 安芸郡倉橋町鹿老渡 |
| d | 倉敷市下津井 | k | 山口県大島郡大島 |
| e | 笠岡市神島 | l | 吉敷郡秋穂町 |
| f | 笠岡市真鍋島 | m | 愛媛県越智郡魚島村 |
| g | 広島県御調郡向島町 | n | 越智郡弓削町 |

| 昭和62年度調査地 | | | |
|---|---|---|---|
| 記号 | 住　所 | 記号 | 住　所 |
| ア | 大分県北海部郡佐賀関町小黒 | チ | 福井県大飯郡高浜町塩土 |
| イ | 北海部郡佐賀関町馬場 | ツ | 大飯郡高浜町事代 |
| ウ | 東国東郡国見町 | テ | 大飯郡高浜町和田 |
| エ | 福岡県築上郡椎田町 | ト | 三方郡美浜町日向 |
| オ | 山口賢下松市笠戸島 | ナ | 三方郡美浜町松原 |
| カ | 兵庫県飾磨郡家島町 | ニ | 三方郡美浜町菅浜 |
| キ | 津名郡北淡町 | ヌ | 敦賀市色ヶ浜 |
| ク | 津名郡津名町 | ネ | 敦賀市港町 |
| ケ | 洲本市由良 | ノ | 丹生郡越前町米ノ |
| コ | 京都府竹野郡丹後町間入 | ハ | 石川県加賀市橋立町·小塩町 |
| サ | 与謝郡伊根町蒲入 | ヒ | 石川郡美川町 |
| シ | 与謝郡伊根町泊 | フ | 羽咋市一の宮 |
| ス | 宮津市里波見 | ヘ | 七尾市庵 |
| セ | 宮津市江尻 | ホ | 富山県氷見市藪田 |
| ソ | 舞鶴市竹屋 | マ | 魚津市道下 |
| タ | 福井県大飯郡高浜町宮尾 | ミ | 下新川郡朝日町宮崎 |

| 平成元年度調査地 | | | |
|---|---|---|---|
| 記号 | 住　所 | 記号 | 住　所 |
| ① | 長崎県島原市 | ⑤ | 長崎県南松浦郡三井楽町 |
| ② | 南高米郡有家町 | ⑥ | 福江市崎山町 |
| ③ | 熊本県天草郡苓北町富岡 | ⑦ | 北松浦郡大島村 |
| ④ | 牛深市 | ⑧ | 平戸市 |

| 平成5年度調査地 | | | |
|---|---|---|---|
| 記号 | 住　所 | 記号 | 住　所 |
| Ⅰ | 宮崎県延岡市浦城 | Ⅲ | 鹿児島県曽於郡志布志町志布志 |
| Ⅱ | 日南市鵜戸 | Ⅳ | 串木野市羽島 |

| 昭和61年度調査地 | | | |
|---|---|---|---|
| 記号 | 住　所 | 記号 | 住　所 |
| 1 | 香川県小豆郡土庄町·池田町·内海町 | 11 | 香川県三豊郡豊浜町 |
| 2 | 香川郡直島町·宮ノ浦·積浦 | 12 | 愛媛県西条市禎瑞·港新地 |
| 3 | 丸亀市広島町·江ノ浦·茂浦 | 13 | 今治市桜井·大浜 |
| 4 | 仲多度郡多度津町高見島 | 14 | 越智郡宮窪町友浦 |
| 5 | 仲多度郡多度津町佐柳島 | 15 | 北条市大浦 |
| 6 | 木田郡庵治町江ノ浜 | 16 | 松山市高浜町 |
| 7 | 大川郡津田町 | 17 | 伊予郡双海町大字上灘 |
| 8 | 大川郡引田町 | 18 | 西宇和郡伊方町 |
| 9 | 坂出市王越町 | 19 | 西宇和郡三崎町 |
| 10 | 三豊郡託間町 | | |

| 平成元年度調査地 | | | |
|---|---|---|---|
| 記号 | 住　所 | 記号 | 住　所 |
| あ | 鳥取県東伯郡赤碕町(現:琴浦町) | し | 島根県益田市飯浦 |
| い | 東伯郡泊村 | す | 山口県阿武郡阿武町宇田郷 |
| う | 西泊郡中山町 | せ | 阿武郡阿武町奈古 |
| え | 米子市皆生 | そ | 大津郡三隈町野波瀬 |
| お | 境港市 | た | 大津郡油谷町大浦 |
| か | 島根県益田市鎌手 | ち | 豊浦郡豊浦町室津下 |
| き | 浜田市 | つ | 豊浦郡豊浦町川棚 |
| く | 邇摩郡仁摩町馬路 | て | 兵庫県城崎郡香住町沖浦 |
| け | 簸川郡大社町宇龍 | と | 美方郡浜坂町芦屋 |
| こ | 簸川郡大社町鵜峠 | な | 島根県岩美郡岩美町網代 |
| さ | 平田市十六島 | に | 気高郡気高町船磯 |

| 平成4年度調査地 | | | |
|---|---|---|---|
| 記号 | 住　所 | 記号 | 住　所 |
| A | 高知県土佐清水市下川口 | H | 徳島県由岐町 |
| B | 中村市下田 | I | 阿南市 |
| C | 幡多郡佐賀町土佐佐賀 | J | 和歌山県和歌山市加太 |
| D | 高岡郡中土佐町土佐久礼 | K | 御坊市名田 |
| E | 香美郡夜須町手結 | L | 西牟婁郡すさみ町周参美 |
| F | 安芸市下山 | M | 東牟婁郡古座町田原 |
| G | 室戸市高岡 | N | 三重県志摩郡志摩町和具 |

| 平成10年度調査地 | | | |
|---|---|---|---|
| 記号 | 住　所 | | |
| ム | 石川県輪島市 | | |

13）日本の食生活全集編集委員会編『日本の食生活全集』全48巻、農山漁村文化協会、1984～1992。

# 序論　海藻の基礎知識
## ―海藻の食文化を理解するために―

海に囲まれた自然環境のなかで生活しながらも、我々は海藻の生態や海藻の食習慣の概要についてほとんど知らないといっても過言ではない。まず、本論に入る前に各地域の海藻の食文化を理解するために必要な海藻の基礎知識を解説しておきたい。但し、海藻学者が述べている詳細な海藻の生態に関するものではなく、古くから海藻を食用としてきた日本人が知っておくべき海藻に関する知識である。

### 1. 海藻と海草

海藻学者の岡村金太郎は「海の中にはコンブやノリのような海藻という類があると思えば、スガモ、アマモ（アジモ）というような花の咲く植物もある」[1)] と説明し、後者を海草と記している。植物学上では、海藻と海草は区別されるべきものである。砂浜に緑の細長いリボンのような植物が打ち上げられていたり、海水浴場で泳いでいると、緑の紐のようなものが足に絡まって困ったりした記憶はないであろうか。これらがアマモやスガモの類である。

新崎盛敏[2)] の説明を紹介しながら海藻と海草の違いをまとめてみると次のようになる。コンブやワカメ、ノリなどの例からも明らかなように海藻（sea weed、marine algae）は陸上植物と異なり葉、茎、根の区別が不明瞭で、どの部位も似たような形状をしている。すなわち、茎葉根の分化・分業の有無による植物の分類様式に従うと、多くの陸上植物は葉、茎、根の区別が明確な茎葉植物に属するのに対し、海藻は葉、茎、根の区別が不明瞭な葉状植物に属するという特徴をもつ。そして、ほとんどの陸上植物が花を咲かせ実を結ぶのに対し、海藻は花も実もつけない。すなわち、陸上植物は生殖器官である花を咲かせる顕花植物であるのに対し、海藻は花をつけない隠花植物で、単細胞の胞子を出し世代交代を行うものであるという点が大きく異なる（表1）。したがってコンブやワカメ、ヒジキ、ノリなど、普段、我々の食卓にのぼる「かいそう」に海草の字を当てるのは正しいとはいえず、同じ海中に自生していても、植物分類学的にみると両者は同一のものではなく、海藻と海草は大きく異なるものである。そして、もう一つ食生活の視点からみても大きな違いがある。それは、海藻のほとんどが食用とされるのに対し、海草であるスガモやアマモは食用とされることはまれであるということである。

### 2. 海藻の種類と海域

海藻は褐藻類、紅藻類、緑藻類の３つの植物門に分類されている。体色の違いは含有される光合成色素類組成の相違に基づくものである。濃褐色から茶褐色をしているコンブやワカメ、ヒジキなどは褐藻類の仲間であり、緑色をしたアオノリやアオサは緑藻類に属する。そして、寒天の原料であるテングサやオゴノリ、板ノリに加工さ

**表1　海藻と海草の違い**

| 海 中 植 物 | | 陸上植物 |
|---|---|---|
| 海藻<br>sea weed<br>marine algae | 海草<br>seagrass | |
| 隠花植物<br>葉状植物 | 顕花植物<br>茎葉植物 | 顕花植物<br>茎葉植物 |

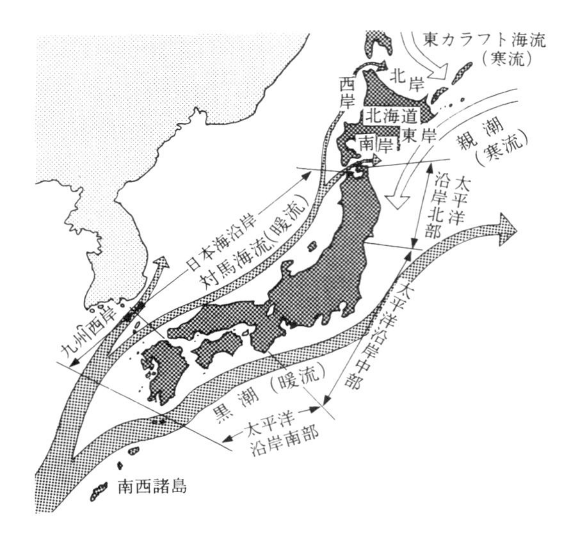


図1　海流と海藻の自生区分
（千原光雄『学研生物図鑑　海藻』をもとに作成）

れると真っ黒い色を呈するアサクサノリ類も生の藻体は紅色を呈しており、紅藻類に分類される。 日本周辺には、1,500種類にもおよぶ海藻が自生しているといわれ、紅藻類は600種類、褐藻類は230種類、緑藻類は200種類にもおよぶ[3)]。

東西南北に長い海岸線をもち、周囲を海に囲まれている日本は海の環境が多彩で、この自然環境を反映して多種類の海藻が自生している。褐藻類は寒海域に、紅藻類は温海域に、緑藻類は暖海域に自生が適するといわれている（図1）[4)]。したがって、日本の海域の多くは温海域に属するため、紅藻類の種類が非常に多いといえよう。しかし、北海道や東北北部は寒海域に属し、また、温海域とはいえ日本海は太平洋側に比べ海水温は低く、品質のよい褐藻類が自生する条件が備わっている。一方、黒潮や対馬海流の接岸する九州南部、四国・紀伊半島南岸は亜暖海域の性質を有し、量的にも緑藻類が多い。そして、瀬戸内海は温海域のなかでも特に波や海流が穏やかで、柔らかい藻体をもつ海藻の自生に適する。 このように、日本近海は多様な海藻の自生に適する環境を持っている。これは、日本独自の海藻の食文化形成の重要な背景である。

## 3. 海藻の自生環境と採取方法

海の環境が多様であることに加え、海岸の様相が多様であることも、海藻の種類が多いことに繋がっている。各地の海岸沿いを歩いてみると海藻が自生する海岸は、遠浅海岸、リアス式海岸、砂浜海岸、ゴロタ海岸など様々である。採取の方法もさまざまで、干潟に出て採取する磯採取、波や風によって打ち上げられた海藻を拾い集める打ち上げ採取、船の上から道

写真1　干潟に出ての海藻採り
（岡山県牛窓町のイギス採り）

写真2　浅瀬で網を使ってイギスをすくい上げる（山口県大島）

写真3　舟の上から箱メガネで海中をのぞき、ワカメを刈り取る（徳島県由岐町）

出典：今田節子『海藻の食文化』

具を使って採取する船上採取、そして潜って採取する潜水採取など、海藻の自生場所によって海藻採取の方法は異なる（写真1～3)。

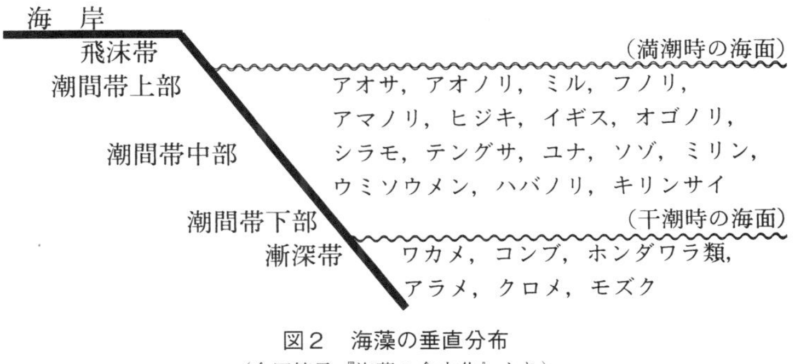


図2　海藻の垂直分布
（今田節子『海藻の食文化』より）

海岸は、干潮時に干上がる潮間帯と干潮時でも海水が引かない漸深帯に分けられ、さらに潮間帯は海岸に近い潮間帯上部、漸深帯に近い潮間帯下部、その中間の潮間帯中部に区分され、磯採取や打ち上げ採取は主にこの潮間帯で行われる。そして、漸深帯も水深が増すにつれ、漸深帯上部、中部、下部に分けることができる。干満の差により多少の差はあるものの、船上からの採取や潜水採取は主に漸深帯に自生する海藻を対象に行われる採取法である。多くの紅藻類や緑藻類は潮間帯に自生し、ワカメやコンブなどの褐藻類は漸深帯に自生するものが比較的多いという特徴をもつ（図2）[5)]。

瀬戸内海沿岸地帯では自給される海藻のほとんどが、古老や主婦、子供達が干潮時に干潟に出て、海遊びを兼ねて採取する磯採取や打ち上げ採取によるものが多い。これに対し、日本海沿岸地帯では船上採取や潜水採取の話が中心で、子供や古老達が夕飯のために磯に出て海藻を採取する話はあまり聞かれない。この違いの背景には、瀬戸内海沿岸では干満の差が3～4mあるのに対し、日本海沿岸では20～30cm程の干満の差しかない。自生する海藻も、採取法も異なるのが当然である。

日本の海藻の利用は世界に秀でて多彩であるといわれている。そこには、前述のような海藻の自生に適した海の環境が存在したこと、そして、各自生環境に適した採取方法の工夫が先人達によって行われてきたということがその背景にあったといえよう。

**【註】**

1）岡村金太郎『日本海藻誌』、内田老鶴圃新社、1974。
2）新崎盛敏、新崎輝子『海藻のはなし』、東海大学出版会、1985、pp.1～6。
3）大森長朗『岡山の海藻』、日本文教出版、1977、pp.13～15。
4）千原光雄監　学研生物図鑑『海藻』、学習研究社、1988、pp.172～177。
5）前掲註4)、pp.185～191。

# 第1章　瀬戸内海沿岸地帯の海藻の食文化とその背景

本章では大阪府・兵庫県・岡山県・広島県・山口県・福岡県・宮崎県・愛媛県・香川県・徳島県に囲まれた海域に面した瀬戸内海沿岸地帯に伝承されてきた海藻の食文化を具体的にとらえ、その背景を明らかにしていくことを目的とした。

研究方法としては、現地を訪れ伝承者から直接話を聞き、海藻料理や生活背景を実際に観察できる聴き取りおよび観察調査によった。すなわち、調査地の生活環境や生業・漁業形態などに関する資料は、各市町村役場や漁業協同組合から得た。そして、自生する海藻の種類や採取・保存・利用方法および行事とのかかわりについては、主婦や古老から具体的に聴き取り調査を行った。また、海藻には方言が多く、把握しにくいものについては実際に海藻の標本を示し、できるだけ正確に理解することに努めた。

瀬戸内海沿岸地域の調査は1984年から1987年にかけて実施し、潮流・海岸・海底の様相など海の環境を考慮して38市町村42集落を調査地として選定した（はじめに図1、表1の調査地a～n、1～19参照)。なお、調査から明らかにされた食習慣は、主に明治時代後期から昭和30年代のものであった。

## 1. 食用海藻の種類と採取方法

### (1)　食用海藻の種類

岡山県を例にとると、175種の海藻の自生が確認されており、その内、紅藻類100種、褐漢類50種、緑藻類25種であると報告されている[1)]。したがって瀬戸内海沿岸にもそれに近い、またはそれ以上の種類の海藻が自生しているものと推測される。

しかしながら自生する海藻全てが採取され、食用とされている訳ではなく、食習慣が伝承されていた海藻は14種で、紅藻類7種、褐藻類5種、緑藻類2種であることが今回の聴き取り調査から明らかとなった（表1)。住民達が使用する海藻名は必ずしも植物分類学的にみた名称ではなかったため、実際に採取および入手できた海藻について海藻分類の研究者や水産試験場の専門家などに判定してもらうと、海藻の種類は表2のようであった。

緑藻類のアオサ・アオノリは明確に区別されていない地域も多かったが、瀬戸内海沿岸のほぼ全域に自生がみられた。また、シラモを除いた紅藻類もほぼ全域に自生していたが、藻体が軟らかいイギスは、愛媛県西宇和郡伊方町·三崎町と大分県北海部郡佐賀関町には自生が認められなかった。これに対して褐藻類の自生は地域差が大きく、全域でみられたのはワカメだけで、ヒジキやモズクは瀬戸内海沿岸でも広島県と愛媛県以西に多く、また、アラメやクロメは瀬戸内海沿岸西部の伊予灘に面した海域に自生・採取がみられた（表1)。この結果は昭和1976、1977年に実施された瀬戸内海関係域藻場分布調査結果[2)]と酷似したものであった。

この地域差の背景には次のような要因が考えられる。まず、ほぼ全域で採取利用されていた緑藻類・紅藻類は、潮の流れも波も穏やかな内海の潮間帯上部から下部にかけて自生するものばかりであり、干満の差が3～4mもある瀬戸内海においては、干潮時には住民の目に留まり易く、手軽に干潟に出て採取が可能であった。しかも採取時期は海遊びも兼ねることができる春から夏にかけて

表1　食習慣が伝承されていた海藻の種類と採取目的

| 調査地 | | 緑藻類 | | 褐藻類 | | | | | 紅藻類 | | | | | | |
|---|---|---|---|---|---|---|---|---|---|---|---|---|---|---|---|
| | | アオサ | アオノリ | ワカメ | モズク | ヒジキ | アラメ | クロメ | イギス | オゴノリ | シラモ | テングサ | フノリ | アマノリ | トリノアシ |
| 兵庫県 | 淡路島 | ○ | ○ | ○ | ○ | ○ | | | ○ | | | ○ | ○ | ◎ | |
| | 家島町 | ○ | ○ | ◎ | | ○ | | | ○ | | | ○ | | ◎ | |
| 岡山県 | 日生町 | ○ | ○ | ○ | | | | | ○ | ○ | ○ | ○ | | ○ | |
| | 牛窓町 | ○ | | ○ | | | | | ○ | ○ | ○ | ○ | ○ | ○ | |
| | 西宝伝 | ○ | ○ | ◎ | | | | | ○ | ○ | ○ | ○ | ○ | ○ | |
| | 下津井 | ○ | | ○ | ○ | | | | ○ | ○ | | ○ | | | |
| | 真鍋島 | | | ○ | ○ | | | | ○ | ○ | | ○ | ○ | | |
| 香川県 | 小豆島 | ○ | ○ | ○ | ○ | ○ | | | ○ | ○ | | ○ | ○ | ◎ | |
| | 直　島 | ○ | ○ | ○ | | | | | ○ | ○ | | ○ | ○ | ◎ | |
| | 広　島 | ○ | | ◎ | | | | | ○ | ○ | | | ○ | ◎ | |
| | 高見島 | | ○ | ○ | ○ | | | | ○ | ○ | | ○ | | ○ | |
| | 佐柳島 | | | | | | | | ○ | ○ | | ○ | | | |
| | 引田町 | ○ | ○ | ◎ | | | | | ○ | ○ | | ○ | ○ | ○ | |
| | 津田町 | | ○ | ○ | ○ | | | | ○ | ○ | | ○ | | ◎ | |
| | 庵治町 | ○ | ○ | ○ | | | | | ○ | ○ | | ○ | ○ | ○ | |
| | 王越町 | ○ | ○ | ◎ | ○ | | | | ○ | ○ | | ○ | ○ | ◎ | |
| | 詫間町 | ○ | | ○ | | ○ | | | ○ | ○ | | ○ | ○ | ◎ | |
| | 豊浜町 | ○ | ○ | ○ | | | | | | ○ | | ○ | | ◎ | |
| 広島県 | 向　島 | ○ | | ○ | ○ | | | | ○ | ○ | | ○ | | ○ | |
| | 因　島 | ○ | | ○ | ○ | ○ | | | ○ | ○ | | ○ | | ○ | |
| | 下蒲刈島 | ○ | | ○ | ○ | ○ | | | ○ | ○ | | ○ | ○ | | |
| | 倉橋島 | | | ◎ | ○ | ○ | | | | ○ | | ○ | ○ | | |
| 愛媛県 | 弓削島 | | | ○ | ○ | ○ | | | ○ | ○ | | ○ | ○ | | |
| | 魚　島 | | | ○ | ○ | ○ | | | ○ | ○ | | ○ | | | |
| | 大　島 | ○ | | ○ | | ○ | | | ○ | ○ | | ○ | ○ | ◎ | |
| | 西条市 | ○ | ○ | ◎ | | | | | | ○ | | | | ◎ | |
| | 今治市 | ○ | | ○ | ○ | ○ | | | ○ | | | ○ | ○ | | |
| | 北条市 | ○ | | ○ | ○ | ○ | ○ | | ○ | | | ○ | ○ | ○ | |
| | 松山市 | ○ | | ○ | ○ | ○ | | | ○ | ○ | | ○ | | | |
| | 双海町 | | ○ | ○ | ○ | ○ | | | ○ | | | ○ | | | |
| | 伊方町 | ○ | | ○ | | ● | | | | | | ● | ○ | ○ | |
| | 三崎町 | ○ | | ● | ○ | ● | | ○ | | | | ● | ● | ○ | |
| 山口県 | 大島郡 | ○ | | ○ | | ● | | | ○ | ○ | | ○ | ○ | | |
| | 笠戸島 | ○ | ○ | ○ | | ○ | | | ○ | ○ | | ○ | ○ | | |
| | 秋穂町 | | | ○ | | | | | ○ | ○ | | ● | ○ | ○ | ○ |
| 福岡 | 椎田町 | ○ | ○ | | | | | | ○ | ○ | | | ○ | | |
| 大分県 | 国見町 | ○ | ○ | ◎ | | ○ | | | ○ | ○ | | ○ | ○ | | ○ |
| | 佐賀関町 | ○ | | ○ | ○ | ● | | ● | | ○ | | ● | ● | ○ | |

本表は主に明治時代後期から昭和40年頃までの習慣を示す。
採取目的：○自給　●出荷および自給　◎養殖して出荷

のものが多く、磯に打ち上げられた海藻を採集する打ち上げ採取も楽しめる背景を持っていた（表2）。すなわち、海藻の自生環境からみても、採取・利用する住民側からみても好都合の環境が備わっていたわけである。

これに対し、地域差が明確であったヒジキやアラメ・クロメは藻体が強靱で、内海よりも潮の流れの速い所に良質のものが育つといわれている。また、モズクは内湾性の波の静かなところに自生するものの、低潮線より深い所に生えるホンダワラ類に着生するという特徴を持つ。これらの海藻の自生が多くみられた広島県・山口県・愛媛県・九州東岸に囲まれた海域は、燧灘・安芸灘・周防灘・伊予灘を有し、瀬戸内海でも潮の流れが速く広い海域であり、瀬戸内海東部に比べ多種類の良質の海藻が自生しやすい海の環境にあるといえよう。なかでも伊予灘は面積・深さ共に瀬戸内海で最大の海域であり、愛媛県佐田岬と大分県の佐賀関を結ぶ海域は太平洋との接点にも当たり、リアス式海岸が多く外海の影響も大きい環境であった。このような環境は藻体の軟弱なイギス等の自生には適さず、褐藻類の自生により適していたといえる。そして、褐藻類は紅藻類に比べて水深の深い漸深帯に自生するものが多く、干潮時に磯採取できるヒジキ以外は、潜水によるか船上から長い柄の付いた鎌や熊手などの道具を使用して採取する方法などが行われていた（表2）。このように採取側の立場から考えるならば、紅藻類ほど手軽に採取できるものばかりではなかったのである。

以上のように、食用とされる海藻の種類に視点を置くならば、瀬戸内海西部沿岸地域に海藻の種類が多く、全体的に紅藻類の採取や利用が盛んであるという特徴をとらえることができた。そして、この背景には海藻の自生に関わる自然環境および住民側の海藻採取の難易にかかわる条件が大きく関与していると考えられた。

表２　食用とされた主な海藻の植物分類学的名称と自生・採取状況

| | 一般名称 | 植物分類学的名称（主なもの） | 自生場所 | 採　取 |
|---|---|---|---|---|
| 緑藻類 | アオサ | あおさ目ひとえぐさ科ひとえぐさ属ひとえぐさ<br>あおさ目あおさ科あおさ属あなあおさ | a | 初春～初夏 A |
| | アオノリ | あおさ目あおさ科あおのり属ぼうあおのり・うすばあおのり・すじあおのり | a | 冬～春 A |
| 褐藻類 | ワカメ | こんぶ目こんぶ科わかめ属わかめ | a下部～b | 冬～春 BC |
| | モズク | ながまつも目もずく科もずく属もずく<br>ながまつも目ながまつも科いしもずく属いしもずく | bホンダワラ上 | 春～夏 C |
| | ヒジキ | ひばまた目ほんだわら科ひじき属ひじき | a下部 | 冬～初夏 A |
| | アラメ | 不明 | b | 冬 BC |
| | クロメ | こんぶ目こんぶ科かじめ属かじめ | b | 冬～初春 C |
| 紅藻類 | イギス | いぎす目いぎす科いぎす属あみくさ | a～b | 夏 AB |
| | オゴノリ | すぎのり目おごのり科おごのり属おごのり | a | 春～夏 AB |
| | シラモ | すぎのり目おごのり科おごのり属しらも | a | 夏 A |
| | テングサ | てんぐさ目てんぐさ科てんぐさ属まくさ | a～b | 夏 ABC |
| | フノリ<br>コブノリ | かくれいと目ふのり科ふのり属ふくろふのり | a中部 | 冬～初春 A |
| | アマノリ<br>クロノリ<br>メノリ<br>イワノリ | うしけのり目うしけのり科あまのり属<br>あさくさのり・すさびのり | a中部 | 冬～初春 A |

自生場所：ａ－潮間帯（上部・中部・下部）　ｂ－漸深帯
採取方法：Ａ－磯採取（干潮時に干潟に出て海藻を採取）
Ｂ－打ち上げ採取（波や風によって磯に打ち上げられた海藻を採取）
Ｃ－船・潜水で採取（低潮線より深い所の海藻を船の上から、また潜水して採取）

(2) 海藻採取の目的

瀬戸内海沿岸地帯の海藻採取の目的は、一部の地域とワカメやアマノリの養殖海藻を除き、あくまでも自給のためであった。すなわち、季節ごとに自生した海藻を、仕事の合間に磯に出て必要なだけ採取し保存しておくのが大原則であり、温暖な気候を反映してか戦時中の食料難の時代を除き、凶作のための救荒食としての採取・保存の習慣はほとんどみられなかった。しかし、伊予灘に面した愛媛県西宇和郡伊方町・三崎町一帯ではワカメ・ヒジキ・テングサ・フノリが、太平洋との接点である大分県北海部郡佐賀関町ではヒジキ・クロメ・テングサ・フノリが漁師達の手で採取され海藻問屋や漁業協同組合に出荷されていた（表1)。また、山口県の大島でも四国側の伊予灘に面した地域では、小規模ではあるが古老達の手で採取された海藻が地元の水産加工業者に買い上げられ、加工・市販されているという事例も見られた。

海藻の採取目的には、自然環境を反映した海藻の質と自生量の問題および生業との関わりが反映しているものと考えられる。海藻を出荷目的で採取していたのは、伊予灘や豊後水道の海域に面した地域であり、好漁場を利用して古くから漁業が盛んで、今日でも漁業後継者不足の問題を抱えながらも、一本釣・網漁・海人漁・養殖漁業が盛んで、高い漁獲高をあげていた。佐賀関町では、藩政時代から海士（男あま）が養成され、現在でも海士組合が存在しており、クロメ採取専門の漁師が活躍していた。同様に三崎町でも海士による採貝採藻漁が盛んで、最近では海女（女あま）による磯漁も行われているという実状であった。そして海藻の乱獲を防止し、安定した採取・出荷ができるよう海藻の解禁日を決めるなど、他地域とは異たる規則が設けられていることからも、住民の漁業に対する意識が高く、海藻採取は生業の中で確固とした位置を持っていることがうかがえた。すなわち他地域に比べ、より海とのかかわりが深く、多量に繁茂した良質な海藻を、干満にかかわらず船の上から、また、潜水して採取できる体制にあったのである。

表３　海藻の利用と保存

| 分類 | 種　類 | 加　工・保　存 | 料　理　法 | 行　事　食 |
|---|---|---|---|---|
| 緑藻類 | アオサ | 天日乾燥 | 火に炙り振りかけ<br>佃煮・アオサ汁<br>アオサ雑炊（下蒲刈） | アオサ汁（詫間町）<br>出産祝い・宮参り |
| | アオノリ | 天日乾燥 | 火に炙り振りかけ<br>佃煮・巻のり<br>餅に入れる | 祝い粉（小豆島）<br>正月雑煮 |
| 褐藻類 | ワカメ | 天日乾燥<br>（生又は湯通し→乾燥）<br>塩漬け | 汁物・酢の物・煮物 | |
| | ヒジキ | 天日乾燥<br>（水洗→酢・みかん・梅を入れ茹でる→干す）<br>梅雨を越すと軟化 | 煮物・白和え<br>ヒジキご飯 | 白和え<br>仏事 |
| | モズク | 塩漬け | 酢の物 | |
| | アラメ | 天日乾燥 | 煮物<br>酢の物（湯通し刻む） | |
| | クロメ | 天日乾燥（茹で干す）<br>生をくるくる巻いて市販 | 汁物（刻んで混ぜ粘りを出し汁をかける）<br>飯の上に押せる | 盆グロメ（佐賀関町）<br>供物・みやげ |
| 紅藻類 | イギス | 乾燥保存<br>（水晒し漂白乾燥）<br>夜露に当てると品質低下<br>何年でも保存可能 | 酢の物・和え物<br>（米糠汁・生大豆粉汁・大豆の茹で汁で加熱溶解・凝固） | 酢の物・和え物<br>仏事<br>祭りや婚礼<br>（今治市・弓削島国見町） |
| | オゴノリ | 天日乾燥<br>（そのまま又は水晒漂白乾燥）<br>何年でも保存可能 | 乾燥物：酢の物<br>（米糠汁で加熱溶解凝固）<br>生：酢の物<br>（湯を通し酢の物） | 酢の物（牛窓町）<br>お大師巡りの接待料理<br>生の酢の物（詫間町）<br>百々手の料理 |
| | シラモ | 天日乾燥<br>（一日干し）<br>何年でも保存可能 | 酢の物（熱湯を通して） | 酢の物<br>（牛窓町・日生町）<br>仏事 |
| | テングサ | 天日乾燥<br>（そのまま又は水晒漂白乾燥）<br>何年でも保存可能 | トコロテン<br>（水又は酢水で炊きろ液を凝固） | |
| | フノリ | 天日乾燥 | 味噌汁・酢の物<br>刺身のけん | |
| | アマノリ | 板状に干す | 巻のり・佃煮 | |

瀬戸内沿岸地帯のほとんどの地域で行われている習慣については地名は無記入とし、
限られた地域の習慣についてのみ（）で地域名を記入した。

これに比較し、瀬戸内海でも特に内海性の強い広島県・岡山県・香川県・兵庫県の海域では、潮の流れが穏やかである環境を生かしてワカメやアマノリの養殖が盛んであるが、天然の海藻を出荷する地域はほとんどみられなかった。この地域は藻体が軟らかい紅藻類が自生し易い海の環境を持ちながらも、必ずしも海藻は良質とはいえず、しかも出荷に結びつく程の自生量をもたいところが多かったのである。そして、瀬戸内海沿岸地域の多くは畑作中心の農業偏重型の半農半漁で生計を成り立たせてきた地域であり、温暖な気候を利用して麦・豆・芋類の外、除虫菊や南瓜・西瓜等の換金作物が古くから栽培されてきた。早い所では明治時代から柑橘類の栽培が導入されたといわれ、一年中農作業に追われる毎日であった。「海藻の季節がきたと知りながら、農作業が忙しくて採りに出られなかった」という話をたびたび耳にしたが、海藻採取はあくまでも農作業の合間に行われる自給のための採取であったのである。

以上のように、瀬戸内海沿岸地帯の海藻採取の目的は自給中心であり、自生する海藻の質と量にかかわる要因と共に、生業の主体が漁業にあるか、農業にあるかによって大きく左右されるものであったといっても過言ではなかろう。

## 2. 海藻の加工保存と調理法

表3は海藻の加工保存法や調理法の特徴についてまとめたものである。これに基づいて具体的な保存法と調理法を紹介していくことにする。

### (1) 海藻の加工保存

紅藻類、褐藻類、緑藻類を問わずほとんどの海藻は乾燥でき、しかも何年でも保存が可能であるという特性を持つ。単に日向で乾燥するという簡単な方法であるが、そこにも海藻の性質を熟知した長年の経験が生かされていた。

具体的に例をあげると、ワカメは採取してそのまま干す方法、真水で洗って乾燥する方法、熱湯を通して干す方法などが行われてきたが、いずれにしてもワカメの乾燥は1日干しが良く、雨にぬれると品質が低下してしまった。採取してそのまま干すほうがワカメの香りが保たれるが、藻体表面に塩の結晶が付いた状態で保存するため、梅雨になると水分を吸いカビが出やすいという欠点があった。この問題を改善したのが湯通しして干す方法であるが、ワカメ独自の風味が失われると嫌う人もあった。

ヒジキ・アラメ・クロメは、前もって茹でてから乾燥保存されていた。ヒジキは藻体が軟化しやすいように酸を添加して3～4時間茹で、冷えるまで一夜蒸したものを乾燥するという加工法が行われていた。酸としては食酢の他に山畑や庭先で栽培されているミカン・ダイダイ等の柑橘類の輪切りや果汁を使用したり、梅干しを茹で汁に入れたりした。自給できる材料をうまく組み合わせた加工法の一例である。また、ヒジキは1～2年経たものの方が軟らかく煮えるともいわれ、それを見越して多めに保存するなど、合理的な乾燥保存法が伝承されていた。

紅藻類は料理に藻体の持つ色を生かすか否かで乾燥法が異なる。シラモやフノリ等の紅い色を生かして料理するものは採取してそのまま乾燥し、一方、藻体中の寒天質を抽出して料理に利用するテングサ・イギス・オゴノリ等は、何度も水晒し、天日乾燥して色抜きをしたものが保存されていた。そして、比較的藻体が硬く寒天質が溶出しにくいテングサは、夜露や雨に合わせて晒し、逆に組織の軟らかいイギスは雨や夜露を避けなければならないなど、長年の経験が生かされた保存技術が伝えられていた。紅藻類も古いものの方がよく溶解する性質をもち、前年のものから使われていた。

このように保存のための乾燥法にも、経験の中から体得した海藻の科学的性質が生かされているものばかりであり、いかに海藻が住民の身近な存在であったかをうかがうことができる。

### (2) 海藻の調理法

調理形態は、海藻をそのまま使用するものと藻体を加熱溶解・凝固させるものの大きく二つに分類される。緑藻類、褐藻類は前者に属し、後者は紅藻類の寒天質の性質をうまく利用した調理法である。それぞれの海藻の料理法は表3に示す通りであった。

①緑藻類・褐藻類

アオノリやアオサは緑色を生かしてふりかけや佃煮・巻き海苔に使われ、褐藻類は藻体が硬いためか加熱調理法が基本であり、藻体の部位や採取時期の違いによる硬さや品質の差を考慮したものであった。例えば、ヒジキは採取時期が早く藻体の軟らかいものと、成長しすぎて藻体が硬くなったものは区別して保存され、白和えには若くて軟らかいものが、煮物には硬いものでも使用するな

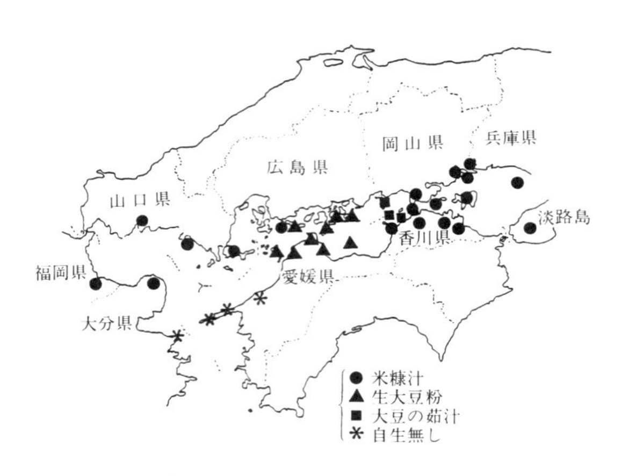


イギス料理は，紅藻アミクサを米糠汁（●）・生大豆粉（▲）・大豆の茹汁（■）を添加して煮溶かし凝固させて食べるものである．イギス料理の特徴は，芸予諸島から今治周辺の大豆を使用する地域と（▲，■），米糠を使用するその他の地域に二分された．また，伊予灘に面する地域（＊）にはアミクサの自生はみられなかった．

図1　イギス料理の地域性―煮汁の種類―

どの使い分けがみられた。そして、緑藻類、褐藻類のほとんどの利用法には地域差は認められなかった。

②紅藻類

紅藻類の料理の特徴は、褐藻類や緑藻類と異なり藻体中の寒天質を利用するところにある。寒天質は熱水に溶出し、冷却するとゲル化するという特性を持ち、この性質を利用したのがイギス・オゴノリ・テングサなどの料理であった。

テングサは瀬戸内海全地域で利用され、水晒ししたテングサを食酢添加の水で煮溶かし、ろ液を冷却凝固させるという料理法であった。いわゆるトコロテンで、主に夏の日常食やおやつとして用いられ、三杯酢や生姜酢、芥子醤油、素麺汁、黄粉などで食べられていた。テングサの料理法は、紅藻類のなかでは地域差の少ないものの一つであった。

これに対しイギスやオゴノリの料理法には明らかに地域差がみられた。イギスは水には加熱溶解せず、また、テングサのように食酢を添加しても溶解、凝固しないという性質をもつ。ところが瀬戸内海沿岸の住民達は米糠汁や生大豆粉・大豆の茄汁を添加し加熱溶解・凝固させるという料理法を長年の経験から工夫し、現在まで細々とではあるが伝承していた。そして、米糠汁の使用は調理科学的にも有効であることは、すでに実験的に証明した[3、4]。米糠汁や生大豆粉・大豆の茄汁を用いたこの料理はいずれもイギスまたはイギス豆腐と呼ばれ､芥子酢味噌や酢醤油で食べられていた。また砂糖味をつけた砂糖イギスや人参・椎茸・干エビ等を入れた具イギスも作られていた。

次に、イギスの加熱溶解に使用する煮汁に視点を置くと明確な地域性を示した（図1）。大豆の煮汁または生大豆粉を使用してイギスを煮溶かす地域は、岡山県の真鍋島、香川県の佐柳島･高見島、広島県と愛媛県の間に横たわる芸予諸島、および今治市・北条市など中予地域で、その他の地域は米糠汁を使用する地域であった。

この地域性の背景には自然環境と農業形態が大きく関与していると考えられる。米糠汁を使用する場合、古い米糠は糠臭くて味が落ちると言われ、米糠は新しいものでなければならなかった。つまり、米糠が入手しやすい状況にあることが必須条件とされた。岡山県・香川県・山口県の沿岸および島嶼部地域と福岡県・大分県・兵庫県の瀬戸内海沿岸地域では、いずれも大小の差はあるものの平野部が存在し､水田耕作が可能で米糠の入手は容易である生活環境をもっていた。これに対し、大豆の茄汁を利用する真鍋島・佐柳島・高見島は、島全体が丘陵地であり、古くから水田は皆無で米を栽培するのは困難な地域であった。過去においても陸稲栽培も行われたかったといわれ、米糠が簡単に手に入る環境ではありえなかったのである。しかしながら、昔から山畑を利用して大豆栽培が行われており、秋に収穫された大豆は一年中乾燥保存され、大豆の茄汁はいつでも用意できたわけである。同じ大豆でも、生大豆粉を使用する愛媛県の魚島・弓削島・友浦、広島県の因島においては水田が僅少で地形的にも米栽培は困難で、米糠の入手は容易ではなかった。そのため米糠と同じ効果が得られる生大豆粉を使用するようにたったものと考えられる。そして、これらの隣接する島々は古くから海上交通を通して人々の交流が持たれ、今治周辺の地域にも一連の習慣が広まっていった可能性が高い。このようにイギスの料理法には水田耕作の難易、海上交通を通しての人々の交流など、生活環境が大きく反映し、米糠汁と大豆を用いる地域に大きく二分できる地域性を形成してきたものと考えられる。

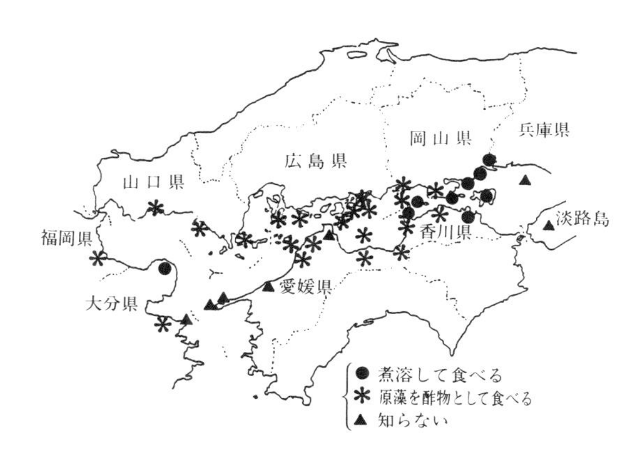


オゴノリ料理は，生のオゴノリを酢の物として食べる方法と，煮溶かし凝固させて食べる方法がある．ほとんどの地域では酢の物として食べられ（＊），岡山県の南東部・香川県の島嶼部地域でのみ加熱溶解して食べる（●）習慣が伝承されていた．また伊予灘に面する地域ではオゴノリは食べられていなかった（▲）．

図２　オゴノリ料理の地域性

オゴノリはイギス同様に加熱煮溶・凝固させて食べる方法と、生の藻体を酢の物にする方法があった。この２つの料理法には明確な地域性がみられ（図2）、岡山県と香川県にのみイギスと同様の習慣が、その他の地域では生の藻体を酢の物として食べる習慣が主体であることが明らかとなった。オゴノリはイギスよりも簡単に加熱溶解でき、味もイギスよりも弾力があっておいしく、オゴノリの方をよく使うようになった（香川県広島・庵治町）、また、イギスの自生量が減少しオゴノリを代用品として使用するようになった（岡山県牛窓町）とも伝えられていた。これらの事例からも、オゴノリは生の藻体を酢の物として食べる方が一般的であったが、長年の経験からオゴノリも煮溶かして食べる習慣ができたものと推測される。

その他の紅藻類の料理については表３に示す通りであったが、イギス・オゴノリ・テングサの料理がわずかに伝承されているだけで、現在ではすでにすたれた料理が多い。

以上のように、住民達は海藻の植物分類学上の名称は知らないものの、長年の経験の中からそれぞれの海藻の性質を知り、性質にあった保存法や料理法を工夫し伝承してきていた。そして、その保存法や料理法は地域の生業形態を反映するものも多く、それぞれの地域で栽培される米や大豆、柑橘類などをうまく組み合わせたものであった。なかでも紅藻類の料理法はその特徴を地域性として理解することができるという特性を明確にすることができた。

## 3. 行事食としての海藻料理

多くの海藻が行事食として使用されていたが、全域で使われているのはヒジキの白和えとイギス料理だけであり、しかも、仏事の供物、客膳料理としての使用が多いことが明らかとなった（表3）、そこで、この代表的なイギスとヒジキの事例をとりあげ、行事食としての海藻の意義とその背景を探っていくことにする。

行事には神仏を迎え伝統的な儀礼が行われ、必ず普段とは異なった特別な食べ物が供えられ、神と人が一体となって食べる神人共食の習慣が古くから伝えられている。そして、行事と日常の食事は明確に区別されるべきものであり、これが行事食と理解されている。また、仏教思想に基づく仏事の供物、料理には精進材料を用いることが昔からの習慣である。イギスを行事食とする事例の中には「鯛が人の祝儀に最大の御馳走であったようにイギスは仏様の一番の御馳走であった」といわれ、大正時代には初盆のお供えに提灯と乾燥イギスを使ったという話や（岡山県牛窓町）、仏事のイギス料理は「仏様の鏡」などといわれ、何はなくてもイギス料理だけは供えたという話（淡路島）が伝えられていた。また、仏事の食べ物といえば必ずヒジキの白和えがあげられた。これらの事例から考えてもイギス料理やヒジキの白和えは日常の食事とは区別された行事食として位置づけられてきたことが理解できる。

イギスやヒジキの他に仏事の行事食として使用されていた物に、クロメ（佐賀関町）やシラモ（牛窓町）があげられた。また、祝儀にも海藻が使われており、出産祝いや宮参りのアオサ汁（詫間町）、アオノリを使った正月雑煮の祝い粉（小豆島）、百々手のオゴノリの酢の物（詫間町）、そして、祭りや婚礼のイギス料理（今治市・弓削島・国見町）等であった（表3）。これらも美しい緑色や珍しさから行事食と成り得たものと思われる。

ではなぜ今日では全く貴重品扱いされなくなったイギスやヒジキなどが行事食となりえたのであろうか。全ての仕事を手作業に頼った時代、半農半漁の合間を縫って行われた海藻の採取・乾藻保存・料理の一連の工程は、いつでも片手間にできるものではなかったといわれる。なかでもヒジキやイギスの保存には前述したように天候をみはからい茹でてから干す、何度も水洗いして晒すなどの時間を要する工程が含まれていた。さらに、米糠や大豆を用いるイギス料理には長年の経験が必要とされたなど、日常生活においていつでも作ることのできた料理ではなく、むしろ貴重品で珍しい御馳走というイメージが強いものであった。ここに海藻が行事食となりえた理由が存在しているように思われる。そして、自給自足の生活を大原則とした時代、日本近海でも限られた地域にのみ自生し、現金収入にむすび付く海藻産業の対象ともなり、庶民が購入するには高価なものであったコンブやノリなど[5)]に対し、ヒジキやイギスなどは、浅瀬に自生し海辺の住民であれば簡単に採取でき、一年間の生活リズムの中に海藻採取を組み込むことができるきわめて身近な精進材料であったのである。さらに便利なことに乾燥した海藻は何年でも品質が変わらず、いつでも間に合うという利点があった。そして、海藻は古代から行事の供物として使われてきたという歴史的背景も大きく関与しているものと考えられる。すなわち、長い歴史のなかで人々の信仰心とこれらの諸条件件が重なり合い、行事食としての海藻の食習慣が成立し伝承されてきたものと思われる、しかしながら、現在では海藻の加工法や料理法を熟知するのは古老に限られ、行事食としての意味が薄れてしまった地域が多いということも事実である。

＊図版出典：今田節子 1992 より

## むすび―瀬戸内海沿岸地帯の海藻の食文化の特徴とその背景―

これまで述べてきた瀬戸内海沿岸地帯の食習慣の特徴を要約すると次のようである。まず、海藻の種類からみた食習慣の特徴は紅藻類の利用にあり、イギス・オゴノリ・フノリ・テングサなど多種類の紅藻類がほぼ全域で食材料として利用されてきてことをあげることができる。しかし、海藻採取の目的は、半農半漁の営みの合間に行われる自給のための採取が基本であった。海藻の保存と料理法は住民が長年の経験のなかから会得した海藻の科学的性質に沿ったものであり、海藻成分の損失や品質低下の防止を考慮に入れた乾燥法や保存法の工夫がなされ、各地域で自家栽培されている米や大豆・柑橘類等と、うまく組み合わせた合理的な料理法の発達がみられた。なかでもイギスには米糠汁や大豆を用いて加熱溶解・凝固させるという特異的な料理法が伝承されており、その特徴を地域性としてとらえることができ、大豆を使用する芸予諸島から今治周辺地域と、米糠汁を用いるその他の地域に二分できることが明確となった。そしてイギス料理やヒジキの白和えは仏事の供物や客膳料理には無くてはならぬもので、行事食としての位置付けは高いものであった。全体的にみると、同じ瀬戸内海にあっても太平洋側との接点に当たる愛媛県の佐田岬半島から大分県の佐賀関半島を結ぶ地域では、イギスは自生せずアラメ・クロメが自生し、また、海藻採取は収入源とも成りえているなど、上記の瀬戸内海沿岸とは特徴を異にしていた。

このような食習慣を生み出してきた背景をまとめると、次のような要因が明らかとなった。第一に海藻の生態と内海という自然環境の関わり、第二に瀬戸内海沿岸という風土のなかで培われてきた生業形態と海との関わり、それにともなう住民の海藻に対する価値観、第三に海上交通を通しての人々の交流、最後に古代から行われてきた海藻利用の歴史的背景である。

紅藻類の多くは内海の潮間帯に自生し、春から夏にかけて生育するという生態的特徴を持つ。瀬戸内海は紅藻類の自生に最適な海の環境であったことが瀬戸内海沿岸地帯の海藻の食習慣を特徴づける基本的な背景となっていた。そして、紅藻類の生態は住民にとっても、特別な採取技術を必要とせず磯採取や打ち上げ採取が可能であるという恵まれた条件をもたらしていたのである。

しかし、採取目的には自然環境のみならず、長年の歴史のなかで営まれてきた半農半漁という生業形態が関与していた。民俗学者の高桑は日本の漁業・漁村について、今日存在する大部分の半農半漁村は近世に入って地先海域を利用しておかず採り漁業や肥やし採り漁業に従事するようになった農村に基礎を置くもので、漁業技術の革新や動力船の導入は1930年代になってからのことであると述べている[6)]。瀬戸内海沿岸地帯においても同様なことがいえ、毎日の食卓に供する貝や小魚類には事欠かなかったとはいえ、漁業一本で生計を支える程の規模はまれであったといっても過言ではない。一方、温暖な気候風土のなかで農業の発達は早く、古老の話からも早い地域ではすでに明治時代から柑橘類・南瓜・西瓜などの換金作物が導入されたという背景がみられた。この農業の発達にも海藻や小魚類は肥料として重要な役割を果たしてきたのである。すなわち、農業偏重型の半農半漁の生業形態のなかで、海藻採取もおかず採り漁業や肥やし採り漁業の一部として位置付けられてきたのである、瀬戸内海沿岸地帯の住民は漁業と農業のいずれにおいても海と深い関わりを持ってきたといえ、海藻の性質を知る機会が日頃の生活のなかにあり、この経験が海藻の保存や食べ方の工夫へ繋がっていったと考えられる。

また、イギスやオゴノリなどにみられた食習慣の地域性は、海上交通を通しての人々の交流範囲、通婚圏、経済圏などと共通する部分が多いことから、これらの要因も食習慣の伝承に関与していたと考えられる。

そして、古代から海藻が税として貢献され、また神社・寺社行事の供物や供養料とされてきた[7〜10)]という歴史的背景も、長い歴史のなかで庶民の食習慣に大きく影響を及ぼしてきたものと思われる。

以上のように、瀬戸内海沿岸地帯に見られた海藻の食習慣は、瀬戸内という生活環境そのものを反映したものであったといえる。しかし、戦中・戦後の物不足の時代、そして、高度経済成長期という生活様式の多様化の時代を経る過程で、海藻の食習慣は変容またはすたれていったものも多いのが現状である。

【註】

1）大森長朗『岡山の海藻』、日本文教出版、1977、p.14。
2）南西海区水産研究所『沿岸海域藻場調査瀬戸内海関係域藻場分布調査結果』、水産庁、1979、pp.395～413。
3）今田節子、高橋正侑「アミクサゲルのテクスチャー特性値におよぼす米糠抽出液・食酢の添加効果」、日本栄養・食糧学会誌、39（2）、1986、pp.107～144。
4）今田節子、高橋正侑「オゴノリゲル・エゴノリゲルのテクスチャー特性値におよぼす米糠抽出液・食酢の添加効果」、日本栄養・食糧学会誌、40（5）、1987、pp.391～397。
5）宮下章『海藻』、法政大学出版局、1974、pp.123～144、164～200。
6）高桑守史「「農民漁業」と「海民漁業」—伝統的漁民の類型—」、『歴史公論』No.102、雄山閣、1984、pp.48～54。
7）「延喜式 巻23民部下」（927成立）、正宗敦夫編『復刻日本古典全集延喜式二』、現代思潮社、1978、pp.205～231。
8）「延喜式 巻24主計部上」、正宗敦夫編『復刻日本古典全集延喜式三』、現代思潮社、1978、pp.1～40。
9）「延喜式 巻32、33大膳」、前掲註8）、pp.235～274。
10）「延喜式 巻39内膳司」、前掲註8）、pp.163～169。

# 付論1 「備前の白藻」の食習慣とその背景

紅藻のシラモは瀬戸内海沿岸地帯の海藻の1種類であったが、その自生は極めて限られた地域であったこと、地域を特定した「備前の白藻」という名称で古くから記載されていることなどを考慮し、付論として調査研究結果を述べる。

紅藻シラモの食習慣は瀬戸内海沿岸地帯でも局地的に存在し、岡山県邑久郡牛窓町（現瀬戸内市牛窓町）や備前市片上地域でのみ食習慣が伝承されてきていることが明らかになった。また、「備前の白藻」については古くから記録に残されている習慣であることも判明した。これらのことを考慮したとき、シラモは地域が限られるものの、内海性の高い瀬戸内海沿岸地帯の海藻の食習慣の特徴の一つとして扱う必要があると考えられる。

そこで、文献調査、聴き取り調査の両面から詳細に調査研究を進め、江戸時代から今日に至るまでのシラモの自生分布と食習慣を具体的に明らかにし、その特徴と伝承・変容を瀬戸内海沿岸地帯という生活環境とのかかわりのなかでとらえることを目的とした。

## 1. 文献調査からみたシラモの歴史

シラモの調査地を決定するにあたり、「備前の白藻」に関する歴史から調査結果を述べることにする。まず、『古事類苑　植物部』[1]に記載された資料、および幕命、藩命により著された江戸時代の備前地方の地誌等[2～11]を主な手掛かりとして（表1）、シラモの分布や利用法など、シラモに関する歴史を探って行くことにした。

### (1) 近世以前のシラモ

#### ①古代から室町時代

シラモを含む7種の紅藻類の出現状況は表2、3に示す通りであるが、その概要を述べると次のようになる。収集した資料のなかでシラモの記録が初めて登場するのは、室町時代の『最壌集』[12]（1454年）であるが、ここでは名称の記録のみにとどまっている。しかし、シラモ以外の紅藻類の出現は早く、すでに『令義解』[13]（833年）、『延喜式』[14]（927年）、『倭名類聚抄』[15]（931～938年）など平安時代の文献に名称が登場している。『延喜式』[16]には律令制下における課税品目についての記載が見られるが、オゴノリ・テングサ・トサカノリ・ツノマタが正税の指定を受け、また、『延喜式』の内膳[17]、大膳[18]の記録の中にもオゴノリ・テングサ・トサカノリ・ツノマタが正税の指定を受け、これらの海藻が上流階級の人々の食材料として用いられた事実も伝えられている。さらに、これらの海藻は宗教儀礼とのかかわりも深く、神社仏閣への供養料としても徴収されていた[19]。

このように、平安時代には多くの紅藻類が重要な役割を果たしていたにもかかわらず、シラモについては税の対象となるどころか、名称すら残されていない。古代から中世にかけてシラモはまだ明確に認識されておらず、形態の類似した紅藻類と混同されていた可能性が高い。

#### ②江戸時代

江戸時代になると海藻についての文献も増え、シラモの形状、自生状況、料理方法、産地などが

表1　シラモが記載された主な文献

| 時代区分 | 『古事類苑』にみられる資料 | 備前地方に残された資料 |
|---|---|---|
| 平安時代 | 『延喜式』（九二七） | |
| 室町時代 | 『撮壌集』（一四五四） | |
| 安土・桃山時代 | | |
| 江戸時代初期 → | 『毛吹草』（一六三三） | 『吉備温故必録』（寛文年中） |
| 江戸時代中期 → | 『庖厨備用倭名本草』（一六八四）<br>『和爾雅』（一六八八）<br>『本朝食鑑』（一六九五）<br>『和漢三才図絵』（一七一二）<br>『大和本草』（一七〇九～一七一五） | 『吉備前鑑』（一六八四～一七〇四）<br>『備前記』（一七〇四）<br>『和気絹』（一七〇九）<br>『備陽記』（一七二七）<br>『諸国産物帳集成』（一七三六）<br>『備陽国誌』（一七三九）<br>『備前名所記』（一七六三） |
| 江戸時代後期 → | 『寛政四年武鑑』（一七九二） | 『撮要録』（一八二三）<br>『東備郡村誌』（天保頃） |
| 明治時代初期 → | | 『服部家家事入用記』 |
| 明治時代後期 → | | 服部家判取帳<br>服部家先祖祭の記録<br>「明治36年町勢調査統計書」<br>「明治44年度漁獲高調査」 |
| 大正時代 → | | 「勧業統計」<br>「大正12年度長浜村勢一覧」 |
| 昭和時代初期 → | | 「牛窓町現勢一覧」 |
| 昭和時代後期 | | |

次々と明らかにされている。

『撮壌集』が完成してから約200年後の江戸時代初期、全国の名物を記載した『毛吹草』[20]（1633年）に、「備前堅浦白藻」・「伊予来島白藻」と、また『本朝食鑑』[21]（1695年）や『大和本草』[22]（1709～1715年）にも備前のシラモが明記されている。今のところ堅浦がどこを指しているのかが明らかではないが、江戸時代初期すでに備前地方のシラモが全国に知られていたことがわかる。さらに江戸時代中期になると『庖厨備用倭名本草』[23]（1684年）や『和漢三才図会』[24]（1712年）などのように「龍鬚菜」と書いて「しらも」と読ませるのが一般的となり、俗名として「白藻」と呼ばれている。

シラモの形状についてもかなり詳しい記録が残されており、江戸時代中期の『庖厨備用倭名本草』[25]、『本朝食鑑』[26]、『大和本草』[27]によると、シラモは生の状態で青色・淡紫色、長さは長いもので1～2尺、形態は柳根のひげ、細糸のよう、茎は細く絹のようで群生する特徴を持つとしている。総じて現在我々がシラモと呼んでいるものとほぼ一致しているといってよかろう。

食べ方については、『本朝食鑑』[28]に生食がよいと、また『大和本草』[29]には水に浸して酢味噌で食べるとあることから、現在と同様に生のものと乾燥物をもどしたものの両方が使用され、酢の物にして食べられていたことがわかる。

このようにシラモについての記録が多く残されている一方で、シラモと他の海藻との混乱がみられるのも事実である。例えば、『本朝食鑑』[30]と『和漢三才図絵』[31]で、前者ではシラモを「晒す

表2 古代から近世に記載された紅藻類7種の出現状況

| 時代 | | 平安 | | | | 室町 | | | | 江戸 | | | | | | | | | | |
|---|---|---|---|---|---|---|---|---|---|---|---|---|---|---|---|---|---|---|---|---|
| 年代 | | 800 | | | 1000 | | | | | 1600 | | | 1700 | | | | | 1800 | | |
| 文献 | | (1) | (2) | (3) | (4) | (5) | (6) | (7) | (8) | (9) | (10) | (11) | (12) | (13) | (14) | (15) | (16) | (17) | (18) | (19) |
| シラモ | 名称 | | | | | | ○ | | | ○ | ○ | ○ | ○ | ○ | ○ | | | ○ | | |
| | 形状 | | | | | | | | | | ○ | | ○ | | ○ | | | | | |
| | 自生 | | | | | | | | | △ | ○ | | ○ | | ○ | | | | | |
| | 利用 | | | | | | | | | | △ | | △ | | ○ | | | | | |
| | 税 | | | | | | | | | | | | | | | | | | | |
| オゴノリ | 名称 | | | ○ | ○ | | | | | | | | ○ | ○ | ○ | | | | | |
| | 形状 | | | | | | | | | | | | ○ | ○ | ○ | | | | | |
| | 自生 | | | | | | | | | | | | ○ | ○ | ○ | | | | | |
| | 利用 | | | △ | | | | | | | | | | | △ | | | | | |
| | 税 | | | ◎ | | | | | | | | | | | | | | | | |
| イギス | 名称 | | | ○ | ○ | | | | | | | | | ○ | | | | | ○ | |
| | 形状 | | | | △ | | | | | | | | | ○ | | | | | ○ | |
| | 自生 | | | | | | | | | | | | | ○ | | | | | ○ | |
| | 利用 | | | | △ | | | | | | | | | ○ | | | | | | |
| | 税 | | | ○ | | | | | | | | | | | | | | | | |
| テングサ | 名称 | ○ | | ○ | ○ | ○ | | | ○ | ○ | | | ○ | ○ | | ○ | ○ | | ○ | ○ |
| | 形状 | | | | | | | | | | | | ○ | ○ | | | | | ○ | |
| | 自生 | | | | | | | | | | | | ○ | ○ | | | | | ○ | |
| | 利用 | | | △ | | | | | | △ | | | ○ | ○ | | | | | ○ | ○ |
| | 税 | ○ | | ◎ | | | | | | | | | | | | | | | | |
| トサカノリ | 名称 | | | ○ | ○ | | ○ | | | ○ | | | ○ | ○ | | | | | | |
| | 形状 | | | | | | | | | | | | ○ | △ | | | | | | |
| | 自生 | | | | | | | | | | | | ○ | ○ | | | | | | |
| | 利用 | | | △ | | | △ | | | | | | △ | ○ | | | | | | |
| | 税 | | | ◎ | | | | | | | | | | | | | | | | |
| フノリ | 名称 | | | | ○ | | | | | ○ | | | ○ | ○ | ○ | | | | | |
| | 形状 | | | | △ | | | | | | | | ○ | ○ | △ | | | | | |
| | 自生 | | | | | | | | | △ | | | ○ | ○ | | | | | | |
| | 利用 | | | | △ | | | | | | | | ○ | ○ | △ | | | | | |
| | 税 | | | | | | | | | | | | | | | | | | | |
| ツノマタ | 名称 | | ○ | ○ | ○ | | | | | | ○ | | ○ | | ○ | | | | | |
| | 形状 | | △ | | △ | | | | | | ○ | | ○ | | △ | | | | | |
| | 自生 | | | | | | | | | | | | | | ○ | | | | | |
| | 利用 | | | △ | | | | | | | | | △ | | ○ | | | | | |
| | 税 | | | ◎ | | | | | | | | | | | | | | | | |

注1) ○は詳細な記録が残されていることを示し、△は簡単な記録のみに留まっていることを示す。
注2) 税の項目において、○は税の対象となっていたことを示し、◎は正税の指定を受けていたことを示す。
注3) 調査した紅藻類のうち、ウケウトは『大和本草』にのみ記録されており、ここでは省略した。

(使用文献と成立年代)
(1)『令義解』(833年)
(2)『本草倭名』(918年)
(3)『延喜式』(927年)
(4)『倭名類聚抄』(931～938年)
(5)『庭訓往来』(応永頃)
(6)『撮壌集』(1454年)
(7)『尺素往来』(1481年以前)
(8)『七十一番歌合』(1529年頃)
(9)『毛吹草』(1833年)
(10)『庖厨備用倭名本草』(1684年)
(11)『和爾雅』(1688年)
(12)『本朝食鑑』(1695年)
(13)『和漢三才図会』(1712年)
(14)『大和本草』(1709～1715年)
(15)『東雅』(1717～1719年)
(16)『南留別志』(1736年)
(17)『寛政四年武鑑』(1792年)
(18)『箋注倭名類聚抄』(1827年)
(19)『守貞謾稿』(1853年)

と白色」、後者では「未晒のものをオゴノり」としており、形状の似たシラモとオゴノリとの混乱が生じていることがわかる。オゴノリの記録の中でも『和漢三才図絵』[32]において「晒して乾かすと白藻になる、恐らく龍髪菜であろう」などとしている。江戸時代においてもこのような混乱がみられることから、前述の平安時代においてもシラモとオゴノリとが混同されており、オゴノリの記録の中にシラモが含まれていた可能性が高い。

以上のように、江戸時代にはシラモについての文献が多く残され、古代から室町時代に比べシラモの存在は人々の生活の中で明確になってきたことがうかがえるものであった。

**表３　古代から近世におけるシラモ・オゴノリに関する文献資料**

| 時代 | | 平安 | 平安 | 室町 | 江戸 | 江戸 | 江戸 | 江戸 | 江戸 | 江戸 | 江戸 |
|---|---|---|---|---|---|---|---|---|---|---|---|
| 年代 | | 800 | 1000 | | 1600 | | | 1700 | | | 1800 |
| 文献 | | 延喜式（九二七） | 倭名類聚抄（九三一〜九三八） | 撮壌集（一四五四） | 毛吹草（一六三三） | 庖厨備用倭名本草（一六八四） | 和爾雅（一六八八） | 本朝食鑑（一六九五） | 和漢三才図会（一七一二） | 大和本草（一七〇九〜一七一五） | 寛政四年武鑑（一七九二） |
| シラモの記録 | 名称 | | | 白藻 | 白藻 | 龍鬚菜　石髪 | 龍鬚菜　総菜 | 白藻 | 龍鬚菜　白藻 | 白藻　龍鬚菜　絹菜　ソウナ | 白藻 |
| シラモの記録 | 形状 | | | | | 枝葉なし。柳根のひげ状。長いものは一尺余り。白色。 | | 鬚のよう。椏がある。長さは一、二尺。淡紫色。晒すと白色。 | | 茎は絹のごう。長さはわずか。細糸のよう。青白色。水を注ぐと白くなる。 | |
| シラモの記録 | 自生状況 | | | | | 東南の海辺の石の上に自生。群生する。 | | 石について生える。 | | 海中の石の上に生える。 | |
| シラモの記録 | 料理方法 | | | | | 酢に浸し肉に混ぜて食べる。 | | | | 煮て食べる。水に浸し酢ミソで食べる。 | |
| シラモの記録 | その他 | | | | 備前堅浦白藻　伊予来島白藻が名産。 | | | 味はまあまあ。生食が良い。備前の海浜に多く、豊後や西の諸国にもある。 | 未晒しのものをオゴノリという。 | 珍しいもの。備前にある。北の方にもある。 | 丹後の宮津より伯耆へ十月に白藻を献上。 |
| オゴノリの記録 | 名称 | 於胡菜　於期菜　於巳　於期 | 於期菜 | | | | | 於期菜 | 於期菜　於古乃里 | 於期ノリ | |
| オゴノリの記録 | 形状 | | | | | | | 乱糸のよう。硬い。長さ一、二尺弱。生で青色。乾くと蒼黒色。 | 晒して乾かすと白藻となる。（白くなる） | 乱髪のよう。青黒色。ナゴヤより大、ヒジキより小。滑らかでつるつるしている。 | |
| オゴノリの記録 | 自生状況 | | | | | | | 各地の海浜の石の上に自生。 | 海中の石の上に生える。東海諸国に多い。備前や淡川にも多い。 | 海中の石の上に生える。 | |
| オゴノリの記録 | 料理方法 | | | | | | | | | ヒジキのようにごはんに加えて食べる。 | |
| オゴノリの記録 | その他 | 正税に指定。調として納入。供養料として納入。食用として使用。 | | | | | | 生食がよい。甘辛い。食べ過ぎると腹痛を起こす。 | 恐らく龍鬚菜であろう。 | 冷え性の人が食べ過ぎると消化不良をおこし、腹痛をおこす。 | |

表4　備前地方の地誌にみられるシラモの記録

| 文献名 | 成立年代 | 解説 | 内容 |
| --- | --- | --- | --- |
| 『吉備温故必録』 | 寛文年中<br>(1661 ～ 1672) | 岡山藩に関する総合的資料集。郷荘、村落、山川など記載。 | 鹿忍村——田畑で成り立つ。塩が名品。<br>千手村——田畑で成り立つ。<br>牛窓村——田畑・漁で成り立つ。麦が多い。西海通船の港。番所、茶亭あり。<br>奥浦村——田畑・漁で成り立つ。麦が多い。<br>小津村——田畑・漁で成り立つ。白藻が名品。<br>尻海村——田畑・漁で成り立つ。海鼠が名品。<br>西片上村—田畑・漁で成り立つ。白藻・飯章魚が名品。<br>胸上村——田畑・漁者多し。学鰹・石首魚・龍鬚菜が名品。 |
| 『吉備前鑑』 | 1684 ～ 1704 | 吉備国の風土記。 | 〈備前名物〉41 種中、海産物 13 種。<br>海藻——堅浦白藻、藤戸海苔、郡女冠者海苔<br>小津村——白藻名物。<br>西片上村——名物白藻あり。 |
| 『備前記』 | 1704 | 備前全体の地誌。各村の説明あり。 | 小津村——磯に白藻がたくさんあり、名物である。<br>奥浦村——磯に白藻がたくさんあり、名物である。<br>牛窓村——御茶屋、番所あり。漁盛ん。(イカ、メバリ、スズキ、ヒラ、海老、アミ、イナ)<br>鹿忍村——塩が名物。<br>西片上村——海辺で7、8月白藻を採り名物である。 |
| 『和気絹』 | 1709 | 備前八郡の地誌。 | 邑久郡土産——小津白藻<br>和気郡土産——片上しら藻<br>児島郡土産——藤戸のり |
| 『備陽記』 | 1727 | 岡山藩領初の本格的地誌。巻九に名物など記載。 | 小津村——田畑で成り立つ。<br>奥浦村——田畑で成り立つ。<br>牛窓村——加子浦。小漁を営む。<br>鹿忍村——小漁を営む。<br>〈備前国の名物〉<br>白藻——和気郡片上村、邑久郡小津村・奥浦村・牛窓村・児島郡胸上村の磯辺で毎年5月から8月まで採取し、干して売る。生のものは風味が良く、1日ももたない。邑久郡小津・奥浦の磯辺で採る白藻は太く柔らかで、それを名物としている。<br>鹿忍塩<br>イナ——牛窓村で冬の間敷網で毎年取る。<br>ヒラ——牛窓村<br>海老——唐網、カシアミで3、4月に専ら取る。牛窓では10月に夜、底網でも取る。<br>グチ——牛窓村<br>藤戸苔——児島郡藤戸村 |
| 『備前国備中国之内領内産物帳』<br>『備前国備中国之内領内産物拾図帳』 | 1736 | 幕命により、備前・備中内の産物を記録したもの。 | 〈備前国・備中国の産物帳〉<br>海藻類 19 種<br>・紅藻類8種——石花菜(ココロフト)、海髪(イギス)、松藻(マツノリ)、おご、猫の耳、龍鬚菜(シラモ)、紫菜(アマノリ)、海蘿(フノリ)<br>・褐藻類3種——裙蔕菜(ワカメ)、海蘊(モズク)、から藻<br>・緑藻類5種——海松(ミル)、海苔(アオノリ)、あおさ、もば、蟹の巣<br>・不明3種———がな藻、あせも、めんぞう<br>〈備前国・備中国の産物絵図帳〉<br>海藻類<br>・猫の耳(ツノマタ)——海草。石について生える。トサカ菜に似て茶色。食べられる。<br>・からも(ガラモ)——海草。たいへんナノリソに似ている。葉が寛大で強い。 |

| | | | |
|---|---|---|---|
| | | | ・もば――海の浅いところに多く生える。食べられない。<br>・あぜも――海汀（水際）のひがたに多く生える。茎や葉は大変細い。<br>・めんぞう――海草。凶作の年に身分の低い者が食べる。<br>・蟹の巣――海磯に生える。青苔の類で食べられない。 |
| 『備陽国誌』 | 1739 | 藩命による岡山藩最初の官撰地誌。産物、産業などを記載。 | 邑久郡産物――龍鬚菜。小津村の海に自生し、良品とする。<br>邑久郡産業――牛窓村で漁業を生業とする。<br>和気郡産物――龍鬚菜。西片上村の海。<br>児島郡産物――龍鬚菜。胸上村に有り、味も良い。藤戸海苔。裙蔕菜（ワカメ）。於期（オゴ）。海髪（イギス）。凝艸（ココロブト）。 |
| 『撮要録』 | 1823 | 岡山藩地方関係唯一の類集史料集。 | 〈漁業論争〉<br>・1684年……小津村と奥浦村と尻海村。漁場について。<br>・1706年……奥浦村と上山田村。磯辺の藻場採集について。<br>・1753年……日生村と牛窓村。漁場について。<br>・1797年……虫明村と他村。鰡網漁の漁場について。<br>・1828年……日生村と虫明け村。漁場について。<br>・1845年……尻海村と牛窓村。漁場について。 |
| 『東備郡村誌』 | 天保頃<br>（1830～1844） | 岡山藩士により、村ごとに遺物などを著す。 | 鹿忍村――村民の多くが製塩業に従事。大変良い塩がとれる。<br>牛窓村――古くから造船業が盛ん。漁業が盛んで、海産の利益が多かった。特に鯔（イナ）漁盛ん。また、鰕（エビ）も多い。<br>小津村――海底に多く龍鬚菜（シラモ）が自生。土地の人はこれを採って乾かし、遠くに出荷する。色は浅紅で味は最高に良い。<br>尻海村――苗鰕（あみ）が多く、それを塩辛として出荷。大変おいしい。<br>虫明村――海男子（なまこ）が多く、採ってイリコにし、塩辛として出荷。 |

### (2) 備前地方の地誌にみられるシラモ

備前のシラモについてさらに詳しい資料を得るため、江戸時代初期から後期にかけて著された地誌を紐解いてみることにした（表4）。

シラモについては、江戸時代初期の『吉備温故必録』[33]（寛文年中1661～1672年）にすでに小津村・西片上・胸上村においてシラモが名品となっており、いずれの地域も田畑・漁で生活が営まれていた様子が記されている。以後、江戸時代中期から後期の地誌にも[34～40]同様に小津村・奥浦村・西片上村・胸上村においてシラモが名品・名物となっていることが度々記載されている。また、幕命によって作成された『備前国備中国之内領内産物張』[41]（1736年）に「龍鬚菜」が記載されており、全国的にもこの地方のシラモが有名であったことがわかる。

シラモについての解説が詳細に記されているのは『備陽記』[42]（1727年）であり、それによるとシラモは邑久郡小津村・奥浦村・牛窓村、和気郡片上村、児島郡胸上村の磯辺に自生し、形状は邑久郡小津村・奥浦村のものは太く柔らかで、採取は5月から8月にかけて行われる、そして、それを干して売るというものである（資料1）。また、『東備郡村誌』[43]（天保の頃1830～1844年）にも詳しく記されており、龍鬚菜は小津村の面する海底に自生し、浅紅色で、採取乾燥して遠方に出荷され、味は最も良いとされている（資料2）。これらの資料からも、すでに江戸時代シラモは換金対象として扱われていることがわかる。

また『長浜村古記録』[44]には次のような記録が残されている。「慶長年中、紫羅藻御用仰せ付けられ、五百拾枚、差出し江戸送り相成云々」と。これは徳川幕府の命によって小津のシラモを510枚献上したという事実を伝えるもので、いかに小津のシラモが良品で重要視されていたかを示すものである。また、『撮要録』[45]（1823年）には多くの漁業論争に関する記録が残されている。論争は漁場をめぐるものがほとんどであり、牛窓・片上・児島周辺の住民にとって海の存在がいかに大きいものであったかがうかがえる。その中で1706年には藻葉（モバ）をめぐって奥浦村と隣り村の農業を営む上山田村が論争を起こしているが（資料3）、当時モバは緑肥代用や堆肥材料として大切なもので、農業従事者にとっても海の存在が大きいのであったことをうかがわせる。この資料はシラモに直接関わるものではないが、シラモの食習慣の伝承・変容を探っていく上で見逃すことのできない生活背景を示す資料であると考える。すなわち、半農半漁を営んできたこの地域の住民にとって海は漁業者にとっても、農業者にとっても貴重で身近な存在であり、経験的に海藻の生態を知る機会が普段の生活の中に存在していたことを物語っている。

一 白藻
和氣郡片上村磯邉邑久郡小津村奥浦村牛窓村児島郡胸上村ノ磯辺ニテ毎歳五月ヨリ八月迄トリ干シテ賣ルナマ成ハ風味宜一日ノ外モタス其内邑久郡小津奥浦ノ磯辺ニテ取ル白藻ハフトクヤハラカ也是ヲ名物トス

【小津村】此村の海底多く龍鬚菜（シラモ）を生ず。土人採て乾し遠に送る。其色淺紅味最美なり。

資料1 『備陽記』にみられるシラモの記載（右）、
資料2 『東備郡村誌』にみられるシラモの記録（左）

以上のように、備前地方の地誌に著された資料からも江戸時代備前のシラモは全国的に有名であり、住民の生計を支えるうえでもシラモは大きな役割を果たしてきたものであったと推察される結果であった。そして、備前のシラモとは、具体的に示された産地名より、現在の牛窓町の錦海湾、備前市の片上湾、玉野市胸上近海に自生するシラモを指していることを明らかにすることができた。

## 2. 牛窓町錦海湾沿岸地域にみられるシラモの食習慣

前述の文試調査より、江戸時代、備前のシラモの内でも特に小津村・奥浦村で採取されるシラモが良質であることが明らかとなった。そこで、この2村が属する牛窓町を調査地とし、具体的にシラモにまつわる食習慣を明らかにし、伝承の背景を探っていくことにした。

調査地としては、生活環境等を考慮して牛窓町の9集落（粟利郷・小津・奥浦・師楽・西町・中浦・前島・西脇・千手）を選定し（図1）、主婦・古老達よりシラモの種類、自生場所、採取方法、保存・利用法、行事との関わり等について聴き取り調査を実施した。以下にその詳細を述べることにする。調査期間は1990年3月から1991年2月までであった。

### (1) 牛窓町の概観

牛窓町は岡山県の南東部に位置し（図1）、岡山市の中心部からバスで約1時間のところにある東西に細長く、南部と東部は瀬戸内海に面する町である。この牛窓町の大部分は丘陵地であり平坦地には干拓地、埋立地、塩田跡地がみられるが、全体的に傾斜地が多いという地形的特徴を持つ。そ

奥之浦
上山田　磯辺藻葉論

宝永三年
邑久郡奥浦村磯辺へ寄申藻葉先年より同郡上
山田村より入相にて取来申と上山田村より申候所に奥浦
村よりは左様にて無御座旨申候へば遣候と申掛ケ先日
下役人馬場孫市様・枚野弥右衛門様御出御僉議の節も
其通申上候此度御郡会所へ被召出段々御吟味之
上にて入来之所に不要成儀申上候段迷惑仕候去年
上山田村五兵衛彦八郎より藻葉之義手紙差越候
を証拠に申立候今度右之手紙文言にても御僉議
被成候へば藻葉取候断之義にては無之藻葉
干場の儀にて有之候左候へば藻葉取来り候節無
之と被仰聞誤迷惑仕候然ル上は向後奥浦村磯辺
にて藻葉取候義上山田村と致入相に仕少も妨
申間敷候尤干場之義は奥浦村敷地之義に候
座候へ共前々之通借し申すへき可申候是又少も
妨候様に仕間敷候為其書物仕差上申候已上
宝永三年八月十六日　邑久郡奥浦村
名主五人組頭三人印
水野小右エ門様

右之通此度名主惣七郎五人組頭七郎右衛門十左衛
門被召出御僉議被遊趣奉恐入至極仕村中共に
誤申に付三人の者とも罷帰り申聞せ具に奉承知
候処於後々年毛頭申分無御座名主五人組頭共
書物之通に御請合申私共同事に付連判仕差
上申候以上
戌九月　邑久郡奥浦村判頭
北拾弐人連判

書物之事
邑久郡上山田村より奥浦村之内へ先年より藻葉入相
に取来干場之義は借来り申候処奥浦村より申候
は先年より入相に藻葉取せ不来候唯今に仕候へは
遣候と申当四月より差留取せ不申候故御断申上
候へは両村共被召出段々御吟味被仰付候処入相取来
り候に極り候付前々之通入相に取来り候様にと被仰付難
有奉存候もば干場之義は奥浦村へ断を申場所
をかり干申義前々遣候書状も此度御僉議
之上其趣に御座候自今以後も干場は相断借り可
申候然上は於後々年右之御下知毛頭不奉背少にて
も押領成義堅仕間敷候為其書物仕差上申候
已上
宝永三年八月十六日　上山田村
名主五人共頭　印
水野小右エ門様

右之通此度名主多兵衛五人共頭長兵衛被召出
御僉議之上前々之通入来り候藻葉を取干場は
借り申様に被仰付候段二人之者共罷帰申聞せ具
承知仕難有奉存候於後々年毛頭申分無御座候
名主五人組頭とも書物之通奉畏候付私共連判仕差
上申候已上
戌九月
上山田村判頭　拾弐人連判
頭百姓　拾三人連判

資料３　『撮要録』にみられる藻場論争

して、集落は東西に長く伸びた海岸沿いや傾斜地に形成されている。

牛窓町の生業の中心は、古くから半農半漁であった。漁場は決して広いとはいえなかったが変化に富む好漁場を有し、粟利郷・小津・奥浦・師楽集落が面する錦海湾はあらゆる魚の稚魚の宝庫であり、牛窓町南岸は内海とはいえ唐琴の瀬戸等海流の早い海に面し、良質の魚介類が漁獲できる環境にあった。また、年中温暖な気候と砂地の土壌を利用して、古くからスイカ・ナンキン・バレイショ等の換金作物中心の畑作農業が発達し、現在では県下でも有数の野菜栽培地となっている。

歴史的にも古い町で、江戸時代には諸大名や朝鮮使節の寄港地として賑わい、牛窓港を中心に商業・造船業も盛んであった。

しかしながら、現在では若年層の他地域への流出も多く、また、錦海湾の干拓・海の汚染等の影響を受け漁業で生計を成り立たせる人もいなくなり、昔からの畑作農業を続けると共に町全体で観光化を進めている現状である。

### (2) 錦海湾沿岸地域にみられるシラモの食習慣

① 錦海湾沿岸地域の生活環境

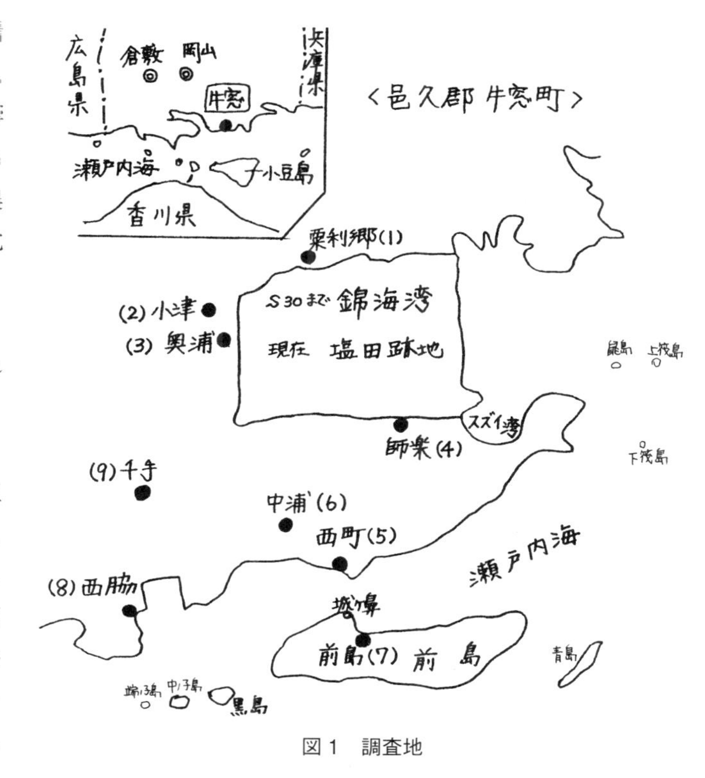


図1　調査地

錦海湾は、現在では干拓され塩田跡地となっているが（写真1・2）、牛窓半島の北側に位置しており、牛窓半島の突端である燕崎から西へ楕円を描き、東端の通り山出崎に至る間の海面で、西方に約6キロメートル湾入した深い湾である。その湾岸沿いには図1に示すように、牛窓町師楽・奥浦・小津・栗利郷、邑久町尻海の集落が形成され、人々の生活が営まれてきた。これらの集落の背後には山が迫っており、その山裾の傾斜地に民家が建ち並んでいる。また、傾斜地を利用して畑作が行われているが、平地が少なく、陸地に近いところを干拓したり、山を畑に切り開いて土地利用をしてきた地域である。

この錦海湾は、瀬戸内海のなかでも特に遠浅の海で、大潮の時には師楽沖まで干上がっていたという。湾内には多種類の魚やタコ・エビ・カニが生息し、シラモも自生していたが、潮が引くと誰でも簡単にタコ等がとれたという。また、海底は泥質で、潮の流れは悪く、特に湾の奥の方は海水がほとんど動かず、泥質の海底には湾の全域にわたってモバと呼ばれる海草が繁茂していた。モバはリボン状の細長い海草で食用とはならないが、春の産卵期に外海から回遊してきた魚がこのモバに産卵し、稚魚が成長するという好漁場を作り出していた。

さらにモバは農業との関わりも深く、田畑の肥料として、水漏れを防ぐための畦塗りの材料としても利用されてきたのである。江戸時代にはこのモバ採取をめぐって奥浦村と上山田村の間で論争があったことは前述の通りであるが、それ以後、化学肥料や水を通さないナイロンやビニールが普及するまで、モバは農業にも必要な材料であり、錦海湾は農業従事者とも深い関わりを持ち続けてきたのである。

このような好漁場である錦海湾を開墾開拓するという計画は明治時代以降度々なされたが、海底が泥質であったため築堤工事は困難を来たしたという。大正8年に完成した中堤防内に造られた約100町歩に及ぶ開墾地は、栗利郷・小津・奥浦の住民の工夫と努力によって豊かな畑として利用されている（図2）。さらに、昭和32年には錦海湾のほぼ全域が干拓され大型塩田が完成したが、製

写真1　小津集落より錦海湾（塩田跡地）を望む

写真2　師楽集落より錦海湾（塩田跡地）を望む

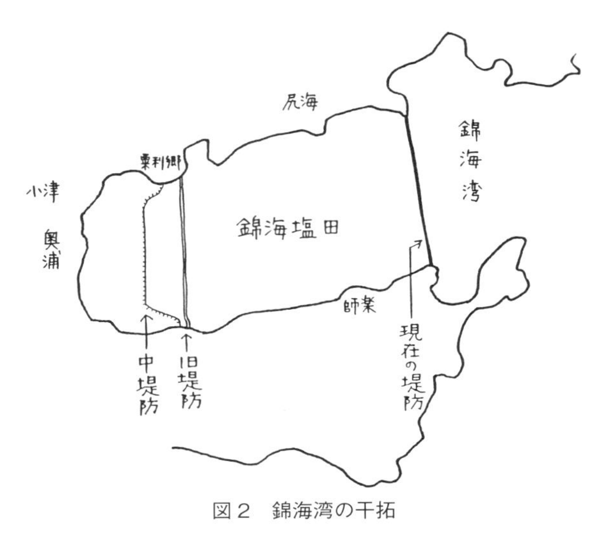


図2　錦海湾の干拓

塩法の発達により昭和46年塩田は廃止され、現在では荒地となりその利用もままならぬ状態である。このように、江戸時代以来人々の生活と深い関わりを持ち続けてきた錦海湾は人為的に失われ、住民の生活にも大きく影響を及ぼしたのである。

②　シラモの種類と自生

錦海湾沿岸地域の集落では、本ジラモ・松ジラモ・夏ジラモと呼ばれるシラモの種類がみられたが、全ての集落に共通して認められたのは本ジラモである（写真3・4）。本ジラモは生の状態では薄い赤紫色をしており、乾燥させると鮮紫色になる。長さは1尺程度（約30cm）で短く、枝がたくさん付いている。海藻分類の専門家によると、植物分類学的には本ジラモが真紅藻綱すぎのり目おごのり科おごのり属しらもであり、形態は似ているものの松ジラモ（写真5）・夏ジラモ（写真6）は別種の海藻であることが明らかとなった。

自生場所については、シラモは泥質で潮水の通わない所によく自生するといわれている。したがって湾が深く入り込んでいるため潮の流れが穏やかで、波も静かで海水の通りが悪く、そして、海底が泥質である錦海湾は本ジラモの自生に最適であったといえる。シラモは泥質地にある貝殻や小石の上、また、一面に繁茂しているモバの上に自生し、多いときには陸から眺めるとシラモで海が茶色に見える程であったという。

特に、錦海湾のなかでも潮の流れが少なく、浅瀬である旧堤防より内側（図2）に多く自生していたという。その理由として次のようなことが考えられる。シラモは、モバの上に自生するとはいえモバが多すぎると育ちにくかったといわれる。錦海湾は干満の差が大きく、特に湾の奥の方は全く海水がなくなり、真夏の太陽に照りつけられたモバは干上がった状態となり、一部は枯れてしまう。このような自然の力によりモバの薄いところができ、シラモの自生に適したモバの濃度になったのが旧堤防より内側であったのである。住民達は、このようなモバの薄い泥質地を「ぎろ」と呼び、上質のシラモが多量に自生する場所を経験的に熟知していた。

写真３ 錦海湾で採取された本ジラモ（粟利郷）

写真４ 錦海湾で採取された本ジラモ（師楽）

写真５ 錦海湾で採取された松ジラモ（粟利郷）

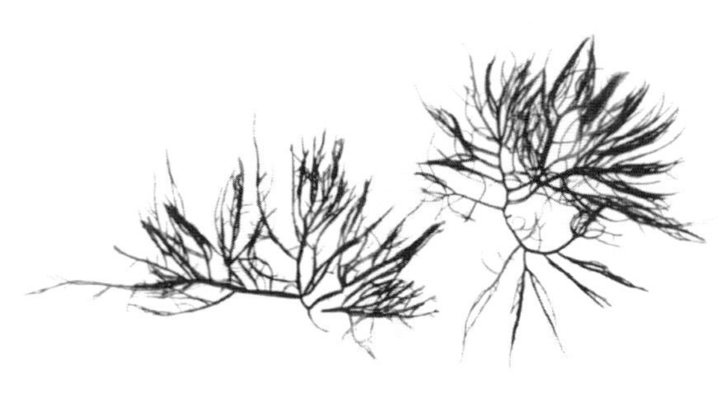
写真６ 錦海湾で採取された夏ジラモ（師楽）

シラモは毎年自生しており、不作の年はなかったといわれるが、シラモは日照りに弱く、何日も雨が降らないと先の部分が腐ってしまうこともあったという。しかし、古せ（古株）が残っていれば夕立の後にはまた成長していた。これは夕立によって水温が下がり、シラモの成長に適した水温になり薪芽が伸びてくるためと考えられている。雨が降った後のシラモは汚れも取れ、きれいなものであったといわれる。

海の色が変わるほど自生していたシラモも、昭和32年に錦海湾が干拓された後は皆無となり、わずかに師楽の鈴井湾の曲に生える程度となった。

③シラモの採取

シラモの採取時期は、太陽が照りつける真夏が中心で、梅雨明けから採り始め、真夏中採取が行われた。シラモ採取は自給・出荷の両方の目的で行われたが、口開け日もなく、出荷用に採取する場合は漁業組合員でなければならなかったが、自給用のものは少量なので誰でもが自由に採ることができた。

出荷目的でシラモ採取を行う場合は、干潮時前から舟で採取に出かけることが多かった。錦海湾沿岸地域では半農半漁で生計を成り立たせていた家が多く、漁業をしていない家でも農作物や堆肥の運搬用にほとんどの家で舟を持っており、その舟に乗ってシラモ採取が行われた。錦海湾のように干満の差が激しく、海底が泥質でモバが繁茂している所で使用される舟は、浅瀬にも入って行ける舟底が平らな川舟がよいとされていた。

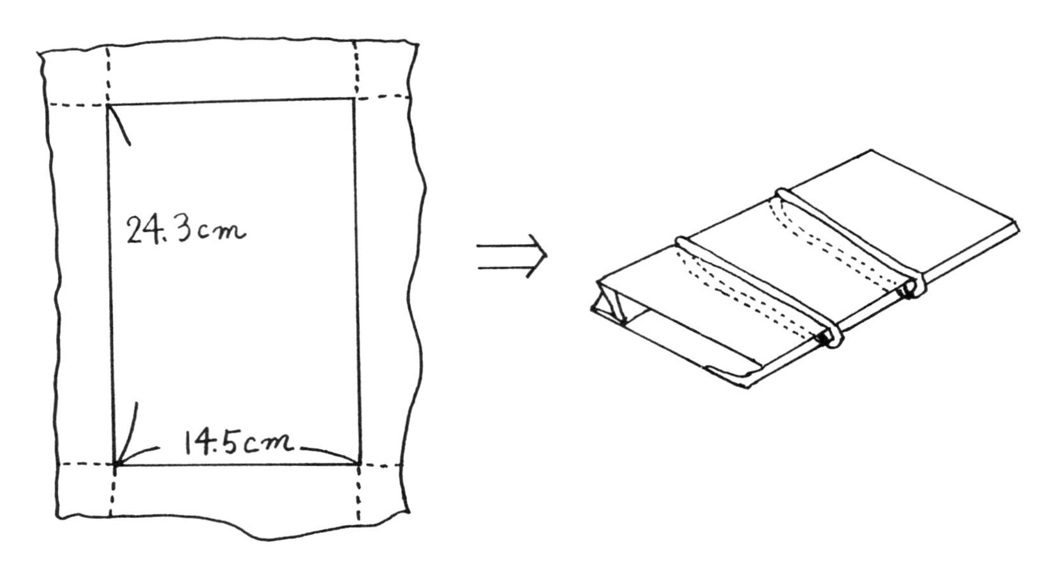


図３　出荷用のシラモの加工法

普通は潮が引きかけた頃から海に出て、舟の上から手作りの熊手で、海に漂っているシラモを引き寄せ、掻きあげて舟に乗せた。シラモ採取に慣れた人は、シラモの株を切らないように上のきれいな所だけを採り、熊手をくるりと裏返して海中で揺すり、ごみを落とした物を舟に積み込むというように合理的な採取方法を身につけていた。一方、シラモ採取に不慣れな人達はシラモの株の部分まで採ってしまい、持ち帰って夜なべ仕事でごみを取るのが大変な作業であったという。

このような方法で舟が沈むくらいシラモを採取したが、潮が満ちるまで舟が前へ進まず、暑い最中舟のもと（舟の後方の縁）に腰掛けて潮が満ちるのを待っていたという話もある。多いときにはシラモ採取の舟が30隻も出漁し、陸からみると海が黒く見えるほどであったという。

自給のためだけに採取する家庭では、干潮になると、主婦がこが（たらい）に綱をつけそれを腰にくくりつけ、すねがずり込むまで海に入り素手でシラモを採取した。腰にくくりつけたこがを両手で持っておかないと泥質地を歩くのに体が沈んで前に進めない状態であった。海水浴など遊びを兼ねて行う人もあり、自給用のシラモ採取は、楽しみ的な要素も大きかったようである。

④シラモの乾燥・保存・出荷

出荷用・自給用いずれのシラモも乾燥され保存された。シラモの乾燥は、まずモバとシラモを選り分け堤防や犬ばしりに薄く広げて干したり、自分の家の庭先に莚やこもを広げてその上に干したりした。途中で一度裏返してやると厚みに違いがあるものもきれいに乾き､効率よく干せたという。干す場所は家によって決まった所はなかったが、シラモ採取は毎年行われる仕事なので、干す場所は大体決まっており、「○○さんの場所だから」といって遠慮し、譲り合っていたという。1日で干しあげると紫色の上質なシラモに仕上がった。しかし夕立でもくると大騒ぎであった。雨にあうと変色してしまい、のりが出て腐ってしまうため商品にならないからである。こうなると捨ててしまうほかなかった。

シラモ採取の最盛期、すなわち、シラモが糊料としても需要があった戦後の頃には、シラモを積んだ舟が帰って来るのを主婦や古老達は海岸に出て待ち受け、シラモを干したという。あまりの忙しさに、近くで火事があっても気が付かない程であったといわれる。

出荷用のものは、木枠に入れて長方形にし、端と端を畳んで見栄えをよくして出荷された（図3）。これを2枚合わせしたもの10枚を1束とし、盆前になると地元の乾物屋や問屋に出していたという。また、昭和5・6年頃の話であるが、苫田郡美作町林野、赤磐郡吉井町、備前市三石当たりの雑貨店まで自転車で売り歩いた者もあるという。表5に漁業協同組合を通して出荷された海藻類の数量を示したが[46～49]、これをみる限りでは漁獲高にしめる海藻の割合は微々たるもので、また、個人売りをしても昭和初期には2枚合わせにしたものが3～5銭程度で、価格は決して高いものではなかった。しかし、元手のかからないシラモの出荷はよい収入となり、生活の一助と成りえていたことがうかがえる。

表5 漁獲高にしめる藻類の割合

| 年代 | 調査地域 | 漁獲高 | | うち藻類 | | | 出典 |
|---|---|---|---|---|---|---|---|
| | | 数量（貫） | 価額（円） | 海藻名 | 数量（貫） | 価額（円） | |
| 明治38 | 牛窓町 | 370,700 | 117,650 | シラモ | 2,000 | 150 | 46) |
| | | | | イギス | 3,000 | 200 | |
| 明治44 | 邑久郡 | 436,743 | 239,372 | シラモ | 540 | 242 | 47) |
| 大正12 | 長浜村 | —— | 817 | シラモ | 70 | 56 | 48) |
| 昭和10 | 牛窓村 | —— | 83,341 | —— | —— | 20 | 49) |
| 昭和14 | 牛窓村 | —— | 123,000 | —— | —— | 200 | |
| 昭和15 | 牛窓村 | —— | 182,000 | —— | —— | 200 | |

よく乾燥したシラモは品質が変わらず、自給用としても何年でも保存できた。

⑤シラモの利用

自給用としてどこの家庭でも保存されていたシラモは、日常食としても行事食としても用いられてきた。

日常食としてはあまり使用頻度の高いものではなかったが、夏のおかずや酒の肴としてシラモは食べられた。具体的に料理法を示すと次のようである。

乾燥シラモのごみを叩いて落とし、水で洗ってよくもどし、湯通しして縦・横にきる（写真7～9）。これに油揚げの繊切りとキュウリの輪切り、酢・味噌・砂糖を入れて和える（写真10）。胡麻をいれると香りが良くなるという。調味料は酢味噌でも三杯酢でもよく、あっさりしておいしいものであった。また、採りたてのシラモを生で食べることもあり、生のシラモに湯を通し（緑色になる）酢の物にした。

行事食としてもなくてはならないもので盆・法事・葬式の精進料理としてシラモの和えものが必ず作られてきた、葬式にはシラモがなくては務めをしている人（葬式を手伝う組の人）の仕事にならないといわれる程で、シラモの酢の物は仏様のご馳走としてなくてはならないものであった。シラモを買うことはなく、採取して保存されたものや親戚からもらったものを使用していた。料理法は前述と同様である。

シラモは普段のおかずや行事食として使われるだけでなく、経験的に薬効も認められていた。昔から、シラモを粥やおじやに入れドロドロに溶けたものを食べると腹薬になるといわれ、腹の調子が悪い時にはよく食べられていたという。

今では、シラモを仏事に使うという習慣はほとんど消滅し、古老達が昔の記憶を頼りにわずかに

写真7　シラモを熱湯に浸す

写真8　熱湯に浸したシラモのゴミを取る

習慣を伝えるのみとなってしまった。

## 3. 牛窓町南部沿岸地域にみられるシラモの食習慣

### (1) 牛窓町南部沿岸地域の生活環境

牛窓町南岸地域には牛窓町の政治・経済が集中しており、牛窓町の中心地となっている。整備された県道沿いには民家や商店、警察署、学校、町役場、農協、漁協などが所狭しと建ち並び、一山越えた錦海湾沿岸地域の集落とは生活環境が異なる。

調査地とした前島・西町・中浦・西脇・千手は、千手を除き4集落が瀬戸内海に面した集落である（図1)。その関係から海との関わりが深く、海の恩恵を多分に受けてきた地域といえる。

しかし、錦海湾が入り江で波が穏やかであったのに対し、牛窓町南岸地域の海域は比較的潮の流れが速く、しかも浅瀬ばかりではなく、砂地や岩礁の海岸である。特に、西町・本町と前島の間は唐琴の瀬戸と呼ばれ潮の流れは速く、身のしまった良質の魚介類がとれ、好漁場となっている。牛窓の中心地である西町・中浦一帯では昔から商業と共に漁業や造船業が発達してきた。また、前島や西脇では近海で小規模漁業を営むと共に、山の斜面や平地を利用して農業、特に畑作が盛んに行われており、半農半漁で生活を営んできた地域である。一方、海に面しておらず山間に村が形成された千手でも、地理的に西脇に近いためか、農業の片手間に海に行くなど海との関わりが比較的深い地域であった。

### (2) シラモの種類・自生・採取

牛窓町南岸地域においてもシラモの名称は認識されていたものの、自生・採取されていたものは錦海湾沿岸地域で採取されていた本シラモとは形態が異なるものであった。すなわち、生の状態では茶褐色で、藻体は中空で本ジラモに比べて太く、枝が多方面に出ており、房状となっている（写真11)。海藻分類の専門家によると、牛窓町南岸地域で採取されているシラモは植物分類学的には、真正紅藻綱だるす目だるす科たおやぎそう属たおやぎそうであり、シラモとは別種の海藻であることが明らかとなった、このようにこの地域の人がタオヤギソウをシラモとして採取し、利用してきたのは、形態や色が類似していたこと、出荷目的で採取されないためかシラモについての知識が専門的でなかったことなどがあげられよう。

写真９　シラモを縦・横に刻む

写真10　シラモを調味料と合わせる

タオヤギソウは、浅瀬の石や岩場に自生し、夏の干潮時になると干潟に出て簡単に手で採取できた。その量は少量で、採取の目的はあくまでも自給のためで、楽しみ的要素の大きいものであったという。タオヤギソウの採取が出荷目的で行われなかった理由としては、まず、自生量が多くなかったこと、乾燥保存が不可能であったことなどが考えられる。

①タオヤギソウの利用

採取したタオヤギソウを乾繰保存して使用するという習慣はどの地域でもみられず、主として生の状態のものを使用してきた。乾燥したものは硬く、そして、脆く、折れやすくなるという性質を経験的に知っていたためであろう。

タオヤギソウの利用は採取される夏に限られるもので、生のまま酢の物（三杯酢や酢味噌）にして、日常のおかずや酒の肴に使用される程度であった。

②　行事食としてのシラモ

以上のように、牛窓町南岸地域で採取されるシラモは別種のタオヤギソウであり、利用も夏の日常食としてのみであったことが明らかになった。しかし、牛窓町南岸地域においてもシラモと行事の関わりは深く、錦海湾沿岸地域と同様の習慣がみられた。すなわち、乾燥保存が可能な本ジラモ（真正紅藻綱すぎのり目おごのり科おごのり属しらも）が行事食として使われてきたのである。

シラモは市販品や貰い物が主体で、シラモの酢の物は盆・法事・葬式・お大師講・彼岸などの仏事の供物や精進料理には欠かせないもので、料理法は前述の錦海湾沿岸地域のものと同様である。牛窓町中浦の服部家の記録『家事入用記』[50)]『万覚帳』[51)]・『御先祖祭記録』[52)]・『祭式・法要諸控帳』[53)]によると、すでに明治初期乾燥シラモが購入されて先祖祭の供物として利用されていた。

写真11　牛窓町南岸地域で採取されたシラモ（真正紅藻綱だるす目だるす科たおやぎそう属たいやぎそう）

この習損は明治・大正・昭和と引き継がれてきたことを示している。

現在でも盆の時期になると町内の店でシラモが売られ、古いしきたりを重んじる家庭ではシラモの酢の物が精進料理の一品として作られ、供物とされている。

## 4. 錦海湾沿岸地域と牛窓町南部沿岸地域にみられるシラモの食習慣の比較

前述のように海の環境を考慮して、牛窓町を錦海湾沿岸地域と牛窓町南岸地域の二地域に大別し、シラモにまわる食習慣の聴き取り調査を進めてきたが、その特徴をまとめてみると表6のようである。二地域にはそれぞれシラモの食習俗が伝承されてきていたが、次の二つの方向かちその特徴を論じることができる。すなち、シラモの自生・採取という視点からと、利用、特に行事食での利用という視点からである。

まずシラモの自生・採取の特徴をみていくと、錦海湾沿岸では、本ジラモ、すなわち、真正紅藻綱すぎのり目おごのり科おごのり属しらもが多量に自生し、それを採取・保存して食材料として利用しただけでなく、収入源ともしていた。つまり、シラモを出荷して生計の一助としていたのである。一方、牛窓町南岸地域では、錦海湾に自生していたシラモの自生はみられず、種類の異なる真正紅藻綱だるす目だるす科たおやぎそう属たおやぎそうが自生しており、それをシラモとして採取し、生のもを食材料として利用していたのである。

このように近距離にありながらもこの二地域において、なぜシラモの自生や採取目的に差がみられるのであろうか。この背景には二地域の海の環境や生業などが大きく関与しているものと考える。

自生に関していえば、シラモの自生に適した環境を持っていたのは錦海湾であったといえる。二地域とも瀬戸内海という内海であり、紅藻類の自生には適していたと思われるが、シラモは紅藻類の中でも泥質地を好んで自生する牲質を持ち、その点において錦海湾は最適であったといえよう。このような条件のもと、錦海湾にはシラモが多量に自生し、一方、牛窓町南岸地域にはシラモは自生せず、種類の異なるタオヤギソウが僅かに自生していた。このタオヤギソウは、潮間帯下部から漸深帯にかけての岩上またはタイドプール（潮だまり）に自生するといわれ、牛窓町南岸地域の海には適していたようである。

当然のことながら、この二種類の海藻の性質には差がみられ、錦海湾に自生するシラモは乾燥が可能で長期間保存できるのに対し、南岸地域周辺に自生するタオヤギソウは乾燥保存が不可能である。

この自生量・性質の差は採取目的の差に大きく影響を与えている。二地域とも、シラモ、タオヤギソウを自給のために採取するという点では共通しているが、錦海湾沿岸地域ではさらに出荷目的のために採取していた点が異なる。出荷を行うためには、自生量が多く、乾燥保存が可能で、運鍛に便利であることが必要とされる。これらの点において錦海湾のシラモは条件を満たしていたといえよう。その上、この地域の人々は半農半漁で生活を営んでおり、元手いらずに現金を得ることができるシラモは副収入源として重要なものであったのである。このように、二地域の間でシラモの自生・採取目的には地域性が認められた。

一方、利用、特に行事での利用という点からみると共通した食習慣がみられた。それは、シラモが二地域において仏事の精進料理の一品として重要であったという点である。しかし、錦海湾沿岸地域では自らが採取し、乾燥保存したものを用いるのに対し、牛窓町南岸地域では購入したシラモを用いるのが一般的であった。つまり、この二地域の行事に関するシラモの食習慣を比較した場合、錦海湾沿岸地域では自生・採取・乾燥保存・利用という一連の食習慣がみられたのに対し、牛窓町南岸地域では主として購入・利用という形での食習慣が伝承されてきたといえる。

以上のように、海の環境の差により牛窓町を二地域に分類してシラモの食習慣を調査研究してきたが、それぞれの地域において独自のシラモの食習慣が形成されていたことが明らかとなった。すなわち、海の環境の差は、シラモの食習慣の地域性と一致していたといえよう。両地域とも行事食としてのシラモの位置付けは高いものであったが、シラモの出荷が行われ、収入源となりえた錦海湾沿岸地域住民の生活の中での役割の方がより大きいものであったといえよう。

このシラモの食習慣も、シラモが多量に自生していた錦海湾の干拓が行われた昭和32年を境として、大きく変貌した。この錦海湾干拓の影響を直接受けたのは錦海湾沿岸地域であるが、シラモの入手が困難になったという点においては、牛窓町全域が同様に影響を受けたといってもよかろう。さらに、現在では食材料の多様化もてつだいシラモを料理する機会はまれになり、盆などのように昔からの習慣が伝承されてきた行事において僅かにその習慣が残っているだけである。しかも、シラモの自生が僅かとなった現在では、シラモの名称すら知らない若者も増え、今後、牛窓町でこのシラモの食習慣を伝承していくことはさらに難しくなって行くと感じられる調査結果であった。

表6　牛窓町にみられるシラモの食習慣

| | 錦海湾沿岸地域 | 牛窓町南岸地域 |
|---|---|---|
| 自生している<br>シラモの呼称 | 本ジラモ＊ | シラモ |
| 正式名称 | 真正紅藻類すぎのり目<br>おごのり科おごのり属しらも | 真正紅藻類だする目だるす科<br>たおやぎそう属たおやぎそう |
| 自生場所 | 錦海湾の泥土に自生 | 近海の石や岩に自生 |
| 自生量 | 多　量 | 小　量 |
| 採取目的 | 自給・出荷 | 自　給 |
| 乾燥・保存 | 可　能 | 不可能 |
| 日常での利用 | 夏、生のシラモや乾燥させたシラモを酢の物にして食べる。 | 夏、採取したシラモを生の状態で酢の物にして食べる。 |
| 行事での利用 | 乾燥保存したシラモを盆・葬式・法事に酢の物にする。<br>（小津では夏祭りにも使用） | 乾燥した本ジラモを購入して、盆・葬式・法事に酢の物にする。<br>その他、講や彼岸にも使用。 |
| その他の利用 | 腹薬として使用 | な　し |
| 生活の中での<br>位置付け | シラモ採取は収入源となり、生計の一助となった。 | シラモ採取は、楽しみ程度のものであった。 |
| 食材料としての<br>位置付け | 日常・行事の両方で使われ、特に仏事の精進料理の一品として重要。 | 日常では使用頻度は高くないが、行事では仏事の精進料理の一品として重要。 |

＊この他、錦海湾沿岸地域では、夏ジラモや秋ジラモ、松ジラモとよばれるものがあるが、採取・利用されているのは主に本ジラモだけであるので、ここでは省略した。

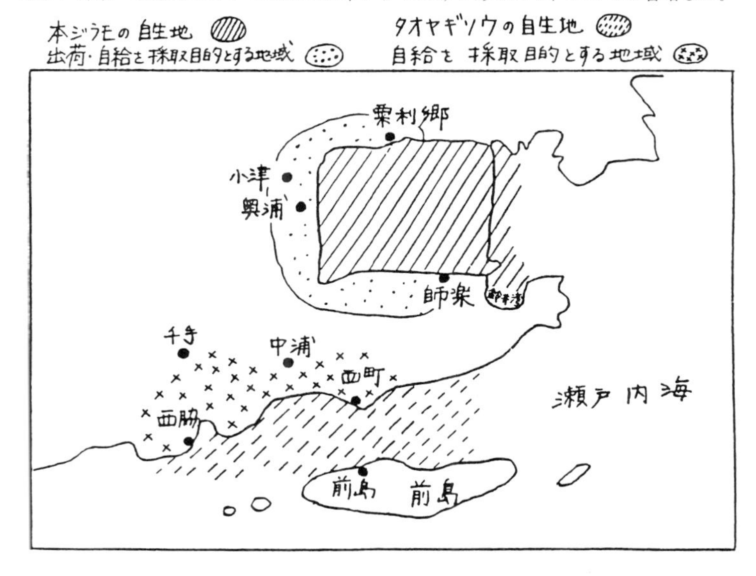


＊図版出典：今田節子 1991 より

# むすび―「備前の白藻」の食習慣の伝承と変容、その背景―

備前のシラモ、なかでも牛窓町におけるシラモの食習俗はすでに江戸時代初期にその基盤ができ、半農半漁の生活形態のもとで、昭和32年の錦海湾の干拓まで、江戸・明治・大正・昭和と長い年月の間多少の変容を繰り返しながらも継承されてきていたことを本調査で検証することができた。

ではなぜ、全国的にみても珍しいシラモの食習俗がこのように昔から牛窓町において形成され定着・伝承されたのか、また、歴史的にも重要視されていたのか、地理的要因・生業的要因を踏まえてまとめていくことにする。まず、シラモの自生に最適な環境を持つ錦海湾が存在していたことがあげられよう、このように身近にシラモが繁茂し採取できる環境が備わっていれば、住民達がシラモを食材料としてきたのも当然のことである。

これらの自然環境に基づく要因に、それぞれの時代の価値観を反映すると思われる生業的要因が、シラモの採取から利用に至る一連の食習慣の形成に大きく関与してきたことも見逃せない。文献調査からも明らかなように、牛窓町の生業は江戸時代から半農半漁が中心であった。気候的に恵まれ、豊かな土壌を有するとはいえ、農業技術が未発達な時代農作物からの現金収入は僅かなものであった。また、好漁場に面するとはいえ限られた漁場での漁業形態は小規摸なもので、漁業収入だけで生計を成り立たせることは困難であったと想像される。このような生業形態の中で、乾燥に手間はかかるものの、元手いらずで、しかも特別な技術も必要とされないシラモ採取は、生計の一助として貴重な存在であった。そして、農業と漁業の合間の作業で副収入となるシラモの位置づけは大きいもので、シラモ採取が生業の一部と成り得る条件が備わっていたと考えられる。

また、シラモが仏事の精進料理と成り得た背景には、自給または手軽に入手できる身近な材料であったこと、保存性が高かったこと、そして、すでに平安時代より海藻類が宗教儀礼の中で使用されてきた歴史的背景を持つことなどが関与しているものと思われる。

このような生活背景があったからこそ、牛窓町のシラモの食習慣は伝承されてたきたものと考えられる。

**【註】**

1）古事類苑刊行会『古事類苑　植物部』、吉川弘文館、1928年復刻、pp.877 ～ 930。
2）石丸定良編『備前記』7巻、岡山市中央図書館蔵、1704。
3）石丸定良編『備陽記』、日本文教出販社、1965。
4）「吉備温故必録」、吉備群書集威刊行会編『吉備群書集成』7巻、歴史図書社、1970。
5）「吉備前鑑」、新編吉備業書刊行会編『吉備業書』第2巻、歴史図書社、1983、pp.185 ～ 258。
6）「和気絹」、新編吉備業書刊行会編『新編吉備業書』第1巻、歴史図書社、1976、pp.17 ～ 102。
7）「備前国備中国之内領内産物帳」、盛永俊太郎・安田健編『諸国産物帳集成』第Ⅶ巻、科学書院、1987、pp.583 ～ 916。
8）「備前国備中国之内領内産物絵図帳」、前掲註7）、pp.917 ～ 1153。
9）「備陽国誌」、新編吉備業書刊行会編『新編吉備業書』第1巻、歴史図書社、1976、pp.105 ～ 286。
10）吉田研一編『撮要録』、日本文教出版社、1965、pp.335 ～ 1805。
11）「東備郡村誌」、新編吉備業書刊行会『新編吉備業書』第2巻、歴史図書社、1976、pp.257 ～ 465。
12）「撮壌集」、前掲註1）、p.925。
13）「令義解」、前掲註1）、p.917。

14）正宗敦夫編『復刻日本古典全集 延喜式』、現代思潮社、1978。
15）源順、「倭名類聚抄」、京都大学文学部国語学国文学研究室編『諸本集成倭名類聚抄』本文編、臨川書店、1977、pp.748 ～ 749。
16）「延喜式巻 24 主計上」、正宗敦夫編『復刻日本古典全集 延喜式三』、現代思潮社、1978、pp.1 ～ 40。
17）「延喜式第 39 内膳司」、前掲註 16）、pp.163 ～ 169。
18）「延喜式第 32、33 大膳」、前掲註 16）、pp.235 ～ 274。
19）「延喜式第 5 神祇 5 斎宮」、正宗敦夫編『復刻日本古典全集延喜式一』、現代思潮社、1978、pp.153 ～ 204。
20）新村出校閲、竹内若校訂『毛吹草』、岩波書店、1976、pp.179、183。
21）人見必大著、島田勇雄訳註、『本朝食鑑』第 1 巻、平凡社、2004、p.257。
22）貝原篤信『大和本草』18 巻、永田調兵衛出版、1709、p.39、国立国会図書館データーコレクション。
23）「庖厨備用倭名本草」巻四、吉井始子『食物本草本大成』第七巻、臨川書店、1980、p.285。
24）寺島良安（尚順）編『和漢三才図絵』下之巻、中近堂、1884 ～ 1888、p.1575、国立国会図書館データーコレクション。
25）前掲註 23）。
26）前掲註 21）。
27）前掲註 22）。
28）前掲註 21）。
29）前掲註 22）。
30）前掲註 21）。
31）前掲註 24）。
32）前掲註 24）。
33）前掲註 4）、pp.157 ～ 158。
34）前掲註 2）、小津村・奥浦村・牛窓村・鹿忍村・西片上村の頁に記載。
35）前掲註 3）、pp.238 ～ 239、355。
36）前掲註 5）、p.249。
37）前掲註 6）、pp.28、42、101。
38）前掲註 9）、pp.202、221、262。
39）前掲註 10）、pp.335 ～ 337、364、367 ～ 368。
40）前掲註 11）、pp.445 ～ 448、451。
41）前掲註 7）、pp.723 ～ 725。
42）前掲註 35）。
43）前掲註 40）。
44）「長浜村古記録」、小林壽太編『長浜村誌』、長浜村役場、1925、pp.146 ～ 147。
45）前掲註 39）。
46）高原道夫「明治時代の牛窓の水産統計」、『牛窓春秋』第 5 号、牛窓春秋会、1981、pp.51 ～ 54。
47）小林久磨雄編『邑久郡史』第 2 編、名著出版、1973 復刻、pp.495 ～ 497。
48）前掲註 44）、pp.164 ～ 186
49）『牛窓町現勢一覧』昭和 10・14・15 年、牛窓町役場、1936、1940、1941。
50）服部和一郎家所蔵文書、『家事入用記』、明治元年～明治 8 年。
51）服部和一郎家所蔵文書、『万覚帳』、明治 29 ～明治 45 年、大正 9 ～昭和 15 年。
52）服部和一郎家所蔵文書、『御先祖祭記録』、明治 41 年～。
53）服部和一郎家所蔵文書、『祭式・法要諸控帳』昭和 16 年～。

# 第2章　西日本における日本海沿岸地帯の海藻の食文化とその背景

褐藻類は寒海域に、紅藻類は温海域に、緑藻類は暖海域に自生が適するといわれるように、海藻の自生は海の環境の影響を大きく受けるものである。第1章で述べた瀬戸内海は温海域とはいえ日本近海のなかで最も内海性が著しい所であるのに対し、日本海は同じ温海域といっても、外海に面し、水深、水温、潮の流れ、波の大きさ、干満の差など異なった海の環境を持つ地域である。また、海岸線が東西南北に長く、西日本地域の日本海沿岸といっても地域により海の環境に差があることが予測される。したがって、自生する海藻の種類、性質、利用法はもとより、海藻採取が漁業の一環となり得るか、また海藻が行事食としての意義を持つかなど、生活の中にしめる海藻の位置付けに差が生ずるのは当然のことである。

本章では西日本における日本海沿岸地域を山陰地方と北近畿・北陸沿岸地域に大別し、海藻の食習慣を明らかにし、自然環境および生活環境を考慮しながらその特徴を探っていこうとした。

## 第1節　山陰沿岸地帯にみられる海藻の食習慣とその背景

鳥取県、島根県、山口県の北部沿岸および山口県の西部海岸地域から、海岸の種類や漁業協同組合の有無などを考慮しながら17市町村20集落を調査地として選び（はじめに図1、表1の調査地あ～つ、な、に参照）、1988年から1990年にかけて聴き取り調査を実施した。調査法は瀬戸内海沿岸地帯の方法に準拠し、自生する海藻の種類や採取、保存、利用法および当該地域の行事とのかかわりなどについては、現役の漁業従事者、古老、主婦ら66名から具体的な聴き取りを実施した。また、調査地の生活環境や生業、漁業形態などについては、市町村役場や漁業協同組合から資料を収集した。そして、海藻の自生地や海藻の種類については、可能な限り現場や実物を観察することに努めた。なお聴き取り調査で明らかとなった海藻の食習慣は、主に明治時代後期以降のものである。

### 1. 食用海藻の種類と採取目的

#### (1) 食用海藻の種類

山陰沿岸一帯には無数の海藻が自生しており、住民達によると「海藻で食べられないものはない」といわれるにもかかわらず、実際に採取、利用されてきた海藻は、紅藻類14種（52%）、褐藻類10種（37%）緑藻類3種（11%）の27種であった（表1、2）。第1章で示した瀬戸内海沿岸地帯の種類に比較し、2倍もの海藻が利用されており、山陰沿岸地帯は自生する海藻の種類が豊富であることがわかる。

山陰沿岸地帯全域に自生がみられた海藻として、褐藻類のワカメ、ホンモズク、ハバノリ、紅藻類のテングサ、イワノリ、ウミゾウメン、ムカゼがあった。また、地域により呼称に違いがみられたが、形態や採取時期、利用法などが酷似している海藻としてソゾとユナ、アラメとカジメも山陰全域に自生している海藻とみなすことができる。そして現在では、島根県でほとんど自生がみられなくなったエゴノリも、古老達が採取して利用した経験から、第二次世界大戦直後まではほぼ山陰沿岸全域に自生していたと考えることができる。

このように山陰全域にわたり多種類の褐藻類や紅藻類の自生がみられたのは、自生地である海岸の性質と海藻の生態的特徴とによるところが大きい。調査地の沿岸は海藻の自生に適した岩礁地帯ばかりではなく、鳥取県沿岸の多くは砂質海岸や海岸砂丘であり、また、島根県沿岸では海岸浸食により海藻の自生地が失われている所もあった。しかし、ほとんどの調査地は小湾や入江、そして外海に面した岩礁地である岬を有していた（表3）。すなわち、決して広いとはいえないが、外海と内海の両性質を持つ自生地が存在し、外海に面した所では藻体が比較的強靭な褐藻類が、また内海に面する岩場では藻体が軟弱な紅藻類が豊富に自生していたのである。

そして山陰沿岸でも一部の地域にのみ自生していた海藻もあった。それらは鳥取県沿岸のイシモズク、クロモ、ジンバソウなどの褐藻類、山口県沿岸のシラモ、オゴノリ、フノリ、トリノアシなどの紅藻類で、後者は瀬戸内海沿岸のものと共通していた。

このように山陰沿岸東部には褐藻類が、西部には紅藻類が多いという違いがみられた背景には、次のようなことが考えられる。わが国の沿岸では海藻は夏が衰退期、冬春が繁茂期で、植生の地域差は温度条件の相違と関連するといわれている[1)]。海藻の発芽･成長期に当たる冬から春にかけて、山陰沿岸の東部と西部の海水温には2℃程度の差がみられる[2)]。すなわち、山陰沿岸東部はより海水温が低く、低温に自生が適する褐藻類の種類が多く、一方海水温が東部より高く、内海性が混在する西部では、温海域で内海に自生が適する紅藻類の種類が多かったものと考えられる。

このように海藻の種類からみた特徴は、自然環境の差を大きく反映したものであり、山陰沿岸地域の東部と西部では地域差が明確なものであった。

### （2）海藻採取の目的

海藻採取の目的は、収入源としての出荷用と自給用に大別できる。山陰沿岸では両方の目的で海藻採取が盛んに行われていた。

①出荷用としての海藻採取

山陰沿岸では海藻採取を漁業の一環として組み込み、採取、加工、出荷している漁業従事者は少なくなかったが、その対象となる海藻の種類は限られたものであった。現在でもほぼ全域で出荷されている海藻は、ワカメ、ホンモズク、イワノリ、テングサ程度であり、その他には鳥取県のイシモズクやエゴノリ、島根県のハバノリやアラメ、山口県のカジメやヒジキ、エゴノリ、ケボウなどがあるが、量的には少ないものであった（表1）。海藻が出荷に結びつくためには、良質で自生量が豊富であること、採算がとれるだけの価値があることなどの条件が満たされなくてはならない。

出荷の主体であるワカメは、潮の流れが速い所に良質のものが自生するといわれている。外海に面した山陰沿岸はワカメの自生に好条件であり、自生の季節には採りきれない程多量のワカメが自生するといわれる。このことからもワカメは質、量共に出荷条件を満たすものである。また、ワカメ採取に関する漁業婦人部の活動、人手を雇っての加工、そして、漁家のワカメの品質に対する誇りなどからも、ワカメは高く評価され、重要な収入源となり得ている様子をうかがい知ることができた。

モズクも山陰全域で出荷されている海藻で、海水のきれいな内海に良質なものが自生するといわ

表1　自生が確認された海藻の種類と採取目的

| 海藻の種類 / 調査地 | | 緑藻類 3種(11%) | | | 褐藻類 10種（37%） | | | | | | | | | | 紅藻類 14種（52%） | | | | | | | | | | | | | |
|---|---|---|---|---|---|---|---|---|---|---|---|---|---|---|---|---|---|---|---|---|---|---|---|---|---|---|---|---|
| | | アオサ | アオノリ | ミル | ワカメ | アラメ | カジメ | ヒジキ | ホンモズク | イシモズク | クロモ | ジンバソウ | ハバノリ | カヤモノリ | エゴノリ | ケボウ・ボウケ | テングサ（女草） | テングサ（男草） | シラモ | オゴノリ | フノリ | イワノリ | ソゾ | ユナ | ウミゾウメン | ★ムムカカゼデ・ナア・サヒツラベメ | トリアシ | カイニンソウ |
| 鳥取県 | 岩見町網代 | | | △* | ● | ○ | | | ● | ● | | ○ | ○ | | | | ●* | | | | × | ○ | ○ | | ●* | ○* | | |
| | 気高町船磯 | ○ | ○ | | ● | ○ | | | | ○* | | ○ | ○ | | 購入 | | ○ | | | | | ○ | ○ | | ○ | | | |
| | 泊村石脇 | | | | ● | | | | | | | ○ | ○ | | 購入 | | ○ | | | | | | ○ | | | ○* | | |
| | 赤碕町赤碕 | ○ | | | ● | | | | ● | ● | ● | ○ | | ○ | ● | | ● | | | | | ○ | ○ | | | ○* | | |
| | 中山町中山 | | | | ● | | | | ● | ● | ● | | ○ | | ● | | ○* | | | | | | | | | | | |
| | 淀江町淀江 | | | | ● | ○ | | | ● | ● | | ○ | | | ● | | ● | | | | | ●* | | | | ○* | | |
| | 米子市皆生～境港市 | | | | ○ | | | | | | | | | | | | | | | | | | | | | | | |
| 島根県 | 平田市十六島 | | | | ● | ○ | | | ● | | | | ● | | | | ●* | | | | | ● | | | | ○* | | |
| | 大社町鵜峠 | | | | ● | ● | | | ● | | | | | | | | ○ | | | | × | ● | ○ | | | | | |
| | 大社町宇竜 | | | | ● | ○ | | | ● | | | | ● | | | | ○ | ○ | | | × | ● | ○ | | | | | |
| | 仁摩町馬路 | | ○ | | ● | ●* | | ○ | ● | | | | ● | | ●* | | ● | ○ | | | | ● | | ○ | ○ | ○* | | |
| | 浜田市浜田 | | | | ● | | ○ | | ● | | | | ○ | | ○* | | ○ | | | | | ● | | | | | | |
| | 益田市鎌手 | | | | ● | | ○ | ○ | ○ | | | | ○ | | ○* | | ● | | | | | ● | | | ○ | | | |
| | 益田市飯浦 | | ○* | | ● | | ○ | ○ | ● | | | | ○ | ○ | ○* | | ○ | | | | ○ | ● | | ○ | ○ | ○* | | |
| 山口県 | 阿武町宇田郷 | | | ○△* | ● | | ○ | ● | ● | | | | ● | | ●* | | ● | | ○* | | ○ | ● | | ○ | ○ | ○* | | |
| | 阿武町奈古 | | | | ● | | ● | ●* | ○ | | | | ○ | ○ | ● | ● | ● | | ● | ○ | | ● | | ○ | ○ | ○* | | |
| | 三隅町野波瀬 | ○ | ○ | ○* | ● | | ○ | ○ | ● | | | ○ | ○ | ○ | ● | ● | ● | | ○ | | ○ | | | ○ | ○ | ○* | | |
| | 油谷町大浦 | | | | ● | | | ● | ● | | | | | | ● | ● | ● | | | ○ | ● | ○ | | | | | | |
| | 豊浦町川棚 | | | | ● | | ● | ● | | | | | | | | | ● | | | ○* | | | | ○ | | | | |
| | 豊浦町室津下 | ○ | | △* | ● | | ● | ● | ○* | | | | ○* | ○* | ○* | | ● | | | ○ | ○ | ○* | | ○ | ○ | | ○* | △* |

○自給用　○* 以前は自給用、現在は採取なし　●自給と出荷用　●* 以前は出荷、現在は自給のみ　△* 以前は薬用　×糊など
★は正式名称が不明であり、１種だけでなく類似した複数の海藻が含まれる。

れている。瀬戸内海沿岸などに比べ、山陰沿岸は海水汚染が比較的少なく透明度も高く、良質なモズクが自生する条件が備わっているといえる。ワカメに比較すると出荷量は少量であるとはいえ、モズクの単価は高く高級な海藻として扱われていた。

次にイワノリは暖冬や海水汚染などにより近年減少している海藻の一つといわれるが、高級な海藻として採取、出荷が行われていた。特に島根県平田市十六島では、日本でも珍しい「島持」の習慣が伝承されており、田畑のように個人所有の岩場があり、良質なウップルイノリの出荷が行われていた。この習慣はノリの自生が豊富で、住民の生活を支えてきたことを示唆する事例である。

出荷対象として採取されているものの4,5年に一度しか自生がみられないものにエゴノリがあっ

表２　主な海藻の植物分類学的名称と自生、採取状況

| 分類 | 一般名称 | 植物分類学的名称 | 自生場所 | 採取 |
|---|---|---|---|---|
| 緑藻類 | アオサ　アオノリ | アオサ、アオノリを明確に区別していない地域が多い。数種が混在。 | a | 冬～春，A |
| | ミ　ル | みる目みる科みる属ミル | a下部～b上部 | 夏，　A・B |
| 褐藻類 | ワカメ　メノハ | こんぶ目こんぶ科わかめ属ワカメ | b上部 | 晩冬～春C・D |
| | アラメ　カジメ | こんぶ目こんぶ科こんぶ属アラメ，かじめ属カジメ<br>明確な区別はなく、馬路以東ではアラメ、浜田以西ではカジメと呼ばれる。 | b上部～中部 | 冬～春，C・D |
| | ヒジキ | ひばまた目ほんだわら科ひじき属ヒジキ | a～b上部 | 冬～春，A |
| | ホンモズク　女モズク<br>モズク　モゾク | ながまつも目もずく科もずく属モズク | b<br>モの上に自生 | 早春～夏，C |
| | イシモズク　イワモズク<br>男モズク　モズク　モゾク | ながまつも目ながまつも科いしもずく属イシモズク | a下部<br>～b上部 | 晩春～夏，<br>C・D |
| | クロモ　トロロ　坊主殺し | ながまつも目ながまつも科くろも属クロモ | a下部b上部 | 春，　C |
| | ジンバソウ　ジンバサ<br>ジンバ　ジンボ　ナナサ | 不明（形態からホンダワラ類と推定） | b | 冬～春，<br>B・C・D |
| | ハバ　カシカメ　カサメ | はばもどき目かやものり科ふくろのり属ハバノリ | a | 冬，　A |
| | トマノケ　トマゲ | はばもどき目かやものり科かやものり属カヤモノリ | a（内湾） | 冬～早春，A |
| 紅藻類 | イギス　ジョウ　オキウド<br>オキュウトノリ　餓しん草 | いぎす目いぎす科えごのり属エゴノリ | b<br>モの上に自生 | 春～夏，B・C |
| | ケボウ　ボウケ　ケボ<br>イギス | いぎす目いぎす科いぎす属アミクサ | bモ又は岩の上<br>に自生 | 夏，　C・D |
| | テングサ　トコロテン草<br>女草 | てんぐさ目てんぐさ科てんぐさ属マクサ | a～b上部 | 春～夏，<br>A・B・C・D |
| | 男草 | てんぐさ目てんぐさ科てんぐさ属オニクサ | b上部 | 春～夏，D |
| | シラモ | すぎのり目おごのり科おごのり属シラモ | b上部 | 夏，　C・D |
| | オゴ　オーゴ | すぎのり目おごのり科おごのり属オゴノリ | a上部 | 梅雨～夏，A |
| | コブノリ　フノリ　イソナ | かくれいと目ふのり科ふのり属フクロフノリ | a | 晩冬～春，A |
| | イワノリ　ノリ | うしけのり目うしけのり科あまのり属数種 | a上部 | 冬，　A |
| | ウップルイノリ | うしけのり目うしけのり科あまのり属ウップルイノリ | a上部 | 冬，　A |
| | ユナ　ソゾ | いぎす目ふじまつも科やなぎのり属ユナ，又はそぞ属ミツデソゾ | a下部 | 冬～早春，A |
| | ウミゾウメン | うみぞうめん目べにもずく科うみぞうめん属ウミゾウメン | a上部 | 春～夏，A |
| | ヒラメ　ムカゼ　ムカデナ<br>フクレモンバ　ボンボウ<br>トベロ　フクバ　アサッペ<br>ハサッペ | 不明（形態より推定<br>かくれいと目むかでのり科むかでのり属ヒラムカデ・キョウノヒモ，<br>かくれいと目りゅうもんそう科りゅうもんそう属ヘラリュウモンなど） | a下部 | 春～夏，A |
| | トリノアシ | てんぐさ目てんぐさ科ゆいきり属ユイキリ | b | 春～夏，C・D |
| | カイニンソウ | いぎす目ふじまつも科まくり属マクリ | b | 春～夏，C・D |

自生場所：ａ－潮間帯（干満の差２０～３０㎝前後）　ｂ－漸深帯　モの上－ホンダワラ類に自生
採取方法：Ａ－磯採取（干潮時に海岸ずたいに干潟に出て、また船で岩場に出て海藻採取）
Ｂ－打ち上げ採取（波や風によって磯や波打ち際に寄った海藻を採取）
Ｃ－船の上から採取（漸深帯に自生する海藻を船の上から道具を使って採取）
Ｄ－潜水採取

表3　各調査地の海藻の自生環境、漁業規模、出荷される海藻の種類

| 調査地 | | 海藻の自生環境 | 漁業規模 | | | 出荷される海藻 | |
|---|---|---|---|---|---|---|---|
| | | 岩礁・砂丘・湾・入江 | 漁業規模・漁種 | 磯見・潜水漁 | 採藻漁の位置付 | 種類 | 主体 |
| 鳥取県 | 岩見町網代 | △一部に岩礁地帯有り | 中 | ○ | 低 | 5種 | 板ワカメ |
| | 気高町船磯 | △砂丘海岸・一部岩礁 | 小 | | 無 | | |
| | 泊村石脇 | △砂丘海岸・一部岩礁 | 小 | | 無 | | |
| | 赤碕町赤碕 | ○石コロ・岩礁海岸 | 小～中 | ○ | 高（漁業婦人部活動） | 6 | 板ワカメ・乾燥エゴノリ |
| | 中山町中山 | ○石コロ・岩礁海岸 | 小 | ○ | 低（過去漁業の一環） | 5 | 板ワカメ・乾燥エゴノリ |
| | 淀江町淀江 | △砂丘海岸（砂で埋まる） | 小 | ○ | 低（過去漁業の一環） | 6 | 板ワカメ |
| | 米子市皆生～境港市 | ×砂丘海岸 | 小<br>大（魚の集散地） | | 無 | | |
| 島根県 | 平田市十六島 | ○岩礁海岸・湾 | 中 | | 高 | 5 | 板ワカメ・イワノリ |
| | 大社町鵜峠 | ○岩礁海岸・湾 | 中 | | 低 | 4 | 板ワカメ　刻アラメ |
| | 大社町宇竜 | ○岩礁海岸・湾 | 中 | | 低 | 4 | 板ワカメ |
| | 仁摩町馬路 | △砂丘海岸・一部岩礁 | 小 | | 高 | 7 | 板ワカメ |
| | 浜田市浜田 | △砂丘・岩礁海岸交錯 | 大（魚の集散地） | | 低 | 3 | 板ワカメ |
| | 益田市鎌手 | △砂丘海岸・一部岩礁 | 中 | | 高（漁業婦人部活動） | 3 | 板ワカメ |
| | 益田市飯浦 | ○岩礁海岸 | 中 | ○ | 高（ワカメ養殖） | 3 | 絞ワカメ |
| 山口県 | 阿武町宇田郷 | ○岩礁海岸・入江 | 中 | ○ | 低 | 7 | ワカメむすび用 |
| | 阿武町奈古 | ○岩礁海岸　入江 | 中～大 | | 低 | 8 | ワカメむすび用 |
| | 三隅町野波瀬 | △大きな岩礁無・入江 | 大 | ○ | 低 | 5 | ワカメむすび用 |
| | 油谷町大浦 | △岩礁少・油谷湾（干満の差大） | 小～中 | ○ | 低 | 7 | ワカメむすび用 |
| | 豊浦町川棚 | ×砂丘海岸 | 小 | ○ | 低 | 4 | ワカメむすび用 |
| | 豊浦町室津下 | ○起伏に富む岩礁海岸・湾 | 小～中 | ○ | 低 | 4 | ワカメむすび用 |

海藻の自生環境：○自生に最適な環境　　△自生に適する環境を一部もつ　　×自生地に適さない環境

漁業規模
- 大－専業漁業者が多く魚介類の集散地，ブリ漁，シーラ漁，定置網，遠洋漁業など
- 中－漁業従事者が多く漁業収入多い，ブリ漁，シーラ漁，定置網，採貝採藻漁など沿岸漁業
- 小－農業や勤め等との兼業漁業，釣り，網漁などの沿岸漁業

磯見・潜水漁：○アワビ，サザエ，ウニ，ナマコと海藻類を対象とする磯見漁，潜水漁が行われている地域

た。現在では島根県ではほとんど自生がみられず、鳥取県西部と山口県東部地域では、多量に自生した年には採取、出荷が行われており、エゴノリ料理や寒天材料として希少価値の高い海藻として扱われていた。

海藻採取を漁業の一環として組み込み、漁業収入の一部として位置づけてきた背景には、前述した海藻の質と量に関する要因だけでなく、漁業規模や漁業技術が大きく関係していた。海藻の質を判断し、出荷に見合うだけの量を合理的に採取するには、採取技術が必要である。すなわち、海藻採取は決して楽なものばかりでになく、水深が深く、干満の差が20～30cmと小さい山陰沿岸において、海藻は干潮時とはいえ陸伝いに岩場に出て簡単に採取できるものばかりではなかった（表2)。ワカメ、アラメ、モズク、テングサなど海藻の多くは、揺れる船上から箱メガネを覗き、柄の長い鎌や熊手を用いての採取であったり、また潜水による採取も多く、外海の荒波を受けながらの作業は熟練が必要とされてきた。また寒さの厳しい冬から初春にかけて行われるイワノリやハバノリの採取は辛いものであり、足を滑らせ流されるなどの危険を伴うものであったという。すなわち、山陰沿岸の海藻採取は、広い干潟に出て簡単に行われる瀬戸内海沿岸の海藻採取とは状況が異なり、日頃から漁業を通して海の性質を熟知し、採取技術を熟練しておく必要があったと感じられるものであった。

そして、漁種は多いものの決して大規模漁業とはいえない生業形態であるがゆえに、海藻採取が

漁業形態の一つとして取り入れられ、意義を持ったともいえるのである。山陰沿岸地帯の漁業形態は、底曳き網、巻網、定置網、建て網などの網漁とイカの一本釣りなどの沿岸漁業が中心で、魚介類の集散地である境港市や浜田市、遠洋漁業も行われている野波瀬などを除き、漁種は多いものの漁業規模は決して大きいとはいえなかった（表3）。そして自給程度の農業との兼業の漁業偏重型の半農半漁を営む家庭も多いのが現状であった。海藻採取を漁種の一つとして組み込み、漁業収入の一部とすることは、豊かな生活を送るために有効だったのである。

また、海藻採取が漁業の一環として組み込まれ、重要視されてきたことは、漁業制度や海藻にまつわる神事にもうかがうことができる。品質のよい海藻を採取するために、出荷用の海藻には解禁日を設け、乱獲を防止し資源保護に努力するなど、住民の積極的な取り組みがみられた。また、村をあげて行われる大社町宇竜の「和布刈神事」や平田市十六島の「紫菜島神社の神事」、宇田郷などで個々の家庭で行われたワカメの豊漁祈願などの神事が行われていた。これらはワカメやノリの豊作祈願や収穫の感謝祭であり、稲作儀礼にみられる予祝行事や収穫祭に当たるものである。これらのことからも山陰沿岸地域において、出荷を目的とした海藻採取が生活のなかできわめて重視されてきたことが理解できる。

②自給用としての海藻採取

出荷対象以外の海藻は、漁業の合間をぬって採取保存され、家庭での利用に留まっていた。自給用の海藻は出荷用の一部であったり、比較的採取技術を必要としない磯採取や打ち上げ採取によるものであったりした。主婦や古老達の話から、季節が来ると必ず海藻採取が行われ、乾燥保存することが一つの年中行事として繰り返され、いつでも利用できる食材料として保存されてきたものと推測される。すなわち、家庭での食材料としての採取も比較的盛んであったといえよう。

## 2. 海藻の加工保存と調理法

### (1) 乾燥保存と塩蔵保存

海藻の保存の基本は乾燥と塩蔵にあり、しかも何年でも保存可能であるという利点を持つ。もっともモズクのみは乾燥すると品質低下が大きいため、古くから塩蔵保存が行われてきた。家庭では1年分の量を塩蔵しておくが、モズク1升を塩1升で漬けておくと品質が変わらないと伝えられていた。この保存法は、乾燥によって失われるモズク独自の滑らかな口触りを塩蔵によって生かそうとしたものであった。

その他の海藻は乾燥保存されているものが多く、それぞれの海藻の性質や使い易さを考慮したものであった（表4－1、4－2）。いくつかの例をあげ工夫点を探ってみると、ワカメの加工法には地域差がみられ、板ワカメ、干しワカメ、ワカメむすび用干しワカメ、そして塩ワカメに加工されていた。板ワカメはのしメ、のしワカメともいわれ、鳥取、島根県の出荷用ワカメの主体をなしており、現在でも商品価値の高いものであった。板ワカメには芽立ちの若いものが最適で、真水で十分に洗って塩気を抜き、ござなどの上に四角に広げ縮まぬように串で止めて一日干しをすると、透明感をもつ緑色の板ワカメができる。軟らかく色のよいもの、塩気のないものが上質とされ、藻体が若くて薄い限られた時期にのみできる加工法である。板ワカメに適さないほど成長したものは、干しワカメに加工されており、採取したそのままを、または湯通ししたものを吊して天日乾燥し、使い易さを考慮して芯を除き葉を細く裂いたものも作られている。さらに成長して藻体が硬くなっ

表 4-1　緑藻類・褐藻類の保存と調理法

| 分類 | 海藻の種類 | 保存法・加工法 | 調理法 | 行事食・その他 |
|---|---|---|---|---|
| 緑藻類 | アオサ | 天日乾燥：若いものを採取 | 火に炙りふりかけ，味噌汁 | ●アオサ汁：仏事の料理（室津下） |
| | アオノリ | 天日乾燥：すいて板ノリ | 焼いて食す，炊くと苦味有り | |
| | ミル | 乾燥保存無し | 芽立ちのものを酢の物（宇田郷）<br>鍋で空煎り，酢味噌和え（室津下） | 虫下し（網代，宇田郷）<br>土用の薬（宇田郷），洗髪料（室津下） |
| 褐藻類 | ワカメ | 天日乾燥<br>板ワカメ（鳥取県，島根県）：主に出荷用<br>芽立ちの若いものを真水で洗い、<br>広げて天日乾燥（一日干し）<br>干しワカメ・絞りワカメ：主に家庭用<br>生のまま又は湯通しして吊して天日乾燥<br>ワカメむすび用（山口県）：出荷，家庭用<br>芯を取り天火乾燥、その後刻む<br>塩蔵　塩ワカメ：主に家庭用<br>湯通し、塩揉みして脱水後塩蔵 | 板ワカメ：焼いて酒の肴<br>火で炙り揉んでふりかけ<br>干しワカメ：味噌汁，酢の物，煮物，佃煮<br>ワカメむすび用：握り飯にまぶす<br>塩ワカメ：汁物，酢の物<br>茎ワカメ：粕漬<br>株ワカメ：湯を通し包丁で叩き、酢の物，汁物 | ○和布刈神事の供物（大社町宇竜）<br>旧暦1月5日<br>行事後ワカメ採取解禁<br><br>○若いワカメを神前の供物（宇田郷）<br>年の暮れ<br>その後本格的にワカメ採取 |
| | アラメ<br>カジメ | 天日乾燥<br>乾燥後梅雨明けに茹で刻み天日乾燥<br>梅雨を越したもの、保存年数が永いほうが軟らかく煮える<br>※戦中救荒食として保存（室津下） | 生の新芽を刻んで汁物，酢の物，とろろ飯<br>水に戻し大根と炒め煮，煮物，カジメ飯<br>生を棒状に巻き味噌漬 | ●煮物，白和え：仏事の料理，供物<br>（十六島，大社町，馬路，鎌田）<br>●台花：葬式の飾り物（十六島） |
| | ヒジキ | 天日乾燥：茹でアク抜き乾燥，<br>酢は藻体を軟化，炭酸は黒く茹で上げる<br>何年でも保存可能、梅雨越の物軟らかい | 炒め煮，白和え，ヒジキ飯，すしの具<br>腐りにくいので夏の日常食 | ●煮物，白和え：葬式料理<br>（馬路，鎌田，飯浦，宇田郷，<br>野波瀬，大浦，川棚，室津下） |
| | ジンバ<br>ナナサ | 天日乾燥<br>※戦中救荒食として保存（船磯） | 浸し物，酢の物，煮物，汁物，白和え，<br>酢味噌和え，味噌漬，冬の日常食 | ●白和え：仏事の料理（船磯） |
| | ハバノリ | 天日乾燥<br>すいて板のり（ノリを混ぜる） | 生へ醤油をかけて食べる、汁物，煮物<br>火炙りしてふりかけ，炊込み飯，野菜代用 | |
| | トマノケ | 天日乾燥<br>丸め、平たくつぶして乾燥（飯浦）<br>板のり状に干す（野波瀬） | 火炙りして揉みふりかけ<br>粥 | |
| | ホンモズク<br>イシモズク | 塩蔵：モズク1升に塩1升<br>冷凍保存（現在） | 塩抜きして酢の物，汁物 | ●酢の物：仏事の料理（飯浦，宇田郷）<br>○酢の物：祝事の料理（飯浦，奈古，大浦） |
| | クロモ | 保存性低い | 湯通しして酢の物，生姜醤油で食す | |

行事食　●：仏　事　　○：祝　事

たものは、湯通しして塩揉み後脱水し、塩蔵して家庭用として重宝されている。山口県では板ワカメには加工されず､郷土料理であるワカメむすび用に加工されていた。これは干しワカメの一種で、成長したワカメの芯を取り、数本を藁の芯で括って乾燥し、その後小さく切断したものであった。

これらの加工法の差には、ワカメの質の差がかかわっていた。前述したように山陰沿岸の東部と西部では海水温に多少差がみられる。海水温が1～2℃高く内海性を帯びた山口県沿岸ではワカメの成長が比較的早く、一方海水温が多少低い島根県中部以東では、ワカメの成長が西部に比較して緩やかであると考えられ、芽立ちから成長するまでの期間を利用して板ワカメの加工がなされてきたものと考えられる。これは自然条件のみならず伝統的な利用法を基に工夫がなされ、地域差を明確にし地域独自の加工法により商品価値を高めようとした住民の努力の結果ともいえる。

同じ褐藻類でも組織が硬くアクが強い海藻であるアラメやカジメは、前もって茹でてアクを抜き刻んだものが乾燥保存され、必要なときに簡単に使用できる工夫がなされていた。またヒジキも長時間茹でてアク抜きされるが、酢を添加して藻体の軟化を助けたり、炭酸の添加で黒く茹で上げるなど、さまざまな工夫がなされていた。これらの褐藻類の保存法は、冬から春にかけて採取保存されたものが梅雨越しすると軟らかく煮えるという性質を利用したものである。

また紅藻類のテングサは水洗い天日乾燥を繰り返し白く晒して乾燥保存される場合が多く、雨に

表 4-2　紅藻類の保存と調理法

| 分類 | 海藻の種類 | 保存法・加工法 | 調理法 | 行事食・その他 |
|---|---|---|---|---|
| 紅藻類 | イギス<br>ジョウ<br>オキュウト<br>（エゴノリ） | 天日乾燥<br>※救荒食として保存：餓しん草ともいう<br>（赤碕，中山，淀江） | 水で加熱溶解・凝固：刺身醤油，生姜醤油<br>からし醤油，胡麻醤油，白和え | ●仏事の供物，料理<br>（船磯，泊，赤碕，中山，淀江）<br>（過去：浜田，益田，室津下）<br>○祭や祝い事の料理<br>（船磯，泊，赤碕，中山，淀江） |
| | ケボウ | 天日乾燥 | エゴノリと混ぜ加熱溶解・凝固 | |
| | テングサ | 天日乾燥<br>そのまま又は白く晒して（真水で洗い天日乾燥）保存<br>古いもの程よく溶ける | トコロテン：水に食酢を入れて加熱溶解，漉して凝固<br>出し汁，生姜醤油，辛子醤油，三杯酢<br>コーヒー・イチゴゼリー（野波瀬，大浦） | ●盆の供物，料理<br>（網代，船磯，泊，赤碕，宇田郷）<br>●「鏡」「仏様のご馳走」：丸や四角に切り蓮に供える（船磯，泊） |
| | シラモ | 天日乾燥<br>梅雨越しすると軟らかくなる | 酢の物：湯通しして、キュウリなどと<br>（宇田郷，奈古，野波瀬） | ●盆の料理　（宇田郷，奈古，野波瀬） |
| | オゴ<br>オーゴ | 天日乾燥<br>10年位品質は変わらず<br>※戦中救荒食として保存（室津下） | 生：湯通し酢の物（奈古，室津下）<br>乾燥物：米糠汁で加熱溶解・凝固<br>胡麻醤油，酢味噌，酢醤油，白和え | ●仏事の供物，料理（室津下）<br>商品名イギスとして市販 |
| | コブノリ<br>（フノリ） | 天日乾燥 | 刺身のけん，味噌汁<br>（飯浦，宇田郷，野波瀬，大浦，室津下） | 白壁の糊，反物の糊（晒して炊く） |
| | イワノリ | 天日乾燥<br>板ノリにすく | 火で炙り振りかけ，吸い物<br>巻きずしには適さず<br>（大社町，十六島，飯浦，宇田郷）<br>巻きずし（浜田，鎌手，大浦） | ○正月雑煮（赤碕，十六島，馬路，鎌手）<br>○紫菜島神社の神事（十六島）<br>旧暦２月初午の日<br>ノリ収穫の感謝祭 |
| | ソ　ゾ<br>ユ　ナ | 保存性無し | 汁物，煮物（しゃぶしゃぶ風），<br>熱湯をかけ酢味噌和え<br>匂いが強く好みの差大，冬のおかず | |
| | ｳﾐｿﾞｳﾒﾝ | 保存性低い，僅かに乾燥保存，冷凍（現在） | 湯通し酢味噌和え，酢の物 | |
| | ﾋﾗﾒ，ﾑｶﾃﾞﾅ，ｱｻｯﾍﾟ，など | 乾燥保存 | 佃煮，煮物，味噌汁<br>加熱溶解・凝固(ｷｮｳﾉﾋﾓ)：イギス（淀江） | 膨らませ遊具，洗たく糊 |
| | ｶｲﾆﾝｿｳ | 乾燥保存 | | 駆虫薬（室津下） |

行事食　●：仏　事　　○：祝　事

長く当てると黒変するので、梅雨が明けて夏の強い日差しを利用すると早く晒すことができるという。

このように加工法には長年の経験から得た海藻の性質を利用し、出荷用には商品価値を高める工夫が、また、家庭用には保存による品質の変化を防ぎ、必要なときに簡単においしく利用できる配慮がなされていた。

## (2) 海藻の調理法

調理法においても、海藻の性質を最大限に利用する工夫がみられ、その特徴は表４－１、４－２のようであった。

①緑藻類

アオサ、アオノリは、明確な区別なく使用している地域が多かった。煮ると苦味が出るため、火にあぶりふりかけにしたり、味噌汁に入れて食べるのが主体で、緑色と香りを生かすことが調理の基本であった。

②褐藻類

板ワカメは芽立ちの軟らかい葉を用いるので、ノリ同様に焼いて食べられることが多く、酢の物や煮物、味噌汁には歯ごたえのある干しワカメや塩ワカメが使用されていた。ワカメむすび用のワカメは握り飯にまぶして食べられるが、自然の塩気と磯の香りが付き、より旨味が引き立ち食欲を増すものであった。そして、ワカメの茎は粕漬けに、メカブは包丁で叩いてトロロにして酢の物にするなど、それぞれの加工法や部位の性質を生かした無駄のない食べ方が工夫されていた。

次に、アク抜きをして乾燥保存されていたアラメやカジメ、ヒジキは煮物や汁物・白和えに、ジンバ、ナナサと呼ばれるホンダワラ類は、浸し物、酢の物、白和え、煮物、味噌漬けなど使用範囲は広いものであった。また、滑らかな口触りや喉越しがおいしいモズクは夏の料理としてなくてはならないもので、十分塩抜きをして酢の物に利用されていた。

③凝固性の高い紅藻類

紅藻類の料理は、藻体を煮溶かし凝固させたものと、紅藻の色と香り、繊維状の形や歯触りを生かし藻体をそのまま利用するものに大別することができた。

**テングサ**　寒天質を利用したものにテングサ、エゴノリ、ケボウの料理がある。テングサはトコロテンの材料になるが、水洗い天日乾燥して白く晒したテングサを水に酢を加えて煮溶かし、漉して固めたものであり、島根県の一部では凝固性の高いオニクサを混ぜ、脆さのあるトコロテンが作られていた。このトコロテンは醤油味の出し汁、生姜または芥子醤油、三杯酢などで食べられ、現在でも夏のおやつや総菜として使用頻度の高いものである。

**エゴノリ**　現在でもテングサ同様に水で煮溶かし凝固させて食べられているものに、イギス、オキュウトなどと呼ばれるエゴノリがある。なお､鳥取県でイギスと呼ばれるものはエゴノリであり、瀬戸内海沿岸地帯のイギスとは異なるものであった。エゴノリはテングサと異なり晒さず自然の色を生かして炊き、溶け残りが多いときにはすりこぎで擦り潰した後固めたもので、形態はコンニャクに類似したものであった。多少溶け残りがある方がおいしいといわれ、刺身醤油や生姜または芥子醤油で食べたり、白和えにもされていた。なかでもエゴノリ採取が現在でも行われている鳥取県においてこの習慣の伝承は顕著であった。

一方島根県では、古老達の記憶によると戦後の頃まではエゴノリの自生があり、それを固める料理が作られていたというが、その後自生の減少に伴い家庭で手作りされる習慣は消滅したといわれる。また、山口県ではほとんどが寒天材料として出荷されるためか、鳥取県でみられたような食習慣はなく、白く晒してトコロテンの一部に混ぜる程度であった。すなわち、昔ながらにエゴノリの採取、保存、調理の食習慣が現在にまで伝承されていたのは鳥取県のみであったといえる。

しかし、その他の地域でもエゴノリの食習慣が全く消滅したとはいえず、手作りから購入使用へと変化したとみることができる。しかしながら、鳥取県のものと、島根県と山口県で市販されていたものは同一のものではなかった。加工業者の話によると、後者のものはテングサが主原料となっており、加熱溶解、凝固させる調理法は同様であるが、製品の色、旨味、口触り等に差があることが明らかとなった。すなわち、島根県以西においてはエゴノリの自生減少に伴い原料となる海藻に変化が生じており、名称は同じでも本来の食習慣は変容しているとみたほうが妥当であると考えられた。

④凝固性の低い紅藻類

紅藻類でもシラモ、オゴノリ、フノリは加熱溶解されることはなく、乾燥品を水に戻し湯通しして、酢の物や白和えにされるのが普通であった。また、コブノリと呼ばれるフクロフノリは、刺身のけんや味噌汁に利用されてきていた。これらの食習慣は海藻の自生地であった山口県を中心とした地域にみられ、瀬戸内海沿岸のものと共通した食習慣であり、島根県以東ではほとんど聞かれないものであった。これらの紅藻類の料理には経験的に藻体に含まれる寒天質の性質の差を知り、凝固性の高い海藻は加熱溶解凝固させる料理に、凝固性に欠けるものは藻体をそのまま利用し、色や歯触りを生かす料理にするなど使い分けがなされていた。

次に岩ノリはほとんどが板ノリに加工されてきたが、瀬戸内海の養殖ノリと異なり、手すきのノリは目が粗く巻きずしには不適で、火であぶって香りと色を生かした揉みノリとして利用されていた。この方が本来の旨味を味わうことができるといわれていた。

そして、海藻のなかでは珍しく乾燥保存も塩蔵もできないソゾやユナはさっと湯を通し、酢の物や酢味噌和え、煮物や汁物にされるが、独自の鼻を突く匂いを持つため好みの差が大きいのが特徴であった。

以上のようにそれぞれの海藻の長所・短所を知り、おいしさを最大限に生かす工夫が長年の経験のなかでなされていた。そして、煮物、汁物、和え物、酢の物、漬け物など野菜と共通した調理法がなされており、野菜と並び植物性材料として重宝されてきた様子を調理法の面からも窺うことができた。しかも、乾燥保存された海藻は季節を問わず一年中食べられており、日常のおかずとして、また過去においては冬期の野菜代わりとしても利用され、山陰沿岸地方において日常の副食としての位置づけは高いものであったと考えられる。

## 3. 行事食としての海藻料理

海藻は精進料理の代表的な材料であり、古代より行事の供物や料理に使われてきたことは『延喜式』[3、4)]等をみても明らかである。山陰沿岸地域においても盆、法事、葬式などの仏事に多種類の海藻が使用されていたが、地域によって種類に差がみられるものであった（表4－1、4－2）。

### （1）仏事の海藻料理

**褐藻料理**　ヒジキやアラメ、カジメの煮物や白和えは、葬式や盆の料理として使用され、ヒジキは主として島根県、山口県で、アラメやカジメは島根県を中心とした地域の習慣であった。また、網代や十六島では過去にアラメを「台花」と称する葬式の飾り物にしたり、宇田郷でも供物としたりして使用していたということから考えると、アラメやカジメを仏事に使用する習慣は、現在の分布よりも広い山陰一帯でみられた習慣であった可能性が高い。

**紅藻料理**　鳥取県では、エゴノリ料理やトコロテンが仏事にはなくてはならないものであった。エゴノリ料理を仏事の供物や料理とする習慣は、現在でもエゴノリの自生がみられる鳥取県赤崎、中山周辺の漁村のみならず農村地域にも広く分布していた。そして、戦後の頃までは島根県、山口県にもその習慣があったと言い伝えられており、現在でも法事の料理として商店に注文があるという。これらの話から推測すると、仏事のエゴノリ料理は山陰沿岸一帯の食習慣であり、エゴノリの自生の減少に伴い島根県、山口県では過去の食習慣となりつつあると考えた方がよさそうである。

また、仏事にトコロテンを使用する習慣はエゴノリの自生がみられない鳥取県の中部以東の地域を中心とした習慣であった。とりわけ船磯や泊では、丸または四角に切って蓮の葉の上に盛り仏前に供えるトコロテンのことを「鏡」、「仏様のご馳走」と呼ぶ習慣が伝承されていた。筆者が調べた限りではトコロテン以外にエゴノリも含めて鏡と呼ぶ習慣は、日本海沿岸地域に広く分布する習慣であった[5)]。

この他山口県ではシラモやオゴノリを仏事に使用する習慣が存在し、瀬戸内海沿岸の岡山県牛窓町の地域と共通したものであった。

### (2) 祝い事の海藻料理

海藻は仏事のみならず神事や祝事の供物や料理として使用されてきた。例えばモズクは夏の客膳料理に、ウップルイノリは正月雑煮に、エゴノリ料理は祭り等のハレ食としても使われていた。そして、鳥取県大社町宇竜の「和布刈神事」の供物であるワカメ、島根県平田市十六島の「紫菜島神社の神事」の供物であるウップルイノリも行事食のひとつとみなすことができよう。

このように山陰沿岸地域においては、海藻が仏事のみならず祝事の行事食としても利用が盛んであり、瀬戸内海沿岸地域のものに比べ行事食としての高い位置付けを持っていた。山陰沿岸地域において多種類の海藻が行事食として使用され、海藻と行事とのかかわりがきわめて深いという特徴を生み出してきた背景はなにであろうか。

行事食は本来、普段の食べ物とは区別されるものであり、日常の食べ物とは異なった価値や精神的意義を持つものである。これまで述べてきたように、海藻は人工的に栽培されるものではなく、自然環境の影響を大きく受けるいわゆる「天の恵み」であり、古くから精進材料の代表であった。その中でも山陰沿岸地域で行事食として利用されてきた海藻は、品質がよく出荷用として採取されてきたもの、量的に少なく希少価値のあるもの、採取に危険が伴うもの、保存法や調理法に経験と手間を必要とするものなど、身近な材料とはいえ日常の食材料より貴重なものと思われるものばかりであった。そして、住民の生計の一助となり、また「餓しん草」とよばれるエゴノリの存在が示すように、時には救荒食となり得てきたという歴史は、海藻に普段の食材料以上の価値を置き、貴重なものとしての考えを生み出してきたものと思われる。さらには奈良時代以前に起源を持つといわれる由緒ある海藻にまつわる神事や、家庭で行われてきた海藻の豊作祈願などの行事は、海藻を神聖なものとみなす価値観を育んできたといえるのである。このような背景のもとで数種の海藻は普段の食事とは区別される行事食として取り入れられ、高い評価を得てきたと考えられる。しかし現在では、習慣としては伝承されているものの、行事食としての習慣を生んできた精神的側面は希薄化してしまっている面もみられた。

## 4. 救荒食としての海藻の役割

鳥取県の赤碕、中山、淀江の地域でイギス、ジョウと呼ばれるエゴノリは、別名「餓しん草」とも呼ばれ、古くは救荒食として乾燥保存されていたという（表４－２)。この海藻は毎年自生するものではなく4、5年に一度、10年に一度豊作であるといわれ、その年は凶作であることが多かったためこの名称が付いたと言い伝えられていた。現在では海藻を救荒食として貯える家庭はないが、自給自足を原則とした時代、エゴノリは重要な役割を果たしてきたことをうかがわせる。ではなぜ山陰東部地域においてこのような習慣が存在していたのであろうか。まず凶作をもたらす気候風土の影響があげられる。山陰沿岸地域の集落では山が海岸に迫っているため耕地面積が少ない上、冬の積雪や冷害、台風や塩害などの影響を受け、稲や野菜類の栽培が思うに任せない時代も長かったという。このような地理的環境や気候条件が、自然の恵みである海藻を救荒食として利用する習慣を定着させてきた要因であったと考えられる。この救荒食としての海藻利用も山陰沿岸地帯の海藻の食習慣の特徴として見逃せない一面であった。

### まとめ―山陰沿岸地帯の海藻の食習慣の地域性―

以上述べてきた褐藻類、紅藻類の種類、海藻の呼称、ワカメの加工法、過去から現在までの行事食の種類などの分布を合わせ考えると（表1、3、4－1、4－2）、海藻の食習慣は山口県地方と島根県･鳥取県地方に大別できるものであった。山口県一帯では紅藻類の種類が多く、干しワカメの加工、紅藻類の仏事への利用など海藻の自生、利用形態ともに瀬戸内海沿岸のものと類似したものであった。山陰沿岸とはいえ西部は内海性の混じり合う海域であり、歴史的にみても山口県北部および西部沿岸と瀬戸内海沿岸は同じ長門国に属し、他地域に比べ人々の交流も盛んであったと思われ、食習慣に共通性がみられたものと考えられる。これに対し、鳥取、島根県では西部に比べ褐藻類の種類が多く、板ワカメの加工、海藻の仏事、祝事への利用、救荒食としての餓しん草の存在など、特徴は西部と異なるものであり、島根半島以東にその特徴は顕著であった。この習慣が山陰沿岸東部独自のものであるか、日本海沿岸地域に共通した特徴であるかについては、今後北近畿、北陸沿岸地域などの食習慣と比較検討していく必要があると思われる。

＊図版出典：今田節子 1994 より

## 第2節　北近畿および若狭湾沿岸地帯の海藻の食習慣とその背景

瀬戸内海沿岸、山陰沿岸の海藻の食習慣について調査研究を進め、特徴とその背景を明確にしてきた。いずれの調査地においても、住民達が長年の経験から体得した海藻の性質を最大限に生かした食習慣が形成されていた。しかし一方では、海の環境や地域独自の気候風土の違い、またそれに伴う生業や漁業規模の差など、自然的要因や社会的要因が複雑に反映し、海藻の食習櫃に地域差がみられるのも事実であった。たとえば1節で述べたように同じ日本海に面する山陰沿岸地域でも、島根半島を境にして東部と西部では海藻の種類、加工法、行事食、救荒食としての利用に差が認められるものであった。そして、そこには日本海に面した地域独自の海藻の食習慣の特徴が何であるか、不明瞭な点も残された。

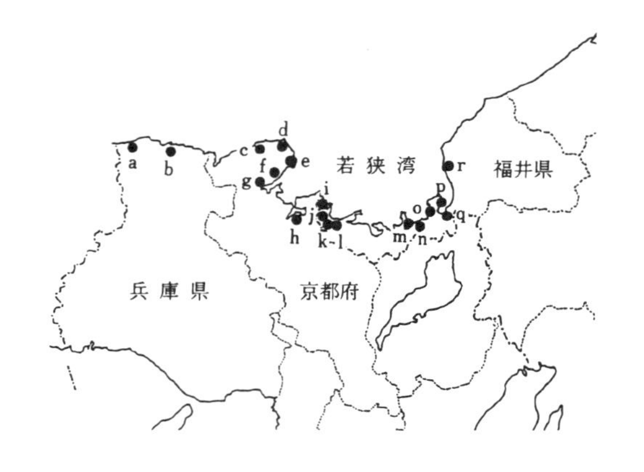


外海に面する地域：a，浜坂町芦屋；b，香住町沖浦；c，丹後町間人．外海の影響の大きい地域：d，伊根町蒲入；e，泊；f，宮津市里波見；r，越前町米ノ．内海に面する地域：g，宮津市江尻；h，舞鶴市竹屋；i，高浜市宮尾；j，塩土，k，事代；l，和田；m，美浜町日向；n，松原；o，菅浜；p，港町；q，敦賀市色ケ浜；r，港町．

図1　調査地と海の環境

そこで山陰沿岸に隣接する北近畿沿岸地帯の海藻の食習慣を明確にし、山陰沿岸の東部と西部の習慣と比較検討することに

表５　主な海藻の植物分類学的名称と自生・採取状況

| 分類 | 一般名称 | 植物分類学的名称 | 自生場所 | 採取 |
|---|---|---|---|---|
| 緑藻 | アオサ・アオノリ | 両者を明確に区別していない地域が多い　数種が混在 | a | 冬～春，A |
| 褐藻類 | ワカメ・メー | こんぶ目こんぶ科わかめ属ワカメ | b上部 | 晩冬～春C・D |
| | アラメ | こんぶ目こんぶ科こんぶ属アラメ | b上部~中部 | 冬～春，C・D |
| | ヒジキ | ひばまた目ほんだわら科ひじき属ヒジキ | a～b上部 | 冬～春，A |
| | ホンモヅク・モズク・モヅク・モドコ | ながまつも目もずく科もずく属モズク | bモの上に自生 | 早春～夏，C |
| | イワモズク・イワモヅク | ながまつも目ながまつも科いしもずく属イシモズク | a下部～b上部 | 晩春～夏，C・D |
| | モンダワラ・ジンバ・マメダワラ・モンバ・スズモ | 不明（形態からホンダワラ類と推定） | b | 冬～春，B・C・D |
| | ハバ・ハバノリ | はばもどき目かやものり科ふくろのり属ハバノリ | a | 冬，A |
| | ナガラモ・ウミナ・シガモスガモ・ゴザノヤブレ | はばもどき目かやものり科かやものり属カヤモノリ | a（内湾） | 冬～早春，A |
| 紅藻類 | エゴノリ・イゴグサ・イゴウゴ・エゴ | いぎす目いぎす科えごのり属エゴノリ | bモの上に自生 | 春～夏，B・C |
| | ケウゴ・ケイギス・イゴ・ケゴ・イギス | いぎす目いぎす科いぎす属アミクサ（形態から推定） | bモ又は岩の上に自生 | 夏，C・D |
| | テングサ | てんぐさ目てんぐさ科てんぐさ属マクサ | a～b上部 | 春～夏，A・B・C・D |
| | オゴ | すぎのり目おごのり科おごのり属オゴノリ | a上部 | 梅雨～夏，A |
| | フノリ | かくれいと目ふのり科ふのり属フクロフノリ | a | 晩冬～春，A |
| | イワノリ・ノリ | うしけのり目うしけのり科あまのり属数種 | a上部 | 冬，A |
| | ソゾ・ソーゾー | いぎす目ふじまつも科そぞ属ミツデソゾ（形態から推定） | a下部 | 冬～早春，A |
| | ウミゾウメン・オンゾーメ | うみぞうめん目べにもずく科うみぞうめん属ウミゾウメン | a上部 | 春～夏，A |
| | カイニンソウ | いぎす目ふじまつも科まくり属マクリ | b | 春～夏，C・D |

自生場所：ａ－潮間帯（干満の差１０～２０cm前後）　　ｂ－漸深帯
採取方法：Ａ－磯採取（干潮時に海岸づたいに干潟に出て、また船で岩場に出て海藻採取）
Ｂ－打ち上げ採取（波や風によって磯や波打ち際に寄った海藻を採取）
Ｃ－船の上から採取（漸深帯に自生する海藻を船の上から道具を使って採取）
Ｄ－潜水採取

よって、日本海西部沿岸の海藻の食習慣の特徴とその背景をさらに明確なものにすることを目的とした。

一般に北近畿沿岸といえば兵庫県、京都府沿岸がこの地域に属するが、本調査では調査地の多くが若狭湾に面することを考慮し、その延長線に位置し若狭湾に面する福井県沿岸も北近畿沿岸に含めることにした（以後、両地域を合わせて北近畿沿岸地帯と表記）（図1）。この地域は、兵庫県から丹後半島一帯の外海に面した地域、若狭湾西部と東部入口辺りの外海に内海性が混在する地域、そして若狭湾内でも内海性が極めて高い地域と、様々な海の環境を持つのが特徴である。

調査に当たっては、海や海岸の種類を考慮し、兵庫県、京都府、福井県沿岸の10市町村18集落を調査地とし（図1）、1987～1989年にかけて聴き取り調査を実施した。まず調査地の生活環境や生業、漁業形態などについては、市町村役場や漁業組合から資料を収集した。そして自生する海藻の種類や採取、保存、利用法および当該地域の行事との関わりなどについては、漁業従事者や古老、主婦ら54名から具体的な聴き取り調査を実施した。なお事例収集に際しては、明治後期から昭和初期、戦中・戦後、高度成長期以降のいずれの時代の食習慣であるか、生家、婚家の食習慣であるかを確認しながら聴き取り調査を進めた。また可能な限り海藻の自生地や海藻の実物を観察することに努めた。

## 1. 食用海藻の種類と採取目的

### (1) 食用海藻の種類

北近畿という限られた地域においても、海藻の呼称は様々で、藻体の形態的特徴を考慮し、海藻

表6　自生・利用が確認された海藻の種類と採取目的

| 海藻の種類 | | 緑藻類 2種(9%) | | 褐藻類 8種（36%） | | | | | | | | 紅藻類 10種（46%） | | | | | | | | | | 不明 2種(9%) | |
|---|---|---|---|---|---|---|---|---|---|---|---|---|---|---|---|---|---|---|---|---|---|---|---|
| 調査地 | | アオサ | アオノリ | ワカメ | アラメ | ヒジキ | ホンモズク | イワモズク | ジンバソウ | ハバノリ | カヤモノリ | エゴノリ | ケボウ・ボウケ | テングサ | オゴノリ | フノリ | イワノリ | ソゾ | ウミゾウメン | アマノリ | カイニンソウ | カモメのオビ・ヒモ | ササモ |
| 兵庫 | 浜坂町芦屋 | | | ● | ○ | ○ | ● | ● | ● | | ○ | | | ●* | | | ○ | ○ | ○ | | | | |
| 兵庫 | 香住町沖浦 | | ○* | ◎ | ○* | | ● | ● | ○ | ○ | | | | ● | | | ●* | | ○ | | | | |
| 京都府 | 丹後町間人 | | ○ | ● | ○* | ○ | ● | ● | | ○ | | | | ●* | | | ● | | | | | | |
| 京都府 | 伊根町蒲入 | | | ● | ○ | ○* | ● | | ○ | ○ | | ○ | | ●* | | × | ●* | | ●* | | | | ○ |
| 京都府 | 〃　泊 | | | ● | ○ | ○ | ● | | ○ | ○ | ○ | ○ | | ●* | | | ●* | | ○ | | | | |
| 京都府 | 宮津市里波見 | ○ | ○ | ○ | | | ● | | | ○ | ○ | ○ | ● | ●* | | | | | | | | | |
| 京都府 | 〃　江尻 | ○ | | ● | ○* | | ● | | ○ | | ○ | ● | ●* | ● | | | | | ○ | | | | |
| 京都府 | 舞鶴市竹屋 | | | ◎ | | ○ | ●* | | ○ | ○ | ○ | ○* | ●* | ● | ●* | | ○ | | ○ | | | | |
| 福井県 | 高浜町宮尾 | | ○ | ◎ | | | ○ | | | | ○ | ○ | ○ | ○ | | | ○ | | | | | | |
| 福井県 | 〃塩土・事代 | | | ● | ○* | | ○ | | | ○ | | ● | ○ | ○ | | | ○ | ○ | ○ | | | | |
| 福井県 | 〃　和田 | | | ● | | ○* | ● | | ○ | ○ | ○ | ○ | ●* | ○ | | | ● | ○ | ○ | | | | |
| 福井県 | 美浜町日向 | ○ | ○ | ○ | | | ○ | | | ○ | ○ | ○ | | ● | | | ● | | ○ | ○* | | | |
| 福井県 | 〃　松原 | | | ○ | | | ● | | | ○ | ○ | ○ | | ○ | | | ● | ○ | | | | | |
| 福井県 | 〃　菅浜 | | | ● | | | ● | ● | ○△* | ○ | ○ | ○ | ●* | ●* | | | ○ | | ○ | | △* | | |
| 福井県 | 敦賀市色ケ浜 | | ○ | ○ | | | ● | | | ○ | | ○ | | ○ | | | ○ | | | | | | |
| 福井県 | 〃　港町 | | | ● | | | ● | | | ○* | ○ | ●* | | ● | | | | | ●* | | | ○* | |
| 福井県 | 越前町米ノ | | | ● | ○ | | ● | ● | | ○ | ○ | × | | ●* | | | ● | | ○ | | | ○* | |

○自給用　○* 以前は自給用、現在は採取なし　●自給と出荷用　●* 以前は出荷、現在は自給のみ
◎養殖、自給と出荷用　△* 以前は薬用　×以前食用以外（糊など）

分類学の専門家の意見を参考にしながら海藻の正式名をまとめると表5のようであった。この分類に従うと住民達が採取・利用してきた海藻は22種で、紅藻類10種（46%）、褐藻類8種（36%）、緑藻類2種（9%）であった（表6）。

これらのうち外海、内海を問わずほぼ全域に自生が見られた海藻は、褐藻類のワカメ、ホンモズク、ハバノリ、紅藻類のテングサ、イワノリ、ウミゾウメンであった。そして兵庫県や丹後半島のように外海に面する地域、また丹後半島の間人から南下して里波見辺りや若狭湾東部の越前町など、若狭湾に面しながらも外海の影響が大きい地域には、アラメ、ヒジキ、イワモズク、ジンバソウなどがみられた。これらの海藻は荒波にも耐えられる強靱な藻体をもつ褐藻類が主体であった。一方、藻体が比較的軟弱なカヤモノリ、エゴノリ、ケウゴ、ソゾ等は、内海性の高い若狭湾内に自生がみられた。また北近畿沿岸は温海域に属するが、瀬戸内海や山陰西部沿岸地域より海水温が多少低いためか[6]、緑藻類は量的にも少なく、利用頻度も低いものであった。

これらの海藻の種類や自生量、呼称などを山陰沿岸地域のものと比較すると、次のような特徴を見出すことができた（表7）。まず北近畿一帯に自生がみられたワカメ、ホンモズク、ハバノリ、テングサ、イワノリ、ウミゾウメンは、山陰沿岸一帯でも見られるものばかりで、若狭湾以西の日本

表7　北近畿・山陰沿岸にみられる海藻の種類の比較

| 海藻の種類 / 調査地 | | 緑藻類 | | | 褐藻類 | | | | | | | | | 紅藻類 | | | | | | | | | |
|---|---|---|---|---|---|---|---|---|---|---|---|---|---|---|---|---|---|---|---|---|---|---|---|
| | | アオサ | アオノリ | ミル | ワカメ | アラメ | カジメ | ヒジキ | ホンモズク | イワモズク | ジンバソウ | ハバノリ | カヤモノリ | エゴノリ | ケボウ・ボウケ | テングサ | シラモ | オゴノリ | フノリ | イワノリ | ソゾ | ユナ | ウミゾウメン |
| 近畿 | 若狭湾内 | 少 | 少 | ▒ | ○ | ○▒ | ▒ | ▒ | ○ | | ○▒ | ○ | ○▒ | ○ | ○▒ | ○ | ▒ | ▒ | ▒ | ○ | ○▒ | ▒ | ○ |
| | 〃外 | 少 | 少 | ▒ | ○ | ○▒ | ▒ | 少▒ | ○ | ○▒ | ○▒ | ○ | | ○ | | ○ | ▒ | ▒ | ▒ | ○ | | ▒ | ○ |
| 山陰 | 島根半島以東 | ○ | ○ | ▒ | ○ | ○▒ | ▒ | ▒ | ○ | ○▒ | ○▒ | ○ | | ○ | | ○ | ▒ | ▒ | ▒ | ○ | ○▒ | ▒ | ○ |
| | 島根中部以西 | ○ | ○ | ○ | ○ | | ○ | ○ | ○ | | | ○ | ○▒ | ○ | ○▒ | ○ | ○ | ○ | ○ | ○ | | ○ | ○ |

○：自生・利用がみられた海藻　　少：自生量が少量　　▒：共通性が高い地域

海沿岸には一般に見られる海藻といえよう。また外海性の高い海域から内海性が混在する海域に自生が見られたアラメ、ヒジキ、イワモズク、ジンバソウは、島根半島以東の外海性の高い海域の自生と高い共通性が認められた。また現在では鳥取県西部一帯が自生の中心になっているが、以前はほぼ山陰一帯に自生があったと推測されたエゴノリも、外海性の強い一部の地域を除き、北近畿一帯に自生が確認され、エゴノリも日本海に自生が適する海藻とみなすことができる。また内海中心に自生が見られたカヤモノリやケボウ等は、内海性が混在した山陰西部沿岸と共通していた。そしてオゴノリやシラモ、フノリ等の自生がほとんどみられないことも山陰東部沿岸と共通した特徴であった。また海藻の呼称から相違点を探ってみると、カジメではなくアラメが、ユナではなくソゾの呼称が一般的であった点なども、北近畿沿岸と山陰東部沿岸は共通した地域であった（表7)。

すなわち、北近畿沿岸一帯の採取、利用されてきた海藻の種類は、島根半島以東のものと類似性が高いものであったといえよう。

### (2) 海藻の採取目的

北近畿沿岸地域においても海藻採取の目的は、出荷用採取と自給用採取に大別できたが、全体的に自給用採取が主体で、出荷用採取が副であった。

①出荷用としての海藻採取

以前は北近畿沿岸一帯でも海藻の出荷は盛んで、ワカメ、モズクはもとよりケボウ、テングサ、イワノリ等がその対象となり得ていたという。しかし現在では、海の温暖化や自生地の減少に伴うイワノリの自生量の減少や品質低下、またテングサ、オゴノリなど寒天材料の輸入による価格の暴落などの影響を受け、海藻の出荷は減少の一途を辿っている。現在では出荷の中心はワカメとモズク程度で、他には少量のイワノリが個人売りされている程度であった（表6、8)。

山陰沿岸同様に北近畿沿岸でもワカメは出荷の主体を成すものであった。ワカメは潮の流れが速い所に良質のものが育つといわれ、外海に面した兵庫県から丹後半島沿岸、そして外海と内海性が入り交じる若狭湾入口辺りは、特に良質のワカメの自生に適した環境であるといえる。また、入り江や内海性の高い若狭湾内では、養殖が盛んに行われていた。天然もの、養殖ものいずれの自生環

表８　漁業形態における海藻採取の位置付け

| 調査地 | | 海藻の自生条件 | 漁業規模 | | | 出荷される海藻 | |
|---|---|---|---|---|---|---|---|
| | | 岩礁・砂丘・湾・入江 | 漁業規模 | 磯見・潜水漁 | 採藻漁の位置付 | 種類 | 主体 |
| 兵庫 | 浜坂町芦屋 | ○外海・岩礁海岸 | 中（漁獲高大） | ○ | 低 | 4 | 板ワカメ・モズク |
| | 香住町沖浦 | ○外海・岩礁海岸・入江 | 中（漁獲高大・養殖） | ○ | 低 | 4 | 板ワカメ（天然・養殖）・モズク |
| 京都府 | 丹後町間人 | ○外海・岩礁海岸 | 小（機織り） | ○ | 低 | 4 | 板ワカメ・モズク |
| | 伊根町蒲入 | ○外海・内海・岩礁海岸 | 小（機織り） | ○ | 低 | 5 | 絞りワカメ・モズク |
| | 〃　泊 | ○外海・内海・岩礁海岸 | 小（定置網・農業） | ○ | 低 | 4 | 板ワカメ・モズク |
| | 宮津市里波見 | △内海・岩礁海岸・一部砂浜 | 小（定置網・農業） | | 低 | 2 | モズク |
| | 宮津市江尻 | △内海・砂丘海岸・一部岩礁 | 小（婦人部活動有） | ○ | 低 | 4 | 干ワカメ・モズク・テングサ |
| | 舞鶴市竹屋 | ○内海・外湾に岩礁海岸 | 小（養殖） | ○ | 中 | 4 | 干ワカメ（天然・養殖）・テングサ |
| 福井県 | 高浜町宮尾 | ○内海・砂浜・岩礁海岸 | 小（民宿・養殖） | ○ | 低 | 2 | 干ワカメ（天然・養殖）・テングサ |
| | 〃　塩土・事代・和田 | ×内海・砂浜海岸 | 小（民宿） | ○ | 低 | 4 | 干ワカメ・モズク |
| | 美浜町日向 | △内海・一部岩礁海岸 | 小（民宿） | ○ | 低 | 4 | 板ワカメ・テングサ |
| | 〃　松原 | ×内海・砂浜海岸 | 小（民宿・農業） | | 無 | | |
| | 〃　菅浜 | △内海・砂浜海岸・一部岩礁 | 小（農業） | | 低 | 4 | 板ワカメ・モズク |
| | 敦賀市色ケ浜 | △内海・砂浜海岸・一部岩礁 | 小（民宿） | | 低 | 1 | モズク |
| | 〃　港町 | △内海・砂浜海岸・一部岩礁 | 小 | ○ | 低 | 5 | 板ワカメ・モズク・テングサ |
| | 越前町米ノ | ○外海・岩礁海岸 | 中（民宿） | ○ | 低 | 4 | 板ワカメ・ノリ |

海藻の自生条件：○自生に適する、　△一部に自生地が有る、　×自生地がほとんど無い
漁業規模：中－漁業従事者が多く漁業収入多い，　イカの一本釣り，　松葉ガニ漁，　定置網，　採貝漁など
　　　　　小－機織り，民宿，農業などとの兼業漁業，　釣り，網漁などの沿岸漁業
磯見・潜水漁：○アワビ・サザエ・ウニ・ナマコ・海藻類を対象とする磯見漁・潜水漁が行われている地域

境にも恵まれ、量、質ともに出荷に見合ったものが採取できる地域といえよう。

またワカメより量は少ないものの、高価な海藻としてほとんどの地域で出荷が行われていたものにモズクがある。モズクにはホンダワラに着生するホンモズクと、岩場に自生するイシモズク（イワモズクともいう）があるが、出荷の主体は上質といわれるホンモズクであった。水深があり海水がきれいな海域にはホンダワラが繁茂し、そこには上質なモズクが豊富に自生したのである。すなわち、今日においてもワカメとモズクは、海藻の中でも数少ない収入源として位置付けられている。

北近畿沿岸地帯は海藻の自生に適した環境を持ち（表8）、多種類の海藻の自生が見られたわけであるが、山陰沿岸地域の採取目的に比べ、今日では出荷用採取におかれる比重は低いものであった。今回の調査地は兵庫県の浜坂町、香住町を除き、海岸沿いの集落とはいえ現在では漁業が盛んであるとは言い難い地域であった。たとえば丹後半島一帯では丹後ちりめんの機織り、若狭沿岸の砂浜海岸の地域では海水浴客目当ての民宿経営、また海岸地域とはいえ比較的水田に恵まれた地域も多く、これらと定置網漁業を組み合わせた兼業漁業が主体であった（表8）。このように海藻採取より合理的な収入源が身近にあったことが、海藻の種類、量、質ともに恵まれながらも、海藻が出荷に結びつかなかった背景としてあげられよう。そして漁獲高の大きい浜坂町や香住町では、手間がかかり、単価の安い海藻採取を漁業の一環に組み込む必要はなかったのである。

このように漁業規模は比較的小さいものの、機織り、民宿経営、農業などとの兼業が可能な生活環境が、出荷用としての海藻採取の位置付けを低くしていったものと考えられる。

②自給用としての海藻採取

出荷用より自給用採取の方が盛んであった北近畿地域では、漁家、農家を問わず仕事の合間をぬって海藻採取が行われていた。なかでも兼業としてアワビ、サザエ、ウニなどの磯見漁や潜水漁を行

表 9-1　緑藻類・褐藻類の保存と料理法

| 分類 | 海藻の種類 | 保存法・加二法 | 料理法 | 行事食・その他 |
|---|---|---|---|---|
| 緑藻類 | アオサ | 天日乾燥 | 火に炙りふりかけ，佃煮，餅 | |
| | アオノリ | 天日乾燥：自生少なく保存量は少ない<br>すいて板ノリ（香住・間人　現在無し）<br>丸めて干す（宮尾・色ケ浜） | 香りはよいが使用頻度少ない<br>巻きずしのり（香住・間人），<br>かき餅（色ケ浜），和え物の香り（間人） | |
| 褐藻類 | アラメ | 天日乾燥（浜坂・香住・蒲入・泊）<br>硬いので食用に適さず<br>３年目など古いものの方が軟らかい<br>※戦中救荒食として保存（間人・米ノ） | 二日程水戻し刻んで使用<br>煮物（油揚げ，コンニャク，竹の子等と）<br>佃煮（香住），煮豆（間人）<br>※アラメ飯（間人，米ノ） | ●死花：葬式の飾り物（浜坂）<br>●仏事の料理・供物：煮物・白和え<br>酢味噌和え（浜坂・香住・蒲入）<br>○祝事や講などの人寄せ：煮物（蒲入・泊） |
| | ヒジキ | 天日乾燥：生または茹でアク抜き乾燥<br>（浜坂・間人・浦入・泊・竹屋・和田）<br>※戦中救荒食として保存（蒲入） | 煮物（油揚げ，大豆と）（浜坂・間人・泊）<br>※ヒジキ飯（蒲入） | ●葬式料理：煮物（浜坂・間人） |
| | ジンバ | 天日乾燥（浜坂・香住・和田）<br>※戦中救荒食として保存（蒲入・泊・江尻・竹屋・和田） | 佃煮（浜坂・香住），酢の物（香住），<br>もんでふりかけ（和田）<br>※炊いて飯に混ぜる（蒲入・江尻・和田） | 田畑の肥料<br>風呂に入れると皮膚病に効く（菅浜） |
| | ハバノリ | 天日乾燥：そのまま又は板のり状に乾燥 | 生・乾燥物を佃煮，和え物（泊），<br>炙ってふりかけ（蒲入塩土・事代），<br>煮物（間人・松原・泊・竹屋・和田・米ノ）<br>生を味噌汁（間人），生は渋み有り | |
| | ナガラモ<br>スガモ<br>（カヤモノリ） | 天日乾燥：そのまま<br>ハバと一緒にすく（蒲入） | 火炙りして揉みふりかけ，生を酢の物，<br>味噌汁（泊・松原），煮物（和田），<br>佃煮（日向・菅浜・米ノ）， | |
| | モズク | 塩蔵：モズクと同量の塩，又は一斗のモズクに３合・４合塩で漬ける<br>一年間保存可能 | 塩抜きして酢の物・和え物<br>イワモズク：シャキシャキした歯ごたえ<br>ホンモズク：ツルツルした口触り | ●仏事の料理：酢の物（泊）<br>○祝事の料理：酢の物（泊）<br>○夏の客膳料理：和え物（江尻） |

※：救荒食，　　行事食　●：仏　事　　○：祝　事
ほぼ全域にみられた習慣には地名は記さず、一部の地域の習慣にのみ地名を（　）内に記載した

う地域も多く（表8）、自給程度の海藻採取は簡単に行うことができたといえよう。そして民宿を営む家では、客用の料理材料としても海藻採取は必要なものであった。すでに報告した瀬戸内海沿岸、山陰沿岸地域同様に、自給採取は季節が巡って来ると必ず行われる年中行事同様に行われ、乾燥保存されてきたのである。

## 2. 海藻の加工保存と調理法

### (1) 緑藻類

一部の地域でアオノリ、アオサが乾燥保存されていた。アオノリの方が色や香りが良いためか使用頻度が高く、すいて巻きずし用の板海苔にしたり、丸めて干したりしたものを火であぶって振りかけとして利用していた。また、色や香りを生かして餅に入れたり、和え物の香り付けに利用したりしていた（表９－1）。

北近畿沿岸一帯の緑藻類の利用は盛んとはいえないが、山陰沿岸の習慣と同様に調理法の要点は色と香りを生かすところにある。しかし、これらの食習慣は、現在ではほとんど見られなくなったといっても過言ではない。

### (2) 褐藻類

利用されてきた褐藻類の種類は多いが、全地域で利用頻度の高かったのはワカメとモズクであった。

ワカメの加工保存法は表９－２に示すとおりであるが、なかでも換金価値が高く、上質とされているのは、板ワカメまたはのしメと呼ばれるものであった。これはワカメを真水で洗い塩抜きした

ものを、一枚一枚広げて一日干ししたもので、組織の軟らかい若芽が最適とされている。そして養殖ワカメより天然ワカメが適するのは、天然物は藻体が軟らかく、色、風味ともに優れ、また一日干しが可能である季節がちょうど採取時期の3～6月上旬に当たるという利点を持つからであろう。この板ワカメは、十分乾燥しておくと一年中保存でき、あぶって振りかけにしたり、飯に巻いて食べたりなど、岩ノリと同様な食べ方がなされていた。この食べ方からも上質の若葉が使用されていることが理解できる。

次に成長した天然ワカメを縄に吊して天日乾燥したものが、絞りワカメ、干しワカメと呼ばれるもので、全調査地に広く行われている加工法であった。これには海水のついたままを干す、また真水で洗ったものを干す二つの方法があり、前者は長期保存が可能であり、後者は色も良く料理に便利であるが、洗い過ぎると渋味がでるといった性質を持っている。そして藻体が大きく組織も硬くなる採取時期終盤のものは乾燥ワカメには適さず、塩蔵ワカメに加工されていた。芯を取り除き、生ワカメや熱湯を通したものを高濃度の塩で漬け、水気を十分絞ってさらに塩をまぶしておくと、長期保存が可能であった。そして水に戻して使うのに便利であり、強靱になった組織も軟らかく無駄なく利用できるという点を考慮した加工法である。

一方養殖ワカメは、採取時期が2～3月と天然ワカメよりも早いが、藻体が大きく、風味は天然物に比べて多少劣るといわれている。したがって板ワカメには適さず、素干し、塩干し、塩蔵にされていた。しかし採取時期も早く、量も多いためよい収入源であることにはかわりない。

以上のようにワカメの保存法は、海藻の成長段階に伴う藻体の変化を考慮したものであり、天然

表9-2　ワカメの保存と料理法

| 分類 | 海藻の種類 | 保存法・加工法 | 料理法 | 行事食 |
|---|---|---|---|---|
| 褐藻類 | 天然ワカメ | 天日乾燥<br>主に3～6月上旬に採取<br>小さく軟らかく風味が良い，早いもの緑色で色がよい，<br>遅くなると赤くなる<br>a：板ワカメ・のしメ<br>真水で洗い広げて干す，また半乾きを広げて干す（一日干し）<br>（浜坂・香住・間人・泊・宮尾・日向・菅浜・港町・米ノ）<br>若いものが適する<br>カリカリに干すと1年中保存可能 | 炙って揉みふりかけ<br>飯に巻いて食べる<br>酒の肴 | ○祝事の料理<br>●仏事の料理 |
| | | b：絞りワカメ・絞りメ・塩干しワカメ・塩メ<br>洗わずそのまま縄に吊して干す（浜坂・泊・香住・間人・竹屋・宮尾・和田・塩土・事代・日向） | 煮物・酢の物・和え物・佃煮・汁物・味噌汁・サラダ<br>煮物は秋から冬の物がおいしい | |
| | | c：絞り・洗いワカメ・素干し・干しワカメ<br>真水で洗い干す，軟らかい初ワカメが適する<br>洗いすぎると渋み有り（蒲入・泊・江尻・里波見・竹屋・塩土・事代・和田・松原） | 煮物・酢の物・和え物・佃煮・汁物・味噌汁・サラダ<br>粉にしてふりかけ・酒のつまみ<br>（塩土・事代・和田） | |
| | | d：味付けして干す（醤油・砂糖・味りん）<br>（江尻・竹屋） | 炙って食べる | |
| | | 塩　蔵　（主に家庭用）<br>塩ワカメ・塩メ・塩漬ワカメ<br>成長し硬くなった物の芯を抜き、真水で洗い塩蔵<br>（浜坂・香住・間人・江尻・宮尾・泊・和田・日向・菅浜・米ノ） | 煮物・酢の物・和え物・佃煮・汁物・味噌汁・サラダ | |
| | 養殖ワカメ | 素干し・塩干し・塩蔵（香住・竹屋・宮尾）<br>天然物より時期が早く、主に2～3月に採取<br>天然ワカメより大きく、風味落ちる<br>出荷量が多く、よい収入源 | 天然物に同じ | |

行事食　●：仏　事　　○：祝　事
ほぼ全域にみられた習慣には地名は記さず、一部の地域の習慣にのみ地名を（　）内に記載した

物の若葉を用いた上質の板ワカメは商品価値が高く、主に出荷用とされているのに対し、絞りワカメや塩蔵ワカメは主に家庭用として保存され、一年中利用されていた。また、煮物には藻体がしっかりして色や香りのよい冬のものが適するといわれ、長期間の保存性の有無、ワカメ藻体の色や香り、組織の硬さなど経験的な知識を生かし、煮物、酢の物、和え物、佃煮、汁物、サラダにと、幅広い調理法が工夫されていた。

このようにワカメは乾燥保存が比較的容易でいつでも利用できること、そして多彩な調理法が可能であることなどの条件から、ワカメの自生に適する環境を持つこの地域では、古くから換金商品としても、また身近な食材料としても高く評価されてきたことがうかがえる。そしてワカメの性質を考慮した加工法、ワカメ加工への住民の積極的な努力は、山陰沿岸地域と類似したものであった。特に上質なワカメを板ワカメとして出荷する習慣は、山陰東部沿岸と共通したものである。

同じ褐藻類でもあくが強く、乾燥前に茹でるなどのあく抜きが必要なものとして、アラメ、ヒジキがあげられる（表９－１)。アラメは豊富に自生する物であるが、あく抜きの手間がかかり、藻体も硬いためか使用頻度は高いとはいえず、乾燥保存している地域も兵庫県から丹後半島辺りが中心であった。しかし、アラメは３年目など保存年数が長い程軟らかいとされ、これらの性質を考慮して煮物などに利用されていた。また、今日では家庭料理として使用頻度が高いヒジキも、採取乾燥保存する家庭は若狭湾西部地域に限られていた。この背景には、あく抜きや乾燥保存に手間がかかると同時に、自生量が十分ではなかったことが考えられる。なぜなら新崎[7)]によると若狭湾周辺の海域は、ヒジキの自生区域に含まれていないことからも想像される。

利用頻度は高いが、乾燥保存が不可能なものにモズクがある。海底の岩に着きシャキシャキとした歯ごたえを持つイシモズクと、ホンダワラに着生しツルツルした口触りを持つホンモズクの２種類が利用されていた。いずれも自生量、採取量ともに多いとはいえないが、高価な海藻として出荷され、また夏の家庭料理としてなくてはならないもので、酢の物や和え物として重宝されてきた。保存の基本は塩蔵で、モズクと同量の塩、またはモズク１升に対して塩３～４合で漬け込んでおくと、一年間は保存が可能であるという（表９－１)。

この他ジンバ、ハバノリ、カヤモノリなどが家庭用として少量ながら採取され、それぞれの海藻の香りや口当たりを生かして利用されていた。

以上、北近畿沿岸地域の褐藻類の保存、利用法は、山陰沿岸、特に島根半島以東の習慣と共通性の高いものであった。

### (3) 紅藻類

日本海に面しながらも内海性の高い若狭湾沿岸には紅藻類が豊富に自生していた。全地域で利用頻度の高いものはテングサとエゴノリ、イワノリであり、若狭湾西部沿岸ではエゴノリと類似したイギスの利用もみられた（表９－３)。

いずれの紅藻類も乾燥保存されていたが、テングサ、エゴノリ、イギスの乾燥法には類似性がみられた。すなわち採取したままを乾燥保存する方法と、真水で洗い天日乾燥を繰り返し白く晒して保存する二つの方法が行われていた。紅藻類の中でも藻体が強靱なテングサは雨水に合わせたり、白水（米の研ぎ汁）に一昼夜浸けておくと早く白くなるといわれる。一方、藻体が軟弱なイギスは雨に合わせると品質が低下し、乾燥しても潮の戻りがあるなどといわれ、個々の海藻の性質を熟知

表 9-3　紅藻類の保存と料理法

| 分類 | 海藻の種類 | 保存法・加工法 | 料理法 | 行事食・その他 |
|---|---|---|---|---|
| 紅藻類 | エゴノリ | 天日乾燥<br>そのまま又は真水で洗い白く晒して保存<br>何年でも品質変わらず<br>野菜ぎれの季節（3～4月）の野菜の代用として保存（松原，漁家・農家共に）<br>※救荒食として保存：餓しん草ともいう<br>「エゴが採れると餓しんじゃ」といい、米の不作や不漁に備え乾燥保存<br>（塩土・事代・菅浜・竹屋） | エゴ・ウゴ・イゴ・エゴネリ<br>水，水と酢，米糠汁（和田）で加熱溶解・凝固<br>溶け残りは擦り潰し凝固（蒲入）<br>高濃度のものはワラビ餅状に丸める<br>胡麻，油揚げ，人参などの具を入れ凝固<br>生姜醤油，芥子醤油，胡麻醤油，砂糖醤油かけ<br>味噌和え（蒲入・松原）<br>水菜，白菜，ほうれん草を入れ白和え（里波見・江尻・港町）<br>梅雨以前の物は凝固せず（塩土・事代）<br>夏は腐りやすく冬の料理<br>※戦中にはさつま芋を入れ固め主食（江尻） | ●仏事の供物・料理：酢の物，白和え，味噌和え<br>●「ウゴがないと葬式が出せない」（伊根）<br>●1月16日「和え物始め」の供物：白和え<br>（現在は糸コンニャクで代用，日向）<br>○祭り・婚礼・祝い事の料理<br>（蒲入・泊・里波見・江尻・菅浜）<br>○寒のご馳走（松原）<br>障子貼り・着物の糊（米ノ） |
| | テングサ | 天日乾燥<br>そのまま又は白く晒して（真水で洗う、また雨に合わせて天日乾燥）保存<br>白水に一昼夜浸けると白くなる（松原）<br>晒さず乾燥すると何年でも保存可能 | トコロテン・スコロテン（蒲入・里波見）・テン（宮尾）<br>水，水に食酢を入れて加熱溶解，漉して凝固<br>炊けば炊くほど味が出る<br>出し汁，生姜醤油，芥子醤油，胡麻醤油，砂糖醤油，三杯酢<br>白和え（宮尾）<br>寒天の代用：羊羹，コーヒーかん，果汁かん，牛乳かん等<br>夏の副食，間食 | トコロテン<br>●盆の供物・料理（宮尾）<br>●エゴの代用として仏事に使用（菅浜）<br>○祭りや夏の行事食（宮尾）<br>○夏の客膳料理（夏一番のご馳走） |
| | イギス | 天日乾燥<br>そのまま、又は白く晒し乾燥保存<br>（里波見・江尻・塩土・事代・和田）<br>雨に合わると品質低下（宮尾）<br>干しても塩の戻り有り（竹屋）<br>潮のついたまま干すと20年も保存可能 | 加熱溶解・凝固<br>水，水と酢，米糠汁と少量の酢（塩土・事代・和田・高浜）で加熱溶解<br>イギスとエゴノリ（里波見・江尻・宮尾），イギスとテングサ（竹屋）を混ぜて炊く<br>香りが高いので白く晒して炊く（竹屋）<br>出し汁，砂糖醤油，胡麻醤油，三杯酢かけ，白和え（竹屋）<br>夏には凝固せず、秋～冬の料理（和田） | ●法事・葬式など仏事の料理：酢の物・白和え<br>（宮尾・塩土・事代・和田）（竹屋－現在は無し）<br>○婚礼などの祝事の料理：胡麻和え<br>（和田－現在は無し） |
| | イワノリ | 天日乾燥<br>板ノリにすく（乾くと縮み穴が開く）<br>摘み干し（竹屋）<br>丸めて干す（日向・米ノ） | 秋ノリ，寒ノリが香りがよい<br>火で炙り振りかけ，吸い物，餅，佃煮（時期の遅い物）<br>巻きのりには適さず（和田・日向），巻きのり（間人） | ○正月雑煮（間人，蒲入）<br>「正月には買わんならんもの」 |
| | アマノリ | 天火乾燥：板状にすく（日向） | 破れにくく、巻のりに適する（日向） | |
| | ソ　ゾ | 保存性無し<br>自生の季節だけ生を利用 | 味噌汁の実（浜坂・塩土・事代・松原），佃煮（松原）<br>煮物（塩土・事代・和田），匂いが強く好みの差大 | |
| | ウミゾーメン | 保存性低く，生での利用が多い<br>天日乾燥（香住・蒲入・港町）<br>灰をまぶして乾燥保存（和田・菅浜） | 酢味噌和え，酢の物（夏の料理）<br>刻んでふりかけ（港町） | |
| | フノリ | 天日乾燥（蒲入） | | 障子貼りの糊（蒲入） |
| | オゴノリ | 天日乾燥（竹屋） | 湯を通して酢の物，刺身のつま（竹屋）<br>戦中テングサにオゴノリを混ぜて炊く（竹屋） | |

※：救荒食，　　行事食 ●：仏　事　　○：祝　事
ほぼ全域にみられた習慣には地名は記さず、限られた地域の習慣にのみ地名を記載した

した上での加工保存法が工夫されていた。そしてエゴノリを晒して乾燥保存する方法は、北近畿沿岸地域ではあまりみられない習慣であった。

これらの調理法は藻体を加熱溶解し凝固させるもので、微妙に異なる海藻の性質を考慮したものであった。テングサは水に食酢を添加し加熱溶解し、ろ液を凝固させたもので、生姜醤油や胡麻醤油などをかけて食べ、トコロテン、スコロテンと呼ばれていた。その他寒天の代用としてテングサが使用されていたことも、山陰沿岸地域と共通した習慣であった。

エゴノリも一般に水に食酢を添加して加熱溶解し漉さずに凝固させたもので、溶け残りを擦り潰す家庭もみられた。またトコロテンに比べ粘性が高い性質を利用してワラビ餅状に丸める、人参や油揚げ等の具を入れて凝固させる、凝固したものを水菜や白菜と白和えにする等、加熱溶解の基本は山陰沿岸のものと同様であったが、食べ方は北近畿沿岸地域の方が多彩であった。

そして、イギスはその形態から瀬戸内海のアミクサと同一のものと推定されたが、主材料としての利用はまれで、粘りが強く香りが高いという理由からテングサやエゴノリと混ぜて炊き、寄せ物として使用されていた。そしてイギスは福井県和田においてのみ、瀬戸内海沿岸地域と同様に米糠汁を用いて加熱溶解、凝固させる調理法が伝承されていたが、その伝承過程は不明である。これらのイギスの調理法は山陰沿岸にはみられなかったもので、山口県の一部の地域で寒天材料として採取が行われていたに過ぎない山陰沿岸の習慣とは、大きく異なるものであった。

イワノリは上質のものが採取されていたが量は少なく、板ノリや丸めて乾燥されたものが家庭用として保存され、振りかけや吸い物、巻きずし等に利用されていた。そして、ソゾは保存性がなく、臭みが高いため好みの差が大きいが、煮物や味噌汁の実に使用されるなど、島根半島以東の習慣と一致したものであった。

以上のように、紅藻類の食習慣も山陰沿岸とくに島根半島以東と類似性の高いものであった。しかし、テングサ、エゴノリ、イギスの食習慣については、北近畿沿岸の方に使用法が多彩であり、より身近な食材料として家庭に根付いていたといえよう。この背景には若狭湾という内海性の高い海域に面し、紅藻類が種類、量ともに豊富に自生したという自然的要因が大きく関与しているものと考えられる。

## 3. 行事食としての海藻料理

多種類の海藻が日常の身近な食材料として、そして救荒食として使用されてきたが、アラメやヒジキの煮物、和え物、モズクの酢の物、そしてエゴノリ、テングサ、イギスの寄せ物は、行事食としても使用されてきた（表9－1～3）。

海藻は精進材料の代表であることから、仏事の供物、料理として使用されるものが多い。盆、法事、葬式などの仏事にエゴノリの酢の物、白和え、味噌和えを用いるのは、外海に面しエゴノリの自生がみられなかった兵庫県、丹後半島の間人を除く北近畿沿岸一帯の一般的な習慣であった。なかでも伊根町では「ウゴ（エゴノリ）がないと葬式が出せない」とまでいわれ、予期せぬ不幸のためにエゴノリを保存しておくのが常識とされたという。また日向では正月松の内が明けた1月16日は「和えもん始め」といって、必ずエゴノリの和え物を仏に供える習慣があったといわれ、仏事との結びつきを示す興味深い事例である。また、若狭湾西部周辺地域では、トコロテンやイギス料理も仏事の供物や料理として利用されていたが、あくまでもエゴノリ料理の代用であると感じられた。一方、エゴノリの採取がみられなかった外海に面した地域では、アラメやヒジキの煮物、白和えが仏事の供物や料理として利用されていた。

以上の仏事の海藻料理については、呼称は異なるが仏事のエゴノリ料理は鳥取県一帯にみられるものであり、仏事のアラメ、ヒジキ料理は島根県、山口県と類似した習慣であった。そして、料理ではないが兵庫県浜坂でみられたアラメの死花としての使用は、島根半島の十六島と共通した習慣であった。

一方、祝事の料理としての海藻利用もみられた。若狭湾一帯ではエゴノリ、トコロテン、イギス料理は祭りや婚礼などの祝い事にも使われ、特にエゴノリは冬のご馳走として、トコロテンは夏一番のご馳走とされていた。そして、仏事には白和えを用いることが多く、祝いには白和え以外の胡麻和えにするなど、両者を区別する習慣もみられた。この他、間人や蒲入ではイワノリは正月雑煮の具としてなくてはならないものであり、また、高価なものとして扱われていたモズクは、祝い事、特に夏の客膳料理として使用頻度が高いものであった。このように海藻を祝儀の料理とする習慣は、若狭湾沿岸でも西部地域のほうにより多くみられた。北近畿沿岸地域では、大社町の和布刈神事や十六島の紫菜島神社の神事のような海藻にまつわる伝統的な行事は行われていなかったが、祝い事にエゴノリを用いる習慣は鳥取県沿岸一帯と、イワノリやモズクを用いる習慣は島根県沿岸一帯と類似していた。

以上のように北近畿一帯においても、海藻は仏事と神事の両方の行事食としての位置付けを持っていた。いうまでもなく、労働の糧となる日常食に対し、行事食は精神性の高いものであった。すなわち、そこには海藻を貴重視する背景があったはずである。まず北近畿地域では、海藻は生活を支えてきたものであったということがあげられる。前述のように、過去においては海藻は収入源としての価値を持ち、救荒食や野菜の代用としても貴重なものとされてきた。そして、イワノリ採取時に刃物を誤って落とすと、海の神様に許しを請うために紙で作った人形を海に流す習慣があったという事例からも、海藻は貴重な海からの授かり物、神聖なものという考え方があったと推測される。さらには古代から海藻を神饌や供物とする歴史的背景の関与が考えられる。北近畿地域は、古くから都として栄えた奈良や京都と近距離にある。そして陸上交通が未発達な時代から、若狭湾沿岸に陸揚げされた魚介類や海藻類を都に運ぶ街道が栄えていた[8)]。すなわち北近畿一帯は、日本文化の中心地であった地域の影響を受けやすい環境にあったといえよう。このような生活背景が海藻を行事食としても高く位置付ける価値観を育んでいったものと考えられる。

## 4. 救荒食としての海藻

海藻は戦時中の救荒食としてだけでなく、不漁や凶作の救荒食として、また野菜切れの季節の野菜の代用として保存利用されていた（表９－１、3）。自給自足を原則としていた時代、そして極度の物不足の戦時中においてはなおさらのことである。

鳥取県同様にエゴノリは「餓しん草」とも呼ばれ、「エゴが採れると餓しんじゃ」といって不作や不漁に備えて、漁家、農家を問わず乾燥保存されていたという。また、エゴノリは３～４月の野菜切れの季節の野菜を補う意味でも大きな役割を果たしていた。

そして、戦時中においても褐藻類やエゴノリが、主食を補う救荒食として使用されてきた。アラメ、ヒジキ、ジンバは糧飯に利用され、エゴノリは、さつま芋と一緒に固めるなどの食べ方が工夫されていた。

このように非常時に海藻が多用された背景には、気候風土の問題が大きく関与している。北近畿沿岸地帯には、山陰沿岸地域に比較して耕地が広い地域があるものの決して十分とはいえず、さらに冬の積雪、冷害、台風、塩害などの影響も大きく、稲や野菜の栽培に最適である地域とはいい難い。この様な生活環境の中で、四季折々の食材料を与えてくれる海は、自給自足を原則としていた時代には重要な存在であった。一部の地域を除き若狭湾に面し、さらには海岸の起伏が多く、小湾や入り江を数多く持つこの地域は、日本海沿岸地域の中では外海の荒波を受け難く、漁家のみならず農家でも海藻採取が比較的容易であったと考えられる。すなわち、今日ではほとんどみられなくなった習慣ではあるが、この救荒食、野菜の代用としての海藻利用は、自然を有効に生活に取り込んだ結果であったとみることができ、北近畿沿岸地帯の海藻の食習慣の特徴を表す一面であるともいえよう。そしてこの救荒食としての食習慣も山陰沿岸、特に島根半島以東のものと類似性の高いものであった。

# むすび—西日本における日本海沿岸地域の海藻の食文化の特徴とその背景—

前述したように山陰沿岸の海の環境は、主に外海に面し、岩礁・砂丘海岸を有する島根半島以東と、外海性に内海性が混じり、岩礁海岸の多い島根県中部以西に大別された。今回取りあげた北近畿および若狭沿岸地域は外海性と内海性が混在し、岩礁・砂浜海岸を有するなど、山陰沿岸西部と東部の両環境を有していた。しかし、これらの自然環境のもとで形成された北近畿および若狭湾沿岸の海藻の食習慣は、山陰沿岸のなかでも島根半島以東の習慣と共通性の高いものであった。すでに本文中で両地域の食習慣を比較検討してきたが、要点をまとめると表10のようになる。

**海藻の種類**　いずれの地域においても褐藻類と紅藻類を主体として多種類の海藻が自生していたが、紅藻類の種類、海藻の呼称を考慮すると、特に北近畿と島根半島以東の沿岸地域に共通性が高いものであった。海藻の植生は海の環境のなかでも特に温度条件が関連するといわれている[9]。北近畿沿岸と山陰沿岸は類似した海の環境を持つものの、海藻の発芽・成長が開始される冬の海水温は、島根半島以東と以西では約2℃程度の温度差が認められる[10]。この自然環境のわずかな相違が、両地域に自生する海藻の種類や量に差を生じさせたものと考える。

採取目的、出荷用採取、自給用採取ともに盛んであった山陰沿岸に対し、北近畿沿岸地域では自給用採取の方が主体であったという相違点が認められた。しかしワカメやモズクを出荷の主体としていることは両地域に共通した習慣で、過去には北近畿沿岸地域においても、出荷用採取が盛んに行われていた時期があったという。このように採取目的に差が生じた背景には、生業形態の関与が大きいと感じられた。すなわち両地域共に古くは半農半漁で生計を立ててきたが、漁業偏重型の半農半漁に採藻漁を取り入れていった山陰沿岸地域に対し、北近畿沿岸地域では機織り、民宿、農業など漁業以外の兼業に収入の比重を置く生業形態に変容していったのである。そこには大きな産業が栄えることなく漁業や農業に頼らざるをえなかった山陰沿岸地域と、織物産業の隆盛と消費地の存在、観光客を確保できる大都市をひかえていた北近畿沿岸地域という生活環境の差が大きく関与していたといえよう。このような環境の中で生じた生業形態の違いが、海藻採取の目的にも影響を及ぼしていったと考えられる。

表10　海藻の食習慣—北近畿および若狭湾沿岸地帯・山陰沿岸地帯の比較—

| 食習慣・生活環境 | | 山陰沿岸 | | 北近畿沿岸 |
|---|---|---|---|---|
| | | 島根県中部以西 | 島根半島以東 | |
| 海藻利用 | 海藻の種類 | 22種 | 21種 | 22種 |
| | 採取目的 | 出荷・自給 | 出荷・自給 | 自給>出荷 |
| | 日常食 | ○ | ◎（冬野菜） | ◎（冬野菜） |
| | 行事食 | ◎（仏事） | ◎（仏事・慶事） | ◎（仏事・慶事） |
| | 救荒食 | ○（戦中） | ◎（凶作・不漁時 戦中，飢饉草） | ◎（凶作・不漁時 戦中，飢饉草） |
| | 海藻の位置付け | 漁業収入の一部 食材料・精進材料 | 漁業収入の一部 食材料・精進材料 貴重で神聖なもの | 漁業収入－低い 食材料・精進材料 貴重で神聖なもの |
| | 独自な加工 | 干（絞り）ワカメ | 板ワカメ | 板ワカメ |
| | 独自な料理 | — | エゴノリ料理 | エゴノリ料理 |
| 自然環境 | 海 | 外海・内海 | 外海 | 外海・内海 |
| | 岩礁地帯 | 多い | 岩礁・砂浜 | 岩礁・砂浜 |
| | 干満の差 | 20〜30cm | 10〜20cm | 10〜20cm |
| | 気候 | 冬厳寒 | 冬厳寒 | 冬厳寒 |
| 生業 | 専業漁業者 | 多 | 多 | 少 |
| | 兼業 | 漁業偏重型半農半漁 | 漁業偏重型半農半漁 | 機織・民宿・農業との兼業漁業 |

◎使用頻度高い，　○使用頻度普通

**加工・調理法**　個々の海藻の性質を合理的に利用した加工、料理法には地域差は認められなかった。しかし、板ワカメの加工法、エゴノリの保存、料理法は北近畿沿岸と島根半島以東に類似性が高く、またエゴノリ、イギス、テングサの利用については北近畿沿岸の方が多彩であった。この習慣の差には、外海に面した山陰沿岸地域に比較して、内海性をもつ若狭湾沿岸に紅藻類の自生が豊富であったこと、また紅藻類の自生地である潮間帯での海藻採取が容易であったことなどが関与している。さらには、その自然環境のもとで食習慣の直接の伝承者である主婦達が中心になって自給用採取を行い、経験的に海藻の性質を熟知する機会をより多く持ち得たことも見逃せない背景である。

**日常食・救荒食**　厳寒、積雪、塩害さらには僅少な耕地といった気候風土を反映してか、いずれの地域でも海藻は貴重な食材料として位置付けられていた。なかでも鳥取県や北近畿沿岸一帯では、海藻は野菜切れの季節の野菜の代用として、また戦時中のみならず不漁・凶作時の救荒食として利用され、エゴノリは飢饉草、餓しん草という呼称を持ち大切に保存されていたなど、気候風土を反映した共通の習慣が存在していた。

**行事食**　仏事の供物、料理としての海藻利用は一般的であったが、仏事のみならず慶事の行事食としての習慣は、島根半島以東と北近畿沿岸に根強く伝承されたものであった。特にエゴノリ料理が行事食の代表的存在であったことも共通している。この両地域では、海藻は生命維持に直接関わった救荒食としての役割を持ち、さらには大小の差はあるものの生計を助ける収入源としての価値を持ちえていた。また、島根半島では伝統的な神事が伝承され、一方、北近畿沿岸では歴史上において日本文化の中心であった都市に近い距離にあった。このような社会的、歴史的要因の関与も手伝い、身近な海藻に貴重なもの、神聖なものという価値観を植えつけてきたと考えられる。

以上のように、海藻の採取目的に多少の差がみられたが、海藻の種類や加工法、料理法、そして日常食、救荒食、行事食としての位置付けなど、北近畿および若狭湾沿岸地域の海藻の食習慣は山陰沿岸、特に島根半島以東のものと共通性の高いものであった。これまでの研究から海藻の食習慣の相違は、海藻の生態と自然環境、気候風土の中で培われた生業形態と海との関わり、そして人々の交流を通しての習慣の伝播や海藻利用の歴史を反映したものであると述べてきた[11、12)]。北近畿と島根半島以東の沿岸地域の食習慣についても、この説は該当するものであった。すなわち、酷似した自然環境や社会的背景のもとに形成された食習慣が、人々の交流や物資の流通を媒体として受容・流出を繰り返し、共通した食習慣の広がりを形成していったものとみることができる。また、気候風土の中で培われた本来の生業形態に、社会的環境の変化が影響を及ぼし、その結果生じた生業形態の変容は、両地域の採取目的に差を生み出してきたといえるものであった。

一方、行政区分では北陸地方に属する福井県であるが、海藻の食習慣に関しては福井県の若狭湾沿岸地域は北近畿沿岸に含めてとらえることができることが明らかになった。しかし今一度、隣県の石川県との違いを明確にしておく必要があるように思われる。そこで、石川県加賀市小塩、美川町、羽咋市滝、輪島市、七尾市庵において追加調査（1987、1998年）を実施し、結果を比較検討した。その結果、福井県と県境を接する加賀市では海藻の種類、板ワカメの加工、エゴノリの調理法など福井県との共通点が多いといえるものであった。しかし、能登地方、なかでも海藻の自生が多い輪島市では褐藻類の種類が多く、ワカメの加工の主体は絞りワカメ、塩蔵ワカメである、刻み生カジメ（ツルアラメ）やすりつぶしたアカモクの料理、餅や寄せ物に粘りを添えるエゴノリの利用など、福井県とは異なる食習慣が存在していた、また、祝い事のえびす、仏事のすいぜんなどの行事食は若狭湾沿岸地域にはみられない行事食であった。ちなみに「えびす」はテングサを原料とし、醤油と砂糖味のトコロテン液に熱いうちに溶きほぐした卵を入れて静かにかき混ぜ卵を熱凝固させたもので、正月や祭りの祝い事の一品となり、「すいぜん」はトコロテン液に米粉を入れて煮ながら練り上げ固めた白い寄せ物料理で、仏事の精進料理とされ、胡麻だれで食べる。このように福井県と石川県沿岸地帯の海藻の種類や利用には相違点が多く認められた。すなわち、若狭湾沿岸に位置する地域が多い福井県沿岸地帯と石川県沿岸地帯の海藻の食習慣は同一の地域性ととらえることはできず、福井県沿岸地帯はより共通性の高い北近畿沿岸地域の海藻の食習慣に含め特徴をとらえることができることがさらに明確となった。

海藻の水平分布の研究分野においては、関門海峡から下北半島に至る日本海を福井県越前岬を境に以北と以西に区分している[13)]。この福井県越前岬以西の海域は、山陰沿岸と北近畿沿岸地域にあたり、海藻の水平分布からみた両地域は一つの海域に属するわけである。しかし海藻の食習慣という視点からは、前述のように島根半島より越前岬までの地域と、島根県中部から関門海峡までの地域に二分できることを明らかにすることができた。そして、この両地域の食習慣を比較検討することにより、海藻が日常の食材料としてだけでなく、収入源、仏事・慶事の行事食、野菜の代用、不漁・不作・戦時中の救荒食として直接人々の生活を支えてきたこと、その過程で板ワカメやエゴノリ料理など地域独自の加工・料理法が工夫されてきたことが、西日本の日本海沿岸地域における海藻の食習慣の特徴であることを明確にすることができた。

＊図版出典：今田節子 1995 より

【註】

1）新崎盛敏、新崎輝子『海藻のはなし』、東海大学出版会、1985、pp.36 ～ 39。
2）前掲註 1）、pp.11 ～ 12。
3）「延喜式 巻 32・33 大膳」、正宗敦夫編『復刻日本古典全集 延喜式三』、現代思潮社、1978、pp.235 ～ 274。
4）「延喜式 巻 39 内膳司」、前掲註 3）、pp.163 ～ 169。
5）今田節子、小川真由美「海藻の食習俗―瀬戸内・北近畿・北陸沿岸地帯にみられる紅藻類の事例より―」、生活文化研究所年報 第2輯、ノートルダム清心女子大学生活文化研究所、1988、pp.3 ～ 43。
6）前掲註 1）、pp.9 ～ 13。
7）前掲註 1）、pp.123 ～ 124。
8）宮下章『海藻』、法政大学出版局、1974、pp.128 ～ 130。
9）前掲註 1）。
10）前掲註 2）。
11）今田節子「瀬戸内沿岸地帯にみられる海藻の食習慣とその背景」、日本家政学会誌、43（9）、1992、pp.915 ～ 924。
12）今田節子「山陰沿岸地帯にみられる海藻の食習慣とその背景」、日本家政学会誌、45（7）、1994、pp.621 ～ 632。
13）徳田廣、川島昭二、大野正夫、小河久朗編『海藻の生態と藻礁』、緑書房、1991、pp. iii ～ v。

# 第3章　太平洋沿岸南部地帯の海藻の食文化とその背景

太平洋沿岸は青森県の下北半島から宮城県にいたる範囲を太平洋沿岸北部、福島県から三重県にいたる範囲を太平洋沿岸中部、和歌山県から鹿児島県にいたる範囲を太平洋沿岸南部と、大きく区分してとらえられている[1)]。したがって本調査研究の対象とした紀伊半島・四国南岸・九州南部沿岸地域は太平洋沿岸南部地域と称される地域である。

西南諸島沖から九州南部・四国南部・紀伊半島南部沖の太平洋南部地域には暖流の黒潮が北上し、西日本のほとんどの海域が温海域に属するなかでも、これらの海流の影響を強く受ける太平洋沿岸南部地域は亜暖海域の性質をもち、海水温が高い性質がみられる[2)]。しかしながら黒潮からの距離、湾内に面し内海性が高いか、外海の荒波の影響が強いかなど海の環境はさまざまであることも事実で、自生する海藻の種類や量にも影響をおよぼすと推測される。太平洋沿岸南部地帯における海藻の食文の特徴を地域性としてとらえるためには、これらの海の環境を考慮する必要がある。

そこで、調査地の選定に当たっては、土佐湾や志布志湾のように内海性が高い地域、潮岬・室戸岬・足摺岬の外海に面する地域、また紀伊水道域などの瀬戸内海と太平洋の両性質が交じり合う地域など、そして海岸線の様相・海流・漁業形態などを考慮しながら、三重県1カ所、和歌山県5カ所、徳島県4カ所、高知県7カ所、宮崎県2カ所、鹿児島県2カ所の計21カ所を調査地として選定した(はじめに図1、表1の調査地A～N、Ⅰ～Ⅳ参照)。調査は1992年から1993年にかけて各調査地を訪問し、漁業協同組合、漁師、漁家の主婦、古老たちを対象に、明治末期より現在にいたる村のくらし、海藻の自生状況、採取・加工・利用法などについて聴き取り調査と観察調査を実施した。なお、大隅水産普及所で提供を受けた調査地以外の海藻に関する資料についても地域性をとらえるための参考資料として採用することとした。

## 1. 食用海藻の種類と採取目的

### (1) 食用海藻の種類

紀伊半島沿岸・四国南岸・九州南岸地域において、食習慣が伝承されていた海藻は45種類みられ、その内訳は紅藻類27種、褐藻類14種、緑藻類3種であった（表1)。種類数でみる限りでは、日本海沿岸地域、瀬戸内海沿岸地域に比較して豊富である。太平洋沿岸南部地帯は黒潮の影響を受けるため亜暖海域の性質が強い地域といえるが、黒潮の海流との距離、外海かまたは湾内に面して内海性が高いかなど、海水温度や波の強さに差が認められる。また海岸線が長く、入り江や小湾が多い。このような海の環境の違いや海岸の形態によって様々な海藻の自生環境を有していることが、海藻の種類なかでも潮間帯に自生が多い紅藻類の種類の豊富さの根底にあるものと思われる。しかしながら一方では、海藻の種類としては多種類のものがみられたものの、調査地全域に自生し採取されているものは多いとはいえない実態がみられた。

紅藻類では、調査地全域で自生し、採取·利用されていたものにテングサ類のマクサとオニクサ、

表1　太平洋沿岸南部地帯にみられる海藻の種類と採取目的

| 調査地 | | 紅藻類（27種60%） | | | | | | | | | | | | | | | | | | | | | | | | | | | |
|---|---|---|---|---|---|---|---|---|---|---|---|---|---|---|---|---|---|---|---|---|---|---|---|---|---|---|---|---|---|
| | | テングサ・マクサ | オニクサ | ヒラクサ | イギス・アミクサ | エゴノリ | トリアシ | フクロフノリ | マフノリ | ハナフノリ | イトフノリ | マツノリ | トサカノリ | トゲキリンサイ | オゴノリ | | キョウノヒモ | ツノマタ | シラモ | カモカシラノリ | ツルツル | サクラノリ・コメノリ | ホヤノリ | 岩ノリ | ノリ養殖 | ムカデノリ | マツバクサ | ウミソウメン | ビリビリ |
| 三重県 | 志摩町和具 | ● | ● | ● | | | | ● | | | | | ● | | | | | | | | | | | ○ | | | | | |
| 和歌山県 | 那智勝浦町浦神 | ● | ● | | | | | ● | | | | | | | ○ | | | | | ○ | | | | ○ | | | | | |
| | 古座町田原 | ● | ● | | | | | ● | | | | | | | | | | | | ○ | | | | ○ | | | | | |
| | すさみ町周参見 | ● | ● | | | | | ● | | | | | | | | | | | | | | | | ● | | | | | |
| | 御坊市名田 | ● | | | | | | ● | | | | | | | | | | | | | | | ○ | ○ | | | | | |
| | 和歌山市加太 | ● | ● | | | | ● | ● | | | | | ○ | | | | | | | | | | | ○ | | | | | |
| 徳島県 | 阿南市向原町 | ● | | | | | | ● | | | | | | | | | | | | | | | | ○ | ◎ | | | ○ | |
| | 由岐町志和岐 阿部・伊座利 | ● | ● | | | | ● | ● | | | | | | | | | | | | | | | ○ | ○ | | | | | |
| 高知県 | 室戸市高岡 | ● | ● | | | | | ● | | | | | ○ | | | | | | | | | | | ○ | | | | | |
| | 安芸市下山 | ○ | | | | | | ○ | | | | | | | | | | | | | ○※ | ○※ | | ○ | | | | | |
| | 夜須町手結 | ○※ | | | | | ○※ | ○※ | | | | | | | | | | | | | ○※ | | | | | | | | |
| | 中土佐町久礼 | ○※ | ○※ | | | | | ○※ | | | | | | | | | | | | | | | | ○ | | | | | |
| | 佐賀町佐賀 | ●※ | ●※ | | | | | ●※ | | | | | | | | | | | | | | ○※ | | ○ | | | | | |
| | 中村市下田 | ○ | | | | | | ○ | | | | | | | ○ | | | | | | | | | | | | | | |
| | 土佐清水市下川口 | ● | ● | | | | | ○ | | | | | ○ | | | | | | | | | ○ | | ● | | | | | ○ |
| 宮崎県 | 延岡市浦城 | ● | ●※ | | | | | ○ | ○ | | | | ● | | ○ | | | | | | | | | ○ | | | | | |
| 鹿児島県 | 日南市鵜戸 | ○ | ○ | | | | | ○ | ○ | | | ○ | | ○ | | ○ | | | | | | | | ○ | | | | | |
| | 志布志町志布志 | ○ | ○ | | | | | ○ | ○ | | | | ● | | | | | | | | | | | | | | | | |
| | 内之浦（大隅半島北東部） | ○ | | | | | | ○ | | | | | | ○ | | | ○ | | | | | | | ○ | | | | | |
| | 串木町羽島 | ● | | | | | | ● | ● | | ○ | ○ | | ○ | | ○ | | | | | | | | | | | | | |
| | 阿久根（西岸北部） | ○ | | | | | | | | | | | ● | | | | | | | | | | | | | | | | |
| | 長島（西岸北部） | | | | | | | | | | | | | | | | | | | | | | | | | | | | |

| 調査地 | | 褐藻類（14種31%） | | | | | | | | | | | | | | 緑藻類（3種7%） | | | 不明 |
|---|---|---|---|---|---|---|---|---|---|---|---|---|---|---|---|---|---|---|---|
| | | ワカメ | ヒロメ | ヒジキ | アントクメ | アラメ | アバタ・カジメ | ヨガマタ | クロメ | ハバノリ | カヤモノリ・麦わら | モズク | コンブ | ホンダワラ | シワメ | アオサ・ヒトエグサ | 青ノリ | ミル | ミミノリ |
| 三重県 | 志摩町和具 | × | ○ | ● | | ● | ● | | ○※ | ○※ | | ○ | | | | ◎ | ○ | ○ | |
| 和歌山県 | 那智勝浦町浦神 | × | | ● | | | | | | | | ○※ | | | | | | | ○※ |
| | 古座町田原 | × | | ● | ○ | | | | | | | | | | | | ● | | ○※ |
| | すさみ町周参見 | × | | ○ | ○ | | | | | ○※ | | | | | | ○ | ○ | | |
| | 御坊市名田 | ○ | | ● | | | | | | | | ○ | | | | ○ | ○ | | |
| | 和歌山市加太 | ●◎ | | ● | | | | | | | | ○ | | | | | | ○ | |
| 徳島県 | 阿南市向原町 | ●◎ | | ○ | ○ | | | | | | | ○ | ◎ | | | | ● | | |
| | 由岐町志和岐 阿部・伊座利 | ● | | ● | | ● | | | | | ○ | | | | | ○ | | | |
| 高知県 | 室戸市高岡 | × | | | ○ | | | | | | | | | | | | | | |
| | 安芸市下山 | × | | | | | | | | | | | | | | | | | |
| | 夜須町手結 | × | ◎※ | | | ●※ | | | | | | | | | | | ○※ | | |
| | 中土佐町久礼 | × | | | ○ | | | | | | | | | | | | ●※ | | |
| | 佐賀町佐賀 | × | | | ○ | | | | | | | | | | | | ● | | |
| | 中村市下田 | × | | | ○ | | | | | | | | | | | ◎ | ● | | |
| | 土佐清水市下川口 | × | | | ○ | | | | | | | | | | | | ● | | |
| 宮崎県 | 延岡市浦城 | ○ | | ● | ● | | | | | | | | | ○ | ○ | ○ | ● | ○ | |
| 鹿児島県 | 日南市鵜戸 | | | | | | | | | | ○ | | | | | | | | |
| | 志布志町志布志 | ○ | | ○ | | | | | | | | | | | | ○ | ○ | | |
| | 内之浦（大隅半島北東部） | | | | ○ | | | | | | | ○ | | | | ○ | | | |
| | 串木町羽島 | ○ | | ● | | | | | | ○ | | | | | | ● | | | |
| | 阿久根（西岸北部） | | | | | | | | | | | | | | | | | | |
| | 長島（西岸北部） | | | ○ | | | | | | | | | | | | | | | |

○：自給採取　◎：養殖・出荷　●：出荷および時給（組合へ出荷、個人売りを含）　※：以前採取、現在採取せず　×：自生無しが確認できたもの

フクロフノリ、トサカノリ、イワノリがみられた。そして、マフノリ、トゲキリンサイ、カギイバラノリは主に宮崎県・鹿児島県沿岸に、トリアシ、カモカシラノリ・サクラノリ・コメノリ、ツルツルなどは紀伊半島沿岸・四国南岸地域に自生、利用が確認された。これらの紅藻類のなかでもオニクサ・トサカノリ・トゲキリンサイ、カギイバラノリ・トリアシ、カモカシラノリ・サクラノリ・コメノリ、ツルツルは日本海沿岸や瀬戸内海沿岸ではみられなかった紅藻類で、海水温の比較的高い太平洋沿岸南部地域の特徴的な紅藻類ととらえることができる。

テングサ類の自生量は多く、荒波にもまれて上質な物が全域に自生しており、戦後の頃までは人を雇って採取するほどであったといわれ、大きな漁業収入源になった時代もあったと聞いている。また、テングサといえば一般にマクサを指す地域がほとんどであるが、太平洋沿岸南部地域ではロッカクと呼ばれるオニクサが豊富に自生しており、テングサといえばマクサとオニクサの両方を指しているほどである。オニクサは比較的海水温が高く、外海に面した波の荒い海域に自生が適するといわれている。マクサもオニクサも藻体が強靱であり、太平洋の荒波を受けて上品質なものが育ったという。

これまでの調査ではフノリといえばフクロフノリをさしたが、宮崎県や鹿児島県ではマフノリの自生も豊富であった。そして、トサカノリは各県に自生や採取が散見してみられたが、漸深帯に自生するため素潜りで採取したり、浜に打ち上げたものを拾うか、刺し網漁の網にかかったものをとり、乾燥保存や塩漬けにして使われてきた。

褐藻類には調査地全域で自生・採取されているものがみられなかったという、予想外の結果であった。しかし一方では興味深い地域差が認められ、江戸時代より「加太浦加太和布」・「鳴門和布」で有名なワカメは紀伊水道域の和歌山県御坊市名田と和歌山市加太、徳島県阿南市と由岐町には豊富に自生し、盛んに採取が行われていた。しかし、それ以外の調査地である三重県・和歌山県・高知県。宮崎県・鹿児島県は、本来ワカメの自生が認められない地域で、その代用としてヒロメやアントクメが採取・利用されていたことが明らかになった。またヒジキについては高知県以外の調査地に、モズクはワカメの自生地域同様に紀伊水道域を中心とした地域に自生や採取がみられた。

ワカメは発芽して成長していく冬の海水温が2℃以上、14℃以下でなくては成長しない生態的な特徴を持つ[3)]。したがって暖流の影響が強い太平洋沿岸南部地域では冬場でも海水温が高く、ワカメの発芽・生長の条件に合わず、本来自生がみられないものであった。しかし、この地域にはワカメに類似した食感を持つアントクメやヒロメの自生があり、これをワカメの代用として利用してきたという地域独自の特徴がみられた。ワカメの自生の有無は、海藻の種類からみた地域性を特徴づける大きな要因である。

緑藻類については全域でアオサ、スジアオノリの自生量が多く採取も盛んに行われており、高知県四万十川の汽水域ではヒトエグサの養殖が盛んであった。また宮崎県延岡市の五ヶ瀬川河口付近は四万十川河口付近の環境と似ていると地元の人たちはいい、スジアオノリの自生が豊富であった。鹿児島県の串木町でも時給用のヒトエグサの養殖が小規模ではあるが行われている様子を観察できた。このように暖海域に自生が適する緑藻類の特徴が反映された自生の実態が認められた。

自生する海藻の種類からみると、オニクサやトサカノリ、アントクメのような太平洋沿岸南部地域の特徴を示す海藻の自生、豊富なヒトエグサやスジアオノリの自生など、紀伊半島沿岸・四国南岸・九州南部沿岸地域は亜暖海域の特徴を示す共通した地域性を示した。しかし、天然ワカメやヒジキ・モズクなどの自生からみると、和歌山市加太や徳島県阿南市地域の紀伊水道地域は瀬戸内海沿岸地帯と類似した特徴を有する地域とみなすことができる。

### (2) 海藻の採取目的

紀伊半島沿岸・四国南岸・九州南部沿岸地域いずれにおいても、割合の差はあるものの自給用・出荷用採取の両方が行われてきた。しかし、土佐湾に面する土佐佐賀・土佐久礼・手結・下山地域では、海藻の自生はあるもの採取は盛んとはいえない地域もみられた。

多種類の海藻のなかで自給用としてだけでなく出荷用として採取されてきた海藻は限られたもので、紅藻類のなかでもテングサ類やフノリは、自給のためだけでなく、出荷用としても採取されてきた。とくにテングサ類は近年減少しているといわれているものの、現在でも年間の漁業計画にその採取が組み込まれ、収入源となっている地域も多くみられた。

テングサ類の採取の中心はマクサとオニクサである（表2)。マクサは岩礁地帯の潮間帯から漸深帯にかけて広い範囲に、また、オニクサはマクサより波の荒い環境下に自生する[4)]。したがって、九州南岸・四国南岸・紀伊半島沿岸のほとんどの地域は、海底・潮流共にテングサ類の自生に適し、品質の良いマクサやオニクサが繁茂していたといえよう。しかし、多量に自生するとはいえ、外海に面した険しい岩場での採取作業は、内海での採取ほど容易なことではなかった。自生条件が満たされても、採取しにくいものは利用に結びつきにくい。今回の調査地でテングサ類の出荷が行われている地域は、アワビ・トコブシなどを採取する潜水漁が盛んな地域でもあり、一本釣り・エビ網などの漁業形態のなかに採貝採藻漁が組み込まれ、春から夏にかけて海士・海女によって広範囲に自生するテングサ類の採取が可能な地域であった。すなわち、自生条件、採取条件が共に備わっている地域であったのである。

一方、テングサ類を自給のためだけに採取した高知県の夜須町や安芸市は、砂浜や石ころ海岸が多く、テングサをはじめ海藻類の自生環境は十分ではなく、出荷する程の量が得られなかった地域であった。また、自生があるにもかかわらず、出荷されていない佐賀町や中土佐町では、カツオやマグロの一本釣りなど漁業規模が大きく、手間がかかる上に安価な海藻類にはほとんど目がむけられなくなった地域であった。

フノリも広い地域で出荷用採取が行われていたものであるが、乾燥保存したものを汁物、刺身のつまなどの食材料として出荷するだけでなく、絹織物ののりの原料としての需要があり、他の海藻類とは違った条件の下に出荷採取が行われていた。また、宮崎県・鹿児島県南岸地域を中心にトサカノリの出荷用採取が行われていたが、この地域には熊本県の加工業者に販路を得ていたという条件があった。

このように紅藻類の採取・出荷の背景には漁業形態の関与が大きいものであるという特徴が認められた。

褐藻類については、徳島県や和歌山市でワカメの出荷用採取が行われ、干しワカメ、灰干しワカメ、ひらワカメなどに加工された上質のワカメが盛んに出荷されていた。この地域は丁度太平洋と瀬戸内海の接点にあたり、海水温や比較的穏やかな波などワカメの発芽や成長に適した海の環境が存在していたものと思われる。この両地域ではワカメの養殖も行われていたという実態からも、太平洋沿岸南部地域と海の環境を多少異にし、瀬戸内海に類似した環境を有する地域であったと想像

**表2　太平洋沿岸南部地帯における主な海藻の植物分類学的名称と自生・採取状況**

| 分類 | | 一般名称 | 植物分類学的名称 | 自生場所 | 採取の季節 | 採取方法 |
|---|---|---|---|---|---|---|
| 紅藻類 | テングサ類 | テンウサ（全域）<br>テングサ・マクサ（下川口・高岡）、マイギス（高岡）<br>ジョウグサ（田原）、メグサ（周参見）<br>本テン（由岐）、キヌクサ（和具） | てんぐさ目てんぐさ科まくさ属マクサ | 潮間帯～漸深帯 | 春～夏 | A、B、C、D |
| | テングサ類 | サルグサ（下川口・高岡）、ニタリ（由岐）<br>ドラ・オバクサ（田原） | 不明（マクサに類似したもの、品質の悪いもの） | 潮間帯～漸深帯 | 春～夏 | A、B、C、D |
| | テングサ類 | ロッカク（下川口・佐賀・高岡・由岐）<br>オニクサ（加太・浦神・田原・和具・宮崎県・鹿児島県）<br>オグサ（周参見） | てんぐさ目てんぐさ科まくさ属オニクサ | 潮間帯～漸深帯 | 春～夏 | C、D、E |
| | テングサ類 | ヒラクサ（和具） | てんぐさ目てんぐさ科ひらくさ属ヒラクサ | 潮間帯～漸深帯 | 春～夏 | D |
| | | トリアシ | てんぐさ目てんぐさ科ゆいきり属ユイキリ | 潮間帯～漸深帯 | 春～夏 | D、E |
| | | フノリ | かくれいと目ふのり科ふのり属フクロフノリ | 潮間帯 | 晩冬～春 | B |
| | | マノノリ（宮崎県沿岸・鹿児島県沿岸） | かくれいと目ふのり科ふのり属マフノリ | 潮間帯 | 春 | B |
| | | トサカノリ | すぎのり目みりん科とさかのり属トサカノリ | 漸深帯 | 春～夏 | A、D |
| | | ムカデノリ（鵜戸・羽島） | すぎのり目みりん科みりん属トゲキリンサイ | 低潮線付近 | 春～初夏 | B、E |
| | | オゴノリ | すぎのり目おごのり科おごのり属オゴノリ | 内湾潮間帯 | 冬～春 | B |
| | | マガリ（鵜戸） | すぎのり目いばらのり科いばらのり属カギイバラノリ | 低潮線付近 | 春～初夏 | B |
| | | カモノカシラ | うみぞうめん目べにもずく科かさまつ属カモカシラノリ | 内湾潮間帯 | 春 | B |
| | | メノリ（下山・手結） | かくれいと目かくれいと科むかでのり属ツルツル | 潮間帯 | 冬 | B |
| | | サクラノリ | かくれいと目かくれいと科むかでのり属サクラノリ<br>又は、かくれいと目かくれいと科きんとき属コメノリ | 潮間帯 | 春 | B |
| | | 岩ノリ・メノリ（下川口） | ういけのり目うしけのり科あまのり属オニアマノリ<br>ういけのり目うしけのり科あまのり属マルバアマノリ等 | 潮間帯 | 冬～初春 | B |
| | | ウミゾウメン | うみぞうめん目べにもずく科うみぞうめん属ウミゾウメン | 潮間帯 | 春～夏 | B |
| | | ホヤノリ | 不明（形態、色、料理法より紅藻類） | 不明 | 夏 | B |
| | | ビリビリ | 不明（形態、色より紅藻類） | 不明 | 春 | A |
| 褐藻類 | | ワカメ | こんぶ目こんぶ科わかめ属ワカメ | 漸深帯 | 春～初夏 | C、D |
| | | ヒロメ | こんぶ目こんぶ科わかめ属ヒロメ | 漸深帯 | 春先 | C |
| | | ヒジキ | ほばまた目ほんだわら科ひじき属ヒジキ | 潮間帯 | 春 | B |
| | | アンドク | こんぶ目こんぶ科あんとくめ属アントクメ | 漸深帯 | 春 | A、D |
| | | アラメ | こんぶ目こんぶ科あらめ属アラメ | 漸深帯 | 春～夏 | A、D、E |
| | | カジメ（和具） | こんぶ目こんぶ科かじめ属カジメ | 漸深帯 | 春～夏 | A、D、E |
| | | ハバノリ・メノリ（周参見）・ジブナ（周参見） | かやものり目かやものり科はばのり属ハバノリ | 漸深帯 | 冬～春 | B |
| | | ムギワラ | かやものり目かやものり科はばのり属カヤモノリ | 漸深帯 | 春 | B |
| | | モズク | ながまつも目もずく科もずく属モズク | 内湾潮間帯 | 冬～春 | C、D |
| 緑藻類 | | アオサ | あおさ目ひとえぐさ科ひとえぐさ属ヒトエグサ他 | 潮間帯 | 冬～春 | B |
| | | ヒトエグサの養殖（四万十川汽水域） | あおさ目ひとえぐさ科ひとえぐさ属ヒトエグサ | 汽水域 | 冬～春 | B |
| | | アオノリ・川ノリ | あおさ目あおさ科あおのり属ボウアオノリ、スジアオノリ他 | 河口汽水域 | 冬～初春 | B |
| | | ミル | みる目みる科みる属ミル | 潮間帯～漸深帯 | 冬～春 | A、D |

採取方法：A 打ち上げ採取（波や風によって磯に打ち上げられたものを拾う）　B 磯採取（干潮時に磯へ出て、又は船でハエに出て採取）
C 船上採取（船の上から鎌や熊手などの道具を使って採取　D 潜水採取　E 刺し網などにかかったものを採取

される。

このように、海藻類の採取目的の根底には、海藻の自生環境のみならず漁業形態、販路の確保、住民の価値観などが大きく関与していることが明かとなった。

## 2. 海藻の加工保存と日常の料理

海藻は乾燥保存が可能で、長期間の保存でも品質の変化が少ないという利点をもっている。したがって量的な差こそあれ、褐藻類・緑藻類のほとんどが乾燥保存・利用されていたのに対し、紅藻類は必ずしもそうではなかった（表3）。オゴノリやサクラノリ、宮崎県日南市鵜戸のマガリ（カギイバラノリ）などは、自生する季節にのみ生で酢の物やぬた、汁物、寄せものものとして利用されていた。おそらく自生量が少ないことも関係しており､生での利用の方が紅藻類としての色や香り、歯ざわり、旨味などをより味わうことができることを、長年の経験から知った結果であろうと推測される。

乾燥保存されるもののなかでも、テングサは日本海沿岸、瀬戸内海沿岸地域同様に水で洗い乾燥する操作を数回行い脱色したものが保存されていた。トサカノリは塩をまぶし、天日乾燥すると紅く発色する性質を利用して乾燥保存または塩蔵されており、家庭では変色を防ぎながら長期間保存するのは簡単ではなかったという意見も多く聞かれた。地元の加工業者では紅く発色させるだけでなく、薄い石灰水を作用させて緑色にしたり、それをさらに乾燥して白く加工するなどの加工法も行われ、地元消費されていた。

また、灰汁の強いアントクメやヒジキは前もって茹でて乾燥したものが保存され、調理の際に熱が通りやすいという利点があった。ワカメは素干し、湯通し乾燥、塩蔵など他地域と大差ない加工保存が行われていたが、地域独自の加工法として鳴門の灰干しワカメがあげられる。採取されたワカメを真水で洗い、木灰をまぶし乾燥したもので、灰に含まれる金属イオンがアルギン酸と結びつき不溶性となり、歯ごたえのよいワカメを味わうことができる。また、和歌山市の加太、名田では日本海沿岸地帯ののしワカメ・板ワカメに類似したひらワカメが加工されていたが、広い地域に存在するものではなかった。

いずれも海藻の性質を熟知して工夫されてきたもので、日常食としての利用が盛んであった。乾燥保存されたもののなかで利用頻度の高いものは、やはりテングサ類であった。現在でも夏の食べ物としてトコロテンを炊いたり、棒寒天の代わりにテングサを使ったりする家庭は多く、水洗・天日乾燥を繰り返して白く晒したものが保存されていた。トコロテンは、マクサに2割程度のオニクサを混ぜ、水に少量の酢を入れて加熱溶解し濾したろ液を凝固させたものである。これは、マクサは滑らかではあるが凝固物は柔らかく、一方、オニクサは固く凝固するというそれぞれの性質から、2種類のテングサ類を配合して好みの固さのトコロテンを作るようになったと考えられ、日本海沿岸や瀬戸内海沿岸のマクサのトコロテンに比較して脆さが大きい、口触りが異なるものができあがった。その他フノリの味噌汁、アラメやヒジキの煮物、スジアオノリのふりかけなど利用法は多彩であった。

四国南岸・紀伊半島沿岸地域でみられた特徴的な料理は、和歌山市加太の刻んだワカメをすしめしに混ぜたワカメずしや御坊市名田のひらワカメを使ったメ巻きずし、古座町田原のアントクメのすしや握り飯などがある。これらは、それぞれの地域で採取できる海藻を、独自の方法で食べられ

表３　太平洋沿岸南部地帯における海藻の保存法と料理法

| 分類 | 海藻の種類 | 保存法・加工法 | 料理法 | 行事食 | その他 |
|---|---|---|---|---|---|
| 紅藻類 | テングサ（マクサ・オニクサ・ヒラクサ） | 天日乾燥（そのまま、又は水晒し乾燥） | トコロテン（マクサに１～２割のオニクサを混ぜ、水又は酢水で加熱溶解、ろ過、凝固）<br>味付：だし汁（高知県）、三杯酢（徳島県，和歌山県）<br>黒蜜（加太）、きなこ（和歌山県）<br>寒天代わりに使用 | 盆の料理（加太・名田・周参見）<br>盆の供物・料理（和具・鵜戸・志布志） | |
| | フノリ | 天日乾燥 | 湯通しして酢の物、味噌汁 | | 古くはあまり食用とせず。<br>洗濯のり、漆喰<br>歯痛の薬、化膿止め（高岡）<br>胆石に良い（加太） |
| | トサカノリ | 塩をしておくと長持ちする | 酢の物，刺身のつま | | |
| | トゲキリンサイ | 天日乾燥 | ムカデノリの味噌漬（寄せもの）（鵜戸） | | |
| | オゴノリ | 保存なし | 生を酢の物 | | |
| | カギイバラノリ | 保存なし | 酢の物、ぬた、マガリ（寄せもの）（鵜戸） | | |
| | カモカシラノリ | 保存なし | 湯通しして酢の物（浦神） | | |
| | ツルツル | 保存なし | さっと茹で酢の物、ぬた（下山・手結） | | |
| | サクラノリ | 保存なし | 汁物、煮溶かし凝固（下山）、酢の物、ぬた（佐賀・下川口） | | |
| | 岩ノリ | 板状に天日乾燥 | 巻きずし・あぶって食用、佃煮 | | |
| | ホヤノリ | 天日乾燥（水洗い、白く晒して乾燥） | 水で煮溶かし、凝固させ酢味噌で食べる（由岐） | | |
| | ビリビリ | 天日乾燥 | 生を酢の物 | | |
| 褐藻類 | ワカメ | 干しワカメ（由岐・加太）<br>灰干しワカメ（向原町）<br>ひらワカメ（加太・名田） | 汁物、煮物、酢の物<br>ワカメずし | | |
| | ヒロメ | 天日乾燥 | 酢の物、味噌汁 | | |
| | ヒジキ | 天日乾燥（茹でたものを乾燥）<br>１年ねかしたものは柔らかい | 煮物、白和え、ひじきご飯 | 仏事に白和え（浦神・羽島）<br>盆客への土産物 | |
| | アンドク | 天日乾燥 | 煮物、酢の物 | | |
| | | ２年目の方が柔らかい | 酢飯をアンドクで包んだメの握り（海女入りの弁当）（田原） | | |
| | アラメ | 天日乾燥（そのまま、又は茹でて刻み乾燥） | 煮物 | 葬式の料理：アラメナ（アラメのなます）や煮物（和具） | |
| | ハバノリ | 天日乾燥 | 煮物（シャブシャブの様に）（周参見） | | |
| | | | 焼いて食べる（和具） | | |
| | カヤモノリ | 天日乾燥 | あぶって揉み、ふりかけ | | |
| | モズク | 塩漬け | 酢の物 | | |
| | コンブ | 乾燥品を購入（白昆布） | コブ巻きずし | 祝いの料理<br>皿鉢料理のすし（高知県） | |
| 緑藻類 | アオサ | 天日乾燥（丸めて、又は板状に乾燥）<br>板のりに加工 | あぶってふりかけ、アオサ汁、佃煮 | 仏事・祝い事にアオサ汁（羽島） | |
| | アオノリ | 天日乾燥 | あぶってふりかけ、佃煮、汁物 | | |
| | ミル | | 酢の物、刺身のつま | | |

（注）限られた地域の習慣についてのみ（　）で地域名を記載した。

るように工夫した料理である。また九州南岸地域でも日南市鵜戸のカギイバラノリを煮溶かし凝固させたマガリ、トゲキリンサイを煮溶かし固め味噌漬けにしたムカデノリの味噌漬け、鹿児島湾内一帯に伝承されているキョウノヒモを煮溶かし固めたものの味噌漬けなど、地域独自の食べ方がみられた。自家用のために少量採取されたトサカノリなども塩をして乾燥して赤く発色させて保存し、刺身のつまや酢のものなどに利用されていた。

このように紀伊半島沿岸、四国沿岸、九州南岸地域では海藻は日常食として利用は盛んであった。そして住民にとって、海藻は自給でき乾燥保存できる身近な食材で、日常の食生活のなかで重要な位置付けを持つものであった。

### 3. 行事食としての海藻料理

日常食としての利用が盛んであったのに対し行事食への海藻利用は盛んとはいえないものであった。

徳島県阿南市や由岐町、和歌山県の加太や名田・周参見、三重県の和具ではトコロテンが盆の供物や料理に、また和歌山県那智勝浦町浦神ではヒジキの白和えが仏事の料理として作られ、ヒジキが盆客の土産品ともなった。また、和具では葬式の料理としてアラメナ（アラメの酢の物）やアラメの煮物が使われた。九州南部地域でも同様に、宮崎県の日南市鵜戸や鹿児島県志布志では盆の供物や盆客の料理にトコロテンが、鹿児島県串木野市羽島では法事などの精進料理にヒジキの白和えやアオサ汁がつくられた。祝い事の海藻料理はまれであったが、高知県の皿鉢料理の１品であるコブ巻きずしや羽島のアオサ汁があげられる（表3）。

このように海藻の自生は豊富であるにもかかわらず行事食としての海藻料理の利用は、全域にはみられず、限られた地域の習慣であった。その背景には魚介類が豊富である環境が関係しているようで、人が集まる行事のもてなし料理といえば魚料理が中心であるという答えが返ってきた。特に土佐湾沿岸地域では漁業規模が大きく、魚介類の水揚げが多く、特に手間がかかる海藻を採取して利用するまでもないという意見も聞かれた。すなわち、太平洋沿岸南部地方では行事食としての海藻利用は盛んとはいい難い特徴を持つといえる。『日本食生活全集』[5〜9]を資料に特徴を探ったが、同様に他地域の習慣より使用頻度が少ないことが確認された。

＊図版出典：今田節子 1993 より

## むすび―太平洋沿岸南部地帯の海藻の食文化の特徴とその背景―

海藻の生態と海の環境に関わる特徴として、一部の地域を除き、本来は天然ワカメの自生がみられず、その代用となったアントクメの自生がみられたこと、そして、スジアオノリの豊富な自生とヒトエグサの養殖が盛んであったことをあげることができる。前述したようにワカメは胞子が出て生育する秋から冬の海水温が2℃以上、14℃以下にならないと生長しないという生態的特徴をもつ[10]。黒潮が接岸して流れるこの地域では海水温が高く、この海域はワカメの生育条件に適合していなかった。一方、暖海域に自生が適するアントクメには好条件の海の環境であったのである。しかし、黒潮との距離があり、瀬戸内海と接する地域である徳島県阿南市や和歌山県加田地域では天然ワカメの自生がみられ、特徴を異にしていた。また、緑藻類は暖海域に自生が適する生態をもち、亜暖海域の特徴をもつ環境のもとで自生量が多く、養殖も可能であったといえる。

次に、生業形態と海藻の採取目的のかかわりからみた特徴をあげることができる。この地域では出荷用採取も自給用採取も盛んに行われていた。沿岸漁業のなかに海女漁が組み込まれ、海藻採取もその一環としておこなわれており、収入源と成り得ていたことも特徴の一つである。一方、カツオの一本釣や定置網漁など比較的大規模漁業が行われている高知県などでは、手間がかかり、採算があわない海藻採取には目が向けられておらず、採取自身が低調であった。

海藻の利用面に関しては、日常食としての利用が中心で、行事食としての位置付けは低いものであった。海藻の種類・自生量共に多いという好条件を背景に住民の身近な食材として位置付けられていたのに対し、漁業が盛んで豊富な魚介類の入手が容易である条件のもとで行事食の中心は魚料理という価値観を生み出してきたのかもしれない。すなわち、海産資源の豊富さが日常および非日常の食文化形成に関わってきたといえよう。

これらの特徴をあわせ考えると、太平洋沿岸南部地帯の海藻の食文化の地域性は、瀬戸内海の内海性の性質が交じり合う紀伊水道域とその他の紀伊半島沿岸・四国南岸・九州南岸地域とに大別してとらえることができる。このような特徴を生み出してきた背景には、海藻の生態と太平洋沿岸という自然環境との関わり、太平洋沿岸という気候風土のなかで培われた漁業形態と海藻採取の関係、そして、そこから培われてきた住民の海藻に対する価値観などが複雑に関与しているものと考えられる。

**【註】**

1）千原光雄監修『学研生物図鑑 海藻』、学習研究社、1988、p.172。
2）気象庁ホームページ月別平均海水温。
3）徳田廣、大野正夫、小河久朗『海藻資源養殖学』、緑書房、1987、pp.136 ～ 137。
4）伊豆の天草漁業編纂会編『伊豆の天草漁業』、成山堂書店、1998、pp.13 ～ 14。
5）「日本の食生活全集 和歌山」編集委員会編『聞き書　和歌山の食事』、農山漁村文化協会、1989。
6）「日本の食生活全集 徳島」編集委員会編『聞き書　徳島の食事』、農山漁村文化協会、1990。
7）「日本の食生活全集 高知」編集委員会編『聞き書　高知の食事』、農山漁村文化協会、1986。
8）「日本の食生活全集 宮崎」編集委員会編『聞き書　宮崎の食事』、農山漁村文化協会、1991。
9）「日本の食生活全集 鹿児島」編集委員会編『聞き書　鹿児島の食事』、農山漁村文化協会、1989。
10）前掲註 3）。

# 第4章　九州西岸地帯の海藻の食文化とその背景

鹿児島県西部に続く熊本県・長崎県が面する九州西部沿岸地帯は、対馬海流の影響を受け、比較的海水温が高いという特徴が九州南部沿岸地帯と共通しているものの、地形的には大きな違いがみられる。海の環境・沿岸の形態などを考慮すると島原湾沿岸、天草灘沿岸、対馬海流域沿岸に大別してとらえることができる。

島原湾沿岸は有明海の南に位置し、天草灘や八代海に通じており、潮の干満の差が大きく、潮流は早いが内海であるため波はきわめて穏やかであるという特徴をもつ。天草灘沿岸は天草下島の西方一帯を指し、天草湾と島原湾の境は内海から外海への出口であり、入り江や岬、島が散在する。そして、対馬海流は五島列島最南端の男女群島に押し寄せ、東西両流に分かれ北上するに連れ、天草島沿岸に大きな還流を作り、島の西を流れる海流は福江島の西に沿って北上する。したがって対馬海流域沿岸地帯は外海に面し、五島列島の水域では屈折した海岸線や島々、複雑な海底地形が形成され好漁場となっている。

このように九州西岸地帯は、海藻の自生地である沿岸や海の環境は多彩であり、当然のことながら太平洋沿岸南部地帯や九州南部沿岸地帯と比較すると自生する海藻の種類に差がみられることが想像される。これらの自生環境を考慮して島原湾沿岸地帯2カ所、天草灘沿岸地帯2カ所、対馬海流域沿岸地帯4カ所を調査地として選び（はじめに図1、表1の調査地①～⑧参照）、1989年（平成元年）の夏から秋にかけて長崎県や熊本県を訪れ聴き取り調査や観察調査を実施した。調査対象や内容については、太平洋沿岸南部地帯と同様であった。

## 1. 食用海藻の種類と採取目的

### (1) 食用海藻の種類

食習慣が伝承されていた海藻は21種類で、紅藻類12種類、褐藻類6種類、緑藻類3種類に分類された（表1）。自生量や品質に差があるもののほぼ全域に自生がみられた海藻は、紅藻類のテングサ、フクロフノリ、マツノリ　トサカノリ、褐藻類のワカメ、ヒジキ、カジメ、緑藻類のアオサであった。これらは比較的藻体が強靱で、波の穏やかな内海性の島原湾内だけでなく、流れが速く波も荒い特徴を持つ外海性の対馬海流域にも自生が可能であったものばかりである。また、この海の環境の違いは同じ海藻でも地域によって品質の違いがみられる。例えばワカメはほぼ全域に自生がみられ、しかも自生量が多い海藻であった。特に自生量が多いのは対馬海流域の五島列島を中心とした地域であり、外海の荒波に耐える組織が強靱なものであった。これに対して、天草灘のワカメは五島列島のものより藻体が柔らかいもので、また内海性の高い島原湾沿岸地域では波の影響を受けにくいため養殖が可能で、藻体の柔らかいワカメの生産が可能であった。このように同じワカメとはいえ、内海性、外海性の異なる海の環境を持つこの地域では品質の異なるワカメが自生するという特徴が認められた。

一方、自生に地域差があるものとして、なかでも顕著に地域差があるものにイギリス草またはイギリスと呼ばれるイギスがあげられ、島原湾に面する内海性の強い地域を中心に自生していた。島原湾沿岸は浅瀬で波の穏やかな海に面しており、藻体が柔らかい紅藻類が中心に自生し、なかでも

表1　天草灘・島原湾・五島列島地域の主な海藻の植物分類学上の名称と自生・採取状況

| 分類 | | 一般名称 | 植物分類学的名称 | 自生場所 | 採取の季節 | 採取方法 |
|---|---|---|---|---|---|---|
| 紅藻類 | テングサ | テングサ<br>トコロテン草（島原市・有家町・苓北町）<br>メテン（テングサと呼ぶ）<br>オテン（オニクサ） | てんぐさ目てんぐさ科まくさ属マクサ<br>てんぐさ目てんぐさ科まくさ属オニクサ | 潮間帯～漸深帯 | 春～夏 | A、B、D |
| | イギス | イギス<br>イギリス草（島原市・有家町）<br>モズク（苓北町）<br>イギス・イギリス（大島村・平戸市） | （主に）いぎす目いぎす科いぎす属アミクサ | 潮間帯～漸深帯 | 夏 | B、C |
| | エゴノリ | エゴノリ・エゴ草・ウド草（島原市） | いぎす目いぎす科えごのり属エゴノリ | | | |
| | フクロフノリ | フクロフノリ・ブツ<br>（三井楽町・崎山町・大島村・平戸市）<br>フノリ（牛深市・有家町）<br>ブツ（島原市）<br>キンブノリ（苓北町） | かくれいと目ふのり科ふのり属フクロフノリ | 潮間帯 | 冬～春 | B |
| | マフノリ | マフノリ・オゴ・マオゴ<br>（三井楽町・崎山・大島村・平戸市）<br>マフ（牛深市） | かくれいと目ふのり科ふのり属マフノリ | 潮間帯 | 春 | B |
| | トサカノリ | トサカノリ・トサカ | すぎのり目みりん科とさかのり属トサカノリ | 漸深帯（水深10m） | 春～初夏 | A、D（かつぎ） |
| | オゴノリ | ナゴヤ<br>（島原市・有家町・苓北町・牛深市） | すぎのり目おごのり科おごのり属オゴノリ | 潮間帯 | 冬～春 | B |
| | ミリン | ミリン<br>ミル（苓北町・牛深市） | すぎのり目みりん科みりん属ミリン | 潮間帯 | 春～夏 | D |
| | キョウノヒモ | キョウノヒモ | かくれいと目むかでのり科むかでのり属キョウノヒモ | 潮間帯 | 春～夏 | B |
| | マツノリ | マツノリ | かくれいと目むかでのり科きんとき属マツノリ | 潮間帯 | 春～夏 | B |
| | トゲキリンサイ | サンゴ草（牛深市）<br>（アマクサキリンサイ） | すぎのり目みりん科みりん属トゲキリンサイ<br>すぎのり目みりん科みりん属アマクサキリンサイ | 低潮線付近 | 春～初夏 | B、E |
| | 岩ノリ | イワノリ | ういけのり目うしけのり科あまのり属イワノリ | 潮間帯 | 冬 | B |
| 褐藻類 | ワカメ | ワカメ、メの葉（大島村） | こんぶ目こんぶ科わかめ属ワカメ | 漸深帯 | 冬～春 | C、D |
| | ヒジキ | ヒジキ | ひばまた目ほんだわら科ひじき属ヒジキ | 潮間帯 | 冬～初夏 | B |
| | モズク | モズク、モの子・モの芽（大島村） | ながまつも目もずく科もずく属モズク | 漸深帯 | 冬～春 | C |
| | 不明 | ヨガマタ | 不明 | | | |
| | アラメ | アラメ | こんぶ目こんぶ科あらめ属アラメ | 漸深帯 | 春～夏 | A |
| | カジメ | カジメ | コンブ目こんぶ科かじめ属カジメ | 漸深帯 | 春～夏 | A、C |
| 緑藻類 | アオサ | アオサ<br>オーサ（苓北町）<br>オーサ養殖（島原市・有家町） | あおさ目ひとえぐさ科ひとえぐさ属ヒトエグサ | 潮間帯 | 冬 | B |
| | アオノリ | アオノリ | あおさ目あおさ科あおのり属ボウアオノリ | 汽水域 | 冬～初春 | B |
| | ミル | ミー（三井楽町） | みる目みる科みる属ミル | 漸深帯 | 冬～春 | A、D |

採取方法：A 打ち上げ採取、B 磯採取、C 船上採取、D 潜水採取、E さし網にかかったものを採る
（聴き取り調査結果より作成）

イギリスやオゴノリなど、瀬戸内海沿岸地帯と同様な海藻がみられるのが特徴であった。天草灘沿岸地帯でも内海性が強い地域にはイギリスの自生はみられたが、多量に自生するテングサが採取の中心となり、イギリスは採取される対象とはなりにくいものであった。

また、フノリ類のなかでも質が良いマフノリは五島列島の海域を中心とする地域に、トサカノリ、ミリン、キョウノヒモ、ウミゾウメンなどは天草灘を中心とする地域に自生が多いという地域差が認められた。これらの自生に関する特徴の背景には、海の環境の差が大きく関与している。したがって内海と外海の接点である天草郡や牛深市では両地域の海藻の自生がみられ、種類が豊富な地域となっている。

## (2) 海藻採取の目的

海藻の自生量が多いこの地域では、出荷目的と自給目的を兼ねた採取が行われてきた。また出荷用採取の一つとして他地域ではみられなかった村行事としての海藻採取が行われてきたことも特徴である。

ほぼ全域で自給・出荷目的で盛んに採取が行われてきた海藻としてテングサとワカメ、ヒジキがあげられる（表2）。テングサは春が口開けで、干潮に腰まで海に入って採取したり、深いところのものは潜水採取したりした。乾燥保存したものが漁業協同組合を通して、寒天材料として長野県へ出荷されていたという。また波の強い日には沖で切れたものが浜に打ち寄せるのでそれを拾うことも多く、主婦の仕事として乾燥テングサを地元の加工業者に売る者も少なくなく、よい小遣い稼ぎになったといわれる。夏になるとトコロテンの材料として袋詰めされた乾燥テングサが店頭に並んだ。採取した一部は家庭用としても保存された。

表2　天草灘・島原湾・五島列島で採取される海藻の採取目的

| 調査地 | | | 主な紅藻類（16種類） | | | | | | | | | | | | | | | | | 主な褐藻類（6種類） | | | | | | | | | 緑藻類（3種類） | | | |
|---|---|---|---|---|---|---|---|---|---|---|---|---|---|---|---|---|---|---|---|---|---|---|---|---|---|---|---|---|---|---|---|---|
| | | | テングサ・トコロテン草 | イギス・イギリス草 | エゴノリ・エゴ草 | フクロフノリ・ブツ | マフノリ | ハナフノリ | マツノリ | トサカノリ | トゲキリンサイ | オゴノリ・ナゴヤ | ミリン | キョウノヒモ | シラモ | ツノマタ | ウミゾウメン | 岩ノリ | ノリ養殖 | ワカメ | メカブ | ワカメ養殖 | ヒジキ | モズク | モズク養殖 | アラメ | カジメ | ヨガマタ | アオサ・ヒトエグサ | ヒトエグサ養殖 | アオノリ | ミル |
| 天草灘 | 熊本県 | 天草郡苓北町富岡 | ●※ | ○※ | | ○※ | | | ○※ | ●※ | | ○ | ●※ | ○ | | | ○ | ○ | ○※ | ●※ | ○ | | ●※ | ○ | | ○ | ○ | ○ | ○ | ○※ | ○ | |
| | | 牛深市牛深町須口 | ●※ | ○ | | ○※ | ○※ | ○ | ○※ | ●※ | ○ | ○ | ○ | | | ○ | ○ | ○ | | ●※ | ○ | ○※ | ●※ | ○※ | | △ | ○ | ○ | ○ | | | |
| 島原湾 | 長崎県 | 長崎県島原市城内 | ○ | ● | ○ | ○ | | | ○ | ○ | | ○※ | | | ○※ | | | ○ | | ○ | ○ | ○※ | ○※ | ○※ | ○※ | | ○ | | ○ | | ○ | |
| | | 南高来郡有家町中須川・隅田 | ○※ | ●※ | | ○ | | | ○ | ○ | | ○ | ○ | | | | | ○ | ○ | ○ | ○ | ○※ | | ○ | | | ○ | ○ | ○ | ○ | ○ | |
| 対馬海流域 | 長崎県 | 長崎県南松浦郡三井楽町末広 | ●※ | | | ▲※ | ▲※ | | ○ | ○ | | ● | | | | | | ○ | | ●(※) | ○ | | ●(※) | | | | ○ | | | | | ○ |
| | | 福江市崎山町崎山 | ○ | | | ▲※ | ▲※ | | △ | ○ | | | | | | | | | | ●(※) | ○※ | | ●(※) | | | △ | △ | | | | | ○ |
| | | 北松浦郡大島村神浦 | ○※ | | | ▲※ | ▲※ | | ○ | ○ | | | | | | | | ○ | | ●※ | ○ | | ●(※) | ○ | | | ●※ | △ | ○ | | | ○ |
| | | 長崎県平戸市 | ○※ | | | △ | △(※) | △ | ○ | ○ | | ○ | | | | | | ○ | | ●(※) | ○ | | ●(※) | ○ | | | ○ | △ | ○ | | | ○ |

○食用　●▲多量に自生　△非食用　（　）過去に自生　※出荷有（漁協・加工業者）　（※）過去に出荷
（聴き取り調査結果より作成）

ワカメの口開けは3～4月頃で、船上採取や素潜り、打ち上げ採取が行われてきた。漁業協同組合組合員の採取後は誰でも採取でき、家庭用のものも採取・保存された。漁業協同組合を通して乾燥ワカメが出荷されてきたが、組織の柔らかい養殖ワカメが出回るようになると、荒波の影響を受けて生長するために組織が強靱であるワカメは地元住民以外の嗜好に合わなくなり、ここ10年（1989年聴き取り調査）は出荷していない地域が多い。組織を柔らかくするために板の上でワカメをもんで干した「もみワカメ」などの加工法が工夫されて高値で取引された時代もあったが、現在では漁業協同組合も取り扱いを停止し、出荷用採取はほとんど無くなってしまった。「噛めば噛むほど旨味みが出て、おいしいワカメなのだが…」といった地元住民の嘆きの声が聞かれた。なかでも対馬海流域の五島列島付近でその影響は大きいもので、ワカメの出荷が漁業収入の一助となったのは過去のことになってしまったようである。自家用のためには現在でも採取されており、１～３月の雪のちらつく頃、浅瀬に自生する組織が柔らかいものを、竿の先に鎌をつけて箱めがねを覗いて取り、乾燥保存や塩漬けにして保存する。また、個人で直接加工業者に売る場合もある。

ヒジキもほぼ全域で出荷用、自給用採取が行われてきた褐藻類である。２～３月の大潮の時が口開けで、組合員が大潮の時に潮間帯で膝や足首までぬれずに容易に採取できる。漁師は船上から竿で採取し、乾燥したものを漁業協同組合に出荷した。三重県に売られるというから、上品質なために伊勢ヒジキとして売られているのかもしれない。また、北松浦郡大島町では、ヒジキの口開けには集落の住民総出で一斉に採取包丁や鎌で座の上を刈り取り磯で乾燥させて出荷する。胞子の出る座の部分を残して刈り取るのは翌年の発芽を促進するためである。地元の加工業者にも売られ、茹でて乾燥したものが店頭に並ぶが、長い物が上質で、長ヒジキ、すじヒジキと呼ばれる。

長崎県福江市崎山には村行事として、ヒジキの出荷用採取を行う習慣が伝えられており、口開けの日には各家から２名ずつが磯に出て一斉にヒジキを採取する。乾燥したものを集めて出荷して村の運営費に充てるというものである。ヒジキは住民の生活と密着した海藻であり、住民と海の関わりを示す習慣であったといえよう。

島原湾沿岸地域を除くほぼ全域で出荷用採取が行われていた海藻に紅藻類のフクロフノリとマフノリがある。フクロフノリはほぼ全域に自生するが、とくに自生量が多いのは五島列島や大島の対馬海流域で、地方名でブツ、フノリとも呼ばれる。口開けは４月頃で、大潮の時に岩場についているものをアワビの殻でそぎ採り、干して漁業協同組合に出荷する。北松浦郡大島村では漁業協同組合の婦人部や青年部で採取を行い、乾燥したものをまとめて糊原料として出荷し、収入はそれぞれの活動費に充てる習慣があった。マフノリはフクロフノリに比較して高価なもので、五島列島ではほとんど食用とせず、乾燥したものをすべて漁業協同組合へ出荷したという。食用としている地域は天草灘地域の苓北町、牛深市で、オゴ、マオゴ、マフ、キンブノリと様々な呼び名がある。個人で加工業者に売られる場合も多く、石灰の作用で青色に発色させるなどの加工品が市販されている。

外海と内海の両方の環境をもつ天草灘沿岸地域では他の地域より多種類の海藻が出荷目的で採取されていた。イギリス、トサカノリ、マツノリ、ミリンなどである。漁業協同組合を通して出荷されるだけでなく、地元の加工業者への出荷も多いようであった。イギリスの出荷は苓北町だけで行われており、島原湾沿岸地域では自給採取が中心で、漁家だけで無く農家でも採取保存されていた。梅雨が上がった後、夏いっぱい誰でも採取することができる。大潮の際、膝まで水につかり、まつばかきで採取する。近隣の地域にも関わらず採取目的に違いが見られるのは、イギリス料理としての利用が定着しているか否かが関わっているようである（詳細は後述する）。

以上のように九州西岸地帯の海藻採取の目的は、海藻の豊富な自生量と品質の良さを背景に、漁業協同組合や地元加工業者への出荷を含め、出荷用採取が盛んであったといえよう。

## 2. 海藻の加工保存と日常の料理

海藻の保存法の基本は乾燥であるが、家庭用として保存する場合は使いやすさを考慮して、湯通し、茹でる、塩蔵などの下処理のあと、乾燥保存される場合も多い。ここでは家庭料理として使用頻度の高い海藻を中心に、加工保存法と料理法について述べていくことにする（表3）。

①紅藻類

**テングサ**：トコロテンの原料であるマクサはテングサ、トコロテン草と呼ばれており、白くさらしたものが使われる。真水で洗っては乾燥する作業を数回繰り返して乾燥保存している家庭もあれば、採取時の潮のついたままを乾燥保存し、使用する時に白くさらして使う家庭もある。トコロテンの炊き方には地域差は認められず、水戻したテングサを水の中で煮て、途中で酢かダイダイの絞り汁を入れると海藻が早く切れる（溶ける）。沸騰してくると海藻を指で押さえてみて柔らかくなっていればよく、さらしの袋で漉し分ける。溶け残ったテングサに再び水と酢を入れて煮溶かし漉す。溶解した液は合わせて流し箱に流す。冷蔵庫に入れると２時間程度、室温でも１日あれば凝固する。冷蔵庫が普及する以前より、作られてきた理由がここにある。てんつきで突き酢醤油で食べるのが普通であるが、おやつとして黄粉をつける場合もある。のどごしが良いトコロテンは夏の食べ物として重宝されてきた。

**イギリス**：加熱溶解・凝固させて食べるものにイギリスがある。前述したように自生する地域は島原市や有家町が面する島原湾沿岸と天草灘でも内海性が高い苓北町が中心であるが、食習慣が伝承されているのは島原湾沿岸地帯で、苓北町では出荷用採取が中心であった。家庭で保存されるイギリスは水で洗って干す作業を２～３度繰り返し白くさらしたものである。テングサに比較し藻体が細く柔らかいために、日が強すぎても煮えてしまう恐れがあり、雨にあわすと糊分が出てしまうので、天候に十分注意する必要がある。イギリスは水だけで溶けることはなく、米ぬか汁や米のとぎ汁で煮溶かす方法が島原湾一帯に伝承されている。米ぬかを布袋に入れて水の中でもみ米ぬか汁をとり、イギリスが浸る程度の量を鍋に入れ、煮溶かす。イギリスが溶けたら野菜や焼き魚や昆布・落花生などの具を加え、醤油やみりんで味付けして固める。この料理もイギリスと呼ばれ、醤油や摺りおろしたヤマトイモをかけて食べる。また、具の入らない白イギリスを味噌漬けにしておくと保存もでき、味噌の味が入っておいしいものであった。このように島原湾沿岸ではイギリスは伝統料理として根付いているのに対し、苓北町ではイギリスの自生量が多いにも関わらずイギリスの炊き方を知る人は少ない。

この両地域の違いはイギリスの歴史的背景と深い関わりがあるようで、イギリスは島原の乱の際に救荒食として作り始められたとか、島原の乱後の村の復興のため瀬戸内海沿岸から移住してきた人達によって米ぬか汁を使う料理法が持ち込まれたという言い伝えもある。現在でも、この伝統料理の習慣を後生に伝えるべく、漁業組合婦人部の人たちが活動している。

**トサカノリ**：地域ではトサカと呼ばれる。日本のトサカノリの70％は熊本県産であるといわれるほどで、天草灘一帯に自生量が多い。水深10ｍに自生するため「かつぎ」と呼ばれる潜り専門の漁師によって採取、出荷されるが、住民達は強風の後に切れて浜に打ち寄せるものを拾い近所の加工業者へ直接売る。苓北町富岡の調査中に台風の通過を迎えた筆者は、翌日、住民達が「この時ぞ」とばかりに浜に出てバケツに何杯もトサカノリを拾い、車で加工業者へ運ぶ姿に出会い、そのエネルギーに驚いた経験を思い出す。苓北町や牛深市の加工業者では同様な加工法が用いられていた。塩をして天日にあてると鮮やかな赤色に発色し、それを赤トサカという。また薄い石灰水に浸すと青トサカに、それを天日にあてると白色のトサカノリに変色する。いずれも水洗いを十分して塩をしたものが地元で市販されている。家庭では加工技術が未熟なためか色があせたり、腐ったり

表３　天草灘・島原湾・五島列島地域の海藻の加工保存法と料理法

| 分類 | 海藻の種類 | 保存法・加工法 | 料理法 | 行事食 | その他 |
|---|---|---|---|---|---|
| 紅藻類 | テングサ | 天日乾燥<br>水晒し乾燥して白く晒す。<br>そのまま乾燥保存、<br>使用時に白く晒す。 | トコロテン<br>水に酢またはダイダイを入れ加熱溶解、ろ過、ろ液を凝固。<br>酢醤油、素麺だし、黄粉でおやつ。<br>果物をいれたゼリー | 盆・仏事の供物、もてなし料理（全域）<br>「仏様の鏡」「精霊様の鏡」（平戸市）<br>「死人の鏡」（三井楽町）<br>盆行事「チャンココチ」の慰労のもてなし料理（福江市崎山） | |
| | イギリス草 | 天日乾燥<br>水晒し乾燥して白く晒す。<br>そのまま乾燥保存、<br>使用時に白く晒す。 | イギリス（島原市・有家町）<br>米糠汁で加熱溶解、野菜や焼き魚、昆布、などの具材をいれ凝固。<br>醤油やヤマトイモのすりおろしで食べる。<br>味噌漬にもする。 | 盆や仏事の供物、もてなし料理<br>（島原市・有家町）<br>祝い事のもてなし料理<br>（島原市・有家町）<br>「イギリスのない客ごとはあまりない」と言われた | |
| | トサカノリ | 塩蔵保存<br>塩をして天日乾燥し赤く発色（赤とさか）。<br>薄い石灰液に作用させると緑色のトサカノリ。<br>さらに乾燥すると白色のトサカノリ。<br>発色させたものをよく水洗いして塩蔵。<br>家庭では塩をして乾燥保存 | 刺身のつま、酢のもの<br>（島原湾沿岸を除く地域）<br>トサカコンニャク（白く晒したものを水で煮溶かし、凝固）（苓北町） | 仏事の料理、祝いごとの客のもてなし料理 | |
| | キョウノヒモ | 乾燥保存<br>水洗い乾燥し白く晒したもの。 | キョウノヒモコンニャク（水で加熱溶解、凝固）（苓北町） | 盆の精進料理（刺身がわり）<br>（苓北町） | |
| | ミリン | 乾燥保存 | 生を酢の物、刺身のつま<br>ミルコンニャク（水で加熱溶解、凝固） | 仏事の精進料理（刺身がわり）<br>（苓北町） | |
| | フクロフノリ | 天日乾燥 | 味噌汁<br>最近、刺身のけんなどに使うようになった。<br>以前は食用とせず（有家町） | | 漁業組合の青年部・婦人部の行事としてフノリの採取・出荷、組織の運営費にあてる<br>（大島村） |
| | オゴノリ | （ナゴヤ）<br>乾燥保存<br>水晒し乾燥 | 生を湯通しして刺身のつま、酢の物<br>以前は加熱・溶解・凝固 | | |
| | 岩ノリ | 簾にはって乾燥 | そのまま食べても味はよい、佃煮 | | |
| 褐藻類 | ワカメ | 乾燥保存<br>湯通しして乾燥保存<br>（干しワカメ）。<br>もみワカメ（半乾をもんで干す）。（島原市）<br>塩蔵保存（塩ワカメ） | 汁もの、煮物、酢のもの、和え物など | 年忌行事の精進料理<br>ワカメの白和え | |
| | ワカメの芯<br>メカブ | さっと茹で生で利用<br>乾燥保存 | 佃煮、味噌漬（以前は食用とせず）<br>生を湯通し、叩いてねばりをだし、飯にかける、乾燥物でも同様<br>（昔は食用とせず） | | |
| | ヒジキ | 天日乾燥<br>水に酢を入れ10～12時間蒸し煮にし、乾燥保存。<br>4、5年経っても変色せず、保存可能。 | 油揚げと煮物、白和え、ひじきご飯 | 仏事の供物、仏事の料理 | 村行事でヒジキの採取・出荷<br>地域の運営費にあてる<br>（福江市崎山町） |
| | モズク | 塩漬け（天然・養殖）（島原市） | 酢醤油で酒の肴 | | |
| | カジメ | 乾燥保存 | 乾燥カジメをくるくると巻き、小さく切り、湯をかけてとろとろにして食べる<br>切ったものを瓶に入れ保存すると便利<br>（大島村・平戸市）<br>味噌漬 | | |
| 緑藻類 | アオサ | 天日乾燥<br>板のりに加工。 | オーサ汁、味噌汁の青み、佃煮、アオノリの代用として粉末 | | |
| | アオノリ | 天日乾燥 | 火であぶり、ふりかけ | | |
| | ミル | 生を食す（大島村） | 酢ぬた（大島村） | | |

（聴き取り調査結果より作成）

するので、採取した生のトサカノリを湯通しして緑色になったものを酢の物や刺身のつまに使うことが多い。また苓北町ではトサカノリを水で煮溶かし、冷やし固めた「トサカコンニャク」を作り、刺身の代わりに使うこともある。牛深市ではこのトサカコンニャクの料理は聞かれなかったが、大分県や宮崎県でもみられる料理法である。

②褐藻類

**ヒジキ**：採取は寒い時期の2、3月頃で、採取したら磯に干して乾燥して出荷するが、雨にあわせると塩分がぬけて味が落ち目方も減るので注意が必要である。地元の加工業者によって茹でて乾燥されたものが市販されている。家庭においても乾燥したものを水に酢を入れて10～12時間蒸し茹でにして天日乾燥して保存する。この茹がきヒジキは4、5年経っても変色せず、保存することができる。油揚げと煮物や白和えにして食べることが多く、以前は鯨や油揚げと炒め煮にしていたが、近年は鯨を入れることは無くなってしまったという。

**ワカメ**：荒波にもまれて生長するこの地域の天然ワカメは大きく、組織が固いという問題を含んでおり、地元の住民以外の口に合わなくなってしまった。しかし地元の住民はこのワカメのおいしさに慣れており、自家消費分を採取して保存している家庭が多い。家庭用のワカメ採取は主に箱めがねを覗きながら、竿の先に付けた鎌で浅瀬のものを刈り取る。湯通しして乾燥保存して一年中使用するが、塩漬けにしておいても便利である。

島原湾や苓北町、牛深市の内海で養殖されるワカメは地元の業者に個人で売られ、採取したワカメをそのまま、または水洗いして干した干しワカメ、沸騰した湯を通して水洗いした後、3～5割の塩を振りもんで水気を切り、細く裂いて再び塩をして塩ワカメとして市販する。茶葉のように柔らかくなる。

ワカメは身近な海藻であり日常食として使用頻度は一番高い。味噌汁、酢の物、煮物、白和え、サラダなどいろいろな料理に使われている。

このように海藻の種類も自生量も多いこの地域では、海藻は日常の身近な食材料として重宝されている。

## 3. 行事食としての海藻料理

行事食として使われる海藻は、紅藻類のテングサ・イギリス、トサカノリ、キョウノヒモ、褐藻類のワカメ・ヒジキがあげられる（表3）。

各家庭で調理されたトコロテンは盆をはじめとする仏事の精進料理として供物や客のもてなし料理として使用されてきた。なかでも平戸市では盆の供物として丸く流し固めたトコロテンを「仏の鏡」とか「精霊様の鏡」と呼ぶ習慣が伝承されている。また、三井楽町では形に関わらず供物のトコロテンは「死人の鏡」と呼ばれた。この呼称は珍しいものではなく全国的に分布する習慣であることから[1、2]、この地域においても共通した習慣がみられたと理解される。この地域独自の習慣としては、長崎県福江市崎山町に伝えられている「チャンココチ」という盆行事をあげることができる。これは盆の15日に死者の霊を慰めるために青年団が各家庭を廻り、家の前で踊りを納めるという行事で、初盆の家では必ずトコロテンを炊いて青年団をもてなす習慣があった。真夏の暑さを凌ぐための慰労のもてなしの意味があったように思われる。

このように九州西岸地域では、テングサで手作りされたトコロテンは仏事、とくに盆の行事食としてなくてはならない料理であった。全域に良質なテングサが豊富に自生し、自給できたという背景のもとに伝承が可能であった習慣といえる。

「イギリスのない客ごとはあまりない」とまでいわれる程、具をいれたイギリスも入れない白イギリスも、法事などの仏事を始め祝い事や客ごとになくてはならないものであった。しかし、この習慣は地域が限られるもので、島原湾沿いの島原市と有家町の習慣で、前述したイギリスの自生地で自給採取の地域と一致している。イギリスの習慣に歴史的背景が関与している可能性があることは前述したが、それだけではなく、イギリスの加工保存法や調理法に手間や経験が必要とされ、普段にはあまりつくる機会がないという条件も行事食となりえた背景の一因と思われる。

トコロテンやイギリス同様に加熱溶解して凝固させて食す海藻として、紅藻類のトサカノリ、キョウノヒモ、ミルがある。これらも凝固させたものが刺身代わりとして仏事の精進料理として使われる。この習慣が伝承されている地域は熊本県天草郡苓北町で、トサカコンニャク、キョウノヒモコンニャク、ミルコンニャクと呼ばれている。仏事だけでなく祝い事にトサカノリは使われ、湯通しして酢の物や刺身のつまに使う習慣は島原湾沿岸を除く広い地域でみられた。この他ヒジキやワカメが行事食として使われており、ヒジキやワカメの白和えが年忌行事の精進料理として使われる。この習慣も島原湾沿岸地域を除く地域の習慣であった。見方を変えると、これらの食習慣の地域差は、島原市や有家町にイギリスが行事食として生活のなかに根付いていることを物語っているともいえよう。

行事食としての海藻料理の他に、長崎県では海藻採取にまつわる村行事が行われていた。一部についてはすでに触れたが、長崎県の三井楽町や福江市崎山町・松浦郡大島村では口開けの日に村総出の海藻採取が、年中行事の一環として行われてきた。特別に海藻料理が食べられるわけではないが、三井楽町では漁村・農村の区別なく一同こぞって海藻を採取した後、海藻採取ができたことへの感謝や豊漁を祈願する気持ちを込めて磯相撲が奉納された。また、地域や組織の運営費を得るために、崎山町や大島村では住民や漁業協同組合の青年部や婦人部がヒジキやフノリを採取して出荷する行事が毎年決まった季節に行われてきた。現在では廃れてしまったが、いかに海との関わりが深く、海藻が生活の一助と成り得ていたかを物語る習慣である。この背景には豊かな海産資源を有する海と海藻採取が容易に行える漁業形態に恵まれた生活環境の存在があった。

## むすび―九州西岸地帯の海藻の食文化の特徴とその背景―

これまで述べてきた海藻の自生分布、採取目的・海藻と行事とのかかわり、海藻の加工保存と料理法などを合わせて考察すると、九州西部沿岸地帯の海藻の食文化の特徴は3地域に大別してとらえることができるものであった。長崎県島原市と長崎県南高来群有家町の島原湾地域、熊本県天草郡苓北町と熊本県牛深市の天草灘地域、長崎県南松浦郡三井楽町と長崎県福江市崎山町・長崎県平戸市と長崎県北松浦郡大島町の対馬海流域地域である。

内海に面した島原湾沿岸には出荷できる程の海藻の自生量がなく、農業偏重型の半農半漁の生業形態のなかで、自給用中心の海藻採取が行われてきた。この地域の海藻の食文化の特徴としては紅藻類のイギリスを米糠汁で煮溶かし具材を入れて固めた伝統料理が、仏事や祝い事の行事食として伝承されていることをあげることができる。

内海と対馬海流の影響を受ける外海の両環境を有する天草灘地方には海藻の種類、自生量ともに多く、出荷用および自給用の採取が盛んであった。漁業従事者の中には海藻採取を専業とする者もいる程である。テングサ、イギリス、フノリ類、トサカノリ、ワカメ、ヒジキなど多種類の海藻が漁業協同組合を通して出荷されていた。また地元の加工業者へ個人売りする者も多く、加工された海藻が地元の店頭に並んだ。すなわち、海藻採取から出荷・加工・販売・消費までの一連の工程が地元内で行われ、それが習慣として定着しているという特徴が認められた。海藻は家庭の食材であり、また生計の一助でもあり、海藻の豊富な自生量を背景に住民の生活と海藻の関わりは深いものであった。

対馬海流域でも漁業が盛んで、出荷用採取、自給用採取が行われてきた。天草灘と同様な海藻が出荷されてきたが、ワカメについては、荒浪の中で生長するワカメは組織が堅いために、地域外の消費者の嗜好にあわず、出荷を停止したという現実があった。しかしこの地域では海藻の乱獲を防ぎ翌年の自生量を確保するために口開けの制度の実施や根を残す採取方法の指導などが行われている。そして、三井楽町、福江市崎山町、大島村では口開けの日には地元の人が一斉にフノリ、ヒジキを採取する習慣があった。採取された海藻は出荷され、村や婦人会、青年団の運営会費にあてられた。この行事も豊富な海藻を背景に行われてきたものといえ、乱獲防止や住民の共同体意識の再認識につながるものであり、海と海藻と住民生活の深いつながりを示す習慣といえる。

行事食については島原湾地帯のイギリス以外では共通した習慣がみられ、仏事の供物やもてなし料理としてテングサを使ったトコロテンやヒジキの白和えなど、全国的にみられる習慣と差はみられないものであった。

これらの地域的特徴は、それぞれの地域を取り囲む海の環境の差、生業の差、漁業形態の差、歴史的背景、そこから生まれる住民の価値観などの要因が複雑に絡みあい、長年の間に形成されてきたものであると感じられた。

【註】

1）今田節子、小川真由美「海藻の食習俗—瀬戸内・北近畿・北陸沿岸地帯にみられる紅藻類の事例より—」、生活文化研究所年報 第2輯、ノートルダム清心女子大学生活文化研究所、1988、pp.3 ～ 43。

2）日本各地の行事食としての紅藻料理
凝固性の高い紅藻類を材料とする料理を仏事や祝事の行事食とする習慣やトコロテンの供物を「仏様の鏡」と呼ぶ習慣は日本各地にみられた。しかし管見した限りではこの習慣をまとめたものは見当たらなかったので、ここに参考資料として掲載する（前掲註1）より。

| No. | 海藻名 | 地域名 | 海藻の使い方 | 行事・いわれ | 出典 |
|---|---|---|---|---|---|
| 1 | テングサ | 北海道<br>道南松前 | てんぐさを煎じて溶かし、漉し、固める。山ぶどうのつるからとったすっぱい汁を加えることもある。醤油・酢醤油で食べる。 | 盆 | 『聞き書き<br>北海道の食事』 |
| 2 | テングサ | 秋田県<br>県央男鹿 | てんぐさを水と酢少々で煮溶かし、木綿袋で漉して型に流しさます。 | 盆 | 『聞き書き<br>秋田の食事』 |
| 3 | テングサ | 秋田県<br>河辺郡豊岩<br>村前郷 | 寒天は石花菜を煮溶かし、皿に入れ凝固させたもの。多く砂糖を入れ羊かん風にしたものを寒天、突き出したものをテンと呼ぶ。 | 盆<br>お供物 | 『旅と伝説』<br>十四巻（第七号） |
| 4 | テングサ | 秋田県<br>仙北郡雲澤<br>村下延 | ベッコウ（寒天のこと、亀甲のように透明故）、突き出さず長く切ったトコロテンを重箱に入れて墓参りをする。 | 盆<br>お供物 | 『旅と伝説』<br>十四巻（第七号） |
| 5 | テングサ | 秋田県<br>雄勝郡西成<br>瀬村菅生 | ナノカビ（七日）の精進料理に突テン（心太）がよく使われる。 | 盆 | 『旅と伝説』<br>十四巻（第七号） |
| 6 | テングサ | 青森県<br>八戸市 | 盆市で必ず「仏様の鏡」と称する心太を購入し精霊に供える。<br>盆市に買いに行くことを「仏様迎え」に行くといった。 | 盆<br>「仏様の鏡」<br>という | 『歳時習俗語彙』 |
| 7 | テングサ | 岩手県<br>三陸海岸 | てんぐさを煮溶かしてわらびの葉を敷いて漉す。仏様用のてんよは「鏡てん」といい、盆棚飾りの最上段に供える皿に水を落として丸いてんよを浮べ、あわ花（おみなえし）を一輪散らして飾る。<br>「鏡てん」を作った残りを、人間さま用にし、砂糖のたっぷり入ったきなこをかける。酢醤油よりごちそうになる。 | 盆<br>「鏡てん」という。<br>これは仏様の顔<br>だという | 『聞き書き<br>岩手の食事』 |
| 8 | テングサ | 新潟県<br>岩船郡 | ところてんを切らずに供える「鏡てん」という。<br>欠くことのできない供物である。 | 盆<br>正月の餅と何か<br>関係があるかも<br>しれない | 『歳時習俗語彙』 |
| 9 | テングサ | 福島県<br>石城海岸 | テングサを水と酢で煮て袋でしぼり流して固め寒天つきでつく。<br>三杯酢で食べる。 | 盆<br>八月十五日の<br>八幡様のお祭り | 『聞き書き<br>福島の食事』 |
| 10 | テングサ | 長野県<br>諏訪盆地 | 寒天を煮溶かして砂糖・こしあんを入れて固めた羊かんと天寄せ、太巻きずしの三種を二個ずつ一皿に盛りつけたものを「三つ盛り」という。<br>天寄せは寒天を煮溶かし砂糖を加えた中に豆腐をしぼったものを入れ、塩または醤油で味をつけたものを固めて作る。<br>天寄せは不祝儀の時はきざらで甘みをつけただけの無地のものとする。 | 祝義・不祝儀<br><br>祝義<br><br>不祝儀 | 『聞き書き<br>長野の食事』 |
| 11 | テングサ | 静岡県伊豆<br>海岸〈雲見〉 | てんぐさは晒してよく煮つめ、布で漉したものを流し固め、一寸角の棒状に切り、酢醤油をつけ、手で持って食べる。 | もの日<br>祭りの日 | 『聞き書き<br>静岡の食事』 |
| 12 | テングサ | 福井県<br>越前海岸 | てんぐさをとろ火でたき、すいのうで漉し、冷やし固める。突き出して酢醤油・和がらしをつけて食べる。 | 盆<br>供物<br>仏様に供える<br>ごちそう | 『聞き書き<br>福井の食事』 |
| 13 | テングサ | 隠岐・<br>山口県萩市・<br>奥羽地方 | 心太を鏡の形に固め供える。「仏様の鏡」という。 | 盆<br>供物<br>仏様の鏡・<br>鏡の代り | 『歳時習俗語彙』 |
| 14 | テングサ | 隠岐島 | 供物として、てん（ところてん）を使う。 | 盆<br>供物<br>仏様の鏡という | 『旅と伝説』<br>十四巻（第七号） |
| 15 | テングサ | 壱岐島 | ところてんは「オカガミ」といって必ず上げねばならぬ。盆中の適当な日に親戚を招き、精進料理の振舞いをする時にところてんを使う。<br>盆ブレメーという。 | 盆<br>供物<br>オカガミという | 『旅と伝説』<br>十五巻（第一号） |
| 16 | テングサ | 沖縄県<br>八重山群島 | 仏前への供物として、海からイーシィ（心太草）を備える。<br>四ツ組の振舞の鱠に寒天を使う。<br>紙焼道具の鱠に寒天を使う。 | 盆 | 『旅と伝説』<br>十四巻（第七号） |

| 17 | エゴノリ | 秋田県男鹿 | 海藻はエゴグサともいう。<br>えごぐさを水につけ一晩ふやかした後、豆乳と食酢で煮溶かす。<br>溶けない時は、すり鉢でする。<br>えごもちはえごぐさをねばりが強くなるように煮つめたもので黒砂糖にきな粉を入れたもので食べる。 | 精進料理の<br>刺身のかわり<br>法事 | 『聞き書き<br>秋田の食事』 |
|---|---|---|---|---|---|
| 18 | エゴノリ | 秋田県<br>雄勝郡西成<br>瀬村菅生 | ナノカビ（七日）の精進料理にエゴがよく使われる。 | 盆<br>精進料理 | 『旅と伝説』<br>十四巻（第七号） |
| 19 | エゴノリ | 山形県<br>北部・中部<br>一帯 | 食品加工されたエゴの状態で入手しているものが多い。 | 盆<br>正月 | 『民族衛生』<br>三十三巻<br>（第六号） |
| 20 | エゴノリ | 福島県<br>会津地方 | ほとんどの地区で原藻を購入して自家製にしている。<br>イゴを食べないと祭りにならないとまでいわれる。 | イゴ祭り | 『郡山女子大学紀要』二十巻 |
| 21 | エゴノリ | 新潟県全域 | 調理加工されすぐ喫食できる形態となって販売されたものを<br>使用することが多い。 | 盆<br>祭<br>正月<br>葬儀 | 『長野県短期<br>大学紀要』<br>二十一巻 |
| 22 | エゴノリ | 新潟県<br>頸城海岸 | 海藻えごぐさ、料理名えごねり<br>えごぐさを水で煮て、とけたら流し固める。短冊切りにし、からし味噌・しょうが醤油・きざみねぎと醤油・砂糖を加えたきなこで食べる。 | 仏事<br>盆祭り<br>晴れの日の<br>ごちそう | 『聞き書き<br>新潟の食事』 |
| 23 | エゴノリ | 新潟県<br>妻有 | 十三日迄に用意する供物に「鏡いご」（いご草を煮て平に木皿に盛った物）がある。また墓参りにいごを五分角に切ったものを供物にする。 | 盆<br>供物 | 『旅と伝説』<br>十四巻（第七号） |
| 24 | エゴノリ | 新潟県<br>南蒲原郡<br>見附町 | 御霊供膳「かがみいご」を上げる。 | 盆<br>供物<br>おしょれ様の<br>大好物 | 『旅と伝説』<br>十四巻（第七号） |
| 25 | エゴノリ | 新潟県<br>佐渡河原田町 | いごねり（佐渡では海藻をいごという）は、寒天と同じような柔味のもので醤油をかけ大根おろし・葱・生姜・芥子・わさび等の薬味をつけて食べる。 | 精進料理 | 『旅と伝説』<br>十七巻（第一号） |
| 26 | エゴノリ | 佐渡 | イゴネリと称し、薄く延ばしたものを切って醤油で煮る。 | 盆 | 『分類食物<br>習俗語彙』 |
| 27 | エゴノリ | 新潟県<br>刈羽郡北条町<br>鷹之巣 | イゴサラシはイゴを寒天のように練って細かく刻み、<br>酢味噌和えにする。 | 盆 | 『分類食物<br>習俗語彙』 |
| 28 | エゴノリ | 新潟・長野・<br>青森県東部<br>奥州の南部領 | イゴを煮溶かした液体を器の中で円い鏡の形にして供える。 | 盆の正式な神仏への供物<br>カガミイゴという | 『分類食物<br>習俗語彙』 |
| 29 | エゴノリ | 長野県<br>南安曇郡地方 | 盆と氏神祭には必ず食う物。 | 盆<br>氏神祭 | 『改訂　総合<br>日本民俗語彙』<br>第一巻 |
| 30 | エゴノリ | 長野県<br>北安曇郡 | イゴという海藻を用いた「鏡イゴ」を供える。 | 盆<br>仏様の鏡 | 『改訂　総合<br>日本民族語彙』<br>第四巻 |
| 31 | エゴノリ | 長野県<br>北西部 | 喫食者の約九割弱の家庭でエゴが調理されている。 | 盆<br>祭<br>正月 | 『長野県短期<br>大学紀要』<br>二十一巻 |
| 32 | エゴノリ | 長野県<br>西山 | エゴを水につけてふやかし、ひたひたの水に入れ煮溶かした後、<br>練り上げる。一口くらいの長方形に切り、たまり・ごま味噌で食べる。<br>余ったものは味噌漬にする。 | 冠婚葬祭<br>行事<br>春祭り<br>八十八夜 | 『聞き書き<br>長野の食事』 |
| 33 | エゴノリ | 長野県<br>信州新町高萩 | 各家でエゴを作り、重箱を一つずつ持寄りえごのできばえを話し合う。 | 八月十七日<br>エゴ祭り | 『聞き書き<br>長野の食事』 |
| 34 | エゴノリ | 福井県<br>若狭湾 | エゴを寒天の中に二割ぐらい入れると、寒天がもろくくずれない。 | がしん（飢饉）<br>年の用心の<br>食いもの | 『聞き書き<br>福井いの食事』 |

| | | | | | |
|---|---|---|---|---|---|
| 35 | エゴノリ | 京都府<br>丹後海岸 | 釜にうごを入れ、水と酢を入れて炊いた後、すり鉢ですり固める。<br>短冊切りにしたものを白和えにしたり、きざみねぎやしょうがで和える。 | 祝事<br>仏事 | 『聞き書き<br>京都の食事』 |
| 36 | イギス | 鳥取県 | イギス料理は因・伯両地方で用いられてきた。 | 晴れの日<br>冠婚葬祭 | 『中国の衣と食』 |
| 37 | イギス | 岡山県<br>瀬戸内沿岸・<br>島しょ部 | 米糠汁で一時間ほど煮る。切れにくい時は酢を入れる。乱切りにしたいげすに芥子酢味噌をかける。二杯酢・三杯酢で食べることもある。 | 仏事<br>仏様のごちそう | 『聞き書き<br>岡山の食事』 |
| 38 | イギス | 福岡県<br>豊前漁村 | うるち米の米糠汁でひたして洗い、二回目の汁で火にかけて練る。<br>時には具も入れる。酢味噌・ごま醤油・しらえで食べる。 | 祝いごと<br>法事 | 『聞き書き<br>福岡の食事』 |
| 39 | イギス | 長崎県<br>島原南部 | 海藻を米糠汁で炊いてそのまま冷やし固める。<br>中に入れる具は、にんじん・きくらげ・しいたけ・魚・落花生・豆腐で、いぎすがよく溶けてきたら煮汁と共に入れ、ねぎを散らし固める。<br>料理名「いぎりす」という。具をいれない白いぎりすは仏事に用いる。 | 祝いごと<br>仏事<br>運動会 | 『聞き書き<br>長崎の食事』 |
| 40 | イギス | 熊本県<br>天草 | この地区ではいぎすを「いぎりす」と呼ぶ。米糠の汁で煮溶かし、にんじんのみじん切りや豆腐・醤油を入れる。<br>ぬたか味噌に砂糖を加えた練り味噌で食べる。 | 仏事の日の<br>ごちそう | 『聞き書き<br>熊本の食事』 |
| 41 | シラモ | 山口県<br>北浦地方 | 盆の礼供膳にしらもの酢物を供える。 | 盆 | 『中国の衣と食』 |
| 42 | シラモ | 岡山県<br>瀬戸内沿岸・<br>島しょ部 | 仏様のごちそうとして白藻ときゅうりの酢の物を供える。 | 盆<br>仏様のごちそう | 『聞き書き<br>岡山の食事』 |
| 43 | オゴ | 九州五島の<br>岐宿 | オゴマツリはオゴの口開けの意ではなかろうか。 | オゴマツリ<br>四月吉日の<br>口開けの日 | 『分類漁村語彙』 |
| 44 | コトジツノマタ | 茨城県<br>鹿島灘沿岸 | 水で煮溶かして固め、適宜の大きさに切る。<br>酢醤油・わさび醤油で食べる。海藻を「かいそうぐさ」という。 | 正月 | 『聞き書き<br>茨城の食事』 |
| 45 | フノリ | 沖縄県<br>北部<br>恩納村字<br>名嘉真 | 具をいためてだし汁を加え調味した中に、水にもどしたフヌイを加え、煮溶かし、流し固める。 | スーコー<br>ウシーミー<br>（清明祭）<br>盆 | 『おばあさんが<br>伝える味』 |
| 46 | イワノリ | 新潟県<br>頸城海岸 | 干した岩ノリを雑煮や少しとろみをつけた汁にのせる。 | 晴れの日 | 『聞き書き<br>新潟の食事』 |
| 47 | イワノリ | 静岡県伊豆<br>海岸〈雲見〉 | 岩ノリをあぶったものを椀に入れ、上から塩・醤油で味付けした汁をそそぐ。 | 祝義<br>祝いごと | 『聞き書き<br>静岡の食事』 |
| 48 | キョウノヒモ | 熊本県<br>天草 | てんぐさと同じような海藻で水で煮溶かしてこし、固める。薄く切り、練り味噌か酢ぬたをつけて食べる。味噌漬もよい。 | 法事 | 『聞き書き<br>熊本の食事』 |

# 付論2 「薬効をもつ食べもの」としての海藻利用

1985年以来、西日本の沿岸地帯を調査地として、海藻の食習慣の特徴とその背景を探ってきた。その結果、利用法が伝承されている海藻の種類は50種類以上にもおよび、昭和初期の伝統的食生活の中では日常・非日常の食材料となるだけでなく、救荒食、保健食、贈答品、換金対象、米や野菜との物々交換、建築用糊や洗濯糊など、その利用範囲は極めて広いものであったことが明らかになった。さらに、この海藻の食習慣の調査研究過程で、海藻を病気の治療や症状の軽減のために利用する事例が少なからず認められた。それらは単に薬としての利用ではなく、食事の一品として利用される場合がほとんどであったのである。しかし、これまでの研究は食材料としての利用を中心に考察を進めてきた。さらに日本人の海藻にまつわる食文化を総合的にとらえていくためには、海藻の薬効に関する事例を文献資料を含め収集する必要性を感じてきた。すなわち、「薬効をもつ食べもの」としての海藻利用を食習慣の一環としてとらえることが可能であるかどうかを検証しておく必要がある。

そこで、聴き取り調査結果と『日本の食生活全集』[1)]を資料として民間に伝承されている海藻の薬効を、また、江戸時代の本草書[2〜5)]を資料として海藻の薬としての効用を明らかにしていくことにした。これまで述べてきた海藻の食習慣の調査結果を補う意味を含め、ここに付論としてその結果を明示しておきたい。

## 第1節 民間伝承にみられる海藻の薬効と利用法

日本人の生活のなかに根ざした海藻の薬効とその具体的な利用法を明確にしていくためには、伝統的食生活が伝承されていた近代、すなわち明治から昭和初期あたりまでの庶民生活における海藻利用の実態を明らかにする必要がある。そして、できるだけ多くの事例から、民間に伝承されている海藻の薬効についての実態を確認し、具体的な薬効と利用法を考察する必要があると考えた。そこで、1985～1998年までの西日本沿岸地帯の聴き取り調査結果[6〜11)]に加えて、『日本の食生活全集』[12)]に記載された事例を資料とした。なぜなら、両者は昭和初期あたりまでの伝統的食生活を、主に主婦を対象に聴き取り調査した結果であり、地域の自然環境、生業、日常食、非日常食など、ほぼ共通した調査条件を満たしているからである。

### 1. 薬効をもつ海藻の種類と薬効の分類

1985～1998年に実施した西日本沿岸地域の聴き取り調査結果と昭和初期における庶民の食生活が記載された『日本の食生活全集』を合わせると、海藻の薬効に関する内容をもつ事例80例を収集することができた。

薬効をもつ海藻の種類は紅藻類12種、褐藻類9種、緑藻類3種、不明1種の25種類で、薬効の事例は紅藻類35例（44%）、褐藻類39例（49%）、緑藻類5例（6%）であり、紅藻類や褐藻類に薬効をもつものが多く、90%以上をしめた（表1）。

これら80事例を使用目的によって分類してみると、高血圧や中風・腹痛など特定の病気に効く

表1 「薬効をもつ食べ物」としての利用がみられた海藻（民間伝承）

| 分　類 | 種　類 | 事　例 | 海　藻　名 |
|---|---|---|---|
| 紅藻類 | 12<br>(48.0%) | 35<br>(43.8%) | イギス・オゴノリ・オニクサ・カイニンソウ・キリンソウ・シラモ・テングサ・トリノアシ・ノリ・フノリ・ムカデノリ・寒天 |
| 褐藻類 | 9<br>(36.0%) | 39<br>(48.8%) | コンブ・ネコンブ・ワカメ・メカブ・ヒジキ・モズク・ギンバサ・ハバノリ・マツモ |
| 緑藻類 | 3<br>(12.0%) | 5<br>(6.2%) | アオノリ・アオサ・ミル |
| 不　明 | 1<br>(4.0%) | 1<br>(1.2%) | ハルモ |
| 総　計 | 25<br>(100%) | 80<br>(100%) | |

表2 「薬効をもつ食べ物」の分類（民間伝承）

| 分　類 | 事例数 |
|---|---|
| A. 特定の病気に効く「医薬的意味をもつ薬効」 | 44<br>(55%) |
| B. 健康保持、美容に効く「保険食」 | 24<br>(31%) |
| C. 精神的意義をもつ「精神的意味をもつ薬効」 | 11<br>(14%) |

表3 医薬的意味をもつ薬効―褐藻類―（民間伝承）

| 海　藻　名 | 効　用 | 使　用　例 | 料　理 | 煎じ汁・その他 |
|---|---|---|---|---|
| コ　ン　ブ | 心臓病 | コンブ・たこ・小豆の煎じ汁（沖縄県） | | ○ |
| | | コンブとシイタケの煮物（岩手県） | ○ | |
| | 高血圧 | コンブ酒（岩手県） | ○ | |
| | 糖尿病 | コンブ・小豆・かぼちゃの煮物（沖縄県） | ○ | |
| | 胃　痛 | コンブと野菜の煮物（広島県） | ○ | |
| | 胸やけ | 〃　（〃） | ○ | |
| | 風邪引き | コンブ・スルメ・橙に熱湯をかけた汁（香川県） | | ○ |
| | 便　秘 | コンブ湯（岩手県） | | ○ |
| ネコンブ | 高血圧 | 湯冷ましに浸した汁（福井県） | | ○ |
| メ　カ　ブ | 高血圧 | とろろ（三重県） | ○ | |
| ヒ　ジ　キ | 中　風 | ヒジキ入り五目ずし（徳島県） | ○ | |
| | 胸やけ | 煮物（岩手県） | ○ | |
| | 痔　病 | ヒジキの煮物（岡山県） | ○ | |
| モ　ズ　ク | 産　後 | 雑炊（沖縄県） | ○ | |
| | 病　人 | 〃　（〃） | ○ | |
| ハバノリ | 中風予防 | 味噌汁（鳥取県） | ○ | |
| ホンダワラ類 | 腹　痛 | 味噌汁（岡山県） | ○ | |
| | 胃腸病 | 〃　（〃） | ○ | |
| | 皮膚病 | 風呂に入れる（福井県） | | ○* |
| マ　ツ　モ | 高血圧 | 酢の物（青森県） | ○ | |

もの（以下「医薬的意味をもつ薬効」とする)、滋養になる・食欲増進・髪を黒くするなど健康保持・美容に効くもの（以下「保健食」とする)、そして、行事との関わりが深く健康祈願や安産を祈るなど精神的意義をもつもの（以下「精神的意味をもつ薬効」とする）に分類された。医薬的意味をもつ薬効は44例で全体の55%をしめ、薬効の中心はある特定の病気や症状の軽減に効果のあるものであった。ついで保健食が24例で約30%、精神的意義のある薬効が11例で14%をしめた（表2)。海藻の薬効は、これらの大まかな分類から「特定の病気に効く、健康保持・美容に効く、精神的意義をもつ」もの全てを含んだものと理解することができた。すなわち、民間の実生活のなかで伝承されてきた海藻の薬効の範囲は、「科学的な根拠はないが長年の経験や知恵によって集積されたもので、伝承性が強く地方性が強い民間医療のなかで薬物的なもの」という民間薬の定義[13]よりさらに幅広いもので、生活を営む上で必要な肉体的健康のみならず精神的健康維持に通じるものであることが明らかになった。

### (1) 医薬的意味をもつ海藻の薬効と利用法

民間に伝承される海藻の薬効のなかでも最も事例数が多かった医薬的意味をもつ薬効とその利用法について、具体的に紹介していくと以下のようになる。

①褐藻類

海藻25種類の内でも医薬的薬効をもつ海藻として利用が多かったものはコンブであった。コンブは心臓病、高血圧、胃痛、胸焼け、便秘、糖尿病、風邪など、実に様々な病気や症状に効果があるとされていた。そして、コンブの根であるネコンブ、メカブ、マツモは高血圧に、ヒジキやババノリは中風など循環器系の病気や症状に効果があり、ヒジキやホンダワラ類は腹痛、胃腸病、胸焼けに効果があるとされていた。すなわち、褐藻類はおもに消化器系や循環器系の病気や症状の軽減に有効であるといえそうである。

これらの利用法は、ほとんどが煮物、酢の物、味噌汁などの料理として食べられるもので、一部にコンブやネコンブのせんじ汁や湯浸けにした汁を飲用するものがあった。また、ホンダワラ類を風呂に入れると外部薬として皮膚病に効くなどの利用法も認められた。しかしながら、粉末状の海藻や煎じ汁を飲む漢方薬的利用はわずかで、食事としての利用が主体であるという特徴が明確であった（表3)。

②紅藻類

紅藻類の薬効は、駆虫薬として、次いで消化器系、循環器系の病気や症状に効くとする事例が多く、特にカイニンソウには虫下しとしての効果が大きいという褐藻類にはみられない薬効が認められた。また、イギス、オゴノリ、シラモ、寒天は、冷え腹、下痢、腹痛、便秘などの消化器系の病気に、イギス、テングサは高血圧に効き目があるとされてきた。そして、事例数は少ないものの、トリノアシは利尿剤に、フノリは胆石、化膿止め、歯痛などにも効果が認められていた（表4)。

紅藻類は加熱溶解し冷却すると凝固する性質をもつが、イギスやテングサ、寒天はこの性質を生かした料理として利用され、シラモやオゴノリは酢の物として利用されるなど、それぞれの海藻の調理性を生かした料理としての利用法であった。しかし、カイニンソウ、テングサ、トリノアシ、フノリなどは、紅藻の成分を水に煮出した煎じ汁が治療に使われていたが、これは食事というより、漢方薬的な利用法とみなされる（表4)。

表4　医薬的意味をもつ薬効—紅藻類・緑藻類—（民間伝承）

| | 海藻名 | 効用 | 使用例 | 料理 | 煎じ汁・その他 |
|---|---|---|---|---|---|
| 紅藻類 | イギス | 冷え腹 | 雑炊（香川県） | ○ | |
| | | 高血圧 | 米糠汁で炊き凝固させたもの（兵庫県） | ○ | |
| | | 下痢 | 〃（〃） | ○ | |
| | オゴノリ | 便秘 | 酢の物（千葉県） | ○ | |
| | カイニンソウ（マクリ） | 虫下し | 煎じ汁（沖縄県・鹿児島県・福井県・大分県・山口県） | | ○ |
| | | | マクリ・かんぞう・だいおうの煎じ汁（岡山県） | | ○ |
| | キリンソウ | 耳の病気 | 汁をぬる（熊本県） | | ○* |
| | シラモ | 下痢・腹痛 | シラモ粥（岡山県） | ○ | |
| | テングサ | 高血圧 | 煮汁（千葉県） | | ○ |
| | | | トコロテン（長崎県） | ○ | |
| | トリノアシ | 利尿剤 | 煮汁（長崎県） | | ○ |
| | フノリ | 歯痛 | 煎じ汁（高知県） | | ○ |
| | | 化膿止め | 〃（〃） | | ○ |
| | | 胆石 | 不明（和歌山県） | | |
| | 寒天 | 便秘 | 凝固させる（岡山県） | ○ | |
| 緑藻類 | アオノリ | 虫さされ | はる（千葉県） | | ○* |
| | アオサ | 下痢・腹痛 | 煎じ汁（鳥取県） | | ○ |
| | ミル | 虫下し | 煎じ汁（鳥取県・山口県） | | ○ |
| 不明 | ハルモ | 虫下し | 不明（山口県） | | |

○*　外部薬

③緑藻類

緑藻類の事例は少ないものの、煎じ汁を飲むことによってミルは虫下し、アオサは下痢・腹痛に効果があるとされており、アオノリは海藻自体を貼ることで虫さされの炎症を治める効果があるとされていた。これらの利用はいずれも料理形態ではないところに特徴が認められた（表4）。

以上のように、褐藻類、紅藻類、緑藻類をあわせてみると、海藻は実に様々な病気の治療や症状の軽減に役立つと考えられていたことがわかる。なかでも、消化器系、循環器系の病気、駆虫薬としての利用が多く、しかも地域差も認められないことから、伝統的生活のなかでは漁村、農山村を問わず一般的に知られていた海藻の薬効とみなすことができる。そして、利用法の多くが、日常の料理形態であったという特徴を明確にすることができたが、このことは、普段の食事のなかに海藻料理を組み込むことで、病気の治療、症状の軽減、さらには病気予防につながる利用法であることを物語っている（表5）。

## (2) 保健食としての海藻の利用法

保健食としての海藻利用は健康保持と美容目的に区分された。ほとんどの事例は健康保持に関わるもので、栄養・滋養食としてのコンブ、血液をきれいにする・濃くするカイニンソウやムカデノリ、土用の薬としてのイギスやミル、胃腸を整えるイギスやテングサ、夏の食欲増進にトコロテン、胎毒を解くカイニンソウなどが主なものであった。そして、美容目的には髪のつや出しにフノリやオニクサが使われている。民間伝承のなかでは摂取禁止の事例は１例だけであったが、産褥期にノリを食べることが禁止されていることも保健食としての知識の一つと考えられよう。

表５　民間伝承にみられる海藻が薬効をもつ病気

| 病気の分類 | 事例 | 病　気 |
|---|---|---|
| 消化器系の病気 | 13 | 胃痛、胸焼け、腹痛、胃腸病、冷え腹、便秘、下痢、痔病 |
| 循環器系の病気 | 11 | 心臓病、高血圧、中風 |
| 内分泌・代謝異常 | 1 | 糖尿病 |
| 腎臓の病気 | 1 | 利尿剤 |
| 胆のう・胆管の病気 | 1 | 胆石 |
| 寄生虫による病気 | 8 | 虫下し |
| その他 | 8 | 風邪、産後、皮膚病、耳病、歯痛、化膿止め、虫刺され |

これらの保健食としての利用法も、ほとんどが料理としてであった。そして、農繁期に滋養食としてコンブ料理を、妊娠中に体によいとしてワカメの酢の物を、暑さのために食欲減退を招く夏には冷たいトコロテンやイギス料理をというように、体調や季節を考慮した利用はまさしく食事の一品としての利用であり、食習慣のなかに位置づけられるものである。そして、美容目的の髪のつや出しは食べ物としての利用法ではなく、紅藻類の粘性をもつ煮汁が毛髪表面を保護するという科学的な性質を利用したものといえよう（表6）。

### (3) 精神的効用をもつ海藻の利用法

精神的効用を持つ海藻利用は、行事食の一環としての利用とみなすことができる。出産、節句など産育儀礼のなかで安産や子供の成長祈願、万病予防を行うための供物や祝い膳に使われるコンブやワカメなどが中心であった。また、年越しやお松納めなどの正月関連行事でのコンブの利用にも、健康祈願、万病予防の願いが込められていた（表7）。これらは、行事自体に健康祈願、万病予防、子供の成長祈願の意味があったものであり、そこで使われる海藻類は縁起物としての料理であったとみなす方が妥当であろう。しかし、前述したように海藻類には医薬的薬効や保健食としての効用が認められたことから、行事食の中で健康祈願や万病予防などの精神的効用を持たせた習慣が成立していったものと考えられる。

## 2.「薬の効能をもつ食べ物」としての海藻利用の特徴

庶民の伝統的生活のなかに伝承されてきた海藻の薬効の特徴としてまずあげられることは、医薬的意味・保健食としての意味、そして行事食のなかの精神的効用をもつもの全てが海藻の薬効として理解できるということである。そして、それらの利用法は、ほとんどが煮物や汁物、酢の物、和え物、寄せものなどの料理としての利用であるという大きな特徴を明らかにすることができた。日常食や行事食として海藻を利用すること自体が、病気の治療や予防に、また健康管理に直接つながるという合理的な利用法である。

伝統的生活の中の海藻の食習慣と海藻の薬効的利用法が酷似していたということは、次のようなことを示している。生業の一環として、自給のため、または楽しみの一つとしてなど、海藻採取は生活環境や生業形態によって差はあるものの、海藻の性質を知る機会である。住民達は長年の海と

表6　保険食としての海藻利用　(民間伝承)

| | 海藻名 | 効用 | 使用例 | 形態 | 目的 | 使用時 |
|---|---|---|---|---|---|---|
| 褐藻類 | コンブ | 命の薬 | コンブ入り肉汁(沖縄県) | ○ | ◎ | 初折目 |
| | | 栄養 | コンブ·塩漬豚肉·大根·にんにくの葉入り肉汁(沖縄県) | ○ | ◎ | 日常 |
| | | 滋養食 | けんちん汁(埼玉県) | ○ | ◎ | 日常 |
| | | | コンブとかぼちゃの煮物(群馬県) | ○ | ◎ | 農繁期 |
| | | 体力をつける | コンブ·大根·人参·パパイヤ入り鶏汁(沖縄県) | ○ | ◎ | 妊娠中 |
| | | 病弱に良い | 佃煮(東京都) | ○ | ◎ | 日常 |
| | | 胎児の髪を黒くする | 不明(食べる)(奈良県) | ○ | ◎ | 妊娠中 |
| | ワカメ | 体に良い | 酢の物(東京都) | ○ | ◎ | 妊娠中 |
| | | 胎児の髪を黒くする | 不明(食べる) | ○ | ◎ | 妊娠中 |
| 紅藻類 | イギス(アミクサ) | 夏ばてに良い | 米糠汁で溶解・凝固させたもの(兵庫県) | ○ | ◎ | 日常 |
| | | 腹の掃除 | 〃　(〃) | ○ | ◎ | 日常 |
| | オゴノリ | 髪のつや出し | 煮汁で洗髪(福岡県) | ▲ | △ | 日常 |
| | カイニンソウ(マクリ) | 血をきれいにする | 肉と味噌汁(沖縄県) | ○ | ◎ | 日常 |
| | | 体毒を解く | 熱湯をかけた汁(鹿児島県) | ● | ◎ | 日常 |
| | テングサ(マクサ) | 胃腸を整える | 夏にトコロテン(兵庫県) | ○ | ◎ | 日常 |
| | | 食欲不振 | 夏にトコロテン(岡山県) | ○ | ◎ | 日常 |
| | | 食欲増進 | 夏にトコロテン(高知県) | ○ | ◎ | 日常 |
| | ノリ | 摂取禁上 | 産褥期に害(千葉県) | | ◎ | |
| | フノリ | 髪のつや出し | 煮汁で洗髪(山口県·鹿児島県·岡山県) | ▲ | △ | 日常 |
| | | | 味噌汁(岩手県) | ○ | △ | 日常 |
| | ロッカク(オニクサ) | 髪のつや出し | 煮汁で洗髪(宮崎県) | ▲ | △ | 日常 |
| | ムカデノリ | 血を濃くする | 不明(食す)(富山県) | ○ | ◎ | 日常 |
| 緑藻 | ミル | 土用の薬 | 酢の物(山口県) | ○ | ◎ | 日常 |

形態：○料理、▲煮汁、●その他　　目的：◎健康保持、△美容

の関わりのなかで、経験を通して海藻の性質をしり、海藻料理を工夫してきた訳である。海藻の薬効的利用法も、採取、加工保存、調理という一連の食習慣の形成のなかで効用を知り、薬効目的で使用されるようになったものと考えられる。そして、人々の交流や海藻の流通を通して、それらの知識は普及していったものとみなすことができよう。

これらの特徴は.これまでに明らかにしてきた藻体自身を食材とする日本独自の海藻の食習慣のなかに、さらに海藻の薬効という側面が新たに加わったことを示すものである。すなわち、民間に伝承されてきた海藻の薬効的利用は、まさしく「薬の効能をもつ食べ物」としての海藻利用であり、食習慣の一環としてとらえることができるものであった。

表7　精神的意味をもつ海藻の薬効（民間伝承）

| | 海藻名 | 効　　用 | 使　用　例 | 形態 | 行　事 |
|---|---|---|---|---|---|
| 褐藻類 | コンブ | 健康祈願 | コンブ汁（沖縄県） | ○ | 年越し |
| | | | コブ巻（沖縄県） | ○ | 毎日の祝い |
| | | 疫病退散 | 供物（福岡県） | △ | 七瀬の祭り |
| | | 万病予防 | コンブ入り七草粥（山梨県） | ○ | お松納め |
| | | 子供の成長祈願 | 七種の煮物（コンブ・かんぴょう・筍・はす・椎茸・人参・鯛）（千葉県） | ○ | 初節句 |
| | | 子授け・安産 | 糸コンブ入り混ぜご飯（千葉県） | ○ | 子安講 |
| | ワカメ | 万病予防 | なます（ワカメ・きゅうり・アジ）（宮崎県） | ○ | 薬師祭り |
| | | | 酢の物（新ワカメ）（熊本県） | ○ | 桃の節句 |
| | メカブ | 万病予防 | メカブのとろろ（宮崎県） | ○ | 桃の節句 |
| | ヒジキ | 疫病予防 | 煮物（埼玉県） | ○ | 6月1日 |
| 紅藻 | ノリ | 無病息災 | 巻きずし（奈良県） | ○ | 伊勢講 |

形態：○料理、△供物

# 第2節　本草書にみられる海藻の薬効と利用法

民間に伝承されてきた「薬効をもつ食べ物」としての海藻利用は、その利用法が食習慣の一環としてとらえることができるものであった。しかし、それらは聴き取り調査によって明らかにされた明治後期から昭和初期あたりの伝統的食生活のなかの習慣であった。海藻の食習慣が長い年月をかけて形成され、変容を繰り返してきたものであることを考えると、限られた時代の、限られた事例から海藻の薬効的利用が伝統的食習慣の一環であると断定するには早計であると感じられた。もう少し時代を遡り検討しておく必要がある。

そこで、江戸時代に多種類刊行された本草書を資料に、明治時代以前の海藻の薬効とその使い方について検討していくことにした。そして、民間に伝承された海藻の薬効とその使い方を比較検討することによって、薬効をもつ食べ物としての海藻利用が伝統的な食習慣のなかに位置づけられるものであるか否かを明確にし、その変容を探っていくことにした。

なお、本草とは「薬用のもとになる草」をいい、本草学の書物を「本草書」という。そして本草学とは中国の薬物学で、薬用とする植物、動物、鉱物につき、その形態、産地、効能などを研究するもの。薬用に用いるのは植物が中心で、本草という名称も、草を本とすということに由来するとある[14]。

## 1. 海藻の種類と薬効の分類

本草書は、中国の本草の影響を強く受けるものであるが、できる限り我が国の食品、習慣などを考慮して著されたものを資料として選んだ（表8）[15～18]。資料とした4種類の本草書は、江戸時代初期から末期にかけて著されたもので、中国と日本の食生活の違いを考慮し、日用の食品を中心に薬効とその使い方を具体的に述べ、しかも分かり難い所は古老や俗間に聞くなど、日本の本草としての特徴をもつ資料である。

これらの本草書に記された海藻は26種類で（表9）、コンブ、ワカメ、アラメ、モズク、ヒジキなどの褐藻類7種（27%）、ノリ類、トサカノリ、オゴノリ、テングサ、ツノマタなどの紅藻類14種（54%）、アオノリ、ミルなどの緑藻類3種類（4%）であった。そして、淡水ノリであるスイゼンジノリも含まれていた。

表8　資料とした本草書

| 書　名 | 著者・編者 | 刊行年 | 特　　徴 |
|---|---|---|---|
| 日用食性 | 曲直瀬玄朔 編 | 寛永10年（1633） | 日用食品の食性と能毒 |
| 閲甫食物本草 | 名古屋玄医 著 | 寛文11年（1671） | 漢人と邦人では食生活が異なるとし、日常食品290種を解説 |
| 庖厨備用倭名本草 | 向井元升 著 | 貞享元年（1684） | 食品400種の倭名、形状、食性、能毒「不明なものは、山老漁翁、俗間に聞き」 |
| 食用簡便 | 蘆　桂州 編 | 貞享4年（1864） | 日用食品の食性、能毒<br>簡単な料理法と宜禁 |

表9　本草書に記載された海藻の種類

| 分　類 | 種　類 | 海　　藻　　名 |
|---|---|---|
| 褐藻類 | 7（27%） | コンブ、ワカメ、アラメ、カダメ、ホンダワラ、モズク、ヒジキ |
| 紅藻類 | 14（54%） | カダノリ、アマノリ、アサクサノリ、カサイノリ、トサカノリ、オゴノリ、ロッカクノリ、コブノリ、シラモ、ウミソウメン、ツノマタ、テングサ、トコロテン、カンテン |
| 緑藻類 | 3（11%） | アオノリ、ショクリ、ミル |
| 藍藻類 | 1（4%） | スイゼンジノリ |
| 不　明 | 1（5%） | コモ |
| 合　計 | 26（100%） | |

海藻の薬効は4種の本草書をあわせて340例紹介されていた。これらの事例を第1節で述べた民間伝承にみられた薬効の分類にしたがって区分してみると、病気の治療や症状の軽減に効くいわゆる医薬的意味をもつ薬効が大半で258例、76%をしめた。これに対し、健康維持や美容に効果のある保健食はわずかに10例で3%、さらに、万病予防などの精神的意味をもつものは全く認められなかった。また、民間伝承ではまれであった、食べると害になる摂食禁止、多食禁止が72例で21%もみられた（表10）。このように、薬効の大部分が医薬的意味をもつ薬効であり、しかも摂食禁止、多食禁止も薬効の一部に含まれていたことが、本草書の大きな特徴といえる。

表10　本草書にみられる海藻の薬効の分類

| 薬　　効 | | 害となるもの | |
|---|---|---|---|
| 病気の治療<br>症状の軽減 | 保 健 食 | 摂取禁止 | 多食禁止 |
| 258例（76%） | 10（3%） | 33（10%） | 39（11%） |
| 268（79%） | | 72（21%） | |

## 2. 海藻の薬効の特徴

表11～13に代表的な海藻の薬効を示した。まず、海藻の医薬的薬効は、海藻の物理的作用を利用したものと、海藻成分を利用したものの両方が認められ、それぞれに効果、逆効果の両方が含まれていた。海藻の物理的作用を生かした薬効とは、海藻の冷たい性質や滑らかさを生かしたものである。例えば、水に戻したコンブを湿布のようにのどに貼ることで腫れや炎症を治め、冷たく滑らかなモズクは喉越しもよく、腫れを抑える効果があった。また、ミルを貼ることで虫刺されの炎症を抑える効果も認められていた（表11、12）。

一方、海藻の冷たい性質はマイナス効果をもつものとしても認識されていた。例えば、テングサは妊婦や胃腸の弱い人は食べてはならないとされており、これは体を冷やすトコロテンを食べることを禁止した内容である。また、ツノマタには腰や腎臓の血行が悪くなり、脚を冷やし、顔色が衰えるという作用もみられた（表12）。これらはみな、海藻が冷たい性質を持つが故に、体を冷やしてしまうことからおこる症状であるといえよう。

海藻成分が病気や症状の軽減に有効であったと考えられる事例も多くみられた。例えば、コンブやワカメ、シラモなどは利尿剤に、ヒジキは瘤、結核、腫瘍に、ノリは心臓病や脚気に効くなど多くの事例が認められた（表11、12）。成分的な利用においても害をおよぼす作用が認識されており、コンブやモズク、ノリなどは多食してはならないとされているが、これは海藻には繊維が多く消化が悪いため胃腸をこわすためと考えられる。これらの利用は、日常の食材としての利用過程で経験的に体得した薬効の可能性が高い。

表11 本草書にみられる褐藻類の薬効

| 海 藻 | 効 用 |
|---|---|
| コンブ | 十二種の水腫を治し、のどのコブや腫れ物を治す<br>吐血、下血、黄疸、脚気を治める<br>利尿作用<br>コンブを生で多食してはいけない<br>久しく食すと痩せる<br>内臓を穏やかに保つ<br>皮膚に潤いを与える<br>脾胃虚冷の人は食すべからず |
| ワカメ | あつものとして飯と食べると、産後の悪血を下す婦人病に効く<br>脚気、頭痛、喀痰を治す<br>胸膜、隔膜の炎症をおさえる<br>利尿作用<br>便通を良くする<br>気持ちを落ち着かせる<br>食欲不振、婦人病、産後は摂食を禁止 |
| ヒジキ | コブ、結核、腫瘍に効く<br>解毒作用<br>多食すれば冷病、腎臓病、腰痛、脚気を病む |
| モズク | コブの固まりを消す<br>長患いを治す<br>利尿作用<br>気持ち悪さを解消する<br>多食すると脾臓を傷つける<br>気持ちを落ち着かせる<br>生モズクは病人、小児、虚冷の者は摂食を禁止 |

次に、保健食としての海藻利用はわずかなものであった。コンブには内臓を穏やかに保つ効果や皮膚に潤いを与える効果があり（表11）、アオノリには胃の働きを活発にする作用があるとされている（表13）。これらはコンブやアオノリに含まれる何らかの成分が体調を整える役割をもったものと思われる。また、ワカメやモズク、ノリ、シラモなどには気持ちを落ち着かせるという記載がみられた。明確に理解できなかったが、これも体調を整える効果につながるものかもしれない。

以上のように、本草書に示された海藻の薬効は医薬的意味をもつ薬効がほとんどであったが、本草書が一種の医学書的な性格をもつものであることを考えると当然のことかもしれない。記載された症状から海藻が効果をもつとされていた病気を分類してみると、消化器系、循環器系、腎臓・泌尿器系、感染症、呼吸器系、その他、諸々の病気があげられる。なかでも割合の多いものとしては消化不良、便秘、下痢、胃もたれ、腹痛などの消化器系の病気が一番多く、ついで、皮膚炎などの感染症、浮腫や水腫、利用作用などの腎臓・泌尿器系の病気、そして、悪性のできものや瘤に効くという事例が多かったのは興味深い（表14）。江戸時代はまだまだ西洋医学に基づく治療法が未発達な時代である。したがって、人々は自然から得られる動植物の性質を生かし、症状の緩和を求めたものと考えられる。

## 3. 海藻の利用法

利用方法まで詳細に解説した本草書は決して多いとはいえない。本調査研究で資料とした『食

表12　本草書にみられる紅藻類の薬効

| 海　藻 | 効　　用 |
| --- | --- |
| ノ　リ | 熱をもって喉がふさがり、食べにくい時、煮汁を用いる<br>コブ、脚気に効く<br>心臓の痛みを治す<br>解熱作用<br>気の滞りに効く<br>多食すると腹痛がする<br>気持ちを落ち着かせる<br>多食すれば腹痛、白沫を吐く<br>（熱した酢を少し飲むことで解熱）<br>痰咳、水腫には摂食禁止 |
| テングサ | 腹の弱い人は食べてはならない<br>妊婦は多食してはいけない |
| トコロテン | 下痢、尿道炎、目まいを治す<br>解熱作用<br>胸膜の炎症をおさえる<br>便通を良くする<br>暑気当たりを治す<br>腹部を冷やし、腹痛をおこす |
| シ ラ モ | 喉のコブによる熱を下げる<br>悪性のできものに効く<br>利尿作用<br>胃もたれ、腹部の激痛に効く<br>浮腫を治す<br>血液の循環を良くする<br>気持ちを落ち着かせる |

表13　本草書にみられる緑藻類の薬効

| 海　藻 | 効　　用 |
| --- | --- |
| ア オ サ | 水を下し利尿剤<br>胸や下腹の病による気分の悪さを解消する<br>糖尿病を治す |
| アオノリ | コブに効く<br>痔を治す<br>虫下しに効く<br>下痢、嘔吐を止める<br>胸痛や腹痛を治める<br>胸、腹部の冷えを治す<br>胆石諸毒を下す<br>はやり病を治す<br>心臓病に良い<br>消渇を治す<br>化膿性伝染病に塗ると効き目あり<br>目の病を治す<br>体を温める<br>穀類を消化する<br>胃の働きを活発にする |
| ミ　ル | 虫刺されによる腫れを治す<br>不良消化、下痢を治す<br>嘔吐、下血に効く<br>痔漏に効く<br>脚気、風邪、皮膚病を治す<br>目の病気に効く |

用簡便』[19] には医薬的薬効と共にその使用法が詳しく示されていた。褐藻類ではコンブ、アラメ、ヒジキなどは醤油味の煮物に、ワカメは味噌汁に、また、ワカメやモズク、ヒジキは和え物や酢の物にされている。また、ノリ類は味噌汁や醤油味の煮物に、アオノリは煎って振りかけに、そして、テングサ類は煮て漉しトコロテンにされている。すなわち、使い方の多くは、煮る、和える、浸す、汁物、寄せるなどの加熱調理法が多く、料理としての食べ方が主体であった（表15）。

民間伝承にみられた海藻の薬効的利用法よりも、海藻を煎じる、貼って湿布とするなどの漢方的な使用法が多いように感じられたが、主体となる方法ではなかった。すなわち、本草書に示された薬効を目的に海藻が使用される場合でも、「薬の効能をもつ食べ物」としての利用であり、日本の食習慣である海藻料理の一部として利用されていたと理解できるものであった。

さらに、いずれの海藻も煮物·汁物とするものが6割近くをしめ、消化器系、循環器系、内分泌·代謝異常、腎臓・泌尿器系、感染症、呼吸器系、そして、寄生虫による病気など、あらゆる病気や症状に煮物や汁物にした海藻が有効であったことがわかる。一方、和え物や浸し物、寄せ物類は気持ちを落ち着かせたり、隔膜の炎症を押さえたりする効果があるとされていた（表16）。

これらの使用法は特定の病気の治療や症状の軽減に適した方法というより海藻の性質にあった料理法であり、それが病気の治療にも利用されてきたと理解されるものであった。

以上の内容から本草書に示された薬の効能を期待した海藻利用も、薬としての利用ではなく、食べ物としての利用が主体であるということが明確になった。このことは江戸時代においても、民間に伝承されている習慣と同様に、海藻を日常の食事のなかで食材料として料理に利用することで、海藻に薬としての効用を期待できたといえるものであった。すなわち、日常食として、また、行事食として使われてきた海藻料理は、無意識下で薬効の役割を果たし、健康管理につながっていたといえるのである。薬を購入して病気の治療ができたのは一部の階層であり、庶民階層の多くは身近にある動植物にその効果を期待する時代であったことを考えると、海藻の食習慣は庶民にとって極めて有効で合理的なものであったといえる。

表14　本草書にみられる海藻の薬効の分類

| 病気分類 | 割合(%) | 病気・症状 |
|---|---|---|
| 消化器系 | 20 | 消化不良　便秘　下痢　痔　胃もたれ<br>吐血　下血　腹痛　内臓を穏やかに保つ |
| 循環器系 | 7 | 心臓の痛み　血の循環　中風 |
| 内分泌代謝異常 | 7 | 脚気　糖尿病　皮膚に潤い |
| 腎臓泌尿器系 | 11 | 利尿作用　水腫　腹水　浮腫尿道炎 |
| 感染症 | 13 | 下痢　リンパ節炎　風邪<br>伝染性皮膚炎　尿道炎 |
| 呼吸器系 | 2 | 喘息　咳　痰 |
| その他 | 40 | 悪性のできもの　首の瘤　こぶ　黄疸<br>下疸　解熱作用　頭痛　嘔吐　目まい<br>二日酔　しゃっくり　目の病気　胸膜･腹膜の炎症<br>婦人病　頭部の皮膚病　暑さあたり　出産　安産<br>陰部の腫れ　気持ちを落ち着かせる　虫下し |

____近世、近代に共通する（全体の16%）

# むすび

昭和初期あたりまでの民間伝承と江戸時代の本草書という異なった時代の、異なった資料を調査対象として、海藻の薬効について研究を進めてきた。両時代の海藻の薬効について共通した特徴は、主に海藻料理が病気の治療や症状の軽減に使われていたということである。すなわち、海藻の薬としての効能は「薬効をもつ食べ物」としての食習慣の一環であり、少なくとも江戸時代初期から伝承されてきた伝統的な食習慣であるとみなすことができよう。

本調査で明らかになった「薬効をもつ食べ物」としての海藻利用も、日常食や行事食における海藻利用と同様に、日頃の海との関わりのなかで、また、食事に海藻を取り入れていくなかで経験によって海藻の性質を知り、薬効としての利用に結びついていったものと考えられる。時代の違い、資料の性質の違いなどから本草書と民間に伝承されてきた海藻の薬効は比較しにくいものであると考えられるが、海藻の使い方など類似性が高いことからも、本草の知識が長年の間に民間に広まり、海藻の食習慣と合体したものが「薬効をもつ食べ物」としての習慣に発達した可能性が高い。

現在では衰退しつつあるかにみえる海藻の食習慣であるが、近年では海藻は整腸作用、抗圧作用、抗腫瘍作用をもつ食べ物としてその価値が再評価され、医学・薬学の分野からも研究が進められている。経験的知識によって伝承されてきた「薬効をもつ食べ物」としての食習慣が、科学的にも有効であることが裏付けられる日も遠くないはずである。今一度、先人達の知恵の結集であり、日本の代表的な食生活文化である海藻の食習慣を再評価し、今後の有効利用を考えていく必要があるように思われる。

＊図版出典：今田節子 1999b より

表15 『食用簡便』にみられる海藻の利用法

| | 海藻 | | 利用法 |
|---|---|---|---|
| 褐藻類 | コンブ | 煮<br>生<br>汁<br>揚 | 乾燥コンブを温湯で茹で、細かく刻み、薄く醤油味<br>乾燥コンブを水で戻し、ゴミや塩を取り去る<br>乾燥コンブを茹で、細かく刻み、醤油を加え煮る<br>熱した油でコンブを煎り付ける |
| | ワカメ | 煮<br>和 | 乾燥ワカメを洗い、味噌汁の具<br>乾燥ワカメを細かく刻み、酒と和える |
| | アラメ | 煮<br>和 | 乾燥アラメを温湯で茹で、細かく刻み、醤油味<br>温湯で茹で刻み、胡麻味噌で和える |
| | カジメ | 煮<br>和 | カジメを洗い、味噌汁の具<br>カジメを細かく刻み、酒と和える |
| | ホンダワラ | 煮<br>煮 | 乾燥ホンダワラを蒸し塩気を取り、味噌汁の具<br>正月のホンダワラは湯通しし、やわらかくし、醤油で味付け |
| | モズク | 煮<br>和 | 洗って塵を取り、味噌汁<br>生姜酢に塩を入れ、浸す |
| | ヒジキ | 煮<br>和 | 茹でて乾燥したヒジキを醤油、または味噌で煮る<br>茹でて乾燥したヒジキを湯に浸し、柔らかくして胡麻味噌で和える |
| 紅藻類 | カダノリ | 煮 | よく洗い味噌汁の具 |
| | アマノリ | 煮 | 醤油または味噌を加え煮る |
| | トコロテン | 寄 | 乾燥マクサ、オニクサを叩きほこりや砂を取り、水で煮て、<br>溶けると布で漉し、盆に流し、冷やし固める |
| | カンテン | 寄 | 刺身としていり酒に浸ける |
| 緑藻 | アオノリ | 粉 | 炙って粉にして、魚や野菜にかける |

表16 『食用簡便』にみられる海藻の薬効—利用法別—

| 病気分類 | 煮・汁 | | | | | | | | 炙・粉 | 生 | | 浸・和 | | | | 寄 | | 揚 | 事例数 |
|---|---|---|---|---|---|---|---|---|---|---|---|---|---|---|---|---|---|---|---|
| | コンブ | ワカメ | アラメ | カジメ | ホンダワラ | ヒジキ | カダノリ | アマノリ | アオノリ | コンブ | モズク | ワカメ | カジメ | アラメ | ヒジキ | カンテン | トコロテン | コンブ | |
| 消化器系 | ● | | | | ● | | ● | | ● | | | | | | ● | | ● | ● | 18 |
| 循環器系 | | | ● | | | | ● | ● | | | | | | | | | | | 4 |
| 内分泌代謝異常 | ● | ● | | ● | | | | ● | ● | ● | | | | | | | | ● | 9 |
| 腎臓泌尿器系 | ● | | ● | | ● | | | | ● | | ● | | | | | | | | 9 |
| 感染症 | ● | ● | ● | ● | ● | | ● | ● | ● | | ● | | | | | | | | 16 |
| 呼吸器系 | | ● | | ● | ● | | | | ● | | | | | | | ● | | | 5 |
| その他 | ● | ● | ● | ● | ● | ● | ● | ● | ● | ● | ● | ● | ● | ● | ● | ● | ● | | 36 |
| | 56(58%) | | | | | | | | 21(22%) | 6(6%) | | 7(7%) | | | | 5(5%) | | 2(2%) | 97 |

**【註】**

1）日本の食生活全集編集委員会編『日本の食生活全集』全48巻、農山漁村文化協会、1984～1992。
2）曲直瀬玄朔編「日用食性」(1633年成立)、吉井始子編『食物本草集成』第1巻、臨川書店、1980、pp.434～438。
3）名古屋玄医著「閲甫食物本草」(1671年成立)、吉井始子編『食物本草集成』第4巻、臨川書店、1980、pp.291～538。
4）向井元升著「庖厨備用倭名本草」(1684年成立)、吉井始子編『食物本草集成』第7巻、臨川書店、1980、pp.278～294。
5）盧桂州編「食用簡便」(1687年序)、吉井始子編『食物本草集成』第6巻、臨川書店、1980、pp.332～488。
6）今田節子、小川真由美「海藻の食習俗─瀬戸内・北近畿・北陸沿岸地域にみられる紅藻類の事例より─」、生活文化研究所年報 第2輯、ノートルダム清心女子大学生活文化研究所、1988、pp.3～43。
7）今田節子「瀬戸内沿岸地帯にみられる海藻の食習慣とその背景」、日本家政学会誌 43 (9)、1992、pp.915～924。
8）今田節子「海藻の食文化に関する研究─西日本の太平洋沿岸地域にみられる紅藻類の食習慣とその歴史的背景─」、食生活文化に関する研究助成（平成2年度）研究紀要 6、アサヒビール生活文化研究振興財団、1993、pp.85～97。
9）今田節子「山陰沿岸地帯にみられる海藻の食習慣とその背景」、日本家政学会誌 45 (7)、1994、pp.621～632。
10）今田節子「北近畿沿岸地帯にみられる海藻の食習慣とその背景」、日本家政学会誌 46 (11)、1995、pp.1069～1080。
11）今田節子・藤田真理子「海藻の食習慣に関する研究─漁村・農村における海藻の食習慣の相違点と共通性─」、ノートルダム清心女子大学紀要 生活経営学・児童学・食品栄養学編 23 (1)、1999、pp.70～80。
12）前掲註1)。
13）大塚民俗学会編『日本民俗事典』、弘文堂、1989、p.701。
14）日本国語大辞典第二版編集委員会・小学館国語辞典編集部編『日本国語大辞典』第二版、第12巻、小学館、2003、p.251。
15）前掲註2)。
16）前掲註3)。
17）前掲註4)。
18）前掲註5)。
19）前掲註5)。

# 付論3　文献資料にみる近世以前の海藻に関する知識と利用

海藻の歴史についての研究は多いとはいえず、宮下章著『海藻』[1]に記載された海藻の歴史は貴重な資料である。しかし、民間に伝承されてきた海藻の食習慣との関わりについては詳しいとはいえないように思われる。そこで、海岸地域という限られた地域で採取される海藻がどのように認識され利用されてきたか、民間の農山漁村に共通する海藻の食習慣形成にいかにかかわってきたかなど、伝統的海藻の食文化形成の一要因という視点から、近世以前の海藻に関する歴史を探っていくことにした。

古代から近世にかけての資料を記載した『古事類苑植物部』[2]、『奈良朝食生活の研究』[3]、『食物本草本大成』[4]などから、海藻に関する資料85種[5〜40]を収集した（表1、2)。これらの資料に基づき古代から近世までの海藻の種類、海藻に関する知識や利用目的を理解し、これまでに明らかにしてきた昭和初期の海藻の食習慣と比較検討することで、海藻の歴史との関わりを検討した。

## 第1節　海藻の種類

古代から近世の約1000年の間に著された資料85種には、紅藻類13種、褐藻類8種、緑藻類2種、川ノリ1種の計24種の海藻が記載されていた（表1、2)。記載頻度から知名度や利用頻度を推測してみると、ノリ、テングサ、コンブ、ワカメ、ホンダワラ、アオノリは、古代から近世を通して記載頻度が高い海藻で、古くから広く知られた海藻であったと推測される。また、ヒジキやモズク、シラモ、川ノリは古代から近世にかけて記載頻度が明らかに増加しており、時代の推移と共に価値が認められ、利用が増加してきたものといえよう。海藻の分類からみると、紅藻類は8種類から13種類へと時代と共に種類が増大しているのに対し、褐藻類、緑藻類は古代から近世までほぼ同じ種類であった。日本近海に自生している海藻の種類は紅藻類約600種、褐藻類約230種、緑藻類約200種と[41]、圧倒的に紅藻類の種類が多い。しかも紅藻類は形態が類似したものが多く、種類の分類が困難である。柳田国男は紅藻類のイギスとエゴノリについて「両者は科を同じくし種をことにしているが、以前はこの区別を立てず、二者同じものの地方名の変化だったかと思う。言葉は一つのものから次第に分化してきたようである」と述べている[42]。したがって古代には酷似した紅藻類は区別なく利用されてきたが、海藻類の利用が増加するにつれ各紅藻類の違いが明確となり、記載される紅藻類の種類の増加につながったものと考えられる。

近世以前に記載された海藻24種類を昭和初期の海藻の種類と比較してみると、興味深い結果を得た（表3)。伝統的食生活のなかで日本全国で利用がみられたコンブ、ワカメ、アラメ、ヒジキ、ノリ、テングサ、アオノリは、ヒジキを除き古代から記載頻度の高いものばかりであり、ヒジキも近世になって記載頻度が大幅に増えた海藻であった。すなわち、昭和初期の民間の食生活のなかで、採取地である漁村地域のみならず農山村地域に共通した食習慣が認められた海藻類[43]は、古代から知名度が高く、比較的利用頻度が高かったものと推測される。

表1　古代・中世の資料に記載された海藻

| 海藻名／文献名 | 紅藻類（13種類） | | | | | | | | | | | | | 褐藻類（8種類） | | | | | | | | 緑藻類（2種類） | | その他（1種類） |
|---|---|---|---|---|---|---|---|---|---|---|---|---|---|---|---|---|---|---|---|---|---|---|---|---|
| | ノリ | トサカノリ | オゴノリ | テングサ | イギス | オキュウト | ツノマタ | フノリ | シラモ | マクリ | ウミゾウメン | トリノアシ | ナゴヤ | コンブ | ワカメ | アラメ | カジメ | ホンダワラ | ヒジキ | モズク | マツモ | ミル | アオノリ | 川ノリ |
| 日本書紀（720） | | | | | | | | | | | | | | | | | | ○ | | | | | | |
| 出雲風土記（733） | ○ | | | ○ | | | | | | | | | | | | | | | | | | ○ | | |
| 万葉集（759以後） | | | | | | | | | | | | | | | ○ | | | ○ | | | | ○ | | |
| 續修東大寺正倉院文書（8C） | ○ | | | ○ | | | | ○ | | | | | | | | | ○ | | | | | | | |
| 續日本紀（791） | | | | | | | | | | | | | | ○ | | | | | | | | | | |
| 令義解（833） | ○ | | | ○ | | | | | | | | | | | ○ | ○ | ○ | | | | | ○ | | |
| 新撰字鏡（900） | ○ | | | | | | | | | | | | | | | | | | | | | | | |
| 本草和名（918） | ○ | | | | | | ○ | | | | | | | ○ | | | | | | | | | ○ | |
| 延喜式民部（927） | ○ | ○ | ○ | ○ | | | ○ | | | | | | | ○ | ○ | | | ○ | | | | ○ | ○ | |
| 主計 | ○ | | ○ | ○ | ○ | | ○ | | | | | | | | ○ | ○ | | | | | | ○ | | |
| 大膳 | ○ | ○ | ○ | ○ | | | ○ | | | | | | | ○ | ○ | ○ | | ○ | | | | ○ | | |
| 内膳 | ○ | | ○ | ○ | ○ | | ○ | | | | | | | ○ | ○ | ○ | | | | ○ | | ○ | | |
| 東西市 | | | | ○ | | | | | | | | | | | ○ | | | | | | | | | |
| 斎宮 | | | ○ | | | | | | | | | | | | | | | | | | | | | |
| 倭名類聚抄（935） | ○ | ○ | ○ | ○ | ○ | | ○ | ○ | | | | | | ○ | ○ | ○ | ○ | ○ | ○ | ○ | | ○ | ○ | |
| 土佐日記（935） | | | | | | | | | | | | | | | | ○ | | | | | | | | |
| 伊勢物語（947） | | | | | | | | | | | | | | | | | | | ○ | | | ○ | | |
| 和泉式部集續集（11C） | | | | | | | | | | | | | | | ○ | | | | | | | | | |
| 朝野群載（1116） | | | | | | | | | | | | | | | ○ | | | | | | | | | |
| 東大寺要録（1134） | ○ | | | ○ | | | | ○ | | | | | | ○ | ○ | | | | | | | ○ | ○ | |
| 権中納言頼卿集（平安） | | | | | | | | | | | | | | ○ | | | | | | | | | | |
| 新猿楽記（平安末） | | | | | | | | | | | | | | | ○ | | | | | | | | | |
| 古今著聞集（1254） | | | | | | | | | | | | | | | ○ | | | | | | | | | |
| 住吉物語（鎌倉前） | | | | | | | | | | | | | | | | | | | | | | ○ | | |
| 平家物語（13C前） | | | | | | | | | | | | | | | | ○ | | | | | | | | |
| 海道記（13C） | | | | | | | | | | | | | | | | | | | | | | ○ | ○ | |
| 類聚三代格（13C） | | | | | | | | | | | | | | | ○ | | | | | | | | | |
| 塵袋（13C後） | | | | | | | | | | | | | | | | | | ○ | | | | | | |
| 吾妻鏡（14C前） | ○ | | | | | | | | | | | | | | | | | | | | | | | |
| 源平盛衰記（14C前） | | | | | | | | | | | | | | | | | | | | | | ○ | | |
| 庭訓往来（室町前期） | ○ | | | ○ | | | | | | | | | | ○ | | ○ | | ○ | | | | | ○ | |
| 異制庭訓往来（14C中） | | | | | | | | ○ | | | | | | | | | | | | ○ | | | ○ | |
| 雍州府志（1344） | | | | | | | | | | | | | | ○ | | | | | | | | | | |
| 下学集（1444） | ○ | | | | | | | | | | | | | ○ | | | | ○ | | | | | ○ | |
| 七十一番職人歌合（室町） | | | | ○ | | | | | | | | | | | | | | | | | | | | |
| 尺素往来（15C中～後） | ○ | ○ | | | | | | | | | | | | ○ | | | | | | | | | | |
| 撮壌集（1454） | | | | | | | | | ○ | | | | | | | | | | | | | | | |
| 親元日記（1465） | ○ | | | | | | | | | | | | | | | | | | | | | | | |
| 常陸国風土記（1499） | ○ | | | | | | | | | | | | | | | | | | | | | ○ | | |
| 後奈良院御選何會（1516） | | | | | | | | | | | | | | | | | | | | | | ○ | | |
| 三代實録（1566） | | | | | | | | | | | | | | | ○ | | | | | | | | | ○ |
| 文禄四年御成記（1595） | | ○ | | | | | | | | | | | | | | | | | | | | | | |
| 出現回数（古代～中世） | 17 | 5 | 6 | 12 | 3 | — | 6 | 4 | 1 | — | — | — | — | 12 | 15 | 8 | 3 | 8 | 2 | 3 | — | 15 | 8 | 1 |

## 表2　近世の資料に記載された海藻

| 海藻名 ＼ 文献名 | 紅藻類（13種類） | | | | | | | | | | | | | 褐藻類（8種類） | | | | | | | | 緑藻類（2種類） | | その他（1種類） |
|---|---|---|---|---|---|---|---|---|---|---|---|---|---|---|---|---|---|---|---|---|---|---|---|---|
| | ノリ | トサカノリ | オゴノリ | テングサ | イギス | オキュウト | ツノマタ | フノリ | シラモ | マクリ | ウミゾウメン | トリノアシ | ナゴヤ | コンブ | ワカメ | アラメ | カジメ | ホンダワラ | ヒジキ | モズク | マツモ | ミル | アオノリ | 川ノリ |
| 宜禁本草（江戸初期） | | | | | | | | | | | | | | ○ | ○ | | | ○ | | | | | ○ | |
| 狗猧集（1633） | | | | | | | | | | | | | | | ○ | | | | | | | | | |
| 見た京物語（1644） | | | | | | | | | | | | | | ○ | | | | | | | | | | ○ |
| 毛吹草㈢（1645） | ○ | ○ | | ○ | | | | ○ | ○ | | ○ | ○ | | ○ | ○ | ○ | ○ | ○ | ○ | ○ | | ○ | ○ | |
| 庖厨備用倭名本草（1648） | ○ | | | ○ | | | ○ | | ○ | | | | | ○ | ○ | | | | ○ | ○ | | ○ | ○ | |
| 藝備国郡志（1663） | ○ | | | | | | | | | | | | | | | | | | | | | | | |
| 百一録（1670～1751） | ○ | | | | | | | | | | | | | | | | | | | | | | | |
| 日次記事（1685） | | | | | | | | | | | | | | | | | | ○ | | | | | | |
| 御湯殿の上の日記（1687） | | | | | | | | | | | | | | | | | | | | | | ○ | | |
| 和爾雅（1688） | | | | | | | | | ○ | ○ | | | | | | | | | | | | | | ○ |
| 八幡宮本紀（1689） | | | | | | | | | | | | | | | ○ | | | | | | | | | ○ |
| 江戸惣鹿子（1689） | ○ | | | | | | | | | | | | ○ | | | | | | | | | | | |
| 本朝食鑑（1697） | ○ | ○ | | ○ | | | ○ | ○ | ○ | | ○ | | | ○ | ○ | ○ | ○ | ○ | ○ | ○ | ○ | | ○ | |
| 書言字考節用集（1698） | ○ | | | | | | | | | | | | | | | | | | | | | | | |
| 摂陽群談（1698） | | | | | | | | | | | | | | | | | | ○ | | | | | ○ | |
| 大和本草（1708） | ○ | | ○ | | | ○ | ○ | | ○ | | ○ | ○ | | | ○ | ○ | ○ | | ○ | | ○ | | ○ | |
| 和漢三才図会（1712） | ○ | ○ | ○ | ○ | ○ | | | ○ | ○ | ○ | ○ | | | ○ | | | | ○ | | ○ | | | | |
| 東雅（1717） | | | ○ | | | | ○ | | | | | | | ○ | ○ | | | | ○ | | | | | |
| 食物知新（1717） | ○ | | | | | | | | | | | | | | | | | | | | | | | |
| 採薬使記（1736） | | | | | | | | | | | | | | ○ | | | | | | | | | | |
| 南留別志（1736） | | | | ○ | | | | | | | | | | ○ | | | | | | | | | | |
| 蝦夷行記（1741） | | | | | | | | | | | | | | ○ | | | | | | | | | | |
| 伊豆七島調書（1753） | ○ | | | ○ | | | | | | | | | | | | | | | | | | | | |
| 続江戸砂子（1772） | ○ | | | | | | | | | | | | | | | | | | | | | | | |
| 庭訓往来諸抄大成扶翼（1774） | | | | ○ | | | | | | | | | | | | | | | | | | | | |
| 寛政四年武鑑（1792） | ○ | | | | | | | | ○ | | | | | ○ | ○ | | ○ | | ○ | ○ | | | | |
| 古事記傳（1798） | | | | | | | | | | | | | | | ○ | | | | | | | | | |
| 日本山海名産図会（1799） | | | | | | | | | | | | | | ○ | | | | | | | | | | |
| 奇遊談（1799） | | | | | | | | | | | | | | | | | | | | | | | | ○ |
| 甲斐國志（1804～1818） | | | | | | | | | | | | | | | | | | | | | | | | ○ |
| 紀伊国名所図会（1812） | ○ | | | | | | | | | | | | | | | | | | | | | | | |
| 箋注倭名類聚抄（1827） | ○ | | | ○ | ○ | | ○ | | | | | | | ○ | | ○ | | | ○ | ○ | | | ○ | |
| 倭訓栞（1831） | ○ | | | | | | | | | ○ | | | | ○ | | | | ○ | | | | ○ | | |
| 江戸名物詩（1836） | ○ | | | | | | | | | | | | | | | | | | | | | | | |
| 古名録（1843） | ○ | | | | | | | | | | | | | | ○ | | | | | | | | | |
| 廣益国産考（1844） | ○ | | | | | | | | | | | | | | | | | | | | | | | |
| 守貞漫稿（1853） | ○ | | | ○ | | | | | | | | | | | | | | | | | | | | |
| 雲錦随筆（1862） | | | | | | | | | | | | | | | ○ | | | | | | | | | |
| 増訂豆州志稿（1888～1895） | ○ | | | | | | | | | | | | | | | | | | | | | | | |
| 婚礼推喫記（江戸時代） | | | | | | | | | | | | | | ○ | | | | | | | | | | |
| 年中定例記（江戸時代） | | | | | | | | | | | | | | ○ | | | | | | | | | | |
| 殿中甲次記（江戸時代） | | | | | | | | | | | | | | | | | | | | | | | ○ | |
| 執政所抄（不明） | | | | | | | | | | | | | | ○ | | | | | | | | | | |
| 出現回数（近世） | 21 | 3 | 3 | 9 | 2 | 1 | 5 | 3 | 7 | 3 | 4 | 2 | 1 | 17 | 12 | 4 | 4 | 7 | 7 | 6 | 2 | 4 | 8 | 5 |
| （古代～中世，表1より） | 17 | 5 | 6 | 12 | 3 | — | 6 | 4 | 1 | — | — | — | — | 12 | 15 | 8 | 3 | 8 | 2 | 3 | — | 15 | 8 | 1 |
| （合計） | 38 | 8 | 9 | 21 | 5 | 1 | 11 | 7 | 8 | 3 | 4 | 2 | 1 | 29 | 27 | 12 | 7 | 15 | 9 | 9 | 2 | 19 | 16 | 6 |

表3　近世以前の海藻と近代の海藻の比較

| | 紅藻類 | | | | | | | | | | | | | 褐藻類 | | | | | | | | 緑藻 | | 他 |
|---|---|---|---|---|---|---|---|---|---|---|---|---|---|---|---|---|---|---|---|---|---|---|---|---|
| | ノリ | トサカノリ | オゴノリ | テングサ | イギス | オキュウト | ツノマタ | フノリ | シラモ | マクリ | ウミゾウメン | トリノアシ | ナゴヤ | コンブ | ワカメ | アラメ | カジメ | ホンダワラ | ヒジキ | モズク | マツモ | ミル | アオノリ | 川ノリ |
| 古代～中世 | ◎ | △ | △ | ◎ | △ | － | △ | △ | △ | － | － | － | － | ◎ | ◎ | ◎ | △ | ◎ | △ | △ | － | ◎ | ◎ | △ |
| 近世 | ◎ | △ | △ | ◎ | △ | △ | △ | △ | ◎ | △ | △ | △ | △ | ◎ | ◎ | △ | △ | ◎ | ◎ | ◎ | △ | △ | ◎ | ◎ |
| 近代（伝統食） | ● | ○ | ○ | ● | ○ | ○ | ○ | ○ | ○ | ○ | ○ | ○ | － | ● | ● | ● | ○ | ○ | ● | ○ | ○ | ○ | ● | ○ |

古代、中世、近世—：資料に記載のなかった海藻、
△：資料に記載のあった海藻
◎：資料に記載が多かった海藻
近代（伝統食）の海藻については、第1章から第4章の結果に基づいた。
●：農山村、漁村両地域に使用がみられた海藻
○：主に漁村に使用がみられた海藻

# 第2節　海藻の産地と流通

海藻の食習慣形成に影響をおよぼした一要因として海藻の歴史をとらえようとした場合、海藻の採取地や流通も大きな要因となる。本調査で収集した資料にも海藻の産地について記載したものが少なくなかった（表4）。海藻全般を通してみた場合、古代において海藻の産地として記載された地域は北陸道から山陰道地域と東海道の一部で、現在の北陸・山陰地域と東海道沿岸の一部にあたる。近世になると産地が広がり、畿内、山陽道、南海道、西海道が加わり、瀬戸内海沿岸も含め日本海沿岸、太平洋沿岸、東シナ海沿岸と、日本周辺いずれの海岸地域でも海藻が採取され、産地として知られていった過程が見てとれる。

産地が広くほぼ全域におよぶものは、ワカメ、ノリ、アオノリで、いずれの地域も近隣に採取地があり、入手しやすい海藻であったと考えられる。また、テングサについては具体的な産地名の記載は少ないものの「各地の海浜」とあり[44]、品質・自生量の差はあるもののほぼ全域に自生があった海藻とみなしてよかろう。古代の『延喜式』（927）によるとワカメ、ノリ、テングサ、アオノリは交易雑物として各地から調進されており[45～48]、ワカメやテングサは都の東西の市で扱われていたという記載がある[49]。また時代が進むと、名物を記載した『毛吹草』（1645）などには国東若和布、加々浦若和布、賀太浦和布、鳴門和布などの地名を付したものが多く認められ[50]、上品質のものには産地名が付けられ特産物となって流通した様子が理解できる。ノリについても同様で、『続江戸砂子』[51]（1772）など多くの文献に土産物として記載され、浅草海苔、大森海苔、品川海苔など上品質のものが盛んに販売されていたことがわかる[52、53]。テングサについては海藻だけでなく加工品であるトコロテンも販売されていた。『和漢三才図会』[54]（1712）によると予州宇和島のテングサが最もよく、相州の鎌倉、豊州の佐賀関の物がこれに次ぎ、豆州の海浜、紀州の熊野浦でもよくとれるなど、太平洋側のものが品質のよいものとされている。またテングサを原料とするトコロテンは西山の名物であると『庭訓往来』[55]（室町初期）にみられ、『七十一番職人歌合』[56]（室町時代）にも海浜以外の地域にトコロテン売りが出現している。これらの資料は、テングサは沿岸地域のみならず内陸部にまで流通し、庶民にも身近なものであったことを示している。また、アオノリについても、『摂陽群談』[57]（1698）に製品にして市にだすことが示されている。以上のようにワカメ、

表4　海藻の産地

| 分類 | 海藻 | 蝦夷 | 東山道 | 北陸道 | 山陰道 | 東海道 | 南海道 | 畿内 | 山陽道 | 西海道 | その他 |
|---|---|---|---|---|---|---|---|---|---|---|---|
| 褐藻類 | コンブ | 蝦夷，<br>松前宇賀 | 陸奥，出羽 | | | | | | | | |
| | ワカメ | | | 佐渡，越中<br>能登，越前<br>若狭 | 丹後，但馬，因幡<br>伯耆，隠岐，出雲<br>石見，長門 | 下総，相模<br>遠江，三河<br>伊勢，志摩 | 紀伊，阿波<br>鳴門，伊予 | 摂津 | | 豊前，壱岐<br>肥前 | 北海，南海<br>西海 |
| | アラメ | | | | | 伊勢，志摩 | 紀伊 | | | | 南海， |
| | ヒジキ | | | | | 三河，尾張<br>伊勢，志摩 | 紀伊，阿波 | | | | 東シナ海，<br>西国の海辺 |
| 紅藻類 | ノリ | | 奥州 | 佐渡，越後<br>能登，越前<br>若狭 | 丹後，但馬<br>出雲，石見 | 下総，上総，安房<br>武蔵，相模，伊豆<br>駿河，遠江，三河<br>尾張，伊勢 | 紀伊，小豆島 | | 備前，安芸<br>周防，長門 | 豊前，肥前<br>肥後 | 南シナ海，<br>南の海 |
| | テングサ | | | | 出雲 | 伊豆七島 | | | | | 南の海，<br>冷たい海<br>各地の海浜 |
| 緑藻類 | アオノリ | | | 佐渡 | 出雲，石見 | 三河，尾張<br>伊勢，志摩 | 紀伊，淡路，<br>小豆島，阿波<br>土佐 | | 播磨，備前<br>周防， | 肥後，肥前 | 海中，淡水中 |

〰〰 古代・中世からの産地

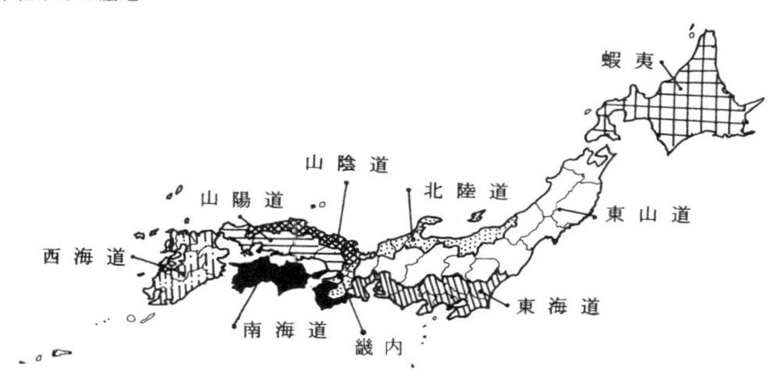


テングサ、ノリ、アオノリは産地が広く上品質のものが採取できる上に、時代と共に流通が盛んになり、沿岸、内陸の地域差なく入手できやすい海藻であったことがわかる。

これらに対し、コンブ、アラメ、ヒジキの産地は限られたものであった。『蝦夷行記』（1741）によると東海路函館の外海より蝦夷地にかけてコンブの自生があり、西海路には自生はないことが示されている[58]。コンブは蝦夷と陸奥、すなわち、北海道と青森県沿岸と産地が狭く、奈良や京の都からは遠く離れた地であるが、奈良・平安時代にはすでに献上品、交易雑物としての記載が『続日本紀』[59]（791）や『延喜式』[60～64]にみられる。コンブはすでに古代から流通していた貴重な海藻であったことをうかがわせる。中世に入ると、「若狭召昆布」の記載が『雍州府志』[65]（1344）にみられる。コンブの産地が蝦夷、陸奥に限られることを考えると疑問が残る。時代が少々異なるが『本朝食鑑』[66]（1697）に、松前産のコンブを越前敦賀に、さらに若狭に伝送し加工する、それが京都に入ることが示されている。すなわち､召昆布は若狭で加工されたコンブのことである。この他、「索昆布」「細昆布」「広昆布」の記載もみえ[67]、中世から近世にかけては、産地以外で加工された製品が流通していたことを物語っている。産地が極めて限られたコンブは、中世より一つの加工業として発達していったといっても過言ではなかろう。しかも品質についての記載も少なくなく､『雍州府志』に、松前宇賀産コンブは細くて薄い、色は黄赤色で味は良く、ほのかな酸味を帯びるとある[68]。そして『和漢三才図会』には、蝦夷松前のコンブは黄黒色で味は最上で、津軽産は厚手で味は劣るとし､南部産はやや黒くて味も劣るとある[69]。また､『日本山海名産図会』[70]（1799）や『倭訓栞』[71]（1831）にも赤いものが上品とあり、品質によって等級分けがなされている。江戸時代にはコンブは産地によって種類や品質に差を認め、その差を考慮した分類が行われ、売買されていたといえよう。

アラメ、ヒジキの産地も広いとはいえず、東海道西部、南紀、四国南岸を中心とした産地が示されていたが[72、73]、本調査で収集した資料には流通について記したものはなかった。しかし、宮下の報告によると江戸時代に全国的に流通した海藻はコンブ、ノリ、ワカメ、アラメ、テングサ、ヒジキ、フノリ程度であるとしている[74]。これらの中にアラメ、ヒジキも含まれているため、産地は比較的限られているものの、江戸時代には流通していたものと考えられる。

以上のように、多種類の海藻の中でも昭和初期に日本全国に食習慣が認められた海藻類は、江戸時代以前においても産地が広いという条件のみならず、古代から流通があり、江戸時代にかけてさらに流通が盛んになったなどの社会的条件にも恵まれ、消費が拡大していったものと推測された。

## 第3節　海藻の使用目的と料理法

昭和初期の伝統的な食習慣のなかで海藻は、日常食、非日常食、救荒食、保健食など食材としての利用は様々であった。しかし、その食べ方には各海藻の特性を生かしたほぼ決まった調理法があるように思われる。そこで、全国的に使用が多かったコンブ、ワカメ、ヒジキ、ノリ、テングサ、アオノリを取り上げ、江戸時代以前の海藻の使用目的と調理法について探ることにした。

### 1. コンブ

『倭名類聚抄』[75]（935）の「可食」などの記載から、コンブは古代より食用とされていたことは明確である。しかし、具体的な食べ方を示したものは意外に少なく、使用目的を示したものが多い（表5）。すでに奈良時代末期には献上品としてコンブが朝廷に納められ[76]、平安時代になると交易雑物、僧侶の供養料、そして供御、すなわち皇族の食事にも使用された内容が『延喜式』などに示されている[77～82]。また、『雍州府志』には若狭召昆布は非常に味が良く高貴な方が召し上がるものとしている[83]。蝦夷、陸奥というごく限られた地域でしか採取されないコンブは、流通の未発達な古代において公の場での金銭の代用として、上層階層の食材として極めて貴重な物として扱われてきた様子がうかがえる。江戸時代になると、縁起物としての利用が定着しており、『本朝食鑑』[84]や『南留別志』[85]（1736）などにみられるように献上品としてだけでなく慶賀の品、祝い物という記載が増えてくる。また、『婚礼推陳記』や『年中定例記』には婚礼や行事に使用されたことが、『執政所抄』ではコンブは節句の供物として使われたことが明記されている[86]。その理由の一つとして『東雅』（1717）にはコンブを祝い物に使うのはコンブの呼称「ひろめ」から由来する物であるとも述べられている[87]。この他に、コンブは産地が限られ、味も良く購入に頼る貴重品であったことから、ハレの食べ物としての習慣が定着したものと考えられる。近代の民間伝承の中にも確認された婚礼や正月、祭り、年祝いに欠かせない縁起物としてのコンブの使用は、江戸時代の慶賀の品としてのコンブの習慣に起因するものと考えられよう。

コンブの性質については、いずれの時代においても無毒で、冷たく、塩からいが味は良いとしている（表5）[88～91]。これらの性質をいかに生かして料理するかについて詳しく示したものは少なく、

表5　古代から近世の文献資料にみられるコンブの記載内容

| 文献名 | 性質 | 食べ方 | 使用目的 |
|---|---|---|---|
| 続日本紀（791） | | | 献上品 |
| 本草和名（918） | 乾苔は熱，柔苔は冷 | | |
| 延喜式（927） | | | 交易雑物，供養料，供御 |
| 倭名類聚抄（935） | 無毒，やわかい | 可食 | |
| 東大寺要録（1134） | | | 供養料 |
| 雍州府志（1344） | 味は良，微酸味 | | 若狭召昆布 |
| 尺素往来（15C中～後） | | 明け方の粥の副菜に焙りコンブ<br>お茶請けに結びコンブ | |
| 宜禁本草（江戸初期） | 冷たく無毒 | | |
| 日用食性（1633） | | | |
| 庖厨備用倭名本草（1648） | 令，無毒，塩からい | 酢で食す | |
| 本朝食鑑（1697） | 滑らか，冷，無毒，甘，<br>酸味，塩からい | 茶会の菜果として煮る<br>斎日の昆布だし，羹，菓，油具 | 慶賀の品，もてなし<br>貢献品 |
| 和漢三才図会（1712） | 美味 | 津軽産味が落ちる焙る，揚る | |
| 採薬使記（1736） | | | 屋根に敷く |
| 南留別志（1736） | | | 慶賀の品，祝い物 |
| 寛政四年武鑑（1792） | | | 献上品 |
| 箋注倭名類聚抄（1827） | やわらか，強靭，紫赤色 | | |
| 倭訓栞（1831） | | | 貢ぎ物 |
| 婚礼推陳記（不明） | | | 婚礼の祝い物 |
| 年中定例記（不明） | | | 行事の祝い物 |
| 執政所抄（不明） | | | 御節供物 |

具体的に食べ方が記載されるのは『尺素往来』（15世紀）で、明け方の粥の副菜に焙ったコンブを、お茶請けに結びコンブを用いるとある[92)]。おそらく食べやすく切ったコンブを焙ったり、結びコンブを煮たり、揚げたりして食用としたものと想像される。江戸時代の『本朝食鑑』[93)]や『和漢三才図会』[94)]にはもう少し調理法が詳しく、コンブは常に厨房や茶会の菜果とし、斎日に鰹汁の代わりにコンブのだしをとる、僧家でもコンブだしで羹（汁気の多い煮物）や菓および油具（コンブを小さく切り油で揚げた物）、煮物にする、などの内容が示されている。また、後者には津軽産のコンブは分厚く味が落ちるので、焙ったり、揚げ物にすると美味しいことが記載され、旨味の濃淡、品質を考慮して調理法が工夫されていた様子がうかがえる。詳細な作り方は不明であるが、コンブをだし材料とする、煮物、揚げ物にするなど昭和初期の調理法と基本的には類似したものである。

以上のように、古代から近世の時代、コンブは税、献上品、供養料、縁起物としての価値が高く、食材としての利用は非日常食としての利用が主体であったことが明確となった。特に資料件数や記載内容から考え、江戸時代には利用が拡大し、上流階層のみならず民間にまで習慣が広まりつつあったとみなすことができよう。コンブの食習慣はコンブの流通と共に民間に伝播し、近世以降の民間の習慣として受け入れられたものと考えられる。

## 2. ワカメ

コンブと同様に古代には正税、供御、供養料、交易雑物などの記載がみられたが[95～99)]、産地が広いワカメは各地から調として貢献しやすい対象であったと考えられる。そして『東大寺要録』[100)]（1134）などからわかるように、行事での利用も御斎会の供物、盧舎那大仏の供養料など仏事での

表6　古代から近世の文献資料にみられるワカメ、ヒジキの記載内容

| 海藻 | 文献名 | 性質 | 食べ方 | 使用目的 |
|---|---|---|---|---|
| ワカメ | 令義解（833） | | 海藻根も使用 | 正税（調） |
| | 延喜式（927） | | 海藻根も使用 | 供御，供養料，調，交易販売 |
| | 倭名類聚抄（935） | 無毒，冷，苦く塩からい | | |
| | 類聚三代格（11C） | | | おはらい料 |
| | 朝野群載（1116） | | | 御斎会の供物 |
| | 東大寺要録（1134） | | | 盧舎那大仏の供養料 |
| | 三代実録（1566） | | | 工匠へ給う，人への節料 |
| | 宜禁本草（江戸初期） | | | 器具を束ねる |
| | 庖厨備用倭名本草（1648） | 柔らか，滑らか，帯状 | 生でも煮ても柔らかで美味 | |
| | 八幡宮本記（1689） | 無毒，味よし，甘からい | | 稚海藻刈神事の供物 |
| | 本朝食鑑（1697） | コンブに劣らず味よし | | |
| | | 冷，日に晒すと黒くなる， | 茹でる，煮る，吸物，茎も | |
| | 大和本草（1708） | 煮ると鮮やかな青色 | 吸物，ひしお味噌付け | |
| | 寛政四年武鑑（1792） | 灰干ワカメに熱湯を通すと | | 水洗した物を献上 |
| | 雲錦随筆（1862） | 軟化，色きれい，美味， | | |
| | | 年を重ねても湿らず | | |
| ヒジキ | 庖厨備用倭名本草（1648） | 無毒，冷 | 晒乾して砕き米と炊く | 貧家は常に食う |
| | | 塩からい | 野菜，米，ヒジキの粥 | |
| | 本朝食鑑（1697） | 干すと純黒色，甘，脆い | | 救荒食 |
| | 大和本草（1708） | | 煮る，飯に混ぜる | 貧しい人々の日常の糧 |
| | 寛政四年武鑑（1792） | | | 献上品 |

利用が中心であった。一方、日常での利用を記した資料が少ないなかで『三代実録』[101]（1566）には、貧しい人への施しや職人の給料としても使用していたと記載され、庶民の普段の食材として利用が可能であったことがうかがえる（表6）。すなわち、ワカメはコンブと異なり仏事の精進材料、庶民階層の日常食としての性格が強く、人々の生活により身近な海藻であったといえよう。

ワカメの食べ方に関しては比較的詳しい資料が得られた。『倭名類聚抄』[102]には味は塩からく苦いとしているが、近世の資料[103、104]では味はよく、甘からいとし、表現は異なっている。これは乾燥法の発達やワカメの部位の違いによるものなのかもしれない。『令義解』[105]（833）や『延喜式』[106]にはワカメの他に「海藻根」が記載され、現在のメカブにあたるものと考えられる。また、江戸後期になると灰干し法が工夫され、『雲錦随筆』[107]（1862）には「灰に模し干乾を灰干の和布と号す、幾許の年を重ね共湿ることなく、用いると時は熱湯をかくれば、忽ち和かになり、色よく味変わらず美也」と説明している。したがって食用とするワカメの部位、加工法の違いによってワカメの味も異なり、その性質を考慮した食べ方が工夫されてきたものと思われる。具体的に食べ方が示されるのは江戸時代になってからで（表6）、『庖厨備用倭名本草』[108]（1648）では、生でも煮ても柔らかで美味しいことが示され、ほぼ同時代の『大和本草』[109]（1708）では茹でたり、煮て吸物に、茎も吸物にしたり塩やひしお味噌に付けたりして食べるとよいとされている。さらに、採取時は青く、煮ると鮮やかな青色になる、日に晒すと黒くなるなどの詳しい性質が示されている。また『雲錦随筆』[110]には熱湯をかけて用いると柔らかくなり色もきれいで味も良いことが、『本朝食鑑』[111]にはワカメはコンブに劣ることなく味が良いと記載している。これらのワカメの性質や調理法は昭和初期、現在にも通じるものばかりである。

以上のようにワカメは採取地も広く、各地の特産物としても流通し、入手しやすい海藻であったといえる。また、性質も詳しく、生、乾燥物の利用が可能で、食べ方も多彩であったなどから、各

地の住民にとって入手しやすく、身近な海藻として位置づけられていた。近代に入っても同様で、庶民の日常食としての習慣が定着していったものと考えられる。

## 3. ヒジキ

ヒジキはコンブやワカメと異なり正税や供養料としての利用はみられず、記載された内容の多くは救荒食、日常食としての利用であった（表6）。例えば、『庖厨備用倭名本草』[112]には「晒乾してよくかれたるをつきくだき米粒のごとくなして米とおなしく飯にかしきて飢荒をすくう貧家は常の食に用ふ」と記載されている。すなわち、ヒジキ飯を救荒食として使っており、貧家では日常の糧としてヒジキを米に混ぜることが紹介されている。また、『大和本草』[113]にも同様な内容が記されている。ヒジキはワカメと並び庶民階層の身近な食材で、日常食として重宝されてきたものと思われる。

性質については『庖厨備用倭名本草』[114]や『本朝食鑑』[115]などには無毒で、塩からく、干すと真っ黒になり、甘くて脆いとされ、「腥気をさりて…」とあることから、茹でて灰汁を抜き、乾燥されたものを使用していたものと思われる。

伝統的食生活の中でも、凶作や戦時中の救荒食にヒジキ飯が登場する。ここにも江戸時代の工夫が生かされているといえよう。しかし、伝統食にみられた仏事の料理としてのヒジキの利用は江戸時代の資料には認められなかった。

## 4. ノリ

ノリもコンブやワカメ同様に古代から需要が認められ、調、交易雑物、斎宮の月料、仁王経斎供養料、供御などの対象となり得ている[116～120]。『東大寺要録』[121]でも儀式の供養料として僧にノリが贈られている。また、鎌倉時代の『吾妻鏡』[122]ではアマノリを上皇に進上し、伊豆国がアマノリを供御として鎌倉、京都に貢献したことがみられ、コンブ同様にノリは高貴な人への献上品として貴重なものであったことがうかがえる。乾燥海苔は紫蒼色のものが上質とされ、江戸時代には海苔は浅草雷神門の名物となり、商品価値の高いものであった[123、124]（表7）。

ノリの具体的な調理法を示した資料は限られ、室町時代の『庭訓往来』には大斎の食材となり、アマノリや塩海苔を酢の物としたこと[125]、『尺素往来』にお茶請けとして海苔が登場する[126]程度である（表7）。

商品として流通していた江戸時代においても、海苔は高価なもので庶民階層には縁遠い存在であったと想像される。江戸時代に引き続き昭和初期の伝統食の中でも海苔は貴重品であったことには変わりない。

## 5. テングサ

他の海藻同様に、古代においてテングサは正税に指定され調として各地から貢献され、斎会などの行事の際に僧侶や導師の供養料として使われている[127～131]。テングサは『延喜式』に記載された東西市[132]でも明らかなように古代から販売されており、都の行事だけでなく地方の行事でも供養料や供物として利用されていたと想像される（表8）。

食べ方については江戸時代以降の資料に詳しく、『庖厨備用倭名本草』[133]にはよく煮て数回沸騰

表7　古代から近世の文献資料にみられるノリの記載内容

| 文献名 | 性質 | 食べ方 | 使用目的 |
|---|---|---|---|
| 続修東大寺正倉院文書（8C） | | | 銭を用いて買う物の価格 |
| 令義解（833） | | | 調 |
| 延喜式（927） | | | 調，交易雑物，供養料，供料 |
| 東大寺要録（1134） | | | 供養料 |
| 吾妻鏡（14C） | | | 貢上品，供御 |
| 庭訓往来（室町前期） | | 酢の物 | 大斎の際使用 |
| 尺素往来（15C中～後） | | お茶請け | |
| 親元日記（1465） | | | 貢上品 |
| 宜禁本草（江戸初期） | 甘，冷 | | 贈答品 |
| 続百一録（1670～1751） | | | 土産物（浅草海苔） |
| 庖厨備用倭名本草（1648） | 乾燥すると紫色<br>無毒，冷，甘 | | 売り物 |
| 江戸惣鹿子（1689） | | | 品川大森名物，土産 |
| 本朝食鑑（1697） | 無毒，甘，冷，柔滑らか<br>乾くと深蒼色，甘い | 乾燥，久しく煮ると凝滑 | 販売 |
| 大和本草（1708） | 甘美，乾燥すると紫色 | | （水前寺ノリの食べ方） |
| 和漢三才図会（1712） | 甘味，味よくない | | |
| 伊豆七島調査（1753） | | | 販売 |
| 寛政四年武鑑（1792） | 乾かすと紫色 | | 献上品 |
| 箋注倭名類聚抄（1827） | | | |
| 江戸名物詩（1836） | | | 販売 |
| 国益国産考（1844） | | 吸物に僅か入れる | ノリ養殖 |
| 守貞漫稿（1853） | | | 販売，店の看板，包み紙 |
| 増訂豆州志稿（1888～1895） | | 菓子として食す | |
| 東鑑（不明） | | | 献上品 |

表8　古代から近世の文献資料にみられるテングサの記載内容

| 文献名 | 性質 | 食べ方 | 使用目的 |
|---|---|---|---|
| 令義解（833） | | | 調 |
| 延喜式（927） | | | 調，交易雑物，供養料，<br>供御，東西市にて販売 |
| 東大寺要録（1134） | | | 供料 |
| 七十一番職人歌合（室町時代） | | | トコロテン売り |
| 庭訓往来（室町前期） | | | 参拝時の土産（トコロテン） |
| 毛吹草（1645） | | | トコロテンの材料 |
| 庖厨備用倭名本草（1648） | 無毒，脆い，長く浸すと固まる，<br>さわやか，水々しい，無毒<br>味よく，冷 | よく煮てすりこぎで擦り，砂仁・<br>山椒・生姜粉末を入れ固める<br>湯に入れ固め生姜酢で食べる | |
| 本朝食鑑（1697） | 味よく滑らか，冷，無毒 | 湯に入れて固め，和え物 | |
| 和漢三才図会（1712） | 水に晒すと白色 | 水で煮て酢，砂糖で食す，<br>醤，糟，梅しそ汁に漬ける<br>煮て露天に出すと寒天になる | |
| 伊豆七島調書（1753） | | | 採取，販売 |
| 庭訓往来諸抄大成扶翼（1774） | | 心太を煎じてこころぶとを作る | 名物となった由来 |
| 箋注倭名類聚抄（1827） | 脆い，長く浸すと固まる | 湯に入れて固め生姜酢で食す | |
| 守貞漫稿（1853） | | トコロテンを砂糖，醤油で食す | 三都で名称，食べ方，価格を比較 |

させ、すりこぎですり回し糊のようになると砂仁や山椒、生姜粉末とともに盆に入れ冷やす味の付いたトコロテンが紹介されている。一般的なものとしては『本朝食鑑』[134)]『和漢三才図会』[135)]などにもみられるように、煮て流し固めたものを生姜酢、醤汁、酢、砂糖、豆粉などに和えて食べる方法である。また、醤、糟、梅しそ汁に漬け込んだものもみられ、現在より多彩な食べ方がなされている。そして、『和漢三才図会』[136)]には冬の厳寒の夜、煮たものを露天に出しておくと凝凍して寒天となることが示され、トコロテンだけでなく寒天が作られていたことがわかる。トコロテンは心太（こころぶと）と称され、室町時代の『七十一番職人歌合』[137)]には絵入りで心太売りが紹介され、また、『庭

表9　古代から近世の文献資料にみられるアオノリの記載内容

| 文献名 | 性質 | 食べ方 | 使用目的 |
|---|---|---|---|
| 延喜式(927) | | | 交易雑物 |
| 東大寺要録(1134) | | | 供養料 |
| 庭訓往来(室町前期) | | 酢菜 | |
| 宜禁本草(江戸初期) | 味よく温，冷 | 干し海苔として食す | 贈答品 |
| 庖厨備用倭名本草(1648) | 無毒，塩からい，冷 | 乾かしてほじしとする<br>肉とあつもの | |
| 本朝食鑑(1697) | 味よく無毒，塩からい，冷 | | |
| 摂陽群談(1698) | | | 製品を市店に出す |
| 大和本草(1708) | 美しい緑，味よし | | |
| 箋注倭名類聚抄(1827) | 緑色，髪毛・乱れ糸のよう | ほじし | |
| 殿中申次記(不明) | | | 献上品 |

訓往来』[138]ではトコロテンは西山の名物となっている。すなわち、テングサと共に調理したトコロテンが各地で売られ、江戸時代の『守貞謾稿』[139]では心太は夏の風物詩となり、名称や食べ方、価格などを江戸、大阪、京都の三都で比較しており、トコロテンは一般的な食べ物であったことがうかがえる（表8)。

古くから海藻および製品共に売られていたことは、昭和初期のテングサの食習慣に大きく影響をおよぼし、行事、特に仏事の供物や夏の食べ物となるなど、江戸時代以前にみられた習慣と同様な食習慣が日本全国に伝播していったものと考えられる。

### 6. アオノリ

アオノリは30cm余りの長さで美しい緑色をしており、髪の毛や乱糸のような形をもつと、『大和本草』[140]や『箋注倭名類聚抄』[141]・『重修本草綱目啓蒙』[142]などに示され、スジアオノリを指していたと考えられる。アオノリも古代には交易雑物、僧侶の供養料とされている[143〜147]。また、江戸時代には贈答品としても重宝され、『殿中申次記』[148]にみられるように献上品ともなっていた（表9)。

性質としては、無毒、冷で塩からいという性質と温で甘いという性質がみられるが、生アオノリと乾燥アオノリの性質の違いによるものと思われる。食べ方については室町時代の『庭訓往来』[149]には酢菜とされ、江戸時代の『庖厨備用倭名本草』[150]には乾かしてほじしや肉とあつものにするとある（表9)。ほじしは、平たく干したアオノリをいったものと思われる。また、汁気の多い煮物や汁物の青みとしても利用されたことが想像される。食べ方については江戸時代になってからのものが多く、段々と利用価値が認められたものと思われる。

＊図版出典：今田節子 2000 より

## むすび

これまで述べてきたように、コンブ、ワカメ、ヒジキ、ノリ、テングサ、アオノリは、多少の差はあるものの古代から知名度が高く、産地にも恵まれ、比較的古くから流通が盛んであった。そして、古代には上層階層のなかで行事食としての習慣が形成され、流通や利用の発達によって海藻の性質・品質に関する知識も増え、調理法も工夫されていくなど、利用を促し、食習慣が形成、普及していくための条件が満たされていったと考えられる結果であった。

なかでも古代において、海藻が正税や交易雑物に指定され、日本各地から朝廷に貢献された歴史的背景は、以後の海藻の食習慣形成に大きく影響を及ぼしたと考えられる。なぜなら、加工保存法・輸送法・交通網の未発達な環境下で、日本各地から都へ海藻を運ぶためには、いかに品質を保持しながら輸送しやすい形態に加工するか、その方法が工夫されたはずである。この朝廷の制度は海藻の加工保存法の発達を促し、海藻が商品として全国的に流通していく基となった可能性が高い。そして、貢献された海藻類は、寺社や神社の行事の際の供物として、また僧侶達の供養料として支払われ、行事食としての利用に結びついていった。さらに供御としての利用は上層階層で日常または非日常の食材としていかに利用するかの工夫をもたらしたに違いない。さらに時代とともに海藻の性質も明らかとなり、加工法の改善、調理法の多様化をもたらしたであろう。

このような経過をたどりながら形成された海藻の食習慣は、江戸時代には上層階層から庶民階層へ普及していったものと思われる。当然のことながら、日本独自の海藻の食習慣形成に大きく影響を及ぼした古代の政策は、日本が島国で長い海岸線をもち、恵まれた海藻の自生地を有していたという地勢的特徴、ほとんどの海藻が乾燥保存に耐え、何年でも品質保持が可能であるという海藻の生態的特徴の上に成り立った社会的要因であったことはいうまでもない。

今回の古代から近世にかけての海藻の歴史に関する調査から、昭和初期の海藻の食習慣のなかでも、農山漁村の地域差なく認められたコンブ、ワカメ、ヒジキ、ノリ、テングサ、アオノリの食習慣は、江戸時代に庶民階層に普及した習慣が引き継がれてきたものであることを確認できた。そして、これらの食習慣の形成には日本の気候風土などの自然的要因よりも、海藻にまつわる政策、流通、海藻に対する価値観など社会的要因の影響が大きいものであるという当初の仮説を裏付けることができたと考える。すなわち、海藻の歴史は伝統的食習慣の形成と伝承に関する重要な背景としてとらえることができるものであった。

**【註】**

1）宮下章『海藻』、法政大学出版局、(1974)。
2）神宮司廃藏版『故事類苑』植物部二　普及版、吉川弘文館、1985、pp.877 ～ 930。
3）関根真隆『奈良朝食生活の研究』、吉川弘文館、1989、pp.87 ～ 118。
4）「庖厨備用倭名本草」巻四、吉井始子『食物本草本大成』第七巻、臨川書店、1980、pp.278 ～ 294。
5）「昆布（コンブ）」、前掲註 2）、pp.878 ～ 882。
6）「海藻（ワカメ）、海藻根（マナカシ）」、前掲註 2）、pp.883 ～ 888.
7）「荒布（アラメ）」、前掲註 2）、pp.889、890。
8）「相良布（カジメ）」、前掲註 2）、pp.890 ～ 891。
9）「莫鳴菜（ナノリソ）」、前掲註 2）、pp.891 ～ 894。
10）「鹿尾菜（ヒジキ）」、前掲註 2）、pp.894、895。
11）「水雲（モズク）」、前掲註 2）、pp.895、896。
12）「松藻（マツモ）」、前掲註 2）、p.897。
13）「海松（ミル）」、前掲註 2）、pp.897 ～ 899。
14）「青苔（アオノリ）」前掲註 2）、pp.899 ～ 902。
15）「紫菜（ノリ）」、前掲註 2）、pp.902 ～ 913。
16）「川苔（カワノリ）」、前掲註 2）、pp.913、914。

17)「鶏冠菜（トリサカノリ）」、前掲註2)、pp.914、915。
18)「於胡菜（オゴノリ）」、前掲註2)、pp.915、916。
19)「石花菜（コルモハ）」、前掲註2)、pp.916 ～ 919。
20)「海髪（イギス）」、前掲註2)、pp.919、920。
21)「ウケウト」、前掲註2)、p.920。
22)「角俣菜（ツノマタ）」、前掲註2)、pp.920、921。
23)「海羅（フノリ）」、前掲註2)、pp.921 ～ 923。
24)「白藻（シラモ）」、前掲註2)、pp.925、926。
25)「鵬鳩菜（マクリ）」、前掲註2)、p.926。
26)「海索麺（ウミゾウメン）」、前掲註2)、pp.926、927。
27)「雑海藻」、掲載註2)、p.929。
28)「延喜式　巻23民部下」、正宗敦夫編『復刻日本古典全集延喜式二』、現代思潮社、1978、pp.205 ～ 231。
29)「延喜式　巻24主計上」、正宗敦夫編『復刻日本古、典全集延喜式三』、現代思潮社、1978、pp.1 ～ 40。
30)「延喜式　第32、33大膳」、前掲註29)、pp.235 ～ 274。
31)「延喜式　第39内膳司」、前掲註29)、pp.163 ～ 169。
32)「延喜式　第42左右京東西市」、正宗敦夫編『復刻日本古典全集延喜式四』、現代思潮社、1978、pp.37、38
33)「延喜式　第5神祇5斎宮」、正宗敦夫編『復刻日本古典全集延喜式一』、現代思潮社、1978、pp.153 ～ 204。
34) 源順「倭名類聚抄」、京都大学文学部国語学国文学研究室編『諸本集成倭名類聚抄』本文編、臨川書店、1977、pp.748、749。
35)「七十一番歌合」、川俣馨編『新校皐書類従』第22巻、内外書籍、1932、p.191。
36) 新村出校閲、竹内若校訂『毛吹草』、岩波書店、1976、pp.157 ～ 187。
37) 人見必大著、島田勇雄註釈『本朝食鑑』1巻、平凡社、1976、pp.253 ～ 266。
38) 寺島良安著、島田勇雄、竹島淳夫、樋口元巳訳注『和漢三才図会』17巻、平凡社、1991、pp.292 ～ 314。
39)「日本山海名産図会」、浅見恵・安田健訳編『第1巻日本産業史資料（1）総論』、科学書院、1992、pp.332、333、516、517。
40) 大蔵永常著「廣益国産考」、飯沼二郎翻訳・現代語訳『日本農書全集』第14巻、農山漁村文化協会、1982、pp.292 ～ 300。
41) 大森長朗『岡山の海藻』、日本文教出版、1977、p.14。
42) 柳田国男『分類食物習俗語彙』、角川書店、1974、p.44。
43) 今田節子、藤田真理子「海藻の食習慣に関する研究―漁村・農村における海藻の食習慣の相違点と共通性―」、ノートルダム清心女子大学紀要生活経営学・児童学・食品栄養学編、23（1)、1999、pp.70 ～ 80。
44) 前掲註37)、p.264。
45) 前掲註28)。
46) 前掲註29)。
47) 前掲註30)。
48) 前掲註31)。
49) 前掲註32)。
50) 前掲註36)、pp.181、182、185。
51) 大田区立郷土博物館編『絵画にみる海苔養殖』特別展図録、大田区立郷土博物館、1991、p.68。
52) 前掲註15)。
53) 前掲註51)、pp.65、68 ～ 77。

54）寺島良安（尚順）編『和漢三才図絵』下之巻、中近堂、1884 ～ 1888、pp.1569、1570、国立国会図書館データーコレクション。
55）『庭訓往来』、前掲註 19）、p.916。
56）前掲註 35）。
57）『攝陽群談』、前掲註 14）、p.902。
58）『蝦夷行記』、前掲註 5）、p.880。
59）『続日本紀』、前掲註 5）、p.881。
60）前掲註 28）。
61）前掲註 29）。
62）前掲註 30）。
63）前掲註 31）。
64）前掲註 37）。
65）『雍州府志』、前掲註 5）、p.882。
66）前掲註 37）、pp.253、254。
67）前掲註 37）、p.253。
68）前掲註 65）。
69）前掲註 38）。
70）前掲註 39）。
71）谷川士清『倭訓栞』、成美堂、1898 ～ 1899、p.487、国立国会図書館データーコレクション。
72）前掲註 54）、p.1578。
73）前掲註 37）、p.260。
74）前掲 1）、pp.123、124。
75）前掲註 34）、p.748。
76）前掲註 3）、pp.116、117。
77）前掲註 28）。
78）前掲註 29）。
79）前掲註 30）。
80）前掲註 31）。
81）前掲註 32）。
82）前掲註 33）。
83）前掲註 65）。
84）前掲註 37）、p.254。
85）『南留別志』、前掲註 5）、881。
86）『婚礼推暕記』、『年中定例記』、前掲註 5）、881。
87）新井白石編『東雅』20 巻目 1 巻、吉川半七出版、1903、pp.388、389、国立国会図書館データーコレクション。
88）前掲註 4）、pp.288 ～ 290。
89）前掲註 5）。
90）前掲註 34）、p.748。
91）前掲註 84）。
92）『尺素往来』、前掲註 5）、p.878。
93）前掲註 84）。
94）前掲註 54）、pp.1579、1580。
95）前掲註 28）。
96）前掲註 29）。
97）前掲註 30）。
98）前掲註 31）。

99）前掲註33）。
100）『東大寺要録』、前掲註6）、p.886。
101）『三代実録』、前掲註6）、p.886。
102）前掲註90）。
103）前掲註4）、pp.286～287。
104）前掲註6）。
105）『令義解』、前掲註6）、p.888。
106）前掲註28）。
107）『雲錦随筆』、国文研鵜飼所蔵、pp.17、18。
108）前掲註103）。
109）貝原篤信『大和本草』18巻、永田調兵衛出版、1709、pp.40、41、国立国会図書館データーコレクション。
110）前掲註107）
111）前掲註37）、p.259。
112）前掲註4）、pp.290～291。
113）前掲註109）、p.42。
114）前掲註112）。
115）前掲註37）、p.260。
116）前掲註28）。
117）前掲註29）。
118）前掲註30）。
119）前掲註31）。
120）前掲註33）。
121）『東大寺要録』、前掲註15）、p.910。
122）『吾妻鏡』、前掲註15）、p.910。
123）前掲註51）。
124）前掲註37）、pp.261～262。
125）『庭訓往来』、前掲註15）、p.903。
126）『尺素往来』、前掲註15）、p.903。
127）前掲註28）。
128）前掲註29）。
129）前掲註30）。
130）前掲註31）。
131）前掲註33）。
132）前掲註32）。
133）前掲註4）、pp.281～283。
134）前掲註37）、p.264。
135）前掲註54）、pp.1569、1570。
136）前掲註135）。
137）前掲註35）。
138）「庭訓往来」、前掲註19）、p.916。
139）喜多川季荘編『守貞謾稿』巻6、心太売の頁、国立国会図書館データーコレクション。
140）前掲註109）、p.39。
141）『箋注倭名類聚抄』、前掲註14）、pp.899、900。
142）『重修本草綱目啓蒙』、前掲註14）、p.901。
143）前掲註28）。
144）前掲註29）。
145）前掲註30）。

146）前掲註 31)。
147）前掲註 33)。
148）『殿中申次記』、前掲註 14)、p.902。
149）『庭訓往来』、前掲註 14)、p.900。
150）前掲註 4)、pp.292 ～ 294。

# おわりに

最後に、これまで述べてきた各地域の調査結果と付論で扱った内容をもとに、西日本における海藻の食文化の特徴を地域性としてとらえるとともに、その結果を敷衍して日本における海藻の食文化の特徴をまとめ、『食文化の諸相』「第1部　海藻にまつわる食文化の地域性とその背景」を締めくくりたい。

## 1. 西日本における海藻の食文化の地域性とその背景

1985年から1998年にかけて聴き取り調査を実施した瀬戸内海沿岸、山陰沿岸、北近畿・北陸沿岸、四国・紀伊半島沿岸、九州南部沿岸、九州西部沿岸の海藻の食文化について詳細を述べてきた。これらの内容を比較検討すると、共通点と相違点がみえてくる（表1、2、3）。そこで、共通した食習慣の拡がりを地域性としてとらえると、西日本における海藻の食文化の特徴は地域性として表すことができるものであった。その地域性を決定付ける主な要因としては、特徴的な海藻の種類、採取目的と生業形態・漁業規模との関わり、特徴的な加工・調理法、海藻の使用目的、行事食としての位置付けなどがあげられる。

表1　西日本における日本海沿岸地帯の海藻の食文化の特徴

| 食習慣・生活習慣 | | 山陰沿岸 | | 北近畿沿岸 | 北陸沿岸 | |
|---|---|---|---|---|---|---|
| | | 島根県中部以西 | 島根半島以東 | 北陸沿岸(福井県) | 北陸沿岸(石川県) | 輪島市 |
| 海藻利用 | 海藻の種類 | 22種 | 21種 | 22種 | 15種 | 21種(褐藻類多い) |
| | 採取目的 | 出荷・自給 | 出荷・自給 | 自給＞出荷 | 自給・(出荷) | 出荷＞自給<br>(朝市への出荷) |
| | 日常食 | ○ | ○（冬野菜） | ◎（冬野菜） | ○ | ○ |
| | 行事食 | ◎（仏事） | ◎（仏事・慶事） | ◎（仏事・慶事） | ○（仏事・慶事） | ○（仏事・慶事） |
| | 救荒食 | ○ | ◎ | ◎ | ○ | ○ |
| | 海藻の位置付 | 漁業収入の一部 | 漁業収入の一部 | 漁業収入の一部<br>（低い） | 漁業収入の一部<br>（低い） | 漁業収入の一部 |
| | | 食材料・精進材料 | 食材料・精進材料 | 食材料・精進材料 | 食材料・精進材料 | 食材料・精進材料 |
| | 独自な加工 | 絞りワカメ | 板ワカメ | 板ワカメ | 板ワカメ | 絞りワカメ・<br>塩蔵ワカメ |
| | 独自な料理 | シラモ料理 | エゴノリ料理 | エゴノリ料理 | エビス | スイゼン・エビス<br>カジメ<br>（刻みツルアラメ） |
| 自然環境 | 海 | 外海・内海 | 外海 | 外海・内海 | 外海・内海 | 内海・外海 |
| | 気候 | 冬厳寒 | 冬厳寒 | 冬厳寒 | 冬厳寒 | 冬厳寒 |
| | | | | | | |
| 生業 | 専業漁業者 | 多い | 多い | 少ない | 多い | 多い専業中心 |
| | 兼業 | 漁業偏重型<br>半農半漁 | 漁業偏重型<br>半農半漁 | 機織り・民宿・農業<br>兼業漁業 | 漁業偏重型<br>半農半漁<br>（民宿） | 自給程度の農業<br>（民宿） |

（本表は聴き取り調査結果より作成）　○：利用あり　◎：利用頻度高い

自生する海藻の種類や量は、海水温や波の強弱、岩礁地帯の有無など海の環境に左右される。日本のなかでも最も内海性の強い瀬戸内海沿岸地帯では海藻の種類・自生量ともに少なく、これに対して外海性、内海性の両性質に富み、岩礁地帯も多い山陰沿岸・北近畿・北陸沿岸地帯の日本海沿

表2　瀬戸内海沿岸地帯の海藻の食文化の特徴

| 食習慣·生活習慣 | | 瀬戸内海沿岸 |
|---|---|---|
| 海藻利用 | 海藻の種類 | 16種 |
| | 採取目的 | 自給 |
| | 日常食 | ○ |
| | 行事食 | ○(仏事) |
| | 救荒食 | △ |
| | 海藻の位置付 | 収入源とならず |
| | | 食材料·精進材料　重宝なもの |
| | 独自な加工 | |
| | 独自な料理 | イギス料理<br>シラモ料理 |
| 自然環境 | 海 | 内海 |
| | 気候 | 温暖 |
| 生業 | 専業漁業者 | 少ない |
| | 兼業 | 農業偏重型半農半漁 |

(本表は聴き取り調査結果より作成)
○：利用あり△：利用頻度低い

岸地帯、紀伊半島沿岸・四国南岸・九州南部沿岸地帯の太平洋沿岸地帯、九州西部沿岸地帯の対馬海流域では、自生する海藻の種類や量も多く、良質であるという特徴がみられた。さらに明確な地域差を示した海藻としてワカメがあげられる。冬期でも海水温の高い太平洋沿岸地帯には、本来ワカメの自生はなく、ワカメの代用としても使われたアントクメの自生があったという特異的な特徴が認められた。また、紅藻類では日本海沿岸にはエゴノリが、瀬戸内海沿岸や島原湾沿岸ではイギスが、太平洋沿岸にはテングサ類のマクサとオニクサが、対馬海流域の九州西岸地帯ではマフノリやトサカノリなどが多いという特徴も確認された。さらに黒潮の影響で亜暖海域の性質をもつ太平洋沿岸地域には、スジアオノリやヒトエグサなどの緑藻類の自生が他地域に比較して質・量ともに優れている特徴が認められた

これらの地域性を示す海藻類は地域独自の加工保存法や調理法をもつものも多い。日本海沿岸地帯では素干しワカメ・湯ぬきワカメ、塩ワカメなどの他に、水洗いしたワカメを広げて干す板ワカメ・のしワカメと呼ばれる加工法が盛んに行われていた。また、徳島県鳴門の灰干しワカメも現在では地域独自の加工法として伝承されている。

凝固性の高い紅藻類には独自の料理法が伝えられており、日本海沿岸のエゴノリを水で煮溶かて固めたエゴネリ、イギスを米糠汁や生大豆粉、大豆の茹で汁で煮溶し固めた瀬戸内海沿岸のイギスや島原湾沿岸のイギリス、マクサにオニクサを混ぜて煮溶かし固めた脆さの大きい太平洋沿岸のトコロテン、九州南部沿岸地帯のトゲキリンサイの寄せ物であるムカデノリの味噌漬やカギイバラノリの寄せ物のミリン、そして九州西岸地域のトサカノリやキョウノヒモなどの寄せ物であるトサカコンニャクやキョウノヒモコンニャクなど、各地の海藻の性質を生かした特徴的な紅藻料理が工夫されてきた。

これらの紅藻類の料理に加え、ヒジキの白和え、アラメの煮物などが仏事を中心とする行事食としてつかわれてきた。その行事食の位置付けは日本海沿岸地帯で最も高く、慶事の行事食としても利用されている。ついで瀬戸内海沿岸地帯に利用がおおく、太平洋沿岸や九州西岸地域では、行事食の位置付けは高いとはいえないものであった。

さらに日本海沿岸地帯ではエゴノリやホンダワラ類、カジメ、ヒジキなどが救荒食としても利用され、また冬の野菜の代用としても重宝されてきた。厳しい気候を反映した地域的特徴である。

これらの海藻の食習慣にまつわる地域性の背景には、生業形態や漁業規模と海藻採取のかかわりのなかで培われた住民の海藻に対する価値観も反映しているように感じられる（表4、5)。例えば専業漁業者が多く、大規模漁業が営まれる四国南岸・紀伊半島沿岸地方では海藻採取には目は向けられず、漁業偏重型半農半漁村である山陰・北近畿・北陸地方、紀伊半島沿岸地方、九州南部沿岸、九州西部沿岸地方では漁業形態のなかに採藻漁が組み込まれたり、潜水漁が行われたりしており、

表３　太平洋沿岸南部地帯、対馬海流域の海藻の食文化の特徴

| 食習慣・生活習慣 | | 太平洋沿岸南部 | | | 瀬戸内海・太平洋沿岸の接点 | | 対馬海流域 |
|---|---|---|---|---|---|---|---|
| | | 九州南部沿岸 | 四国南岸・紀伊半島沿岸 | | 紀伊水道周辺沿岸 | 豊与海峡周辺沿岸 | 九州西部沿岸 |
| | | | （専業漁業地域） | （漁業偏重型半農半漁地域） | | | |
| 海藻利用 | 海藻の種類 | 23種 | 23種 | | | | 25種 |
| | 採取目的 | 出荷・自給 | 自給 | 出荷＞自給 | 出荷･自給 | 出荷･自給 | 自給 |
| | 日常食 | ○ | ○ | ○ | ○ | ○ | ○ |
| | 行事食 | △（仏事） | △（仏事） | △（仏事） | △（仏事） | △（仏事） | △（仏事） |
| | 救荒食 | △（アンドクメ） | △ | △ | | | |
| | 海藻の位置付 | 漁業収入の一助（小） | 収入源とならず | 漁業収入の一環 | 漁業収入の一環 | 漁業収入の一助（小） | 収入源になりにくい |
| | 独自な加工 | | | | 灰干しワカメ | | |
| | 独自な料理 | トコロテン（オニクサ混合）<br>ムカデノリの味噌漬･マガリ | トコロテン（オニクサ混合） | トコロテン（オニクサ混合） | トコロテン | トコロテン | トコロテン（オニクサ混合）<br>イギリス・トサカコンニャク<br>キョウノヒモコンニャク･ミリン |
| 自然環境 | 海 | 亜暖海域 | 亜暖海域 | | 温海域 | 温海域 | 温海域 |
| 生業 | 専業漁業者 | 専業漁業（中規模漁業） | 専業漁業（大規模漁業） | | | 専業漁業（中規模漁業） | |
| | 兼業 | 漁業偏重型半農半漁<br>農業･観光業との兼業漁業<br>中規模漁業盛ん、沿岸漁業 | （カツオ･マグロの一本釣り）<br>沿岸･遠洋漁業 | 漁業偏重型半農半漁<br>（中規模漁業）<br>（潜水漁と自給程度の農業） | 漁業偏重型半農半漁<br>（中規模漁業）<br>（潜水漁と自給程度の農業） | 漁業偏重型半農半漁<br>沿岸漁業 | 農業偏重型半農半漁<br>（小規模漁業）<br>定置網･潜水漁<br>畑作･畜産･養蚕 |

（本表は聴き取り調査結果より作成）　　○：利用あり　　△：利用頻度低い

表４　西日本沿岸地帯における生業のなかの海藻採取の位置付け

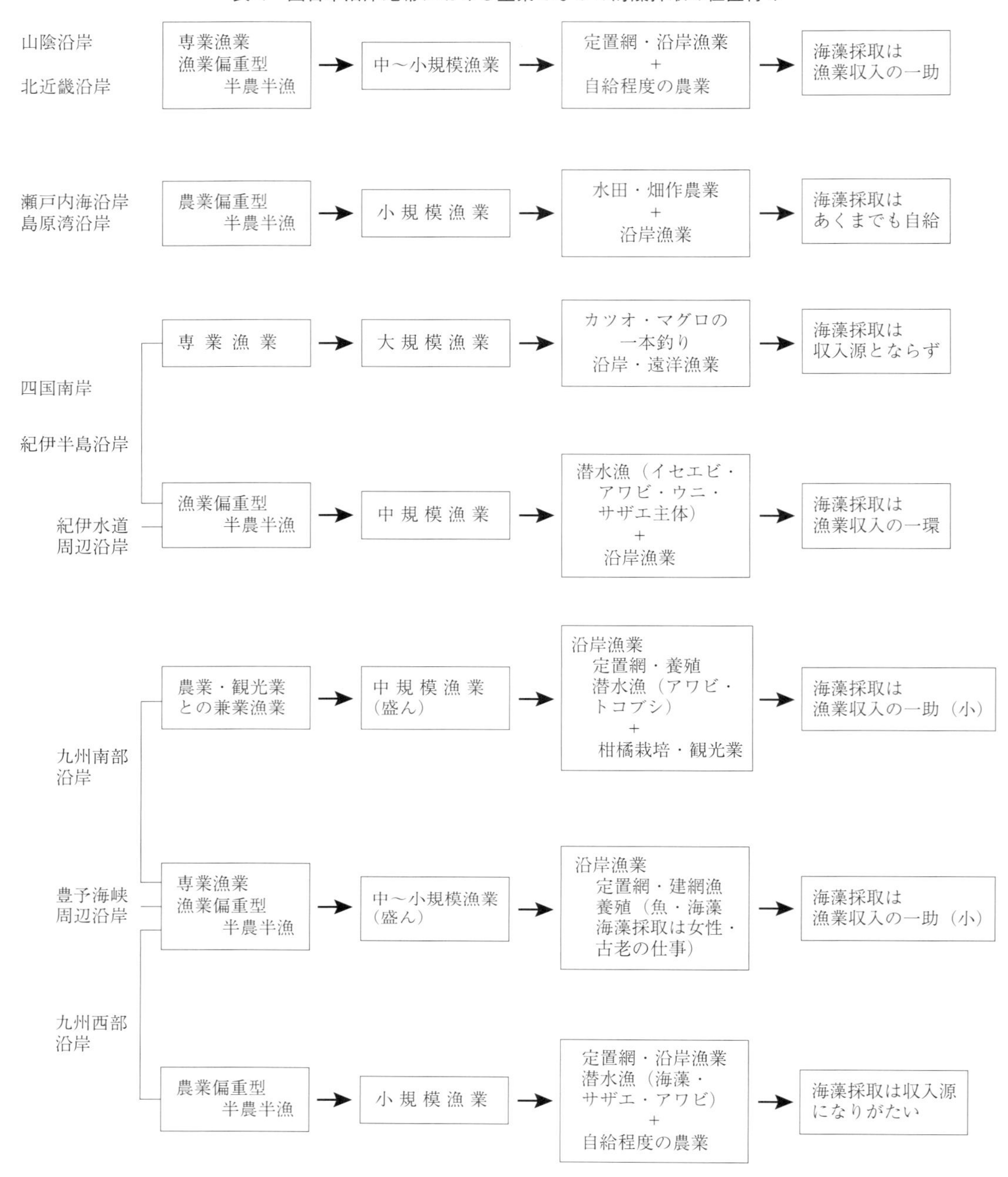


海藻採取は漁業収入の一助となっており、海藻に対する評価は比較的高ものであるといえよう

以上のような採取・利用されてきた海藻の種類、海藻の採取目的、そして海藻の食習慣を重ね併せてみると、西日本沿岸地帯にみられる海藻の食文化の特徴は、５つの地域性としてとらえることができる。すなわち、Ⅰ．山陰沿岸・北近畿沿岸・北陸沿岸地帯、Ⅱ．瀬戸内海沿岸・島原湾沿岸地帯、Ⅲ．紀伊半島沿岸・四国南部沿岸・九州南部沿岸地帯、Ⅳ．九州西部沿岸地帯、そしてⅤ．豊予海峡・紀伊水道周辺沿岸地帯の５地域である（図１)。この地域性は海藻の生態的特徴と海の環

表５　西日本における海藻の食文化形成の背景

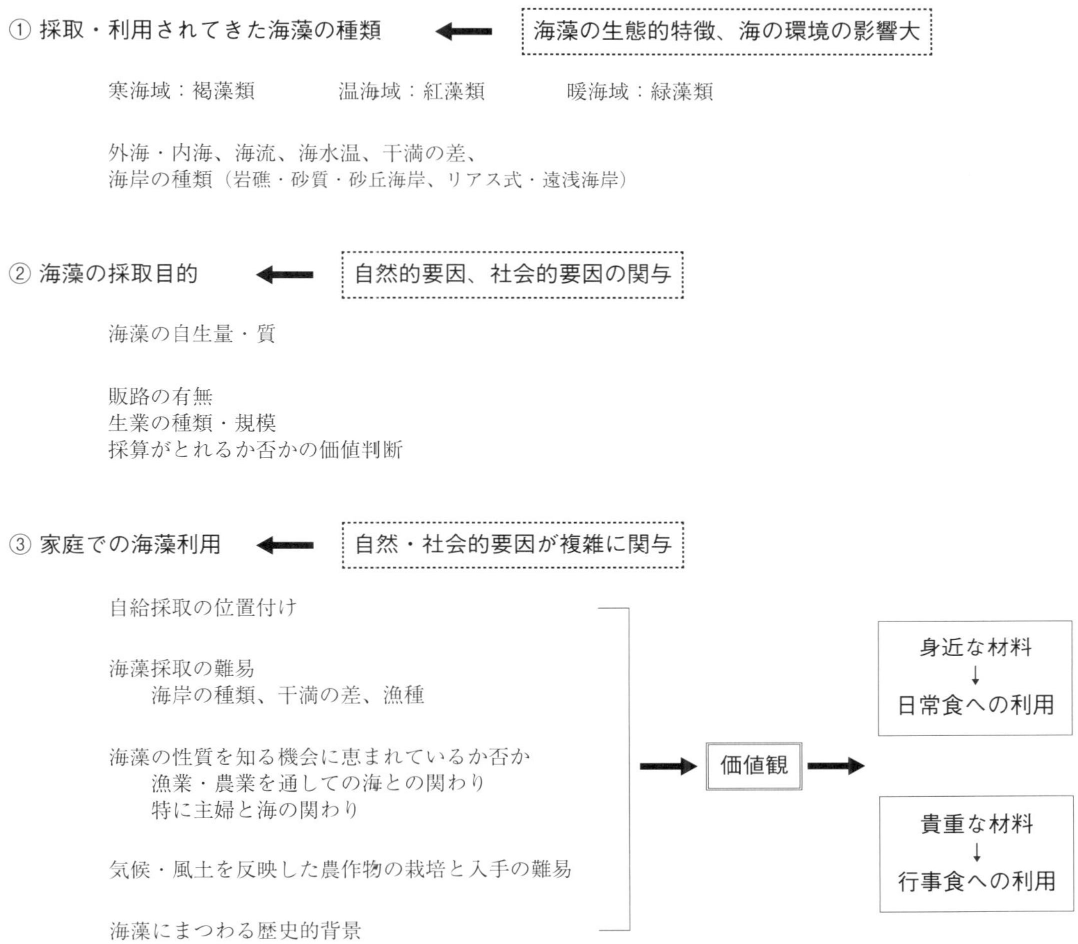

① 採取・利用されてきた海藻の種類 ← 海藻の生態的特徴、海の環境の影響大

寒海域：褐藻類　温海域：紅藻類　暖海域：緑藻類

外海・内海、海流、海水温、干満の差、
海岸の種類（岩礁・砂質・砂丘海岸、リアス式・遠浅海岸）

② 海藻の採取目的 ← 自然的要因、社会的要因の関与

海藻の自生量・質

販路の有無
生業の種類・規模
採算がとれるか否かの価値判断

③ 家庭での海藻利用 ← 自然・社会的要因が複雑に関与

自給採取の位置付け

海藻採取の難易
　海岸の種類、干満の差、漁種

海藻の性質を知る機会に恵まれているか否か
　漁業・農業を通しての海との関わり
　特に主婦と海の関わり

気候・風土を反映した農作物の栽培と入手の難易

海藻にまつわる歴史的背景

→ 価値観 →

身近な材料
↓
日常食への利用

貴重な材料
↓
行事食への利用

境のかかわり、生業形態や漁業規模･販路などの社会的要因の影響、住民の海藻にたいする価値観、歴史的要因などが複雑に絡みあい、長年の生活のなかで形成されてきたものといえよう。そこには長年の経験から体得した海藻の性質を最大限に生かそうとした住民の積極的な取り組みがあったことはいうまでもない。

## 2. 日本における海藻の食文化の特徴― Sea Vegetable としての利用―

日本における海藻の食文化の特徴としてまず第一に、日本人と海藻の関わりは古く、その用途は実に幅広いものであったことをあげることができる。古代には税として朝廷に貢献された海藻は、貴族階層の食材料としても支給された。また、神社仏閣の行事の供物として、神官や僧侶の供養料として使われ、海藻の流通は市や座の発達にも繋がっていった。これらの習慣は後に民間の食習慣にも影響を及ぼし、日常の食材料となっただけでなく、精神的意義の大きい行事の供物や料理に使う習慣を形成してきた。そして、海藻は天日乾燥することで長期間にわたり品質を保持しながら保存ができることから、凶作時の、また戦中の救荒食としても蓄えられ、人々の命をつなぐ役割も果

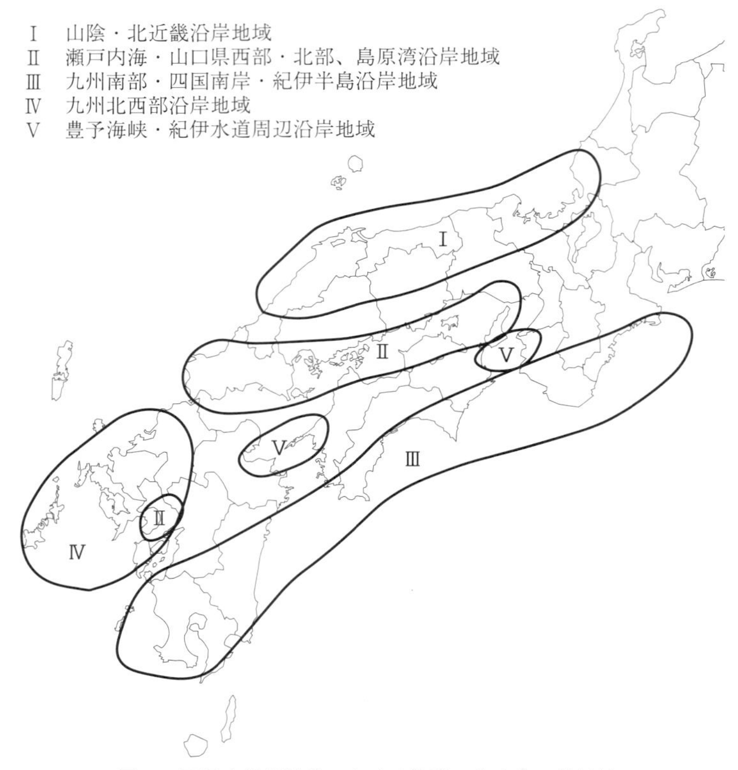


図１　西日本沿岸地帯における海藻の食文化の地域性

たしてきた。さらに長年の経験から薬効を持ち、保健食としての効用をもつものとしても利用され、時には贈答品や生活のための米や魚介類を入手するために物々交換の対象ともなり得た。そして、海藻の種類や性質が明らかになるにつれ、その用途はさらに広がり、食用以外の建築用の糊、田畑の肥料、化学成分の原料などとしても大きな役割を果たしてきたのである。

第二に日本人の食材料としての海藻利用の特徴は、藻体全体を生食または加熱調理して食べる所にある。そして、汁物、酢の物、和え物、煮物、炙りもの、揚げ物、飯や餅料理、漬け物など調理法が多彩で、野菜料理と酷似するものであった。この特徴は他国の海藻利用と比較したときにさらに明確になる。東南アジアの国々では海藻をスープやサラダ、煮物、ゼリーに使う習慣がみられるが[1)]、海藻の種類や調理法は日本に比べると限られたものである。そして、その他の国々では、アルギン酸やカラギーナン、寒天、ヨウ素などの化学成分を工業的に抽出して、利用するというのが普通である[2)]。

第三に海藻の加工保存工程や調理工程には海藻組織の軟化、味や香りの向上、色や食感の改善、原藻の溶解とゲル化を促進する工夫がみられた。その工夫には太陽光線や風、水などの自然環境や家庭で使用される加熱操作の応用、自給栽培される農作物、塩や味噌など普段使われる調味料類などの組合わせなど、身近なものを取り入れたものである。これらは海藻のために特別に開発された技術ではなく、長年の経験から会得したものばかりである。

これらの特徴を持つ食習慣の形成には、地域独自の地勢や気候風土だけでなく、生業形態やその規模、各時代の経済状態や物資の流通、政策、宗教的動向など、自然環境のみならず社会的環境の関与が大きいものであることは、すでに述べたとおりである。様々な用途をもつ日本の海藻の食習慣には、まさしくこの説が当てはまるものである。海藻利用の歴史が古く、食用海藻の種類が多いことは、日本が海に囲まれ東西南北に長い海岸線をもち、暖流と寒流の両海流の影響を受ける多彩な海の環境をもつという自然環境の存在が大きく反映している。さらに聴き取り調査過程で度々話にでてきた海人の存在、海浜に比較的多くみられる海部郡・海士町といった地名、これらからも想像されるように漁労や採藻漁に携わる海人族の存在があったことも海藻の採取・利用につながる大きな要因であったといえよう。古代にはその環境をうまく政策に取り入れ税の一部とした。また、豊富な海藻を漁業や加工業に組み込み経済生活の一助としてきた地域も多くみられた。乾燥保存が可能な海藻の性質は流通を盛んにし、自給採取が可能な地域のみならず、農山村での食用海藻の利用を可能にした。そして、漁村だけでなく半農半漁村、近隣の農村地帯においても肥料用海藻の採取などで海との関わりは深く、その長年の経験を積むなかで海藻の性質を知り、情報を交換しながら、よりよい加工保存法や多彩な料理法が工夫されていったといえよう。さらに各地域、各時代の宗教観や古代からの歴史を反映して精神的意義の高い行事食の習慣も生んできた。このように日本の自然環境や海藻の性質に、社会環境が複雑に絡み合い、多面的な海藻にまつわる食文化を形成してきたといえる。

1977年Miss Judith Cooper Madlenerによって、食用海藻をSea Vegetable（海の野菜）と表現することが提唱された[3)]。それは、海藻が豊富なミネラルとビタミンを含有し、野菜の成分と類似していることからきているらしい。日本人の海藻利用は、成分の類似性だけでなく、藻体を野菜と同様に調理して食べるという食習慣の点からも、Sea Vegetableの利用という表現がふさわしい。まさしく、日本人の海藻の食文化は「海の野菜」にまつわる食文化と言い換えることができる。

今後の食生活には、海藻の効用にみられたような海藻の生理機能を生かした利用が望まれよう。その利用法のヒントは、これまで述べてきた海藻の食文化のなかに埋もれているように感じられる。なぜなら、そこには自然の恵みを最大限に生かした先人の知恵が詰め込まれているからである。そして、それらは現在にも通ずる科学的にも有効なものが多いからである。

なお、海藻料理の種類や作り方などは、『海藻の食文化』[4)]に詳細を述べた。本書と併せて読んでいただけると幸いである。

【註】

1）秋道智彌「海藻食の多様性と人類」、vesta（食文化誌ヴェスタ）、No.107、味の素食の文化センター、2017、pp.46 ～ 56。
2）山田信夫『海藻利用の科学』、成山堂書店、2000、pp.14 ～ 49。
3）Seubin Arasaki and Teruko Arasaki, VEGETABLES FROM THE SEA, Japan Publications Inc., Tokyo, Preface, 1983.
4）日本水産学会監修、今田節子著『海藻の食文化』ベルソーブックス014、成山堂書店、2003。

# 第2部
# 大衆魚（鯖・鰯・鱈）の伝統的食文化とその背景

# はじめに

魚食文化は米食文化と並び日本を代表する食文化の一つである。日本人と魚介類の関わりは原始の時代にまで遡ることができ、考古学の分野で明らかにされている資料から当時の日本人の生活と魚介類の利用実態を想像することが可能である。全国の縄文貝塚からは71種にもおよぶ魚骨や354種にもおよぶ貝類が出土しているといわれ[1)]、今日と変わらぬ魚介類が食用とされてきたことに驚かされる。また、魚介類の地域性を示した資料[2)]からは、沿岸部のみならず内陸部まで魚介類の分布が広がっていることがわかる。これらの資料から南北に長い地形を有する日本は暖流、寒流の影響を受け異なる海の環境を持つと共に、内陸部においては河川に恵まれ、多種類で豊富な魚介類が生息する風土を持っていたことが、魚食文化発達の基盤にあったことが見て取れる。我々の先人達はこのような恵まれた風土を巧みに生活のなかに取り込み、日本を代表するといわれるまでの魚食文化を築いてきたといっても過言ではない。

残された文書のなかに日本人と魚介類利用の関わりが具体的にみえてくるのは律令国家以降のことである。『奈良朝食生活の研究』[3)]などの先行研究からその概要を示すと次のようである。律令制の下では魚介類が調に指定され、各地から朝廷に貢献されている様子を平城宮跡出土の木簡[4、5)]や『延喜式』[6～8)]等からも知ることができる。この制度は結果として運搬に便利な干物やなれずし、魚醤、塩辛などの魚の加工保存法の発達を促していった。さらに後には調として貢献された奈良や京都の都のみならず、加工品の幅広い流通を可能にし、海から距離を置く農村、中山間、山間地帯にまで利用を拡大していくことに繋がっていったものと思われる。具体的な料理法の発達に関連しては、まず平安時代の大臣大饗の記録[9)]をあげることができるが、大臣のもてなし料理とはいえ前述の加工品が数多く盛りつけられたもので、現在我々が料理と理解している煮炊きして味付けした魚介類料理とはほど遠いものであった。古代においては魚の加工品そのものが料理として使用されており、料理法は未発達であるが、魚介類が宴席の晴れの材料として使われていたことは確かである。魚の料理法が大きく発達するのは室町時代後期から江戸時代初期あたりで、秘伝抄[10～12)]や江戸時代の料理書[13, 14)]には多種類のなますや煮物、焼き物、汁物などの魚介類を主材料とした料理が紹介されており､今日とほぼ変わらぬ料理法が発達していたことが分かる。古代の『厨事類記』[15)]や、中世の『山科家来記』などには行事の食べ物に関する記録もみられ[16)]、魚介類は行事食として、客の接待料理として、また神事の供物としてもなくてはならないものとなり、後にその習慣は民間にも普及使していったといわれている。しかしこれらの記録に残された魚介類の食習慣は、上層階層やある特定の家で行われてきた習慣が主流である。

一方、庶民階層の伝統的食文化に関心を持ち、長年現地に赴き古老達から聞き取り調査を実施してきた筆者は、特定の階層の日本の魚食文化とは別に、民間に伝承されてきた庶民階層の魚食文化とその背景を明らかにしておく必要性を常々感じてきた。世界から注目される代表的な日本の魚食文化と、記録には残されていないが素朴な庶民生活のなかで毎日の積み重ねによって伝承されてきた地方の魚食文化、この両者が一帯となったものが日本の伝統的魚食文化であるという視点が重要であると考える。

自給自足を大原則とした昭和初期頃までの伝統的食生活のなかにあっては、購入に頼ることが多い魚介類の利用は日常の食事としては極めて少なく、目が赤くなった塩鰯や塩鯖が一週間に一度、一ヶ月に数回、食卓へのぼればご馳走であったこと、だしを兼ね煮干しも汁の実や煮材になったこと、病気になれば鯖缶を買ってもらえたこと、正月魚のブリがほとんどの家庭で購入できるようになったのは農地改革以降で、それまでは煮干しや鮭で代用したこと、普段は倹約して祭りには鯖やサワラを購入し自慢のすしを作り精一杯もてなしたことなど、素朴な習慣や思いのなかに住民と魚介類との深い関わりがみえてくる。庶民階層の素朴な日常食や行事食のなかには、苦労や喜びなど住民の価値観や精神的側面が大きく反映しているように感じられる。

食文化の諸相第２部では、日本の代表的な食文化、なかでも庶民階層に伝承されてきた伝統的魚食文化の特徴とその背景について、大衆魚を一指標として明らかにしていくことを目的とした。

大衆魚とは「大衆が買えるような、比較的安価な魚。イワシ、サバ、アジなど」[17]とあり、社会の大多数をしめる労働者・農民などの勤労階層である民衆[18]の多くが安価に購入でき、利用可能な身近な魚介類と理解できる。すなわち､大衆魚の伝統的な利用実態を明らかにしていくことで、庶民階層に伝承されてきた魚食文化の特徴を把握し､その背景を考察することが可能であると考え、鯖・鰯・鱈を取り上げ、それらの大衆魚にまつわる伝統的食文化とその背景に関する調査研究に着手した。

伝統的魚食文化の特徴を明確にしていくためには、高度経済成長期以前の西洋文明の影響が少ない時代、しかも第二次世界大戦中および戦後の極度の物不足により伝統的な生活習慣の継承が中断せざるを得なかった昭和10～20年代を除いた、それ以前の食生活を対象とすべきであると考えている。すなわち、明治・大正時代から昭和10年頃までの自給自足を大原則とする食生活を調査対象とし、可能な限り具体的な事例の収集に努めた。調査研究は聞き取り調査と文献調査の両面から実施した。具体的な食習慣は現地におもむき住民から直接話を聞く方法で、料理法や生活環境などは観察調査により、また文献調査は庶民の生活を記録した『日本の食生活全集』[19]、『日本の衣と食』[20]、『日本民俗地図』[21～23]、『日本の食文化』[24]、市町村史などを中心に調査を進めた。

第１章では「伝統的食生活にみる魚介類の種類と地域性」、第２章では「鯖の伝統的食文化とその背景」、第３章で「鰯の伝統的食文化とその背景」、第４章では「加工保存食にみる鯖・鰯の食文化とその背景」について論述していくことにする。

**【註】**

1）石川寛子編『食生活と文化』、弘学出版、1995、pp.38～39。
2）金子浩昌、西本豊弘、永浜真理子「狩猟・漁労対象動物の地域性」、『季刊考古学』創刊号、雄山閣、1982、pp.18～24。
3）関根真隆『奈良朝食生活の研究』、吉川弘文館、1989。
4）前掲註3）、pp.149～180。
5）前掲註1）、pp.40～42。
6）「延喜式」巻24主計上（927成立）、正宗敦夫編：『復刻日本古典全集、延喜式二』、現代思想社、1978、pp.1～40。
7）「延喜式」巻32、33大膳（927成立）、正宗敦夫編：『復刻日本古典全集、延喜式三』、現代思想社、1978、pp.235～274。
8）「延喜式」巻39内膳司、前掲註7）、pp.163～169。
9）著者不詳「類従雑要抄」巻第一（室町時代成立）、『新校群書類従』第20巻、内外書籍、1929、

pp.510 ～ 525。
10) 口伝料理書「四条流包丁書」(1489 成立)、『新校群書類従』第 15 巻、内外書籍、1929、pp.846 ～ 855。
11) 口伝料理書「大草殿より相伝之聞書」(1535 ～ 1573 頃成立)、前掲註 10)、pp.872 ～ 898。
12) 著者不詳「包丁聞書」(推定 1540 ～ 1610)、前掲註 10)、 pp.867 ～ 871。
13) 著者不詳「料理物語」(1643)、吉井始子監修『江戸時代料理本集成』資料編、臨川書店、1978。
14) 著者不詳「古今料理集」(推定 1674)、前掲註 13)。
15) 紀宗長『厨事類記』(推定 1295 頃)、前掲註 10)、 pp.819 ～ 839。
16) 滋賀県立琵琶湖博物館編「日本中世魚介類消費の研究――一五世紀山科家の日記から―」、琵琶湖博物館研究調査報告書、 第 25 号、2010。
17) 日本国語大辞典第二版編集委員会『日本国語大辞典』(第二版) 第 8 巻、小学館、2003、p.659。
18) 前掲註 17)、p.658。
19) 日本の食生活全集編集委員会編『日本の食生活全集』全 48 巻、農山漁村文化協会、1985 ～ 1992。
20) 平敷令治、恵原義盛編『日本の衣と食』全 10 巻、明玄書房、1974。
21) 文化庁編『日本民俗地図』Ⅰ、Ⅱ年中行事、国土地理協会、1969 ～ 1971。
22) 文化庁編『日本民俗地図』Ⅳ交易・運搬、国土地理協会、1974。
23) 文化庁編『日本民俗地図』Ⅸ食生活、国土地理協会、1988。
24) 成城大学民俗学研究所編『日本の食文化―昭和初期・全国食事習俗の記録―』、岩崎美術社、1990。

# 第１章　伝統的食生活にみる魚介類の種類と地域性

本章では鮮魚、加工魚を問わず日常食、非日常食に使用された魚介類の種類を一指標として伝統的魚食文化の特徴を地域性としてとらえることを目的とした。ここでいう地域性とは共通した食習慣の拡がりを指す。すなわち利用する魚介類の種類を同一とする地域の拡がりが狭い場合は地域の独自性が高い魚介類として理解でき、一方、日本全国で利用され地域性が認められない魚介類は本書第２部で取り上げる大衆魚としてとらえられる可能性が高い。

主な資料としては大正末期から昭和10年頃までの伝統的食生活を当時の主婦から聞き取り調査し、各県毎に食生活の様子を生活背景と関連づけながらまとめた『日本の食生活全集』[1]を対象とした。本資料は、日本全国のほぼ同時代の食生活を比較検討することが可能であるという点で、本研究には適切な資料と判断した。本書に記載された調査地は325地域にもおよんだ(表1)。なお、魚介類には地方名が多く、魚類図鑑や方言辞典などを参考に可能な限り正式名を明らかにしたが、不明のものについては記載された名称のままを用いた。また、魚類の生態および生息域などについては『日本産魚類大図鑑』など[2〜4]を参考にした。

## 第１節　日常食・非日常食としての魚介類

### 1. 日常食として使用された魚介類

自給自足を大原則とする昭和初期の伝統的食生活において、日常の食事では魚介類の利用頻度は決して高いものではないが、使用された魚介類の種類は予想外に多いものであった。日常の食事に使われた魚介類は、九州・沖縄、中国・四国、中部、関東、東北・北海道のいずれの地域においても70～80種類にのぼり（表2)、中国・四国地方で最も多く、東北・北海道地方で少ないという特徴がみられた。中国・四国地方は日本海、瀬戸内海、太平洋に面し、しかも、温海域と黒潮の接岸する亜暖海域も含まれるために、他の地域に比べ多彩な海の環境を有し、生息する魚介類が多いことが影響した結果といえる。一方、東北・北海道地域は日本海、太平洋域に面する地域であるが、いずれも寒流の影響が大きく海の環境に変化が比較的少ない地域といえ、漁業が盛んな地域は多いが、魚種は他地域に比較して若干少なかったものと考えられる。

しかしながら、各地域の20％以上の調査地で使用がみられた比較的出現率が高い魚介類の種類をあげてみると、出現総種類数の比較的少なかった東北・北海道地域では17種類と多く、ほかの地域では10種類、とくに出現総種類数の一番多かった中国・四国地方においては４種類と少ないものであった（表2)。このことは、東北・北海道地域では広い地域で共通して使用されている魚介類が多く地域差が小さいこと

表１　調査地数

| 地　域　区　分 | 調査地数 |
|---|---|
| 沖縄・九州地方 | 56 |
| 中国・四国地方 | 61 |
| 近畿地方 | 46 |
| 中部地方 | 68 |
| 関東地方 | 47 |
| 東北・北海道地方 | 47 |
| 計 | 325 |

(『日本の食生活全集』より作成)

表2　日常食に使用される魚類

（出現率）

| 魚　名 | 沖縄・九州 | 中国・四国 | 近　畿 | 中　部 | 関　東 | 東北・北海道 |
|---|---|---|---|---|---|---|
| アイナメ | ○ | ○ | ○ | ○ | ○ | 23 |
| アジ | 13 | 30 | 39 | 16 | 29 | 11 |
| アミ | ○ | ○ | ○ | ○ | ○ | 11 |
| アンコウ | — | — | — | — | ○ | 13 |
| イカ | 13 | 28 | 30 | 31 | 31 | 68 |
| イカナゴ | — | ○ | 13 | ○ | — | 13 |
| イワシ | 68 | 95 | 85 | 78 | 84 | 89 |
| エイ | ○ | ○ | 13 | ○ | — | 23 |
| エビ | 11 | ○ | 24 | 21 | 22 | ○ |
| カツオ | 18 | ○ | 37 | 37 | 69 | 30 |
| カニ | ○ | 10 | ○ | 16 | 13 | 11 |
| カレイ | ○ | 16 | 15 | 13 | 16 | 55 |
| キス | ○ | ○ | 13 | 12 | 11 | ○ |
| キンキ | — | — | — | — | — | 11 |
| クジラ | 21 | 10 | 17 | ○ | ○ | 28 |
| コノシロ | ○ | 10 | ○ | ○ | ○ | — |
| サケ | — | ○ | 41 | 29 | 47 | 81 |
| サバ | 57 | 61 | 61 | 49 | 42 | 51 |
| サメ | — | — | — | ○ | — | 45 |
| サンマ | — | ○ | 28 | 26 | 51 | 40 |
| タイ | 14 | 10 | ○ | 10 | 16 | 11 |
| タコ | ○ | 13 | 17 | 10 | ○ | 31 |
| タチウオ | ○ | ○ | 11 | ○ | — | — |
| タナゴ | — | — | — | — | — | 11 |
| タラ | ○ | ○ | 13 | 24 | 13 | 57 |
| トビウオ | 14 | 18 | 13 | 10 | ○ | — |
| ニシン | — | — | 35 | 35 | 40 | 77 |
| ハゼ | ○ | ○ | 11 | — | ○ | ○ |
| ハタハタ | — | — | ○ | 10 | — | 28 |
| ハモ | ○ | ○ | 17 | 10 | — | ○ |
| ヒラメ | — | — | — | ○ | 11 | 23 |
| ホッケ | — | — | — | ○ | — | 15 |
| ボラ | ○ | 13 | ○ | ○ | ○ | ○ |
| マグロ | ○ | ○ | 11 | ○ | 11 | 15 |
| マス | — | 10 | 13 | 21 | 16 | 62 |
| メヌキ | — | — | — | — | — | 11 |
| メバル | ○ | 10 | — | ○ | — | 11 |
| 出現魚類数 | 70種 | 81種 | 73種 | 76種 | 69種 | 60種 |
| 出現率20%以上 | 3種 | 4種 | 9種 | 10種 | 9種 | 17種 |
| 出現率30%以上 | 2種 | 3種 | 7種 | 5種 | 7種 | 12種 |

出現率（魚が出現した調査地数／各地域の調査地数×100）が10%以上の魚には出現率を、出現率が10%未満の魚には○印を、出現しなかった魚には—印を示した。
（『日本の食生活全集』より作成）

を、他の地域では広い地域で共通して使用されている魚介類は比較的限られており、日常食で使用される魚介類に地域差があることを示唆する結果であった。

## 2. 非日常食として使用された魚介類

非日常食においては日常食に比較して使用される魚介類の種類はいずれの地域においても少なく、近畿、中部、関東、東北・北海道地域では40種類前後、中国・四国、九州・沖縄地域では70

表3　非日常食に使用される魚類

（出現率）

| 魚　名 | 沖縄・九州 | 中国・四国 | 近　畿 | 中　部 | 関　東 | 東北・北海道 |
|---|---|---|---|---|---|---|
| アジ | 18 | 28 | 15 | 15 | 13 | — |
| アイナメ | — | — | — | ○ | — | 15 |
| アナゴ | ○ | 15 | 11 | ○ | — | ○ |
| イカ | 46 | 39 | 20 | 37 | 38 | 42 |
| イワシ | 63 | 82 | 59 | 65 | 76 | 53 |
| エイ | — | 11 | ○ | — | ○ | 26 |
| エビ | 20 | 23 | 17 | 12 | ○ | — |
| カズノコ | 43 | 59 | 52 | 46 | 64 | 29 |
| カツオ | 29 | 16 | 24 | 29 | 58 | 26 |
| カレイ | ○ | 10 | 11 | ○ | ○ | 45 |
| キチジ | — | — | — | ○ | — | 15 |
| クジラ | 21 | 13 | ○ | ○ | — | 13 |
| コダイ | — | 10 | ○ | ○ | — | — |
| コノシロ | ○ | 15 | ○ | ○ | ○ | — |
| サケ | 11 | 18 | ○ | 35 | 56 | 77 |
| サバ | 25 | 51 | 50 | 28 | 24 | 28 |
| サメ | ○ | 15 | ○ | ○ | ○ | 28 |
| サワラ | ○ | 15 | 11 | — | ○ | — |
| サンマ | — | ○ | 20 | 29 | 44 | ○ |
| シイラ | ○ | 25 | ○ | ○ | — | — |
| スズキ | ○ | 13 | ○ | 10 | ○ | — |
| タイ | 36 | 44 | 37 | 21 | 29 | 13 |
| タコ | 14 | 26 | 33 | 19 | 16 | 53 |
| タラ | 27 | 21 | 39 | 25 | 17 | 45 |
| トビウオ | 16 | 10 | ○ | — | — | ○ |
| ニシン | — | ○ | 22 | 31 | 51 | 70 |
| ハタハタ | — | — | — | ○ | — | 17 |
| ハモ | — | ○ | 15 | — | — | ○ |
| ブリ | 39 | 49 | 37 | 35 | ○ | — |
| ホッケ | — | — | — | ○ | — | 11 |
| マグロ | ○ | ○ | 13 | 12 | ○ | ○ |
| マス | ○ | 15 | ○ | 19 | 13 | 22 |
| カワハギ | — | ○ | — | — | 11 | ○ |
| 出現魚類数 | 63種 | 74種 | 41種 | 44種 | 38種 | 45種 |
| 出現率20%以上 | 10種 | 11種 | 11種 | 11種 | 9種 | 13種 |
| 出現率30%以上 | 5種 | 6種 | 7種 | 6種 | 7種 | 7種 |

出現率（各魚が出現した調査地数／各地域の調査地数× 100）が 10% 以上の魚には出現率を、出現率が 10% 未満の魚には○印を、出現しなかった魚には—印を示した。
（『日本の食生活全集』より作成）

種類前後であった。ここでも日常食同様に中国・四国地方で非日常食として使用される魚介類の種類が最も多いという共通した特徴がみられた。しかし、出現率の高い魚は10種類前後で、どの地域でも大差は認められなかった（表3）。

非日常食とは年中行事や人生儀礼の際の供物や客を招いての祝いの食事を指し、非日常食は日常食とは性質を異にする。正月や祭り、節句、そして年祝いなどの行事では、家族だけではなく親類縁者の参列のもとで神仏を迎えて祭典が行われ、その後会食が行われる。伝統的な行事になる程、地域で定まったしきたりがあり、それが伝承されてきた。このような背景のもとで、非日常食として使われる魚介類の種類には地域差が小さく、ほぼ共通した決まった習慣があることを物語っている。

# 第2節　魚介類の地域性とその背景

## 1. 全国的に利用が多かった魚介類

### (1) 全国で日常食とされた魚介類

各魚介類の出現率を検討した結果、調査地の20～30％以上の地域に出現する魚介類は少なく、これらを出現率が高いものとして扱っても問題はないと判断した。

まず日常食で各地域共に出現率30％以上の魚介類をあげると、鰯は出現率が68～95％と最も高く、次いで鯖が出現率42～61％をしめた。そして、一部基準を下回る地域があるがイカが13～68％、アジが11～39％の出現率で続く（表2）。日常食では、各地域70～80種類にもおよぶ魚の種類がみられた訳であるが、日本全国で共通して使用が認められた魚類は鰯、鯖、アジ、イカ程度の極めて限られたものであった。換言するならば、高い出現率を示した魚以外は地域差を示すものであるといえる。

全国的に使用頻度が高い鰯、鯖、アジ、イカは漁場に恵まれ、しかも加工保存法が多彩であるという共通した特徴が認められた（表4）。出現率の非常に高かった鰯は、沿岸付近に生息し、季節に応じて北上、南下する表層回遊魚で、海の色が変わるほど回遊してきたといわれるほど群をなして

表4　魚類の加工食品

| 魚類 | 乾製品 | 塩蔵品 | 調味加工品 | 水産漬物 | 塩辛 | 魚醤油 | 節　類 | 焼きもの |
|---|---|---|---|---|---|---|---|---|
| イワシ | 煮干し<br>目刺し<br>丸干しイワシ<br>生干しイワシ<br>ウルメイワシ<br>塩干し<br>素干し<br>ひぼかしイワシ<br>茹で干しイワシ<br>焼き干しイワシ<br>たたみイワシ | イワシの開き<br>塩イワシ | みりん干しイワシ<br>桜干しイワシ | へしこ<br>すし漬け<br>どぶ漬け<br>酢漬け<br>ごま漬け | 塩辛 | いしり | イワシ節<br>削り節 | |
| サ　バ | 塩干しサバ<br>干しサバ<br>ひぼかしサバ<br>焼き干しサバ | 塩サバ<br>開き | | 粕漬け<br>麹漬け<br>へしこ<br>慣れずし<br>すし漬け<br>サバいずし<br>かぶらずし | | | サバ節<br>なまり節<br>削り節 | 焼きサバ<br>あぶりサバ |
| ア　ジ | アジの干物<br>塩干しアジ<br>開き干し<br>あぶり干しアジ | アジの開き<br>塩アジ<br>くさや | | へしこ | | | | |
| イ　カ | スルメ<br>生干し | | | へしこ<br>酢漬け<br>一杯漬け<br>麹漬け<br>粕漬け<br>切り込み | 塩辛 | いしり | 燻製イカ | 焼きイカ |

（『日本の食生活全集』より作成）

やってくる習性がある。そのため、小規模の漁法でも大量に漁獲できるため、安価で入手しやすいという利点がある。安価な時期にはトロ箱で購入し、副食としたり加工保存したという事例は多い。鯖やアジ、イカについても海域を問わず日本本土沿岸に生息しているため、ほぼ全域で漁獲が可能であり、旬の時期には安価に出回ったといわれ、漁業者にとっても消費者にとっても好条件が備わっていたといえよう。また、これらの魚類は鮮度が低下しやすいものであるが、種類、大きさに応じて干物や塩物、漬け物、焼き物と多彩な加工保存法が発達し、漁村のみならず水田地帯や山間地帯にまで流通しやすかったという利点がある。

このように漁業者にとっては比較的小規模な沿岸漁業でも大量漁獲が可能であり、加工業者にとっては乾燥、塩蔵といった基本的な加工法で保存性が高く、しかも旨味の濃厚な製品を作り出すことができ、流通に便利である。そして、消費者にとっては大量に漁獲されるために農山漁村地域を問わず安価に入手できる。すなわち、このような漁獲、加工、流通、入手の一連の過程が備わっていたがゆえに、物資の運搬や保存技術が未発達な伝統的食生活のなかでも利用頻度が高く、全国で使用される習慣を生んできたものと思われる。

### (2) 全国で非日常食とされた魚介類

非日常食についてもほぼ同じ基準で全国的に出現率が高い魚介類をあげてみると、鰯（出現率53～82%）、鯖（出現率24～51%）、イカ（出現率20～46%）といった日常食としても出現率の高かった魚介類の他に、数の子（出現率29～64%）、カツオ（出現率16～58%）、タコ（出現率14～53%）、鱈（出現率17～45%）、鯛（出現率13～44%）、鮭（出現率11～77%）などがあげられ、日常食に比較して種類は多い（表3）。

非日常食は日常食とは区別されるものであったことは前述した通りである。自給自足を大原則とした伝統的食生活のなかにあって、ほとんどの地域で購入に頼らざるを得ない魚介類については、種類を問わず魚介類の使用自体がご馳走であったといわれる。したがって、日常食としても全国で使用が認められた鰯や鯖、イカが非日常食として登場しても不思議なことではない。どこでも、誰でもが購入可能であるという点において、これらは庶民階層の非日常食となりやすいものであったと考えられる。

これに対し、数の子やカツオ、鯛、タコ、鱈、鮭は日常食では出現率の高いものではなかった。その点では日常食とは区別される非日常食としての魚介類であったといえる。ニシンの卵である数の子は子孫繁栄の縁起ものとしての意味が大きい。鯛は古来から神饌として使用され、赤い色や名称が「めでたい」に通じることから縁起のよい魚として扱われてきた[5)]。カツオは太平洋に生息する代表的な魚で、日常食としてはめったに口にできない高級魚であった。鱈や鮭もほぼ全国的に非日常食として出現率の高い魚介類の一つであるが、これらも漁場が限られる大魚であること、塩蔵によって全国的に流通が可能であったことなどが広い地域での利用に繋がったものと考えられる。そして、タコが出現率の高い魚類の仲間に入っている理由は明確ではないが、中国地方では、田植え後の「代満」「さなぶり」といった行事に多用され、「験のよい魚」とされ、苗が田によく吸い付くようにといった縁起ものとして扱われている。

このように、非日常食として全国的に利用されてきた魚は、漁場は限られるが流通が可能であるもの、大魚で高級魚であるもの、色、形などから縁起のよいもの、古くから神聖な魚として利用されてきた歴史をもつものなどであった。

伝統的食生活のなかでは、一年の内に50日以上の行事が行われ、普段とは違った食べ物が用意されてきたといわれる。行事の日には安価な日常食に近い魚を使ったり、普段にはめったに食卓に登らない高級魚を使ったり、行事の意味や位置づけ、規模、季節、経済状態などを考慮して魚を選び、50日以上にもおよぶ行事が運営されてきたものと思われる。このような伝統的食生活の様子を、全国的に利用されてきた非日常食としての魚介類の種類からも窺い知ることができる結果であった。

## 2. 地域性のみられる魚介類

魚介類の生息は海域や海流に大きく左右される。東西南北に長い海岸線をもち、暖流と寒流の両方の影響を受ける日本においては、使用される魚介類の種類に地域差があっても当然のことである。前述したように数種類の魚介類以外は、各地域で出現率に差がみられる。そして、全国的に出現率の高い魚介類についても明らかに分布に偏りがみられるものもあった。そこで、出現率が高い魚介類の地域の広がりを地域性としてとらえ、特徴を探っていくことにした。この理解に従うと東日本で使用が多い魚介類、西日本で使用が多い魚介類、瀬戸内海沿岸で使用の多い魚介類、日本海沿岸で使用の多い魚介類、太平洋沿岸で使用の多い魚介類に大別された。そして、日常食、非日常食において出現率に差はあるものの、ほぼ共通した地域性が認められたので、両者を併せて特徴を述べて行くことにする。なお、ここでは中部地方以東を東日本、近畿地方以西を西日本として扱うことにした。

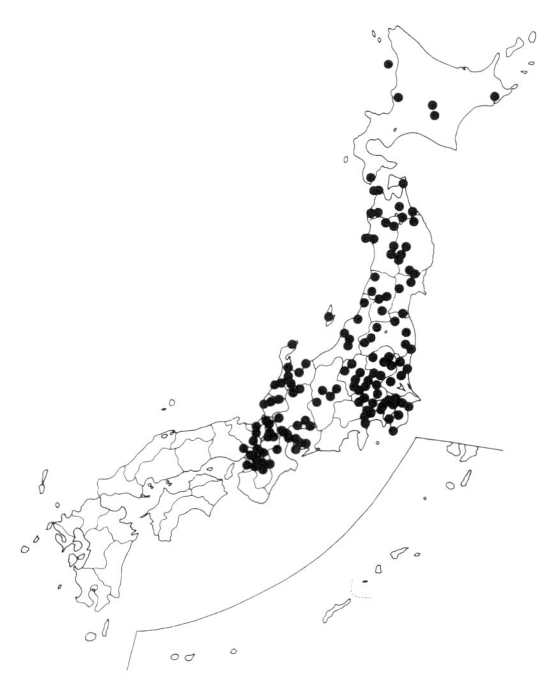

図1　ニシンを使用する食習慣の分布
（『日本の食生活全集』より作成）

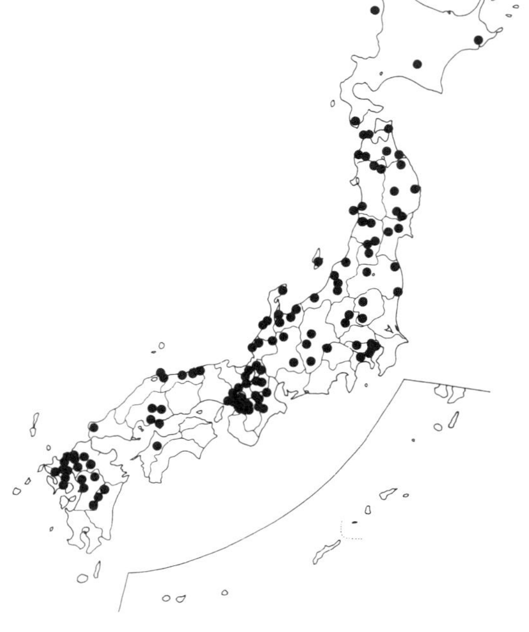

図2　鱈を使用する食習慣の分布
（『日本の食生活全集』より作成）

### (1) 東日本地域で多用された魚介類

東日本地域に出現率が高い魚として、ニシンや鱈、鮭、マスがあげられる。

ニシンは東海地方を除き東日本一帯で出現の多い魚の一つである。そして、中部地方に隣接する滋賀県、京都府、奈良県北部、大阪府にも使用がみられた。すなわち、石川県、福井県、滋賀県、京都府、奈良県、大阪府を南北に結ぶ線がニシンを利用する習慣の西端であり、それより西の地域にはニシンの利用はほとんどみられないという明確な地域性が認められた（図1）。

この地域性には、ニシンの漁場、加工品である身欠きニシンの流通が大きく関与している。外洋性ニシンは北海道沿岸に産卵のために接岸するところを漁獲され、春ニシンとして有名である。漁場に近い北海道や東北地方では、大量に漁獲された安価なニシンをまとめ買いして利用することが可能である。また、ニシンには日本各地の沿岸や汽水糊に生息する地域性ニシンがある。この種のニシンは常磐や銚子沖でも漁獲され､ニシンの生息域の南限であると考えられている。したがって、量的には多いとはいえないが関東地方でもニシンの入手が可能であったと想像される。そして、脂肪分が多くて腐りやすいニシンは身欠きニシンに加工され、ほぼ東日本全域に流通した。そして海上交通を通して若狭湾の港に陸揚げされた身欠きニシンは、海から距離をもつ滋賀県や京都府にも運び込まれ、京都の郷土料理であるニシンの昆布巻きやニシンそばにみられるようにニシンを利用する習慣が定着していったものと考えられる。

ニシン同様に東日本一帯に高い割合で出現する魚介類に鱈と鮭がある。これらは全国的にも利用がみられるものであるが、とくに東日本での出現率は他地方にくらべきわめて高いものであった（表2、3）。ニシンの分布と同様に東海地方での利用は少なく、鱈や鮭の漁場である北陸地方に隣接する京都府、滋賀県、奈良県北部、大阪府付近に出現が多く、この地域は鱈や鮭を利用する食習慣が濃厚に分布する東日本と出現が少ない中国・四国地方との境界線である。鱈と鮭の出現は鳥取県の日本海沿岸にもわずかにみられ、九州に至ると中部以北に出現率が高く、その習慣の広がりが比較的濃厚に認められた（図2、3）。すなわち、鱈と鮭を用いる食習慣は、近畿地方以東の東海地方を除く東日本一帯と九州中部以北に存在するという興味深い地域性を示した。

鱈と鮭の地域性にも、それらの漁場と流通の問題が大きく関与している。鱈はマダラやスケトウダラを一般に指すが、マダラの生息域は太平洋側、スケトウダラは日本海と北太平洋側に生息している。したがって、主な漁場は東北地方と北陸地方ということになる。そして、鮭の生息域は関東以北であり、特に東北地方の太平洋沿いで大量に漁獲される。しかも母川回帰の習性がある魚であるために内陸部においても河

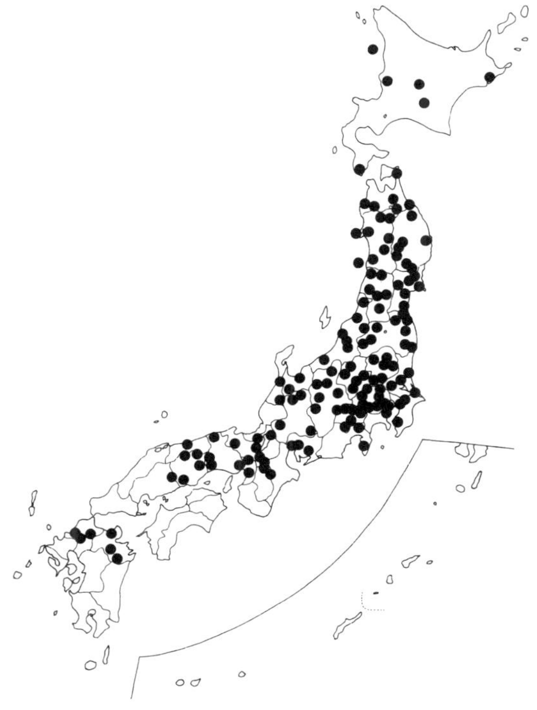

図3　鮭を使用する食習慣の分布
（『日本の食生活全集』より作成）

川からの漁獲が可能である。消費者にとっては入手に有利な条件を有しているといえよう。

しかし、鮮度の低下しやすい鱈や鮭を鮮魚として利用できるのは東日本においても限られた地域ということになる。しかし、鱈には塩蔵、干物、焼き干し、棒鱈、糠漬け、すし漬けなど、鮭は塩蔵、干物、焼き干し、甘酒漬け、すし漬け、親子漬け、塩辛、切り込みなど、様々な加工法が工夫されている。したがって、漁場から遠く離れた地域においても加工品の流通によって鱈や鮭の使用が可能な状況にあった。江戸時代には塩物、干物の鱈が売り歩かれた様子が記録に残されており[6、7]、多くの物資の流通がそうであったように、北海道や東北、北陸地方で漁獲、加工された鱈や鮭は海路で運ばれ、若狭湾に陸揚げされたものが滋賀、京都、奈良、大阪の地域に運ばれ、消費者の手に届いたものと考えられる。そして、近畿地方以西の鱈や鮭の出現が点在した地域や九州地方の習慣の広がりは、江戸時代に開かれた北前船の西回り航路、九州航路の寄港地とほぼ一致しており[8]（図4）、東日本の鱈や鮭の習慣が海路で九州地方にまで届いたということをうかがわせる地域性である。

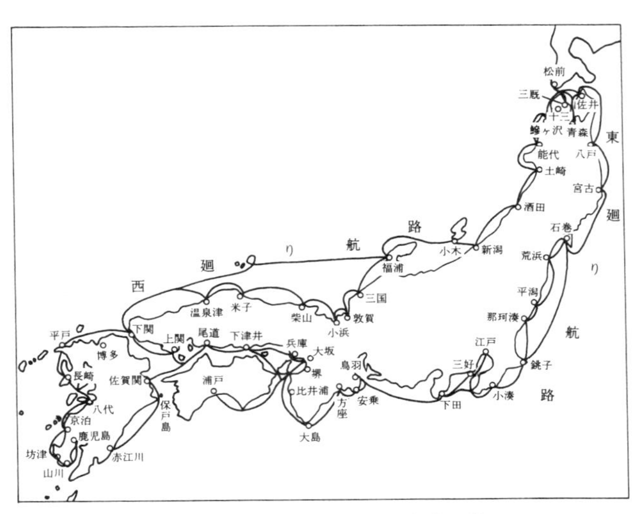

図4　江戸時代に開かれた海路と港

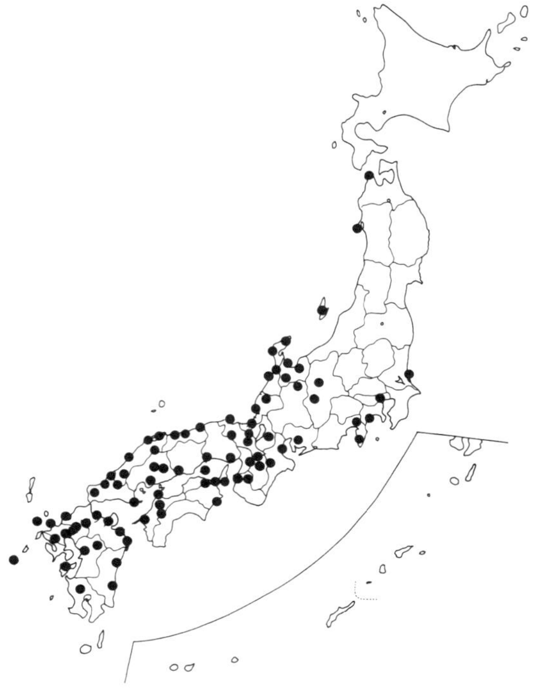
図5　ブリを使用する食習慣の分布
（『日本の食生活全集』より作成）

### (2) 西日本地域で多用された魚介類

西日本においては伝統的食生活のなかで出現した魚介類の種類は東日本に比べて多いものの、高い出現率でほぼ西日本全域にみられたものはブリぐらいであった。近畿地方以西および中部地方においてはブリは非日常食の代表的存在で、いずれの地域においても出現率は40％近くをしめている（表3）。特に中部地方では西部の富山県、石川県、福井県の北陸地方にブリの出現率が高く、近畿地方に隣接するこの地域がブリの利用が多い西日本地域と使用の少ない東日本地域の境界線になっていることが認められた（図5）。

ブリは、モジャコ、ワカシ、ハマチ（イナダ）、ブリと成長に伴って呼称が代わっていく出世魚であり、縁起の良い魚とされている。大魚であり「ブリ1本、米俵1俵」といわれたように高価な魚であるため、普段はめったに使えないものとして各地で非日常の魚として扱われてきた。

ここではハマチもブリに含めて扱ったが、ブリは日本沿岸を回遊し、日本海、太平洋など各地に生息している。しかし江戸時代より丹後、越中のブリが上品質とされ[9]、富山の氷見ブリの名が付くと値が上がるなどの話が言い伝えられている。そして、九州の五島列島沖は東洋の宝庫と呼ばれる程ブリの漁場として有名であったなど、日本海の方に好漁場が知られているようである。脂肪分が多いブリであるが、塩をすることで保存性も旨味も増し、しかも表皮が強靭であるという性質から、農山漁村を問わず流通し各地で使用されるようになったと考えられる。

また、『日本民俗地図』[10] によると、正月や祭り、盆が近づいてくると西日本全域に多くの市が開かれていたことがわかる。市では魚介類をはじめ行事に必要な品々が売られた。このような市がありブリ漁が盛んであるにも関わらず、中部地方以東の地域に出現率が低い理由については、今回の調査結果からだけでは明らかにできなかった。前述したように東日本には鮭や鱈、カツオ、マスといったブリに代わる大魚の分布がみられたことにも関係していると推測される。

### (3) 太平洋沿岸地域で多用された魚介類

太平洋沿岸地域に使用が多いと分類された魚介類はカツオとサンマで、太平洋を漁場とするものである。カツオは出現率の割合は地域で差はあるものの、九州から東北に至る太平洋側および近隣の内陸部に出現した（図6）。なかでも関東地方での分布が多く、東北地方での出現は低くなっている。また、サンマについても同様な地域性を示したが、九州・四国地方の太平洋沿岸地域での出現

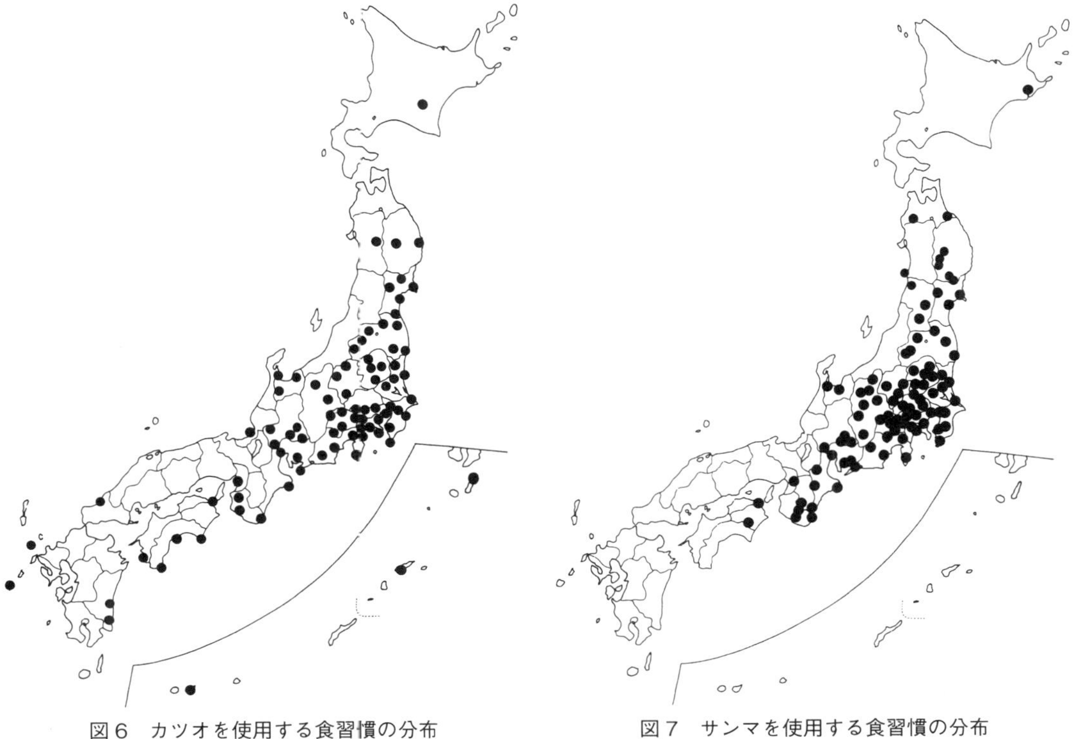

図６　カツオを使用する食習慣の分布
（『日本の食生活全集』より作成）

図７　サンマを使用する食習慣の分布
（『日本の食生活全集』より作成）

が少ないという点がカツオの地域性とは異なる（図7）。

カツオは北海道以南の太平洋側に生息し、4月から夏にかけて黒潮に乗って南九州から関東、東北、北海道南東へと北上しながら成長する。一部は黒潮を外れ対馬海流に乗って九州西岸に達する。そして、9月頃になると再び南下し、日本近海から姿を消すという習性をもつ。また、サンマも季節的に北海道から四国沖まで回遊して再び北上するという生態を持つ。したがってカツオは太平洋や東シナ海沿岸で、サンマは東日本一帯の太平洋沿岸で漁獲が可能ということになる。カツオやサンマの分布は魚の持つ習性によるところが大きいといえよう。そして、カツオやサンマの加工品は多彩とはいえないが、内陸部の利用は加工品であるカツオ節、なまり節、塩サンマなどが主流となっていた。

### (4) 瀬戸内海沿岸地域で多用された魚介類

出現率は低いものの主に瀬戸内海沿いに出現が認められた魚介類は、サワラ、コノシロ、アナゴ、ハモなどであった（図8）。

春になるとサワラは産卵のために瀬戸内海に回遊し、夏を瀬戸内海で過ごし11月頃になると外海にでていく習性がある。回遊してくる様子が島のようにみえるということから「魚島」ということばが伝えられているほど春期のサワラの生息は多かった。しかし、大魚で高価なものであったため、瀬戸内海沿岸の地域とはいえ日常食としては使えるものではなく、非日常食の代表的な魚として貴重なものとして扱われてきた。

コノシロは瀬戸内海沿岸地帯と島原湾沿岸地域に利用が認められた。生息域は宮城県の松島湾、

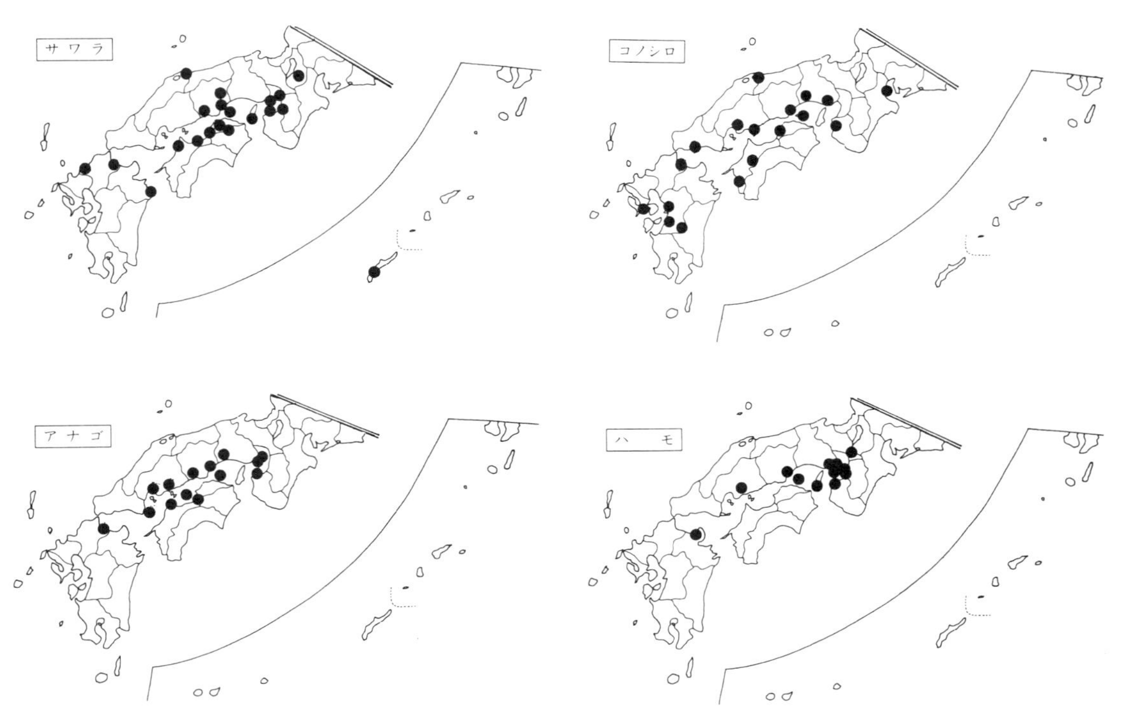


図8　サワラ、コノシロ、アナゴ、ハモを使用する食習慣の分布
（『日本の食生活全集』より作成）

佐渡を北限とする内湾や沿岸域に広く生息する魚である。ツナシ、シンコ、コノシロと成長に伴い名前が変化する出世魚の一種でもある。しかしながら、余り広い地域で利用される魚ではなかった。コノシロは特有の臭みもあり、小骨が多いためか江戸時代から上等な魚とされておらず、焼き魚にすると死人の臭いがする、切腹魚である等、縁起の良くない魚とされてきた[11、12]。このため生息域は広いが、出現率は低かったものと思われる。しかし、幼魚のツナシの味はよく、なます料理に適するとも江戸時代の料理書には記載されている[13~15]。岡山県の事例等にみられるように、大量に漁獲されたツナシは塩漬けにして保存され、祭りの姿ずしに用いたり、なます料理に利用するなどの工夫がなされている。群をなして回遊してくるツナシの漁は楽しみ的要素も大きかったというから、安価なツナシを有効に利用してきたのが瀬戸内海沿岸や島原湾沿岸の地帯であったとみることができよう。

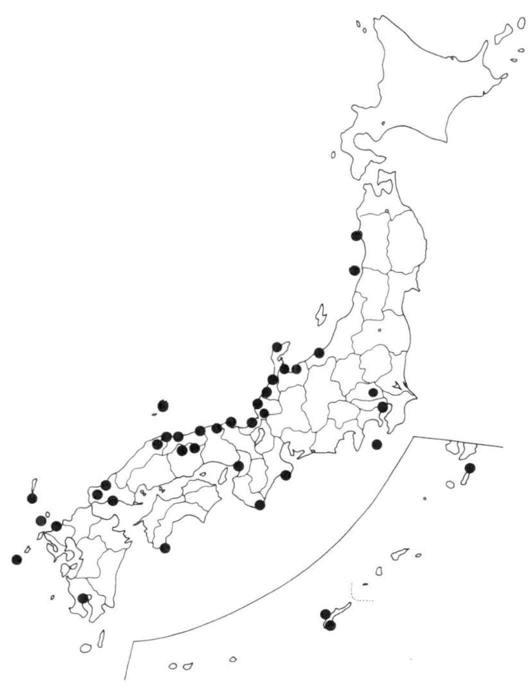

図９　トビウオを使用する食習慣の分布
(『日本の食生活全集』より作成)

この他、瀬戸内海沿岸地域に出現率が高かったものにアナゴやハモ、スズキなどがある。これらは夏祭りや秋祭りに使われ、非日常食として高価なものであった。このことも広い地域で多用される魚類でなかった理由の一つかもしれない。

### (5) 日本海沿岸地域で多用された魚介類

西日本で多用される魚のなかでもトビウオは九州から富山県に至る日本海沿岸地域一帯に高い出現率が認められた（図9）。トビウオは外海の表層水帯に適した特異な魚で、初夏の5月頃に沿岸に寄ってきて、太平洋、日本海を北海道南部まで北上する。本調査では北海道にまで北上する経路にあたる日本海沿岸地域に利用が認められたものと考えられる。そして、トビウオも出現率が比較的高い地域と低い地域の境界線が石川県辺りにあることが明らかになった。

## 第3節　魚介類の種類からみた伝統的魚食文化の地域性とその背景

伝統的食生活のなかで利用されてきた魚介類の種類から魚食文化の地域性を概観してきた。特徴と地域性についてはすでに詳細を述べてきたが、日本全体の特徴を把握しやすくするために図10を作成した。

①いずれの地域においても70～80種もの魚類が使用されていたが、中部地方以東の東日本に比較し、日本海、瀬戸内海、太平洋、東シナ海という環境の異なる海域に面した西日本により多くの魚介類の種類がみられた。

②出現率が高く全国に分布したのは、日常食では鰯、鯖、アジ、イカ、非日常食ではこれらに加えて数の子、カツオ、鯛、鱈、鮭、タコなどであった。この分布には魚の生息域や加工品の発達、また縁起物であるか否かなど民俗学的な精神的側面の関与も大きかった。

③特に東日本で出現率の高かった魚介類はニシン、鱈、鮭、マスで、いずれも石川県、福井県、滋賀県、京都府、奈良県、大阪府辺りが食習慣の境界線で、それ以西の出現率はきわめて低いものであった。

④西日本全域で出現率が高いものにブリがあげられ、近畿地方に隣接する福井県、石川県、富山県の北陸地方がブリを多用する地域の境界線となっていた。

⑤西日本地域のなかでも、サワラ、コノシロ、アナゴ、ハモなどは瀬戸内海沿岸一帯で、トビウオは九州から富山県に至る日本海沿岸地域一帯で出現率が高く、また、カツオやサンマは関東地方を中心に九州から東北に至る太平洋側および隣接する内陸部に分布するなど、生息域との関連がより明確に反映した地域的特徴を示した。

以上のように昭和初期あたりまでの伝統的食生活のなかにあっては、食用とされてきた魚の種類に明確な地域性をみいだせるものであった。そして、ニシンや鮭、鱈、ブリ、トビウオや瀬戸内海沿岸に多用されていた数種類の魚類の分布を考慮したとき、東日本と西日本の魚食文化には差が認められるものであった。その境界線は行政区分によるものではなく、富山県、石川県、福井県の北陸地方と近畿地方を結ぶ南北の地域にあり、北陸地方に区分される3県も食用とされる魚介類の種類に関しては西日本の特徴を示す

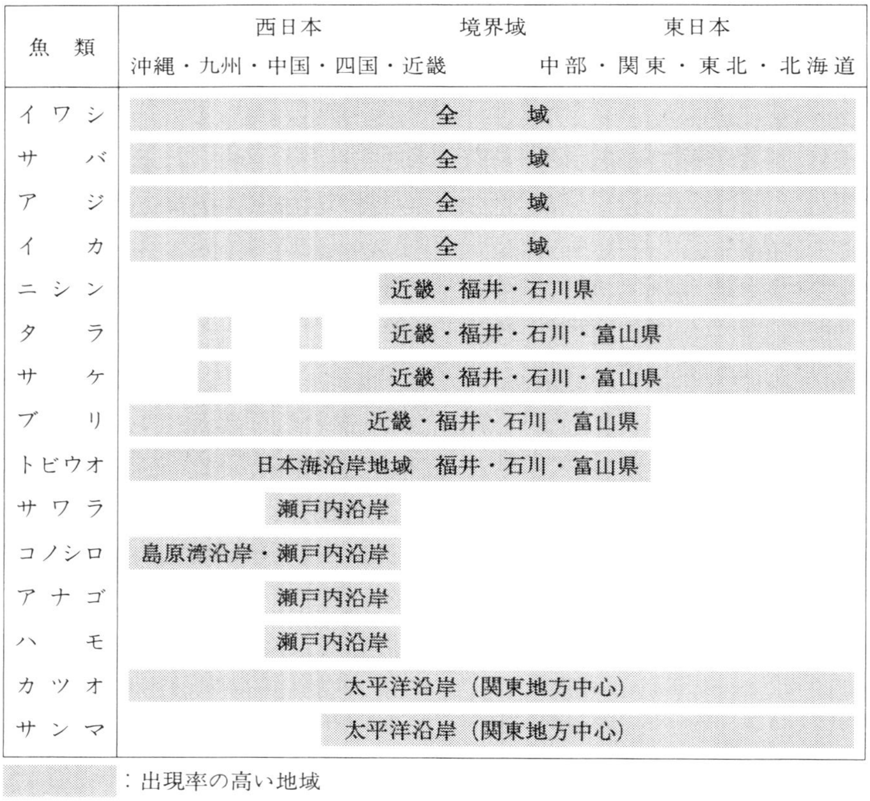

| 魚類 | 西日本（沖縄・九州・中国・四国・近畿）　境界域　東日本（中部・関東・東北・北海道） |
|---|---|
| イワシ | 全域 |
| サバ | 全域 |
| アジ | 全域 |
| イカ | 全域 |
| ニシン | 近畿・福井・石川県 |
| タラ | 近畿・福井・石川・富山県 |
| サケ | 近畿・福井・石川・富山県 |
| ブリ | 近畿・福井・石川・富山県 |
| トビウオ | 日本海沿岸地域　福井・石川・富山県 |
| サワラ | 瀬戸内沿岸 |
| コノシロ | 島原湾沿岸・瀬戸内沿岸 |
| アナゴ | 瀬戸内沿岸 |
| ハモ | 瀬戸内沿岸 |
| カツオ | 太平洋沿岸（関東地方中心） |
| サンマ | 太平洋沿岸（関東地方中心） |

（網掛け）：出現率の高い地域

図10　魚介類の地域性

ことが明確になった。そして、本報告では出現率の高い魚類の地域性について検討してきたが、ここにあがらなかった出現率の低い魚類のほとんどは、漁獲地に近い限られた地域のみの消費であった。すなわち、これらも地域性の高い魚類とみなすことができよう。

このように冷凍保存法や運搬技術がまだまだ未発達な時代においては、食用とされる魚介類の地域性は生息域または漁獲地との距離によって決定される部分が大きいということを、本調査結果である魚介類の出現率のうえからも明確にすることができた。さらに、魚介類の地域性の背景には、加工保存法の発達と流通の関与が大きいものであった。加工保存法が多彩であった魚介類ほど生息域や漁獲地との距離に関係なく全国的に使用が認められた。長期保存が可能で運搬しやすい形態に加工されたものだけが、海上交通や河川や陸路による運搬を通して広まっていった結果であると考えられる。また、魚の種類からみた場合に東日本と西日本の魚食文化の接点であることが明確にされた石川県、福井県には、江戸時代から北海道や東北地方から運ばれる物資の陸揚港が発達していた。そこから琵琶湖畔を通り京の都に魚や海藻が運ばれ、その運搬経路は「鯖街道」として有名である。このことから考えても、北海道や東北地方が漁場であるニシンや鮭、鱈などが陸揚げされ、人の手によって近畿地方にまで運ばれ、そこに共通した習慣が定着していった結果、魚食文化の境界線的性質を持つようになったと考えることができよう。

魚介類の種類から魚食文化の地域性を概観することを目的とした本調査結果は、東日本と西日本の魚食文化の差を明確にすることの必要性、北陸と近畿地方を結ぶ線上を東日本と西日本の魚食文化の接点ととらえることが魚介類の種類だけでなく、幅広く食習慣としてとらえた場合でも妥当であるかどうか、さらに、伝統的食生活のなかにあっては魚介類の加工保存法から魚食文化の特徴を明確にする必要があるなど、今後の研究の方向性に重要な示唆を与えてくれるものであった。

＊図版出典：今田節子 2001 より

**【註】**

1) 日本の食生活全集編集委員会編『日本の食生活全集』全48巻、農山漁村文化協会、1985～1992。
2) 能勢幸雄、羽生功、岩井保、清水誠編『魚の事典』、東京堂出版、1989。
3) 増田一、尼岡邦夫、荒賀忠一、上野輝彌、吉野哲夫編『日本産魚類大図鑑解説』、東海大学出版、1984。
4) 杉田浩一、平宏和、田島眞、安井明美編『日本食品大事典』、医歯薬出版、2003。
5) 松下幸子『祝いの食文化』東京美術選書61、東京美術、1991、pp.3、4。
6)「浄瑠璃平家女護島」(1719)、日本国語大辞典刊行会編『日本国語大辞典』縮刷版第5巻、小学館、p.259、1980。
7) 著者不詳「古今料理集」(推定1674)、吉井始子監『江戸時代料理本集成』資料編、臨川書店、1978。
8) 豊田　武、児玉幸多編『交通史』体系日本史叢書24、山川出版、1970、p.108。
9) 人見必大、島田勇雄訳注『本朝食鑑』4（1967成立）、平凡社、1980、pp.81、82。
10) 文化庁編『日本民俗地図』Ⅳ 交易・運搬、国土地理協会、1974。
11) 前掲註9)、pp.103～106。
12) 東条操校訂『物類称呼』(1775)、岩波書店、1977、p.53。
13) 武井周作『魚鑑』(1831) 生活の古典双書18、八坂書房、1978、pp.80、81。
14) 著者不詳「料理物語」(1643)、吉井始子監『江戸時代料理本集成』資料編、臨川書店、1978。
15) 前掲註7)。

# 第2章　鯖の伝統的食文化とその背景

大衆魚とは「大衆が買えるような、比較的安価な魚。イワシ、サバ、アジなど」とある[1)]。第1章で述べた昭和初期の伝統的食生活のなかで使われてきた魚介類の調査研究でも、鯖は鰯と並び全国的に出現数が最も多い魚であったことが確認された。また、平成15、16年度日本調理科学会の特別研究として実施された、現在使用されている魚介類に関する調査結果でも、全国で7000事例にもおよぶ鯖料理の出現がみられ、鯖の健康食としての機能性の普及とも相まって、現在においても日本人にとって鯖は鰯と並ぶ庶民の魚であるという理解は生き続けている[2)]。すなわち、漁獲量の減少や輸入魚が市場に出回るなどの変化はあるものの、伝統的食生活においても、現在の食生活においても、大衆魚の定義にあるように鯖はわれわれ庶民の身近な魚である位置付けは変わっていないといえるのである。

現在、大衆魚である鯖は日常的な食べ物としての認識が大きいが、第1章で述べた昭和初期の魚介類の調査研究においては、想像以上に非日常食としての出現が多いという特徴がみられた。すなわち、鯖は日常食と非日常食の両面の食習慣を形成してきたといえるのである。

そこで本章では、非日常食としての鯖の伝統的食習慣に視点を置き、日常食としての食習慣と比較しながらその特徴を明確にするとともに、大衆魚の鯖がなぜ非日常食となり得たかについても考察を進めてみたい。日本人の伝統的魚食文化の特徴を明確にするためには、多くの庶民階層が食材としてきた大衆魚の食習慣を日常と非日常の両面からとらえ、その背景を探ることは欠かすことのできない要因の一つであると考えるからである。

そこで、本研究の資料としては、大正末から昭和初期の食生活を記録した『日本の食生活全集』[3)]を中心に、大正初期から昭和初期頃の生活の記録である『日本の衣と食』[4)]、そして、記載された地名や生活習慣より明治期以降、昭和初期頃までの内容が主体と推定される『日本民俗地図』Ⅳ（交易・運搬）[5)]を資料とし、鯖にまつわる食習慣の事例を収集した。なお、鯖は生鯖、塩鯖や焼き鯖などの加工品を問わず全てを調査対象とした。その結果、『日本の食生活全集』からは644事例、『日本の衣と食』から71事例、『日本民俗地図』から222事例の鯖にまつわる食習慣や流通関係の事例を収集することができた。これらの資料に、筆者が長年実施してきた西日本を中心とした聴き取り調査結果を合わせながら研究を進めることとした。

なお、鯖は生鯖、塩鯖、焼き鯖など入手時の形態はさまざまであるが、本調査では塩鯖、焼き鯖の区別は名称のうえから可能であったが、生鯖の正確な把握は困難であった。生鯖と明記されたものはまれであり、昭和初期の魚の保存法や流通を考慮すると、鯖と記載されている事例には生鯖と塩鯖の両方が含まれると考えた方が妥当である。そこで、ここでは鯖全体を通して鯖の食習慣の特徴を捉えて行くことを原則とした。

## 第1節　鯖の食習慣の分布と調理法

### 1. 日常食・非日常食としての鯖の食習慣の分布

鯖の使用目的を日常食と非日常食に大別し、昭和初期と現在の食習慣を比較することから始めたい。

『日本の食生活全集』には全国で328調査地を対象とした食習慣が記載されているが、鯖の利用がみられたのは221調査地（67％）であった。具体的な鯖の食習慣644事例のうち日常食としての利用は421事例の65％、非日常食は223事例の35％と約1/3の事例は何らかの行事の料理として使われていた。これに対し、現在の食習慣を記録した平成15、16年度日本調理科学会調査結果では、鯖料理7,042事例のうち行事食としての利用はわずかに295事例で5％にも満たないものであった。すなわち、大正後期から昭和初期の伝統的食生活のなかにあっては鯖は日常食としてだけでなく行事食としての位置付けを持っていたのに対し、現在ではその意味をほとんど失ってしまったといっても過言ではない。

伝統的食生活では日常食としての鯖の使用は全国的に分布するのに対し、行事食としての分布は、北陸・近畿地方以西と東海道・関東南部地方に比較的多く、甲信越、関東北部、東北、北海道地方には比較的少ない傾向を示した（図1）。なかでも近畿・中国地方では調査地の70～80％が鯖を行事食として使う習慣が存在したという特徴が認められた。この鯖の非日常食としての地域性は、大正初期から昭和初期頃の食習慣が記載された『日本の衣と食』の結果とも酷似したものであった。この地域性の背景には鯖に代わる魚介類の存在があったと推測され、第1章の調査結果からみても東日本地域により多く非日常食として出現した鮭、鱈、ニシン、マス、カツオなどの存在が関係していると考えられる。

また、漁村では日常食より非日常食としての鯖の利用が減少するのに対し、農村や山村地帯では逆に非日常食としての利用が増加し、山村地帯ではその特徴が顕著であった（図2）。すなわち、入手が困難な農村や山村では鯖は行事のごちそうとみなされ、漁村地域に比較して非日常食としての位置付けが高かったことを物語っている。

このように、鯖の使用目的や習慣の分布には、鯖に変わる魚介類の存在や生活環境を反映した鯖入手の難易などの要因が関わっていると考えられる。

## 2. 日常食・非日常食としての鯖料理の特徴

### （1）日常の鯖料理

日常食に使われた主要な鯖の種類は塩鯖と生鯖であったが、これらの鯖料理309事例のうち煮物が36％、焼き物28％と両者で65％近くをしめ、次いで酢の物･和え物10％、刺身8％、すし類2％であり、他の料理への利用は少ないものであった（表1）。煮物は味噌煮、醤油煮が全国的にみられる一般的なものであったが、大根やなす等の季節野菜と組み合わせた惣菜が多く作られ、また、焼き物は塩焼きが中心で、塩鯖と明記されていた鯖の62％は焼き物での利用であった。次いで多かった酢の物・和え物は「どろず」（福井県）、「てっぱい」（香川県）、「ぬたえ」（大分県）などさまざまな名称で呼ばれていたが、鯖に塩をして酢で締め大根や人参とともに酢味噌や二杯酢、三杯酢で和えたもので、刺身は生鯖の入手が容易であった漁村での利用が中心であった。そして、日常食での焼き鯖（鯖1本を竹串に刺して焼いた素焼きの鯖）の利用は多いとはいえなかったが、素焼きの鯖は煮物、酢の物、飯物に適していたようである。

日常の鯖料理の中心は身近な味噌や醤油を用いて煮炊きする煮物で、しかも根菜類や果菜類と合わせることで魚と野菜類をいっぺんに摂取できる手軽な惣菜料理としている。そして、焼き物は塩鯖をそのまま焼くだけの簡単な料理である。日常食としての鯖料理は、手作業中心の多忙な生活の

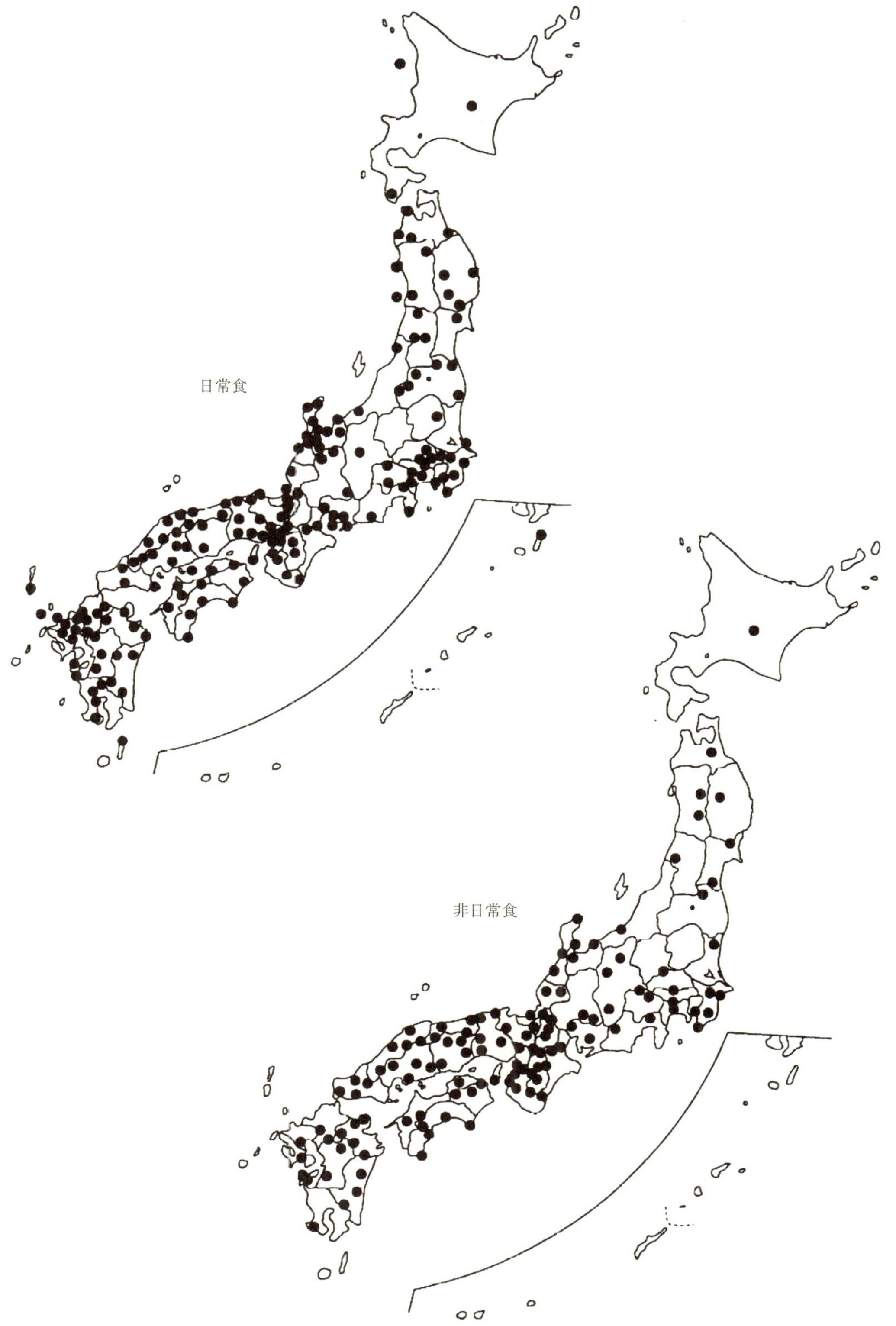


図１　鯖の食習慣の分布（『日本の食生活全集』より作成）

表1　日常および非日常の鯖料理

| 料理の種類 | 日常食 | 非日常食 | | |
|---|---|---|---|---|
| | | 神事 | 仏事 | 労働食 |
| 煮物 | **36** | 14 | 9 | **28** |
| 焼き物 | **28** | 6 | 9 | **18** |
| 酢の物・和え物 | 10 | 14 | **31** | 6 |
| 刺身 | 8 | 8 | | 9 |
| すし類 | 2 | **54** | 14 | **9** |
| 飯料理 | 2 | 1 | 5 | 6 |
| 汁物 | 5 | | | 2 |
| 茹で物 | 2 | 1 | | 6 |
| 鍋物 | 1 | | | |
| その他 | 2 | | 9 | 8 |
| 不明 | 4 | 2 | 23 | 8 |

本表の数値は使用率（%）を、太字は使用率の高い料理を示す。日常食は煮物・焼き物、神事はすし類、仏事は酢の物・和え物が多く、労働食は煮物・焼き物が多く、すしの利用も日常食より多い。
（『日本の食生活全集』より作成）

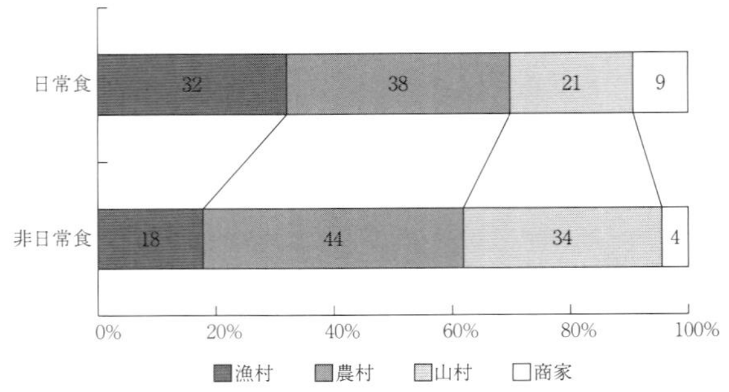


図2　漁村・農村・山村・商家における鯖の利用

なかで手軽にできる調理法に重点が置かれ、しかも惣菜一品で食事を済ませることのできる重宝な料理が重視されたことがうかがえる。

### (2) 非日常の鯖料理

『日本の食生活全集』から収集された264事例の鯖が使われた行事を大別してみると年中行事食が68%と最も多く、次いで労働関連行事食25%で、人生儀礼での利用はわずかに2%であった。

年中行事は正月関連行事や祭り、節句などの神事と、盆関連行事や寺行事などの仏事に大別することができる。鯖の利用は神事での利用が圧倒的に多く80%近くを占め、生臭ものを嫌うとされる仏事でも12%の行事に鯖が使われていたのは予想外であった。

神事の正月、祭り、節句などの鯖料理は、すし類54%を筆頭に酢の物・和え物14%、煮物14%、刺身8%とつづいた（表1）。生鯖と明記されているものでもすし類43%を中心に煮物18%、酢の物・和え物17%、刺身15%、焼き物7%であったが、塩鯖と明記されたものでは70%以上がすし類で、酢の物・和え物9%がそれに続いた。これは塩で締めた鯖を酢漬けにする方法がすし作りの基本になることから、すし類は生鯖でも塩鯖でも調理可能であったためである。神事のすし類については詳細を後述することにする。

一方、神事関連行事のすし類を中心とした鯖料理に対して、仏事関連行事の鯖料理では酢の物・和え物が31%を占め、すし類は14%、煮物、焼き物が各9%であった（表1）。

すなわち、鯖を用いた年中行事食のなかでも、神事のすし類、仏事の和え物・酢の物と異なった特徴が認められ、神事と仏事の鯖料理は使い分けされていたといえよう。そして年中行事食は、煮物と焼き物を中心とする日常の鯖料理とも区別されるものであった。

ここでいう労働関連行事とは、普段とは異なる重労働時やその後の慰労の食事を含めたもので、具体的には、田植えとさなぶり、代満、泥落としなどといわれる田植え終了後の行事を合わせた「田植え関連行事」、稲刈りやもみすり、庭あげや鎌上げなどの行事を合わせた「米の収穫関連行事」、出漁や大漁祝いなどの「漁業関連行事」、さらには「炭焼き関連行事」、かいこ上げなどの「養蚕関連行事」、道の補修や溝掘りなどの村の「共同作業」が含まれる。これらの労働関連行事に鯖を使用した事例は全国で65事例みられ、田植え関連行事が70%以上をしめ、次いで、米の収穫関連行事での利用が8%、養蚕関連行事が6%、漁業関連行事や炭焼き、共同作業の利用がそれぞれ3%

をしめた。田植え関連行事と米の収穫関連行事、すなわち稲作に関連する行事での鯖の利用が圧倒的に多いという特徴が認められた。ここにも生業の中心が稲作であるという日本文化の特徴が反映されているように思われる。

労働関連行事食としての鯖料理の形態は煮物28%、焼物18%、すし類9%、刺身9%、和え物・酢の物6%で（表1）、いずれの調査地においても塩鯖の利用が中心であった。また、焼き鯖は労働食としての利用が多く、煮物が多かったことも特徴の一つである。岡山県の中和村では田植えの労働時には塩鯖を茄でるだけの茄で物であるが、田植え後の慰労の食事では酢物ものにする、長崎県諫早市でも田植え時には塩鯖の茄でもの、滋賀県東浅井群では焼き鯖を購入してそのまま醤油をかけて食べるなどの事例がみられた。一年中で一番忙しく労働の激しい田植え時期には、保存性の高い塩鯖や焼き鯖を購入して煮る、焼く、茄でるの手間をかけない簡単な料理で、重労働に耐える体力をつけるために鯖を食事に取り入れてきたものと考えられる。また、田植えが終了した慰労の行事では和え物・酢の物や刺身、すし類や飯料理など、少し手間をかけた鯖料理を作り、労働を慰労し体力の回復をはかったものと推測される。

労働関連行事食は煮物と焼き物が中心であるという点においては日常食と類似しており、一方、日常食よりすし類の利用が多いという点においては非日常食に近い。労働関連行事食は神事や仏事の客のもてなし料理とは性質を異にしており、重労働に耐えうる体力を補うという点においては日常食に近く、重労働のあとの消耗した体力を補うとともに慰労のごちそうといった点においては行事食の性質が強くなる。すなわち、労働関連行事食としての鯖利用は、日常食と非日常食の中間に位置付けられるものであるといってよかろう。そして、どこの家庭でも直接労働に結びつく労働食の目的を考慮して購入することができた魚介類が大衆魚の鯖であったとみなすことができる。

## 第2節　神事における鯖の食習慣

### 1. 神事の鯖ずしの種類と分布

前述のように年中行事食の鯖料理のなかでも、鯖を使ったすし類は神事の中心的な存在であった。鯖ずし類をすしの形態によって分類してみると、姿ずし、押しずし、切りずし、ばらずし、なれずしに大別された。姿ずしはお頭付きの鯖を丸ごと1匹使い背または腹を開いて酢で締め、すし飯を詰めたもの、押しずしは長方形の型に酢で締めた三枚おろしの鯖の身を敷き、すし飯を詰めて押し抜いたもので棒ずしともいわれる。切りずしは柿の葉ずしやこけらずしを含み、すし飯の上に三枚におろして酢で締め一口大に切った鯖をのせたもの。ばらずしは刺身状に切って酢で締めた鯖を野菜類などの具を混ぜたすし飯の上に飾ったもの。なれずしはくされずし、ひねずしともいわれ、塩漬けした鯖の腹に飯を詰めて漬け込み発酵させたもの。また、素焼きの鯖や鯖の水煮をほぐしてすし飯に飾り重しを懸けるなどのすしはその他に分類した。

非日常食として鯖ずし類を用いる調査地は77カ所みられ、姿ずし類は15カ所、押しずし類は14カ所、切りずし類は21カ所、ばらずし類は10カ所、なれずし類は9カ所、その他のすし類は8カ所であった。姿ずし類の出現が多かった地域は近畿・四国・九州地方で、福井県と奈良県を結ぶ地域以西の西日本を中心に分布する特徴が認められた（図3）。そして、押しずし類はほとんどが近畿地方全域に（図3）、切りずし類は石川県から和歌山県を結んだ近畿地方と中国地方での利用が多

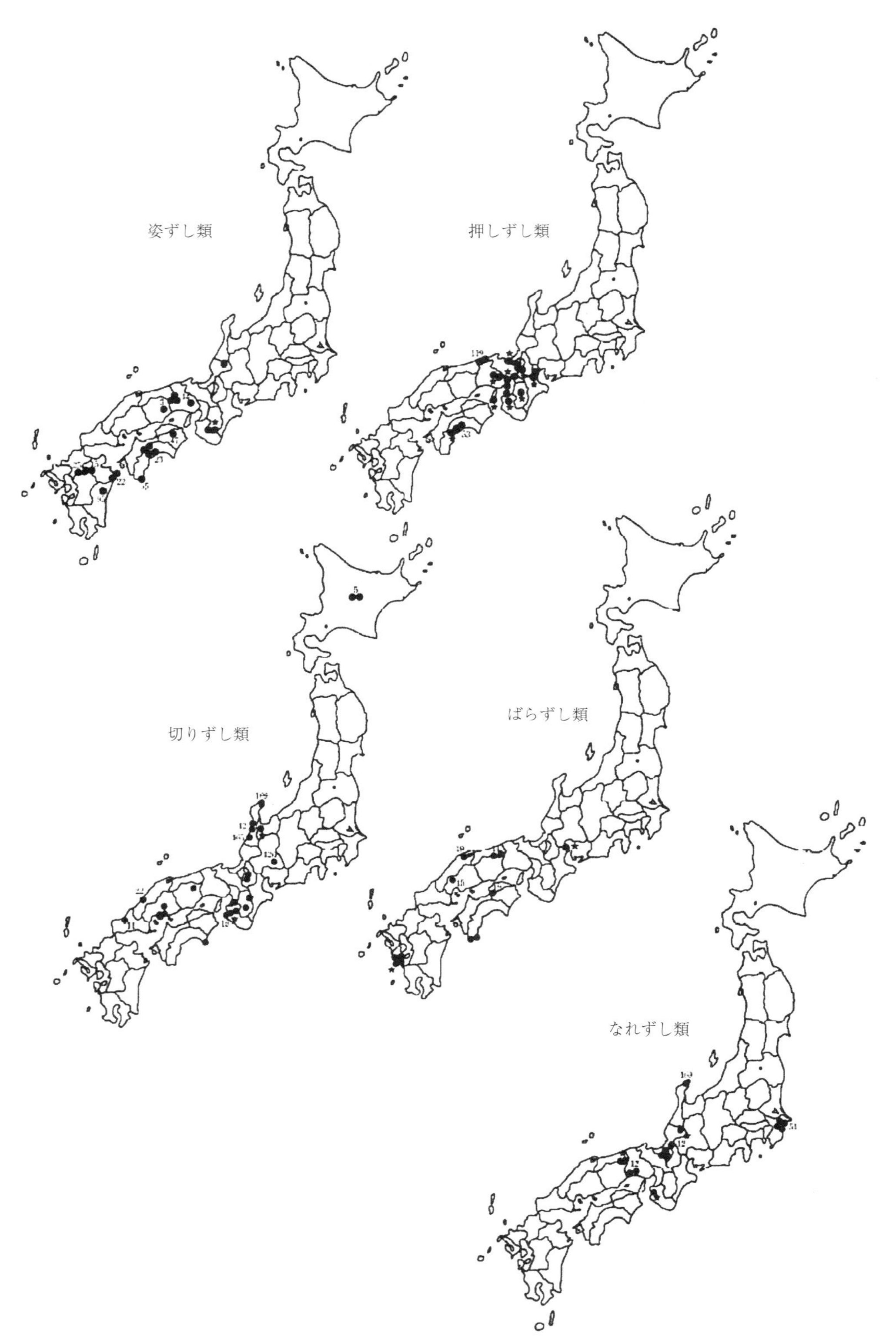


図３　鯖を使ったすし類の分布（『日本の食生活全集』より作成）

く（図3）、ばらずし類は中国地方や九州地方を中心とした地域での利用が多く認められた（図3）。そして、なれずしは滋賀県や福井県、石川県など日本海側に面する地域での利用が多くみられ（図3）、関東地方では千葉県九十九里浜沿岸地域での利用であった（図3）。

非日常食としての鯖ずし類の分布を重ね合わせてみると、新潟県や長野県、静岡県以東の東日本では鯖を使ったすし類を行事食とする習慣は少なく、富山県、岐阜県、愛知県以西の西日本では多用されているという特徴が明らかであった。どちらかといえば非日常食として鯖を用いる習慣は西日本地方に多いという特徴を前述したが（図1）、その地域性は鯖をすし類に用いるか否かを反映した特徴といっても過言ではなさそうである。北陸地方は古くは鯖の漁獲地として有名であり、若狭湾から一塩ものの塩鯖が鯖街道を通って京都に運ばれ、鯖ずしが発達したことは有名である[6、7]。また、和歌山県沖も魚介類の宝庫であり、奈良県などには南からも鯖が運ばれたことが知られている[8]。このように古くからの鯖の漁獲地と街道を通しての鯖の流通、そして非日常食としての鯖ずし類の分布、これら両者は一致したものであるという結果が示された。

すし類は年中行事食としての利用が80％近くをしめ、なかでも秋祭りを中心とした神事での利用が94％をしめた。例えば、大分県南海部郡鶴見町ではお頭付きの姿ずしは漁師にとって縁起担ぎの意味もあり祝いの席には欠かせない一品であった。大阪府豊能郡豊能町や奈良県吉野郡吉野町などでは秋祭りの前日には鯖を大量に買い込みすしを作っており、別名「鯖祭り」とも呼ばれた。また、京都府相楽郡和束町では鯖ずしは祭り当日のものだけではなく、沢山作り祭りが終わってもごちそうとして食べたなどの話しも伝えられている。岡山県の吉備高原以北の地域でも秋祭りには数十本の鯖ずしを漬けて親類縁者に配り、残りは稲秋のお弁当やごちそうにしたという話しがよく聞かれた（第３部で詳述）。

行事による鯖ずしの種類には決まったものはなく、前述したように各地で発達した鯖ずしが行事で使われたとみる方が妥当である。鯖を使った鯖ずしは鮮魚に限らず塩物でも調製でき、お頭付き、片身、切り身、さらに一口大に切ったもので、さまざまな条件にあったすし作りが可能である。このような便利さも非日常食として鯖ずしの利用が多かった理由の一つにあげられる。

## 2. 行事食としての鯖ずしの意義

非日常の日には普段の労働を停止して年中行事や人生儀礼が祝われた。本来これらの行事には必ず神仏を迎えて伝統的な儀礼が行われ、普段とは異なる食べ物を供え、食べる習慣があり、これが行事食であった。この日の食事は普段のものと明確に区別されるものであり、神聖で精神性の高いものであったと民俗学的には理解されている[9、10]。すなわち、行事食としての鯖ずしは普段の食事とは区別される要因を持っていたということになる。

律令国家となり米が税の対象となって以来、庶民階層の大多数を占める農民は米の生産者であるにも関わらず、米は自由に食べることができる対象ではなかった時代が長い。このような背景のもとで、米は貴重品で有り、信仰との結びつきにより神の力が宿る神聖な物という見方が培われてきた[11]。酒や餅、おこわ、すしなど米を材料とする行事食は多いが、これらは精神性の高い食べものとみなされてきたのである。また、普段は食べる機会がまれであったお頭付きの魚や大魚も貴重な縁起物であった。この米と魚を組み合わせたすし類は、鯖がお頭付きとしても使える大魚であるという縁起とも相まって、より神聖な神事の行事食と成り得たとみなされる。そして、生鯖でも塩鯖でも酢締めが可能で、しかもお頭付き、三枚下ろし、切り身など、地域や家庭の条件に即した形態のすしを作ることができるという好条件を持ち得たことも行事食としての鯖ずしに反映している。

このような長い歴史のなかで培われてきた神聖な食べもの、縁起物などの意識は、日常食と区別する非日常食に求められる要因であり、鯖ずしを用いた伝統的行事食にはこれらの精神的意義が含まれていたといえよう。

＊図版出典：今田節子 2009 より

## 第３節　仏事に鯖を使う食習慣―盆鯖の食習慣―

年中行事が消滅、形骸化している今日にあっても、盆は正月と並び民間の年中行事の双璧をなすものである。盆の理解について『日本民俗事典』をひもといてみると「一般に仏教の盂蘭盆を指すことが多く、民間の盆行事には表面の濃厚な仏教色の下に我が国固有信仰に基づく先祖祭の痕跡が種々の形で含まれている」とある[12)]。いわゆる盆は仏教行事の一つで、民間に伝承されている先祖祭として理解されている場合が多い。

仏教行事の供物や行事食は、生臭を嫌い精進物を使うのが一般的である。しかし、昭和初期あたりまでの伝統的な魚食文化の調査を進めていくと、盆に魚を使う習慣が少なくない。なかでも盆に鯖や鱈を使う事例が多く、正月に使う魚を「正月魚」と呼ぶ習慣と同様に「盆鯖」、「盆鱈」、「盆魚」と呼ばれてきた。かつては盆行事の一つとして、生きている親に魚をとって供する生見玉（いきみたま）や生盆（いきぼん）の習慣が各地にみられたといわれており[13、14)]、盆に魚を使う習慣はその名残なのであろうか。その実態は明らかでない。

そこで、盆に鯖や鱈を使う習慣の特徴を魚食文化の視点から明確にし、その使用意義についても考察を進めることにした。 なお、本章は鯖にまつわる食習慣を主体としているが、盆魚については鱈についても酷似した食習慣がみられたので、両者を研究対象として述べることにする。

前節同様に伝統的な食習慣が伝承されていた昭和初期当たりまでの食習慣を調査対象とし、『日本民俗地図』[15)]、『日本の衣と食』[16)]、『日本の食生活全集』[17)]を資料とした。これらの資料から盆行事における鯖や鱈の利用に関する事例を収集するにあたり、盆の期間について検討すると、「盆は旧暦七月十五日を中心とする前後一連の行事、一般的には精霊迎えから精霊送りまで」、「一般には盆は七月十三日に始まり、十五日または十六日まで」、「七月一日、七月七日の墓掃除、盆買い物を盆の開始日、盂蘭盆と称し二十日や三十日を盆の終わり」などの説明がある[18、19)]。本研究における盆行事は精霊迎えから精霊送りまでの盆行事と盆の準備、精霊送り後の盆関連行事を含むものとし、この期間に使われる鯖や鱈を盆魚として扱った。

### 1. 盆鯖・盆鱈の分布

「盆鯖」、「盆鱈」、「盆魚」の習慣に関する事例が68例収集された『日本の食生活全集』には、29県で盆に魚を使用する習慣がみられ、そのうち12県に16事例の盆鯖、6県に14事例の盆鱈の習慣がみられた。また、『日本の衣と食』では16県で盆に魚が使われ、その内7県に7事例の盆鯖が、

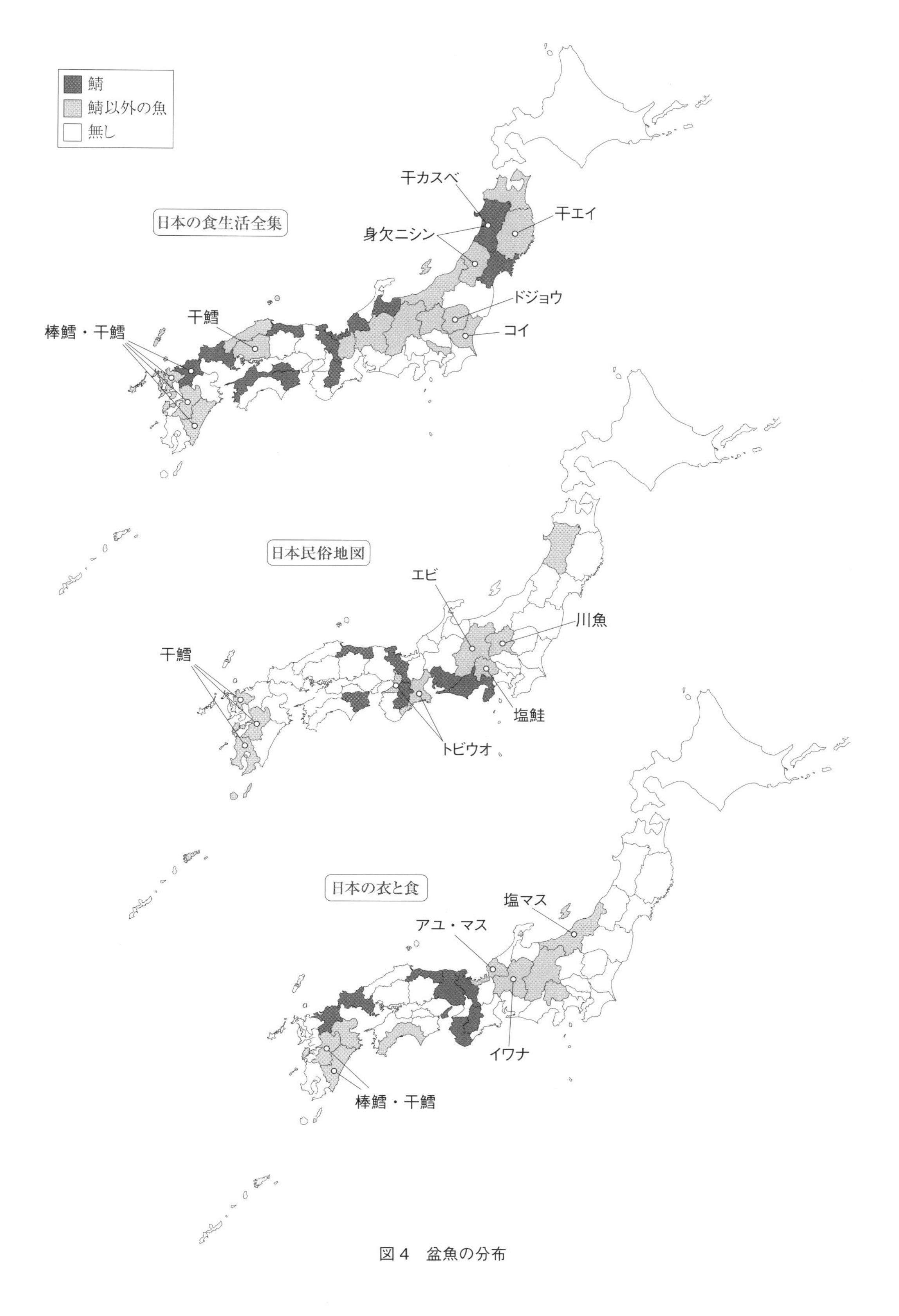

鯖
鯖以外の魚
無し
日本の食生活全集
干カスベ
干エイ
身欠ニシン
ドジョウ
コイ
干鱈
棒鱈・干鱈
日本民俗地図
エビ
川魚
干鱈
塩鮭
トビウオ
日本の衣と食
塩マス
アユ・マス
イワナ
棒鱈・干鱈


図4　盆魚の分布

3県に3事例の盆鱈が使われ、『日本民俗地図』では15県で盆に魚が使われ、5県に7事例の盆鯖が、1県で盆鱈の使用がみられた（図4）。これらの盆魚がみられる県を重ね合わせてみると、明治後期から昭和初期あたりまでは、盆に魚を使う習慣は北海道を除き日本全国に存在していたと考えてようそうである。

なかでも塩鯖や刺鯖を盆鯖として使う習慣は16県にもおよび、北陸・東海地方以西の西日本に分布が多く、それ以北の東日本には盆鯖の習慣は少ないという特徴を示した。そして、棒鱈や干鱈を使う習慣は九州地方5県に集中してみられるという明確な地域性が認められた（図4）。鯖や鱈以外の魚も使われており、少数例ではあるが東北地方の身欠きニシンやカスベ（干エイ）、中部地方の内陸部ではコイやイワナ、近畿地方のトビウオなども盆魚として使われていた。

一般に塩鯖は塩漬けにした鯖、刺鯖は背開きした鯖を塩漬けにして二枚重ねたものを一刺とした乾物を指し、また、棒鱈は背から三枚におろし頭や背などをとって素干しにしたもの、干鱈は塩をして干した鱈をさす。このように盆行事に使われる魚のほとんどは塩物か干物であった。この背景には盆は夏の盛りの行事であり、鮮魚は腐りやすい、しかも盆鯖や盆鱈の習慣が存在していた地域は主に農村や山村であったため、手に入りやすい安価で保存性の高い塩物や干物が盆の行事食となり得たものと考えられる。

盆料理は精進を建前とし、魚のような生臭物を避けるという一般的な理解に反し、盆に魚を使う習慣は昭和10年頃までの伝統的食生活のなかでは珍しい習慣ではなかったといえる。

## 2. 盆鯖・盆鱈の利用意義

盆鯖や盆鱈を使用する理由を明確に記載した事例は少なかったが、大きく分類してみると次のようである。まず精霊祭りでの利用をあげることができ、仏を迎えてから送るまでの期間に行われる供物としての利用、生見玉や精進落としの行事がこれに当たる。次に親類縁者との交流における利用で、盆客のもてなし料理や家族の盆料理、中元などが含まれる。そして普段の労働を癒す目的を持つ慰労の食事での利用に分類された（表2～7）。

### (1) 精霊祭りにおける利用

①供物としての利用

仏事の供物として魚を用いる習慣は珍しく、今回収集した事例でもまれであった。しかし、大分県、宮崎県、熊本県では干鱈や棒鱈を精霊様の供物やご馳走として使う習慣がみられた（表2、3）。代表的な例を示すと次のようである。

〔大分県日田市の例〕[20)]

盆は1ヶ月遅れの8月に行う。盆の期間中、そうめんや盆料理、だご(団子)を精霊様へお供えする。盆料理に欠かせないものが「たらおさの煮付け」である。たらおさは、本鱈の胃とえらを干したもので、2日ほど前から水につけて戻し、砂糖と醤油で煮付ける。盆料理は精進を建前とするが、たらおさの煮付けだけは昔からどの家でも作る。精霊様のお供え膳はたらおさの煮付け、盆だこ、小豆飯、そうめんなど。

〔宮崎県西臼杵郡高千穂町の例〕[21)]

表２『日本の食生活全集』にみられる盆鯖・盆鱈の利用実態

| No. | 調 査 地 | 盆さばの利用日 | 入手時の形態 | 利 用 法 |
|---|---|---|---|---|
| 1 | 秋田県仙北郡田沢湖町 | (旧)7月7日(購入日) | 青さば(塩さば) | 不明 |
| 2 | 秋田県仙北郡中仙町 | (旧)7月7日(購入日) | 青さば(塩さば) | 不明 |
| 3 | 宮城県伊具郡丸森町 | (旧)7月13〜15日 | さば缶詰 | 酒の肴 |
| 4 | 富山県氷見市阿尾 | 8月13〜16日 | 生さば | 押しずし、ご馳走 |
| 5 | 福井県勝山市河合<br>大野市森山 | 8月25日(盆祭) | 塩さば | さばずし、ご馳走 |
| 6 | 福井県遠敷郡上中町 | 8月13〜16日 | 塩さば | 不明 |
| 7 | 京都府加佐郡大江町 | 7月13〜15日 | 生さば | 煮付け、ご馳走 |
| 8 | 奈良県磯城郡田原本町 | 8月13〜15日 | 刺し鯖 | 刺し鯖(焼く)、両親のあるものだけ刺し鯖を膳に添える |
| 9 | 鳥取県鳥取市賀露 | (旧)7月13日 | 生さば、刺し鯖 | 刺し鯖(そのまま、焼く)、嫁入りて初めての盆には両親がある若嫁だけが13日に刺し鯖2枚膳につく |
| 10 | 鳥取県西伯郡大山町 | (旧)7月14・15日 | 刺し鯖 | 刺し鯖(そのまま、焼く)、親のあるものは14日に刺し鯖を食べ、15日には親の無いものが刺し鯖を食べる |
| 11 | 鳥取県日野郡日野町 | (旧)7月14日 | 刺し鯖 | そのまま、焼く、親のあるものは14日の晩に刺し鯖を食べる |
| 12 | 山口県豊浦郡豊田町 | 8月14〜16日 | 焼きさば | 尾頭付き、ご馳走 |
| 13 | 香川県三豊郡豊中町 | (旧)7月14日 | 塩さば | 不明、精をつける |
| 14 | 徳島県板野郡土鳴成町 | (旧)7月13〜15日 | 塩さば | 不明、盆に塩鯖1、2匹買う |
| 15 | 愛媛県上浮穴郡久万町 | (旧)7月14・15日 | 塩さば | 焼く、嫁の里へ持っていく |
| 16 | 福岡県筑紫野市原 | 8月13〜15日 | さばの浜焼き | 甘辛く炊く、さばごはん |
| 17 | 広島県賀茂郡河内町 | 8月13〜15日 | 干鱈 | 焼き物、煮物、一人一切 |
| 18 | 広島県双三郡君田村 | 8月14〜17日 | 干鱈 | 飴煮、盆だけ食べるご馳走 |
| 19 | 大分県日田市 | 8月13〜15日 | たらおさ | 精霊様の供物、盆のご馳走 |
| 20 | 宮崎県児湯郡西米良村 | 8月14・15日 | 干鱈、川魚 | 甘辛煮、精霊様の供物、家族の食事 |
| 21 | 宮崎県西臼杵郡高千穂町 | | 棒鱈 | 煮付け、精霊様の供物、家族の食事 |
| 22 | 熊本県球磨郡湯前町 | 8月13〜15日 | 干鱈 | 煮染め、精霊様のご馳走、客の持てなし、家族の食事 |
| 23 | 熊本県鹿本郡植木町 | (旧)7月13〜15日 | 棒鱈 | 煮付け(干鱈・昆布・牛蒡)、盆の食事 |
| 24 | 熊本県飽託郡飽田町 | | 棒鱈 | 煮染め(干鱈・新牛蒡)、盆のご馳走 |
| 25 | 福岡県筑紫野市 | 8月13〜15日 | 干鱈 | 叩き鱈(煮物)、家族の食事 |
| 26 | 福岡県福岡市 | 8月13〜15日 | 棒鱈 | 煮染め(鱈・蓮根・牛蒡)、13日から精進、15日夜精進落とし |
| 27 | 福岡県三井郡北野町 | (旧)7月13〜15日 | 棒鱈 | 煮染め(鱈・じゃが芋)、客料理、家族の食事 |
| 28 | 佐賀県佐賀郡諸富町 | 8月13〜15日 | 干鱈 | 煮染め(鱈・刻み昆布)、客料理 |
| 29 | 佐賀県神埼郡背振町 | 8月13〜15日 | 干鱈 | 煮染め(鱈・昆布・筍・こんにゃく)、もてなし料理 |
| 30 | 佐賀県藤津郡太良町 | 8月13〜15日 | 棒鱈 | 煮染め(鱈・昆布)、客料理、家族の食事 |

塩漬にしてある鱈をわらづとで叩いてやわらかくし、一晩水に浸けてから一寸位の長さに切り、ゆっくり炊いて砂糖、醤油で味を漬ける。盆には精霊様にお供えし、自分たちも一緒に食べる。

これらの事例にみられるように、精霊様のお供えは盆料理の一つであり、供物として特別に作られるものではなく、家族や盆客の盆料理であったという特徴が認められた。この特徴は大分県、宮

表３『日本の食生活全集』にみられる盆鯖・盆鱈の利用意義

| No. | 調査地 | 精霊祭りにおける利用 | | | 親類・縁者との交流における利用 | | | その他 |
|---|---|---|---|---|---|---|---|---|
| | | 供物 | 生見玉 | 精進落とし | ごちそう | | 中元 | 慰労 |
| | | | | | 客のもてなし | 家族の食事 | | |
| 1 | 秋田県仙北郡田沢湖町 | | | | ○ | ○ | | |
| 2 | 秋田県仙北郡中仙町 | | | | ○ | ○ | | |
| 3 | 宮城県伊具郡丸森町 | | | | ○ | | | |
| 4 | 富山県氷見市阿尾 | | | | ○ | ○ | | |
| 5 | 福井県勝山市河合・大野市森山 | | | | ○ | ○ | | |
| 6 | 福井県遠敷郡上中町 | | ○ | | | | ○ | |
| 7 | 京都府加佐郡大江町 | | | | ○ | ○ | | |
| 8 | 奈良県磯城郡田原本町 | | ○ | | | | | |
| 9 | 鳥取県鳥取市賀露 | | ○ | | | | | |
| 10 | 鳥取県西伯郡大山町 | | ○ | ○ | | | | |
| 11 | 鳥取県日野郡日野町 | | ○ | | | | | |
| 12 | 山口県豊浦郡豊田町 | | | | ○ | ○ | | ○ |
| 13 | 香川県三豊郡豊中町 | | | | ○ | ○ | | ○ |
| 14 | 徳島県板野郡土鳴成町 | | | | ○ | ○ | | |
| 15 | 愛媛県上浮穴郡久万町 | | ○ | | ○ | ○ | ○ | |
| 16 | 福岡県筑紫野市原 | | | | ○ | ○ | | |
| 17 | 広島県賀茂郡河内町 | | | | ○ | ○ | | |
| 18 | 広島県双三郡君田村 | | | | ○ | ○ | | |
| 19 | 大分県日田市 | ○ | | | ○ | ○ | | |
| 20 | 宮崎県児湯郡西米良村 | ○ | | | ○ | ○ | | |
| 21 | 宮崎県西臼杵郡高千穂町 | ○ | | | ○ | ○ | | |
| 22 | 熊本県球磨郡湯前町 | ○ | | | ○ | ○ | | |
| 23 | 熊本県鹿本郡植木町 | | | | ○ | ○ | | |
| 24 | 熊本県飽託郡飽田町 | | | | ○ | ○ | | |
| 25 | 福岡県筑紫野市 | | | | ○ | ○ | | |
| 26 | 福岡県福岡市 | | | ○ | ○ | ○ | | |
| 27 | 福岡県三井郡北野町 | | | | ○ | ○ | | |
| 28 | 佐賀県佐賀郡諸富町 | | | | ○ | ○ | | |
| 29 | 佐賀県神埼郡背振町 | | | | ○ | ○ | | |
| 30 | 佐賀県藤津郡太良町 | | | | ○ | ○ | | |

崎県、熊本県に共通したものであった。事例からもわかるように干物の魚を使った煮物とはいえ、棒鱈や干鱈の料理は数日間の手間をかけて作られるもので、労働に明け暮れる農山村の住民にとってはご馳走として扱われていた様子がうかがえる。年に一度の盆のご馳走を先祖にも供え、共にいただくことにより先祖を偲び､敬い祭るという素朴な気持ちを現すものととらえることができよう。仏事の供物は精進という仏教儀礼を越えた習慣であったかもしれない。

②生見玉としての利用

生見玉とは「盆は死者に対する祭りであるという通念に対して生きている親を供養する作法」[22]とある。すなわち、親の健在を祝う意味があったものと考えられる。比較的説明の詳しいいくつか

表4　『日本の衣と食』にみられる盆鯖・盆鱈の利用実態

| No. | 調 査 地 | 盆さばの利用日 | 魚 の 種 類 | 利 用 法 |
|---|---|---|---|---|
| 1 | 新潟県 | 盆 | 焼きシュウマス(塩マス) | |
| 2 | 福井県 | 盆 | スルメ、鮎、鱒 | |
| 3 | 山梨県 | 盆 | 魚 | 盆には必ず魚を食べた |
| 4 | 長野県 | 7月13日 | 魚 | 夕食には魚を食べる |
| 5 | 岐阜県 | 盆 | イワナ、アマゴ、カジカ、アジメ | 素焼きにして10日程度干した物を煮る |
| 6 | 京都府 | 盆 | 刺し鯖(背開きにして2枚を並べ、頭を串に刺したもの)、鯖ずし、若狭の鯖 | 蓮の葉飯(蓮の葉で強飯を包んだもの)に鯖をのせたもの、盆の贈答品(親のある者は一刺し、片親の者は一匹) |
| 7 | 奈良県吉野郡野迫川村 | 盆の14日 | 刺し飛魚、刺し鯖、熊野鯖 | 14日に刺し鯖を食べる、両親が健全な家では鯖を付ける、中元に鯖を婚家から嫁の実家へ |
| 8 | 和歌山県有田郡金屋町 | | 刺し鯖 | 両親の揃っている者は刺し鯖を食べる |
| 9 | 兵庫県但馬、城崎、美方郡 | 盆の14日<br>盆の15日 | 刺し鯖、ネラミサバ、鯖 | 14日に両親が揃った家が朝食でにらんで食べる<br>15日に両親の欠ける子が鯖の膳に座る |
| 10 | 鳥取県 | 盆 | 座り鯖、生臭物(魚) | |
| 11 | 山口県 | 盆 | 刺し鯖(盆魚といって魚桶に買い込む)、はもの湯引き、スズキのあらい、アジ、イワシ、鯖のとう鮨 | |
| 12 | 高知県香美郡南部 | 盆の16日 | 魚、生臭物(魚) | 盆は親が息災な者が魚を食う日、盆の16日は精進落ちとして魚類を食べる |
| 13 | 福岡県 | 7月15日 | 刺し鯖のなます | |
| 14 | 大分県 | 盆 | 盆だら(干鱈) | |
| 15 | 熊本県 | 盆 | 棒鱈 | |
| 16 | 宮崎県五ヶ瀬村 | 盆 | 干鱈、ウナギ、魚 | |

の事例をあげてみると、次のようである。

〔奈良県磯城郡田原本町の例〕[23)]

精霊さんが家にいる間は、生ぐさいものは食べてはならないが、両親のあるものだけは、刺鯖をお膳にすえてもらえた。焼いてそのまま食べたり、焼いて酒に浸けてやわらかくして食べた。刺鯖は背開きの鯖の塩乾物で、一匹の鯖の頭にもう一匹の鯖の頭を突き刺して売っている。

〔鳥取県鳥取市賀露の例〕[24)]

盆は旧暦の7月13日から15日に行われた。仏への供え物は、麩、高野豆腐、かんぴょうの煮物、そうめん、ぼた餅、団子などであった。盆料理もそうめんや煮物などの精進であったが、嫁入りして初めての盆には、両親のある若嫁だけが13日に刺鯖2枚を膳に付けてもらう。新しい魚であれば煮て白いご飯に添えて食べる。

これらの事例の他にも三重県や京都府、大阪府、奈良県、兵庫県、鳥取県、徳島県、高知県など、特に近畿地方や山陰地方、四国地方を中心に「親のあるものは蓮の葉に刺鯖を付ける」、「両親が揃っている者は刺鯖を芋の葉で包んで膳に添える」、「両親の揃っている者は刺鯖を焼いて食べる」、「14日に両親が揃った家が朝食でにらんで食べる（ねらみ鯖）、15日には両親の欠ける子が鯖の膳に座る」などの記載がみられた（表2、4、6）。これらは生見玉の習慣としてとらえることができる。

この習慣は、いずれの地域でも旧暦の7月13日から15日、または一ヶ月遅れの盆である新暦の8月13日から15日の精霊迎えから精霊送りの期間に行われていた。盆に刺鯖を焼き物として食べ

表5 『日本の衣と食』にみられる盆鯖・盆鱈の利用意義

| No. | 調査地 | 精霊祭りにおける利用 | | 親類・縁者との交流における利用 | | |
|---|---|---|---|---|---|---|
| | | 生見玉 | 精進落とし | ごちそう | | 中元 |
| | | | | 客のもてなし | 家族の食事 | |
| 1 | 新潟県 | | | ○ | ○ | |
| 2 | 福井県 | | | ○ | ○ | |
| 3 | 山梨県 | | | | ○ | |
| 4 | 長野県 | | ○ | | | |
| 5 | 岐阜県 | | | | ○ | |
| 6 | 京都府 | ○ | | | | ○ |
| 7 | 奈良県吉野郡野迫川村 | ○ | | | | ○ |
| 8 | 和歌山県有田郡金屋町 | ○ | | | | |
| 9 | 兵庫県但馬、城崎、美方郡 | ○ | | | | |
| 10 | 鳥取県 | ○ | ○ | | | |
| 11 | 山口県 | | | ○ | ○ | |
| 12 | 高知県香美郡南部 | ○ | ○ | | | |
| 13 | 福岡県 | | | ○ | ○ | ○ |
| 14 | 大分県 | | | ○ | ○ | |
| 15 | 熊本県 | | | ○ | ○ | |
| 16 | 宮崎県五ヶ瀬村 | | | ○ | ○ | |

るというより、両親の揃っているものの膳に一対の刺鯖やトビウオを付けるという儀礼的要素が高い習慣である。

山梨県や徳島県でみられた「生き盆、人間の盆」の言葉が示すように（表6）、昭和初期あたりまでは先祖祭である仏祭りには精進料理を、そして生存する親の祝いには鯖料理を作る習慣が伝承されており、盆行事には仏事と祝事の両方の意味が含まれ、この両者を区別する行事食が盆鯖であったといえよう。

今回収集した資料では、生見玉の行事には干鱈や棒鱈の利用は少なく、盆鯖が中心であったという特徴が認められた。江戸時代の『本朝食鑑』[25]（1697）には刺鯖の名前がみえ、荷供御（はすのくご）といって7月15日には荷葉で刺鯖をくるんで膳に添えることが記されている。したがって、生見玉の行事に刺鯖が使われたのは、江戸時代からの習慣の名残であるといえるのかもしれない。

刺鯖を使う生見玉の儀礼は、古くは全国的に行われていた習慣であった可能性が高い。

③精進落しとしての利用

精進落しとは、葬式や盆の精進の期間を終え、普段の生活に入るけじめとして、魚肉を食べたり酒を飲んだりすることをいう[26]。すなわち非日常と日常の区切りをつけるために食事をとる習慣である。

盆鯖、盆鱈として収集した事例のなかにも、精進落としに当たるものが少なからずみられた（表2～7）。いくつかの例をあげてみると次のようである。

〔三重県北牟婁郡海山町の例〕[27]

盆行事は旧暦7月13日から16日まで行われた。13日には精霊棚を飾って精霊を迎え、14、15日には村の広場で盆踊りが催され、16日の未明に精霊を浜へ送った。13日の供物はなすで作った馬、果物、瓜と落ち着き団子、14日はぼた餅、15日はそうめんで、精霊棚と仏壇に供えた。精霊送り後、精進落しといって魚肉を入れた捏ねずしを食べる習慣があった。

〔福岡県福岡市の例〕[28]

盆の13日から精進になり、15日の夜の精進落しに棒鱈の煮しめを炊く。棒鱈は3、4日前から水につけ、やわらかくなったら水煮し、砂糖と醤油で煮詰まるまで煮る。蓮根、牛蒡、里芋、長さ

表6 『日本民俗地図』にみる盆鯖・盆鱈の利用実態

| No. | 調査地 | 盆さばの利用日 | 入手時の形態 | 利用法 |
|---|---|---|---|---|
| 1 | 秋田県毛馬内(鹿角郡十和田町) | (旧)7月12日(購入日) | 不明 | 不明 |
| 2 | 群馬県下川田(沼田市) | 9月6日 | 生魚(川魚) | 生魂を祭る、養生する |
| 3 | 山梨県上吉田(富士吉田市) | 8月 | 塩鮭 | 生き盆･仏様に口を吸われる |
| 4 | 長野県小坂(岡谷市) | 8月 | 不明 | 大根とえびの煮物(ごちそう) |
| 5 | 静岡県熊切(周智郡春野町) | 不明 | 不明 | 不明 |
| 6 | 静岡県敷地(磐田郡豊岡村) | 8月 | 鰯、秋刀魚、鯖、鰹 | 行商人から購入 |
| 7 | 愛知県大海(新城市) | (旧)7月13日 | 生臭 | 口を吸われる |
| 8 | 愛知県行人原(北設楽郡津具村) | 8月16日 | 生臭 | 仏様に連れて行かれぬため |
| 9 | 三重県白浦(北牟婁郡海山町) | (旧)7月16日 | 不明 | こねずし、精進おとし |
| 10 | 三重県大野木(上野市) | 8月13～16日 | 生飛魚 | 両親のある者は蓮の葉に飛魚2枚を包み食膳に付ける |
| 11 | 京都府野中(竹野郡弥栄町) | 7月 | 塩鯖 | 親が健在なら二本を重ねたものを二組持っていく |
| 12 | 大阪府鉢が峯寺(堺市) | 7月16日午後～ | 飛魚 | 両親のある家は食べる |
| 13 | 大阪府父鬼(和泉市) | 7月7日 | 飛魚 | 親元に持参する |
| 14 | 奈良県別所(奈良市) | 8月14日 | 刺し鯖 | 親のある者は蓮の葉に刺し鯖を付ける |
| 15 | 奈良県助命(山辺郡山添村) | 8月13～15日 | 刺し鯖 | 不明 |
| 16 | 奈良県箸中(磯城郡大三輪町) | 15日 | 刺し鯖 | 両親が揃っている者は刺し鯖をいもの葉で包んで膳に据える |
| 17 | 鳥取県笠木(日野郡日南町) | (旧)7月10日(購入日) | 刺し鯖 | 不明 |
| 18 | 徳島県櫛渕(小松島市) | (旧)7月15日 | 刺し鯖 | 人間の盆、両親の揃っている者は焼いて食べる |
| 19 | 佐賀県若殿分(鹿島市) | 8月13～15日 | 干鱈 | 盆参りに親戚へ持っていく |
| 20 | 熊本県長浦(天草郡御所浦村) | (旧)7月14～16日 | 不明 | 亡くなった人が帰ってくるので酒に魚の料理で過ごす |
| 21 | 鹿児島県小浜(出水郡長島村) | (旧)7月14～16日 | 不明 | 小作人がだんなに持っていく |
| 22 | 鹿児島県浦(大島郡龍郷町) | (旧)7月15日 | 不明 | 精進おとし |

さげと五品を盛り合わせる。

この他にも高知県の「盆の16日は精進落ちとして魚を食べる」、愛知県の「精進落し」、鹿児島県の「精霊おとし」などがみられた（表2～7)。

精進落しは盆の15日または16日の精霊送り後に行われるのが普通で、刺鯖以外の棒鱈や干鱈、他の魚を使った料理を作ることが多いようであった。

また、精進落ちが盆の最後の精霊送り後に行われたのに対して、7月13日の精霊迎えの日に魚を食べる習慣も少数例みられた（表2、4、6)。山梨県富士吉田市の「仏様に口を吸われる」、愛知県新庄市や北設楽郡の「口を吸われる、仏様に連れて行かれる」、長野県掘金村の「迎え火の後、年取りの膳につく、盆魚といってお頭付魚を付ける。これをしないと仏様に口を吸われる」、栃木県西那須野町の「仏さんに口をなめられるといって、迎え盆の夕飯にはどじょう汁を食べる」などの事例である。ここでも刺鯖の利用はみられず、生臭の魚、鰯やサンマ、ドジョウなどの魚料理が用いられていた。

事例に示したように生臭みの強い魚を食べることで仏の世界に引き込まれないようにとの意味が想像される。仏と人間の世界を区別することに通ずるのであろうか。仏と人間の世界を、また日常と非日常の生活を区別する視点に立てば、精霊迎えの日の盆魚も精進落しの魚も同様な役割を持ち、魚料理というよりも生臭の魚を食べることに意味をもつ儀礼的要素の強い習慣であるといえる。

表7 『日本民俗地図』にみられる盆鯖・盆鱈の利用意義

| No. | 調査地 | 精霊祭りにおける利用 | | 親類・縁者との交流における利用 | | | その他 |
|---|---|---|---|---|---|---|---|
| | | 生見玉 | 精進落とし | ごちそう | | 中元 | 慰労 |
| | | | | 客のもてなし | 家族の食事 | | |
| 1 | 秋田県毛馬内（鹿角郡十和田町） | | | ○ | ○ | | |
| 2 | 群馬県下川田（沼田市） | ○ | | | | | ○ |
| 3 | 山梨県上吉田（富士吉田市） | ○ | ○ | | | | |
| 4 | 長野県小坂（岡谷市） | | | ○ | ○ | | |
| 5 | 静岡県熊切（周智郡春野町） | | | ○ | ○ | | |
| 6 | 静岡県敷地（磐田郡豊岡村） | | | ○ | | | |
| 7 | 愛知県大海（新城市） | | ○ | | | | |
| 8 | 愛知県行人原（北設楽郡津具村） | | ○ | | | | |
| 9 | 三重県白浦（北牟婁郡海山町） | | ○ | | | | |
| 10 | 三重県大野木（上野市） | ○ | | | | | |
| 11 | 京都府野中（竹野郡弥栄町） | ○ | | | | ○ | |
| 12 | 大阪府鉢が峯寺（堺市） | ○ | ○ | | | | |
| 13 | 大阪府父鬼（和泉市） | | | | | ○ | |
| 14 | 奈良県別所（奈良市） | ○ | | | | | |
| 15 | 奈良県助命（山辺郡山添村） | | | | ○ | | |
| 16 | 奈良県箸中（磯城郡大三輪町） | ○ | | | | | |
| 17 | 鳥取県笠木（日野郡日南町） | | | | ○ | | |
| 18 | 徳島県櫛渕（小松島市） | ○ | | | | | |
| 19 | 佐賀県若殿分（鹿島市） | | | | | ○ | |
| 20 | 熊本県長浦（天草郡御所浦村） | | | ○ | ○ | | |
| 21 | 鹿児島県小浜（出水郡長島村） | | ○ | | | ○ | |
| 22 | 鹿児島県浦（大島郡龍郷町） | | ○ | | | | |

### (2) 親類縁者との交流における利用

#### ①　ご馳走としての利用

盆礼という言葉が使われているが、盆は先祖を供養すると同時に、墓参り、嫁いだ娘の里帰りなど、親類縁者が訪れ交流をもつ場でもある。そのための客のもてなし料理として、また普段とは異なる家族の食事として盆鯖や盆鱈が使われる事例が多く記載されていた（表2～7）。

利用日の多くは盆の13日から16日までで、塩鯖をすしや煮付けにして、また棒鱈の甘煮や煮物、筍や牛蒡、こんにゃくなどの精進材料と併せた煮染めなどが作られ、客に振る舞われていた。九州地方では「盆鱈といって、盆には頭や形の分からない魚として必ず食べる」といわれ、精進を本来とする盆に魚とはわかりにくい使い方を工夫した鱈の料理が食べられていたのかもしれない。

盆に魚を利用する習慣は漁村には少なく、農山村地域を中心にみられた。昭和初期当たりまでの農山村地域の食生活は自給自足が原則であり、日常食で海産魚を利用する機会は少なかった。したがって、魚は貴重品であり、刺鯖や干鱈のような塩物や干物であっても客のもてなしや、特別な料理として行事食と成り得たものと考えられる。

#### ②　中元としての利用

中元とは日頃お世話になっている親元に義理や付き合いから盂蘭盆の時期にする贈答品のことである[29、30]。この中元として盆魚が利用されている事例が佐賀県や鹿児島県、奈良県、京都府、愛媛県などにみられ、「墓参りに親戚にもっていく」、「婚家から嫁の実家へもっていく」、「親元に持参する」、「小作人が旦那にもっていく」などの内容がみられた（表2～7）。

中元の内容は、刺鯖、棒鱈、トビウオなどで、「親が健在ならば二本を重ねて二組もっていく」（京都府）などの事例もみられた。中元の贈答品として生存している親に魚を持って行くことを生見玉と呼ぶところもあるといわれることから[31、32]、中元として魚を使う習慣は、本来は生見玉の習慣として行われてきたものであったかもしれない。また盆のご馳走としての土産的な意味も含まれており、時代とともに後者の習慣に変容していった可能性が高い。やはり農山村地域において、海産魚は貴重品であったという背景が関与しているものと思われる。

### (3) 慰労の食事としての利用

多くの事例において盆魚の利用は、精霊祭りにおける利用と親類縁者との交流の場における利用に大別できたが、これらの他に少数例であるが、日頃の労働の慰労のための利用と理解できる習慣がみられた（表2、3、6、7）。

これらの習慣は山口県のお頭付きの焼き鯖、香川県の塩鯖、群馬県の川魚の利用などである。いずれも農村地帯で、盆の時期は炎天下での田草取りが一段落つく頃で、また盆が過ぎると再び草取りなどの農作業で忙しさが増す時期でもある。盆は農繁期の合間の数日間であり、労働を停止する特別な日とも理解できる。盆は先祖を祭る行事であったと共に労働による疲労を癒す期間でもあったといえる。したがって、盆料理全体が労働による疲労を癒す食事とも理解でき、体力を回復させる食べ物が、普段はあまり食べない塩物や干物の魚料理であったともいえるのである。

## 3. 盆鯖利用の特徴とその変容

近代初期における盆鯖や盆鱈を食べる習慣は、精霊様の供物、親の健在を祝う生見玉、精進の期間を終えて普段の生活に戻るための精進落とし、盆客や家族の盆料理、日頃お世話になった方への中元、日頃の疲れをいやすための慰労の食事など、精神性の高い幅広い意味をもつものであった。これらの習慣を食文化の視点から見ると、利用意義の違いによって盆鯖や盆鱈の使い方や行事のなかでの位置づけに違いが認められた。

生見玉や精進落ちなど精霊祭りにおける利用では、刺鯖がそのまま膳に付けられたり、簡単に焼き物として食べられていた。これに対し、親類縁者の交流における利用では、棒鱈や各地域の魚を用いたすしや各種の煮物が作られており、手間暇をかけ手作りするすし、長時間煮込む棒鱈の甘煮や煮染めなど、普段とは異なる料理が作られていた。これは、利用意義の違いにより利用法に差がみられることを示している。すなわち、すでに中世から貴族の階層で行われ[33]、江戸時代には民間の行事となったといわれている生見玉は[34]一つの儀礼として行われるもので、古くからのしきたりを守り、お頭付きの刺鯖を一対膳につけるところに意義があったものと考えられる。すなわち、盆鯖は食材料というより、親の健在を祝うという生見玉の精神性を現す具体的な対象として位置づけられていたといえないだろうか。一方、楽しみ的要素が大きい盆客のもてなし料理や家族の食事としての盆料理は、盆鯖や盆鱈がコミュニケーションの媒体としての役割を持ち、儀礼ではなく家族や親類縁者が集い同じ料理を食べるという意味が大きかったことがうかがえる。したがって、盆鯖や盆鱈は非日常食の食材料としての位置づけが高く、実質的な料理が作られ、使われてきたところに特徴がある。

そして、精霊様の供物や精進落しの習慣は、盆鯖や盆鱈の使い方からみると盆料理に近い特徴がみられるが、行事の内容や精神性からみるとより儀礼的な性格に近い習慣である。このように利用意義の違いが盆鯖や盆鱈の使い方に大きく影響しているといえよう。

盆鯖や盆鱈にまつわる習慣は、明治後期から昭和初期という半世紀近くの間でも、変容しているように感じられた。表3、5、7に示したように、明治後期から大正期の内容が中心である『日本民俗地図』では生見玉や精進落ちとしての盆鯖の利用が比較的多く、昭和初期の内容が中心である『日本の食生活全集』では親類縁者との交流の場における利用が圧倒的に多い。そして、大正期の『日本の衣と食』では両方の習慣が同程度にみられる。資料とした書物の性格の違いにもよると思われるが、昭和初期にも盆鯖や盆鱈の利用が多くみられ、焼くという簡単な料理法で食べられていた生見玉の習慣に共通した内容であった。このことから昭和初期においても盆に鯖や鱈の料理を食べることは習慣としては伝承されているものの、その意味やいわれは曖昧になっており、精神性の高い生見玉や精進落ちの行事は形骸化しつつあったといえよう。そして、盆礼のもてなし料理のみが伝承の中心になったとみなすことができる結果であった。

最後に、なぜ正月行事と並ぶ重要な年中行事である盆に、大衆魚の鯖や鱈が使われてきたのか考えてみたい。自給自足を原則とする伝統的な食生活のなかで、魚介類が庶民階層の行事食となり得るためには、どこの地域でも、誰でもが購入可能な安価でしかも保存性の高いものでなくてはならない。塩鯖や刺鯖、干鱈や棒鱈はその条件に合った大衆魚であり、しかも江戸時代から民間のなかで使用されてきた代表的な魚であった[35、36]ということが大きく影響しているものと考えられる。

盆行事のなかで行われてきた供物や生見玉、精進落としとしての儀礼的要素をもつ盆鯖や盆鱈の利用、そして、盆料理の食材料としての利用、全てが長い年月を経て形成されてきた習慣であり、昭和初期あたりまでは、住民の生活に根付いた習慣であった。「七月の先祖祭に魚を食べる習俗は、我が国古来のものであるが、また魚を食べることによって仏教の教えを積極的に乗り越えてきたものとみられる」[37]という考え方がある。盆に鯖や鱈を使う習慣は、古くからの仏教的な習慣と各地域独自の習慣、そして各地域の住民の価値観などが複雑に反映して伝承され、また変容してきたものと考えられ、伝統的な魚食文化の一つであるととらえることができる。

＊表1～6出典：今田節子 2005 より

## 第4節　田植儀礼における鯖の食習慣

非日常食としての鯖にまつわる食習慣は、正月や春祭り・秋祭りなどの神事と盆や法事などの仏事、そして農耕儀礼に大別できるものであった。ここで研究対象を明確にするために農耕儀礼の概略を述べると次のようである。民俗学の視点からは、米の生産過程の折り目ごとに営まれる信仰的儀礼が稲作にかかわる農耕儀礼で、予祝儀礼、播種儀礼、田植儀礼、成育儀礼、収穫儀礼の五段階に分けられている[38、39]。田植儀礼に先立って行われるのが、稲作の豊穣を祈る予祝行事で、正月松の内の間に形式的に田を三鍬耕し、餅や焼き米を供え、松葉を苗に見立てて田に刺す行事が行われた地域もあるという。そして、苗代に籾をまく播種儀礼では水口に供え物をし、苗代の中心部に田の神の依り代として斎串（いみぐし）を立てるなどの儀礼が行われてきた。その苗が生長し田に植え付けることにかかわる儀礼が田植儀礼である。その後、虫送り、雨乞い、台風に対する風祭りなど稲の無事な生育を願う生育儀礼、刈り取りや脱穀、調製などの収穫に関わる収穫儀礼の一連の稲作儀礼が続くと説明されている。さらに田植儀礼は田植え始めの行事と田植え終わりに行われる行事の二つから成り立ち、前者は「さおり」、「さびらき」、「さんばいおろし」などといわれ[40]、これに対し後者は「さのぼり」、「さなぼり」、「さなぶり」、「しろみて」などといわれた[41]。「さ」は田の神の意であり、いずれも神とのかかわりが深い信仰的儀礼であったことが理解できる。過去に行ってきた伝統的食習慣の聴き取り調査の過程で、これらの農耕儀礼のなかでも特に田植儀礼での鯖利用に関する話を聞くことが少なくなかった。

そこで本節では、農耕儀礼のなかでも田植儀礼と鯖のかかわりを取り上げ、近代初期と近世の食習慣を比較し変容を探るとともに、田植儀礼のなかでの鯖の位置付けを検証していくことを目的としたい。このことは鯖の伝統的食文化を多面的に捉え、鯖の食文化の独自性をさらに明確に把握することに繋がっていくものと考える。

田植儀礼の名称は地域によって様々であり、混乱が生じる可能性が懸念されるため、本文中では植え始めの儀礼を「さびらき」、植え終いの儀礼を「さなぼり」と表記することとし、文献調査を中心に田植儀礼であるさびらき、さなぼりに関する事例を収集した。具体的な儀礼内容、神饌、祝いの食事の内容を明らかにすることにより、近世、近代初期のさびらき、さなぼりの目的とその変容を探り、引いては鯖の食習慣の位置付けを検証しようとした。

近代初期の資料収集には、これまで同様に『日本の食生活全集』[42]を中心とし、岡山県および広島県の一部については聴き取り調査結果や市町村史の事例を合わせて検討資料とした。そして近世の事例収集には『諸国風俗問状答』[43]、『日本農書全集』[44]、『日本庶民生活史料集成』第23巻年中行事[45]を資料とした。なお、『諸国風俗問状答』は文化10年（1813）頃、江戸幕府の奥儒者屋代太郎弘賢の発案により諸国の藩儒や知人に対して風俗問状を送り、その答案を得たものである。また、『日本農書全集』は各地で残されている江戸時代の農業の手引きや豪農の記録などを集めたものであり、『日本庶民生活史料集成』は近世の庶民生活にかかわる記録である。

## 1.「さびらき」・「さなぼり」行事の分布

### (1) 近世におけるさびらき・さなぼり行事の分布

近世におけるさびらきに当たる事例は『諸国風俗問状答』からは個人としてではなく諸国の習慣として11事例、『日本農書全集』・『日本庶民生活史料集成』からは個人の習慣として10事例を収集することができた。また、さなぼりに当たる行事については、前者からは同様に11事例、後者からは17事例を収集した。これらの事例のほとんどは1800年代の江戸時代末期のものであるが、一部の事例については1700年代のものも含まれる。

さびらきは江戸時代後期の習俗とみなされる『諸国風俗問状答』には奥州秋田[46]、白川[47]、三河吉田[48]、越後長岡[49]、大和高取[50]、若狭小浜[51]、丹後峰山[52]、備後浦崎村[53]、淡路[54]、伊勢白子[55]からの解答に、そして『陸奥国信夫郡伊達郡風土記』[56]および『莉萩峰邑風俗（タラヲ）』[57]に（表8）、また、『日本農書全集』に納められている江戸中期から後期の記録では阿波[58]、栃木下蒲生[59]、尾張[60]、土佐[61]、丹波[62]、美濃[63、64]などの資料に記載が残されている（表9）。

表８　近世における田植儀礼—『諸国風俗問状答』にみるさおり・さびらき・さんばい—

| 出典 | 年代 | 儀礼名称 | 時期 | 行事の内容 | 神饌 | 祝いの料理 |
|---|---|---|---|---|---|---|
| 奥州秋田風俗問状答（秋田城下の部） | 1814 | さびらき | 五月 | 家々で日を選んでする<br>大方、赤小豆飯、鯡、濁酒（寒中に作る）<br>朴の葉を重ね敷き小豆飯を盛り、また朴の葉を蓋にして近隣かたみに送り合う | 赤小豆飯<br>（朴の葉を重ね敷き盛る） | 赤小豆飯、鯡、濁酒 |
| 奥州秋田風俗問状答 | 1813 依頼（推定） | さびらき | 五月 | 田植え入梅の節、田植よしと申に初田植 | 小豆飯 | 小豆飯、煮〆などにて祝う |
| 三河吉田領風俗問状答 | 1817 | さびらき | 五月 | 日を選んで田植始める日、２本３本にても植え始めて祝う始めに彼ニン木、貯えておいた門松で田植飯（米麦・赤小豆・稗）などを一つの飯に炊く | 神酒　小豆飯、鱠など | 酒、小豆飯、鱠など<br>田植飯を田に持ち出て男女皆打ちより食べる |
| 越後長岡領風俗問状答<br>古志三島蒲原三郡答書 | 1817 | さひらき | 五月 | 吉日を選び植える　わさ田植といって早稲を植えるとき苗２把を田の神に奉る | 苗２把 | |
| 大和高取藩風俗問状答 | 1813 依頼（推定） | さびらき | 五月 | 苗を初めて植えることを祝う | 麦わり（米・麦・粟・小豆の飯） | 家内も麦わりで祝う |
| 若狭小浜風俗問状答 | 1813 依頼（推定） | さびらき | 五月 | 吉日を選ぶ<br>ワカメ・豆・洗米を蕗の葉に包んで、糸でつなぎ合わせ、栗の枝につけて苗代にふちにもって行き、明方を向いて豊作を記念し、苗を３株５株植える | ワカメ・豆・洗米を蕗の葉に包んだもの | 酒など酌み交わし遊ぶ |
| 備後浦崎村國風俗問状答 | 1818 | 田植の事 | 五月 | 薪に門松を混ぜて焚き、田の中に苗4把あて3箇所に置き、その上に栗の葉を敷き、年徳神の膳を置く | 煮物、鱠、かけ鯛少し付け、造り酒を神々へ供える | |
| 淡路国風俗問状答 | 1813 依頼（推定） | さびらき | 五月 | 卯の日、寅の日を選ぶ。<br>田の畦に栗の葉、薄を立て、煎り豆と洗米を合わせて盛り、供える | 煎り豆と洗米を神仏に供える | |
| 伊勢白子風俗問状答 | 1813 依頼（推定） | さびらき | 五月 | 神仏に供物 | 種余りを蒸搗き、青豆を炒り交ぜる<br>神酒、赤飯（田の花といって豆の粉をかける） | |
| 陸奥国信夫郡伊達郡風土記 | 1814 | さびらき | 五月 | 供物 | 大豆めし | |
| 薊萩峰邑風俗 | 1818 | さびらき | 五月 | 供物苗 12 株、栗の枝３本、萱３本、煎り豆と白米を水に漬け蕗の葉に包み、苗代の水口へ供える | 煎り豆と白米を水に漬け蕗の葉に包んだもの | |

さなぼりについては、『諸国風俗問状答』ではさびらきと同様の国に[65～76]（表10）、『日本農書全集』および『日本庶民生活史資料集成』では越前[77]・会津[78, 79]・大和[80]・阿波[81]・安芸[82]・能登[83]・尾張[84]・土佐[85～87]・丹波[88]・因幡[89]・下総[90]・三河[91]・河内[92]・紀伊[93]などの資料に記載がみられた（表11）。

さなぼりについてはさびらきより多くの事例数が収集され、多少広い範囲に存在していたが、国別にみると大差は認められないといってもよかろう。すなわち、近世にあっては、今回の資料収集からは中部地方と九州地方に事例がほとんどみられなかったが、さびらき・さなぼりの行事は農村地帯であれば一般的に行われた田植儀礼であったと推測される。

## (2)　近代初期におけるさびらき・さなぼり行事の分布

時代は下り、大正時代から昭和初期頃にもさびらき・さなぼりの行事は伝承されていたのであろうか。昭和初期の食習慣が記載された『日本の食生活全集』からは、さびらき 17 事例、さなぼり 59 事例を収集することができた。

植え始めの儀礼である「さびらき」については、『日本の食生活全集』の秋田県・愛知県・三重県・兵庫県・滋賀県・島根県・広島県・香川県・愛媛県・高知県・佐賀県・宮崎県の 12 県に事例が紹介されていたが（表12）、『日本民俗大辞典』[94] に紹介されていた京都府・千葉県・秋田県・静岡県・新潟県・福井県の事例も近代初期に行われていた事例ととらえても問題ないであろう。そして、市町村史や筆者の民俗聞き取り調査のかなでも、広島県甲奴郡上下町[95]、岡山県御津郡建部町[96]、浅口郡金光町[97]、鴨方町[98]、矢掛町[99]、真備町[100]など各地でさびらきにあたるワサ植えや大田植えなどの行事が行われていたことを確認できている。これらの事例を合わせて考えると、さびらきの儀礼は北海道や東北・関東・中部地方の一部を除き、日本各地に分布していたことが示された。

これに対して、田植えが終了し田の神を送る儀礼である「さなぼり」については、『日本の食生活全集』や『日本民俗大辞典』[101]に記載されたさびらきが行われる18県以外に、岐阜県・長野県・大阪府・奈良県・福岡県・熊本県・長崎県・鹿児島県などにも事例が記載されており（表13）、さびらきより広い地域でさなぼりの分布が確認された。

表9　近世における田植儀礼―『日本農書全集』および『日本庶民生活史料集成』にみるさおり・さびらき・さんばい―

| 出典 | 年代 | 儀礼名称 | 時期 | 行事の内容 | 神饌 | 祝いの料理 |
|---|---|---|---|---|---|---|
| 砂川野水著『農術鑑正記』下（阿波） | 1723 | さびらき | 4月の卯の日 | 田植え初め、栗の枝とすすき、きれいに洗った米を田 1枚ごとに供える | 栗の枝、すすき、洗米 | 酒やご馳走で楽しむ |
| 田村吉茂著『農業自得』（栃木県下蒲生） | 1841 | さびらき | | 田植え初め　作業の目安とする者あり | | |
| 長尾重喬著『農稼録』（尾張） | 1859 | さびらき | | 田植えのはじめ、酒を準備し、農作の神に捧げる | 酒 | 小豆いり団子、おこわ、田に持っていく |
| 細木庵常・奥田之昭編『耕耘録』（土佐） | 1834 | さいけ<br>さびらき | | 田植えの最初を「さいけ」という<br>田植えから帰り、さばいの神、大年の神を卯換え、伊勢皇太神宮をはじめ、えびす様の神棚へも、御神酒を供える。 | 御神酒 | 相当のご馳走を作りさびらきを祝う。 |
| 著者未詳『百姓作方年中行事』（丹波） | 1813 | さびらき | 5月12日 | 植え始めの日をさびらきという<br>苗二把洗い、神酒と共に明神へ供える | 苗・酒 | |
| 牧村治七著『御百姓用家務日記帳』（美濃） | 1867 | さひらき | 5月15日 | 朝さひらきにより苗をり、昼から晩まで植える | | |
| 三浦直重著<br>「米徳糠藁籾用方教訓童子道知辺」（美濃） | 1862 | さひらき | 5月ころ | さひらきといって、吉日を選び初めて早苗をうえる<br>男女がうち交じって、本田へ植える時歌をうたう。<br>男女ともそろいの手ぬぐいをかぶって、にぎやかに植える | | |

『年中行事図説』[102]には、東北・関東地方では「さなぶり」、四国から九州では「さのぼり」、北陸から山陰・山陽では「しろみて」といったことが紹介され、さびらきについても田植え祭などとして広く行われていたことが記載されている。今回収集した限られた資料からは全国的な分布は確認できなかったが、このことを考慮すると、さびらきとさなぼりの田植儀礼は江戸時代から近代初期に至るまで稲作地帯であれば広く行われてきた行事といっても過言ではなかろう。

## 2. 近世における田植儀礼と鯖の食習慣

### (1)「さびらき」の儀礼内容と行事食

田植儀礼における鯖の位置付けを検討するためには、その背景となるさびらき・さなぼりの儀礼

表10　近世における田植儀礼―『諸国風俗問状答』にみるさのぼり・さなぼり―

| 出典 | 年代 | 儀礼名称 | 時期 | 行事の内容 | 神饌 | 祝いの料理 |
|---|---|---|---|---|---|---|
| 奥州白川風俗問状答 | 1813依頼（推定） | さなぶり さのぼり | 五月 | 植じまいの田の水口より苗を三株抜き、その跡へ三株植え替え、抜き取った三株は家に持ち帰り、釜の神、其の外家内諸神に供える |  | 小豆飯、煮〆（大根・田作芋・牛蒡・豆腐類）酒（親類打ち寄り） |
| 三河吉田領風俗問状答 | 1817 | 植揚げ ゴンゲノボウ | 五月 | 田植えが終わると、諸業事皆休む |  | 赤小豆飯、鱠などで祝う |
| 越後長岡領風俗問状答 古志三島蒲原三郡答書 | 1817 | さなぶり さのぼり | 五月 | 夕べ田の神に膳を供す。黒豆の飯を枡あるいは重箱に高盛りにし、塩鰯を楢の葉、朴の葉などをかいしきに盛り、神酒飯に豆を交えて炊き、また豆の粉ふりかく、稲に花のかかる豆の粉をかけたごとく、よねは豆粒のごとく太く、実れとてのしわざ | 黒豆の飯を枡あるいは重箱に高盛りにし、塩鰯を楢の葉、朴の葉などをかいしきに盛り、神酒 | 黒豆飯、塩鰯、濁酒を飲み交わし祝う |
| 大和高取藩風俗問状答 | 1813依頼（推定） | さのぼり | 五月 | 田植えの終わりを祝い、小麦餅をつく |  | 小麦餅をつき祝う |
| 若狭小浜風俗問状答 | 1813依頼（推定） | さのぼり | 五月 | 一村田を植え終わり庄屋より日を定め、田の神を祭る | 赤飯、餅 | 赤飯、餅、2日1夜は何事もせず遊ぶ |
| 丹後峰山領風俗問状答 | 1813依頼（推定） | さのぼり | 五月 | 田植えしまい次第おこなう村もある<br>麦交じりの赤飯を神々へ供し、田植の節合力した者へ送るよう庄屋が申し出 | 麦交じりの赤飯 | 田植の節合力した者へ麦交じりの赤飯を送る |
| 淡路国風俗問状答 | 1813依頼（推定） | さのぼり | 五月 | 田植しまいをいう |  | 田植の飯は麦飯に大角そら豆などを入れて、門松でたく。赤小豆飯を炊く家もあり親類隣家へ配る |
| 伊勢白子風俗問状答 | 1813依頼（推定） | さのぼり | 五月 |  |  | 植え終わり、田のあがりに集まり、酒えらきする<br>村中植え終わった時、庄屋より野上がりを觸出す<br>農家では牡丹餅、うどん |
| 陸奥国信夫郡伊達郡風土記 | 1814 | さのぼり | 五月 | 苗を釜神に祭る | 苗 | 野菜の煮〆、焼肴を柿の葉、朴の葉に盛る<br>あずき粥を作る家もある |
| 蓟萩峰邑風俗 | 1818 | さのぼり | 五月 | 田植え終をさなぼりという。茗荷3本、萱3本、苗3把にさし、砂を竈の前へ三所に盛り、その上に苗を置き、供す<br>里中の田植終りに野休みとて神社へ詣で、或いは酒宴遊行する | 茗荷・萱・苗 | 酒宴遊行 |

内容やその目的を明らかにしておく必要がある。『諸国風俗問状答』や『日本農書全集』、『日本庶民生活史料集成』に内容が比較的詳しく記載されている事例からそれらを検討してみたい。例えば、ワカメ・豆・洗米を蕗の葉に包み、糸でつなぎ合わせて栗の枝につけて苗代の縁に持って行き、明方を向いて豊作を祈願し、苗を3株5株植える（若狭小浜）、田の畦に栗の枝、すすきを立て煎り豆と洗米を合わせて盛り供える（淡路国）、苗12株、栗の枝3本、萱3本、煎り豆と白米を水に漬けて蕗の葉に包み、苗代の水口へ供える（蓟萩峰邑）、栗の枝とすすき、きれいに洗った米を田一枚ごとに供える（阿波）などがみられ、田の神の依代の意味があるのであろうか栗の枝が使われ、そこに神饌が供えられている。神饌には大きな地域差は認められず、苗の束、酒、小豆飯、大豆飯、洗米、煎り豆などで、朴の葉や蕗の葉、栗の葉に盛ったもの、包んだものが多い。また、「麦わり」といって米や麦、粟、小豆の飯を炊いて祝ったり（大和高取）、貯えておいた門松で「田植飯」（米・麦・小豆・稗などの飯）を炊き（三河吉田）、祝う地域もあった。そして、事例数は少ないが、神饌にニシン（秋田城下）や鱠、正月の掛け鯛（備後浦崎村国）などの魚介類を用いる地域もあった（表8、9）。

このように近世に行われていたさびらきは、吉日を選び苗を初めて植えることを祝う行事であり、田の神を迎えて豊作祈願を苗や米や豆類の飯、魚類を用いた膳料理に託した儀礼であったことがうかがえる。

一方では家族でさなぶりを祝う行事でもあったことが記録からうかがえる。「家族も麦わりで祝う」(大和高取)、「酒など酌み交わし遊ぶ」(若狭小浜)、「酒や馳走で楽しむ」(阿波)、「相当のご馳走を作り祝う」(土佐) などの記述もみられ (表8、9)、神饌と同様の小豆飯や麦わり、鱠などの料理をいただきながら酒を酌み交わし楽しむなど、田植え始めの忙しい時期とはいえ遊楽的な要素も含まれていたことが想像される。

すなわち、近世のさびらきは、田の神を迎えて植え始めを祝い、豊作を祈願する儀礼的要素中心の神事だけではなく、祝いの食事を囲んで家族らも祝い楽しむ行事であったととらえることができよう。

表11　近世における田植儀礼—『日本農書全集』および『日本庶民生活史料集成』にみるさのぼり・さなぶり・しろみて—

| 出典 | 年代 | 儀礼名称 | 時期 | 行事の内容 | 神饌 | 祝いの料理 |
|---|---|---|---|---|---|---|
| 深町権六著『農業心覚』(筑前) | 1703 | さなぼり | 五月 | | | |
| 佐瀬与次右衛門著『会津歌農書』(会津) | 1704 | さなぶり | | 早苗分離祝 (田植終了の祝い)<br>いつしかとさなぶり納め田の神へ<br>造酒を供えて祝ううれしさ<br>大早苗分離<br>誰が里も大さなぶりや日えらび<br>村一同に祝い来たれり | 造り酒 | |
| 山本喜三郎著『山本家百姓一切有近道』(大和) | 1823 | さなぶり | | さなぶりには、苗代終いに「さなぶりなえ」という大きな苗を二把、畦きわから採っておく | さなぶり苗 | |
| 砂川野水著『農術鑑正記』下 (阿波) | 1723 | さのぼり | | 田を植仕舞をさなほりという。<br>家々一両日休息 | | 酒食に飽たのしむ |
| 九屋甚七著『家業考』(安芸) | 1764～1771 | 田植え | | | | 飯・鯖・酒・酢<br>田植えさかな、この頃買って干しておくがよし。大さば12、13本<br>酒1斗2升、肴は大さば12、13本あればよし、酢1升<br>飯米は6、7斗いるなり |
| 松村標左衛門著『松村家訓』(能登国羽咋郡町居町) | 1799～1841頃 | 田休み | | 田植え手伝いし者を集め田植休み<br>(さなぶりと推定) | | 麦飯・汁・刺鯖・なますじぶ<br>肴の刺鯖は一匁に12刺より13刺は少し小ぶり、14刺は小にしてならず10刺は大にしてならず |
| 長尾重喬著『農稼録』(尾張) | 1859 | さのぼり | | 田の植おわり | | |
| 細木庵常・奥田之昭編『耕耘録』(土佐) | 1834 | さなぶり | | 田植えじまいをさなぼりという、苗代にした田を植え終わった時、五月女の手に残った早苗をきれいに洗って、家に持ち帰る御神酒を添えて、神棚に供える | 早苗・御神酒 | ご馳走をして御神酒のお流れをいただく |

(2)「さなぼり」の儀礼内容と行事食

田植えが終わって行われるさなぼりは、さびらきとどのような違いがあったのであろうか。代表的な儀礼を紹介してみると、「植え終いの田の水口から苗を3株抜き、家に持ち帰り釜神、その外家内諸神に供える」(奥州白川)、「田の神に膳を供す、黒豆の飯を枡や重箱に高盛りにし、塩鰯を楢や朴の葉をかいしきにして盛り、神酒と共に供える」(越後長岡領)、「茗荷3本、萱3本、苗3束をさし、砂を竈の前三カ所に盛り、その上に苗を置き、御膳に萱の箸を付け、竈の神に供す」(蓟萩峰邑)、「苗代にした田を植え終わった時、五月女の手に残った早苗をきれいに洗って家に持ち帰り、御神酒を添えて神棚に供える」(土佐) などである (表10、11)。苗と神酒を竈の神様や家内の

| | | | | | | |
|---|---|---|---|---|---|---|
| 著者未詳『農業之覚』(土佐) | 年代未詳 | さなぶり | | 稲苗植終い田より五月女苗を少し取り帰り、恵比須棚へ供え、さなほりを祝う | 苗・酒 | |
| 著者未詳『百姓作方年中行事』(丹波) | 1813 | さのほり | 五月十八日 | 植え付けの終わった日をさのほりという苗三把と神酒を明神へ供える | 苗・神酒 | |
| 田井惣助著『家事日録』(豊岡) | 1828 | さなほり | 五月十四日 | 客をよびさなほり | | 米・酒・さなほり |
| 著者未詳『自家業日記』(因幡) | 1849 | しろみて | | 田休み | | ちさもみ・干蕨・ふき・生鯖煮付け・焼き物・やまめの味噌漬け・汁・生鯛かやまめの擂り身（以前は塩鯖と汁） |
| 『会津風俗帳』年中行事(会津) | 1807 | さなぶり | 五月 | 田植仕舞いたる祝、　一両日休み この夜は器物を洗えば田の水口がかれるといって洗わず | | 夜は分限に応じ、酒・肴を調え祝う |
| 大熊伊兵衛著『下総松戸大谷口村 大熊家年中家礼日記行事』(下総) | 1848 | さなぶり | | さなぶりの休日三日有り、初日に祝儀餅搗く | 餅 | 祝儀餅 |
| 正彦筆『三河国府村年内行事留』(三河) | 1850 | 農休 | 五月四日 | 植え付け済み次第　農休遊日 | | |
| 橋本角左衛門『河内三宅村橋本家家伝年中行事』(河内) | 1803 | 大田植の祝 | 五月 | 田植仕舞いの日、大田植の祝 | | 祝として昼飯赤飯・汁・塩物切身にめえの菜 |
| 『紀伊那賀郡安楽川庄年中行事心得』(紀伊) | 1854 | 農休み | 五月 | 田植え片付けし節 | | |

諸神に供え植え終いを祝う儀礼が中心であり、さびらきの儀礼内容や神饌に比較し簡素な儀礼のように感じられる。

しかし一方で、「田植えが終わると諸業事皆休む」（三河吉田）、「一村田を植え終わり庄屋より日を定め田の神をまつる。2日1夜は何事もせず遊ぶ」（若狭小浜）、「家々一両日休息」（阿波）、「田植え手伝いし者集めて田休み」（能登羽咋郡）、「客を呼びさなぼり」（土佐）、など「農休遊日」・「田休み」といった内容がほとんどの事例にみられ、祝いの食事について説明している事例が多い。祝いの食事は、酒、小豆飯、黒豆飯、小豆粥、白飯、煮しめ、鱠、塩鰯、鯖、刺鯖、塩鯖、生鯖煮付け、塩物切身、やまめの味噌漬け、ちしゃもみなどで、祝いの食事はさびらきの祝いの食事に比較して当時としては随分ご馳走で、重労働を終えた喜びが大きく、慰労の意味が大半を占める行事であったことが理解できる（表10、11）。大地主や豪農の記録の中には田植えの食事について「田植えさかなは買って干しておくがよし。大さば12、13本、酒1斗2升、肴大さば12、13本あればよし、酢1升、飯米6、7斗いるなり」（安芸）[103]、「肴の刺鯖は1匁に12刺より13刺は少し小ぶり、14刺は小にしてならず、10刺は大にしてならず」（能登羽咋郡）[104]などとあり、大地主はさびらきからさなぼりにいたる田植え期間の食料を計画的に準備し、鯖も毎年準備される魚介類で、慰労のご馳走であったことがうかがえる。

すなわち、田植儀礼の中でも植え終いのさなぼりは、田の神に感謝し、神を送る儀礼より慰労の目的が中心であったことがうかがえる結果であった。その慰労の食事の中で、魚介類の利用も多くみられ、本報の調査対象である鯖は近世の祝いや慰労の食事のなかで比較的使用頻度の高い魚介類であったといえる。

## 3. 近代初期における田植儀礼と鯖の食習慣

### (1)「さびらき」の儀礼内容と行事食

昭和初期においても、収集したさびらきの事例の多くは、田の神を迎え、神饌を供え、田植えの無事や豊作祈願をしてから、植え始めをするものであった。大豆入りご飯を朴の葉に包み栗の木の枝に二つくくりつけたものを田の畦に立てる（兵庫県多紀郡篠山町）、卯の花や栗の木を5、6本まとめて田のほとりへ立て、柏の葉に白いご飯を茶碗一杯入れて、い草で括って供える（広島県神石郡柚木町）、田の中央へうつげの花木（よく実がなる）を立て、四方から苗束を添え、その上においりに干し柿を混ぜて袋に入れたものを供える（愛媛県上浮穴郡久万町）など、近世にもみられた栗の木などを田や水口に立てる儀礼が存在していた。そして、朴の葉にきな粉をまぶしたお握りを包んだものに酒と早苗2束（秋田県仙北郡中仙町）、3束の苗のなかに赤飯のお握りを入れ、その上におかずを置き畦に供える（三重県志摩郡志摩町）、田植えの初日に苗を抜き取り、石臼の上に箕を置き、蕗の葉などに稲苗とおにぎりを供える、お握りは米に糯米を入れて炊き、大きく握ってワカメの根のついたものを周りにつける（根が強くつくように）（佐賀県佐賀市）など、赤飯や小豆飯、大豆飯や白飯などを朴や蕗の葉にで包んだ神饌が多く見られた（表12）。さらに聴き取り調査でも、さんばい田へ大豆ご飯を柏の葉に包んだ「いば飯」と塩鯖の焼き物、茗荷の子や切り干し大根の味噌和えを供え、1株に苗3本づつ3箇所植える（広島県甲奴郡上下町）、わさ植えといって赤飯を供え豊作祈願をし植え始めをした、赤飯には正月縫い初めに縫った袋に入れた米と小豆を使用し[105]、山入りの祭に持ち帰った木で御供を炊いた、苗採りにはのうでといって正月のお飾りを使用（岡山県御津郡建部町）、年神様の御幣をわさ植の田の畦に立て、苗束には年神様のお飾りわらを使って植え始めを行った、この日に正月の神棚の鯛をいただいた[106]（岡山県浅口郡金光町）、岡山県北でもわさ植えには田の畦に苗を3束並べてさんばいを祭ったなどが聞かれた。

近代初期においても、田の神の依代となる早苗や栗の枝やうつげの花木を田や畦に立て、朴の葉や蕗などを皿と見立てて白飯や大豆飯、赤飯の握り飯を包み供えるという儀礼の基本がみられた。供物の中心は米であり、稲の花に名取られたきな粉やワカメ、よく実がなるうつげの花木、根がよく着くようにとワカメの根などの縁起物の供え物を組み合わせ、豊作祈願の気持ちを現すところに特徴がみられた。

さびらきの祝いの食事については特別のものはみられず、田の神の神饌と同様な白飯、赤飯、大豆飯を家族もいただき、神の加護を受けながら初田植えにのぞむものであった。近代初期においてはさびらきの行事は田の神に神饌を供え、田植えの無事と豊作を祈願する儀礼が中心であったことは明確であったが、特別に祝いの食事作り、祝い楽しむ性質は希薄であった。そして、本研究の主題としているさびらきと鯖の食習慣との関わりは広島県上下町の習慣にしかみられず、稲作儀礼の一つである田植儀礼において神聖な米が儀礼の中心に置かれていることは納得いく結果であった。

### (2)「さなぼり」の儀礼内容と行事食

『日本の食生活全集』からは、さびらきの17例に比較してさなぼりは59例と多くの事例が収集されたわけであるが、それらの内容は田の神を送る儀礼、田植えの慰労に大別できるものであった。

まず、儀礼としての特徴を探るために代表的な事例を紹介してみたい（表13）。豊作を祈願してお神酒、お頭付きの蒸した煮干、きな粉をふじみ（藤を使った箕）に盛って田の水口や神棚に供える（長野県飯田市）、稲の苗３束をきれいに洗って、白飯とともに神床に備え、無事田植が終わったことに感謝する（京都府加佐郡大江町）、きれいに洗った苗３束といもぼた（米に里芋を混ぜて搗いたぼたもち）をかまどの三宝荒神に供える、雨に恵まれますようにと茹でそうめんをかける（奈良県磯城郡田原本町）、荒神様に苗３束を供え、お神酒を供えて豊作祈願（福岡県三井郡北野町）などで、苗とともに餅や白飯、黄な粉飯、酒などを供え、田植が無事終了したことに感謝し、豊作を祈願する意味は全体に通ずるものであった。さびらきにみられた田の神の依代となる飾り物などは見られず、供え物をすることが儀礼の中心に置かれ、田や水口での祭りではなく、家庭内の神棚に供える形態であったことなどを考慮すると、さびらきよりも儀礼的要素が希薄な感が強い。

表12　近代初期における田植儀礼―『日本の食生活全集』にみるさおり・さびらき・さんばいさん―

| 区分 | 地域 | 名称 | 時期 | 行事の内容 | 神饌 | 祝いの料理 |
|---|---|---|---|---|---|---|
| 東北 | 秋田県仙北郡中仙町 | さびらき | 初田植の日 | 田の神様に膳の供え物 | いたどりかほおの木の葉にきな粉をまぶしたおにぎりを包む繭玉、酒など、早苗二束 | |
| 中部 | 愛知県豊橋市 | さびらき | 6月に入って田植え前 | | | さびらきだんご（おしるこに小麦粉団子） |
| | 三重県志摩郡志摩町 | さびらき | | 三束の苗の中に赤飯の握り飯を入れ、その上に置かずを置き田の畦に供える | 苗。赤飯・おかず | 握り飯、おかず<br>鏡餅の雑煮かぜんざい |
| 近畿 | 兵庫県多紀郡篠山町 | さびらき | 5月10日頃 | のしろに苗がよく育つことを祈る<br>正月の縫い初めの二つの米袋の一方の米で大豆入り豆ご飯を炊き、朴の葉に包んで、栗の木の枝に二つくくりつけて田のあぜに立てる | 大豆入り豆飯を朴の葉につつみ、栗の木の枝に二つくくりつけたもの | |
| | | わさうえ | 6月5日 | 田植え始め、苗がよく育ったことに感謝の気持ちをこめて、正月の縫い初めの米袋のもう一方で小豆ご飯を炊き、倉の歳徳神にお供えする | 小豆ご飯 | |
| | 滋賀県高島郡朽木村 | さびらき | 5月末ごろ | | | |
| 山陰 | 島根県邑智郡大和村 | 田植え | | 田の神「さんばいさん」を角にまつり、田植えが始まる | | |
| | 島根県浜田市 | 田植え | | | | |
| 中国 | 広島県神石郡油木町 | さんばいさん | | さんばいさんは田の神さまで、田植えはじめにごちそうを供え、田植えを無事に健康でのりきれるようお祈りする。卯の花や栗の木の枝を5、6本まとめて田のほとりに立て、いば（かしわ）の葉に白いご飯を茶碗一杯入れて、藺草でくくって供える | いばの葉に包んだ白ご飯 | 白いご飯、ちしゃもみ |

これに対し、田植えの慰労の意味を祝いの食事にこめた行事は村全体でも家庭でも行われており、さなぼりの中心に位置付けられるものであった。供え物とは別に、赤飯、餅、すし、ぼた餅、き

| 中国 | 広島県世羅郡地方 | さんばいさん | 旧5月5日 | さんばいさん(田植えはじめ)になることが多い | | ひばずしを昼食に食べる<br>温かいすし飯をひばの若葉に包み、切りだめに入れておく |
|---|---|---|---|---|---|---|
| | 広島県山県郡芸北町 | さんばいさん迎え | 6月4,5日頃 | 田の神を迎え、豊作祈願(花田植え) | | ほうの葉にくるんださんばいさん弁当 |
| 四国 | 香川県高松市 | さいけ | | 田植えはじめの祝い | | うどん |
| | 愛媛県大洲町 | さんばいおろし | 5月中旬 | 終えべっさまに供え豊作祈願<br>苗代の水口に石なしろ(目印の石)とうつげの花を立てて、お供え米といりこを供え、田の神迎えをする | 苗代もち<br>米、いりこ | |
| | | 植え始め | 6月中旬 | おさんばいに三くろ(三所に植える分量)の苗を供える | 苗 | 牛にも好物の蜂蜜、酒<br>昼にお茶めし、晩は白ごはん |
| | 愛媛県上浮穴郡久万町 | さんばいさん | 植え始め | 植え始めか一番広い田の中央へさんばいをおろすうつげの花木(よく実がなる)を立て、四方から苗束を添え、その上へおいりに干し柿を混ぜて複利に入れたものを供え、今年も田植えができることを感謝し、豊作を祈願「枡に一杯、箕に一杯、1歩に米が7俵できますように」と唱えて拝む | 苗、おいり、干し柿 | |
| | 高知県南国市 | さいけ | 田植えの植え始め | | | 正月のかけ魚、五目、そうめん |
| 九州 | 佐賀県佐賀市 | 田のさかえさん | 6月20日 | 田の神さんの祭り<br>田植えの初日に苗を3把抜き取って石臼の上に箕を置き、蕗の葉などに稲苗とおにぎりを供えるみんなでおまいり | 苗3把・おにぎり<br>米にもち米を入れて炊き、大きく丸く握って、ワカメの根のついたものをまわりにつける<br>わかめ根が強くつくように | おにぎりを食べてから田植え |
| | 宮崎県小林市 | 田植え | 6月15日ごろ | 初田植え<br>神様に供物をし、豊作を祈る | 小豆飯・煮〆・酢の物 | 小豆飯・煮〆・酢の物 |
| | 宮崎県延岡市 | 田植え | | 大黒さんへ苗を供える | 苗 | |

なこ餅、柏餅などの米を用いた行事食とともに、刺身や煮物、焼き物、酢の物などさまざまなご馳走が作られ、田植えの無事を喜び、重労働だった農作業を慰労するものであった。この慰労の食事の中には魚介類の利用がみられ、鯖、ニシン、タコ、トビウオ、アユ、アジ、カツオ、ボラ、クジラ、グチ、鱈、鰯、川魚などで、煮物や焼き物、刺身や鱠、すし類、汁物にし、慰労の食事として供する地域も広くみられた(表13)。

このようにさなぼりの事例には、儀礼内容より慰労、田休みという表現が多いこと、そして神饌としてでなく慰労の食事として特別に料理が用意され、そのなかで多種類の餅・団子類、米料理、魚料理などの利用が多くみられたところに、儀礼中心で神饌を重視してきたさびらきとの大きな相違点が認められた。

## 4.「さびらき」・「さなぼり」の変容

近世および近代初期のさびらきとさなぼりの儀礼内容、目的、祝いの食事について具体例を述べてきたが、江戸時代から昭和初期にいたる間に両者の行事内容、目的に変容がみられるのは当然のことであろう。

前述したように、米の生産過程の折り目ごとに営まれる信仰的儀礼が稲作にかかわる農耕儀礼であるならば、田の神をまつる田植儀礼は「田の神と人とのかかわり」のなかで行われる行事であり、一方、地主と小作、村、または家族単位で行われる祝いの食事は主に「人と人とのかかわり」のなかで行われる行事であるとみなすことができる。そこで、田植儀礼における鯖の食習慣の位置づけを考察するにあたり、まずこの視点を取り入れながらさびらきやさなぼりの変容を探ってみたい。

さびらきの行事では近世、近代初期に共通した儀礼内容、目的がみられた。栗の枝や卯の花、ススキを田や水口に立て、苗の束や酒、朴の葉や蕗の葉に小豆飯や大豆飯、煎り豆や洗米を包んで供え、田の神を迎え、田植の無事や豊作を祈る儀礼は、田の神と人とのかかわりが強い神事であり、両時代にほぼ共通した儀礼内容と目的である。しかし、祝いの食事については変容が認められた。神饌とは別に料理を用意して家族で祝い楽しむ、人と人とのかかわりのなかで行われる内容も含まれた近世のさびらきの習慣に対し、神饌として作られた小豆飯や大豆飯を食べ田植に励む近代初期の習慣には目的に違いが認められるといってもよかろう。ここには「人と人とのかかわり」のもとで行われる儀礼内容が近世に比べて希薄になったように感じられる。

表13　近代初期における田植儀礼―『日本の食生活全集』にみるさのぼり・さなぼり・しろみて―

| 区分 | 地域 | 名称 | 時期 | 行事の内容 | 神饌 | 慰労の料理 |
|---|---|---|---|---|---|---|
| 東北 | 秋田県仙北郡中仙町 | さなぶり祝い | 田植え終了 | 田植えが無事終了したことを感謝、秋の収穫を祈る | 植上げ餅 | 植上げ餅を搗く、田植えをした家で全員夕食 |
| 北陸 | 福井県勝山市・大野市 | 半夏生 田休み | 旧暦5月の終わりか、6月初め | | | 1人一匹の焼き鯖、赤飯 |
| | 福井県丹生郡越前町 | 半夏生 | | 労をいやす | | 1人一本の焼き鯖 |
| | 福井県遠敷郡上中町 | 半夏生 野上がり休み | 7月2日 | 田の神を祭る | 餅、小豆飯、柏餅 | 鯖の浜焼き一本、ご馳走、柏餅 |
| | 福井県三方郡美浜町 | 半夏生(さなぶり) | 7月2日 | 農家ではさなぶりという田の神を祭る | | 焼き鯖一本のご馳走 |
| 中部 | 愛知県豊橋市 | ごんげのぼう | 田植え終了 | 稲の生育を祈る | 稲苗2把、御神酒を神仏 | 夕食に具のたっぷり入った煮かけうどん |
| | | 農上がり | 区内の田植え終了 | 全戸が氏神様に詣で、豊作を祈る | | ぼた餅 夕食に初なりなす、玉ねぎなどの野菜を使ったつき揚げ |
| | 岐阜県揖斐郡徳山村 | 野休み | 田植え終了後の半夏生の頃 | 白山神社の禰宜を招き、つくりの無事を祈る | | ぼたもち、きな粉もち、五目飯、鮭の昆布巻き、かわさかなの赤煮 |
| | 長野県飯田市 | おさなぶり | 田植え終了後 | 豊作を祈って田の神様へ御神酒、お頭付きの蒸した煮干しきなこ飯をふじみ(ふじのつるで作った箕)へ盛って田圃の水口へ供える、神棚へも供える | 酒、お頭つき煮干し、きな粉飯 | きな粉飯、豆腐と青菜のすまし汁、鮭の味噌煮凍み大根の煮物 |
| | 三重県志摩郡志摩町 | さなぶり | 田植え終了 | | | 各家で五目飯、きゅうりも三、酒 |
| 近畿 | 大阪府豊能郡豊能町 | 半夏生 | 田植え終了後 | 田の神に小豆のあも、白いあもを供える | 小豆のあも、白いあも | 麦トロ、タニシの味噌煮、あずきのあも、白いあも |
| | 大阪府寝屋川市 | 半夏生 | 植え付け休み | | | 押しずし(生節)、酢蛸、はらみ団子 |
| | 大阪府八尾市 | 半夏生 | 田植え終了後の7月日ごろ | | | たこのつくり、酢の物(苗が吸いついて豊作になるようにこうこずし、半夏生だんご(小麦粉ともち米) |
| | 京都府加佐郡大江町 | さのぼり | 7月1、2日 | 稲の苗三束をきれいに洗って、白飯を炊いて神床に備え、無事田植えが終わったことを感謝して祝う | 苗三束、白飯 | しば餅、ぼたもち、ちらしずしなど |
| | 京都府京都市 | 半夏生 | 田植え終了後の7月初旬 | 田植え休み、団子を神棚に供えて「稲の根がよく張りますように」と祈る | おはらみだんご | おはらみ団子、麦だんご |
| | 京都府熊野郡久美浜町 | さなぼり | 田植え終了 | 労をねぎらう | | 砂糖餅、うどん、たけのこのちらしずし、さばかあごの煮付け、ねぎの味噌和え |
| | 京都府与謝郡伊根町 | さなぼり | 6月22、23日 | 農休み | | あご(トビウオ)の鱠、塩焼き、刺身、すし、なすべり(おはぎ)、握り飯 |

さなぼりについても、植え終いの田から苗3株を持ち帰り、竈の神様や家の諸神棚へ酒とともにお供えし田植えの終わりを祝う、「田の神と人とのかかわり」のなかで行われる儀礼内容は近世も近代初期においても大差ない儀礼であった。強いていうならば、近世における儀礼のなかでは田の神に膳を供する事例がみられ、その内容は枡や重箱に高盛にした黒豆の飯、楢や朴の葉へ盛った塩

| | | | | | | |
|---|---|---|---|---|---|---|
| | 滋賀県近江八幡市 | 田植えじまい 半夏生 | 7月初め | お寺のおまいり | さとうだんご | さとうだんご |
| | 滋賀県高島郡朽木村 | 植えじまい | | | | 大鯖の日 |
| | | 泥落とし | 6月26日ごろ | 区長が野止めの触れをだす 氏神さんに集まり、総しまいをする 植え付けが無事できたことを感謝 | | |
| | | 水口祭 | 7月初め | 野止め、氏神様の田植え日、豊作祈願 | 朴葉飯、豆の粉をまぶした苗でわらびえぶり | 朴葉飯 |
| | 奈良県磯城郡田原本町 | はげっしょう | 田植え終了後 | きれいに洗った苗三把といもぼたをかまどの三宝荒神さんにまつる。雨に恵まれますようにゆでそめんを苗にかける | | はっげしょ餅、あんつけ餅 |
| | | さなぶり | | | 苗、いもぼた | いもぼた、たこ |
| | 奈良県葛城郡当麻町 | さなぶり | 田植え終了後 | | | あんつけ餅、たこの酢和え |
| | 兵庫県宍粟郡千種町 | さなぼり | 田植え終了 | | | わらび入り煮ごみ、塩鰯、竹輪とすずのこの煮付け ぱたこ（柏餅） |
| | 兵庫県多紀郡篠山町 | さなぶり | 7月2日頃 | 田植えが無事終わったことを喜び合って餅を搗き、苗を添えて神様に供える | 餅、苗 | 棒ずし（塩さば）、ぼたもち、そうめん |
| | 兵庫県龍野市 | さなぼり | 田植え終了 | 農休み | | 特にごちそうはつくらず |
| 山陰 | 島根県壱岐郡五箇村 | しろみて | 田植え終了 | 農休日 | | かたりまんじ（柏餅）、かや巻き |
| | 島根県邑智郡大和村 | 泥落とし | 6月20日過ぎ | | ちしゃと塩鯖の和え物（お供えには欠かせない） | まき（さるとりいばらで包んだ柏餅のようなもの）まぜご飯・たけのこの味噌汁・ちしゃ鱠（塩鯖を焼いてほぐした身を入れる） |
| | 島根県仁多郡横田町 | 代みて（半夏） | 田植え終了穂 | | | 笹巻き、赤飯・煮しめ |
| | 島根県浜田市 | 泥落とし | 田植え終了 | 農休日 | | まき（柏餅）、あんはそら豆、うきょうとの酢味噌 |
| | 島根県美濃郡匹見町 | しんがあ泥 本泥 | ゆいの田植え終了後 地区全体の田植え終了後の6月24日の晩から26日まで | 仕事休み・骨休み ご馳走を作ってゆっくり休む 稲の生育を祝う | | ばらずし・柏餅・もち・豆腐 |
| 中国 | 広島県賀茂郡河内町 | 代みて | | 代みての大田植えは、最後の田植えで、飾りをつけた牛や早乙女がでる | | こなかり（中飯）に一合ずしをつくる 上置きはたけのこ、蕗、鯖の酢〆、木の芽 早乙女は一個、男は二個、ほおの葉にもらって、食べる |
| | 広島県神石郡油木町 | 代みて | | 苗代まで植え終わって、田植えが全部すむと代みてをする。 | | 鯖のつくり、ちしゃのあえもの、うちごの煮〆、豆腐汁などを足つきの膳で出す 男は粕取（焼酎）、女はやなぎかけ（保命酒）に粕取りを混ぜたもの |

鰯、神酒など、また膳料理には萱の箸をつけ竈の神に供すなど手のこんだ儀礼内容もみられた。

ここで、変容の実態を検討するために、『日本民俗大辞典』[107、108]に紹介されたさなぼりの内容を紹介してみたい。小豆飯を炊いて大きなマキの葉に入れたのを膳に乗せ、カヤの箸を添えて鯖と酒で田の神を送る（島根県出雲地方）、苗３把と箸３本に赤飯・ワカメを荒神に供えてサナボリを行う（北九州の山村）、水口にウツギ３本を立てさんばいをまつり、焼米を供えた（広島県甲奴郡上下町）、さんばいに卯の花と栗の葉、カヤ、ミョウガを３把苗に添えて田の水口にまつり、神酒を供えた（島根県邑智郡川本町）などの事例が紹介されている。これらの内容は近世のさなぼりの儀礼に類似したものが多い。このことを考慮すると近世から近代初期にいたる過程で、「田の神と人とのかかわり」が濃厚であったさなぼりの儀礼は簡略化され、植え終いの田から苗３株を持ち帰り、竈の神様や家の諸神棚さなぼりへ酒とともに供え田植えの終わりを祝うというより簡単な内容へと変容していった可能性が強い。

そして、近世のさなぼりの事例でも多くみられた「人と人とのかかわり」のなかで行われた慰労や田休みの祝いの食事は、近代初期における方がより盛んとなり、さなぼりの中心行事となっている。

以上のような儀礼内容から、田植儀礼は、田植え始めのさびらき、田植え終いのさなぼり、いずれも田の神とのかかわりが深いところに本質があり、神と人とのかかわりの中で行われた神事であったといえよう。しかし、数少ない資料からではあるが、昭和初期の民俗調査においては、田植え始めの神事が簡略化、省略化されて行われていない地域も多いように感じられた。また、田植え終いの行事は多くの地域で田植え後の休日の意味に解釈されており、田植えが終わったことを祝い、ご馳走を食べて骨休みをする目的が中心となっていた感が強い。すなわち、「田の神と人」とのかかわりから「人と人」とのかかわりが中心の行事に変容してきたともいえないだろうか。

さなぼりが田植えの重労働を慰労する目的に変容してきていることは、慰労の食事内容にも影響をおよぼしている。近世、近代初期の慰労の食事に使われた料理を比較してみると、酒、餅、赤飯、煮染、鱠、魚類の焼き物、汁など、基本的な材料や料理は、両時代に共通してみられるものであった。しかし近代初期の慰労の食事は多様化している点が大きな相違点としてあげられる（表14）。近世から祝いや慰労の食事の中心であった餅類は、近代初期になると餅だけでなく団子・蒸しまんじゅうなどに多様化しており、もうひとつ祝い・慰労の食事に欠かせなかった米料理も両時代に共通してみられた白飯・赤飯・そら豆飯以外に、五目飯やばらずし、押しずし、棒ずしなど多種類のすし類が慰労の食事の中心料理となっている。そして牛蒡や里芋、昆布や油揚げなどを用いた煮染、ちしゃやきゅうりなどの季節野菜を用いた鱠類も多種類となった。また、近世に比較して多種類となった魚料理には塩鯖、塩鰯、ニシン、アゴ、カマス、ボラ、アジ、カツオ、塩クジラ、グチ、アユなどがみられ、各地で安価に入手しやすい魚介類が用いられたと推

表13つづき

| 区分 | 地域 | 名称 | 時期 | 行事の内容 | 神饌 | 慰労の料理 |
|---|---|---|---|---|---|---|
| 中国 | 広島県世羅郡地方 | 大田植え | | | | 白ご飯をまん丸く握ったきな粉むすびと煮〆（ごぼう、干したら・こんぶ・油揚げ里芋の五品）<br>一合すしをつくるところもある |
| | | 代みて | | | | 手間がえで田植えをした隣近所の大人から子供まで、一緒に祝う<br>ぬりこ（もちにあんをまぶしたもの）、おはぎ、混ぜ飯、蛸と鯖のつくり、煮〆ちしゃもみを作り、酒を酌み交わす<br>混ぜ飯は牛蒡、人参、油あげ、たけのこいりこを入れたすし飯 |
| | 広島県山県郡芸北町 | しろみて | 田植え終了、6月20日前後 | 植え付けの終了を祝う<br>さんばいさん送り、田の水口に、えぶりの上に苗束をのせ自家の田植えの終了を知らせる | | ぼたもち、ばらずし |
| | | すねほし | 代みてから5日後ごろ<br>半夏生 | 農作業の一区切りで労をいやす<br>田囃しという楽打ち<br>田の神のさんばいさんは田を離れる | | ちまき、かしわもち<br>酒 |
| | 広島県双三群君田村 | しろみて | 田植え終了、 | | | すし、ぼたもち、酒 |
| 四国 | 愛媛県大州市 | 植じまい | 田植え終了 | 家のえべっさまに苗を供える | 苗 | たけのこのすし、冷や奴、鮎の塩焼きでねぎらう |
| | 愛媛県越智郡玉川町 | おさんばい上げ<br>おこもり | 田植え終了<br>旧暦6月23日ごろ | 神様に料理や酒を供える日<br>集落の人々は神社の前に集まり、持ち寄った料理を食べ、豊作を祈る | うどん、おこわ、柏餅、三段重ねのお重に巻きずし、柏餅、煮しめ、煮たこ、ゆで卵朱巻き、酒 | 持ち寄った料理<br>おこわは小豆と糯米だけのおこわを別々に盛り、自分で好みで混ぜて食べる、冷やしうどん |
| | 愛媛県温泉郡重信町 | さなぼり | 田植え終了 | | | 炊き込みごはん、白飯、すし、たこの酢の物、たこ:苗がよく根づくように、あじの煮付け、酒 |
| | 愛媛県上浮穴郡久万町 | おさなぼり | 田植え終了 | | そら豆を入れた白飯 | 白米にそら豆を入れた飯 |
| | | 田休み | 部落全部の田植えが終了 | 骨休み | | 柏餅、ふかしまんじゅう、おもぶり（混ぜ御飯） |
| | 香川県高松市 | さのぼり | 田植え終了後 | 田植えがすんだ祝い | | うどん |
| | 香川県三豊郡豊中町 | さんばいあげ | 田植え終了 | 田の神のさんばいさんに田植えの無事を感謝慰労 | 酒 | すし、きゅうりもみとたこの酢の物、焼きかます |
| | | はんげ | 半夏生 | 骨休み、早乙女さんへ田植え賃の生産 | | 桃、冷やしうどん、はげだんご、 |
| | 高知県南国市 | さまぼり | 田植え終了 | 疲れ休み | | 祝い膳、五目、かつおのたたき、そうめん、ぜんざい、煮しめ |

| | | | | | | |
|---|---|---|---|---|---|---|
| 九州 | 鹿児島県西之表市 | さなぼり | 田植えあがり | | | にわとりそうめん<br>あら・かつお・そーじのいおなどの刺身<br>干し大根の酢ざあ、酒 |
| | 熊本県天草郡苓北町 | さなぼり | もやいの田植えが終わった翌日 | | | 一軒の家に集まり、ご馳走をつくる<br>魚の刺身・煮〆・つき揚げ・和え物・酢のもの<br>魚のあら煮・寒天や煮豆などの甘いもの<br>・すいか・焼酎・甘酒 |
| | 熊本県八代市 | さなぼり | 部落全部の田植えが終わったころ | 豊作の願いをこめてどらをうち鳴らす | | みょうがまんじゅう(こち米・小麦粉、あずきあん)<br>おはぎ |
| | 佐賀県神埼郡背振村 | さなぼり | | | | ふつもちを搗き、田植えが無事終わったお礼に近所に配る |
| | 佐賀県佐賀市 | さなぼり | 田植え後 | 祝いと慰労をかねて行う | | ぼたもち、さなぼりまんじゅう(ソーダまんじゅう)<br>尾頭付きのいりこをのせ、加勢人に配る |
| | 佐賀県東松浦郡鎮西町 | さなぼり | 田植えじまい | 田植えじまいの祝い、お世話になった人をもてなす | | さなぼりだんご・もち・さしみ・煮〆・すし・混ぜご飯 |
| | 佐賀県藤津町太良町 | さなぼり | 村中の田植え終了後 | | | 煮〆・きゅうりなます・ゆで塩さば、済まし汁<br>ぼらの筒きりの煮物、2割ほど小米が入った白ご飯、酒 |
| | 長崎県諫早市 | さなぶり | 田植え終了後 | ゆいの仲間をよび各家で行う<br>部落全部で田祈祷(宮司による豊作祈念) | お神酒 | あげまきの空炊き・くじら入り煮〆・きゅうり鱠<br>けいらん饅頭・酒まんじゅう・きゅうり、塩鯖、豆腐 |
| | 長崎県佐世保市 | さなぼり | 各戸ごとに田植えが終わった夕方 | | | すし(祝いの日のすしは末広で一個ずつ押して作る<br>あじの刺身、塩くじら、ぐちの吸い物、煮〆、焼酎 |
| | 長崎県南高来郡有明町 | 半夏休み<br>さなぶり | 田植え終了後<br>田植え終了後 | 骨休み、手伝い人をねぎらう<br>田植えが無事終わった事をいわう | | はんげうどん(油揚げ・ねぎ)、ふくれまんじゅう、酒<br>米飯・里芋の煮付け・だしかけうどん |
| | 長崎県南松浦郡三井楽町 | さなぼり | | | | 麦入りせっかん(丸麦・もち米・小豆を蒸す)<br>手伝ってもらった人には必ず茶碗一杯ずつ持たせる |
| | 福岡県筑紫野市 | さなぼり | 6月下旬、田植え終了 | 残りの苗は洗い、庚申尊天、荒神様に三把供える<br>田植えの打ち上げ祝い | | 当番の家で、野菜・魚、酒を持ち寄り、鶏御飯 |
| | 福岡県豊前市 | さまぼり<br>皆作祭 | 自分の家の田植えが終了<br>集落全体の田植え終了 | 祝い<br>氏神様に豊作祈願のおこもり | 御神酒 | 塩け飯、小麦まんじゅう<br>直会(酒、持参の肴) |
| | 福岡県三井郡北野町 | さなぼり | 6月上旬の田植え終了 | 様に田苗を三束供え、御神酒を供え豊作祈願、慰労 | 苗三把、御神酒 | 鶏やたらの入った馬鈴薯の煮しめ、<br>きゅうりなます、ソーダまんじゅう、 |
| | 福岡県柳川市 | さなぼり | 田植え終了 | 喜びと慰労、休み | | ぼたもち、魚や野菜の煮付け |
| | 宮崎県小林市 | さのぼり | | 田植え終いの休み | | 煮〆・掻き揚げ・酢の物・酒を持ち寄り労をねぎらう |
| | 宮崎県児湯郡新富町 | さのぼり | 田植え終了後 | 疲れを癒す | | かつおの刺身・煮〆・なます・煮豆・ばらずし・焼酎 |
| | 宮崎県延岡市 | さのぼり | 田植え終了後 | 水神さんと苗床に参る | お神酒 | 南京と黒竹の煮〆・鰯ときゅうりの鱠 |
| | 宮崎県都城市 | さのぼり | 田植えを終える7月2、3日 | 村中で骨休み<br>田植えの無事を祝う | 餅 | |

測でき、煮魚、焼き魚、さしみ、鱠などに料理されていた。昭和初期の日常食では魚介類の使用頻度は低く、塩鰯や川魚程度が普通であったことに比較すると、田植えの慰労の食事に用いられる魚介類はご馳走であったといえよう。このように慰労の食事の種類からみても、近代初期のさなぼりの目的が田植え終いの慰労に変容していたことがうかがえる。

このような変容の背景には、農業技術の進歩や収穫量の安定化などが少なからず影響しているように思われる。岡山県の調査事例からであるが、近代初期の耕地整備による稲作技術の進歩や米の増産、葉たばこの品種改良による収入増加などにより、正月雑煮にブリを使う習慣が地域一帯に広まったことを明らかにした経験がある[109]。さなぼりの慰労の食事も類似した背景のもとで変容していったように思われる。自然の力と人の手に全てを頼ってきた伝統的栽培法から徐々に行われてきた農業技術の改良は「田の神と人とのかかわり」に変化をもたらしてきたのかも知れない。

## 5. 田植儀礼における鯖の食習慣の位置付け

近世・近代初期における田植儀礼であるさびらき・さなぼりを取り上げ、それらの具体例を紹介しながら儀礼内容、目的、祝いの食事、慰労の食事の変容を探ってきた。

表14　さなぼりにおける慰労の料理

| | 近　世 | 近　代　初　期 |
|---|---|---|
| 酒類 | 酒、濁酒、 | 酒、焼酎、保命酒、甘酒 |
| 餅・団子類 | 小麦餅、餅、祝儀餅 | 植上げ餅、ぼた餅、おはぎ、きなこ餅、あずきのあも、白いあも、はらみ団子<br>柏餅、粽、ぜんざい、半夏生餅、半夏生団子、あんつけ餅、麦団子、砂糖餅<br>砂糖団子、芋ぼた、かや巻き、笹巻き、みょうがまんじゅう、さなぶりまんじゅう<br>ふつ餅、けいらんまんじゅう、酒まんじゅう、麦入りせっかん、ソーダまんじゅう<br>小麦まんじゅう、ふかしまんじゅう |
| 飯料理 | 白飯、赤飯、麦交じりの赤飯、小豆飯、小豆粥、<br>黒豆飯、そら豆入麦飯、麦飯 | おこわ、赤飯、五目飯、きな粉飯、きな粉むすび、握り飯、朴葉飯、麦とろ<br>押しずし（生節）、こうこずし、ちらしずし、ばらずし、塩鯖の押しずし<br>混ぜご飯、わらび入り煮ごみ、たけのこのすし、そら豆飯、鶏ご飯、塩け飯 |
| 煮物 | 煮染（大根・田作芋・牛蒡・豆腐類）、野菜の煮染、<br>干蕨・蕗煮物 | 凍み大根の煮物、竹輪とすずのこの煮付け、煮染、うちごの煮染<br>煮染（牛蒡・干し鱈・昆布・油揚げ・里芋）、あげまきの空炊き、くじら入り煮染<br>里芋の煮付け、ばれいしょの煮染、煮豆、南京と黒竹の煮染 |
| 鱠 | 鱠、ちしゃもみ、 | きゅうりもみ、ねぎの味噌和え、あごの鱠、たこの酢の物、ちしゃ鱠<br>うきょうとの酢味噌、干し大根の酢ざあ、きゅうり鱠、鰯ときゅうりの鱠 |
| 魚料理 | 塩鰯、焼魚（柿の葉・朴の葉に盛る）、<br>**鯖（田植えさかな）**、**刺鯖**、**生鯖煮付け・焼き物**、<br>やまめの味噌漬け、生鯛かやまめの擂り身、**塩鯖**<br>**塩物切身** | **焼き鯖1本**、塩鰯、川さかなの赤煮、鯡の味噌煮、鯡の昆布巻き<br>たにしの味噌煮、かつおのたたき、酢たこ、たこの作り、**鯖の煮付け**<br>**大鯖**、あごの煮付け、あごの塩焼き、刺身、**塩鯖の押しずし**、**鯖ずし**、**塩鯖**<br>**ちしゃ鱠（塩鯖を焼いて身をほぐす）**、**すしの上置きに鯖の酢締め**、**鯖の刺身**<br>鮎の塩焼き、焼きかます、あら・かつお・そーじのいおの刺身、お頭つきのいりこ<br>**ゆで塩鯖**、ぼらの筒切り煮物、あじの刺身、塩くじら、ぐちの吸い物<br>かつおの作り、干し鱈の煮染 |
| 汁物 | 汁 | 豆腐と青菜のすまし汁、たけのこの味噌汁、豆腐汁 |
| その他 | | 半夏うどん、煮かけうどん、だしかけうどん、うどん、そうめん、野菜のつき揚げ<br>冷や奴、豆腐 |
| 鯖利用の地域 | 安芸（大地主）、能登（大地主）、因幡（豪農）、<br>河内（家伝） | 福井県、滋賀県、京都府、兵庫県、島根県、岡山県、広島県、佐賀県、長崎県 |

なかでも植え終いのさなぼり儀礼の目的は、近世から近代初期にいたる期間に田の神を送り、田植えの無事を祝い、しかも田植えの重労働を慰労する行事、すなわち、「田の神と人とのかかわり」と「人と人とのかかわり」の両方の特徴を持ったものから、慰労の食事を目的とする「人と人とのかかわり」を中心とする行事へと変容してきたことが明らかになった。本調査研究の目的である田植儀礼における鯖の食習慣も儀礼目的の変容の影響を受けながら伝承されてきものと思われる。

近世のさなぼり行事のなかでの鯖の利用は限られたものであり、前述したように大地主の記録にのみ「田植えさかな」として鯖、刺鯖、生鯖、塩鯖が記録されており、田植えの手伝い人の人数を考慮して、毎年のように鯖が用意されたことがうかがえる。梅雨という季節を考慮してか、保存性を高めるために鯖の干物を作ったり、すでに塩をして乾燥され、一対を一刺しとして販売されていた刺鯖が用意されている。近世においては焼き鯖や塩鯖が下魚であったのに対し、刺鯖が上魚に位置づけられているという興味深い資料がある（第6節で詳述）[110～112]。そして祭や婚礼の祝い魚の代表である鯛などに比較すると、上魚であるが比較的安価であったようである[113]。しかし、大地主の記録を中心にみられるということを考慮すると、田植えの食事や慰労の食事のなかではご馳走であったと推測される。また、江戸時代末になると薄塩の塩鯖は味がよいなどと評価されるようになっているが[114]、刺鯖以外にも塩鯖や漁獲地に近い地域では生鯖も田植え魚として利用されている。それらの調理法は明記されているものばかりではないが、焼き物や煮物、鱠などにされて振る舞われていたようである。田植えの手伝い人にとっては、慰労の食事として振る舞われる鯖料理は普段よりご馳走として喜ばれていたものと推測される。

近代初期のさなぼりの慰労の食事では前述したように魚介類の使用が増加している。ニシン（岐阜県揖斐郡徳山町、長野県飯田市）、タコ（大阪府寝屋川市、八尾市、奈良県葛城郡当麻町、広島県世羅郡地方、香川県三豊郡豊中町）、トビウオ（京都府熊野郡久美浜町、与謝郡伊根町、）、アユ（愛媛県大洲町、温泉郡重信町）、アジ（愛媛県温泉郡重信町、長崎県佐世保市）、カツオ（高知県南国市、鹿児島県西之表市、宮崎県児湯郡新富町）、ボラ（佐賀県藤津町太良町）、クジラ（長崎県諫早市、長崎県佐世保市）、グチ（長崎県佐世保市）、鱈（福岡県三井郡北野町）、鰯（宮崎県延岡市）、魚（熊本県天草郡苓北町、福岡県筑紫野市、福岡県柳川市）、川魚（岐阜県揖斐郡徳山町）などで、鯖以外の魚類を煮物や焼き物、刺身や鱠、すし類、汁物にし、慰労の食事として供する地域も広い。そして、鯖については、福井県勝山市、大野市、丹生郡越前町、遠敷郡上中町、三方郡美浜町、滋賀県高島郡朽木村などの鯖街道沿いや近隣の地域では焼き鯖一本を膳につけるという伝統的な習慣が存在しているが[115)]、そのほかに京都府熊野郡久美浜町や兵庫県多紀郡篠山町、島根県邑知郡大和村、広島県賀茂郡河内町・神石郡油木町・世羅郡地方、佐賀県藤津郡太良町、長崎県諫早市では主に塩鯖を使い煮物、焼き物、茹で鯖、酢締め、なます、刺身、すしなどに調理し、慰労の食事の一品となっている。

これら限られた資料からではあるが、鯖は田植儀礼のなかで行事食としての特別な意味を持つ食べ物とは言い難く、前述した慰労の食事で使われた魚介類の一つとみなした方がよさそうである。そして、魚介類の種類をみたとき、祭や正月、祝儀に使われる鯛やブリなどとは異なり、それぞれの地域で比較的安価に入手しやすい魚介類が使用されているように思われる。塩鯖も同様に比較的安価で入手でき、保存性も高いという点から重宝され、西日本を中心とした地域で利用されてきたものと考えられる。また、昭和初期の日常食として使われた魚介類は塩鰯や川魚などが中心で、使用頻度は一週間に一度程度と多くないのが一般的であったことを考慮すると、形態が大きく味も濃厚な鯖は近代初期においても江戸時代同様にごちそうであり、田植えという重労働をいやす食事としては最適であったと推測される。その後も田植えの期間中の食材として塩鯖をトロ箱で購入し、近所で分けていたという話しを調査過程で聞くことが度々あった。慰労の食事で使うことから田植え期間中の食事の副食として使用範囲は広がっていった様子が窺える。資料とした近世資料のなかに、鯖を「田植えさかな」と呼んでいた記載がみられたが[116)]、鯖は、江戸時代から田植えが手作業で行われていた昭和30年代半ば頃まで、田植えのご馳走として、体力を補う食材としてなど、まさしく「田植えさかな」としての位置づけを持ち続けていたといっても過言ではなかろう。

鯖は二面性をもつ魚であり、昭和初期頃までの伝統的食生活のなかでは日常食としても非日常食としても使われ、料理法によって両者は区別できるものであったことをすでに第1節で述べた。日常食では鯖の煮物や焼物といった手間をかけない簡単な料理法が多いのに対し、祝事や仏事ではすしやなます類が多く作られてきた。田植儀礼の慰労の食事では、煮物、焼物、すし、なます類など日常食と非日常食を特徴づけた両方の料理法が多用されていた。すなわち、非日常食のなかでも田植儀礼の慰労の食事などとして労働食に分類される食事は、日常食と非日常食の中間に位置付けられることが本調査からより明確になったといえよう。

＊図版出典：今田節子 2013 より

# 第5節　若狭・近江地方の鯖の伝統的食習慣と鯖街道のかかわり

本章第1節で述べたように非日常食としての鯖の分布は西日本地域に多い傾向にあり、特に福井・滋賀・京都を結ぶ地域に分布密度が濃厚であるという特徴が認められた。これらの地域は鯖の漁獲地である若狭から京都に通ずる街道筋に当たる。食習慣の形成には永年の歴史の中で発達してきた物資の流通が影響をおよぼすことを考慮すると、この地域における非日常食としての鯖の食習慣の分布にも、鯖街道を通して食習慣が伝播した可能性が考えられる。

そこで、若狭・近江地方の鯖の食習慣と鯖街道のかかわりを取り上げ、街道を通しての物資の流通や人々の交流が食習慣の伝承にいかに影響を及ぼしてきたかについて考察を進めることを本節の目的としたい。

若狭・近江地方の鯖の伝統的食習慣におよぼす鯖街道の影響を探るためには、鯖街道筋の地域および街道筋から離れた地域の食習慣を比較検討し共通点と相違点を明確にしていく必要がある。そこで、鯖街道の起点から終点に至る福井県、滋賀県、福井県に隣接する京都府丹波地方および兵庫県丹波地域を調査地とし（図5）、明治から昭和初期あたりまでの伝統的食習慣と鯖街道について聴き取り調査および文献調査を実施した。具体的には鯖街道周辺地域の福井県小浜市街地、小浜市八代、美浜町美浜、上中町熊川、滋賀県朽木村宮前・朽木については、地域住民や郷土史家、学芸員から鯖の伝統的食習慣と鯖街道の関わりを詳細に聴き取り調査し、その他の福井県勝山町、大野町、坂井町、越前町、滋賀県余呉町、びわ町、近江八幡市沖島・中主町、京都府大江町、京北町、兵庫県篠山町については『日本の食生活全集』[117～120] を主たる資料として鯖にまつわる食習慣に関する資料を収集した。

また、鯖街道の歴史やそれを通しての物資の流通に関してはすでに明らかにされているものが多く[121～126]、福井県立若狭歴史民俗資料館および若狭鯖街道熊川宿資料館、高浜町郷土資料館の展示物を閲覧すると共に、学芸員から詳しい説明を受けた。なお、聴き取り調査は2001年3月および9月に実施したもので近年の調査結果とは言いがたいが、調査内容が明治・大正・昭和初期の伝統的食習慣を対象としているため、研究資料として有効であると判断した。

## 1. 鯖街道の概要

鯖の伝統的食習慣と鯖街道のかかわりを論じるためには、鯖街道の歴史、街道の経路、流通した物資の種類や運搬の仕方などを明らかにしておく必要がある。これらの鯖街道に関連した資料は、すでに郷土史家や学芸員らによって収集され、福井県立若狭歴史民俗資料館や高浜郷土資料館、若狭鯖街道熊川宿資料館などに公開されている。そこでまず、それらの資料を基に鯖街道の概要についてまとめておきたい。

### (1) 鯖街道の起源と背景

食習慣は長い年月をかけて形成され、変容を繰り返しながら伝承されていくものである。したがって、鯖の流通が盛んになる江戸時代以前の、若狭・近江地方の物資の流通やその経路、その必要性についても探っておく必要がある。

福井県立若狭歴史民俗資料館や高浜郷土資料館に展示されている平城京跡出土の木簡などには、

若狭の国から御贄（みにえ）、すなわち天皇にささげる食べ物として鯛ずしや鰯の干物が記載されており、若狭が志摩、淡路とともに御食国（みけつくに）に指定され、天皇の食べ物を貢ぐ国であったことが示されている（表15）[127～129]。また、平安時代の『延喜式』にも、若狭の国から京の都へ調としてイカや胎貝が、中男作物として海藻や鯛の楚割（すわやり）（魚を細く割って干したもの）などの海産物が貢進されていたことが記載されている[130]。これらの資料は若狭から奈良や京都の都へ御贄や調を運ぶ経路があったことを示唆するものである。すなわち、若狭には御贄や調となりうる良質の海産物があったからこそ、古代より運搬に必要な通路ができ、これが鯖街道の基盤となっていったとも考えられるのである。換言するならば、若狭地方には恵まれた海の環境と困難を伴うものの人力で物資の運搬を可能にした地形的要因、そして比較的近くに奈良や京都の都を控えたことに伴う政策的要因など、物資の流通や運搬経路の発達を促す環境が古代から存在し

| No. | 県名 | 調査地 | 生業 |
|---|---|---|---|
| 1 | 福井県<br>奥越山間 | 勝山市<br>大野市 | 農　業 |
| 2 | 福井県<br>福井平野 | 坂井町 | 農　業 |
| 3 | 福井県<br>越前海岸 | 越前町 | 漁　業<br>（農 業）<br>（林 業） |
| 4 | 福井県<br>若狭湾沿岸 | 美浜町<br>小浜市八代<br>小浜市小浜 | 漁　業<br>漁　業<br>市街地 |
| 5 | 福井県<br>若狭中山間 | 上下町熊川 | 農　業 |
| 6 | 滋賀県<br>朽木谷 | 朽木村宮前・<br>朽木 | 農　業 |

| No. | 県名 | 調査地 | 生業 |
|---|---|---|---|
| 7 | 滋賀県<br>湖北 | 余呉町上丹生 | 農　業<br>林　業 |
| 8 | 滋賀県<br>姉川 | 東浅井郡びわ町 | 農　業<br>養　蚕 |
| 9 | 滋賀県<br>琵琶湖沖島 | 近江八幡市沖島 | 漁　業 |
| 10 | 滋賀県<br>湖南 | 野洲郡中主町 | 農　業 |
| 11 | 京都府<br>丹波平坦 | 加佐郡大江町 | 農　業<br>養　蚕 |
| 12 | 京都府<br>丹波山間 | 北桑田郡京北町 | 農　業<br>林　業 |
| 13 | 兵庫県<br>丹波 | 多紀郡篠山町 | 農　業 |

図5　調査地

表15　古代における若狭国からの献上物

| 時代 | 木簡 | 出典 |
|---|---|---|
| 奈良時代・平城京跡 | 若狭国遠敷郡小丹生郷三家人波泉調塩一斗 | A |
| | 若狭国遠敷郡木津郷御贄胎貝鮓一壔 | |
| | 若狭国遠敷郡青郷御贄多比鮓一壔 | |
| | 若狭国遠敷郡車持郷御贄細螺一壔 | B |
| | 青郷御贄伊和志腊五升 | |
| | 若狭国遠敷郡青郷御贄胎貝富也併作一壔 | |
| | 越中国羽咋郡中男作物鯖壱佰隻<br>天平十八年「広椅大逆」 | C |

A　福井県若狭歴史民俗資料図録
B　高浜町郷土資料館展示物
C　関根真隆『奈良朝食生活の研究』吉川弘文館（1994）

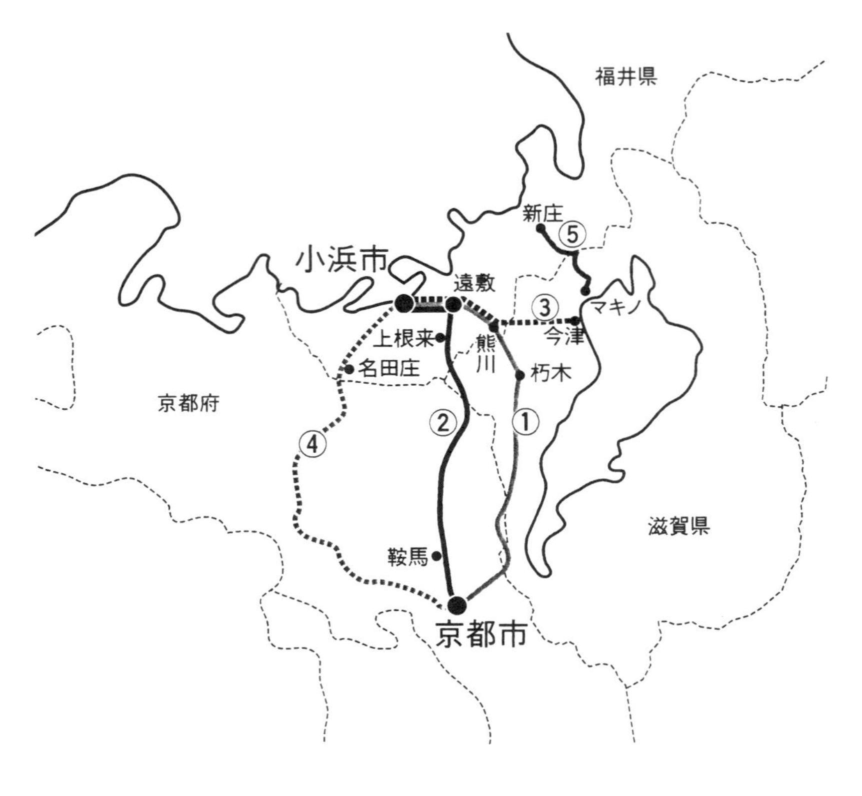


| ①若狭街道 | 小浜—遠敷—熊川—朽木—京都出町柳 |
|---|---|
| ②根来･針畑越え | 小浜—遠敷—上根来—鞍馬—京都 |
| ③九里半越え | 小浜—遠敷—熊川—今津 |
| ④周山街道 | 小浜—名田庄村—京都市高尾 |
| ⑤粟柄越え | 美浜町新庄—滋賀県マキノ町 |

本図は『サバ街道と都の文化』より作成

図６　主な鯖街道の経路

ていたといえよう。

### (2) 鯖街道の経路

福井県立若狭歴史民俗資料館資料である『サバ街道と都の文化』には街道の経路が詳細に記載され、若狭と京都を結ぶ経路が多数存在していたことが示されている（図6）[131]。最も盛んに利用されたのは「若狭街道」で、小浜を出発して、熊川、朽木を経由して京都の出町柳に通ずる経路である。そして最も古くから存在した最短は小浜から上根来、鞍馬を通り京都に通ずる「根来・針畑越え」と呼ばれる経路である。さらに「九里半越え」は小浜から熊川を中継し滋賀県今津に出る経路で、そこから湖上を通って京都へ物が運ばれた。そして「周山街道」は小浜から名田庄村を通り京都市高尾に通ずるもの、「粟柄越え」は美浜町新庄を出発点として滋賀県マキノ町に通ずる経路であった。これらの街道は主に川沿いに形成され、山越え、峠越えのある中で可能な限り平地を通り、比較的往来しやすいところに街道が発達していったことがうかがえると説明されている。

しかし、これらの経路に「鯖街道」という名称がついたものはみられず、『サバ街道と都の文化』には鯖街道とはかつて多量の鯖が若狭から京都へ運ばれたことから特に鯖が注目され、これらの道を総称して「鯖街道」と呼ぶようになったのでないかと記されている[132]。また、鯖街道という名称は古文書にもなく、近年名付けられた名称であるともいわれる。このことからもいかに多量の鯖が街道を通して運ばれたかが想像される。

### (3) 運搬された物資と運搬方法

奈良・平安時代に奈良や京都に運ばれたものについては前述した木簡[133)]や『延喜式』[134)]により確認でき、若狭各地から調として塩が、御贄として鯛、胎貝、鰯、ウニ、シタダミなどの海産物が運ばれていたことが明らかにされている。鯖については『奈良朝食生活の研究』に「越中国羽咋郡中男作物鯖壱佰隻」とあり[135)]、若狭の隣国の越中から鯖が100隻分も運ばれたことが示されている（表15)。運搬経路についての記載はないが、海路で小浜に運ばれたものが御贄と同様に陸路や湖上を利用して奈良に運ばれた可能性が高い。

街道を通して鯖が京都へ運ばれたという明確な記録は江戸時代になってからである。元文頃から明治初期あたりまでの魚市場の記録である『市場仲買文書』[136)]には小浜魚市場の成立や商取引の種類が記され、若狭街道や九里半街道を経由する四十物（あいもの）[137)]や刺鯖[138)]などの輸送に関連する熊川で馬借に関する資料が残されている。そこには「生鯖塩して荷ひ京行仕筈二候」とあり、若狭の浜で一塩した塩鯖が京都に運ばれたことが分かる。また、小浜の刺鯖や樽鯖が今津で船積みされ、大津やその他に送られたことも記載されている。そして、享保14年（1729）に熊川で扱われた物資を記載した『享保十四年覚書』[139)]や『御用日記』（江戸時代）[140)]には能登鯖、小鯛樽など、おそらく塩で加工されたであろう製品や樽鯖として大量の鯖荷が京都方面に運ばれた内容がみられる。小浜港に陸揚げされた北国各地の海産物も含め若狭街道や九里半越えを通って京都へ運ばれていたことが分かる。

近世・近代初期における物資の運搬は、徒歩による運搬が基本であった。江戸時代においては背負い、かつぎなど人力による運送と馬借と呼ばれる馬の背に荷物を乗せる運送業者があったといわれる。したがって、小浜から京都までの長距離を一日で往復することは当然のことながら不可能で、熊川・朽木などの中継点の発達は不可欠であったとみられている。熊川は街道の要衝に商家を集めて町作りを行ったという政策的な側面と、若狭街道の要所、今津に出る通過点としても重要な位置にあったことを受け、大きく発達していったといわれる。最盛期には熊川で荷を積んだ馬が年間20万匹も通過したことが『御用日記』[141)]に示されているほどであるから、人々の交流と物資の流通が盛んであったことがうかがえる。そして、朽木は地形的には移動困難な山間部に位置するが、小浜と京都の中間点にあたり、熊川から険しい峠を越えたところに位置するため休息を取るためにも必要な中継点であり、宿場町としても発達していったといわれる。

近代初期の運搬方法については、古老からの聴き取り調査内容をまとめてみたい。小浜から、べら籠、背負い籠と呼ばれる籠に30kgもの鯖を入れて担いで熊川まで運び、そこで仲買人がそれを買い、京都へ運んだといわれる。また、昭和30年頃までは女性が村々に鯖を売り歩きながら熊川まで行ったという話も聞かれた。塩鯖だけでなく、加工品の浜焼き鯖やへしこなどを海岸部や近隣の村々に売り歩く習慣が存在していたのである。

## 2. 鯖の加工・調理法の特徴

若狭・近江地方の伝統的な鯖の加工品および料理法として浜焼き鯖、へしこ、なれずし、押しずしを主たるものとしてあげることができる。まずそれらの作り方、食べ方、入手方法などについて説明し、特徴や地域差を明らかにしておきたい。

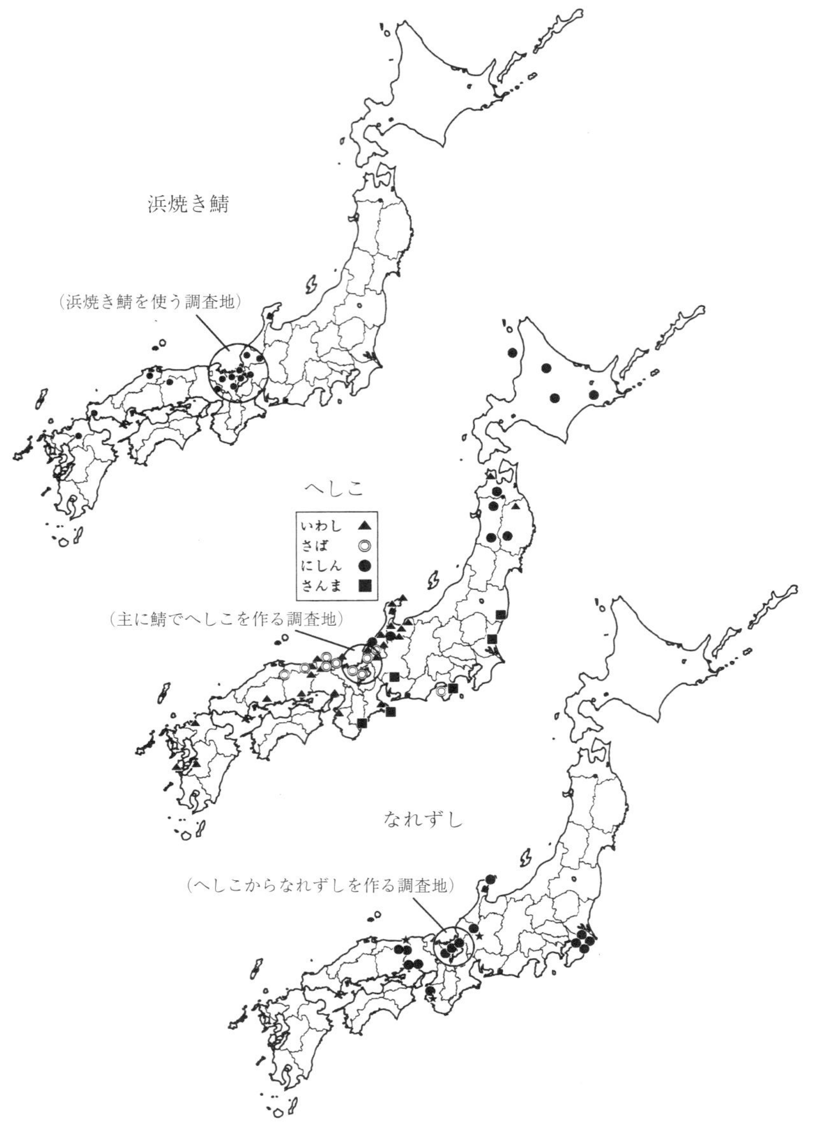


図7　浜焼き鯖・へしこ・なれずしの分布
（聴き取り調査結果および『日本の食生活全集』より作成）

### (1) 浜焼き鯖

生鯖を背割りして内臓を取り、水洗いして串に刺して全体に火が通るまで炭火でやいたもので、全国的に見ても分布は多いとはいえず、山口県豊浦郡豊田町や島根県簸川郡斐川町にもみられたが、ほとんどは今回の調査地である福井県・滋賀県西部・京都府・兵庫県東部に局在する習慣であった[142]（図7）。「鯖が湧く」と表現されたほど生息した若狭地方の特徴的な加工・調理法といっても過言ではなかろう。

今回の調査地においても、材料として生鯖が使われるために鯖の漁獲地である小浜市街地、八代、美浜、越前町などでは自宅で手作りされ、近隣の農村地帯へ売り歩かれていた。農村地帯では購入して使うのが基本であり、福井県のみならず滋賀県・京都府・兵庫県東部地域においても購入により浜焼き鯖を使う機会はあったようである。住民からの聴き取り調査過程で、塩鯖やへしこなど加工品の入手が主流だった農山村地帯において、無塩のお頭付きの鯖を素焼きにした浜焼き鯖は、生鯖に近い存在であったのではないかと感じられることも少なからずあった。焼き鯖の身に醤油をかけて食べる、煮材として野菜と煮て食べるなど様々な食べ方がなされていた。

### (2) 鯖のへしこ

米糠漬けであるへしこは鰯や鯖、ニシン、サンマなど脂分の多い魚で作られるが、全国的にみると鯖のへしこは鳥取県、兵庫県の日本海沿岸と若狭湾沿岸地方に集中してみられる習慣である[143、144]

（図7）。鯖の漁獲地である小浜市街地、八代、美浜、越前町、生鯖が流通した熊川では生鯖を原料にへしこが手作りされ、朽木では塩鯖で作られていた。他の調査地では加工されたへしこを購入していた。

八代で聴き取りしたへしこの作り方は次のようである。

まず鯖のあごのところから背割りにして内臓を取り、塩をする。桶に鯖と塩を交互に入れて押し、重石をかける。塩漬けを2週間程度すると漬け汁が上がってくるので、其の液をとっておく。鯖は海水で洗い糠を腹や頭に詰め、鯖と糠を交互に入れて重石を懸け、漬け汁をふちから回しいれ、密封して1年間保存する。鷹の爪を入れると虫が湧きにくい。

生鯖が入手できない朽木では、塩鯖でへしこが作られていた。

塩鯖の鰓と目を抜き、煎り糠に塩と沸騰させた水を入れて練り、木樽に鯖と塩糠を交互に入れて重石をかける。春漬けたものは土用を越すと食べられる。

手作りされるいずれの地域でも鯖、塩、米糠が基本の材料であり、米糠に鯖の脂肪分を吸収させ、しかも糠の旨味を鯖に移し、鮮度の低下を防止し、旨味と保存性を増した加工保存法である。へしこは焼いて食べたり、お茶漬けにして食べることが多い。

### (3) 鯖のなれずし

生鯖、塩鯖、へしこを用いてなれずしが作られてきた。なれずしの分布をみると若狭地方、兵庫県、和歌山県にも見られるが[145、146]（図7）、へしこからなれずしが作られるのは、若狭地方の特徴であることが聴き取り調査から明らかになった。したがって鯖の漁獲地だけでなく、塩鯖やへしこが入手できる農村地帯でもなれずしが漬けられていた。塩鯖を用いたなれずしは勝山町・大野町、小浜市街地、八代、美浜、熊川、朽木など広い地域で作られており、小浜市街地、八代、美浜、熊川ではへしこからもなれずしが作られていた

朽木の塩鯖を用いた例

春に塩鯖を購入し背開きにして薄皮を取り、山椒と塩を混ぜた飯を鯖全体に詰め込む。木樽に鯖と飯を交互に詰め、隙間を縄で密閉して重石を懸ける。2〜3日置いた後に塩水で迎え水をし、きっちりと密閉して10月ぐらいまでふたを開けない。

八代のへしこを用いた鯖のなれずしの例

まずへしこの糠を全部洗い落とし、目玉もくりぬき、きれいに洗って薄皮を剥ぎ、真水に晒し塩出しをする。麹と飯を混ぜたものを鯖に詰め、樽に麹、鯖を交互に入れ20日間くらい漬ける。切ってそのまま食べたり焼いて食べることもある。

塩鯖を用いたなれずしは漬け込んでから発酵を待つ必要があるため、半年以上の期間が必要となるが、すでに発酵過程を通ったへしこをと麹を用いることにより漬け込む期間を短縮し、味も改善されたなれずしができあがったものと思われる。へしこやなれずしの習慣が古くから存在した地域独自の工夫とみなすことができよう。

### (4) 鯖ずし

鯖ずしは押しずしの一種で、生鯖でも塩鯖でも作ることができるため、近畿・北陸地方を中心に広い地域に分布するすしで[147、148]、若狭地方独自のすしとは言い難い。鯖の漁獲地である小浜市街

地、八代、美浜、生鯖が手に入る熊川では生鯖を3枚におろし塩をして酢で締め、すし箱に酢飯を詰めて上に鯖を置いてふたをして押す。朽木では塩鯖を用いており、3枚におろして三杯酢に漬けて皮をむき、押し型の底に鯖を敷いて、上にすし飯をのせて押し、竹の皮に包んで次の日まで置いておく。切ってそのまま食べるのが普通である。

以上のような特徴を持つ加工・調理法であるが、浜焼き鯖を手作りするか、購入するか、へしこを手作りするか、購入するか、へしこでなれずしを作る習慣があるか否かを指標に地域差を見ると、鯖のへしこを手作りする、へしこでなれずしを作る習慣は小浜市から朽木に至る若狭街道沿いに共通した独自の習慣とみなすことができる。

## 3. 若狭・近江地方の鯖の食習慣

### (1) 日常食としての鯖の利用

鯖の漁獲地から距離をおく地域では、日常食として鯖が食卓に上ることはまれであったようで、日常食として鯖を用いる地域は漁村および近隣の農村地帯に限られたものであった（表16）。調査地のうち漁村で鯖の漁獲がある地域は越前町と小浜市街地や八代、美浜であり、この地域では鯖の塩焼きや醤油焼き、鯖のへしこ、焼き鯖、焼き鯖の身をほぐした味噌汁、鯖を用いた素麺のだし等が日常的に食べられ、自家用や販売用のへしこや浜焼き鯖も作られていた。また、小浜市と近距離にある鯖街道沿いの熊川には、魚介類を篭に入れて売り歩く「ぼて振り」さんが鯖街道を通って毎日のように出入しており、漁獲量が多く安価な春には鯖を沢山購入してへしこを漬けたり、塩をして干したりなどの加工を施し、保存して日常の食卓へ供することが行われ、浜焼き鯖を購入した時には切り身にして日常の副食としていたといわれる。また、鯖街道沿いの集落でも険しい峠を越えた滋賀県朽木では保存性の高い鯖のへしこを購入して日常食として利用していた。さらに若狭街道沿いでも京に30里といわれた丹波山間の京北町や丹波地方の篠山町にもまれに日常食としての鯖の利用がみられ、春や秋の鯖の旬の時期には塩鯖などが

表16　日常食としての鯖の利用

| 県名 | 調査地 | 鯖および料理法 | 鯖以外の魚介類 |
|---|---|---|---|
| 福井県 | 勝山市<br>大野市 | — | 身欠きにしん、塩いわし、いわしのへしこ<br>くじらの脂身<br>川魚：鮎・うぐい・いわな・あまご・びし・へこたん等 |
| | 坂井町 | — | 身欠きにしん<br>塩ます<br>くじらの脂身 |
| | 越前町 | 生鯖：醤油焼き・秋鯖の焼き物<br>鯖のへしこ：春に漬け込み土用過ぎから食べる<br>焼き鯖：5〜7月に手作り・竹かかやでさす<br>焼きたてに醤油をかける<br>ほぐした身とワカメの味噌汁<br>そうめんやうどんのだし | いわし、いわしのへしこ（手作り）<br>干しかれい、べいたがれい<br>干しはたはた、しいら<br>えび、かに、たこ、いか　等 |
| | 美浜<br>八代<br>小浜市街地 | 生鯖：醤油焼き・秋鯖の焼き物、煮付け、ぬた<br>鯖のへしこ（手作り）<br>浜や焼きば（手作り） | いわし、いわしのへしこ（手作り）<br>あじ、ぼら、めばち、かわはぎ、きす、かれい<br>いか、たこ、貝類　等 |
| | 上下町<br>熊川 | 浜焼き鯖：購入、切り身にして利用<br>鯖のへしこ：生鯖または塩鯖を購入して春に漬ける<br>鯖に少し塩をして干す | 身欠きにしん、塩いわし、いわしのへしこ<br>かれい、干しかれい<br>塩ます |
| 滋賀県 | 朽木村<br>宮前・朽木 | 鯖のへしこ：へしこを購入または塩鯖を購入して漬ける<br>塩鯖：焼き物 | 身欠きにしん、塩いわし、いわしのへしこ<br>塩ます、鮎、じゃこ、川えび |
| | 余呉町<br>上丹生 | — | 身欠きにしん<br>鯉、鮒、鮎、しじみ、川えび、夏じゃこ |
| | 東浅井郡<br>びわ町 | — | 身欠きにしん、いわしの丸干し、塩鮭<br>ます、小鮎、鮒、いさぎ、ぎぎ、川えび、じゃこ |
| | 近江八幡市<br>沖島 | — | 鮒、おいかわ、すじえび、しじみ、ごり、いさぎ、なまず<br>鯉、ます、もろこ等 |
| | 野洲郡<br>中主町 | — | 鮒、もろこ、どじょう、ごり、うなぎ、ます<br>おいかわ、ぬかえび |
| 京都府 | 加佐郡<br>大江町 | — | いわしの目刺し・さくら干し、塩ます、塩鮭<br>しじみ、どじょう、なまず、はえ、鮒、あゆ、ぎぎ、ごり、うぐい、鯉 等 |
| | 北桑田郡<br>京北町 | 塩鯖：煮物、焼き物<br>小鯖のへしこ | 身欠きにしん、塩鮭、いわしの丸干し、たらこ、塩いか<br>あみじゃこ、ごり、鮎、ぎぎ、川魚 |
| 兵庫県 | 多紀郡<br>篠山町 | 塩鯖：塩焼き<br>焼き鯖：煮物 | 煮干し、身欠きにしん、塩ます、いわしのへしこ、かます<br>鮒、もろこ、どじょう、たにし、しじみ 等 |

本表は聴き取り調査結果および『聞き書　福井の食事』、『聞き書　滋賀の食事』、『聞き書　京都の食事』、『聞き書　兵庫の食事』から作成

若狭から入り、塩焼きや煮付けとして日常の食卓を賑わすこともあったといわれる。

その他、漁獲地から遠距離の福井県の奥越山間地方、福井県北部、鯖街道から遠距離にある琵琶湖東岸の滋賀県湖北余呉、姉川沿いのびわ町、湖南地方では日常的な鯖の利用はほとんどみられず、身欠きニシンや鰯のへしこ、コイやフナ、マスなどの川魚が使われてきたが、その使用頻度は決して頻繁とはいえないものであったという。そして、宮津に近い丹波平坦地域の大江町には宮津湾の魚介類が入ってきており鰯や塩鮭などと共にアユやウグイ、ウナギなどの川魚も使われていたという。

このように福井県・滋賀県・京都府・兵庫県東部地域において、昭和初期当時、食生活のなかで日常食としての鯖の利用はまれで、若狭・近江地域においても鯖の漁獲地および運搬経路であった鯖街道沿いの地域に限られた習慣であったとみなすことができる。すなわち、日常の鯖の利用は身近に流通し、手軽に入手できるか否かに関係しており、その流通経路、入手の手段として鯖街道の役割は大きく、日常食としての鯖の食習慣にも鯖街道の影響が認められる結果であった。

表17　非日常食としての鯖の利用―正月・祭り関連行事―

| 県名 | 調査地 | 正月関連行事 | 祭り関連行事 |
|---|---|---|---|
| 福井県 | 勝山町<br>大野町 | 延年（いんねん）（2月6、7日　正月祝い）<br>鯖のなれずし（塩鯖使用）<br>鯖ずしは1か月前に背開きの塩鯖100程を漬け込み、春先まで客に振る舞う。 | 秋祭り（8月25日、盆祭りを兼ねる）<br>鯖のなれずし（塩鯖使用）<br>こうじを加えず塩だけで2、3日漬ける |
|  | 坂井町 |  | 秋祭り<br>鯖の焼き物 |
|  | 越前町 |  |  |
|  | 美浜<br>八代<br>小浜市街地 | 正月<br>鯖のなれずし（へしこ使用） | 春祭り<br>鯖のなれずし（へしこ使用）<br>鯖ずし（生鯖3枚おろし、押しずし）<br>祭り<br>浜焼き鯖 |
|  | 上中町<br>熊川 | 正月<br>鯖のなれずし（へしこ使用<br>または生鯖へ塩をして使用） | 春祭り<br>鯖ずし（生鯖または塩鯖3枚おろし使用、押しずし） |
| 滋賀県 | 朽木村<br>宮前・朽木 |  | 春祭り<br>焼き鯖そうめん<br>願ばらし（年の初めに願いをした五穀豊穣<br>厄除けなどのお礼をする日）<br>鯖のなれずし（塩鯖使用）<br>お日待ち（男たちの祭り）<br>お供えに塩鯖<br>鯖ずし（塩鯖3枚おろし、押し鯖）<br>鯖とねぎのぬた<br>晴れ食<br>鯖ずし（若狭の一塩ものの鯖3枚おろし、棒ずし） |
|  | 余呉町<br>上丹生 | 正月<br>鮒のなれずし（夏に漬け込む） | 春祭り<br>鯖のなれずし（塩鯖使用、敦賀の商人から購入）<br>秋祭り<br>鯖のなれずし（塩鯖使用） |
|  | 東浅井郡<br>びわ町 | 正月<br>鮒のなれずし | 春祭り<br>鮒のなれずし |
|  | 近江八幡市<br>沖島 | 正月<br>塩鯖の煮つけ（最高のごちそう） | 山行き（春祭りの翌日）<br>鯖ずし（塩鯖3枚おろし、押しずし） |
|  | 野洲郡<br>中主町 |  | 大祭<br>鯖ずし（塩鯖3枚おろし、棒ずし）<br>晴れの日<br>鯖ずし（塩鯖3枚おろし、棒ずし）・塩焼き |
| 京都府 | 加佐郡<br>大江町 |  | 秋祭り<br>生鯖の煮つけ |
|  | 北桑田郡<br>京北町 |  | 秋祭り<br>鯖ずし（塩鯖3枚おろし、押しずし） |
| 兵庫県 | 多紀郡<br>篠山町 |  | 秋祭り<br>鯖の姿ずし（塩鯖使用）、鯖の棒ずし（塩鯖3枚おろし）<br>岩谷の八幡さんの祭り（12月11日）<br>焼き鯖と野菜の煮物 |

本表は聴き取り調査結果および『聞き書　福井の食事』、『聞き書　滋賀の食事』、『聞き書　京都の食事』、『聞き書　兵庫の食事』から作成

### (2) 非日常食としての鯖の利用

非日常食、すなわち行事食としての鯖の利用について、正月・祭り関連行事、農耕儀礼関連行事に大別し、特徴を探っていくことにする。なお仏事関連行事における鯖の利用については極めてまれな習慣であり、また地域差を論じるだけの事例も認められなかったので、ここでは取り上げ

ないこととした。

① 正月・祭り関連行事

正月料理としては、煮染、煮豆、数の子、身欠きニシンの昆布巻き、棒鱈の煮染、ごまめ、ブリ(坂井町)、紅白なます、糀漬けニシンなどがあげられたが、鯖の利用は決して多いとはいえないものであった（表17)。鯖を利用する地域は限られており、福井県北部の勝山町・大野町、鯖の漁獲地の小浜市街地・八代・美浜、そして、鯖街道沿いの熊川では正月には鯖のなれずしは欠かせないものとされた。勝山市・大野市では1か月前に町の魚屋から100匹程度の塩鯖を購入し、なれずしを漬け、正月はもとより春先まで客に振舞うご馳走であったといわれる。鯖を自給できる環境にある小浜市街地、小浜・美浜・矢代でも正月にはなれずしは欠かせないもので、生鯖や塩鯖またはへしこから作るなれずしの習慣があり、その手法は現在にまで伝承されている。熊川でも小浜市と酷似した正月の習慣があり、正月には鯖街道を通して運ばれる生鯖や塩鯖、へしこを使ったなれずしが作られていた。

同じ神事である春祭りや秋祭り、その他の地域独自の祭りにも各地で鯖ずしを作る習慣や浜焼き鯖を使う習慣がみられた。祭りの鯖ずしとしてなれずしを作る習慣は勝山市、小浜市街地・八代・美浜、熊川、朽木、余呉町で、三枚おろしにした鯖の酢締めとすし飯を箱に入れて押した押しずしは小浜市街地・八代、美浜、熊川、朽木、湖南地方、京北町、篠山町で、そして、浜焼き鯖を祭りに用いる地域は、坂井町、小浜市街地・八代・美浜、朽木、湖南、丹波地方に見られた。

以上のように、正月のなれずし、祭りのなれずし、祭りの鯖ずし、祭りの浜焼き鯖の習慣は、鯖の漁獲地である小浜市矢代·美浜、鯖街道の出発点である小浜市街地、鯖街道沿いの村である熊川、滋賀県朽木を中心に共通した習慣であり、鯖街道を通しての鯖の流通、ぼて振りや行商人達と住民の交流を通しての習慣の伝播があったことが示唆される結果であった。

②農耕儀礼関連行事

農耕儀礼のなかでも田植え関連行事に浜焼き鯖を使う習慣が特徴的であった。これまでの西日本を中心とした聴き取り調査のなかで、田植えの時期について「半夏生までに終える」という話しをよく耳にした。半夏生は田植え時期の目安となっていたようである。半夏生とは夏至から数えて11日目の7月2日頃から七夕の7月7日頃までの5日間を指すことから、田植えは6月末までに終えるのが望ましいということになる。また、田植えが終了するとさなぶり、さつきあげ（坂井町)、田植えじまい（朽木）などと呼ばれる農休日がとられ、普段よりごちそうを作り田植えの重労働を慰労した。半夏生とさなぶりはほぼ同じ時期のために、両者を兼ねて行う地域も多いように見受けられた。この行事で食べられるのが生鯖を姿のまま串に刺し焼いた「浜焼き鯖」である（表18)。

福井県の勝山町・大野町、坂井町、越前町の農村地帯、小浜市街地、八代、美浜の農家、熊川、朽木では半夏生や田植え後のさなぶりには大きなお頭付きの浜焼き鯖を1人に1本付ける習慣があり、朽木では田植えじまいの行事を「大鯖の日」と呼ぶほどで、大変なごちそうであったことがうかがえる。鯖街道から距離のある福井県北の大野市や勝山町では町の魚屋で焼き鯖を購入していたといわれ、茅の串に刺した物は若狭の浜焼き鯖、竹串のものは勝山焼きと呼んでいたといわれる。したがって県北の農村地帯まで若狭湾沿いの漁村で製造された浜焼き鯖が流通していたということになる。また、県北地域でもより沿岸部に近い坂井町では沿岸部の三国町から田植え時期や半夏生の頃にはぼて振りが良く浜焼き鯖を売りに来ていたといわれる。米1升で鯖3本程度購入できたというから、「ブリ一本米俵一俵」といわれたブリに比較して焼き鯖は購入しやすい魚であったと想像される。そして鯖の漁獲地である越前町では漁家で鯖を焼き、ぼて振りさん達が近在へ売り歩いており、農家ではそれを購入していた。また。鯖が湧くほど生息したといわれる若狭湾沿岸の八代や美浜でも浜焼き鯖に加工された物が嫁達によって売り歩かれ、敦賀あたりまで売り歩かれた。そして、鯖街道沿いの熊川では若狭湾から毎日魚売りがやってきており、浜焼き鯖は女がかごを担ぎ棒で担いで売りに来たといわれる。さらに峠を越えた滋賀県朽木にも若狭の魚売りが回って来ており、鯖売りさんと親しまれていたという。半夏生やさなぶりなどの行事食として１人に１本ずつ付けられた浜焼き鯖は、生姜醤油を付けて食べるのが基本で、朽木では祭りの「焼き鯖そうめん」といって焼き鯖を煮て、その汁でそうめんを煮て大皿に盛りつけて振る舞われた。このように半夏生やさなぶりの焼き鯖は、生鯖に近いお頭つきの大魚としての存在意義が大きく、重労働を慰労するごちそうと同時に縁起の良い行事食とみなされていたようである。

また、田植えの食事としても浜焼き鯖が使われており、坂井町では早乙女の食事に大きな浜焼き鯖を１本付け、滋賀県の余呉町、姉川、京都丹波山間の京北町や平坦地方の大江町でも食事や弁当に浜焼き鯖の切り身と野菜の煮物やかやくごはんが作られた。余呉町では敦賀の行商人によって北国街道を通して入ってきたといわれ、丹波山間や丹波平坦地方へは若狭から鯖街道を通して運ばれたというから、これらの田植えの食事や弁当などに用いられた焼き鯖は普段と

表18　非日常食としての鯖の利用―農耕儀礼―

| 調査地 | | 農耕儀礼関係 | | 魚の入手方法 |
|---|---|---|---|---|
| 県名 | 地域 | 田植え関連 | 麦・稲収穫・養蚕関連 | |
| 福井県 | 勝山市<br>大野市 | 雇い人（田かき、くわ馬）の食事<br>浜焼き鯖1本<br>半夏生（田休み）<br>浜焼き鯖1人に1本 | | ・浜焼き鯖は町の魚屋で購入。<br>かや串は若狭の浜焼き鯖<br>竹串は勝山焼き |
| | 坂井町 | 田植えの早乙女の食事<br>大きい浜焼き鯖<br>さつきあげ（田植え後）<br>浜焼き鯖<br>半夏生<br>浜焼き鯖1人に1本 | 荒田切りのころの農休日<br>鯖<br>刈り上げ（稲刈り終了後の農休日）<br>鯖 | ・三国町からぼてさんが<br>新鮮な魚を売りにくる。<br>・田植えや半夏生には<br>浜焼き鯖を売りにくる。 |
| | 越前海岸 | 半夏生（里方の農村）<br>浜焼き鯖1人に1本 | | ・ぼてさん達が鯖を焼き<br>近在へ売り歩く。 |
| | 美浜<br>八代<br>小浜市街地 | 半夏生（7月2日）<br>農家では「さなぶり」という田の神祭り<br>浜焼き鯖1人に1本 | | ・湧くほどとれる鯖を<br>浜焼き鯖やへしこに加工。<br>・焼き鯖を近郊農村へ<br>売りに行くのは嫁。<br>・敦賀、熊川当たりまでいった。 |
| | 上中町<br>熊川 | 半夏生<br>浜焼き鯖1人に1本 | | ・若狭湾から毎日魚売りがくる。<br>・いわしの丸干し・鯖・へしこを<br>売りに来る。<br>・浜焼き鯖を女がカゴを<br>担い棒で担いで売りに来る。 |
| 滋賀県 | 朽木村<br>宮前・朽木 | 田植えの前に鯖のなれずしを漬ける。<br>大鯖の日（田植えじまい）<br>浜塩の鯖の焼き物、浜焼き鯖 | | ・春には若狭の魚売りが来る。<br>・鯖売りさん、へしこ売りさんと<br>親しむ。 |
| | 湖北余呉 | 田植えの手伝い人の食事<br>浜焼き鯖のぶつ切りの煮物<br>忙しいときは焼き鯖に醤油をかける | 農繁期の食事<br>鯖のへしこ | ・敦賀の行商人が北国街道を<br>通り鯖や焼きかれいを売りに<br>来る。 |
| | 東浅井郡<br>びわ町 | 田植えの弁当<br>浜焼き鯖の切り身 | | ・長浜から売りに来る浜焼き鯖<br>を買う。 |
| | 近江八幡市<br>沖島 | | | |
| | 野洲郡<br>中主町 | | | |
| 京都府 | 加佐郡<br>大江町 | | にわのい（蚕休み）<br>鯖焼き飯（浜焼き鯖の身をむしって、飯に炊き込む。） | |
| | 北桑田郡<br>京北町 | 田植えの食事（小昼）<br>浜焼き鯖とふきの煮物 | | ・若狭から若狭街道（鯖街道）<br>を通って入る。 |
| 兵庫県 | 多紀郡<br>篠山町 | さなぶり（半夏生の頃）<br>鯖ずし（塩鯖3枚おろし、棒ずし） | | ・秋には若狭から街道を通って<br>運ばれた。 |

本表は聴き取り調査結果および『聞き書　福井の食事』、『聞き書　滋賀の食事』、『聞き書　京都の食事』、『聞き書　兵庫の食事』から作成

は異なるごちそうであったことには違いはないが､煮材としての位置付けが高いように感じられた。

このように田植え関連行事の浜焼き鯖の習慣は、漁獲地からの距離と街道の影響を受け、地域差が認められるものであった。漁獲地を控えた近隣の農村および鯖街道沿いの農村地帯に半夏生やさなぶりに焼き鯖一本を使用する共通した習慣が見られ、漁獲地と鯖街道から距離をもつ京都府、滋賀県、兵庫県東部地域では、浜焼き鯖は野菜と共に煮材としての習慣となり、両地域の習慣に多少地域差が認められるものであった。すなわち、半夏生やさなぶりの行事食である浜焼き鯖の習慣にも鯖街道の存在は大きく影響を及ぼしているといえそうである。

## 4. 若狭・近江地方における鯖の食習慣の地域性

以上述べてきた鯖の加工調理法の特徴、日常食および非日常食としての鯖の食習慣の特徴を重ね合わせてみると、若狭・近江地方と近隣地域の伝統的な鯖の食習慣は４地域に大別できるのものであった。具体的には若狭街道筋の地域、越前町以北の福井県中北部地域、京都府の丹波平坦･山間･兵庫県丹波地域、琵琶湖東岸地域である。

### (1) 若狭街道筋の鯖の食習慣

小浜市街地・八代・美浜・熊川・朽木に至る地域を共通した鯖の食習慣を有する地域としてあげることができる。この地域では日常食としても塩鯖や鯖のへしこが使われ、正月関連行事ではなれずしを手作りし、祭り関連行事ではなれずしや３枚におろした鯖を用いた押しずしを作り、半夏生やさなぶりには１人に１本ずつの焼き鯖を用いるという鯖を多用する共通した食習慣の拡がりがみられる。しかも鯖の加工調理法についても共通性が高く、生鯖や塩鯖を用いたへしこを手作りし、そのへしこを用いたなれずしの手法が存在する。若狭街道筋は若狭・近江地方でも独自の鯖の加工調理法を発達させた地域である。

この地域は、小浜から京都に至る若狭街道の前半分に当たる地域であり、小浜市街地は鯖街道の出発点にあたり、八代、美浜は隣接する漁村で鯖の漁獲量の多い地域、街道筋の農村地帯にある熊川、朽木は鯖街道の中継点として栄えた地域である。八代や美浜で漁獲された鯖は一塩され小浜から熊川・朽木を通って京都に運ばれ、へしこや浜焼き鯖に加工された鯖が女性のぼて振りや魚屋によって毎日のように売り歩かれ、比較的鯖の入手が容易であった地域であった。鯖運搬の中継点として栄えた熊川や宿場町として栄えた朽木では多くの人々の交流があり、鯖以外の産物の流通にも繋がっていったといわれる。また、娘達が京都へ行儀見習いに出る習慣もあり、地域外の生活習慣を持ち帰ったといわれる。そして、ぼて振りさん、焼き鯖屋さんと親しまれた漁村の女性達により鯖の加工法や食べ方などの食習慣が広まっていった可能性も高い地域である。

### (2) 福井県中北部地域の鯖の食習慣

若狭街道筋の鯖の食習慣と一部に共通性が認められる地域で、鯖街道から北に少し距離をおく漁村の越前町、その北に隣接し沿岸部に比較的近い平野部の坂井町、その東部に位置する福井県北の山間部である勝山町・大野町である。

鯖の漁獲地である越前町以外には、日常食としての鯖の利用はほとんどみられないが、勝山町や大野市には正月や祭りには鯖のなれずしを作る習慣があり、また、半夏生やさなぶりには浜焼き鯖を1人に1本使う習慣がみられた。これらの行事食としての鯖の食習慣については若狭街道筋の習慣と類似性が高い地域である。

漁村である越前町では、美浜や八代と同様に一塩もの、浜焼き鯖などを手作りし、近隣の農家に売り歩く習慣があったといわれる。また、田植えの頃には若狭の焼き鯖が勝山町・大野町まで入っていったことが記されている。日常食となるほど鯖の流通はなかったものの、正月や祭りの大きな行事、生業の中でも重要な田植え関連行事には普段はあまり入手できない鯖を用い、祝いや慰労の行事が執り行われたものと考えられる。この地域の鯖の食習慣は、鯖街道の影響というより福井県という同じ県内の共通した行事食とみなすことができる。

### (3) 丹波地方の鯖の食習慣

祭りには鯖の押しずしを、そして田植えの食事や弁当、さなぶりや糸じまいに浜焼き鯖を使う習慣がある地域で、京都府の大江町や京北町、兵庫県東部の篠山町に類似した習慣がみられた。若狭街道筋や福井県北地域でみられた田植え関連行事の浜焼き鯖を1人に1本という習慣とは異なり、浜焼き鯖の切り身と季節野菜を煮たもので、行事食というより普段の食事よりごちそうぶりの煮材という感が強い。

鯖は鯖街道を通して運ばれたといわれるが、鯖街道も終点に近づくにつれ入手できる頻度も量も異なり、習慣に変化が生じた可能性が考えられる。浜焼き鯖を使う習慣は存在するものの、若狭街道沿いの習慣との共通性は高いとはいい難い。前述の熊川や朽木は鯖運搬の中継点として栄えた地域であったのに対し、この地域は鯖運搬の一つの通過点であったとう背景の違いが食習慣にも反映しているように思われる。

### (4) 琵琶湖東岸地域の鯖の食習慣

正月や祭りには塩鯖をごちそうとし、焼き物や押しずしが作られ、また田植えの食事や弁当に焼き鯖の切り身と野菜の煮物が作られる地域で、前述の丹波地方と類似した習慣がみられる。しかし塩鯖や焼き鯖の入手経路は異なり、敦賀から北国街道を通って運ばれる行商人から購入したものが主流である。滋賀県でも余呉町、びわ町、沖島、中主町は琵琶湖の東岸に位置し、西岸を通る鯖街道とは距離的には決して遠いとはいえないが、琵琶湖をはさんで鯖街道の影響を受けにくい地域であったといえる。

## 5. 若狭・近江地方の鯖の伝統的食習慣と鯖街道のかかわり

以上、若狭･近江地方の鯖の伝統的食習慣と鯖街道のかかわりについて検証してきた。その結果、鯖街道筋と鯖街道と距離を置く地域の鯖の食習慣を比較した時、鯖街道筋の小浜市街地・八代・美浜・熊川・朽木地域に鯖の食習慣に共通性が高く、他地域より鯖を多用し、地域独自の加工調理法を有し、日常食・非日常食の二面性をもつ食習慣を形成していたことが明らかになった。鯖街道はこの地域の鯖にまつわる伝統的食習慣の形成・伝承に大きく影響を及ぼしてきたといえる結果である。なかでも鯖街道を通して行われてきた鯖の運搬に関わった人々と地域住民との交流が食習慣の伝播に大きく関わったというべきかもしれない。

前述したように、複数の経路をもつ鯖街道のなかでも最も盛んに使われたのは若狭街道であったといわれ、若狭湾沿岸の八代や美浜は鯖の漁獲地であり、小浜は鯖街道の出発点、熊川は鯖を取引する中継点、そして小浜と京都の中間点に当たる朽木は休憩や宿泊の為の中継点として栄えた地域であった。江戸時代のから多量の鯖が馬借によって熊川、朽木を経て京都へ運ばれた記録が残されていることからも[149～151]、往来する人々の数は想像以上であったと推測される。これらの中継地では、小浜から京へむかう者、京から小浜へ帰る者と地元住民の交流があり、農産物や山菜類などの産物が京や小浜に運ばれ、また京や小浜の産物などが熊川や朽木に入ってくる機会ともなったと伝えられている。このような交流は物だけでなく様々な情報や生活習慣を知る機会ともなり、食習慣の形成に知らず知らすの内に影響を及ぼしていったものと思われる。

さらに、この地域の鯖の食習慣形成の背景には、小浜近隣の漁村で加工された塩鯖やへしこ・浜焼き鯖を売り歩くぼて振りや行商の魚屋の存在も大きい。小浜から毎日のようにぼて振りが熊川あたりまで鯖を売り歩き、また魚屋によって朽木には鯖が持ち込まれている。この「ぼて振りさん」と呼ばれて親しまれた女性による販売方法は、物の売り買いだけでなく漁村と農山村部の人々との交流をもたらし、鯖の加工法や利用法の伝播や伝承に大きく関与していったものと思われる。

若狭・近江地方の鯖の食習慣の形成には、若狭湾に「鯖が湧く」と表現されたほど鯖が生息した自然環境、古代からの若狭と奈良・京都の都をむすぶ経路の存在、江戸時代からの鯖街道を通して鯖が盛んに流通したことなどの歴史的背景と共に、鯖街道を介した商人と地元住民との交流を見逃すことはできない。すなわち、鯖街道は食習慣の伝播の礎となり、その街道を巧に活用した人々が食習慣の伝播・伝承の担い手であったといえそうである。

街道といわれる程のものではなく、現在ではその経路も明確ではないが、各地域、各村々には魚が運ばれた「魚道（さかなみち）」が存在したと調査で聞くことが少なくなかった。今回の調査結果は、各地の魚食文化の背景にも街道や魚道を通して行われた魚介類の運搬や流通、そして人々の交流が関与していることを示唆するものであった。

＊図版出典：今田節子 2011b より

# 第6節　近世における鯖の食習慣と格付け

食文化は食の軌跡としてとらえることができる。この視点から食文化の成立過程を眺めてみると、背景となった様々な要因がみえてくる。そして時代を超えた食習慣の成立・変容の繋がりを把握する手がかりが得られるようにも思われる。すなわち、食文化は変容を繰り返しながらも継承されるものであることを考慮するならば、近代初期とそれ以前の食習慣との関わりを探っておく必要がある。そこで本節では鯖の伝統的食文化の歴史的背景をとりあげ、江戸時代における鯖の食習慣の特徴と鯖の格付けを明確にし、これまで述べてきた近代初期における鯖の食習慣の成立・伝承への影響を探っていくことを目的とした。

文献調査を主たる研究方法とし、日常食と非日常食に区分して江戸時代の鯖の食習慣に関する資料と、使用される鯖がどのような格付けを与えられ認識されていたかを探る資料を収集した。しかしながら、庶民階層の日常食に関する資料はなかなか見つからず、石川が明らかにした『おかず番付』[152]に関する研究結果から鯖に関する資料を収集することとした。また、江戸時代料理書のなかから日常用いられる食品の調理法を記載したといわれている『年中番菜録』(1849)[153]も研究対象とした。

非日常食および鯖の格付けについては、『本朝食鑑』(1697)[154]や『和漢三才図会』(1712)[155]、『魚鑑』(1831)[156]、『魚貝能毒品物図考』(1849)[157]などの江戸時代の事典的性格をもつ書物、『古今料理集』(江戸時代初期)[158]や『黒白精味集』(1746)[159]、『料理早指南』(1801、1802)[160]などの江戸時代料理書[161]、『日本随筆大成』[162、163]に納められた江戸時代の随筆、そして『諸国風俗問状答』[164]、『日本農書全集』[165、166]なども調査資料とした。なお、前述した通り『諸国風俗問状答』は文化10年頃、江戸幕府の奥儒者屋代太郎弘賢の発案により諸国の藩儒や知人に対して風俗問状を送り、その答案を得たものであり、『日本農書全集』は各地で残されている江戸時代の農業の手引書や豪農の記録などを集めたものである。

## 1. 近世における鯖の食習慣

食習慣は、普段の食事である日常食と年中行事や通過儀礼などの行事食である非日常食に区分して実態を把握する必要がある。なぜなら両者には性質の違いがあり、日常食は毎日の労働の糧となるものであるが、非日常食は本来日常食と区別される縁起物の食品や手の込んだ料理が使われ精神性の高いものである。したがって両者の区別は食品の格付けに大きく反映されるものと思われる。

### (1) 日常食としての鯖の食習慣

「おかず番付け」とは角力番付けになぞらえ、江戸時代に人気のあった料理を大関、関脇、前頭に区分し紹介したものである。石川によると江戸庶民の食生活、なかでも副食を知るための資料として重要であるとし[167]、『日用倹約料理仕方角力番附』(天保の頃)[168]、『日々徳用倹約料理角力取り組』(江戸時代後期)[169]、『日用珍宝惣菜倹約一覧』(江戸時代後期)[170]、『精進魚類日々菜早見』(出版明治時代、内容江戸時代)[171]が具体的に取り上げられている。これらの資料に示された鯖料理は前頭に位置付けられており、いずれもほぼ共通した内容で、春の「鯖の味噌づけ」、夏の「鯖のうしお」・「せんば」、秋の「鯖一塩」とあり、出版は明治時代になってからであるが、内容は江戸時代のものといわれている『精進魚類日々菜早見』にはこれらに加えて冬の「鯖の味噌煮」とある(表19)。大関、関脇といった高い番付ではないが、数ある食品や料理のなかで前頭に位置付けられていることは、鯖は庶民にとって比較的入手しやすい魚であり、味噌漬や一塩ものの鯖は使いやすい鯖の加工品で、うしお汁やせんば汁は手軽で人気のある鯖料理であったことを示している。

江戸時代料理書から料理法を探ってみると、味噌漬については『素人包丁』二編(1805)に「たなごの味噌漬」、「うぼせの味噌漬」が記載されており、いずれも「魚の水気をとり塩をすこし振り置きその後味噌に漬ける」とある[172]。また、うしお汁、せんば汁についても同料理書に「鰯の潮煮」と「せんば煮」が吸い物として紹介されており、潮煮は「内臓を取った後塩にまぶししばらく置き水で洗って」椀種とすることが、せんば煮は「三枚におろして塩をすこしつよくあてしばらく置き、葉付き大根や岩たけ、茗荷、ウドなどと組み合わせて」吸い物とすることが記されている[173]。そして、一塩(ひとしお)ものとは「魚・野菜などにかるく塩をふること。また、そのもの」[174]、「食べやすい塩加減のこと」、「からい塩加減でもなく、淡い塩加減でもない、丁度よい塩加減のこと」[175]とある。『おかず番付』[176〜179]に紹介されたいずれの鯖料理にも前処理や下味に塩をした鯖が使われたと考えら

表19 「おかず番付」にみる日常食としての鯖料理

| 文献の種類 | | 年代 | 鯖料理 | 内容 |
|---|---|---|---|---|
| おかず番付 | 日用倹約料理仕方角力番附 | 天保の頃 | 前頭：春の鯖のみそづけ、夏の鯖のうしお、秋の鯖一塩 | 庶民の日常食 |
| | 日々徳用倹約料理角力取り組 | 江戸時代後期 | 前頭：春の鯖のみそづけ、夏の鯖のうしお、秋の鯖一塩 | 庶民の日常食 |
| | 日用珍宝惣菜倹約一覧 | 江戸時代後期 | 前頭：春の鯖のみそづけ、夏の鯖のせんば、秋の鯖一塩 | 庶民の日常食 |
| | 精進魚類日々菜早見 | 出版明治時代<br>内容江戸時代 | 前頭：春の鯖のみそづけ、夏の鯖のうしお、秋の鯖一塩<br>冬の鯖の味噌煮 | 庶民の日常食 |
| 料理書 | 年中番菜録 | 1849 | 塩鯖：酢漬、刺鯖：鱠（酒塩、酢、花かつお、蓼） | 日常の食品と調理法 |

本表は庶民の日常食が記載された『おかず番付』、日常の食品とその料理法が記載された『年中番採録』から作成した。

れる。そして、日常性の高い料理書とされている『年中番菜録』にも刺鯖の鱠・塩鯖の酢漬けが紹介されており、「塩からく味あしきはよく塩だし鮓につけ貯えおくよし」とある[180]。ここでも塩鯖や塩乾品の刺鯖が使われているが、塩加減は薄いものが上品とされている。なお、刺鯖については非日常食の項目で詳述する。

『本朝食鑑』には塩乾品である乾魚は市民の日常に販売されているものといった内容が[181]、『守貞謾稿』(1853) には塩物や干物の魚を商う「枯魚売り」が紹介されている[182]。また、江戸時代、小浜湾で大量に漁獲された鯖が一塩されたり、刺鯖に加工されたりして小浜から京都にいたる鯖街道を通して運ばれ[183]、紀伊半島沖で漁獲された熊野鯖も塩鯖や刺鯖に加工され大和地方や尾張地方へ運ばれたといわれている[184]。これらの資料は江戸時代において、庶民が手に入れやすい鯖は塩鯖や刺鯖が一般的であったことを物語っている。

さらに、鮮魚の入手が困難な江戸時代にあって、庶民の日常料理に塩鯖が使われるのは当然のことと考えられるが、塩鯖のなかでも一塩ものの鯖が上品とされ、また、塩が濃いものは塩抜きして使うなど、江戸時代後期には塩味の薄いものに嗜好が傾いていることは注目すべきことである。

以上のことから、江戸時代においても庶民階層の日常食として塩鯖や一塩ものの鯖が使われており、それらを使った煮物や焼き物、なます、汁物などが日常の副食となっていたことが明らかになった。

### (2) 非日常食としての鯖の食習慣

#### ①年中行事とのかかわり

鯖を年中行事食として用いる記載は多くみられず、特定の生見玉（いきみたま）の刺鯖に関する記載が江戸時代を通して散見された[185〜200]（表20）。まず現在ではあまり聞き慣れない言葉である刺鯖や生見玉、中元について説明しておきたい。

刺鯖の製法を『本朝食鑑』から引いてみると「生鮮な鯖を使い、腸や鱗を取り去り、背より骨に傍うて割き開き、全体を別け離してしまわず、楚割のようにして、それから後に鯢にする。一つの頭をもう一つの頭と鰓の間に刺し入れ、二つを相連ねて一重ねにし、これを一刺しという。」[201] とあり、塩乾品の保存性の高い加工品に仕上がったと思われる。そして二尾を一重ねにするところに特徴がある。

次に刺鯖を行事食として使う生見玉の行事であるが、生御霊とも表記され、生盆（いきぼん）ともいわれる。『日本国語大辞典』には「両親のそろった者が、盆に親をもてなす作法。また、そのときの食物や贈り物。他出した息子や嫁した娘も集まり、親に食物をすすめる。精進料理ではなく、贈り物にも刺鯖を使うことが多い」[202] とある。また、中元については、『日本民俗大辞典』によると、「7月15日のこと、もしくはそのころにされる贈答習俗をいう。中元に魚をおくる習慣は生見玉の習俗に通ずる」[203]とある。

表20に示すようにいずれの資料の内容も共通しており、上記の説明に基づいてまとめると、7月15日あるいはその前日に生見玉の行事を行い、親を尊び飲食を共にし、祝いの膳に刺鯖をつけるというものである。また、刺鯖を中元の贈答品とするという内容もみられる。現在の感覚でいくと、生臭を忌む仏事である盆の行事のなかで魚を使うことに疑問を感じる者は多いかも知れない。しかし、生見玉は先祖を祀る盂蘭盆の性質とは異なり、親の健在を祝う儀礼的要素が強いと理解するならば、刺鯖はお頭付きの祝いの魚としての意味をもっていたと考えられる。また、中元に魚介類を贈る習慣は生臭物を忌む仏教の精進思想以前の習慣を伝えるものともいわれ、正月行事でいえば歳暮の荒巻鮭などの魚の贈答習俗に対応するものであるという説もある[204]。さらに、二つを重ねた刺鯖の意味については、「一対」というとらえ方もでき、正月のお飾りにかけ鯛、かけ鰯といって塩鯛や塩鰯を一対で使う習慣[205～208]と同様に、縁起物としての意味が含まれていたのかも知れないと推測している。

表20　江戸時代の文献にみる非日常食としての鯖の食習慣

| 時代 | 引用文献 | 出版年代 | 鯖の種類 | 鯖使用の行事、時期 | 使用する階層 | その他 |
|---|---|---|---|---|---|---|
| 江戸時代 | 『毛吹草』 | 1655 | 刺鯖 | 7月生見玉 | | |
| | 『好色一代女』 | 1686 | 刺鯖 | 盆のさし鯖、贈答用 | | |
| | 『本朝食鑑』 | 1697 | 刺鯖 | 7月15日、蓮の葉でくるんで膳に添える<br>上饌に供す | 上下共に賞味 | |
| | 『筑前国続風土記』土産考 | 1709 | 刺鯖 | 7月中元のこと多し | 民用に供す | |
| | 『和漢三才図会』 | 1712 | 刺鯖 | 中元の祝い | 貴賤ともに賞味 | |
| | 『農術鑑正記』下 | 1723 | 鯖 | 7月15日中元、生見玉<br>親在るものは鯖を食べ祝う | 阿波の農家の手引き書 | |
| | 『続飛鳥川』 | 1748～1764 | 刺鯖 | | | 7月刺鯖売 |
| | 『華實年浪草』 | 1783 | 刺鯖 | 7月15日前日生見玉：親を尊び飲食をする<br>親戚同士で鯖を送る | 上下を問わず | |
| | 『魚鑑』 | 1831 | 刺鯖 | 中元(ぼん)の節物 | 上下とも使う | |
| | 『三河吉田領風俗問状答』 | 1817 | 刺鯖 | 7月15日、中元の祝儀、生身魂の祝、蓮飯と刺鯖 | 領内住民 | |
| | 『越後長岡領風俗問状答』 | 1817 | 刺鯖 | 7月14日、いきみたま、<br>両親のある者、尊長に刺鯖を進める<br>刺鯖を贈答 | 領内住民 | |
| | 『若狭小浜風俗問状答』 | 1813依頼(推測) | 刺鯖 | 7月、生見魂、刺鯖を両親に供し、親を祝う | 領内住民 | |
| | 『淡路国風俗問状答』 | 1813依頼(推測) | 刺鯖 | 7月、いきみたま、刺鯖を膳に据え、<br>現在の父母、兄弟を祝う | 領内住民(所によりて) | |
| | 『伊勢白子風俗問状答』 | 1813依頼(推測) | 刺鯖 | 7月、中元の祝儀に刺鯖を贈る | 陸奥南部(花巻驛)領内住民 | |
| | 『家事日録』 | 1828 | 刺鯖 | 7月8日、寺子より盆鯖もらう<br>7月11日、小野兵右衛門殿へ刺鯖すえる | 但馬の豪農の記録 | |
| 江戸時代の習慣として記載 | 『日本水産製品誌』 | 明治初期 | 刺鯖 | 生霊を祀るの饌に供す | 徳川幕府<br>上下貴賤共に、需要広きもの | 徳川幕府の時代、徳川御三家、鯖代なる物を祝賀として献進<br>尾張、紀伊、水戸家、その他重立たる諸国より<br>季節を定めて鯖またはその製品を呈進 |

生見玉の刺鯖の料理法についての記載はみられなかったが、『本朝食鑑』に「近時、7月15日には生荷葉（はすのは）で強飯を包んで膳に盛る。また荷葉で刺鯖をくるんでこれに添える。これを荷供御（はすのくご）といい、

官家・士商ともども我が国の通俗の祝例である」[209] といった解説がなされている。刺鯖の性質から考えるとそのままで食べられたとは考えにくく、儀礼として膳に添えられ、祝い膳などにもみられる持ち帰り料理・土産の品の一つとして祝宴の後に持ち帰り、料理して食されたものと想像される。江戸時代には様々な鯖料理が作られており、刺鯖を使った料理として蒸椀、焼物、酒びて、からし味噌や蓼酢などを使った鱠類、吸い物、すし、糀漬け、酢漬などが料理書に紹介されている [210～228]（表21）。塩からく堅い刺鯖をこれらの料理の材料とし、改めて食卓に供されたものと思われる。

このように生見玉の行事に刺鯖が使用された背景には、親を尊ぶ精神性の高い行事であった、お頭付きの魚をめでたいものとする、一対を縁起物とする、中元と歳暮の魚介類といった一年二分性の視点がみられる、晴れ食特有の持ち帰り料理の一品とするなど、民俗学的意味が色濃く反映していたように感じられる。また、真夏の生見玉の行事には、高温の環境下で保存に絶えうる性質が要求される。塩乾品であり保存性の高い刺鯖は、これらの条件を満たした加工食品として重宝されたものと考えられる。

生見玉の刺鯖の他に江戸時代後期の『名飯部類』（1802）[229] には、京都では四季の祭りに鯖ずし（早ずし）が作られたことが記載されている。この他にも『料理網目調味抄』第四巻（1730）[230] や『料理山海郷』巻之五（1749）[231]、『料理早指南』初編（1801）[232]、『料理早指南』山家集（1802）[233] にも塩鯖や刺鯖などを用いたすし類が紹介されている（表21）。行事との関わりには触れられていないものの、米と鯖を合わせたごちそうとして祭りなどの行事食となった可能性は高い。

以上のように江戸時代においても非日常食として鯖を使う習慣が存在したことが明らかになった。

② 身分格差の影響

生見玉の刺鯖に関して「上下共に賞味」[234]、「貴賤ともに賞美」[235]、「上下を問わず」[236]、「上下とも使う」[237] などの記載が多くの資料にみられた（表20）。すなわち、身分の差なく生見玉の行事で刺鯖が使われていたことになる。

『筑前国続風土記』巻29土産考（1709）によると、「此魚生にて煮て食し、又塩をつけて干し、二尾を一に刺合、一さしと云う、その味、能登丹後の産に及ばずといえ共、多くして民用をたくす。七月中元のこと多し」とある [238]。また、諸国の風俗に関する回答を集めた『諸国風俗問状答』[239] によると、三河吉田領内 [240]、越後長岡領内 [241]、若狭小浜領内 [242]、淡路国内 [243]、伊勢白子領内（陸奥南部花巻驛）[244] においても中元の祝儀や生見玉の行事に刺鯖が使われたことが示されている。そして阿波の農家の手引書である『農術鑑正記』下 [245] や但馬地方の豪農の記録といわれる『家事日録』[246] にも刺鯖を盆鯖として使い、生見玉に鯖を食すことが記録されている（表20）。これらの資料からも生見玉の行事や中元の習慣が庶民の間でも定着し、祝魚として刺鯖を食べたり贈りあう習慣があったことが明らかである。

上層における習慣については上田藩松平氏史料 [247] に生見玉の佳儀の鯖一折に対する礼状が残されており（1728～1749頃）、江戸時代末には干鯛一折に対する礼状となっている。また、江後の『臼杵藩稲葉家奥日記』の研究 [248] のなかでも「7月15日は中元と生見玉で、中元は蓮飯と刺鯖で祝う」と述べられている。そして、丸亀藩『御規式帳』（1771）[249] にも生身魂御祝儀として蓮飯と刺鯖を使うことが記録されている。限られた資料からであるが、大名家においても生見玉の行事が行われ、刺鯖や塩鯖を使う習慣があったことを示している。

表21　江戸時代料理書にみられる鯖料理

| 鯖の種類 | 料理法 | | | | | | | | 備考 | 出典 |
|---|---|---|---|---|---|---|---|---|---|---|
| | 煮物 | 焼き物 | 膾類 | さしみ | 汁 | すし類 | 塩・干物 | その他 | | |
| 生鯖 | 酢いり<br>五さいに<br>かすに | やき物<br>はまやき | なます | 酢さしみ | | | 一塩干物 | | | 古今料理集二(江戸初期) |
| 生鯖 | すいり | | 沖なます<br>強酢にて膾<br>からしぬた<br>にんにくわぎ味噌酢 | | | | 塩もの | なしもの(せわた) | | 料理物語(1643) |
| 生鯖 | | | | | | すし | | | | 料理山海郷巻之五(1749) |
| 生鯖 | | | 鯖目蔵酢 | | | | | | | 料理山海郷巻之四 (1749) |
| 生鯖 | | いり物 | | | | | | | 焼物之部 | 當流料理献立抄 (推定1780-1795) |
| 生鯖 | こくしょう | 白しお焼き | | | | 一夜ずし | | | | 料理早指南初編(1801) |
| 生鯖 | | 早若狭 | | | | | | | | 素人庖丁初編(1803) |
| 生鯖 | | | | | | | | 鯖ぎん皮 | | 料理通弐編(1825) |
| 生鯖 | 焼煎 | | ぬた膾 | | | | | | | 料理網目調味抄第四巻(1730) |
| 生鯖 | | 塩焼(煎いり) | | | | | | | | 料理網目調味抄第二巻(1730) |
| 生鯖 | | | 膾(切り重ね・糸作り) | | | | | | | 素人庖丁初編(1803) |
| 生鯖 | | | 生盛(さばしそのみ付) | | | | | | | 早見献立帳(1834) |
| 刺鯖 | | | | | | | | | 皮骨をとり塩をこそげて用いる | 古今料理集五(江戸初期) |
| 刺鯖 | | | | | | | | | 皮骨をとり塩をこそげて用いる | 当流節用料理大全(1714) |
| 刺鯖 | | | 酒ひて | | | | | 糀漬 | | 料理網目調味抄第四巻 (1730) |
| 刺鯖 | | | 膾<br>からしみそ | さし身 | すい物<br>二の汁 | | | 糀漬<br>あちゃら漬<br>酢漬 | 刺鯖の糀漬の料理 | 万宝料理秘密箱二編(1785) |
| 刺鯖 | 蒸椀(酢) | 焼物(大根絞り汁) | 蓼酢、花鰹・酒 | | | 一夜ずし | | | | 料理早指南山家集(1802) |
| 刺鯖 | | | 猪口(あられ酒・蓼) | | | | | | | 早見献立帳(1834) |
| 刺鯖 | | | 酒塩・酢、花かつお・蓼 | | | | | | | 年中番菜録(1849) |
| 塩鯖 | | 焼き | | | | すし | | | | 料理網目調味抄第四巻(1730) |
| 塩鯖 | | 焼き(酒かけ) | | | | | | | | 料理網目調味抄第二巻(1730) |
| 塩鯖 | 蒸椀(酢) | 焼物(大根絞り汁) | 蓼酢、花鰹・酒 | | | 一夜ずし | | | | 料理早指南山家集(1802) |
| 塩鯖 | | | | | | すし(なれずし)<br>早ずし | | | 北鯖に限る | 名飯部類 (1802) |
| 塩鯖 | | | | | | | | 酢漬 | | 年中番採録 (1849) |

本表は『翻刻江戸時代料理本集成』から作成。さは・さば・鯖・生鯖の表記は生鯖として、さしさば・刺鯖・指鯖の表記は刺鯖、塩鯖の表記は塩鯖として表中に記載した。

すなわち、庶民階層から武家階層に至るまで身分の格差なく生見玉や中元の行事が行われ、刺鯖や塩鯖を使う習慣が存在していたと理解できる。

以上のように江戸時代の鯖の食習慣は日常と非日常の二面性をもつことが明確となった。さらに非日常の生見玉の行事では、庶民と大名といった階層の二面性を持っていたとみなすことができる結果であった。

表22　鯖の格付け

| | 引用文献 | 鯖 | 鰯 | アジ | コノシロ |
|---|---|---|---|---|---|
| 評価 | 『本朝食鑑』(1697) | 刺鯖は生鯖より気味優れる | 乾かしたもの下品 | 春末から秋末のもので6,7寸に過ぎず円肥なもの味わい甚だ香味<br>シマアジ最も下品 | 下品で最も賤しいもの |
| | 『古今料理集』二(江戸初期) | 鯖：下魚　刺鯖：賞翫 | 下魚<br>生は賞翫に不宜　赤鰯黒漬・あま塩・かす漬などは賞翫にも | アジ：賞翫に不宜　一塩：賞翫にも | 下魚 |
| | 『黒白精味集』(1746) | 生鯖：下の中　浜焼鯖：下の下<br>塩鯖：下　刺鯖：上 | 生鰯：下の中　甘塩鰯：下の上 | アジ：中の上　シマアジ：下の中 | コハダ：下の中　コノシロ：下の下 |
| 価格 | 「江戸の価格付き主要食物リスト」(1826) | 一マイ　三百文 | 十　百二十文 | 十　三百文 | 五十文 |

参考：『黒白精味集』によると鯛・コイは上魚、価格は鯛一枚三両より一分位まで、コイは三分位より二朱位までとある。

## 2. 鯖の格付け

刺鯖がなぜ身分の格差を問わず非日常食と成り得たのであろうか。生見玉の行事が真夏の行事であったとはいえ、江戸時代の代表的な祝い魚である鯛においても塩鯛や干鯛などの保存性の高い物があったはずである。おそらく保存性に富むという利点だけでなく、行事食と成り得たもっと大きな意義付けがなければ習慣として定着しないはずである。

これまで述べた鯖の食習慣に関する資料を振り返ってみると、鯖の産地、品質などの評価に繋がる記載が少なからずみられた。これらを考慮すると、鯖にも何らかの格付けが存在したのではないかと思われる。そこで食習慣の背景の一つとして、鯖の格付けをとりあげてみたい。なお、本報で扱う格付は食品としての鯖の格付けを対象とする。

① 加工法による格付け

鮮度の落ちやすい鯖は、塩をする、乾燥する、焼くといった基本的な加工法を施し、保存性を高めたものが流通していたことは鯖街道に関する記録をみても明らかである[250]。本調査でも生鯖、塩鯖、刺鯖、浜焼き鯖が登場し、加工法による明確な格差が認められた[251～253]（表22）。

『本朝食鑑』には「刺鯖は生鯖より気味優れる」[254]とあり、同様に江戸時代料理書の『古今料理集』には「さは 下魚、刺鯖 賞翫」[255]という内容がみえる。さらに『黒白精味集』には具体的な格付けがなされており「生鯖 下の中、浜焼鯖 下の下、塩鯖 下、刺鯖 上」[256]とあり、刺鯖は高い格付けにあったことが明確である。同じ鯖でも加工法により下の下から上魚に格付けが変動する魚はまれといっても過言ではない。同じ大衆魚でも加工法や成長段階によって格差にほとんど変動が認められず、下魚の格付けである鰯[257～259]やアジ[260～262]、コノシロ[263～265]に比べると、鯖は「価値に流動性をもつ魚」といえ、特異的な存在であったことがうかがえる。

このような刺鯖を上魚とする格付けは、身分の上下を問わず生見玉の行事に刺鯖を使用する習慣の定着・伝承に大きく関わってきたものとみなすことができる。

一方、塩鯖については下魚に位置付けられているものの[266]、前述したように日常食では一塩ものが使われ、また、『料理早指南』山家集には「塩あまきものは至極味よし」[267]と、『年中番菜録』には「すこし上品塩甘くつくのがよい」[268]とあり（表23）、江戸時代も後期になると甘塩のものに

表23　塩鯖および産地の評価

| 引用文献 | 塩　鯖 | 産　　地 |
|---|---|---|
| 『好色一代女』(1686) | | 刺鯖、能登のすぐれ物 |
| 『本朝食鑑』(1697) | 生を用いるのはよくなく、多食すれば酔う、塩漬けにすると酔わず<br>刺鯖は生鯖より気味優れる | 能登の産が上品、越中、佐渡のものがこれに次ぐ、周防、長門の産は次の次である春末から秋末に最も多くとれる |
| 『筑前國続風土記』土産考(1709) | | (筑前国の刺鯖は)越前の刺鯖、能登丹後の産に及ばずといえども多くして民用をたくす |
| 『和漢三才図会』(1712) | 塩漬けにして各地に送る | 能登の産を上とし、佐渡、越中のものがこれに次ぐ |
| 『料理早指』山家集(1802) | 塩鯖　塩あまきものは至極味よし | 刺鯖、能登産を上品 |
| 『名飯部類』(1802) | | 塩鯖　北鯖　若狭丹後地方に漁し塩漬するものよい、鮨に用いるのは北鯖に限る、熊野鯖は名高いが海が遠く刺鯖で　夏くる |
| 『年中番菜録』(1849) | すこし上品塩甘くつくのがよい、塩からく味あしきはよく塩をだして鮓につけ貯えるとよい | |
| 『魚貝能毒品物図考』(1849) | | 鯖は若狭の名産、夏は刺鯖となし都へ多く出る |

価値が置かれてきた様子がうかがえ、嗜好の変化が感じられる。塩分濃度が濃い刺鯖を上魚とする格付けにも変化の兆しが見え始めたととらえておくべきかも知れない。

② 漁獲地による品質の評価

前述の下魚、上魚といった格付けではないが、鯖の漁獲地による評価がみられ、地名を付した名産とされる鯖が流通していたことがうかがえる。明治時代初期に編纂された『日本水産製品誌』には江戸時代の内容と思われるものが記載されており、鯖の漁獲地については「沿岸殆ど漁獲せざるところなし」[269)] とある。この産地を具体的に示しているのは1731年幕府が各藩の産物を調査し報告させた『諸国産物帳』[270)] である。海に面する各藩から報告された産物には多くの藩で鯖が含まれており、『本朝食鑑』[271]、『和漢三才図会』[272)]、『日本山海名産図会』(1799)[273)] や『近世の漁村と海産物流通』[274)] などの研究資料、さらには室町時代の『兵庫北関入船納帳』[275)] や『庭訓往来』[276)] に記載された中世の漁獲地を合わせると、日本海沿岸と太平洋沿岸のみならず瀬戸内海沿岸を含む全国に鯖の漁獲地が広がっている様子がわかる。

品質については『本朝食鑑』[277)] や『和漢三才図会』[278)] に「能登の産が上品、越中、佐渡のものがこれに次ぐ、周防、長門の産は次の次」といった内容が、『魚貝能毒品物図考』[279)] にも「鯖は若狭の名産」と記載されており（表23)、北陸地方の鯖が上質であり、日本海沿岸西部のものや瀬戸内海ものはそれに劣ることが示されている。また、紀伊国の熊野鯖も有名であったことが『名飯部類』(1802)[280)] にみえる。すなわち、鯖の漁獲地により鯖の格付けがなされていたことになる。能登や若狭湾で漁獲された大量の鯖が一塩されて鯖街道を通して京都や近隣の地域に運ばれたことはすでに報告した通りであり[281)]、熊野鯖も刺鯖に加工され尾張地方や大和地方へ運ばれたといわれている[282)]。したがって北陸・近畿地方を中心に上品質の鯖が流通していたと想像される。『料理早指南』山家集[283)] や『名飯部類』[284)]、『魚貝能毒品物図考』[285)] に「刺鯖　能登産を上品」、「熊野鯖は名高いが海が遠く刺鯖で夏に来る」、「鯖は若狭の名産、夏は刺鯖となし都へ多く出る」とあるように、名産とされた能登や若狭、熊野の鯖が材料となった刺鯖は、上魚のなかでもより高品質の刺鯖となり、大名階層の献上品や生見玉の行事食となった可能性が高い。そして『好色一代女』(1686)[286)] に「年中のとりやり、ブリも丹後の一番、さし鯖も能登のすぐれ物を調へ」といったくだりがあることからも、このような格付けは民間にも広く知られていたようである。

## 3. 鯖の食習慣と格付けのかかわり

近世の鯖の食習慣はいくつかの二面性をもつところに特徴があり、そこには鯖の格付けが大きく関わっていたことを明らかにしてきた。日常食・非日常食として鯖を使用する二面性、加工法により下魚から上魚に価値が流動する二面性、そして庶民の食習慣としても上層階層の食習慣としても存在する二面性である。すなわち、日常には下魚とされる塩鯖を使った焼き物、汁物などの料理が食卓にのぼり、非日常の生見玉の行事には上魚に格付けされる刺鯖が使われ、庶民から大名に至る身分の格差を問わず刺鯖で祝う生見玉の行事が行われていたのである。

刺鯖が生見玉の行事食と成り得た背景については、保存性の高い塩乾品の刺鯖が真夏の行事に適したこと、比較的形態が大きいお頭付きの魚はめでたいものであったこと、二尾を重ね合わせて一対とした刺鯖は縁起物であったことなどの理由が考えられたが、それ以上に大きな要因として「刺鯖は上魚に格付けされる」という鯖の特異性をあげるべきであろう。刺鯖が上魚という格付けは、日常食と非日常食を区別する要因となり、上層階層での使用意義に繋がるものであったと考えられる。庶民階層においても祝いの魚である鯛などに比較して安価で[287]購入しやすく、しかも刺鯖が上魚に位置付けられることは行事食としても、中元の品としても最適なものであったと推測される。

上魚の格付けを持つが故に非日常食と成り得た、また、日常食と区別される非日常食であったからこそ高い格付けがなされた、こういった相互作用の基で刺鯖の格付けは維持され、近世の非日常食としての鯖の食習慣は継承されてきたとみなすことができよう。

このような特徴をもつ近世の鯖の食習慣を近代初期における鯖の伝統的食習慣の歴史的背景としてとらえるならば、近世の食習慣は近代初期の食習慣へどのような影響を及ぼしているのであろうか。両時代の鯖の食習慣を比較してみると、近世の大きな特徴であった鯖の食習慣の二面性、特に日常食としてだけでなく非日常食としても鯖を使用する食習慣は近代初期まで引き継がれている。しかし、すでに中世から行われ[288]古い歴史を持つ生見玉に刺鯖を使う習慣は近代初期にまで引き継がれているものの、明治中頃には刺鯖の製造は減少したと『日本水産製品誌』[289]にみえ、そして筆者が管見した限りでは、次第に親の健在を祝う生見玉の本来の意味も希薄化、形骸化し、全国的に行われる行事ではなくなっている[290]。近代初期における鯖を行事食とする非日常食の代表は祭りの鯖ずしであり、塩鯖と白米を材料とする棒ずし、押しずしの類が中心となった[291]。前述したように塩鯖でも甘塩のものの方が味がよく上品であると評価する兆しは近世後期からみられており、また塩鯖を用いた鯖ずしを祭りの行事食とする習慣も江戸時代後期の料理書に紹介されている[292]。すなわち近世も後期になると、非日常食のなかでも塩分濃度の濃い刺鯖から塩分濃度の薄い塩鯖へ、それを使った鯖ずしへ嗜好の変化が生じつつあったととらえることもできる。この嗜好の変化は近代初期にも引き継がれ、明確化していき、鯖ずしの習慣はその延長線で発達したものとみなすことができよう。さらに魚介類の加工保存法、運搬技術の発達、米の量産や精白技術の発達なども手伝い、非日常食の代表として鯖ずしの習慣が全国に普及・定着していったものと考えられる。

加工法により鯖の価値に流動性が生じた二面性、「上下を問わず使用、貴賤共に賞味」などと表現された身分格差の存在を反映した二面性、これらの特徴については、近代初期になると表面的には希薄化していった感が強い。しかしながら、鯖以外の食習慣に敷衍して考えるならば、無塩（ぶえん）という言葉が使われたように塩物や干物に比べ鮮魚を上等とする価値観は、冷蔵・冷凍保存や運搬技術が未発達であった近代初期には存在していた。さらに身分格差とはいえないものの経済的格差を反映した食習慣も存在していた。例えば岡山県の正月魚としてブリを使う習慣は広く存在していたものであったが、ブリを一本購入できるのは経済的に豊かな地主や商家であり、農民はしかいち（1/4）本購入できればいい方で購入できない年も多かったなどの話は、近代初期の食習慣の聴き取り調査で度々耳にするものであった[293]。これらの実態は、近世における鯖の食習慣と格付けにみられた明確な二面性とは異なるものの、近代初期においても類似した食習慣の二面性が存在していたことを物語っている。

このように変容はあるものの、近代初期における鯖の伝統的食習慣の素地は、今回の調査結果で明らかになった近世の鯖の食習慣のなかにあったといっても過言ではなかろう。

＊図版出典：今田節子 2011a より

# むすび—鯖の伝統的食文化の特異性とその背景—

これまで述べてきたように鯖の食文化は日常と非日常の二面性をもつという特徴が明確となった。すなわち、日常の副食としての位置付けと、普段とは区別される精神性の高い行事食としての位置付けをもっていたのである。この特徴は全国的にみられるものであったが、強いていうならば非日常としての食習慣は石川県・福井県・滋賀県・京都府・奈良県を結ぶ北陸・近畿地方以西に比較的多い傾向にあった。さらに行事食は祭や節句などの神事、盆などの仏事、そして田植儀礼の食べものとしての位置付けをもつ食習慣が形成されており、行事食においても神事と仏事という二面性を持つと理解できる。そして、日常と非日常の区別、神事と仏事、田植儀礼の区別は鯖の多彩な料理法によって具現化されるものであった。すなわち、日常食では鯖の焼き物・煮物が、神事では神聖な米と合わせた鯖ずしが、仏事では鯖の酢物・和物類で、稲作儀礼では焼き物・すし・酢物が中心に作られてきたという実態が存在していた。当然のことながら非日常の行事では神仏を迎え伝統的な儀礼が行われる訳であるが、供物や鯖料理は神聖で精神性の高いものとなっていたことは、日常の鯖料理と大きく異なる点であった。

本調査を進めるにあたり、常に感じてきたことは「鯖が大衆魚であったからこそ、全国で日常食と非日常食の二面性をもつ食習慣が形成され、伝承されてきた」ということである。明治時代から昭和初期当たりの物資の流通を記載した『日本民俗地図』交易・運搬[294]には、鯖の漁獲地や流通した地域が示されている。漁獲地は全国に拡がり、沿岸部から近隣の農村地帯や山村地帯に流通していた様子が窺える[295]。また、明治初期の『日本水産製品誌』[296]には鯖について「鯖は沿岸殆ど漁獲せざるところなし」と明記され、漁場が広く漁獲量が多かったことを示唆している。また「良好なる塩漬鯖を製造して徐々に販路を開かば必ず一大貿易品となるや必せり」と説明され、開乾鯖や刺鯖、焼乾鯖などの乾鯖、塩鯖、麹漬、鯖節、薫製品、鯖腸醤油などの多彩な加工法や産地が示されている。この内容からも漁獲量が多く多種類の鯖の加工品が作られていたことが分かる。さらに、紀伊地方で漁獲された鯖は熊野鯖と呼ばれ、信濃・尾張地方、近隣大和地方へ流通したこと、若狭の塩鯖が西京や近江で売られたことが明記されており、明治時代初期にはすでに漁獲地から近隣地域へ流通していた様子が読みとれる。また、時代が昭和初期になるが、筆者が行った福井県・石川県・滋賀県の聴き取り調査においても、若狭湾周辺では「鯖がわく」と表現されるほどの鯖の生息と漁獲量があり、それらは振り売りによって近隣の農山村に運ばれ鯖ずしやへしこ、焼き鯖の利用に繋がったこと、また鯖街道を通して多量に塩鯖が京の都に運ばれ、鯖ずしの工夫に繋がったことなどの話が頻繁に聞かれた[297)]。これらの資料は、明治時代から昭和初期においては鯖の漁獲地は広く、漁獲量も多く、塩鯖や焼き鯖、乾し鯖などに加工された鯖の加工品が農山漁村を問わず広く流通していたことを実証する結果である。

鯖が安価で購入しやすい対象であったことは、祭りの鯖ずし用の塩鯖は、ほとんどの農家で30本も40本も購入していたという岡山県の事例[298)]や大量漁獲された鯖や鰯などの大衆魚はトロ箱で購入する程安価であったという北陸や山陰沿岸地方事例からも推測される。すなわち、明治時代からから昭和初期においても、鯖は「広い地域で大量に漁獲される」、「農山漁村地域を問わず広く流通していた」、「多くの民衆が比較的安価に購入できる魚介類、加工品であった」という大衆魚の条件を満たしたものであったといえるのである。

このような大量漁獲・加工法の発達・流通・安価に入手可能という基盤の基で鯖の食習慣は形成され、伝承されてきたといえ、そこには歴史的背景の関与も大きいものであった。すでに江戸時代にも鯖は日常食として庶民階層の間で使用されてきたこと、盆の生見玉の行事食として身分の上下を問わず刺鯖が使われる習慣が存在していたこと、江戸時代後期には上魚とされた塩乾品の刺鯖が塩鯖へ嗜好が移りつつあり、塩鯖を使った祭のすしも作られるようになったことなどの詳細は第6節で述べた通りである。変容を繰り返しながらも明治・大正・昭和初期の鯖の食習慣は江戸時代の大きな流れを引き継いで形成・伝承されてきたと云っても過言ではない。その間の鯖街道や魚道を通しての鯖の流通、それに伴う人々の交流は、地域独自の加工品や料理法の工夫に繋がり、それぞれの時代にあった鯖の食習慣に変容してきたものと考えられる。

**【註】**

1）日本国語大辞典第二版編集委員会『日本国語大辞典』（第二版）第8巻、小学館、p.659、2003。
2）日本調理科学会平成15、16年度特別研究『調理文化の地域性と調理科学—魚介類の調理—』データーベース（CD-R）、日本調理科学会、2004。
3）日本の食生活全集編集委員会編『日本の食生活全集』全48巻、農山漁村文化協会、1985～1992。
4）平敷令治・恵原義盛編『日本の衣と食』全10巻、明玄書房、1974。
5）文化庁編『日本民俗地図』Ⅳ交易・運搬、国土地理協会、1974。
6）福井県立若狭歴史民俗資料館編『鯖街道と都の文化』、福井県立若狭歴史民俗資料館、1995。
7）今田節子「魚食文化に関する研究—若狭・近江地方の鯖伝統的食習慣と鯖街道のかかわり—」、ノートルダム清心女子大学 生活文化研究所年報、第24輯、2011、pp.49～77。
8）前掲註5)。
9）日本家政学会編『新版　家政学事典』、朝倉書店、2004、p.493。
10）福田アジオ・新谷尚紀・湯川洋司・神田より子・中込睦子・渡邉欣雄編『日本民俗大辞典』上、吉川弘文館、1999、p.488。
11）前掲註10)、pp.645、646。
12）大塚民俗学会編『日本民俗事典』、弘文堂、1989、pp.659、660。
13）民俗学研究所編『年中行事図説』1975年復刊、岩崎美術社、1984、p.186。

14）前掲註12）
15）文化庁『日本民俗地図』Ⅰ（年中行事1）、国土地理協会、1969、pp.283～410。
16）前掲註4）。
17）前掲註3）。
18）前掲註12）。
19）前掲註13）、p.182。
20）日本の食生活全集大分編集委員会編『聞き書　大分の食事』、農山漁村文化協会、1992、pp.203、204。
21）日本の食生活全集宮崎編集委員会編『聞き書　宮崎の食事』、農山漁村文化協会、1991、pp.25、26、46。
22）前掲註12）、pp.28～29。
23）日本の食生活全集奈良編集委員会編『聞き書　奈良の食事』、農山漁村文化協会、1992、pp.46、47。
24）日本の食生活全集鳥取編集委員会編『聞き書　鳥取の食事』、農山漁村文化協会、1991、pp.28～47。
25）人見必大、島田勇雄訳注『本朝食鑑4』（東洋文庫378）、平凡社、1980、pp.84、85。
26）前掲注12）、pp.345、346。
27）前掲註15），1969、pp.37、38。
28）日本の食生活全集福岡編集委員会編『聞き書　福岡の食事』、農山漁村文化協会、1987、p.30。
29）前掲註12）、p.448。
30）前掲註13）、p.192。
31）前掲註29）。
32）前掲註30）。
33）佐々木宏幹、宮田登、山折哲雄監『日本民俗宗教辞典』、東京堂出版、1998、pp.593、594。
34）前掲註25）、pp.44～51。
35）前掲註25）。
36）前掲註34）。
37）前掲註30）。
38）前掲註10）、pp.115、116。
39）福田アジオ、新谷尚紀、湯川洋司、神田より子、中込睦子、渡邊欣雄編『日本民俗大辞典』下、吉川弘文館、2000、pp.319、320。
40）田植え開始前に田の神を迎える祭のことを、サビラキ、サイケなどといい、京都府相楽郡あたりではサオリ、サビラキ、秋田県仙北郡ではサビラキ、広島県帝釈地方ではサンバイオロシともいった。（前掲註10）、p.684、pp.733、734。
41）植え終いの祝いを、東北地方から関東地方にかけてはサナブリ、四国地方から九州地方にかけてサノボリ、中国地方と北陸地方の一部ではシロミテと称す。（前掲註10）、p.706。
42）前掲註3）。
43）中山太郎編著『校注 諸国風俗問状答』、東洋堂、1942。
44）山田龍雄、飯沼二郎、岡光夫、守田志郎、佐藤常雄、徳永光俊、江藤彰彦編『日本農書全集』全72巻、農山漁村文化協会、1977～1999。
45）萩原龍夫、山路興造編『日本庶民生活史料集成』第23巻 年中行事、三一書房、1981。
46）『奥州秋田風俗問状答』、前掲註43）、pp.99、100。
47）『奥州白川風俗問状答』、前掲註43）、p.146。
48）『三河吉田領風俗問状答』、前掲註43）、pp.215、216。
49）『越後長岡領風俗問状答』、前掲註43）、p.280。
50）『大和高取藩風俗問状答』、前掲註43）、p.345。
51）『若狭小濱風俗問状答』、前掲註43）、p.384。
52）『丹後峰山領風俗問状答』、前掲註43）、p.423。

53）『備後浦崎村國風俗問状答』、前掲註 43）、p.468。
54）『淡路国風俗問状答』、前掲註 43）、p.505。
55）『伊勢白子風俗問状答』、前掲註 43）、p.624。
56）『陸奥国信夫郡伊達郡風土記』、前掲註 43）、p.639。
57）『莿萩峰邑風俗』、前掲註 43）、pp.669、670。
58）砂川野水『農術鑑正記』下（1723 年）、前掲註 44）10 巻、1998、p.367。
59）田村吉茂『農業自得』（天保 12 年）、前掲註 44）21 巻、1997、p.109。
60）長尾重健喬『農稼録』（安政 6 年）、前掲註 44）23 巻、1999、p.65。
61）細木庵常・奥田之昭編『耕耘録』（1834 年）、前掲註 44）30 巻、2001、pp.59、60。
62）著者未詳『百姓作方年中行事』（文化 10 年）、前掲註 44）40 巻、1999、pp.228、229。
63）牧村治七『御百姓用家務日記帳』（慶応 3 年）、前掲註 44）43 巻、1997、p.43。
64）三浦直重『米徳糠藁籾用方教訓童子道知辺』（文久 2 年）、前掲註 44）62 巻、1998、p.128。
65）『奥州秋田風俗問状答』、前掲註 46。
66）『奥州白川風俗問状答』、前掲註 47。
67）『三河吉田領風俗問状答』、前掲註 48。
68）『越後長岡領風俗問状答』、前掲註 49）。
69）『大和高取藩風俗問状答』、前掲註 50）。
70）『若狭小濱風俗問状答』、前掲註 51）。
71）『丹後峰山領風俗問状答』、前掲註 52。
72）『備後浦崎村國風俗問状答』、前掲註 53）。
73）『淡路国風俗問状答』、前掲註 54）。
74）『伊勢白子風俗問状答』、前掲註 55）。
75）『陸奥国信夫郡伊達郡風土記』、前掲註 56）。
76）『莿萩峰邑風俗』、前掲註 57）。
77）深町権六『農業心覚』（1703）、前掲註 44）41 巻、1999、p.232、p.256。
78）佐瀬与次右衛門『会津歌農書』（1704）、前掲註 44）20 巻、2001、pp.77、78。
79）『会津風俗帳』年中行事（貞享 2、文化 4）、前掲註 45）、p.331、p.334。
80）山本喜三郎『山本家百姓一切有近道』（1823）、前掲註 44）28 巻、p.176。
81）前掲註 58）。
82）九屋甚七『家業考』（1764 ～ 1771）、前掲註 44）9 巻、1999、p.72、p.75。
83）松村標左衛門『松村家訓』（1799 ～ 1841）、前掲註 44）27 巻、1999、pp.117、118、p.246。
84）前掲註 60）。
85）前掲註 61）。
86）著者未詳『農業之覚』（年代未詳）、前掲註 44）41 巻、1999、p.175。
87）田井惣助『家事日録』（1873）、前掲註 44）43 巻、1997、p.252。
88）前掲註 62）。
89）著者未詳『自家業日記』（1849）、前掲註 44）29 巻、1999、pp.137、138。
90）大熊伊兵衛『下総松戸大谷口村大熊家年中家礼日記行事』（1848）、前掲註 45）、p.358。
91）正彦筆『三河国府村年内行事留』（1850）、前掲註 45）、p.363。
92）橋本角左衛門『河内三宅村橋本家家伝年中行事』（1803）、前掲註 45）、p.398。
93）『紀伊那賀郡安楽川庄年中行事心得』（1854）、前掲註 45）、p.402。
94）前掲註 10）、p.684。
95）上下町史編纂委員会、上下町教育委員会編『上下町史』（民俗編）、上下町、1991、pp.44 ～ 49。
96）建部町編『建部町史』（民俗編）、建部町、1992、pp.78 ～ 7、pp.236 ～ 238。
97）金光町史編纂委員会編『金光町史』（民俗編）、金光町、1998、pp.235 ～ 237。
98）前掲註 97）、p235。
99）前掲註 98）。

100）前掲註 98）。
101）前掲註 10）、pp.706、707。
102）前掲註 13）、p.142。
103）前掲註 82）。
104）前掲註 83）。
105）前掲註 96）、pp.132、441。建部町には正月2日の縫い始めには、半紙や障子紙などを使って紙の袋を二つ縫い、この袋に米を入れて年神様に供える習慣があった。植え始めのわさ植にはこの米と小豆を使って赤飯を炊き、田の神に供え豊作を祈願した。
106）前掲註 97）。岡山県金光町上竹では、わさ植には正月の神棚に供えた鯛をいただき、年神様の御幣をわさ植の田の畦に立て、苗束のくくり藁は年神様のお飾りを使う習慣があった。稲作神と年神様がむすび付いている例である。
107）前掲註 39）。
108）前掲註 40）。
109）今田節子「正月雑煮に鰤を使う習慣の伝承背景―吉備高原地帯の「暮れの市（鰤市）との関わりを中心に―」、ノートルダム清心女子大学生活文化研究所年報、第 21 輯、2008、pp.45 ～ 64。
110）人見必大著、島田勇雄訳注『本朝食鑑』4、平凡社、1987、p.85。
111）吉井始子翻訳「古今料理集」、『翻刻江戸時代料理本集成』第2巻、臨川書店、1989、p.42。
112）松下幸子、吉川誠次、山下光雄「古典料理の研究（14）―『黒白精味集』中・下巻について―」、千葉大学教育学部研究紀要、37（2）、1989、pp.269、278、285。
113）熊倉功夫解題、宮坂正英翻刻・翻訳「シーボルトが記述した江戸の食材」、vesta（食文化誌ヴェスタ）、No.27、
味の素食の文化センター、1997、pp.50 ～ 56。
114）今田節子「鯖の伝統的食習慣とその背景―近世における鯖の食習慣と格付けのかかわり―」、会誌食文化研究、No.7、日本家政学会食文化研究部会、2011、pp.13 ～ 21。
115）今田節子「魚食文化に関する研究―若狭・近江地方の鯖の伝統的食習慣と鯖街道のかわり―」、ノートルダム清心女子大学生活文化研究所年報、第 24 輯、2011、pp.49 ～ 77。
116）前掲註 82）。
117）「日本の食生活全集 福井」編集委員会編『聞き書 福井の食事』、農山漁村文化協会、1987。
118）「日本の食生活全集 滋賀」編集委員会編『聞き書 滋賀の食事』、農山漁村文化協会、1991。
119）「日本の食生活全集 京都」編集委員会編『聞き書 京都の食事』、農山漁村文化協会、1985。
120）「日本の食生活全集 兵庫」編集委員会編『聞き書 兵庫の食事』、農山漁村文化協会、1992、pp.244 ～ 287。
121）福井県立若狭歴史民俗資料館編『福井県立若狭歴史民俗資料館図録』、福井県立若狭歴史民俗資料館、1997。
122）福井県立若狭歴史民俗資料館編『サバ街道と都の文化』、福井県立若狭歴史民俗資料館、1995。
123）福井県立若狭歴史民俗資料館展示物（福井県小浜市小浜）
124）若狭鯖街道熊川宿資料館展示物（福井県遠敷郡上中町熊川）
125）高浜町郷土資料館展示物（福井県大飯郡高浜町）
126）鯖街道資料館展示物（福井県小浜市泉町）
127）前掲註 123）。
128）前掲註 125）。
129）関根真隆編『奈良朝食生活の研究』、吉川弘文館、1994、p.155。
130）正宗淳夫編『日本古典全集』延喜式 第五、現代思想社、1978、pp.22、23。
調として「薄鰒、烏賊、熬海鼠、雑ノ腊、鰒ノ甘鮨、貽貝、保夜ノ交鮨など」、庸として「米」、中男ノ作物として「鯛ノ楚割、雑ノ鮨、雑ノ腊」が納められたとある。
131）前掲註 122）、pp.18、19。
132）前掲註 122）、p.18。

133）前掲註 121）。
134）前掲註 130）。
135）前掲註 129）。
136）『市場仲買文書』（元文頃～明治初期）、前掲註 123）。
137）『市場仲買文書』には若狭街道や九里半越を経由して運ばれた物が記載されており、様々な海産物が運ばれたことが示されている。四十物（あいもの）とは鮮魚と乾魚との中間物の意味で、干魚など塩で処理した海産物の総称。
138）刺鯖とは鯖の内臓を取り除いてお頭付きのまま干した塩乾物で、切り開いた頭の中にもう一本の鯖を差し込み一対にした物をいう。
139）『享保十四年覚書』、前掲註 123）、前掲註 124）。
1729 年、熊川で扱われた海産物が多く記載されてており、「樽鯖」として大量の鯖荷が運ばれたことなどが記載されている。
140）『御用日記』（江戸時代）、前掲註 123）。
熊川で扱われた海産物や小浜港に陸揚げされた北国各地の物資が記載されている。
141）前掲註 140）。
142）前掲註 3）
143）前掲註 3）。
144）今田節子・藤田真理子「魚食文化に関する研究（第 2 報）―保存食「へしこ」の伝統的食習慣とその地域性―」、ノートルダム清心女子大学紀要 生活経営学・児童学・食品栄養学編、26（1）、2002、pp.46 ～ 56。
145）前掲註 3）。
146）今田節子「魚食文化に関する研究―非日常食としての鯖の伝統的食習慣とその背景―」、『生活文化研究所年報』第 22 輯、ノートルダム清心女子大学生活文化研究所、2009、pp.67 ～ 89。
147）前掲註 3）。
148）前掲註 146）。
149）前掲註 136）。
150）前掲註 139）。
151）前掲註 140）。
152）石川尚子「江戸後期から明治・大正にかけて刊行された食物番付について」、味の素食の文化センター『助成研究の報告』5、1995、pp.5 ～ 14。
153）吉井始子翻訳「年中番菜録」、『翻刻江戸時代料理本集成』第 10 巻、臨川書店、1981、pp.249 ～ 276。
154）人見必大著、島田勇雄訳注『本朝食鑑』4、平凡社、1987。
155）島田勇雄、竹島淳夫、樋口元巳訳注『和漢三才図会』7、平凡社、1987、pp.169、170。
156）平野満解説『魚鑑』生活古典双書 18、八坂書房、1978、pp.94 ～ 95。
157）青苔園著、高嶋春松画「魚貝能毒品物図考」（1849）、吉井始子編『食物本草本大成』第 12 巻、臨川書店、1980、pp.399 ～ 475。
158）吉井始子翻訳「古今料理集」、『翻刻江戸時代料理本集成』第 2 巻、臨川書店、1989。
159）松下幸子、吉川誠次、山下光雄「古典料理の研究（14）―『黒白精味集』中・下巻について―」、千葉大学教育学部研究紀要、37（2）、1989、pp.221 ～ 290。
160）吉井始子翻訳「料理早指南」、『翻刻江戸時代料理本集成』第 6 巻、臨川書店、1980、pp.135 ～ 324。
161）吉井始子翻訳『翻刻江戸時代料理本集成』全 10 巻、臨川書店、1978 ～ 1981。
162）日本随筆大成編集部編『日本随筆大成』第 2 期 10、吉川弘文館、1994。
163）森鉄三、北川博邦編『続日本随筆大成』別巻 11、12、吉川弘文館、1983。
164）前掲註 43）。
165）山田龍雄、飯沼二郎、岡光夫、守田志郎編『日本農書全集』第 10 巻、農村漁村文化協会、1998。

166）佐藤常雄、徳永光俊、江藤彰彦編『日本農書全集』第43巻、農村漁村文化協会、1997。
167）前掲註152）。
168）前掲註152）、資料2　江戸・明治期のおかず番付No.1『日用倹約料理仕方角力番附』。
169）前掲註152）、資料2　江戸・明治期のおかず番付No.2『日々徳用倹約料理角力取り組』。
170）前掲註152）、資料2　江戸・明治期のおかず番付No.3『日用珍宝惣菜倹約一覧』。
171）前掲註152）、資料2　江戸・明治期のおかず番付No.4『精進魚類日々菜早見』。
172）吉井始子翻訳「素人包丁」二編、『翻刻江戸時代料理本集成』第7巻、臨川書店、1980、pp.158～160。
173）前掲註172）、p.110。
174）日本国語大辞典第二版編集委員会編『日本国語大辞典』第二版第11巻、小学館、2003、p.380。
175）川上行藏、西村元三朗監修『日本料理由来事典』中、同朋舎出版、1990、p.338。
176）前掲註168）。
177）前掲註169）。
178）前掲註170）。
179）前掲註171）。
180）前掲註153）、p.274。
181）前掲註154）、p.353。
182）喜多川守貞著、朝倉治彦、柏川修一校訂編集『守貞謾稿』第五巻、東京堂出版、1992、pp.166～169。
183）前掲註115）。
184）農商務省水産局編纂『日本水産製品誌』復刻版、岩崎美術社、1983、p.356。
185）前掲註155）。
186）前掲註156）。
187）新村出校閲、竹内若校訂『毛吹草』、岩波書店、1976、pp.62～63。
188）井原西鶴作、横山重校訂『好色一代女』、岩波書店、2009、p.164。
189）前掲註154）、p.85。
190）貝原益軒『筑前國續風土記』巻之二十九 土産考上（1709）、中村学園大学電子図書館 電子書籍「貝原益軒アーカイブ」より。
191）砂川野水著「農術鑑正記」下（1723）、前掲註165）、p.370。
192）「続飛鳥川」、前掲註162）、p.27。
193）「華實年浪草」、神宮司廳蔵版『古事類苑』歳事部（普及版）、吉川弘文館、1985、p.1280。
194）中山美石編著「三河吉田領風俗問状答」（1817）、前掲註43）、p.234。
195）秋山多門太編著「越後長岡領風俗問状答」（1817、前掲註、前掲43）、pp.390、391。
196）組屋恒久編著「若狭小濱風俗問状答」（推測1813頃依頼）、前掲註43）、pp.390、391。
197）編著者不明「淡路国風俗問状答」（推測1813頃依頼）、前掲註43）、p.514。
198）伊勢白子澳安海記「伊勢白子風俗問状答」（推測1813頃依頼）、前掲註43）、p.629。
199）田井惣助著「家事日録」（1873）、前掲註166）、p.257。
200）前掲註184）、p.130。
201）前掲註154）、p.86。
202）日本国語大辞典第二版編集委員会編：『日本国語大辞典』第二版第一巻、小学館、2003、p.872。
203）前掲註39）、p.98。
204）前掲註202）。
205）前掲註95）、p.80。正月の棚飾りに「かけ鯛」（一対の塩鯛）を中央に大根、昆布、ホンダワラ、12個の干し柿などを飾る。
206）日本の食生活全集岡山県編集委員会編『聞き書き 岡山の食事』、農山漁村文化協会、1985、pp.173～175。吉備高原地帯では正月の床しめ飾りに塩鯛一対を飾った。
207）前掲註96）、pp.72、73。正月のお飾りに「かけ鰯」といって、塩鰯を一対付けた。

208）前掲註 97）、pp.498、499。年神様のお飾りにはスルメ、塩鰯一対、ホンダワラ、昆布、橙などを付けた。
209）前掲註 154）、p.85。
210）吉井始子翻訳「古今料理集」二、『翻刻江戸時代料理本集成』第２巻、臨川書店、1978、p.42。
211）吉井始子翻訳「料理物語」、『翻刻江戸時代料理本集成』第１巻、臨川書店、1978、p.4。
212）吉井始子翻訳「料理山海郷」巻之五、『翻刻江戸時代料理本集成』第４巻、臨川書店、1979、p.107。
213）吉井始子翻訳「料理山海郷」巻之四、前掲註 212）、p.98。
214）吉井始子翻訳「当流料理献立抄」、『翻刻江戸時代料理本集成』第６巻、臨川書店、1980、p.147。
215）前掲註 160）、p.147。
216）吉井始子翻訳「素人包丁」初編、『翻刻江戸時代料理本集成』第７巻、臨川書店、1980、p.100。
217）吉井始子翻訳「料理通」弐編、『翻刻江戸時代料理本集成』第 10 巻、臨川書店、1981、p.106。
218）吉井始子翻訳「料理網目調味抄」第四巻、前掲註 212）、p.45。
219）吉井始子翻訳「料理網目調味抄」第二巻、前掲註 212）、p.22。
220）前掲 216）、p.72。
221）吉井始子翻訳「早見献立帳」、『翻刻江戸時代料理本集成』第９巻、臨川書店、1980、p.245。
222）前掲註 210）、p.136。
223）吉井始子翻訳「当流節用料理大全」、『翻刻江戸時代料理本集成』第３巻、臨川書店、1978、p.269。
224）吉井始子翻訳「万宝料理秘密箱」二編、『翻刻江戸時代料理本集成』第５巻、臨川書店、1980、p.147。
225）前掲註 160）、「料理早指南山家集」、p.263。
226）前掲 221）、pp.265、266。
227）前掲註 153）、p.274。
228）吉井始子翻訳「名飯部類」、前掲註 215）、pp.302、303。
229）前掲註 228）。
230）前掲註 218）。
231）前掲註 212）。
232）前掲註 160）、「料理早指南」初編、p.147。
233）前掲 160）、「料理早指南」山家集、p.263。
234）前掲註 209）。
235）前掲註 155）。
236）前掲註 193）。
237）前掲註 156）。
238）前掲註 190）。
239）前掲註 43）。
240）前掲註 48）、p.234。
241）前掲註 49）、pp.288、289。
242）前掲註 51）、pp.390、391。
243）前掲註 54）、p.514。
244）前掲註 55）、p.629。
245）前掲註 58）、p.370。
246）前掲註 87）、p.257。
247）松平氏史料集最後の上田藩主藤井松平氏資料アーカイブズ（http://museum.umic.ueda.nagano.jp/hakubutsukan/story/matsudaira/cont_matsu/doc_matsu/062.html ）
師岡加兵衛宛松平忠愛内書として「 年次不詳８月 11 日　生見玉の佳儀として、鯖一折到来、祝着せしめ候。猶、平馬申すべく候。謹言。　伊賀　八月十一日　忠愛（花押）　師岡加兵衛殿」とある。後のものは鯖が干鯛となっている。
248）江後迪子『隠居大名の江戸暮らし 年中行事と食生活』、吉川弘文館、1999、pp.63、64。
249）藤村家文書『御規式帳』（香川県豊浜町教育委員会蔵）
『御規式帳』には十五日　生身魂御祝儀として、「一把熨斗、蓮飯 薄盤、刺鯖 三方」とある。

250）前掲註 115）。
251）前掲註 154）、p.85。
252）前掲註 158）、p.42。
253）前掲註 159）、pp.269、278、285。
254）前掲註 251）。
255）前掲註 252）。
256）前掲註 253）。
257）前掲註 154）、p.93。
258）前掲註 158）、p.16。
259）前掲註 159）、pp.279、286。
260）前掲註 154）、p.249。
261）前掲註 158）、p.40。
262）前掲註 159）、pp.277、278
263）前掲註 154）、p.105。
264）前掲註 158）、p.38。
265）前掲註 159）、p.271。
266）前掲註 253）。
267）前掲註 233）。
268）前掲註 180）。
269）前掲註 184）。
270）盛永俊太郎、安田健編：『享保 元文 諸国産物帳集成』全 16 巻、科学書院、1985 ～ 1995。
271）前掲註 251）。
272）前掲註 155）。
273）日本山海名産図会（1799）、浅見恵、安田健訳編：『日本産業史資料（1）総論』近世歴史資料集成第Ⅱ期 第Ⅰ巻、科学書院、1992、pp.186 ～ 189。
274）細井計『近世の漁村と海産物流通、河出書房新社、1994、pp.52、53。
275）盛本昌広『贈答と宴会の中世』、吉川弘文館、2008、pp.134、135。
276）前掲註 275）。
277）前掲註 251）。
278）前掲註 155）。
279）前掲註 157）、pp.413、414。
280）前掲註 228）。
281）前掲註 115）。
282）前掲註 184）、pp.348、349。
283）前掲註 233）。
284）前掲註 228）。
285）前掲註 279）。
286）前掲註 188）、p.126。
287）前掲註 113）。
288）渋谷一成「日本中世における魚介類消費の研究―一五世紀山科家の日記から―」、琵琶湖博物館研究調査報告書、25、2010、pp.92 ～ 131。
289）前掲註 184）、p.130。
290）今田節子「魚食文化に関する研究（4）―盆に鯖や鱈を使う習慣について―」、ノートルダム清心女子大学生活文化研究所年報、18、2005、pp.116 ～ 138。
291）前掲註 146）。
292）前掲註 228）。
293）前掲註 109）。

294）前掲註5)。
295）前掲註146)。
296）前掲註184)、pp.128～131、347～356。
297）前掲註115)。
298）今田節子「食の伝承―岡山県のすしの特徴と地域性―」、日本民俗学、第175号、日本民俗学会、1988、pp.124～144。

# 第3章　鰯の伝統的食文化とその背景

鰯は鯖と並ぶ大衆魚の代表であり、上魚とはいいがたいが現在では健康食としての評価が高い魚であることは周知の通りである。第1章で述べた通り、昭和初期頃までの伝統的食生活のなかにあっても、鰯は全国的に利用頻度が最も高い魚介類であった。

日本人の伝統的食文化、なかでも大衆魚にまつわる食文化とその背景を検証することを目的に進めている調査研究のなかでも、使用頻度の最も高かった鰯の食習慣を明確にすることは必要不可欠である。これまで行ってきた鰯に関する研究[1)]は具体的な食習慣を把握するにいたっていないが、鰯の使用頻度から鰯は日常食としても、非日常食としても使用される食習慣の二面性を持つ魚介類であることが推測される。そこで、本章では、日常食と非日常食を比較検討することにより、鰯の伝統的食習慣の特徴とその背景を具体的に明確にしていくことを目的としたい。

前述した鯖の伝統的魚食文化に関する研究（本書第2部第2章）と同様に、昭和初期の食生活が記録された『日本の食生活全集』[2)]を主たる資料とし、市町村史やこれまでの食生活に関する聞き取り調査結果を補助資料として研究を進めた。なお、鰯に関する資料の収集には『CD ROM版日本の食生活全集2000』[3)]を用い、事例の詳細、生活背景などについては『日本の食生活全集』に当たることとした。鰯には多種類の加工保存法が存在するが、これら全てを含めて資料とした。鰯に関する記載は1,647事例にもおよび、いかに鰯が多用されていたかを物語っている。本研究では、そのなかで「四季の食生活」での記載606事例を研究資料として、加工保存法の種類を考慮しながら、日常食と非日常食の区別、料理法、行事とのかかわり、鰯の民俗的云われなどについて、できるだけ具体的な事例収集に努めた。

## 第1節　鰯の加工保存法と利用形態

資料として収集された鰯の加工品を概観してみると、地域で名称は異なるものの加工法の基本に共通性が認められるものが多い。そこで、鰯の食習慣と加工保存法の関わりをより明確に把握するために、水産加工関係の資料[4、5)]を参考に、加工保存法を大別することから始めた。その結果、塩をして乾燥した「塩乾品」に分類されるものが一番多く、食塩水に漬けたマイワシやウルメイワシ、カタクチイワシを丸ごとそのまま乾燥した丸干しや目刺し、小型のカタクチイワシを食塩水で短時間煮沸後、水切り乾燥した煮干し、小型カタクチイワシを生から乾し上げた田作り（ごまめとも云う。以後、田作りと表記）などがこれに含まれた。また、マイワシを塩漬けした後、水切りした塩鰯は「塩蔵品」に、調味液に漬けて乾燥した味醂干しなどは「調味加工品」に、米糠漬けのへしこや酢漬けなどは「水産漬物」に、塩辛や魚醤油は「発酵食品」に、鰯節などは「節類」に分類されたが、日常食および非日常食での利用が多いものは塩乾品、塩蔵品であった（表1、2）。

また生鰯については、当初想像していた以上に利用が多かった。漁家では当然のことながら生鰯

表1　日常食における鰯の形態別出現率

| | | 沖縄・九州 | 中国・四国 | 近畿 | 中部 | 関東 | 東北・北海道 |
|---|---|---|---|---|---|---|---|
| 調査地数 | | 56 | 61 | 46 | 68 | 45 | 47 |
| 鰯の出現率%(出現調査地) | | 68 | 95 | 85 | 79 | 84 | 89 |
| 形態別割合 | 生鰯 | 22(23.4) | 28(32.2) | 20(26.0) | 25(32.9) | 10(20.0) | 23(29.9) |
| | 塩鰯 | 17(18.1) | 9(10.3) | 7(9.0) | 8(10.5) | 0 | 16(20.8) |
| | 鰯の干物 | 18(19.1) | 10(11.5) | 21(27.3) | 19(25.0) | 24(48) | 21(27.3) |
| | 煮干し | 37(39.4) | 40(46.0) | 29(37.7) | 24(31.6) | 16(32.0) | 17(22.1) |
| | 計 | 94(100) | 87(100) | 77(100) | 76(100) | 50(100) | 77(100) |

形態別割合は出現調査地数（%）を示す。　　網掛けの項目は各地域で出現率が高い形態を示す。
（『日本の食生活全集』より作成）

表2　非日常食における鰯の形態別出現率

| | | 沖縄・九州 | 中国・四国 | 近畿 | 中部 | 関東 | 東北・北海道 |
|---|---|---|---|---|---|---|---|
| 調査地数 | | 56 | 61 | 46 | 68 | 45 | 47 |
| 鰯の出現率%(出現調査地) | | 63 | 82 | 59 | 65 | 76 | 53 |
| 形態別割合 | 生鰯 | 25(36.2) | 24(30.0) | 17(41.5) | 12(20.0) | 7(17.9) | 3(12.5) |
| | 塩鰯 | 10(14.5) | 10(12.5) | 7(17.0) | 4(6.7) | 2(5.1) | 2(8.3) |
| | 鰯の干物 | 8(11.6) | 10(12.5) | 5(12.2) | 10(16.7) | 16(41.0) | 7(29.2) |
| | 煮干し | 26(37.7) | 36(45.0) | 12(29.3) | 34(56.7) | 14(35.9) | 12(50.0) |
| | 計 | 69(100) | 80(100) | 41(100) | 60(100) | 39(100) | 24(100) |

形態別割合は出現調査地数（%）を示す。　　網掛けの項目は各地域で出現率が高い形態を示す。
（『日本の食生活全集』より作成）

の自給が可能であったり、漁村近隣の農家では毎日回ってくるぼて振り（魚屋、魚の行商人）から購入が容易であったりなど、料理法や加工法と合わせ考えた時、生鰯の利用がより明確に把握できる事例が多くみられた。

これらの分類基準にしたがうと、日常食、非日常食共に、地域によって多少の差はあるものの、鰯といっても煮干しの使用が3割から5割近くをしめるという特徴が明らかになった。さらに成魚の加工品である干し鰯と塩鰯が合わせて2割から4割近くを占め、残り2、3割が生鰯の利用であった（表1、2）。すなわち、日常食、非日常食共に小魚の煮干しの利用が最も多く、利用形態には日常食と非日常食に大差が存在しないことが明らかになった。このように加工保存法・利用形態・出現地域については、非日常食としての特異性が認められないことも鰯の食習慣の特徴の一つと見なすことができる。

## 第2節　煮干し・田作りの伝統的食習慣

前述したように鰯の形態は小型魚と成魚に分類され、当然のことながら形態や性質の違いは使い方にも反映される。そこで、使用頻度の高かった小型魚に関しては煮干しと田作りを取り上げ、具体的な利用法や行事との関わりを述べ、それぞれの食習慣の特徴と相違点を明確にしていきたい。

## 1.煮干しの食習慣

### (1) 日常食における煮干しの利用

一週間に一度、一月に2、3回程度といわれたように、昭和初期頃までの伝統的食生活のなかにあっては魚介類の使用は決して多いとはいえないものであった。しかし煮干しについては常に身近にあった存在であったことが次の事例からも明らかである。例えば、行商人から手に入れて年中手持ちがある（岐阜県可児郡御嵩町)、自転車で引き売りにくる行商人から一升買いをした（静岡県御殿場市)、行商人がなじみの家を回って決まった量をおいていく、留守でも煮干しや魚の干物の置き場を心得ていた（岐阜県可児郡御嵩町)、行商人からかん袋（紙袋）に一杯買い込み一年中使う、足りない分は春に補う（大阪府河内長野市)、煮干しはお茶請け、酒の肴、酢のもん用に年間で一俵(800匁＝約3kg）程買う（香川県香川郡塩江町）などの事例がみられた。岡山県の聴き取り調査においても決まった時期に訪れる決まった行商人から1俵から2俵の煮干しを購入して缶に保存しながら使っており、行商人と消費者の間には信頼関係が形成され、ある意味で年中行事のように感じていた。なお、煮干し1俵というのは香川県の事例と同様で、800匁の煮干しが紙袋に入ったもので、使用量としては少ないとはいいがたい量であったと推測される。また、漁家や近隣の農家では、大量に漁獲され安価に入手できる際には煮干し作りをする（岩手県三陸海岸)、田作り、煮干しを干す（千葉県九十久里町)、春にはヒラゴ（マイワシ)、ウルメ・ホタレ（カタクチイワシ）が大量となり、煮干しや肥料にする（高知県土佐清水市）などの事例もみられ、自家用の煮干し作りを行っていた地域や家庭もあったようである。

このように普段不自由しない程度の量を身近に保管してあった煮干しは、いずれの地域でも季節を問わず日常のだし材料として使われることが常で、日本全国に共通した習慣であった。味噌汁のだし、うどんやそばのつゆのだし、団子汁やおじやのだし、煮物のだしなど毎日の主食や惣菜に欠かせないだし材料であった（表3)。そして、味噌汁の煮干しは取り出さないで汁とともに食べる（群馬県勢多郡富士見村)、煮干しは引き上げないので口当たりが悪い（埼玉県川越市)、煮物は煮干しと一緒に炊いて食べるなどの事例からも、だしと汁の実、煮材を兼ねて使われることが多かった。魚介類の利用が少なかった

表3　日常食における煮干しの利用

| 利用区分 | 日　常　食 |
|---|---|
| 名　称 | 煮干し(全国)・だしじゃこ・(近畿地方)・いりじゃこ(兵庫県)・入り干し(中国地方)<br>いりこ(山陰地方・四国地方・九州地方)・じゃこ(近畿地方・四国地方)<br>蒸しいわし(岐阜県)・だしご(熊本県) |
| だしとして利用 | 味噌汁・醤油汁・おつけ・けんちん汁・ぬっぺい(長崎県)・のっぺ汁(佐賀県)<br>呉汁(沖縄県)・うどん汁・煮込みうどん・そうめんつゆ・そばのつゆ・団子汁<br>煮物・煮しめ・貝焼き(秋田県)<br>おじや・雑炊・かゆ |
| 小魚として利用 | 味噌汁の実(だしと兼ねる)・汁物の実(だしと兼ねる)・煮物(だしと兼ねる)<br>小煮干しの醤油掛け(岐阜県)・小煮干しの溜まりかけ(愛知県)<br>弁当のおかず(滋賀県・奈良県・香川県・愛媛県・山口県)<br>酢の物・煮なます(長崎県)・こぶなぞうめん(かぼちゃの煮物にそうめん)(長崎県)<br>落花生油味噌(煮干し入り)(沖縄県)<br>油味噌:いりこ(煮干しを入れる(大分県・沖縄県)<br>煮たくもじ(岐阜県)<br>味噌に煮干しを入れて、焦げないように火を通す(兵庫県)<br>いりこに醤油の実をそえる(愛媛県)<br>煮菜がないときかちり(煮干し)に味噌をつける(高知県)<br>ひしお味噌:だしじゃこを炙って粗くほぐして混ぜる(広島県)<br>酢味噌和え:大根・にんにくの葉・煮干し粉)(沖縄県) |
| 魚の代用 | 魚がないとき煮干しに醤油をかけて食べる(和歌山県) |

(『日本の食生活全集』より作成)

当時、だしと煮材を兼ねた利用は無駄のない合理的な工夫であったといえよう。また煮干しを小魚として使った惣菜も多い。さっと湯を通したり、ほうろくで炒った煮干しに醤油や溜まりかけたもの、酢の物や酢味噌和えなどの材料にする、農作業や山仕事の弁当の一品に煮干しを数匹入れるなど、煮干しは小魚として普段のおかずに重宝されてきた様子がうかがえる。そして、朝食に飯と味噌汁、煮干しが２、３匹付けば上々である（高知県南国市）、煮たくもじに煮干しを入れると旨くなる（岐阜県古城郡国府町）などの内容からも、日常食のなかでも野菜類などと比較して煮干しは旨みをもった小魚として評価されていたように思われる。また、「魚がないときに煮干しに醤油をかけて食べる」（和歌山県和歌山市）などの事例からも小魚であるが、魚の代用としても使われてきたといえよう。そして、煮干しは沢山買い求めて蓄え、骨が丈夫になるといっておかずだけでなく子供の合間食いにもする（岐阜県恵那郡串原村）という事例もみられ、煮干しは滋養があるものと評価されていたことがうかがえる（表3）。

このように伝統的食生活のなかにあって日常食としての煮干しは、だし材料、小魚類としての利用、魚の代用としての利用、健康食としての利用など、多様で合理的な利用実態が存在していたといえる。

### (2) 非日常食としての煮干しの利用

非日常食としての煮干しの利用は多いとはいえないが、正月関連行事との結びつきが深い。正月前に行商人から鰯や煮干しを購入する（栃木県那須郡馬頭町）、正月買い物で煮干しを購入する（秋田県仙北郡中仙町）、正月用に煮干しや田作り用のごまめを購入する（静岡県御殿場市）などの事例にみられるように、正月買い物の一品として煮干しを購入することも含まれている。

正月関連行事のなかで煮干しの使用が最も多かったのは、日常食と同様にだしとしての利用で、年取りのかけそばのだし、おせち料理の煮染めや正月雑煮のだしなど、煮干しだしが広い地域で使用され、行事食のなかでも煮干しのうま味が生かされている。

正月関連行事のなかで興味深い習慣は煮干しを供物とする習慣で、調査資料とした『日本の食生活全集』ではとくに東日本を中心とする地域にみられるものであった。例えば、青森県八戸では、注連飾り（しめかざり）に昆布、煮干し、木炭、松の枝をつるしたものを神棚の飾りとする習慣がみられた。また、東日本を中心に１月 11 日には鍬入りの行事が行われ、煮干しが供物として使われていた。例えば、茨城県北部では、田か畑を鍬で短く３うね耕し、３枚の半紙の上に、刻んだ餅、煮豆、煮干し、昆布などを供え、烏がどの畝の供え物を一番先についばむかによって稲の早、中、晩の豊凶を占う行事が行われている（茨城県東茨城郡御前山村）。また栃木県八溝山地では、年男が松の枝に弊束をつけて鍬で掘り起こした畑にさし、菱餅、昆布、塩、煮干し、ワカメ、酒を供えて、その年の豊作祈願が行われた（栃木県那須郡馬頭町）。秋田県の正月の田植えも行事名は異なるものの、鍬入れと同様の行事であり、供物の一つに煮干しを使い豊作祈願を行っている（表 4）。新年の最初に仕事のまねごとを儀礼として行う風は古からあったもので、仕事始めの一つとみなされている。したがって東日本に伝承される煮干しを使った独自の習慣とはいいがたく、儀礼名、供物のちがいはあるものの農村地帯には広く存在した習慣であったと考えた方がよさそうである。稲作儀礼の他に山入りの行事も仕事始めの一環で、同様の供物が使われており、米・昆布・塩・ワカメ・煮干しの５品を供物として用いている（栃木県那須郡馬頭町）（表4）。この他にも田植え終了後に行われるおさなぶりの行事でも、御神酒・きなこ飯・お頭付きの煮干しをふじみ（藤の木の皮で編んだ箕）へ盛って田んぼの水口に供え、豊作祈願を行う行事が行われている（長野県飯田市）（表4）。

このように煮干しを供物とする習慣は、稲作や山仕事など生業に関わる予祝儀礼として行われた神事が中心で、煮干しは小さくてもお頭付きの魚であり、めでたい縁起物としての意味があったとみなされる。

**表4　非日常食としての煮干しの食習慣**

| 利用区分 | 日　常　食 |
|---|---|
| だしとしての利用<br>年取り（大晦日） | かけそばのだし:煮干しと昆布のだし（北海道）（埼玉県）<br>年越しそば:いりこ（煮干し）だし（山口県・熊本県・大分県）<br>豆腐のおつゆ:煮干しだし（岐阜県） |
| おせち料理 | 正月雑煮の煮干しだし（全国）<br>正月元旦のたれ餅は煮干しだし（福島県）<br>煮染めの煮干しだし（全国）<br>にざえ大根（昆布・煮干しだし・大根の丸切り・牛蒡・人参の煮物）（秋田県）<br>冷や汁（白菜・干し椎茸・煮干し・打ち豆・干し納豆）（山形県）<br>汁は煮干しだし<br>七草粥:白餅・せり・昆布・たつこ（煮干し）・納豆・青菜・凍み豆腐（宮城県） |
| 正月以外の行事食 | 田植え:煮染めの煮干しだし（秋田県）<br>十五夜の供物:雑煮もち（餅・きのこ・大根・牛蒡・煮干しだし）（秋田県）<br>秋祭りのごちそう:冷や汁（たまな・干し椎茸・煮干し・打ち豆）（山形県）<br>盂蘭盆:そうめん汁は煮干しだしまたはかつおだし、しいたけ煮干しだし |
| お頭付きの<br>魚としての利用<br>供物 | 神棚の飾り:注連飾りに昆布・煮干し・木炭・松の枝・御弊の5種（青森県）<br>正月の田植え:あられに切った餅・松・ゆずり葉・昆布・煮干し・酒（秋田県）<br>鍬入り（1月11日）:刻んだ餅・煮豆・煮干し・昆布・酒など（茨城県）<br>鍬入り（1月11日）:菱餅・昆布・塩・煮豆・煮干し・わかめ・酒（茨城県）<br>鍬入り正月（1月11日）:酒・米・こうなごの煮干し・いもかん、一年の豊作を祈る（栃木県）<br>山入り:米・昆布・塩・わかめ・煮干しの五品（栃木県）<br>節分の鬼やらい:柊の木の枝・大豆の幹にさした煮干しの頭（炙って）・しきびの小枝を門口、背戸口・便所の入り口に刺す<br>おさなぶり:御神酒・きなこ飯・お頭付きの蒸した田作り（煮干し）をふじみへ盛って田んぼの水口へ供える。田の神様へ豊作祈願（長野県）<br>百姓のえびす講（10月20日）:皿に煮干し |

（『日本の食生活全集』より作成）

最後に岡山県の聴き取り調査で明らかになった事例を紹介しておきたい。正月雑煮にブリを用いる習慣がある備中地方の話である。戦前、農家では高価なブリを毎年購入できるわけではなく、ブリの代わりに千本ブリを使ったと笑い話のように話してくれた古老のことを思い出す。すなわち、お頭付きの煮干しを雑煮の上置きに使ったという話である。正月魚であるブリの代用として、身近にあるお頭付きの煮干しを縁起物として使った事例である。

非日常食としての煮干しの食習慣は、正月料理、正月雑煮のだしとしての実用的な利用と、稲作儀礼などの仕事始めの縁起物としての利用という二面性を持つものであり、時には正月魚の代用ともなる便利な存在であった。

## 2. 非日常食としての田作りの食習慣

煮干しが日常食と非日常食の両方で多様されていたのに対し、日常食としての田作りの使用はまれで、千葉県の九十九里町などの漁獲地や加工地でみられた程度であった。そこで田作りについては非日常食としての食習慣を中心に述べていくことにする。

食品事典によると、田作りは小型のカタクチイワシを煮熟しないで、そのまま乾燥したもので、ごまめともいうとある。一般に調理されたものも田作り、ごまめと呼ばれ、これまでの聴き取り調査や本調査の調査過程ではほとんどの場合、調理されたものを指している場合が多い。そして田作りの呼称は全国的に使われ、強いて云うならば、ごまめの呼称は関東地方と近畿地方に出現が多いといえそうである。田作りとごまめのいずれでも呼んでいる地域も広く、呼称は地域差というより家庭や個人の習慣の差という方が適切である（表5）。

以下に田作りの食習慣の特徴を述べていくわけであるが、調理法まで記載した資料は極めて少なく、現在に伝承されている炒り煮や照り煮の類いが当然のように作られていたものと思われる。比較的作り方の詳しい事例と料理名から作り方が分かる事例を紹介すると次のようである。いずれも砂糖と醤油を基本とする調味液を煮詰めて、前もって炒った田作りをそのたれにからめた状態に仕上げるものであった。

**照りごまめ**（千葉県九十九里町）：炒りごまめを砂糖醤油のたれでからめたもの。

**ごまめ**（大阪市）：ほうろくに半紙を敷いて空炒りし、醤油、砂糖、吉野葛の水溶きをひと煮立ちさせたたれにごまめをからめる。冷めたら鷹のつめの輪切りをぱらぱらとふる。

小魚（田作り）の炒り煮（富山市）、かい干し（田作り）の煎り煮（石川県松任市）、ごまめの炒り煮（京都市）、炒りごまめ（岡山県久米南町）など。

田作りは非日常食、なかでも正月関連行事の縁起物としての利用が中心である（表5）。まず、大晦日の年取りの膳には必ず田作りが用意され、「まめ（丈夫）でくりくり、数々田が作れるようにとの願いを込めて黒豆･干し栗･数の子･田作りを必ず出す」（岐阜県古城郡国府町）、「松飾りを終え、神棚に鏡餅・田作り・灯明をあげ、一年無事に過ごせたことを神に感謝した」（三重県鈴鹿市）などの事例がみられ、年取りの膳や神棚の供物として田作りは欠かせないものであったことがうかがえる。

大晦日に調理された田作りはおせち料理としても必要不可欠な一品で、この習慣は全国的にみられるものであった。「縁起をかついで、正月の膳にふしこ（ごまめ）、塩鰯の焼き物をつける」（新潟県山古志村）、「元旦の朝には三種（田作り・たたき牛蒡・黒豆）にこんにゃくの煮しめを添えて、酒で祝う」（滋賀県近江八幡市）、「正月の祝いさかなは黒豆・数の子・ごまめ」（鳥取県鳥取市）など類似した習慣を示す多数の事例がみられた（表 5）。ここで興味深いのは祝いさかな「三種」という言葉である。今回の調査では三重県・滋賀県・大阪府にみられ、内容は「数の子・黒豆・田作り」または「黒豆・田作り・牛蒡」の三種を指すものであった。さらに三種という名称ではないが祝い物、祝いさかな、三が日の食べ物の中心などといった表現でも同様に三品を指している場合もある（滋賀県、兵庫県、鳥取県）。すなわち、子孫繁栄の数の子、まめ（健康）に暮らすに通ずる黒豆、豊作を意味する田作り、古代から供物として使われた牛蒡など、精神性の高い縁起物が年越しや正月の祝いの品の中心に置かれているのである（表5）。

おせち料理だけでなく、田作りは正月関連行事の供物としても使われている（表5）。年縄には木炭や田作り・松葉・昆布・餅などをつるし、神棚や小屋・倉庫にも飾る（岩手県北軽米町）、正月の供え物として昆布の上に餅五枚・ところ・田作り・みかん・たちばな・かち栗・だいだい・串柿・お金を供える（奈良県山辺郡山添村）、床飾りとして三方にじゃじゃ豆、田作り・みかん・つるし柿・栗・ほんだわらを供える（岡山県久米郡久米南町）など、各地で類似した習慣があったとみられる。また、仕事始めの行事の供物に田作りを使う習慣が存在していた。4日朝早くに、かぎの餅（小判型の餅）・みかん・柿・栗・田作りなどを白紙に包んで山の神に供え、豊作祈願をする「かぎ引き」の行事（三重県阿山郡伊賀町）、4日に男が山に出かけ、山の神に餅・田作り・みかんなどを供

表5　非日常食としての田作りの習慣

| 正月料理 | 年越しの祝い<br>（大晦日） | 門松に餅を供え、御神酒・田作り・昆布を膳の上にのせ、家族みんなが三回酒をついで飲む<br>大皿に田作りを盛る（山梨県）<br>年取り膳に田作り（長野県）<br>「まめ（丈夫）でくりくり、数々田が作れるように」と黒豆・干し栗・数の子・田作りを必ず出す（岐阜県）<br>松飾りを終え、神棚に鏡餅、田作り、灯明をあげ、一年無事に過ごせたことを神に感謝（三重県）<br>本来「三種」というのは黒豆煮・田作り・ごぼうの三品であった。今はめまき（昆布巻き）・こんにゃく・<br>棒鱈、くわえの料理もつくる（三重県） |
|---|---|---|
| | おせち料理 | 田作りを入れたきんぴらごぼう（岩手県）<br>田作り（山形県）（福島県）（埼玉県）（東京）（神奈川県）（山梨県）（長野県）（岐阜県）<br>（静岡県）（愛知県）（三重県）（大阪府）（兵庫県）（奈良県）（鳥取県）（岡山県）<br>（香川県）（愛媛県）（長崎県）（大分県）<br>ごまめ（群馬県）（埼玉県）（千葉県）（東京）（神奈川県）（福井県）（山梨県）（静岡県）<br>（滋賀県）（京都府）（大阪府）（兵庫県）（奈良県）（鳥取県）（岡山県）（山口県）<br>（長崎県）（熊本県）（鹿児島県）<br>照りごまめ：炒りごまめを砂糖醤油のたれでからめたもの（埼玉県）<br>ごまめ三匹をつけ、銘々が火にあぶって食べる。（東京）<br>縁起をかついで、正月の膳にふしこ（ごまめ）・塩いわしの焼き物をつける（新潟県）<br>最後の正月（2月1日）にごんぼとかるびしこ（田作り）の炒りつけ（富山県）<br>小魚の炒り煮（田作り）（富山県）、こまめの炒り煮（京都）<br>ごんぼとかい干し（田作り）の煮物（石川県）<br>かいぶし（ごまめ）の煎り煮（石川県）<br>元旦のあさには「三種」（田作り・たたき牛蒡・黒豆）にこんにゃくの煮しめをそえて、酒で祝う（滋賀県）<br>正月の祝いさかな「三種」は数の子・黒豆・田作り（滋賀県）<br>重箱の上段は祝い物の黒豆・ごまめ・数の子（滋賀県）<br>元旦には取り皿に「ごまめ・数の子・黒豆」の三種とお雑煮（大阪府）<br>正月三が日の食べ物の中心は数の子・黒豆・煮物・ごまめ（兵庫県）<br>きんぴら（田作り）（兵庫県）、ひなご（田作り）（奈良県）、からんま（田作り）（島根県）<br>正月の祝いざかな　黒豆・数の子・ごまめ（鳥取県）<br>なますにごまめ・大根・人参（鳥取県）<br>歯固め行事に田作り（岐阜県） |
| 供　物 | 年縄 | 木炭・田作り・松葉・昆布・餅などをつるす、神棚や小屋、倉庫にも飾る（岩手県） |
| | 正月のお供え | 長昆布の上に餅五枚、ところ・田作り・みかん・たちばな・かち栗・だいだい・串柿二本・お金（奈良県） |
| | 床飾り | 三方に、じゃじゃ豆・田作り・みかん・つるし柿・栗・ほんだわら（岡山県） |
| | かぎ引き | 四日朝早く、かぎの餅（小判型の餅）・みかん・柿・栗・田作りなどを白紙に包んで、山の神に供え、豊作祈願をする（三重県） |
| | 山の口開け | 4日、男は山に出かけ、山の神様に餅・田作り・みかんなどを供え、山仕事の無事安全を祈願（愛媛県） |
| | のさうち | 1月8日にはわら7、8本で縄をない、あぶった餅・田作り・昆布・豆をうるかしたものはさんで方角の悪い方に向けて飾る（岩手県） |
| | つくりぞめ | 11日に行う。一升枡に米を盛り上げ、大きな鏡餅、その上にごまめ一三匹のせる。大勢の早乙女を表し、<br>今年もまめに働けるように（福井県） |
| | 恵比須講 | 正月20日、10月20日、家の繁盛を祈って、恵比寿様と大黒様に腹を合わせた二匹のごまめと手打ちそばを<br>黒わんに山盛りにした膳を供える（千葉県） |
| | 七瀬祭り | 昆布・するめ・田作り・白おこわ・なすび・きゅうり・豆を供え、疫病退散・水利守護を祈願（福岡県） |
| その他の<br>行事 | 初午の日 | けいやくの料理はごまめ（群馬県） |
| | 春祭り | 赤飯・大根なます・かいぶしの煎りつけ・田作りと牛蒡の炒り煮・にしんの昆布巻き・ぜんまいのからし和え・<br>熊肉の牛蒡汁・煮しめなど（富山県） |

（『日本の食生活全集』より作成）

え、山仕事の無事安全を祈願する「山の口開け」の行事（愛媛県温泉郡重信町）、11日に1升枡に米を盛り上げ大きな鏡餅、その上にごまめ13匹をのせ（大勢の早乙女を表す）、今年もまめに働けるようにとの願いを込める「つくりぞめ」の行事（福井県遠敷郡上下町）、正月20日に家の繁盛を祈って恵比寿様と大黒様に腹を合わせた2匹のごまめと手打ちそばを山盛りにした膳を供える恵比須講（千葉県九十九里町）などの行事が行われていた。これらの行事は供物を通して健康長寿、子孫繁栄、家内安全、五穀豊穣、労働の安全など、一年の無事を年神様や田の神、山の神など諸々の神様に祈願し、神の加護を受ける意味が込められていたといえる。田作りもこのような精神的意味が託された供物の一つとして使われていたといえよう。

さらに田作りの名称の由来を探ってみると、精神性の高い供物となり得た背景が見えてくる。鰯は古くは田畑の肥料として使われていたことは、一般に知られていることである。すでに江戸時代

表6 『諸国風俗問状答』にみる江戸時代の田作りの食習慣

| | 組重の事 | 歳徳神の棚の事(供物) | 雑　煮 |
|---|---|---|---|
| 奥州秋田風俗問状答<br>秋田城下之部 | 数の子・**田作り**・たたき牛蒡・煮豆等通例 | 鏡餅二つを一重として白へぎにもり、栗榧の実くるみを添えて供す | |
| 奥州白川風俗問状答 | 数の子・**田作り**・たたき牛蒡・煮豆等通例<br>町在では数の子・**田作り**・煮しめ・イカ(するめ)<br>牛蒡・こんにゃく・芋・豆腐等 | 町在農家では、ゆずりは・裏白・だいだい・炭・昆布・串柿・などをけんだひにつるす | 松芋・大根・人参・**田作り**などは通例<br>町在農家では、いも・**田作り**・人参・凍豆腐など |
| 三河吉田領風俗問状答 | 数の子・**田作り**・たたき牛蒡・煮豆等通例 | 農商では、供物は供餅・神酒の外見及ばず | 松芋・大根・人参・**田作り**など通例、焼き豆腐もあり、<br>**田作りは手塩皿に2つずつ**入れて、雑煮の向へつける<br>雑煮の中に入れることはなし |
| 越後長岡領風俗問状答 | 数の子・**田作り**・たたき牛蒡・煮豆等通例<br>その他、海老・干大根・豆腐・こんにゃく・鮭塩引き・串貝など。<br>漬けたる芹を煮染てだすを佳例とする。これは笑というに<br>言葉似たれば目出度事に用いてよきなり。田作りは入れず。<br>焼き豆腐・こんにゃく・昆布など。寿留め鮭塩引、はらら子 | 割木12本、緑木を添える。神酒・福手餅・塩鮭又は鰯 | |
| 大和高取藩風俗問状答 | 膳の向付けに**田作り**・まめ・牛蒡を付け、雑煮を祝う | | 通例は芋・大根・豆腐・菜・花鰹、昆布を入れるも有り、<br>上方では田作りは入れず |
| 若狭小濱風俗問状答<br>若狭国風俗 | 数の子・**田作り**・たたき牛蒡・煮豆・等の外、芋・人参<br>焼豆腐・棒鱈等の煮物 | | 芋・松・蕪・焼豆腐など、味噌汁 |
| 丹後峯山領風俗問状答 | 数の子・**田作り**・たたき牛蒡・煮豆等通例 | 鏡餅・供物等を備える家も有り | 松・いも・大根・人参・**田作り**など通例<br>雑煮餅・花鰹・人参・昆布・いも・牛蒡・菜・焼き豆腐などは上置き、<br>**田作り・化粧豆は向付け**<br>在方には粟餅を味噌で焚き、花鰹なども入れず |
| 備後浦崎村國風俗問状答 | 数の子・たたき牛蒡・煮豆等<br>向付小皿に、煮豆・**田作り**・香の物 | 二日初めての米搗きをして供える | 塩肴・大根・牛蒡・水菜・人参、栗の箸を使用<br>向付小皿に、煮豆・**田作り**・香の物 |
| 淡路國風俗問状答 | 数の子・**田作り**・たたき牛蒡・煮豆等異なる事なし | 鏡餅に小餅を月の数添え、白米・串柿・蜜柑・橙・柏・搗栗・**田作り**など<br>在方では、萩竹を二尺ばかりに切り、紙を挟み鰯をさし、耳紙耳鰯といって飾る所有り | 異なる事無し、<br>在方では豆腐・牛蒡・十六島海苔なども用いる |
| 阿波國風俗問状答<br>市中歳節記 | 数の子・**田作り**・たたき牛蒡・煮豆・芋・大根の煮しめ・菘の浸し物等 | 橙・掛鯛・串柿等 | 菘・芋・大根・人参・花鰹等 |
| 伊勢白子風俗問状答 | | 鏡餅、橙・串柿・**田作り**・ほんだわら・ゆつり葉・裏白等を加える | 在郷にては**田作り**・数の子・黒豆・焼き豆腐・榧・かち栗<br>七色を用いる家あり |
| 陸奥國信夫郡伊達郡風俗記 | | 三方の飾り、米・栗・柿・ほんだわら・やぶこうじ・ところ・昆布・炭を昆布で巻き水引で結ぶ、家により橙・大海老 | |
| 天草風俗問状答 | 数の子・鰹節・鯣、この三種を用いる | 鏡餅・神酒・燈明 | 菜・里芋・大根・牛蒡・昆布・こんにゃく・焼き豆腐・人参 |
| 莿萩峰邑風俗問状答 | 数の子・たたき牛蒡 | 歳徳棚は設けず | 押餅・大根・芋 |

(『註校諸国風俗問状答』より作成)

の『本朝食鑑』(1697) には田作りの由来が詳しく記載されている。「京師・五畿・勢州・賀州・濃尾および四国・中国・西海・東北の諸州では、稲梁を種える場合、乾鯷を細かく刻み、灰に和して培う。あるいは糞汁に和す場合もある。このため稲梁は豊盈、米杭は甘実になるのである。それで乾鯷を田作というのである。(中略) 品格は極賎ではあるが、利用価値はますます貴い。」[6] というものである。また、『埋言集覧』(1797頃) にも同様な内容がみえ、「鰯の類にて今ホシカと云て田のこやしにするなれば田作と云也」[7] とある。田作りの名称は、このように古くから農耕との関わりが深いことに起因しており、豊作祈願を目的とする正月関連行事や農耕儀礼の供物としての位置付けをもってきたものと考えられる。田作りの異名であるごまめについては、まめ (健全) の意の連想から祝儀や正月の料理などに用いるという理解が一般的と思われるが、ごまめに伍真米を当てたり小殿腹とも称し、歳賀婚儀の供膳には必ず用い、子孫繁栄の縁起物としての理解もあった[8]。すなわち、田作り・ごまめは、農耕の安全や豊作を願う庶民の気持ちを反映した食べ物、供物であったといえる。

田作りを正月料理の三種とする、年神様の供物とする習慣もすでに江戸時代から存在するものであったことが、近世後期に各藩に対して行われた風俗の調査結果からも明らかである。『諸国風俗問状答』[9] によると、重組の基本は数の子・田作り・たたき牛蒡・煮豆が通例とされており、その習慣の広がりは奥州、三河、越後、大和、若狭小濱、丹後、備後、淡路と広範囲に渡っている。そして、田作りを正月の雑煮にいれる事は少なかったようで、田作りを小皿に盛り、向こう付けとして雑煮を祝ったことが記載されている。また、淡路や伊勢地方では年神様の供物としても田作りが使われている (表6)。

今回の調査で明らかになった近代初期の田作りの食習慣は、近世の習慣に酷似したものであり、正月料理のなかでの田作りの位置付け、正月関連行事の供物としての習慣は、江戸時代から近世初期まで大きな変化無く伝承されてきたということは興味深い結果であった。すなわち、非日常食としての田作りの食習慣は、田作りの由来からも想像されるように、稲作を基盤とする生活のなかで定着し、根強い習慣として伝承されてきたものであることが明らかとなった。

## 3. 煮干し・田作りにまつわる食習慣の特徴

まずあげられる大きな特徴は、同じ鰯の幼魚を乾燥した加工品であるにも関わらず、煮干しが日常食・非日常食の二面性をもつのに対し、田作りは非日常食としての位置付けが非常に高いものであるという違いが認められたことである。煮干しはだし材料、汁の実、煮材、和え物類の材料、魚の代用となるなど多彩な使い方がなされていたが、なかでも最も多かったのがだし材料としての利用である。だしは調理の基本であり、日常食・非日常食を問わず必要不可欠なものであるという背景が、日常食・非日常食の二面性をもつ食習慣につながっている。

一方、田作りは古くから肥料として使われたことから稲作との関わりが深く、小さいながらお頭付きの縁起のよい魚として、豊作祈願を目的とする行事食、供物となり、精神性の高い非日常食としての食習慣が形成されていったものと考えられる。すなわち、実用性の高い煮干しと精神性の高い田作りという価値観の違いが反映した食習慣とみなすことができる。非日常食としての煮干しと田作りの食習慣には共通性が見られるのも特徴の一つとしてとらえることができる。年縄や神棚の飾りに煮干しか田作りが使われる、鍬入りや山の口開けなど仕事始の供物に煮干しか田作りが使われる等である。しかし、煮干しの利用は限られたものであるため、供物として精神性の高い田作りの代用として煮干しが使われた可能性も見逃せない。

さらに特徴としてあげられることは、煮干しや田作りの食習慣にはほとんど地域差がなく全国的にみられるものであったということである。その背景には煮干しや田作りが、いずれの地域でも安価に入手でき常に身近に存在する魚であったこと、極めて小さい乾燥魚の調理法が限られたものであったということがあげられよう。鰯は日本各地で漁獲され、乾物は漁村や近隣農村だけでなく農村部や山間部まで運ばれた。前述したように行商人の関与が大きく、1升買い、かん袋に一杯買う、1俵（800匁）も2俵も買い、煮干しは一年中切らすことは無かったという地域も多く、いつでも利用できる食材であったことが、地域差のない食習慣形成に反映しているように思われる。田作りも同様なことがいえ、暮れには必ず正月買い物として田作りが購入されている。さらに乾燥された小魚の調理法は他の魚介類に比較して簡単で限られたものであったことも日本中ほぼ一律の食習慣を形成していった要因としてあげることができるように思われる。

## 第3節　鰯の干物・塩鰯・生鰯の伝統的食習慣

成魚については使用頻度の高かった丸干し・目刺しなどの鰯の干物と塩鰯、生鰯を取り上げ、具体的な利用法や行事との関わりを述べ、それぞれの食習慣の特徴と相違点を明確にしていきたい。

### 1. 日常食としての鰯の干物・塩鰯・生鰯の食習慣

日常食としての鰯の伝統的食習慣の特徴を一言でいい表わすならば、地域差がほとんど認められず全国に共通した食習慣と表現できるものであった。すなわち、全国的に丸干しや目刺しなどの鰯の干物と塩鰯が昼食や夕食の副食として、また山仕事や野良仕事の弁当に使用されており、しかも調理法は焼き物であるという非常に簡素なものであった。強いて地域差をあげるならば、新潟県・富山県・石川県・福井県にいたる北陸地方に鰯を塩糠で漬けたへしこが日常食として利用されていること、沿岸部の漁村や近隣の農村部では生の鰯の利用があり、煮物、塩焼きを中心に、なますやぬた、三平汁、すり身の団子汁など、干物や塩物に比べ幅広い食べ方がなされていたことを、地域差といってもよかろう。当然のことながら、これらの地域にも鰯の干物や塩鰯を多用する習慣が基本的に存在してのことである（表7）。

煮干し同様に、鰯の入手については漁村や近隣の農村地帯以外の地域では、ぼてふりと呼ばれる魚の行商人の役割が大きい。「目刺しは行商人が持ってくる、安くて日持ちもよい」（宮城県北上丘陵地域）、「荷車を引いて魚行商が来る。糠漬けにして蓄えるために生鰯を2、3箱購入する」（山形県庄内平野）、「九十九里浜から鰯を天秤棒で担いで売りに来る。長さ1尺5寸（約45cm）、幅1尺（約30cm）くらいの木箱一杯の鰯が15銭くらいで、時に買う」（千葉県北総台地地方）、「ぼてふりさんがとれたての鰯を天秤棒で担いで売りに来る。米と交換してたっぷり食べる」（福井県福井平野）、「毎年6月に宮津から鰯売りが来る。トロ箱で買って加工する。鰯売りが来るのを待っている」（京都府丹平坦地域）、「10日に一度くらい鰯を背負って売りに来る。大羽鰯20尾が5厘か1銭」（山口県長門山間）、「もっこ棒でいのうて八代海岸から来る行商人から塩鰯を買う。白米や雑穀と交換する」（熊本県県北地域）など、各地で行商人から沢山の鰯を購入し、おかずとしたり、加工して蓄え

表７　日常食としての鰯の伝統的食習慣

| 地域 | 加工(自家製) | 生鰯 | 塩乾品 | 塩蔵品 | 調味加工品 | 水産漬け物・発酵食品 | 入手 |
|---|---|---|---|---|---|---|---|
| 北海道・東北地方 | 焼き干し(出し用)<br>ほう刺し(丸干し)<br>塩漬け、糠漬け、きらず漬け<br>すし漬け、しょっつる<br>魚油、粕(肥料用) | 塩焼き、煮物<br>三平汁、すり身の団子汁<br>ぬた、なます、刺身 | ほおどし(焼き魚)<br>目刺し(焼き魚) | 塩鰯(焼き魚) |  | 糠漬け | 行商人から購入<br>生鰯を2、3箱購入 |
| 関東地方 | 目刺し<br>おから漬け、塩辛、腐れずし<br>干しか(肥料) | 塩焼き、煮物、ぬた<br>味噌汁、すり身の団子汁<br>天ぷら | ほおどし(焼き魚)<br>丸干し(焼き魚)<br>大根鱠(焼き魚の身) |  |  | くされずし<br>塩辛 | ぼてふり(行商)から購入<br>時に買う<br>木箱一杯が15銭程度 |
| 中部地方 | 味噌漬け | 塩焼き、煮物、天ぷら<br>ひきずり(野菜と煮る)<br>酢の物、ぬた、たたき団子 | ほおどし(焼き魚)<br>目刺し(焼き魚)<br>丸干し(焼き魚)<br>削り粉 |  |  |  | 稲刈りの頃から出回る<br>行商人から購入<br>一度に60匹くらい買う<br>一升枡で買う<br>労を気遣って鰯をつける<br>秋の農繁期を乗り切るために時々食べる<br>鰯がつくと食事が豪勢になる気がした |
| 北陸地方 | こんかいわし、塩漬け<br>目刺し、干物 | 塩焼き、煮物、塩いり<br>天ぷら、田楽、団子汁<br>すり身の煮込みうどん<br>ぬた、酢の物、刺身 | 連干し(焼き魚)<br>干し鰯(焼き魚)<br>貝焼きの具 | 塩鰯(焼き魚) |  | 塩漬け(焼き魚)<br>こんか鰯(焼き魚、煮物、酢洗い)<br>(全地域で多様) | 行商人から購入<br>紙を売ったお金で鰯を買って帰る<br>米と交換する<br>100本も200本も買い、糠漬けにする<br>桶で300本も400本も買って帰り、すぐに糠漬け<br>年中おかずに困らないように保存する |
| 近畿地方 | 目刺し、桜干し | 塩焼き、煮物、天ぷら<br>すり身のたたき汁<br>つみ入れ汁 | 丸干し(焼き魚) |  |  | へしこ(焼き魚)<br>(滋賀県・京都府) | 行商人から購入<br>丸干しを一束単位(100匹)で買い、蓄える<br>トロ箱で購入、鰯売りが来るのを待ってる |
| 中国・四国地方 | 糠漬け | 塩焼き、煮物、酢炒り<br>団子汁、天ぷら<br>なます、刺身<br>酢づけ鰯でおからを包む | 目刺し(焼き魚)<br>干物(焼き魚)<br>丸干し(焼き魚)<br>うるめ鰯(焼き魚) | 塩鰯(焼き魚)<br>鰯と大根の塩漬け(炊いて食べる) | 味醂干し(焼き魚) | へしこ(焼き魚)<br>(鳥取県の一部) | 天秤棒を担いで鰯を買いに行く、市でトロ箱で買う<br>魚売りから購入<br>週に一度、10日に一度程度売りにくる<br>大羽鰯20尾が5厘から1銭 |
| 九州地方 | 塩漬け、塩干し | 塩焼き、煮付け、ちりなべ<br>すり身のおつけ、団子汁<br>なます、刺身、コロッケ<br>鰯とらっきょうの煮付け | めつなぎ鰯(焼き魚)<br>目刺し(焼き魚)<br>干物(焼き魚)<br>うるめいわし(焼き魚)<br>あぶり鰯(焼き魚) | 塩鰯(焼き魚) |  | 塩辛(3月まで) | 行商人からまとめ買い<br>木炭や炭を売りに行った帰りに、乾物、塩物を買う<br>3斤が10銭位で安い<br>塩鰯を白米や雑穀と交換する |

(『日本の食生活全集』より作成)

表8　江戸時代『おかず番附』にみる鰯料理

| 時代 | おかず番付 | 番付 | 料理名 |
| --- | --- | --- | --- |
| 天保の頃 | 『日用倹約料理仕方角力番附』 | 大関<br>前頭 | 目ざしいわし<br>たたみいわし　いわししほやき　いわしぬた　いわしのつみいれ　ひしこすいり　いわしからつけ |
| 江戸時代後期 | 『日々徳用倹約料理角力取組』 | 大関<br>前頭 | 目ざしいわし<br>たたみいわし　いわししほやき　いわしぬた　いわしのつみいれ　ひしこすいり　いわしからつけ |
| 江戸時代後期 | 『日用珍法惣菜倹約一覧』 | 大関<br>前頭 | 目ざしいわし<br>たたみいわし　いわししほやき　いわしぬた　いわしのつみいれ　いわしからつけ |
| 江戸時代後期(内容)<br>明治時代(出版) | 『精進魚類日々菜早見』 | 大関<br>前頭 | 目ざしいわし<br>いわししほ焼　いわしぬた　いわしのつみいれ　いわしからづけ |
| 明治時代 | 『おかづはや見』 | 大関<br>小結<br>前頭 | 目ざしいわし<br>いわしの塩焼<br>いわしの煮附　いわしの酢いり　いわしにねぎのぬた　いわしのつみいれ　たたみいわし　いわしのあらい |
| 明治時代 | 『毎日惣ざい一覧』 | 大関<br>小結<br>前頭 | 目ざしいわし<br>いわしの塩焼<br>いわしの煮附　いわしの酢いり　いわしにねぎのぬた　いわしのつみいれ　たたみいわし　いわしのあらい |
| 明治時代 | 『日用便利おかづのはや見』 | 前頭 | いわしの塩焼　いわしのぬた　いわしの煮魚　たたみいわし　いわしのつみいれ　いわしの附やき |
| 明治時代 | 『和洋料理番附』 | 前頭 | いわしの塩焼　いわしのぬた　いわしの煮魚　いわしの附やき　たたみいわし　いわしのつみいれ |

て年中利用した様子が描かれている。鰯は比較的安価に購入できたようで、前述以外に3斤が10銭（佐賀県有田地方）、鰯10匹が2銭（石川県金沢）などの事例もみられ、安価な魚と認識されていた。正月ブリ1本が米俵1俵（昭和5年の東京における米価は標準価格米10kgあたり2円30銭）[10] といわれた同時代であることを考えると、鰯は非常に安価であったことが理解できる。

週に一度、10日に一度、また地域によってはたまに来る行商人から一度に素干し鰯を一束（100匹）、トロ箱で生鰯を2、3箱、桶に300匹から400匹など、一度に沢山の鰯が購入され、家庭で糠漬けや塩漬け、干物に加工され、鰯は身近に保存されていた食材であった。

しかし、「時折鰯が食卓にのぼる」（栃木県八溝山地）、「肥料用のほしかの中から良い物を選んで食べる」（栃木県鬼怒川流域）、「大きな鰯の場合は一人に半分」（鹿児島県大隅シラス台地）、「秋には海が荒れ、春や夏ほど、魚を食べることは無い」（福井県若狭中山間）などの事例からも、鰯料理は年中度々日常の食卓に上るものであったとは言いがたい。そして、「労をねぎらって鰯をつける」（長野県奥信濃）、「仕事に精が出るように鰯の天ぷらを作る」（茨城県鹿島灘沿岸）、「秋の農繁期を乗り切るために時々食べる」（愛知県尾張）、「鰯がつくと食事が豪勢になる気がした」（岐阜県古川盆地）などの事例からも、普段の食事のなかでも鰯料理はご馳走の部類に入り、しかも体力をつける食べ物としての価値も認められていたとみることができる。

岡山県や広島県東部を中心に行ってきた食習慣の聴き取り調査過程において、自給自足を原則として生活を営んできた昭和初期頃までの日常の魚介類の利用に関して質問すると、いずれの調査地でも干し鰯や目が赤くなった塩鰯を週一度もしくは月に2、3回程度食べるぐらいであったという答えが多かったと記憶している。

これらを合わせて考えると、安価な鰯とはいえ日常食として頻繁に食べるものではなかったようで、穀類や野菜類中心の食事のなかで、小魚で干物や塩物であるが鰯は労働を癒やす、そして料理に手間がかからない合理的で素朴なご馳走としての役割を持っていたといえるものであった。

さらに日常食としての鰯利用を江戸時代後期まで遡ってみたい。角力番付になぞらえ、江戸時代に人気のあった料理を大関、関脇、小結、前頭に区分して紹介した「おかず番付」[11]には、前述した鯖と同様に鰯料理の記述が多くみられる。『日用倹約料理仕方角力番附』（天保の頃）[12]、『日々徳用倹約料理角力取組』（江戸時代後期）[13]、『日用珍宝惣菜倹約一覧』（江戸時代後期）[14]、『精進魚類日々菜早見』（内容は江戸時代後期）[15]などの名称からもその内容は安価な日常料理であったことが想像される。石川尚子は江戸庶民の食生活、なかでも副食を知るための資料として重要であると述べ[16]、また石川英輔は特別な料理ではなく、安くておいしいおかずを書き連ねた番付で、料理本と違って江戸の庶民が日常的に食べていたおかずが具体的に分かると解説している[17]。これらの資料によると、季節を問わず最もよく使われたのは目ざしであり、次にたたみ鰯、鰯の塩焼きなどであることが分かる。また、春には鰯のぬたや鰯のつみいれが、秋にはひしこの酢炒や鰯の唐付けが作られている（表8）。すなわち、江戸時代の庶民階層においても鰯は日常食としての利用が盛んであったこと、目ざしや鰯の塩焼きがよく食べられていたなど、江戸時代と昭和初期頃までの日常食としての鰯の食習慣は酷似したものであり、大きく変容することなく伝承されてきたものであったといえる。

## 2. 非日常食としての干し鰯・塩鰯・生鰯の伝統的食習慣

鰯は日常食としてだけでなく、非日常食、すなわち行事食としても使用する習慣が全国的に分布していたことは、第1章で述べた通りである。鰯が非日常食として使用される行事は、大晦日から二十日正月までの正月関連行事と節分、祭・節句・講などの年中行事、そして稲作や養蚕などの生業に関わる行事に大別されるものであった。

### （1）正月関連行事

12月31日の大晦日は年取り、年越し、大つごもりなどと呼ばれ、東北地方では一年で一番のご馳走が作られる日といわれる。年取りの膳や食事には必ず年取り魚、年越し魚である鰯が使われており、その習慣の分布は全国に広がっている。目刺しなどの干し鰯や塩鰯を使った焼き魚が年越しの食事の一品となっており、「門松に年越し鰯やそばを進上する」（三重県阿山郡伊賀町）、「裏白に塩鰯をのせ水引きを掛ける」（佐賀県有田町）などの事例もみられるようにお頭付きの干し鰯や塩鰯を神饌とする地域も多くみられた。家族そろって頂く年越しの食事には一年の無事に感謝する意味があったという。年取り鰯の意味を考える上で興味深い事例がみられた。年取りの膳の焼き魚として切り身のブリの照り焼きと塩鰯の焼き物が一緒に一皿に盛りつけられているのである（長野県飯田市）。すなわち、出世魚である切り身のブリとお頭付きの塩鰯という組み合わせである。この習慣は、鰯は小魚であるが大魚が持ち得ないお頭付きという祝いやめでたさを象徴する縁起物としての意味が大きいものであったことを物語っている（表9）。

正月三が日の習慣も同様で、正月魚はお頭付きの塩鰯や干し鰯である。調理法は焼き魚が中心であるが、腐れずしや煮付けなども作られ、お頭付きの縁起物であると同時におせち料理のご馳走としての意味も含まれている。熊本県鹿本郡植木町や飽託郡飽田町では元旦の膳には「すわり鰯」が

表９　非日常食としての鰯の食習慣—正月関連行事—

| 行事の分類 | 行　事 | 鰯料理 | 神饌 | 鰯のもつ意味 | 地　域 |
|---|---|---|---|---|---|
| 大晦日(年取り) | 年取り・年越し・大晦日 | 一年で一番のごちそう | | | 北海道・青森県 |
| | 大つごもり・おもっせ | お頭付きの鰯の焼き魚 | | お頭付きの縁起物（家族の1年の無事を感謝） | 山梨県・愛知県 |
| | | 塩鰯の焼き魚 | ○ | お頭付きの縁起物 | 新潟県 |
| | | 焼いた年越しの塩鰯 | ○ | お頭付きの縁起物(無病息災) | 兵庫県 |
| | | 鰯の昆布巻き | | お頭付きの縁起物（頭ごと食べると人間になる） | 奈良県 |
| | | 鰯の焼き魚 | | お頭付きの縁起物（1年の無事を感謝） | 和歌山県 |
| | | 塩鰯の焼き魚 | | お頭付きの縁起物 | 岡山県・佐賀県・大分県 |
| | | 鰯のなます | | ご馳走 | 山口県 |
| | | 煮なます(大根と鰯) | | ご馳走 | 熊本県 |
| | | 歳ずし(鰯のすり身使用) | | ご馳走 | 愛媛県 |
| | | 鰯の煮付け | | お頭付きの縁起物 | 大分県 |
| | 年取り魚(年越し魚) | 鰯(さんまの家もあり) | | お頭付きの縁起物 | 長野県 |
| | | 銘々の膳にお頭付きの鰯の丸干し | | お頭付きの縁起物 | 長野県 |
| | | お頭付きの鰯 | | お頭付きの縁起物 | 岐阜県 |
| | | 門松に年越し鰯やそばを進上 | ○ | お頭付きの縁起物 | 三重県 |
| | | 必ず目刺しの焼き魚 | ○ | お頭付きの縁起物 | 徳島県 |
| | | 生の鰯か塩鰯の焼き魚 | | お頭付きの縁起物 | 福岡県 |
| | | 裏白に塩鰯をのせ水引きを掛ける | ○ | お頭付きの縁起物 | 佐賀県 |
| | 大正月の年取り・年取り魚 | 塩鰯か塩ます | ○ | お頭付きの縁起物 | 長野県 |
| | 年取り膳 | 鰯のすし(すし漬け鰯) | ○ | お頭付きの縁起物 | 青森県 |
| | | 鰤と鰯の照り焼き | | 縁起物(出世魚の鰤とお頭付きの鰯) | 長野県 |
| | | 塩鰯・結び昆布の膳組 | ○ | お頭付きの縁起物 | 岡山県 |
| | | 鰯の酢漬け(大根なます) | | ご馳走 | 宮崎県 |
| 正月三が日 | 神饌 | 鰯だし(焼き干し鰯) | ○ | お頭付きの縁起物 | 青森県 |
| | | お頭付きの魚を添えた雑煮 | ○ | お頭付きの縁起物 | 宮城県 |
| | | 元旦のおかがみ鰯一対 | ○ | お頭付きの縁起物 | 福岡県 |
| | 雑煮 | 鰯だし(鰯の焼き干し) | | 旨み | 青森県 |
| | | 鰯のすり身蒲鉾のだし | | 旨み | 富山県 |
| | おせち料理（正月魚・祝い膳の表記内容を含む) | すし漬け鰯(焼き物) | | お頭付きの縁起物、ご馳走 | 青森県 |
| | | 干し鰯の入った牛蒡炒り | | ご馳走 | 山形県 |
| | | 正月魚は塩鰯 | | お頭付きの縁起物、ご馳走 | 宮城県 |
| | | 元旦の夕食にとろろ飯・鰯のだぶ漬け | | ご馳走 | 宮城県 |
| | | お頭付きの鰯の焼き魚 | | お頭付きの縁起物、ご馳走 | 茨城県・山梨県・長野県・愛知県・兵庫県 |
| | | お頭付きの鰯の煮付け | | お頭付きの縁起物、ご馳走 | 茨城県 |
| | | 朝はうどん、夜は飯、連鰯を焼く | | お頭付きの縁起物、ご馳走 | 埼玉県 |
| | | 鰯のくされずし | | ご馳走 | 千葉県 |
| | | 目刺しの焼き魚(客にはさんま) | | お頭付きの縁起物、ご馳走 | 山梨県 |
| | | 塩鰯の焼き魚 | | お頭付きの縁起物、ご馳走 | 広島県・山口県 |
| | | 鰯の生漬け(酢じめ鰯でおからを巻く) | | ご馳走 | 山口県 |
| | | 干し鰯の甘辛煮 | | お頭付きの縁起物、ご馳走 | 福岡県 |
| | | すわり鰯(元旦の膳)（生、据えるだけ、二日に食べる) | | お頭付きの縁起物、ご馳走 | 熊本県 |
| | 年始贈答 | 鏡餅・松葉と昆布・干し鰯 | | お頭付きの縁起物 | 岩手県 |
| 正月四日以降二十日正月まで | かけそめ(1/2) | とろろご飯、塩鰯 | | お頭付きの縁起物 | 宮城県 |
| | すり初め(飯の炊き始め)(1/2) | 鰯の焼き魚 | | お頭付きの縁起物 | 長野県 |
| | 漕い出の祝い(1/2) | 鰯の腐れずし | | ご馳走 | 千葉県 |
| | 六日年取り(1/6)（大正月の締めくくり) | お頭付きの鰯の焼き魚 | | お頭付きの縁起物 | 長野県 |
| | 天神祭り(1/8) | そば切り(鰯だし) | | ご馳走 | 北海道 |
| | 系図祭(1/8) | 鰯の塩焼き | | ご馳走(先祖を敬い感謝) | 大分県 |
| | 山の神様(1/12)(1/17) | お頭付きの魚(鰯) | ○ | お頭付きの縁起物 | 青森県 |
| | どんど焼き、十四日年越し(1/14) | 塩鰯を焼いて年越し祝い | | お頭付きの縁起物、ご馳走 | 長野県 |
| | かせだうち(1/14) | 鰯の煮付け | | お頭付きの縁起物、ご馳走 | 鹿児島県 |
| | おびしゃ(1/15) | からずし、くさりずし | | ご馳走 | 千葉県 |
| | 二十日正月(1/20) | お頭付きの生の鰯を大黒様に供える | ○ | お頭付きの縁起物 | 栃木県 |
| | 恵比寿講(1/20) | 鰯 | ○ | お頭付きの縁起物 | 栃木県・茨城県・東京都 |
| | | 白い飯、天ぷら、お頭付きの鰯 | ○ | お頭付きの縁起物 | 群馬県 |
| | こと(旧暦2月吉日) | 「こと鰯」塩鰯の焼き魚 | ○ | お頭付きの縁起物、ご馳走 | 兵庫県 |

（『日本の食生活全集』より作成）

つけられ、これは生の鰯を据えるだけで、二日の食事で焼いて食べる習慣である。三が日のなかでも元旦の鰯は料理というより、お頭付きの縁起物という位置付けがより高いものであったことが分かる（表9）。

三が日以降も事始め、山の神、どんど、二十日正月など様々な正月関連行事が続く。ここでもお頭付きの塩鰯や干し鰯の焼き物などが神饌や食事に使われ、正月三が日同様にお頭付きの縁起物としての意味を表す習慣であった。

### (2) 年中行事

年中行事のなかでも各季節の祭りや雛節句、端午の節句、講などでも鰯料理が作られているが、年越しや正月三が日の食事と異なり、塩鰯や干し鰯の焼き物以外に生鰯を用いた煮付け、丸ずし、なます、刺身、天ぷら、すり身の団子汁など料理は多様で、ご馳走として、また接待料理としての位置付けが高いものであった。しかし、悪病やはやり病魔払いの春祈祷（宮崎県）、豊作を感謝する恵比寿講（長野県）や屋敷祭（群馬県）、子供の厄除けの証言祝い（大阪府）などの供物に用いられるお頭付きの鰯は、縁起物としての精神性がより高いものであったとみなされる。すなわち、年中行事のなかでも楽しみ的要素の大きな行事、祈願、感謝の意味が大きな行事など、主催者側の認識が反映する行事の性質の差により、鰯の持つ意味にも差が生じているものと思われる（表10）。

田植えの終了後に行われるさなぼり、泥落とし、作り上げ、田植えあがりなどと呼ばれる行事は、本来は田の神様が帰られる日で、田植えの無事を感謝し、豊作を祈願する精神性の高い行事であった。しかし昭和初期にはその意味合いは薄れ、田植えの労働を慰労する内容に変容していることはすでに報告した（第２章　第４節田植儀礼における鯖の食習慣参照）。したがって塩鰯の焼き魚、なます、天ぷら、すしなどの鰯料理は縁起物というより慰労のご馳走と云う位置付けが高いものであったとみなされる。養蚕に関わる行事も同様の性質を有していたものと理解できる（表10）。

年中行事に関わる鰯の食習慣も全国的に分布するものであり、鰯の料理法にも大差は認められなかったが、精神性の高い縁起物としての正月の鰯料理に対し、楽しみ的要素の大きい年中行事の鰯料理としてとらえられるものであった。

### (3) 節分の魔除け行事

節分は立春の前日で、太陽暦でいうと２月の３日、４日ごろに当たり、旧暦では正月がこの頃になるために両者の行事に混乱がみられると『日本民俗大辞典』には解説されている[18)]。今回の調査で収集した資料でも節分は大晦日同様に年取り、年越しとも呼ばれ、年の改まる立春の前日と考えられている。そして、節分の行事は豆まきと魔除け行事で構成されている地域がほとんどであったが、同じ行事内容を大晦日に行う習慣は限られた地域であった。以下に具体的に行事内容を紹介し、大晦日および節分行事のなかでの鰯の役割を考えてみたい。

新暦12月31日の大晦日に魔除け・鬼除けの行事を行っている地域は限られており、鳥取県・岡山県にのみその習慣がみられた。一升枡一杯に入れたおんの豆（炒り大豆）と塩鰯２匹を神前に供え、家族そろって年取り膳を祝いその後無病息災を祈る豆まきをする。お供えした塩鰯の頭は串に刺し家の入り口に挿して魔除けにする（岡山県笠岡市真鍋島）。焼いた塩鰯の頭を柊の木に刺し、すべての入り口に挿す、これを「やくさ」といい魔除けの意味をもつ（岡山県邑久郡牛窓町）。昼飯時に塩

表10　非日常食としての鰯の食習慣―年中行事―

| 行事の分類 | 行　事 | 鰯料理 | 神饌 | 鰯のもつ意味 | 地　域 |
|---|---|---|---|---|---|
| 年中行事（冬） | 春祈念（1/24） | 鰯の塩むし | ○ | お頭付きの縁起物（悪病・はやり病魔払い） | 宮崎県 |
| | ひやり（2/10前後） | 鰯の煮魚、目刺しの焼き魚 | | お頭付きの縁起物、ご馳走 | 千葉県 |
| | 起船祭（2/10） | 鰯のすり身団子汁 | | ご馳走（大漁祈願・漁労安全、漁夫の慰労） | 富山県 |
| | 春日祭（旧2/25） | 鰯の丸ずし | | ご馳走（宮の田んぼで行う） | 大分県 |
| （春） | 雛祭り（4/3） | うるめ鰯の開き | | ご馳走 | 岐阜県 |
| | | 鰯の丸干し | ○ | お頭付きの縁起物 | 岐阜県 |
| | 桃の節句 | 生鰯が入ったぬた | | ご馳走 | 三重県 |
| | 雛節句 | 鰯入りなます | | ご馳走 | 長崎県 |
| | 雛節句 | 鰯のすり身揚げ | | ご馳走 | 大分県 |
| | 八幡神社の春祭り（4/6） | 鰯の握りずし | | ご馳走 | 神奈川県 |
| | 春祭り | 酢漬け鰯を上にのせたすし | | ご馳走 | 愛知県 |
| | | 鰯の田楽 | | ご馳走 | 福井県 |
| | | 鰯のぬた | | ご馳走 | 福井県 |
| | | 鰯の刺身 | | ご馳走 | 鳥取県 |
| | | 鰯の煮付け | | ご馳走 | 大分県 |
| | 端午の節句（旧5/5） | 鰯の姿煮 | | ご馳走 | 大分県 |
| （夏） | 川祭（6月中旬） | 鰯の刺身、煮付け | | ご馳走 | 熊本県 |
| | 氏神祭（6/15） | 小鰯の握りずし | | ご馳走（無病息災・大漁祈願） | 大分県 |
| | 夏祭り | きゅうりと鰯のなます | | ご馳走 | 宮崎県 |
| | おしこみ（夏） | 鰯料理 | | ご馳走（鰯の大漁祝い） | 大阪府 |
| | 盆 | 鰯の入ったかき揚げ | | ご馳走 | 群馬県 |
| | 盆 | 干し鰯 | ○ | 精霊様のご馳走 | 宮崎県 |
| | 地蔵盆（8/24） | 鰯の酢漬け | | ご馳走 | 兵庫県 |
| （秋） | 十五夜 | お頭付きの鰯 | ○ | お頭付きの縁起物 | 宮崎県 |
| | 八朔（9/1） | あずまずし（鰯とおからのすし） | | ご馳走 | 広島県 |
| | 浦祭り（9/15） | 鰯ずし | | ご馳走 | 兵庫県 |
| | 山の講（10/10） | 鰯 | | ご馳走 | 長野県 |
| | 秋祭り（10月） | おまんずし（鰯のおからずし）、 | | ご馳走 | 島根県 |
| | | 鰯の焼き魚、刺身 | | ご馳走 | 島根県 |
| | | 鰯ずし | | ご馳走 | 兵庫県、和歌山県 |
| | | 鰯の酢漬け、鰯の押しずし | | ご馳走 | 愛知県 |
| | 秋の大祭 | お頭付きの塩鰯の焼き魚 | | ご馳走 | 大分県 |
| | 村祭り | 鰯の刺身、酢の物 | | ご馳走 | 大分県 |
| | 妙見祭（10/18） | 鰯のすし | | ご馳走 | 熊本県 |
| | 馬かけの祭（10/23） | 鰯の刺身 | | ご馳走 | 千葉県 |
| | 亥の子 | 亥の子鰯 | ○ | お頭付きの縁起物、ご馳走 | 三重県 |
| | 亥の子（10月初亥の日） | 小鰯のなます | | ご馳走 | 大分県 |
| | 恵比寿講（11/20） | 鰯のお頭つき | ○ | お頭付きの縁起物 | 東京都 |
| | | 鰯の丸干し | ○ | お頭付きの縁起物、ご馳走（豊作を感謝） | 長野県<br>長野県 |
| | 稲荷祭り（11/23） | 赤飯、油揚げ、生の鰯、御神酒<br>膳には鰯の丸干し焼き物 | ○ | お頭付きの縁起物<br>ご馳走 | 群馬県 |
| | 免田祭（11/23） | 塩鰯の焼き魚 | | ご馳走 | 長崎県 |
| | 丑どん（旧11月）山神様の祭 | 鰯 | ○ | お頭付きの縁起物 | 愛媛県 |
| （冬） | 屋敷祭り（12/15） | 菱形豆腐、三角厚揚げ、鰯2尾 | ○ | お稲荷さんへ豊作に感謝 | 群馬県 |
| | 氏神祭（12/16） | なます（大根・人参・鰯） | ○ | ご馳走 | 宮崎県 |
| | 氏神祭 | 鰯の天ぷら | | ご馳走 | 鹿児島県 |
| | 冬祭 | 鰯ずし | | ご馳走 | 宮崎県 |
| その他 | 魚を食べる日（八朔・十五日） | 鰯（鯖・さんま） | | ご馳走 | 大阪府 |
| | 証言の祝い | 鰯の焼き魚 | | お頭付きの縁起物、ご馳走厄除け（三才の厄除け） | 大阪府 |
| 生業関係 | 田植えの昼食 | 鰯の缶詰 | | ご馳走 | 山梨県 |
| （稲作） | 米すり | 大根と鰯の混ぜくりなます | | ご馳走 | 宮崎県 |
| | 田植えぶるまい | 塩鰯の焼き魚 | | ご馳走 | 神奈川県 |
| | 田植えあがり | 大きな干し鰯 | | ご馳走 | 長野県 |
| | さなぼり | 塩鰯の焼き魚 | | ご馳走 | 兵庫県 |
| | 泥落とし、さのぼり | きゅうりなます（鰯入り） | | ご馳走 | 山口県、宮崎県 |
| | 作り上げ（田植えあげ） | 干し鰯 | | ご馳走 | 大分県 |
| | 庭あげ | 鰯の天ぷら、鰯の蒲鉾 | | ご馳走 | 長崎県 |
| | 臼しまい（12月） | 生鰯 | | ご馳走 | 三重県 |
| | 田んぼの行事 | 鰯料理 | | ご馳走 | 福井県 |
| （養蚕） | 蚕のにわいの休み | 鰯のすずめずし | | ご馳走 | 京都府 |
| | 繭を売った日 | お頭付きの鰯の煮付け | | ご馳走 | 大分県 |

（『日本の食生活全集』より作成）

鰯を焼き、頭を木綿(きわた)の串に刺し、全ての入り口に挿す、これを「焼き刺し」といい、悪魔払いをする。節分には大晦日の焼き刺しを焦がして改めて入り口に挿す。年神様には麦飯と塩鰯、結び昆布を組み膳にして供える（岡山県笠岡市）。また、「鬼は外、福は内」といいながら行われる豆まきは無病息災を祈る行事であった。大晦日の行事は焼いた鰯の頭の臭みで魔除け、悪魔払いをし、柊の目つきで鬼を退散させるまじないで、新しい年の無事を祈るものであった。

新暦2月3日の節分にも、これと酷似した行事が日本全国で行われていた。全国的に広がる多くの事例は、鰯の焼いた頭を大豆の幹や箸、串などに刺し、柊の枝と共に家の入り口に挿すという習慣が基本であったが、多少異なる事例をあげてみると次のようである（表11）。鰯の頭を大豆の茎に刺し、つばをかけて何回も焼き、豆をまくときに家の入り口に立てる。ねぎやにんにくを刺す家もある。疫病神除けのまじないである（茨城県東茨城郡御前山村）。節分の夜は、鰯の頭と尾を切り取り、主人の使った箸の先を割り、一本に頭、もう一本に尾を挟んで火の側に立てて焼く口焼きの行事が行われる。「からす、すずめの口焼き」といってつばをかけ、「へび、むかでの口焼き」といってつばをつけて焼く。最後に無病息災の願いをこめて医者、坊主の口焼きをして、出入口の外の壁に挿す（山梨県南都留郡足和田村）。ひるの根を切って鰯を刻んだものと混ぜ、こうばな（しきみ）などの葉に包んで楠の削り箸に挟んだ「やいかがし」を作る。屋敷の入り口に挿しておく。臭いの強いものを取り合わせて鬼よけにする（静岡県志太郡岡部町）。節分鰯の頭に竹串を通し、軒の屋根裏などに差し込んで乾燥させ、粉末にしておく。牛馬の放牧の祭に頭に振りかけてやると災危を免れる。魔除けとして保存される（広島県双三郡君田村）。節分は大歳という。鬼食い（たらの木）に鰯の頭を刺した「とうべら飾り」を家の出入口の柱に突き刺して鬼を防ぐ。とうべらはばりばり木ともいい大豆をほうろくで炒るときこの木を燃やす。ばりばり弾くような音に鬼がたまげて逃げるといわれる（愛媛県大洲町）。鰯の頭やこんにゃくをあぶって臭気をかがせ、邪気を追う風俗がある（高知県下一帯）。

このように節分の行事でも、焼いた鰯の頭やつばの悪臭、ねぎやにんにく、ひるといった野菜や野草の臭み、柊の目つき、炒り豆のばりばりと弾くような音など、鬼の嫌う臭いや音によって魔除け、厄除け、鬼除け、害虫駆除などを行い、次の節分までの一年が災危無く過ごせるように、ひいては無病息災で家内安全に過ごせるようにと祈るまじないの行事であった。

そして神前に供えた炒り大豆で豆まき行事を行い、年の数だけ食べると一年間病気をしないなどといわれた。神饌に供えられる鰯はお頭付きの塩鰯や干し鰯で、関東・中部地方では年越しの食事は米の白いご飯に煮染め、塩鰯の焼き魚などであった。そして近畿地方を中心に夕食は米と麦を半々にいれた鬼のはばく（麦飯）と煮物、鰯の焼き魚で、麦飯を食べるのが一般的であった。大晦日、節分共に、行事の内容、神饌、年越しの食事は共通したものであり、神前に供される塩鰯はお頭付きで、年取り魚としての祝いの縁起ものであるのに対し、やくさ、焼き刺し、やいがかし、とうべら飾りに使われる鰯の頭はその臭みで新しい年が無事であるように祈る魔除け、悪魔払いの縁起物であった。すなわち、同じ鰯でも縁起物としての意味が異なるものであり、節分の鰯を使った呪い行事は、正月関連行事や年中行事の鰯の食習慣と大きく異なるものであった。

この鰯を使った節分の呪い行事は江戸時代から存在しており、『本朝食鑑』[19]や『諸国風俗問状答』[20]、『農術鑑正記』[21]など多くの資料に残されている（表12、13）。焼いた鰯の頭を柊や豆がらに刺して家の入り口に挿し、その臭みで厄払いする行事であった事が明確に記載されている。

表11　節分行事における鰯のもつ意義

| 行事の目的 | 行事の内容 | 鰯などのもつ意味 | 習慣が存在する地域 |
|---|---|---|---|
| | 鰯の頭を焼いて大豆の茎に刺し、入り口に刺す | 鰯の悪臭 | 福島県、群馬県、埼玉県、静岡県、 |
| | 豆幹に焼いた鰯の頭と柊を刺し、入り口に刺す | 鰯の悪臭、柊の目つき | 福島県、茨城県、東京都、山梨県、三重県 |
| | 鰯の頭と柊の葉を串に刺し、家の入り口に刺す | 鰯の悪臭、柊の目つき | 鳥取県、島根県、香川県 |
| | 鰯の頭を焼いて柊へ刺し、家の角々に刺す | 鰯の悪臭、柊の目つき | 栃木県、京都府、大阪府、奈良県<br>和歌山県、広島県、山口県 |
| | 柊と鰯の頭を青竹の先にくくりつけ、戸袋に刺す | 鰯の悪臭、柊の目つき | 奈良県 |
| 魔除け | すすきの軸に焼いた鰯の頭を刺し、玄関口に立てる | 鰯の悪臭 | 東京都 |
| 鬼除け | 鰯の頭を箸に刺し、軒下に刺す | 鰯の悪臭 | 滋賀県 |
| 厄除け | 焼いた鰯の頭を竹串にさし、門口に刺す | 鰯の悪臭 | 大阪府、兵庫県 |
| 疫病神除け | たらの木に鰯の頭を刺し、入り口の柱に刺す | 鰯の悪臭、たらの木の燃える音 | 愛媛県 |
| 邪気を払う | 鰯の頭をとげのある木の幹に刺し、かやと豆柴を添える、玄関につるす | 鰯の悪臭、とげの目つき | 愛媛県 |
| | 鰯の頭を割り箸にはさみ髪を巻き付け、柊を草で巻いて戸袋に刺す | 鰯の悪臭、髪や草の臭い | 和歌山県 |
| | 鰯の頭を割り箸の先に刺し、柊と一緒に玄関の板壁に刺す | 鰯の悪臭、柊の目つき | 和歌山県、徳島県 |
| | 鰯の頭やこんにゃくをあぶって臭気をかがせ、邪気を払う | 鰯の悪臭、こんにゃくの臭い | 高知県 |
| | 大豆の枝に鰯の頭を刺しつばをかけて焼き入り口に刺す | 鰯の悪臭、つばの臭い | 栃木県 |
| | 鰯の頭を大豆の茎に刺し、つばをかけて何度も焼き、入り口に立てる（豆腐やねぎ、にんにくを刺す家もあり） | 鰯の悪臭、つばの臭い<br>（ねぎやにんにくの臭み） | 茨城県 |
| | 棒の先につばをつけた鰯の頭を刺し、入り口におく | 鰯の悪臭、つばの臭い | 長野県 |
| | ひるの根を切って、鰯の頭を刻んだものと混ぜ、こうばなの葉に包み、楠の箸に挟み、門口や入り口におく<br>（臭いの強いものを取り合わせる） | 鰯の悪臭、ひるの臭み | 静岡県 |
| | 物干し竿に目ざるをさし屋根に立てかける。豆幹に柊と生鰯の頭を刺す<br>鬼が近づいてくると柊で目を突き、ひるんだ所をざるでおさえる | 鰯の悪臭、柊の目つき | 千葉県 |
| | 鰯の頭を焼いて大豆の茎に刺し、害虫の口封じといいながら入り口に刺す | 鰯の悪臭 | 群馬県 |
| 害虫駆除 | 二股の木の先に鰯の頭を二つ刺し、「へび、むかでの口焼きもうす」「すずめほうじろ口焼き申す」といいながら、つばをかけて焼き、入り口につり下げる | 鰯の悪臭、つばの臭い | 神奈川県、山梨県 |

（『日本の食生活全集』より作成）

表12　江戸時代の資料にみる節分の鰯の習慣

| 引用文献 | 出版年代 | 内　　容 |
|---|---|---|
| 日次記事 | 1674-1685 | 家々門戸窓鰯魚首并柯骨絛挿す言い伝え、此の二物疫鬼の畏れる所也、 |
| 改正月令博物筌 | 1721-1793 | 節分　柊挿　世俗に門戸にさして、目つこ鼻つことて同じく鬼を追う也、<br>鰯挿　鰯の頭さす、キグシサス、なよしの頭さす、いわしのかしらは、疾鬼邪鬼の<br>きらふものゆえ、今日さすなるべし、土佐日記節分の條に曰、なよしのかしらひいらぎを<br>小家の門にさすという事あり、なよしは鯔の古名と思はる、…<br>キグシサスとは、節分の夜、鰯の頭を門にさすをいう、<br>（註:『土佐日記』承平5年〈935〉頃成立） |
| 農術鑑正記<br>（砂川野水著） | 1723 | 阿波、立春の前夜は節分である。柊、鰯の頭、戸口にさす、豆まきをする。 |
| 倭訓栞 | 1777-1877 | 節分なり、立春の前夜をいへり<br>信濃は雪国にて、ひひらぎなきをもて、いわしまめがらを用ひ、木曽のあたりは<br>もみの葉を用う、 |
| 鶉衣 | 1787-1788 | 節分賦　こよひは鬼のすだく夜なりとて、家々に鰯の頭、柊さし渡す、我大君の國のならはし |
| 古今要覧稿 | 1821-1842 | 門戸にひひらぎ枝、なよしのかしらをさす事は寛平延喜の御時既にありしと見えて<br>ここのへの門のなよしのかしらひひらぎと土佐日記にみえたるにてしられたり<br>むかしよりは鰯をいはしにかへ用いたりしは、藤の為家卿の歌にひひらぎにいはしを<br>よみ合わせ給へるによれば、是も六百年前よりの事なり、<br>（註:寛平〈889-898年〉、延喜〈901-923年〉 |
| 歳時故実大概 | 江戸時代 | 今宵門戸に鰯のかしらと柊の枝を刺して、邪気を防ぐの表事とし、又炒豆を升の器に<br>入れて、夫を暗に打はやして祝い賀す、 |
| 甲子夜話 | 1821 | （豆まき）、此餘歳越ノ門戸ニ挟ムヒヒラ木、鰯ノ頭ナド、我家ニハ用イズナリ |
| 魚鑑 | 1831 | 節分の夜、鰯を柊葉とともに、門上壁間にさして、邪気を避けるといえること、千門万戸の流例である<br>何れの世より始るという事しらず |
| 東都歳時記 | 1838 | 節分　今夜尊卑の家にて煎豆を散、ひいらぎ鰯の頭を戸外に刺す、 |
| 比古婆衣 | 1847 | 近きむかしよりの世の風俗に、春の節分前夜催すとて、鰯とひひらぎの枝を葉ごめに<br>門戸に挿すも、上に論へるごとく、元旦の慶儀の儲を、大晦にものせることの、春の<br>節分に催すふ事なれるにつれて、混（ヒトツ）にうつり来しものなるべし、 |

（『古事類苑』歳時部、『日本農書全集』10、江戸時代資料より作成）

この習慣は全国で行われていたようで、諸藩からの報告が『諸国風俗問状答』[22]に示されている。そして、『古事類苑』歳時部十九[23]を参考に江戸時代の節分の様子を探ってみると、『改正月令博物筌』[24]の「世俗に門戸にさして…」、『鶉衣』[25]の「家々に鰯の頭…」、『東都歳時記』[26]の「今夜尊卑の家にて…」などの記載からも階層の差なく行われてきた行事であったことが分かる。この習慣はさらに時代を遡ることができるようで、平安時代の『土佐日記』にはなよしの頭と柊を門にさすという内容が示されている[27]。なよしは鯔（イナ）の古名であるが、いつから鰯が一般的になったかについては明確な記載はみられない。

節分の鰯は想像以上に古い習慣であり、内容は大きく変容することなく、古代から近世、近代初期へと伝承されてきた習慣であったいえよう。鰯の頭は世の中の不安を沈静させるための身近な呪いの縁起物であったと理解できそうである。

## 3. 干し鰯・塩鰯・生鰯にまつわる食習慣の特徴

鰯も日常食、非日常食になり得るという二面性を持つ魚であった。しかし丸干しや目刺しなどの鰯の干物、塩鰯などの加工品が多用されていたこと、調理法が焼き物中心であったことなど、日常食と非日常食の食習慣は共通性が非常に高いものであった。普段の労働を停止し、祭事が行われる行事の食べ物は、普段のものとは区別されるべきものであるという行事食の理解に基づいて考える

表13 『諸國風俗問状答』にみる節分の鰯の習慣

| 地　　域 | 豆まきの習慣有 | 鰯の頭の習慣有 | 鰯頭を使う習慣の内容 | 記載頁数 |
|---|---|---|---|---|
| 奥州白川風俗問状答 | ○ | ○ | いわしの頭橙などさす。この夜まじない事占う。厄払というものである。<br>鰯の頭は豆からにさし門々へ挿す、又鬼木といって割った薪に月の数棒を横に引き門に立てる。 | 164 |
| 三河吉田領風俗問状答 | ○ | ○ | いわしの頭橙などさす。この夜まじない事占う。厄払というものである。<br>鰯の頭柊を挿す事は一統である。此日黄昏に鰯の頭を大豆木に挿して一つに握り持って、髪毛を少し巻きつけ鼻水を加えかけて、豆を焙烙の下にてこがす、門玄関などから初めて厠などまで、口のある所へは皆挿す、挿しながら高聲に唱える事あり。ヤイカガシという。ヤイカガシ終えて豆をまく。 | 242 |
| 越後長岡領風俗問状答 | ○ | ○ | 当國では柊の木はまれである。豆がらに鰯の頭を挿し、髪の落毛を絡みつけ燧してやじり、いかにも臭く匂わし、入り口窓のある限りにさす | 302 |
| 若狭小濱風俗問状答<br>若狭国風俗 | ○ | ○ | いわしの頭、柊あるいは柏の葉、則ちこれを目ざしがやとて挿す。<br>厄払いは山伏の所業で、鈴をふり唱える。 | 395-396 |
| 丹後峯山領風俗問状答 | ○ | ○ | 田作りか鰯の頭柊なさす、此世厄払といって番非人往還通り | 445-446 |
| 備後浦崎村國風俗問状答 | ○ | ○ | 竹串の先へ柊の葉、鰯の頭をさし戸前口脇屋に致まで、晩7つ時分に挿す、 | 477 |
| 淡路國風俗問状答 | ○ | ○ | 鰯の頭柊の葉などを挿す事は、何方も同じ。 | 529 |
| 阿波國風俗問状答<br>市中歳節記 | ○ | ○ | いわしの頭橙などさす。この夜まじない事占う。厄払というものである。<br>鰯の頭と柊を出口々々へ挿す、鰯の頭を焼くとき、白髪を三すじ入れて焼く、 | 588 |
| 和歌山風俗問状答 | ○ | ○ | 家々小戸の軒下へ塩鰯、干鰯の尾頭を串に差し、柊を差す。 | 611 |
| 伊勢白子風俗問状答 | ○ | ○ | 鰯柊、打豆など通例のごとし、厄払い非人當。 | 632 |
| 莿萩峰邑風俗問状答 | ○ | ○ | 柊、ごまめの頭をさす。 | 678 |

と、今回明らかになった鰯の食習慣をどのようにとらえるべきであろうか。鰯の種類や調理法など表面的には差が認められない場合も、日常食、非日常食での鰯の利用目的、各行事のなかでの鰯の持つ意味を考えると両者の違いが見えてくる。

日常食としての鰯料理は農作業や山仕事の労働の糧となる昼食や夕食の副食で、労働に明け暮れる忙しい生活のなかで料理に手間がかからない合理的で素朴なご馳走としての役割を持っていた。これに対して非日常食としての鰯料理は神饌ともなり、小さくてもお頭付きはめでたさを表す縁起物として、また、鰯の短所である臭みも魔除け厄除けなどの縁起物として、精神性の高い位置付けを持たせる習慣として定着していた。ここに両者の違いが存在し、これが鰯の食習慣の特徴ともいえる。すなわち鰯は実用性と縁起物としての二面性をもつ魚介類と言い換えることができる。

そして、物資の運搬技術が未発達であった昭和初期において、大きな地域差無く鰯の食習慣は全国的に分布するものであったことも大きな特徴の一つである。これまで行ってきた魚介類の種類や加工品、鯖や鱈の食文化の調査研究から考えると、生活環境などを反映して食習慣には地域差があるのが当然であったが、鰯の食習慣については例外といっても過言ではなかろう。この背景には加工保存法の発達により鰯の運搬が比較的容易で有り、行商人からの購入が可能であったこと、しかも鰯が安価で多量に購入できたことが関与していると考えられる。すなわち、鰯はいずれの地域においても、住民にとって身近な存在であり、いつでも間に合う食材であったのである。すなわち、身近な大衆魚であったあったからこそ、形成された食習慣といえるのである。

＊図版出典：今田節子 2015 より。表8、12 ～ 14 は新規作成。

# むすび―鰯の伝統的食文化の特徴とその背景―

鰯の小魚の加工品である煮干しと田作り、成魚の加工品である目刺しと塩鰯、そして生鰯の伝統的食習慣について具体的な事例に基づき特徴を述べてきた。鰯全体に通ずる食習慣の特徴を集約してみると次のようにまとめることができる。「日常食と非日常食の二面性を有する」、「全国に分布し、食習慣に地域差が認められない」、「調理法の基本は焼き物で日常と非日常に大差がない」、「年取り魚、正月魚の位置付けをもち、お頭付きの縁起物としての精神性が高い」、「節分の鰯の頭は厄払い、鬼払いの意義を有する」、「食習慣の多くは江戸時代から継承されたものである」である。

本調査で特に興味深く感じた点は、これらの昭和初期における鰯の伝統的食習慣として明らかになった食習慣のほとんどは、すでに江戸時代に存在したものばかりであったということである。すなわち、江戸時代には鰯の食習慣が形成、定着、伝承されていく環境が備わっていたということになる。そこで、今一度歴史的伝承背景を取り上げ、昭和初期の伝統的食習慣との関わりを考えてみたい。

限られた資料からではあるが、江戸時代になると鰯の性質、用途などを具体的に記載した資料が多くみられる（表14）。『本朝食鑑』[28]や『大和本草』[29]、『魚鑑』（1931）[30]などには、鰯について次のような類似した内容が記載されている。鰯は民間の食とされ、町の市民は常飯の助けとして用い、田舎や山海の民は鰯汁を作り未醤鼓汁の代わりとしており、民間の日用として一日たりともなくてはならないものであるとしている。そして行事食としての利用については前述したように、『本朝食鑑』や『諸国風俗問状答』などの資料に、小鰯の田作りは正月関連行事の供物や正月料理となり、成魚の鰯の頭は節分の呪い行事に使われる習慣があったことが明記されている。鰯を年越し魚、正月魚として用いる習慣は確認できなかったものの、江戸時代から鰯は日常の食材にも、非日常の行事食にもなり得たという食習慣の二面性が形成されていたことになる。町の市民だけでなく田舎や山海の住民まで広い地域で鰯の利用が行われていた背景として、漁法の発達による大量漁獲、加工、流通の発達は見逃せない要因である。江戸時代の農政書である『地方凡例録』[31]によると「鰯漁は大漁で有り、網を引き揚げる時には漁師と50人もの商人が集まり、役員立ち会いの下で何百杯何十杯と計り、其の日に相場をきめる」といった活気あふれる市場の様子が描かれている。また『摂津名所図会』[32]によると、鰯の干魚は北国から多く積来て市を立て、是を諸國に商うことが、また『大和本草』[33]にも大きな鰯は塩につけて苞に入れて遠くに運ぶという内容が記されている。これらの記載は鰯漁が盛んで塩物、干物などの加工品が広く流通していたことを物語っている。そして、庶民階層の多くを占める農民達は田畑の肥料としてホシカ（鰯の干物）を競って購入したことも『農業全書』[34]などにみえ、鰯は食料としても農業資材としても身近な存在であったことが分かる。江戸時代にはすでに広い漁場から大量に漁獲された鰯が干物や塩物に加工され、農山漁村を問わず流通し、しかも安価[42]に入手できる食材であった。すなわち、庶民階層においても食習慣が形成されやすい好条件が備わっていたといえるのである。

その後、明治・大正・昭和から今日まで、鰯は沿岸付近に生息し、季節に応じて北上、南下する表層回遊魚で、小規模の漁法でも大量に漁獲でき、そのため安価で購入できると理解されてきた。そして極めて鮮度が低下しやすく生臭みが強いという欠点を補うために干物や塩物に加工された煮干しや鰯が、魚屋や行商人によって農山村にまで運ばれ、購入保存された多くの事例は前述した通

表 14　江戸時代の資料にみられる鰯

| 内容の分類 | 引用文献 | 出版年代 | 内　　容 | 備　　考 |
|---|---|---|---|---|
| 鰯の性質<br>食習慣<br>など | 藤原宮跡木簡 | 694頃 | | |
| | 平城宮跡木簡 | 710頃 | | |
| | 新撰字鏡 | 898-901 | 鰬、伊和志 | |
| | 倭名類聚抄 | 930-935 | 鰯、以和之、鯷 魚 、比師古以和之 | 成魚と小魚の区別 |
| | 延喜式 | 927 | 中男一人輸作物、小鰯、大鰯鮨、比志古…<br>諸國輸調、漬鹽雑魚、乾鰯 | |
| | 古事談 | 13C初期 | 鰯ハ雖為良薬不供公家 | 公家では食用とされず |
| | 古今著聞集 | 1254 | …入道殿大きにいからせ給ひて、御勘発のあまりに、<br>贄殿の別当なりける侍を召て、麦飯に鰯あはせにて<br>只今調進すべきよし仰られければ… | 鰯が素食として扱われていたと推定 |
| | 山科家礼記 | | 12月29、30日に鰯の贈答あり | (1457、1463、1481年)<br>(琵琶湖博物館調査報告) |
| | 大上臈御名之事 | 16C | むらさき、おほそ、きぬかつぎ | 女房ことばにみえる。<br>宮中でも使用 |
| | 醒睡笑 | 1623 | 鰯は鮎にもまさる | 好きな人には味がよい魚 |
| | 本朝食鑑 | 1697 | 鰯、小魚、宇留女鰯、<br>鰯は水からあがるとすぐに死す、性質は柔弱で腐りやすいために<br>弱い魚の文字を使用<br>四方の海で獲れ相連なって群行、あるといえば有り余るほどとれ、<br>ないときは全く取れない<br>鰯は民間の食、都城の市民は常飯の助、田山海の民は鰯汁を造り<br>未醤くき汁の代わりとする<br>民間の日用として一日たりともなくてはならぬもの<br>菅家で食べないのは生臭を忌むため<br>小鰯はひしこといい、民の食用となり、乾物はごまめ、田作り、<br>歳賀婚儀の供膳に欠かせず | 腐りやすい<br>群れをなして回遊、全国で漁獲可能<br>町、田舎ともに日常の助け、魚醤は味噌の代わり<br>ごまめはハレ食として使用 |
| | 日本釈明 | 1699 | 海鰛（イハシ）、魚の賤き者なり、よはし也、とりたてはやく死るゆえ也 | |
| | 大和本草<br>(貝原益軒) | 1708 | 鰯和名イワシ、<br>苗最小ナルヲメダツクリト云、又シラス問ト云　腥気ナク味佳し<br>ヤヤ大ナルヲタツクリト云田肥トスル故田作と云、或曰五月農夫ノ苗<br>ヲ挟ム時最多ク是を美餞トス、故田作ト名クト云<br>ソレヨリ小ナルニ塩ヲ淹ズホシタル淡嚢ヲゴマメト云、又ヒシコ云<br>最大ナルヲシオニツケテ、苞ニ入遠ニヨス、貧民朝夕ノ餞ニ用ユ、<br>又鹽トシ、糟蔵飯蔵トス、味ヨシ、<br>又ホシタルヲホシカト云、田圃ノ糞トシテ尤佳シ | |
| | 物類稱呼 | 1775 | 鰯、おむら、おほそ、あかいわしという物は塩に漬けたるをいう<br>鯷、相模及西国にてかたくちいわしという | |
| | 鶉衣（前編） | 1787 | 鰯というもの、味ひ、ことにすぐれたれども、嵐山のもとに玉の磯に<br>するとか、多きが故にいやしまる<br>たとえ骸は田畠のこやしとなるとも、頭は門を守りて天下の鬼を防ぐ、<br>其功鰐鯨も及ぶべからず | 俳文を収載 |
| | 魚鑑 | 1831 | 性が脆弱成るため、鰯と名づく、俗におほそ又はおむらという<br>処々の海浜に多い、武蔵の内海の産、味ひ美く、他州の産に勝る、<br>乾鰯となし、または油を絞り、国々在々致らざる処なし、<br>市民の常食の佐となる、四時ともに有といえども、わけて秋をよしとす | |

りである。自給自足を原則とした庶民生活のなかでも鰯は購入が可能な身近な魚介類であったことが、江戸時代の伝統的食習慣の継承に繋がっていったのである。

このような生活環境を背景とした江戸時代から昭和初期の長年の歳月のなかで、住民達の価値観を反映して小魚でありながらお頭付き、縁起物の精神性を重視する明確な特徴をもつ非日常食としての鰯の食習慣が大きく変容することなく伝承されてきたといえよう。お頭付きとは頭も尾もそ

表14 つづき

| | | | | |
|---|---|---|---|---|
| 鰯漁 | 地方凡例録 | 1791起筆 | 一鰯分一金　鰯漁ハ海中之大漁也、鰯網引揚たる時、漁師と五十集商人<br>并其濱之役人立会引揚げたる鰯を、何百何十杯と計り、其日之相場迄極る… | 江戸時代の農政書 |
| 肥料 | 農稼業事後編 | 1837 | 肥し心得の辨<br>干鰯油糟是を畿内邉にては金肥といふ | |
| | 農業全書 | 1697 | 里近き湊に干鰯を積みたる船泊りけるを聞、農民ども打ちむれてほしか買いに行ける、 | |
| | 摂津名所図会 | 1796-1798 | 干魚は北国より多く積来り、此問丸にて市を立てる、之を又諸国へ商い、<br>農家の手に渡て、細末とし。灰に合せ、田畑の養ひとす、これを肥しといふ、 | |
| | 農稼肥培論 | 1888 | 干し鰯を漁する国々: 上総、下総、常磐、奥州、遠州、参州、伊予、豊後 | |

江戸時代以前および江戸時代の文献、『古事類苑』動物部、産業部より作成

ろった完全な形の魚をいい、祝いの膳や神祭などの改まった日のお頭付きの膳は、めでたい食事の象徴のように考えられてきた。このようなめでたさの象徴である完全な姿の魚を神饌とすることで、神への願いことや感謝の気持ちを、また客へのもてなしの気持ちを表そうとしたのが、本来の姿であったと考えられる。

鰯の生息に適した環境と大量漁獲、加工法の発達と流通、安価で購入可能、そして精神性を現すお頭付きの利用に最適な形態という好条件を持ち得た大衆魚であったからこそ、鰯の食習慣は形成され、長年伝承されてきたといえる結果であった。

【註】

1）今田節子・藤田真理子「魚食文化に関する研究（第1報）―伝統食にみる魚の種類と地域性―」、ノートルダム清心女子大学紀要（生活経営学・児童学・食品栄養学編）、25巻1号、2001、pp.47 ～ 59。
2）日本の食生活全集編集委員会編『日本の食生活全集』全48巻、農山漁村文化協会、1985 ～ 1992。
3）『CD-ROM版　日本の食生活全集2000』、農山漁村文化協会、2000。
4）杉田浩一・平宏和・田島翼・安井明美編『日本食品大事典』、医歯薬出版、2003、pp.322 ～ 325。
5）日本伝統食品研究会編『日本の伝統食品事典』、朝倉書店、2007、pp.293 ～ 294、314 ～ 316、327 ～ 330。
6）人見必大著、島田勇雄訳注『本朝食鑑』4、平凡社、1987、P.94。
7）村田了阿編、井上頼圀、近藤瓶城増補『補増俚言集覧』中巻、皇典講究所印制部、1900、pp.94、95、563、（国立国会図書館、近代デジタルライブラリー）。
8）前掲註6）、pp.94 ～ 95。
9）中山太郎『註校諸国風俗問状答』、東洋堂、1942、pp.79、128 ～ 129、186 ～ 187、261 ～ 262、318 ～ 319、372、408 ～ 409、458、490、550 ～ 551、618、635 ～ 636、648 ～ 649、665。
10）週刊朝日編『値段の明治・大正・昭和風俗史』朝日新聞社、1981、p.115。米1俵は、60kg。
11）石川尚子「江戸後期から明治･大正にかけて刊行された食物番付について」、味の素食の文化センター『助成研究の報告』5、1995、pp.5 ～ 14。
12）前掲註11）、資料2　江戸・明治期のおかず番付No.1『日用倹約料理仕方角力番附』。
13）前掲註11）、資料2　江戸・明治期のおかず番付No.2『日々徳用倹約料理角力取り組』。
14）前掲註11）、資料2　江戸・明治期のおかず番付No.3『日用珍宝惣菜倹約一覧』。
15）前掲註11）、資料2　江戸・明治期のおかず番付No.4『精進魚類日々菜早見』。
16）前掲註11）。

17）石川英輔『大江戸番付事情』、講談社、2004、pp.38 ～ 39、41、44 ～ 45。
18）福田アジオ・新谷尚紀・湯川洋司・神田より子・中込睦子・渡邊欣雄編『日本民俗大辞典』上、吉川弘文館、1999、p.949。
19）前掲註 6）、p.96。
20）前掲註 9）、『註校諸国風俗間状答』、pp.164、242、302、395 ～ 396、445 ～ 446、477、529 ～ 530、588、611、632
21）砂川野水著『農術鑑正記』（阿波、1718）、『日本農書全集』10、農山漁村文化協会、1998、p.378。
22）前掲註 20）。
23）神宮司蔵版「古事類苑」歳時部十九、『古事類苑』普及版、吉川弘文館、pp.1383 ～ 1399。
24）『改正月令博物筌』（1721-1793）、前掲註 23）、p.1392。
25）『鶉衣』（1787-1788）、前掲註 23）、pp.1398、1399。
26）『東都歳時記』（1838）、国立国会図書館デジタルコレクション。
27）『土佐日記』（935 頃）、前掲註 23）、p.1384。
28）前掲 6）、pp.92 ～ 103。
29）「鰯」、『大和本草』巻之十三（1708）、pp.27、28、国立国会図書館デジタルコレクション。
30）武井周作『魚鑑』（生活の古典双書）18、八坂書房、1978 復刻、pp.28 ～ 30。
31）『地方凡例録』（1791 起筆）、国立国会図書館デジタルコレクション。
32）『「摂津名所図会』（1796 ～ 1798）、国立国会図書館デジタルコレクション。
33）「大和本草」、前掲註 29）。
34）『農業全書』（1697）、国立国会図書館デジタルコレクション。
35）藤原宮跡木簡、平城宮跡木簡、関根真隆著『奈良期食生活の研究』、吉川弘文館、1989、p.154。
36）『新撰字鏡』（898 ～ 901）、国立国会図書館デジタルコレクション。
37）『和名類聚抄』（930 ～ 935）、京都大学文学部国語学国文学研究室編『諸本集成和名類聚抄』本文編、臨川書店、1977、pp.767、768。
38）『延喜式』主計部（927）、正宗敦夫編『復刻日本古典全集　延喜式　三』現代思潮社、1978、pp.1 ～ 40。
39）『山科家礼記』1457、1463、1481、琵琶湖博物館調査報告 25 号、2010、pp.93、97、114。
40）神宮司蔵版「古事類苑」動物部十七魚中、前掲註 23）、pp.1419 ～ 1424。
41）神宮司蔵版「古事類苑」産業部三農業三、前掲註 23）、pp.118 ～ 123。
42）熊倉功夫解題、宮坂正英翻刻・翻訳「シーボルトが記述した江戸の食材」、vesta（食文化誌ヴェスタ）、27、味の素食の文化センター、1997、pp.50 ～ 56。

# 第4章　鱈の伝統的食文化とその背景

鱈を大衆魚と位置付けることには異論があるかもしれない。鱈の主な漁場が寒冷な海、すなわち北海道や東北、北陸沿岸地域であることから、どこの地域でも安価に手軽に入手できる魚介類という大衆魚の条件を満たしていないという判断からである。すでに江戸時代の『本朝食鑑』にも「東海・西海・南海では見ない魚であるが、但北海の諸浜で多く出荷される。三越（越前・越中・越後）・佐渡・能州（能登）および若州・丹州・但州など、あるいは奥羽の海浜では、北に向いた処では冬ごと捕獲する」[1]と解説されている。この漁場の地域差は後の食習慣の形成にも影響を及ぼし、限られた地域の食習慣であると考えられてきた可能性もある。

しかし、筆者が伝統的な食習慣の聴き取り調査を実施してきた過程で、西日本各地の農村地帯でも塩鱈が普段の副食として使われていた事例は少なくなかった。そして第1章で述べた「伝統的食生活における魚介類の種類と地域性」に関する調査結果でも、鱈は全国的に利用される魚介類の一つであり、出現率も比較的高いことが確認された。そこで本調査研究では鱈を大衆魚の一つとして位置付けることにした。

鱈料理については、各地の郷土料理関係の書物[2]や赤羽の著書『鱈』[3]に紹介されているものの、日本全国の鱈の食習慣を明らかにし、日常食と非日常食を比較しながら鱈の伝統的食習慣の特徴をまとめ、その背景にまで言及した報告は、管見の限りでは見当たらない。すでに代表的な大衆魚である鯖の伝統的食習慣とその背景については第2章で詳細を報告してきたが、盆行事のなかで、鯖ではなく鱈を使う地域があることが示されており、また、京都の正月料理として棒鱈と里芋の煮物である芋棒が有名であることは一般に知られたことである。

そこで、大衆魚としての鱈の伝統的食習慣を取り上げ、日常食、非日常食としての鱈の食習慣を比較検討しながら特徴を明確にし、さらにその背景を探っていくことで、庶民階層の伝統的魚食文化の一端を明らかにしていくことを本調査研究の目的とした。

調査研究の方法に関しては、鯖や鰯の食習慣と同様な方法によった。すなわち、伝統的な食習慣の事例収集には、高度経済成長による食生活の多様化・簡便化が生じる以前、かつ戦中戦後の極度の物不足の影響の少ない時代を考慮し、近代初期の、具体的には明治後期頃から昭和10年頃までの農村・山村・漁村の食生活を調査対象とした。しかしながら、庶民階層の食生活の記録は多いとはいえず、これまでの調査研究同様に、大正末から昭和10年頃までの各地の食生活を聴き取り調査、県別に記録した『日本の食生活全集』[4]、ほぼ同時代の記録である『日本の衣と食』[5]、そして、明治後期より大正時代の物資の流通を記録したと推定される『日本民俗地図』交易・運搬[6]を資料とした。さらに、筆者が長年の食習慣の聴き取り調査過程で見聞きした鱈に関する食習慣も資料とした。

調査項目としては、鱈の入手形態、加工・料理法、日常食・非日常食などの利用目的など、鱈にまつわる諸事例を収集し、調査地の気候風土、生業形態などの生活環境と関連付けながら、鱈の食習慣の特徴や地域性を検討することに努めた。

なお、鱈にはマダラ、スケトウダラ、コマイなどの種類があり、一般にタラといえばマダラを指すといわれているが、資料にはその区別は明確でなく、鱈の表記が一般であったため、種類は区別せず、鱈と記載された全てを資料として収集した。また、鮮度の落ちやすい鱈は加工品が発達しているが、資料に記載の多かった干し鱈、棒鱈は同一のものとして扱うこととし、以下には棒鱈と表記した。その結果、『日本の食生活全集』の338調査地のうち86調査地で鱈の利用が認められ、266事例が収集された。これらの事例を中心資料に考察を進めていくこととする。

なお棒鱈はマダラの素干しで、背部から開き、卵、精巣、肝臓、胃腸を取り出し、背骨を肉から切り離し、頭部と連結した背骨を除去し、水洗いしたものを屋外で天然条件で長時間をかけて乾燥され、主として秋から春に製造されたものである。そして、棒鱈のえらや胃の部分を乾燥したものが「鱈の胃」、「たらおさ」といわれるものである[7、8]。

# 第1節　鱈の伝統的食習慣の地域性

『日本の食生活全集』には86調査地で鱈の食習慣が紹介されており、それは全調査地338地域の25％にあたるものであった。前述したように大衆魚を民衆の多くが安価に購入でき、利用可能な身近な魚介類と理解するならば、この出現率は想像していたものよりも低いと感じさせるものであり、また一方では食習慣の分布に地域性が存在する可能性を示唆する結果でもあった。そこで、具体的な鱈の食習慣を述べていく前に、まずその分布の特徴を漁村・農村・山村といった生活環境および日常食・非日常食の使用目的を考慮しながら探っていくことにした。

## 1. 鱈の食習慣の分布と生活環境のかかわり

鱈の食習慣の出現率（各地域で鱈の食習慣のみられた調査地数／各地域の全調査地数）を高い地域順に挙げてみると、東北地方は59％の29調査地、中部地方の日本海側は（以下北陸地方と表記）56％の15調査地、近畿地方は28％の13調査地、九州地方は25％の14調査地、中部地方内陸部は23％の4調査地、関東地方は13％の7調査地、中国地方は12％の4調査地で、関東地方以西の太平洋側および四国地方では鱈の食習慣の記載はみられなかった。すなわち、伝統的鱈の食習慣の分布は東北地方、北陸地方、近畿地方、九州地方が中心であるという特徴が認められた。そして県別や地域別に伝統的な食習慣が記載された『日本の衣と食』[9]、『日本民俗地図』[10]でもほぼ類似した地域性が認められ、調査対象とされた時代を考慮すると、明治後期から大正、昭和初期の時代にかけて、鱈の食習慣は酷似した分布を示していたと理解してもよさそうである（表1）。

さらにこの伝統的鱈の食習慣の分布は興味深い地域性を示している。日本における鱈の生息域は青森県以北の北太平洋と北海道から中国地方におよぶ日本海側で、鱈の文字が示すように冬が漁獲

表1　鱈の食習慣の分布

| 調査資料（出現件数） | 東北地方 | 関東地方 | 中部地方 | | | 近畿地方 | 中国地方 | 四国地方 | 九州地方 |
|---|---|---|---|---|---|---|---|---|---|
| | | | 北陸 | 内陸部 | 太平洋側 | | | | |
| 日本の食生活全集（31都道府県） | ○ | ○ | ○ | ○ | － | ○ | ○ | － | ○ |
| 日本の衣と食（18都道府県） | ○ | － | ○ | － | － | ○ | ○ | － | ○ |
| 日本民俗地図Ⅳ交易・運搬（12都道府県） | ○ | ○ | ○ | － | － | ○ | － | － | ○ |

図1　日常食としての鱈の食習慣の分布
（『日本の食生活全集』より作成、調査地で表記）

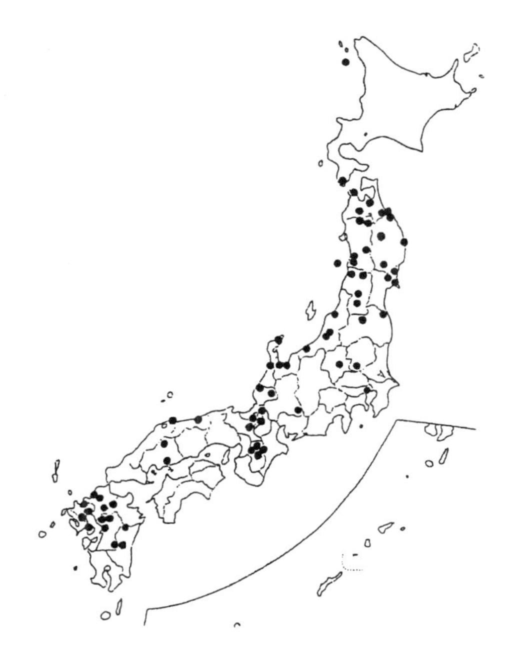

図2　非日常食としての鱈の食習慣の分布
（『日本の食生活全集』より作成、調査地で表記）

期であることはよく知られていることである[11]。また、鱈は鮮度が落ちやすく古くから加工保存が行われ、素干しである棒鱈や塩乾品の鱈は有名である[12]。出現率の高かった東北地方および北陸地方は鱈の生息域に面し、漁獲が可能な漁村地帯および近隣の農村地帯である。続いて出現率の高かった近畿地方と九州地方は鱈の生息域や漁獲地から遠く離れた農山村や商家である。鱈の食習慣の分布は生活環境を反映したものであり、前者は生鱈の入手も可能な地域、後者は鮮度の落ちやすい生鱈の入手は不可能で塩鱈や棒鱈などの加工品を利用する地域である。すなわち、生鱈を主流とした食習慣を形成してきた東北・北陸地方と鱈の加工品を主流とする食習慣が形成された近畿・九州地方に大別できる特徴的な地域性が示された。

## 2. 利用目的からみた鱈の食習慣の地域性

『日本の食生活全集』には鱈の利用目的が明記されており、それらを日常食と非日常食に大別してみると、日常食では鱈の利用がみられた86調査地の52%にあたる45カ所で150事例の鱈の利用が、また非日常食では78%にあたる67カ所で111事例の鱈の利用がみられた。図1、2からも明らかなように、日常食としての利用は近畿地方以東に多く、非日常食としての利用は近畿地方以東に加えて九州地方にも分布するという地域性を示した。特に九州地方においては、日常食での利用は認められず、非日常食としての利用が主体であるという特異性が認められた。

利用目的からみた地域性と農山漁村という生活環境を重ね合わせてみると、日常食としての鱈の利用は漁村と近隣の農村に多く、東北地方と北陸地方に事例のおよそ80%が分布していた（図1、表2）。鱈の漁獲地であり、入手しやすい身近な魚介類の一つであったことが反映された地域性と考えられる。一方、非日常食としての鱈の利用は農山村地域に多く、事例数の60%以上をし

表2　生活環境別にみた日常食・非日常食としての鱈の食習慣の分布

| | 漁村 | | 農村 | | 山村 | | 商家 | |
|---|---|---|---|---|---|---|---|---|
| | 日常食 | 非日常食 | 日常食 | 非日常食 | 日常食 | 非日常食 | 日常食 | 非日常食 |
| 北海道・東北地方 | 66 | 27 | 19 | 23 | 1 | 6 | 0 | 0 |
| 関東地方 | 0 | 0 | 1 | 2 | 1 | 1 | 2 | 0 |
| 中北陸地方 | 27 | 4 | 8 | 11 | 0 | 2 | 3 | 2 |
| 中部地方内陸部 | 0 | 0 | 2 | 0 | 1 | 1 | 0 | 0 |
| 近畿地方 | 4 | 1 | 2 | 2 | 3 | 6 | 1 | 0 |
| 中国地方 | 7 | 4 | 2 | 4 | 0 | 1 | 0 | 0 |
| 九州地方 | 0 | 1 | 0 | 9 | 0 | 3 | 0 | 1 |
| 合計 | 104 | 37 | 34 | 51 | 6 | 20 | 6 | 3 |
| 日常食（150事例）に対する割合 | 69% | | 23% | | 4% | | 4% | |
| 非日常食（111事例）に対する割合 | | 33% | | 46% | | 18% | | 3% |

表中の数字は事例数を示す。
（『日本の食生活全集』をもとに作成）

め、鱈の漁獲地から遠く離れた近畿地方、九州地方まで広がりをみせた（図2、表2）。また、漁村では日常食より非日常食としての鱈の利用が減少するのに対し、農村・山村では非日常食としての利用が増加し（表2）、鱈の入手の難易が反映してか漁村地域に比較して非日常食としての位置付けが高かったことを物語っている。

## 第2節　日常食としての鱈料理の特徴

日常食で使われた鱈の種類は生鱈と棒鱈が主要なものであった。前述したように日常食として鱈を使う地域は漁獲地である東北地方と北陸地方が中心であったが、当然のことながらこの地域では生鱈の利用が80％近くをしめ、棒鱈の利用は20％程度で、しかも干物も手作りであるという特徴がみられた。そして漁獲地近隣の農村部でも購入による生鱈の利用が可能であったようである。その他の農山村部では日常食としての利用自体が多いとはいえなかったが、ほとんど全てが購入による棒鱈の利用であった。

料理法が明確な日常食の事例124事例を料理形態別にみると、汁物34％、煮物26％、焼き物14％、酢の物・和え物10％、刺身9％、鍋物4％が主要なもので、生鱈の使用が可能な東北、北陸地方では汁物や煮物が中心で、いずれの地域も棒鱈は煮物が中心であった（表3）。

まず日常食としての鱈料理の特徴として多彩な汁物の工夫をあげることができる。代表的な汁物である鱈汁や三平汁などからその特徴を探ってみたい。

**鱈汁**　東北地方では「鱈」には「たつ（白子）」が腹に入った生鱈を選ぶのが普通とされ、まず、たつを除いて鱈をさばき、身、骨、腸などを全て入れて煮、ねぎを散らして塩で味を調える方法で、鱈を無駄なく全て食べつくすところに特徴がみられる。

北陸地方でも同様に刺身や煮物、焼き物に使う身を別にした残りが汁の材料となっており、何倍でもお変わりをすることから「たら（ばか）の三杯汁」といわれるほどおいしいものであったという。また、寒の鱈を使った汁を食べると風邪を引かないと云われ、漁村だけでなく農村・山村でも、冬には2、3回は鱈汁が食卓に上ったという。

**たつ汁**　鱈汁で残しておいた取り立てのたつは、沸騰している湯に入れるとひだが白菊のように見えるところから「きく」とも呼ばれ、「たつ汁」に仕立てられた。鱈の漁獲地ならではの贅沢な汁物である。

**三平汁**　生鱈と鱈の塩漬を使ったものが記載されていたが、本来は魚の塩漬けを使ったと伝えられている。内臓をつけたまま塩漬けにしておくと2ヶ月もすると発酵が進み魚が溶けてくる。魚醤の類いともいえるその汁で野菜類を煮て食べる料理であったが、後に塩鱈を使う料理に変化していったようである。冬の夕食になくてはならない三平汁は、大根などの野菜類や芋類などをたくさん入れた実だくさんの汁であった。米の量を減らす意味でも実をたくさん入れたという話も伝えられている。鱈と野菜類を同時に摂ることができる合理的な日常の惣菜である。

**納屋汁**　鱈釣り船が帰ってきたとき、冷えた体を温めるため網元へ集まり、捕り立ての鱈で作る味噌汁のことで、生きの良さが決め手となった。

**しゃっぱ汁**　煮物や焼き物、刺身に使った後の頭やえら、中骨、内臓などを使った汁で、大根やねぎ、豆腐を入れた味噌汁であった。

以上の汁物の例からみても明らかなように、鱈の身だけではなく、頭や内臓類までを使った全体食であり、野菜類や芋類、豆腐などを組み合わせることにより魚介類と野菜類を同時に摂取できる合理的で手軽な惣菜に仕上げている。鱈を使用した汁物類は、無駄がなく、旨みも濃厚で、栄養豊富な日常食として生活に密着したものであったことがうかがえる。そして、鱈の漁獲地で鮮度の高い鱈の使用が可能であったが故に工夫されてきた日常食であったともいえるのである。

筆者は海藻の食習慣の聴き取り調査で北陸地方を訪問した際、次のような話を聞いたことを懐かしく思い出す。夕方になり鱈漁を終えた船が帰ってくるのが見えると、山畑での農作業を急いでしまい、子供達と一緒に浜へ駆け下りていった。浜で作る水揚げされたばかりの鱈で作った

**表3　日常食、非日常食にみる鱈の料理形態**

| 料理形態 | 日本全域 | | 東北地方 | | 関東地方 | | 中部地方 北陸 | | 中部地方 内陸部 | | 近畿地方 | | 中国地方 | | 九州地方 | |
|---|---|---|---|---|---|---|---|---|---|---|---|---|---|---|---|---|
| | 日常食 | 非日常食 | 日常食 | 非日常食 | 日常食 | 非日常食 | 日常食 | 非日常食 | 日常食 | 非日常食 | 日常食 | 非日常食 | 日常食 | 非日常食 | 日常食 | 非日常食 |
| 汁物 | 42 | 16 | 26 | 12 | 1 | 1 | 8 | 2 | 0 | 0 | 1 | 0 | 3 | 1 | 0 | 0 |
| 煮物 | 32 | 52 | 13 | 12 | 1 | 1 | 10 | 12 | 2 | 0 | 3 | 8 | 3 | 5 | 0 | 14 |
| 焼物 | 14 | 2 | 8 | 0 | 1 | 0 | 2 | 1 | 1 | 0 | 0 | 0 | 0 | 1 | 0 | 0 |
| 蒸物 | 1 | 1 | 0 | 1 | 0 | 0 | 0 | 0 | 0 | 0 | 1 | 0 | 0 | 0 | 0 | 0 |
| 炒物 | 2 | 3 | 2 | 3 | 0 | 0 | 0 | 0 | 0 | 0 | 0 | 0 | 0 | 0 | 0 | 0 |
| 鍋物 | 5 | 0 | 3 | 0 | 1 | 0 | 1 | 0 | 0 | 0 | 0 | 0 | 0 | 0 | 0 | 0 |
| 飯料理 | 1 | 2 | 0 | 1 | 0 | 0 | 0 | 0 | 0 | 1 | 1 | 0 | 0 | 0 | 0 | 0 |
| 寄物 | 3 | 1 | 2 | 1 | 0 | 0 | 1 | 0 | 0 | 0 | 0 | 0 | 0 | 0 | 0 | 0 |
| 刺身 | 11 | 4 | 4 | 4 | 0 | 0 | 7 | 0 | 0 | 0 | 0 | 0 | 0 | 0 | 0 | 0 |
| 和物・酢物 | 13 | 4 | 7 | 3 | 0 | 0 | 4 | 1 | 0 | 0 | 2 | 0 | 0 | 0 | 0 | 0 |
| 練物 | – | 1 | 0 | 2 | 0 | 0 | 0 | 0 | 0 | 0 | 0 | 0 | 0 | 0 | 0 | 0 |

表中の数字は事例数を、網掛けの欄は出現頻度の高い料理を示す。
（『日本の食生活全集』をもとに作成）

鱈汁は絶品で、家に持ち帰って作るものと比べて格段においしいものであったという、古老の話である。全体食としての鱈汁には如何に鮮度が重要であったかを物語る話である。

汁物に続いて使用頻度の高った日常食としては煮物があげられる。煮物には生鱈と棒鱈、真子も使われており、棒鱈は水や米ぬか汁で戻した鱈を酒や砂糖、醤油で煮たもので、凍み大根や小芋、ふき、ぎんぼ等と一緒に煮付けている。冬の鱈の漁期が終わった後には、自家製で加工しておいた棒鱈や購入した棒鱈と季節の野菜を合わせた煮物がよく作られ、日常の食卓にのぼったようである。ここでも鱈と根菜類、芋類、山菜類などの季節素材が豊富に組み合わされており、漁村・農村・山村を問わず作ることが可能であった日常の惣菜としての位置付を持っていたことがうかがえる。

このように代表的な日常の鱈料理である汁物、煮物の特徴として、無駄のない鱈の全体食、季節素材との組み合わせ、身近な味噌や醤油を用いて煮炊きする簡単で合理的な、惣菜の一品で食事を済ませることが可能な料理が重視されてきたことをあげることができる。

## 第3節　非日常食としての鱈の伝統的食習慣

大晦日から正月松の内の正月関連行事、盆関連行事、春祭りや秋祭りなどの祭り関連行事、雛節句や菖蒲の節句などの節句関連行事、婚礼関連行事、労働・慰労に関連した労働関連行事に大別すると、正月関連行事が約50%、続いて盆関連行事が20%をしめた。他の行事はわずかで、おもに鱈漁獲地の東北地方や北陸地方の限られた地域にみられる習慣であった（表4）。ここでは事例数の多かった正月関連行事と盆関連行事に的を絞り、非日常食の特徴を明確にしていくことにする。

### 1. 正月関連行事食としての鱈の食習慣

正月関連行事は主に東北地方と北陸地方、そして近畿地方、中国地方の山陰側に分布し、東北地方では非日常食の約55%、北陸地方では約70%、近畿地方では100%、山陰地方では約25%をしめた。なかでも近畿地方では鱈を使う行事食といえば正月関連行事だけであるという明確な特徴が認められた。

#### （1）鱈の汁物

東北地方や北陸地方の正月関連行事の鱈料理は汁物と煮物、近畿地方では煮物中心であるという料理法に明確な相違点が認められた（表5）。この背景には漁獲地およびその近隣地域と海からの距離を持つ環境の違いが大きく反映している。漁獲地である東

表4　鱈料理を行事食とする行事の種類

| | 日本全域 | 東北地方 | 関東地方 | 中部地方 | | 近畿地方 | 中国地方 | 九州地方 |
|---|---|---|---|---|---|---|---|---|
| | | | | 北陸 | 内陸部 | | | |
| 正月関連行事 | 60 | 37 | 1 | 11 | 1 | 8 | 2 | 0 |
| 盆関連行事 | 22 | 3 | 0 | 2 | 0 | 0 | 3 | 14 |
| 祭関連行事 | 9 | 6 | 0 | 2 | 0 | 0 | 1 | 0 |
| 節句関連行事 | 3 | 1 | 2 | 0 | 0 | 0 | 0 | 0 |
| 婚礼関連行事 | 3 | 3 | 0 | 0 | 0 | 0 | 0 | 0 |
| 労働関連行事 | 11 | 8 | 0 | 1 | 0 | 0 | 2 | 0 |
| その他 | 10 | 9 | 1 | 0 | 0 | 0 | 0 | 0 |

表中の数値は事例数を、網掛けの欄は出現頻度の高い行事を示す。
（『日本の食生活全集』をもとに作成）

北地方と北陸地方の正月関連行事では冬という季節も関係して、漁獲最盛期の生鱈を使った汁物が主流で、鱈汁、鱈の味噌汁、鱈と豆腐の吸い物、鱈ときく（白子）の吸い物、鱈ときのこの吸い物などがみられた。日常食同様に鮮度の高い鱈の旨みを生かした汁物であるが、日常食の特徴であった内臓などを含め鱈の全体を使い、多種類の季節素材を組み合わせる習慣はみられず、鮮度の高い生の鱈身を椀種とし、豆腐など一品程度の副材料と青みを添えたものであった。鱈の使用部位や材料の組み合わせ方に日常食と非日常食を区別する要因が認められた。

### (2) 棒鱈の煮物

近畿地方を中心に正月料理として作られてきた煮物は、棒鱈を主材料とするものがほとんどで、棒鱈の煮しめ、芋棒、棒鱈の煮物などの料理名があげられた。詳細に作り方が示されている近畿地方の正月関連行事を紹介しながら（表６）、非日常食としての煮物の特徴を探ってみたい。

**いも棒**（滋賀県高島郡朽木村）[13]　棒鱈を布袋に入れて4､5日､水の落ち口にくくりつけてもどす。五分角に切って水煮し、ごく薄い醤油味で一日かけて煮てから、もう一度味をつけ直す。一日おいてからその煮汁で小いもを煮る。

**いも棒**（京都近郊）[14]　棒鱈は固くてすぐ炊けないので、冬は10日ほど前から水につけ、毎日水をとりかえてもどす。芯までやわらかくなった棒鱈はぶつ切りにし、出しじゃこ、砂糖、酒、醤油をたっぷり入れ、薄めに味をつけた汁で、気長に炭火で３時間ほどかけて煮るのがこつで、形を崩さずやわらかく、味がよくしみ、甘からく煮あげる。棒鱈を取り出し、残りの煮汁で小いもを煮る。

**棒鱈の煮物**（奈良県北葛城郡当麻町、宇陀郡御杖村など）[15]　詳細な作り方は示されていないが、やわらかくもどした棒鱈を、醤油、砂糖、酒でじっくり煮て、甘からく味付けをする。

**棒鱈の煮つけ**（鳥取県境市）[16]　棒鱈を米のとぎ汁に10日間ほど、とぎ汁をかえながらつけると、あくがよく抜ける。とぎ汁をかえないと風味をそこなう。一口大に切り、一度茹でこぼしあくを抜き、酒、砂糖、醤油で煮る。棒鱈を水につけるのが正月のはしり（始まり）である。

このように4、5日から10日間も要する棒鱈の水もどし、やわらかくしかも十分に味に煮含めるための加熱方法と時間、これらの調理にかかる手間や気遣いは、仕事に追われる普段の食事には求められないものであり、日常食と非日常食を区別する大きな要因となっていることには明らかである。この

**表５　正月関連行事の鱈料理**

| | 日本全域 | 東北地方 | 関東地方 | 中部地方 | | 近畿地方 | 中国地方 | 九州地方 |
|---|---|---|---|---|---|---|---|---|
| | | | | 北陸 | 内陸部 | | | |
| 汁物 | 13 | 10 | 1 | 2 | 0 | 0 | 0 | 0 |
| 煮物 | 20 | 5 | 0 | 6 | 0 | 8 | 2 | 0 |
| 焼物 | 1 | 0 | 0 | 1 | 0 | 0 | 0 | 0 |
| 蒸物 | 1 | 1 | 0 | 0 | 0 | 0 | 0 | 0 |
| 炒物 | 2 | 2 | 0 | 0 | 0 | 0 | 0 | 0 |
| 飯料理 | 2 | 0 | 0 | 1 | 1 | 0 | 0 | 0 |
| 寄物 | 1 | 1 | 0 | 0 | 0 | 0 | 0 | 0 |
| 刺身 | 4 | 4 | 0 | 0 | 0 | 0 | 0 | 0 |
| 和物・酢物 | 4 | 3 | 0 | 1 | 0 | 0 | 0 | 0 |
| 浸物 | 1 | 1 | 0 | 0 | 0 | 0 | 0 | 0 |
| 練物 | 2 | 2 | 0 | 0 | 0 | 0 | 0 | 0 |

表中の数値は事例数を、網掛けの欄は出現頻度の高い料理を示す。
（『日本の食生活全集』をもとに作成）

表6　正月の鱈料理

| 料理名 | 鱈の種類 | 副材料・作り方要点 | 使用目的 | 調査地 |
|---|---|---|---|---|
| 棒鱈の煮つけ | 棒鱈 | | 正月のごちそう | 滋賀県香住郡余呉町 |
| いも棒 | 棒鱈 | 里芋<br>棒鱈の煮汁で小芋を煮る | 正月のごちそう | 滋賀県高島郡朽木村 |
| いも棒 | 棒鱈 | 小芋 | おせち料理 | 京都近郊 |
| 棒鱈の煮物 | 棒鱈 | 甘からく炊く | おせち料理 | 奈良県宇陀郡御杖村 |
| 棒鱈の煮つけ | 棒鱈 | | おせち料理 | 奈良県吉野郡吉野町 |
| 棒鱈の煮物 | 棒鱈 | 醤油・砂糖・酒でじっくり煮る | 正月のごっつお | 奈良県北葛城郡当麻町 |
| 棒鱈の煮つけ | 棒鱈 | | おせち料理 | 奈良県磯城郡田原本町 |

（『日本の食生活全集』をもとに作成）

ことは、正月料理の芋棒に対する主婦の思い（京都近郊）[17]によく現れているので紹介しておきたい。

晴れ食を代表するいも棒を炊くのは、主婦にとって最も気をつかう仕事である。小いものそうじ（洗って皮をむく）にも大変手がかかるし、味つけのよしあし、棒鱈の固さ、味のしみこみぐあいなど、答えがすぐさま返ってきて、主婦の腕がためされる。

また、奈良県（宇陀郡御杖村、北葛城郡当麻町、磯城郡田原本町）[18]には芋棒は正月にはなくてはならない料理であったことを伝える素朴なわらべ歌が伝えられている。

「正月来たら何うれし、雪みたいなまま（ごはん）食べて、割木みたいなとと（棒鱈）添えて、碁石みたいなあも（餅）食べて、こたつにあたってねんねこしょー」というものである。

白米の飯や棒鱈の煮物、丸い餅は正月の大変なごちそうで楽しみにしており、ごちそうをいただき、こたつに当たって休息するのも正月の大きな楽しみである、といった内容である。日常食には希薄な非日常食の意義が伝わってくる内容である。

### (3)　正月の鱈料理の特徴

正月行事食として作られる棒鱈の煮物を日常食の煮物と比較した場合、棒鱈を使った煮物という点では共通しているが、汁物同様に副材料との組み合わせの点で日常と非日常を区別できるものである。すなわち、棒鱈と季節の野菜類や芋類など複数の材料と一緒に煮あげる日常食に対し、近畿地方を中心とする正月行事食としての棒鱈の煮物は棒鱈の身だけを煮物にしたもの、そして、棒鱈と里芋を組み合わせた煮物である点が異なる。

里芋と正月の関わりは深く、雑煮の具とする、煮物とする、供物とする、床飾りに使う、贈答品とするなどの習慣が各地でみられ、里芋は「子孫繁栄の食べ物」ともいわれる。そして民俗学的には、正月のハレ食として里芋を用いることは、餅の具としての添え物ではなく、里芋自体が正月料理に欠かせないものであったと述べられている[19]。すなわち、縁起物である里芋を組み合わせることによって芋棒はより神聖で精神性の高い料理となり、正月のごちそうとなり得たといえるのである。

## 2. 盆関連行事食としての鱈の食習慣

盆関連行事における鱈料理の習慣は、近畿地方の正月料理に対し九州地方の盆料理として対比してとらえることができるものであった（表4、7）。

「鱈の煮しめ」、「盆鱈とごぼうの煮しめ」、「干鱈の甘から煮」、「たたき鱈」などの料理名がみられ、九州地方のほとんどの地域で棒鱈が使われ、大分県日田市においては「たらおさ」といって鱈のえら・胃腸などの内臓を乾燥したものが材料とされる特異な特徴がみられた（表8）。具体的な特徴を明らかにするために、いくつかの事例を紹介してみたい。

### （1）　棒鱈の煮物

**棒鱈とこんぶの煮しめ**（長崎県諫早市）[20]　かちかちに乾燥している棒鱈を、金づちでたたいて少し身をほぐし、2日ほど前から水につけておく。このとき、米のとぎ汁かぬかを入れると渋みが抜ける。こんぶを洗って水につけ、やわらかくなったら横に2、3分の幅に切り、つけ汁とともに水を多めに入れて煮る。途中で醤油と砂糖で薄味をつけ、横に3、4分に切った鱈を入れ、煮詰めていく。同じ東北産の鱈とこんぶは相性がよく、こんぶのやわらかい舌ざわりと、鱈のしこしこした歯触り、生ぐさみのない鱈の味がこんぶにしみこんでおいしく、みんなが出入りするお盆には欠かせないごちそうである。

**煮しめ**（佐賀県神埼郡背振村）[21]　5日前から水につけた干し鱈、たけのこやこんにゃく、こんぶ、寒い時期に作った寒豆腐（凍み豆腐）を煮しめてしゅんかん皿（大皿）に盛る。客人をもてなす。

**鱈の煮しめ**（福岡市）[22]　棒鱈を3、4日前から水につけ、毎日水をとりかえてやわらかにする。やわらかくなった鱈は一寸くらいに切り、水煮する。よくよくやわらかくなったら砂糖と醤油で薄味をつける。この汁を半分別に分けてとっておく。鱈は汁が煮詰まるまでことことと炊く。れんこんは皮をとり丸ごと炊く。汁は前にとりわけておいた汁の一部を使い、これに花がつおを入れ、味をみて炊きあげる。ごぼう、里芋、長ささげも同じように炊く。炊きあがったら切って、五品を盛り合わせる。15日の夜の精進落としに炊く。

**棒鱈とごぼうの煮しめ**（熊本県飽託郡飽田町）[23]　盆には必ず棒鱈を新ごぼうと一緒に煮しめにする。棒鱈は頭だけ外して一匹のまま干しあげたものを使う。重さは500匁（約2kg）、長さは2尺（約60cm）くらいある大きなものである。かちかちに乾燥した棒鱈を一晩米のとぎ汁につけてもどし、金槌でたたいて、一口大にばらばらにする。新ごぼうは乱切りにする。棒鱈とごぼうを鉄鍋に入れ、黒砂糖と醤油で甘からくぐつぐつと、焦がさないように気長に炊く。煮汁が減ったら水をさしながら2日がかりで炊く。やわらかく煮えた棒鱈とごぼうの味は格別おいしい。

**棒鱈の煮つけ**（宮崎県西臼杵郡高千穂町）[24]　塩漬けにして干してある鱈を、わらずとでたたいてやわらかくし、一晩水につけてから1寸ぐらいの長さに切り、ゆっくり炊いて砂糖、醤油で味をつける。

**表7　盆関連行事の鱈料理**

| | 日本全域 | 東北地方 | 関東地方 | 中部地方 | | 近畿地方 | 中国地方 | 九州地方 |
|---|---|---|---|---|---|---|---|---|
| | | | | 北陸 | 内陸部 | | | |
| 汁物 | 0 | 0 | 0 | 0 | 0 | 0 | 0 | 0 |
| 煮物 | 21 | 3 | 0 | 2 | 0 | 0 | 2 | 14 |
| 焼物 | 1 | 0 | 0 | 0 | 0 | 0 | 1 | 0 |
| 蒸物 | 0 | 0 | 0 | 0 | 0 | 0 | 0 | 0 |
| 炒物 | 0 | 0 | 0 | 0 | 0 | 0 | 0 | 0 |
| 飯料理 | 0 | 0 | 0 | 0 | 0 | 0 | 0 | 0 |
| 寄物 | 0 | 0 | 0 | 0 | 0 | 0 | 0 | 0 |
| 刺身 | 0 | 0 | 0 | 0 | 0 | 0 | 0 | 0 |
| 和物・酢物 | 0 | 0 | 0 | 0 | 0 | 0 | 0 | 0 |
| 浸物 | 0 | 0 | 0 | 0 | 0 | 0 | 0 | 0 |
| 練物 | 0 | 0 | 0 | 0 | 0 | 0 | 0 | 0 |

表中の数値は事例数を、網掛けの欄は出現頻度の高い料理を示す。
（『日本の食生活全集』をもとに作成）

### (2)　鱈おさの煮物

**鱈おさの煮つけ**（大分県日田市）[25]　日田では盆前になると、魚屋の店頭に鱈おさが並ぶ。鱈おさは本鱈の胃とえらの部分をかちんかちんに干したものである（写真1）。鱈おさは２日ぐらい前から水につけ、何度も水をかえながら、やわらかくなったら１寸長さに切って水煮し、一度水をすててきれいに洗う。これを鍋に入れ、水をひたひたにいれてゆっくりやわらかくなるまで煮て、砂糖と醤油でやや濃いめに味をつける。干したけのこも水にもどして一緒に煮る。昔からどこの家でも作られる。

この鱈おさの利用は日田市の特異な習慣とはいえないようである。東北地方の日常食で身だけでなく、内臓も合わせ使う汁物や煮物が作られていたり、鳥取県で年の暮れの料理として「たら中」といって鱈の内臓を使った煮物がみられたこと[26]などを考慮すると、鱈おさが食材となっていたことは確かである。しかし、なぜこの地域で盆に鱈おさなのかは疑問が残る。

筆者は2009年８月、食文化研究部会の研修旅行で日田市を訪問したことがある。幸いなことに当地の伝統食の研究家から鱈おさの煮物を試食させていただく機会に恵まれた。小さく切った鱈おさと干したけのこの煮染めは、聞かなければ魚介類の料理とは思えず、こりこりとした歯ごたえの快い料理であったが、盆の鱈おさの煮染めの由来については、昔から作られてきたものということで、詳細は不明であった。

## 3. 盆の鱈料理の目的と特徴

これらの事例からも分かるように九州地方のほぼ全域で､精進を建前とする盆行事でありながら、棒鱈や鱈おさを主材料とする煮しめをつくる習慣が定着していた｡すでに盆行事の一つであった｢生見玉」に刺し鯖が使われてきた習慣について第２章で報告したが、これは親の健在を祝うための盆行事食であった。九州地方でみられた盆の鱈の食習慣は生見玉の意味合いは薄いようで、ほとんどの地域で、盆のごちそう、盆客のごちそうとして作られ、大分県日田市、宮崎県児湯郡西米良村、同じく西臼杵郡高千穂町で「精霊さまのお供え」として、福岡県福岡市では「精進落とし」（生臭を嫌う盆から日常の生活に戻るための行事食）として作られていた（表8）。近代初期以前の習慣については現時点では不明であるが、昭和初期においては、九州地方のほとんどの地域で棒鱈の煮しめは盆のごちそうとして作られていたといえそうである。

写真１　鱈おさ（大分県日田市で購入）

そして、正月の鱈料理と同様に、棒鱈や鱈おさの水戻しには何日も要し、長時間煮しめる手間もかかる行事食で、労働に明け暮れる普段の食事ではこのような手間はかけられない料理であったといえる。そして､副材料とされていたものは、長崎県・佐賀県では昆布、熊本県ではごぼうなど、ここでも古くから神饌や供え物とされてきた貴重な材料が組み合わされているところに盆行事食としての特徴

表8　九州地方における盆の鱈料理

| 料理名 | 鱈の種類 | 副材料 | 使用目的 | 調査地 |
|---|---|---|---|---|
| 煮しめ | 棒鱈（東北産） | 昆布 | 盆客のごちそう | 長崎県諫早市 |
| 煮しめ | 干し鱈 | 刻み昆布 | 盆客のごちそう | 佐賀県佐賀郡諸富町 |
| 煮しめ | 干し鱈 | 昆布・たけのこ・こんにゃく・寒豆腐 | 盆客のごちそう | 佐賀県神埼郡背振村 |
| 煮しめ | 棒鱈 | 昆布 | 家族や客の料理 | 佐賀県藤津郡太良町 |
| たたき鱈（煮物） | 干鱈 | 昆布・ひじき・たけのこのかんころ | 盆のごちそう | 福岡県筑紫野市 |
| 鱈の煮しめ | 棒鱈 | れんこん・ごぼう・里芋・長ささげ | 精進落とし | 福岡県福岡市 |
| 鱈の煮しめ | 棒鱈 | じゃがいも | 大切な盆料理 | 福岡県三井郡北野町 |
| 鱈おさの煮つけ | 鱈おさ | （砂糖と醤油） | 精霊様へのお供え<br>盆の料理 | 大分県日田市<br>（どこの家でも作る） |
| 鱈・ごぼう・昆布の煮もの | 棒鱈 | 新ごぼう（黒砂糖と醤油） | 盆客の料理 | 熊本県飽託郡飽田町 |
| 盆鱈とごぼうの煮つけ | 干鱈 | 昆布・ごぼう | 盆客のごちそう | 熊本県球磨郡湯前町 |
| 棒鱈とごぼうの煮しめ | 棒鱈（盆鱈） | ごぼう | 欠かせない盆料理 | 熊本県鹿本郡植木町 |
| 干鱈の甘から煮 | 干鱈 |  | お精霊さまのお供え<br>盆料理 | 宮崎県児湯郡西米良村 |
| 棒鱈の煮つけ | 棒鱈 |  | お精霊さまのお供え<br>盆の料理 | 宮崎県西臼杵郡高千穂町 |

（『日本の食生活全集』をもとに作成）

があり、日常食との相違点であるとみなすことができる。

＊図版出典：今田節子 2014 より

# むすび―鱈の伝統的食文化の特異性とその背景―

以上述べてきた鱈の食習慣の分布、使用目的、日常の鱈料理、正月の鱈料理、盆の鱈料理の特徴を重ね合わせてみると、鱈の伝統的食習慣の特徴が浮かんでくる。まずあげられるのが「日常食と非日常食の二面性をもつ」という特徴である。漁獲地が北日本中心である背景を反映してか、この二面性は次のような地域性として特徴がとらえられるものであった。漁獲地である北海道、東北、北陸地方では生鱈を用いた汁物の工夫がみられ、鱈の身と副材料を組み合わせた日常食の汁物と、鱈の身を豊富に用いた非日常食の汁物という習慣の違い形成されていた。これに対し漁獲地以外の地域では棒鱈を非日常食として使う習慣がみられ、近畿地方の正月行事と九州地方の盆行事に使用される特異的な習慣であった。そして、行事の性質は大きく異なるものの棒鱈を煮物にするという料理法については酷似したもので、棒鱈と里芋を組み合わせた正月料理、昆布や牛蒡を組み合わせた盆料理のように、組み合わせる副材料の種類によって正月と盆の行事を区別する特徴が明らかとなった。この習慣の背景には棒鱈や鱈おさの希少価値や料理の特異性、棒鱈や鱈おさの流通の歴史や価格などの要因が関与し、明確な地域性が形成されてきたものと考えられる。

ではなぜ、近畿地方に正月の芋棒の習慣が、九州地方に盆の棒鱈の煮物の習慣が伝承されてきたのであろうか。地域の住民に聞いても「昔からの習慣だから」という答えしかかえってこない。近畿地方には盆の生見玉の行事に刺鯖や塩鯖を使う習慣が存在し、江戸時代からみられる習慣であったことを第2章で報告した。民俗学分野でいう一年二分性の考え方を取り入れてみると、正月には冬の魚類である棒鱈が使われ、盆には鯖の干物である刺鯖を使う習慣があったと考えられないだろうか。一方、九州地方では物の腐敗しやすい夏の行事に、希少価値が高く、しかも固くなるまで乾燥された棒鱈や鱈おさが他の魚介類よりより適したという見方もできないだろうか。

最後に限られた資料からではあるが、棒鱈が正月と盆の行事食となり得た背景について、棒鱈の希少価値、棒鱈･鱈おさの流通と価格の問題、料理の特異性の観点から若干の考察を加えてみたい。

**棒鱈の希少価値**　漁獲地が北海道や東北・北陸地方に限られ、しかも鮮度が落ちやすい鱈が、海から遠く離れた内陸部で行事食となり得た背景を考えるヒントが、長崎県の資料の中にみられる。「海や川の幸に恵まれているといっても農作業におわれていれば、自分でとることもむずかしい。だから塩蔵ものとともに干物も利用する。鱈の場合は長崎でとれないからなおさらで、東北産の棒鱈を利用する。お盆には必ず使う。」[27]という記述である。棒鱈は九州地方では珍しい貴重品であり、しかも真夏の盆行事には干物は入手しやすい加工品であったことを、盆のごちそうになり得た理由の一つとしてあげることができる。このような背景が明記された資料はほとんどみあたらなかったが、近畿地方においても同様に棒鱈は貴重な珍しい食材であり、漁獲期が秋から冬で、しかも大魚であることが正月料理となり得た背景に少なからず影響しているものと推測される。

**棒鱈・鱈おさの流通と価格**　前述したように、明治時代から昭和初期頃の近代初期には近畿地方や九州地方で棒鱈が使われていたことが明らかになったが、このように魚介類にまつわる食習慣が民間で定着・伝承されるためには、高級魚ではなく、誰でもが入手しやすい魚介類であるという条件が重要である。すなわち、当時からすでに漁獲地が東北地方や北陸地方に限られる鱈が棒鱈に加工され、近畿地方や九州地方まで運ばれ、安価に入手できる環境が存在していたということになる。

江戸時代の『本朝食鑑』には干鱈や鱈の腸を食することが明記されている[28]。また、明治時代の魚介類の漁場や加工法を紹介した『日本水産製品誌』（明治19年水産局編纂、明治28年脱稿の記載あり）には、棒鱈や鱈おさにあたる「タラノウチ」の製法が詳しく述べられており[29]、近世から近代初期にはすでに鱈の乾燥品は発達していたことがわかる。そして、流通についても、北海道や東北地方で加工された棒鱈は海路で運ばれた可能性が高く、江戸時代に開かれた海路である[30]北前船の西回り航路、九州航路を使って九州地方まで流通し、盆の時期には店頭に並べられ、住民が購入して盆料理に使用したと推測される。『日本水産製品誌』には、「タラノウチ」の流通に関する内容に触れられており、「百斤の値およそ4、5円位にして、西国地方へ販路広し」とある[31]。西国とは近畿地方以西を指し、特に九州地方と解釈されている[32]。鱈おさは棒鱈に加工する際に除かれるえらや胃などの内臓を乾燥させたものであり、鱈おさ同様に棒鱈も西国への販路を持っていたと考えられる。そして近畿地方への流通については、海路で若狭まで運ばれ、陸揚げされた棒鱈は鯖街道を通って京都に運ばれていたことが『市場仲買文書』などの鯖街道関連の資料から明らかである。元文頃（1736～1741）から明治初期までの小浜魚市場の記録である『市場仲買文書』には、若狭街道を経由する四十物の中に干し鱈が含まれていたことが明記されており[33]、京都からさらに奈良地方へ運ばれ、正月料理となったものと考えられる。すなわち、明治・大正・昭和初期頃には棒鱈や鱈おさは近畿地方や九州地方に流通し、正月や盆の季節には身近な商店で購入可能な食材であったと推測される。

もう一つの条件である価格については類推の域を脱しえないが、『日本水産製品誌』が「タラノウチ」の価格に触れており、「百斤の値およそ4、5円位にして」とある[34]。すなわち、明治20年代の鱈おさの価格は、60kgが4円から5円だとすると、1kgが7～8銭程度で、白米を基準にして昭和元年の価値に換算してみると[35]おおよそ25銭程度にあたる。そして、鳥取県の事例のなかにも年の暮れに食べる「たら中」（鱈おさのこと）は安価であるという内容が記されている[36]ことから、鱈おさは安価で購入しやすいものであったと思われる。

一方棒鱈については、熊本県の事例にあったように棒鱈一本は500匁（約2キログラム）程度の大きなものであったようで、鱈おさの数倍の値段という相当高価なものであった。過去の聞き取り調査で昭和初期頃の正月鰤一本は米一俵の価格（おおよそ13円）[37]に値し、百姓には手が出ないものであったと聞くことが多かったが、それに比較すると安価であった可能性は高い。

一年の二大行事である正月と盆には、遠路はるばる東北・北陸地方から運ばれてくる棒鱈や鱈おさを少々値が張っても購入して正月や盆を祝い、客をもてなす習慣が形成されていたものと思われる。

**料理の特異性**　年中行事には神仏を迎え、普段とは異なる食べ物を供え、家族や親類縁者が集い神人共食をする習慣があり、それが本来の行事食であった。

すでに述べたように遠路はるばる運ばれる棒鱈や鱈おさは希少価値が高いものであり、それを主材料とする正月や盆の料理は、日常の料理と区別される特異性をもった行事食となり得たと考えることができる。そして、子孫繁栄を意味する縁起物の里芋と組み合わせた正月の芋棒はより神聖な食べ物となり、また、古くから神仏の供物とされ、精進材料の代表でもある昆布や牛蒡と組み合わせた盆の棒鱈や鱈おさの煮物は、普段とは異なる盆のごちそうとなり得たことはすでに料理の特徴として述べてきた通りである。料理法は煮物に限られているものの、棒鱈と組み合わせる材料によって神事の正月と仏事の盆を区別することができたことも、行事食として重宝された理由の一つであるように思われる。そして、棒鱈や鱈おさの煮物には長年の経験から会得したこつがあり、手間をかけて気長に長時間煮込んでいく手法は、普段の料理と区別するおおきな要因となっているといっても過言ではなかろう。

棒鱈や塩鱈の利用は江戸時代からみえ、庶民の日常の副食を角力番付けにもじって記録した『おかず番付』[38]には前頭の夏の料理として「干だらすっぽん煮」、春の料理として「こんぶ煮たら」、「たらこぶのつゆ」、「ぼうたらのにつけ」、「たらの煮魚」、「ぼうたらのかんろに」が記載されている[39～42]。資料の性質から判断して、干鱈や棒鱈は特別な食べものではなく、手に入りやすい魚介類の一つとして理解でき、汁物や煮物として利用されていたと理解してもよさそうである。しかし、特異的な習慣である近畿地方の正月の棒鱈、九州地方の盆の棒鱈や鱈おさの煮物に関する資料には出会えず、歴史的な要因も含め今後の大きな課題である。

**【註】**

1）人見必大著、島田勇雄注『本朝食鑑』4（1697）、平凡社、1992、pp.44、45。
2）農文協編『伝統写真館日本の食文化』全12巻、農山漁村文化協会、2006。
3）赤羽正春『鱈』ものと人間の文化史171、法政大学出版局、2015、pp.251～280。
4）日本の食生活全集編集委員会編『日本の食生活全集』全48巻、農山漁村文化協会、1985～1992。
5）平敷令治、恵原義盛編『日本の衣と食』全10巻、明玄書房、1974。
6）文化庁編『日本民俗地図』Ⅳ交易・運搬、国土地理協会、1974。
7）三輪勝利監『水産加工品総覧』、光琳、1983、pp.10～12。

8）杉田浩一、平宏和、田島眞、安井明美編『日本食品大事典』、医歯薬出版、2003、pp.372 ～ 374。
9）前掲註 5）。
10）前掲註 6）。
11）前掲註 8）。
12）前掲註 7）。
13）「日本の食生活全集滋賀」編集委員会編『聞き書　滋賀の食事』、農山漁村文化協会、1991、pp.241、296。
14）「日本の食生活全集　京都」編集委員会編『聞き書　京都の食事』、農山漁村文化協会、1985、p.54。
15）日本の食生活全集　奈良」編集委員会編『聞き書　奈良の食事』、農山漁村文化協会、1992、pp.19、102、196。
16）「日本の食生活全集　鳥取」編集委員会編『聞き書　鳥取の食事』、農山漁村文化協会、1991、pp.268、269。
17）前掲註 14）。
18）前掲註 15）。
19）坪井洋文『イモと日本人　民俗文化論の課題』、未来社、1980、pp.68 ～ 138。
20）「日本の食生活全集　長崎」編集委員会編『聞き書　長崎の食事』、農山漁村文化協会、1985、p.53。
21）「日本の食生活全集　佐賀」編集委員会編『聞き書　佐賀の食事』、農山漁村文化協会、1985、p.114。
22）「日本の食生活全集　福岡」編集委員会編『聞き書　福岡の食事』、農山漁村文化協会、1987、p.30。
23）「日本の食生活全集　熊本」編集委員会編『聞き書　熊本の食事』、農山漁村文化協会、1987、pp.146、221。
24）「日本の食生活全集　宮崎」編集委員会編『聞き書　宮崎の食事』、農山漁村文化協会、1991、p.46。
25）「日本の食生活全集　大分」編集委員会編『聞き書　大分の食事』、農山漁村文化協会、1992、p.224。
26）前掲註 16）。
27）前掲註 20）。
28）前掲註 1）、p.47。
29）農商務省水産局編『日本水産製品誌』（大正２年の序あり）復刻版、岩崎美術社、1983、pp.91 ～ 96。
30）豊田武、児玉幸多編『交通史体系』日本史業書 24、山川出版、1970、p.108。
31）前掲註 29）、p99。
32）日本国語大辞典第二版編集委員会編『日本国語大辞典』（第二版）第５巻、小学館、2003、p.1280。
33）『市場仲買文書』（元文頃から明治初期）、若狭鯖街道熊川宿資料館資料、福井県上中町熊川。
34）前掲註 29）。
35）週間朝日編『値段の明治・大正・昭和風俗史』、朝日新聞社、1981、p.115。
36）前掲註 16）。
37）前掲 35）。
38）石川尚子「江戸後期から明治･大正にかけて刊行された食物番付について」、味の素食の文化センター『助成研究の報告』5、1995、pp.5 ～ 14。
39）前掲註 38）、資料２　江戸・明治期のおかず番付 No.1『日用倹約料理仕方角力番附』。
40）前掲註 38）、資料２　江戸・明治期のおかず番付 No.2『日々徳用倹約料理角力取り組』。
41）前掲註 38）、資料２　江戸・明治期のおかず番付 No.3『日用珍宝惣菜倹約一覧』。
42）前掲註 38）、資料２　江戸・明治期のおかず番付 No.4『精進魚類日々菜早見』。

# 第5章　加工保存食にみる鯖・鰯の伝統的食文化とその背景

民間では高度経済成長期以前まで決して消費量が多いとはいえなかった魚食の習慣が、日本を代表する食文化と位置づけられる理由には、魚介類の巧みな利用とその多様性にある。これは長年携わってきた伝統的食習慣の聴き取り調査過程でしばしば実感することであり、多彩な魚介類の加工保存法と食べ方もその一つにあげることができる。

しかしながら、民間に伝承されてきた魚介類の加工保存食の特徴を、全国的な資料に基づき食文化という視点から論じたものはほとんどみられない。民間に伝承されてきた魚食文化の特徴を明確に把握していくためには、加工保存食としての魚介類の食習慣について検討することは避けて通れないものであると考える。

本章では伝統的な魚介類の加工保存食の種類と発酵食品である「塩辛・魚醤」･「へしこ」を取り上げ、加工法の特徴や地域性を探るとともに、その必要性や変容を生活環境と関連付けながら考察し、引いては鯖や鰯の伝統的食文化の特徴とその背景をさらに明確なものとしていきたい。

主な調査資料はこれまで通り『日本の食生活全集』[1)]とし、魚介類の加工保存食に関する事例を収集した。また､一部の地域については聴き取り調査結果も合わせて資料とした。なかでも塩辛･魚醤、へしこに関しては、材料、加工方法、使用目的、食べ方などの詳細な資料とともに、伝承されてきた調査地の生活環境についても記載内容から可能な限り資料を集めた。

## 第1節　魚介類の加工保存法の種類

『日本の食生活全集』[2)]に記載されていた325調査地には497例の魚介類の加工保存食が紹介されていた。加工保存食の種類が多く、しかも事例数の20%近くを占めたのは東北、近畿、中部地方で、次いで15%程度の九州地方、10%程度の北海道、中国地方とつづいた。このなかでも特に日本海沿岸地域の北陸、北近畿、山陰地方で加工保存食の種類や事例数が多い傾向にあった。一方、魚の保存食の事例数の占める割合が比較的少なかったのは関東、四国地方であった（表1)。

加工保存食の事例が多かった東北、近畿、中部、九州地方は、近海に好漁場を持ち、漁獲が豊富であるいう恵まれた環境下にあった。しかし、九州地方以外の地域では、気候風土の関与も大きいように思われる。

東北地方と北陸から山陰地方にかけての日本海沿岸地域は、積雪、季節風、時化など冬の気候は厳しいもので、漁業、農業を問わず思うに任せない日々が続く。このような生活環境のもとで、海藻類や魚介類を乾燥保存して冬場の食べ物とする習慣があったことは、すでに行ってきた海藻類や鯖の食習慣に関する聴き取り調査過程で度々耳にすることであった[3～5)]。したがって、同じ海産物である魚介類についても、春から秋にかけて漁獲された魚介類を無駄なく加工保存し、冬場の生活に備える工夫が習慣化していったものと考えられる。一方、台風の影響はあるものの、年中比較的

表1　魚介類の加工・保存食の種類と地域性

（事例数（%））

| | 地　域 | 北海道 | 東北 | 関東 | 中部 | 近畿 | 中国 | 四国 | 九州・沖縄 | 合計 | （%） |
|---|---|---|---|---|---|---|---|---|---|---|---|
| 保存食の種類 | 塩辛・魚醤 | 7 | 28 | 6 | 19 | 14 | 19 | 4 | 17 | 114 | 22.9 |
| | 干　物 | 13 | 11 | 3 | 3 | 31 | 6 | 3 | 32 | 102 | 20.5 |
| | 塩漬・塩蔵 | 13 | 13 | 6 | 21 | 6 | 7 | 1 | 23 | 90 | 18.1 |
| | なれずし | 4 | 21 | 4 | 13 | 22 | 3 | 0 | 1 | 68 | 13.7 |
| | へしこ | 3 | 7 | 1 | 20 | 11 | 6 | 2 | 3 | 53 | 10.7 |
| | こうじ漬 | 3 | 4 | 0 | 5 | 3 | 1 | 0 | 0 | 16 | 3.2 |
| | 味噌漬 | 0 | 1 | 3 | 2 | 3 | 2 | 1 | 1 | 13 | 2.6 |
| | 粕　漬 | 2 | 4 | 1 | 0 | 1 | 1 | 0 | 0 | 9 | 1.8 |
| | おから漬 | 1 | 1 | 3 | 1 | 1 | 0 | 0 | 0 | 7 | 1.4 |
| | くさや | 0 | 0 | 1 | 0 | 0 | 0 | 0 | 0 | 1 | 0.2 |
| | その他 | 5 | 5 | 3 | 5 | 1 | 2 | 0 | 3 | 24 | 4.8 |
| | 合　計 | 51 | 95 | 31 | 89 | 93 | 47 | 11 | 80 | 497 | 100 |
| | （%） | 10.3 | 19.1 | 6.2 | 17.9 | 18.7 | 9.5 | 2.2 | 16.1 | 100 | |

（『日本の食生活全集』より作成）

温暖な太平洋沿岸の関東地方や中国地方の瀬戸内沿岸、そして四国地方では、年間を通じて安定した漁獲物があり、特別に冬場の食糧確保のため加工保存する必要性は低いものであった。このように、農産物の加工保存法だけでなく、魚介類の加工保存法の発達にも気候風土の影響は大きいものであることを示す結果であった。

『日本の食生活全集』に記載されている魚介類の加工保存食の名称および作り方の概要を考慮すると、魚介類の保存食は11種類に大別された（表1）。その結果、比較的方法が簡単である干物と塩物はそれぞれ102事例（21%）、90事例（18%）と全事例数の40%をしめ、塩辛・魚醤類114事例（23%）、なれずし68事例（14%）、へしこ53事例（11%）、こうじ漬16事例（3%）と、方法が複雑で発酵工程をもつ加工保存法が半数以上を占めるという予想外の結果であった(表1)。そして、塩辛・魚醤が魚介類の加工保存法のなかで最も高い割合を占めたことは、現在の食生活からは想像しがたいものである。しかし一方では、伝統的食生活のなかにあっては日本の食文化の大きな特徴とされている発酵文化が、魚介類の加工保存食のなかでも明確に把握できるものであったといえよう。

## 第2節　塩辛・魚醤の伝統的食習慣とその背景

現在においては塩辛と魚醤は別物として理解されている。魚介類の筋肉や内臓に食塩を加えて腐敗を防ぎながら自己消化と同時に発酵により旨味を醸成させたものが塩辛[6)]、魚介類を内臓を含んだまま長期間塩蔵し、自己消化酵素によって濃厚なアミノ酸液を生成したものが魚醤[7)]である。しかし、収集した資料については、両者を区別しがたいものが多く含まれていた。そこでまず、「塩辛・魚醤類」として検討を進め、特徴を把握した後に、伝統的食生活のなかでの塩辛と魚醤の分類を試みることにした。

### 1. 塩辛・魚醤の分布と地域性

「魚介類の肉や内臓、卵巣などを塩漬けして熟成発酵させる加工工程をもつ」[8、9)]という条件に基づき資料を検討した結果、塩辛・魚醤類114例が収集された。その分布は図1に示すように、北海道から沖縄に至るまで全国的にみられるものであった。その分布密度は日本海沿岸地域、太平洋沿岸地域、および九州西岸の中北部の漁村に高く、80％近くを占めていた。この背景には材料となる魚介類の入手の難易が影響しているものと考えられる。

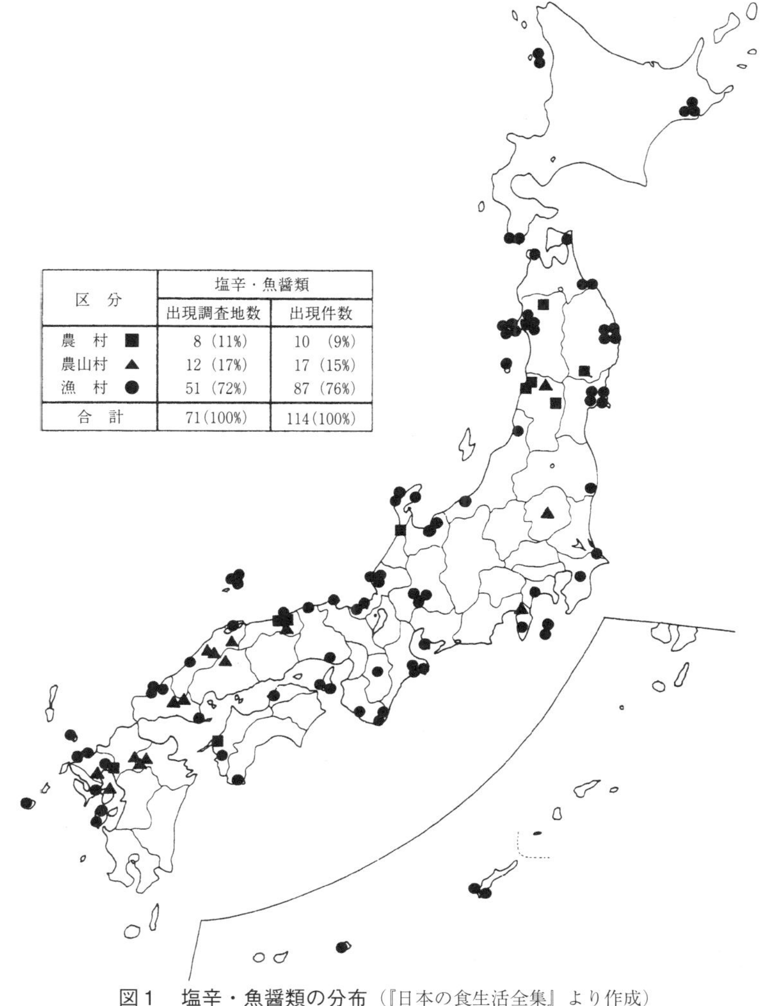

| 区　分 | 塩辛・魚醤類 | |
|---|---|---|
| | 出現調査地数 | 出現件数 |
| 農　村 ■ | 8（11%） | 10　（9%） |
| 農山村 ▲ | 12（17%） | 17（15%） |
| 漁　村 ● | 51（72%） | 87（76%） |
| 合　計 | 71（100%） | 114（100%） |

**図1　塩辛・魚醤類の分布**（『日本の食生活全集』より作成）

## 2. 材料の種類と特徴

### （1）　魚介類の種類と漬ける部位

塩辛・魚醤の材料として使用された魚介類は30種類にもおよんだ（表2）。使用率の高いものはイカ（23％）、アユ（14％）、鰯（11％）、カツオ（8％）、鯖（5％）で、その他の25種類は使用頻度が低く、限られた地域での利用であった。ほぼ全国的に使用が認められたものはイカ、鰯であった。一方、地域差が認められたアユは鵜飼い漁の盛んな岐阜県、琵琶湖を有する滋賀県など、河川や湖水に恵まれた中部、近畿、中国、九州地方の内陸部で、カツオの利用はカツオが黒潮にのって北上していく和歌山県、静岡県、茨城県、福島県、宮城県の近畿地方から東北地方にかけての太平洋沿岸地域で、また、鯖は好漁場をもつ北陸、山陰地方で利用が多いという地域的特徴が認められた。そして、北海道・東北地方では、ニシン、サケ、ハタハタ、アワビ、ホッキ貝、サザエ等、他地方に比較して材料となる魚介類は多彩で、この地域独自のものであった。

このように、塩辛・魚醤類の分布はほぼ全国的なものであったが、材料となる魚介類の種類に視点を移すと地域差が認められた。そして、これらの塩辛・魚醤の材料となった魚介類は、すでに報告した伝統的食生活のなかにおいて日常食および非日常食として使用されていた魚介類の地域性と一致するものであった。

材料となる魚介類のなかでも、イカ、エビ、鰯の他、カタクチイワシやアイゴの幼魚、シオマネキ等の小ガニ、アミ類などの小魚類は魚体全体が漬けられていた。小魚類を無駄なく食べやすく

表２　塩辛・魚醤類に使用された魚介類

| 魚介類の種類 | 出現頻度（％） | 種類計 |
|---|---|---|
| いか | 29（23） | 30種 |
| あゆ | 17（14） | |
| いわし | 14（11） | |
| かつお | 10（8） | |
| さば | 6（5） | |
| あわび，本がね（しおまねき），にしん，さけ，うに，こなご，はたはた，あめぐり（あみ），すく，ほっけ，ほっき貝，するめ，いさじゃ，えび，白魚，ちか，さざえ，たかべ，むろあじ，なまこ，かます，さんま，ずわいがに，しいら，いかなご | 各1～4（3％以下） | |

（『日本の食生活全集』より作成）

表３　塩辛・魚醤油に使用された魚介類の部位

| 漬ける部位 | 事例数（％） | 主な魚介類の種類 |
|---|---|---|
| 全体 | 57（53） | いか，えび，いわし，かたくちいわし，あいごの幼魚，しおまねき（小がに），あみ |
| 魚肉のみ | 10（9） | にしん，いわし，剣先いか |
| 内臓のみ | 30（28） | あゆ，かつお，あわび，さけ，さば，いわし |
| 生殖巣 | 11（10） | うに，あゆの卵巣 |

（『日本の食生活全集』より作成）

加工する工夫である。また、アユ、カツオ、アワビ、鮭、鯖、鰯などは、内臓だけが漬けられ、産卵期のウニやアユは卵巣など生殖巣が漬けられていた（表3）。これらの材料は、塩引き鮭、カツオ節や鯖節、塩鯖、鰯や鯖のへしこ（糠漬）、アワビの焼き干しなど、身の部分を保存する加工法が発達したものばかりである。したがって、その加工過程ででる廃棄部分の内臓が無駄なく合理的に利用され、発達したものである。

しかし、わざわざ内臓を除外して魚肉のみを漬ける形態もみられた。例えば、北海道のニシンの切り込みや鰯の切り込み（魚体を小さく切って漬け込んだもの）、山口県の剣先イカの塩辛などである。これは、内臓特有の苦味や臭みを除くためのものと考えられるが、旨味を生成する自己消化酵素群を取り除くことにもなる。これら内臓を取り除き魚肉のみを使う事例には、少量のこうじやトウガラシなどの副材料の使用が多いという特徴が認められた。おそらく熟成や風味の増加に関わる内臓に代わる補助的役割を期待して、こうじなどが経験的に利用されてきたものと推測される。このように、漬けられる魚介類の部位は一律ではなく、魚体全体、身の部分だけ、内臓のみ、生殖巣のみといった四つに大別できるものであった。なかでも内臓を含む形態で漬け込むものが８割以上を占めたが（表3）、これは内臓や魚体に含まれるたんぱく質分解酵素と熟成中に増殖した微生物の生産する酵素群によって魚肉たんぱく質が分解され、旨味を醸成させる[10]という基本操作を考えると当然のことといえる。

以上のように塩辛・魚醤類は、主材料となる魚介類の種類や部位からみて、地元で大量に漁獲され、安価に入手できるものを無駄なく生かすという基本的な取り組みのもとで発達した加工保存食であったことが窺える。

### (3)　塩分濃度の工夫

塩辛・魚醤類の基本材料は魚介類と塩である。塩を材料に混ぜ込む、魚介類を塩揉みする、塩と魚を交互に重ねる、表面にふるなど、塩の使い方は様々であった。いずれの方法にしても材料の魚介類が高濃度の塩分に接していることにはかわりない。

発酵食品は、食塩の防腐力と発酵調整能の性質が利用されている[11]。すなわち、自己消化が急速に進むと腐敗に至るが、食塩を用いることで酵素作用は緩やかとなり、旨味の生成が増すことになる。食塩量15%の塩辛では本漬の中期頃より熟成に関係する菌数が増加し始め、後期に至っては高い菌数となり熟成を促進するが、20%塩分濃度では、熟成に関わる微生物は減少する一途であり、その作用はごく弱いという報告がある[12]。

『日本の食生活全集』から収集した塩辛・魚醤類の事例では、塩の量は経験に頼っている関係からか、明記されているものは少なかった。そこで、おおよその塩分濃度が記載されている事例から考察を加えてみたい。なお、塩分濃度は容量で示されており、3合塩とは材料1升に対して3合の塩が入る割合をいう。

石川県のいしりやアメグリの塩辛、岐阜県のしぶうるかや子うるか、三重県のわたじょから、福岡県や長崎県のガネ漬、沖縄県のすくがらすなど、3合塩の使用が多くみられた。また、秋田県のイサジャの塩辛、エビの塩辛、シラウオの塩辛、コナゴのしょっつる、鳥取県のアユのうるかなどは、3合塩以上の塩分濃度であった。明治中期に水産局によって編纂された『日本水産製品誌』[13]にも塩辛・魚醤の塩加減として「雲丹1升に塩3合の割合なり」などと3合塩を使ったものが多い。明治から昭和初期あたりの伝統的加工法においては、3合塩は一般的な塩分濃度であったと考えてもよさそうである。また、筆者が行っている伝統食の聴き取り調査においても3合塩は長期間の漬け物や夏越しの漬け物によく使われる塩加減とされてきた[14～17]。

容量で計算すると3合塩は約23%の塩分濃度にあたる。したがって3合塩またはそれ以上の塩分濃度では浸透圧作用により魚肉細胞や表面に付着している細菌細胞から脱水がおこり、貯蔵性を増加させることに役立つ効果は大きい。しかし、前述の説[18]から考えると、酵素作用を適度に抑制し熟成を促進させるという点からみて、塩分濃度が高く効果が大きいとはいえないかもしれない。しかし、高濃度の塩加減のものに数年間保存できる利点もあったと考えられる。

一方、北海道のアワビのうろまいや岩手県のスルメの塩辛、宮城県のイカの脇たたき、伊豆大島のムロの一尾塩辛などは塩分濃度1%で、塩辛としては極めて低濃度のものもみられた。これらの本漬期間は1週間程度と短期間で、塩辛と呼ばれていたが塩物に近いものであったと推測される。そして、低濃度の塩分で漬けるものは冬の期間、または北海道や東北地方など、比較的気温の低い時期や地域にみられ、塩分濃度に気温を考慮して決められたものと思われる。

以上のように、塩分濃度は魚の種類、大きさ、鮮度、使用する部位、気温、季節などを考慮したもので、長年の経験に基づいた工夫であるといえよう。

### (4)　副材料の工夫

塩以外の副材料として米こうじ17例、トウガラシ10例、酒4例がみられたが、いずれも少数例であった。

『日本の食生活全集』では、米こうじは北海道、岩手県、宮城県、秋田県、富山県、福井県、神奈川県と主に東北地方、北陸地方に集中してみられた（図2）[19]。しかし、『日本水産製品誌』[20]の塩辛・魚醤では、肥前、薩摩、讃岐、石見など九州、四国、山陰地方にもこうじの使用がみられ、広い地域で使われていたと想像される。そして、鰯やイカナゴ1升に食塩3～5合、こうじ3～5勺とこうじの使用量はきわめて少なく、こうじ漬とは区別されるものであった。

米こうじには、糖化作用と発酵促進の二つの作用がある[21]。東北や北陸地方のような寒冷地では、塩辛・魚醤類の熟成に米こうじに有効な副材料であったと想像される。また、北海道のニシンの切

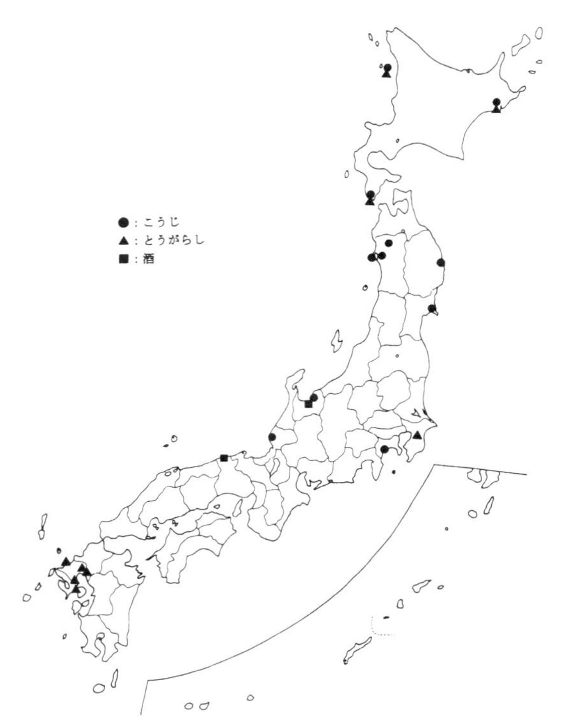


図2　こうじ、トウガラシ、酒を利用した塩辛・魚醤類の利用分布
（『日本の食生活全集』より作成）

り込みには一割の塩が、岩手県のスルメの塩辛にはイカ一ぱいに対し一つまみの塩が使われていたように、塩分濃度が低いものに米こうじを使う例が比較的多い。塩分濃度が低く、防腐性に欠ける場合、米こうじの添加は発酵熟成を早める工夫のひとつであったとみなされる。

トウガラシは北海道のニシンの切り込み、鰯の切り込み、イカの塩辛、千葉県のジャミの塩辛、福岡県のガネ漬、佐賀県のイカの塩辛、鰯の塩辛、ガネ漬、ガン漬、長崎県のガネ漬で使用されていた。トウガラシは、強い辛味成分のカプサイシンを含有し、味を引き締めるとともに脂肪の酸敗を抑制し、防腐作用や防虫作用をもつことが知られている[22]。このような作用を期待しての利用であったと考えられる。

酒は塩分濃度が比較的低く、熟成期間が7～10日間と短い富山県のイカの赤作りや黒作り、兵庫県のイカの塩辛に使われていた(図2)。イカの塩辛において、イカの15～18%塩分濃度でアルコールを4～10%使用した場合、アルコール添加は塩分1%増加の保存効果に近似していることが明らかにされている[23]。したがって、酒利用の目的は、短期間の漬け込みでも生臭みをおさえ風味を添加し、保存性を増すところにあったと考えられよう。

以上のように、伝統的手法に頼って作られてきた塩辛・魚醤類であるが、副材料の米こうじ、トウガラシ、酒の利用は、科学的にも有効な利用であった。また、近年の塩辛は低濃度の塩分で短期間漬け込み、旨み添加や防腐の目的にグルタミンソーダや酒、こうじ、防腐剤を添加するものが主流となっているという[24]。『日本の食生活全集』の調査でも低塩分濃度、短期間漬け込み、酒やこうじの添加という方法が少数例であるがみられた。現在の主流となっている低塩濃度塩辛が、昭和初期頃すでに家庭のなかで、工夫されつつあったということであろうか。

## 3. 加工工程の工夫

材料を下処理し、漬け込み、熟成する過程でもさまざまな工夫がみられた。まず、魚介類の下処理の工程では、ウニや鰯、カツオ、ニシンの塩辛などのように、海水や塩水、水で洗浄することで魚体表面の汚染物質や粘質物を除去したり、水にさらすことで内臓の血抜きをする工夫が行われていた。また、脂肪含有量の高いニシンや鰯は、脱水・脱脂の目的で前もって塩漬けしてから本漬されていた。これらは魚臭や腐敗のもととなる要因を取り除く工程で、魚臭抑制や腐敗防止につながる工夫である。

次に本漬の工程では、沖縄県のスクガラスや山形県のイカの塩辛のように、塩漬により上がってきた漬け汁を煮沸して殺菌してから再び漬ける工夫がみられた。また、容器に蓋をしてさらに上を被う、目張りをするなど、容器を密閉する操作がみられ、虫の侵入を防ぎ、空気を完全に遮断することで好気性微生物の繁殖を防ぐ目的であったと考えられる。そして、日本を南下する地域に行くほど多くみられた容器を土のなかに埋めたり、戸棚の中などの冷暗所に保存する工夫は、温度の上昇による腐敗を防ぐためであったといえよう。

熟成促進につながる操作としては細かく切って漬ける、毎日かき混ぜるなどの操作が行われていた。

これらの工夫点のなかで地域性が認められた操作は、目張りや密閉、冷暗所への保存といったものだけであり、他の操作にはほとんど地域差は認められなかった。いずれの地域においても、魚介類の性質や量、塩加減、漬け込む季節、保存期間などを考慮して、防腐性・保存性の向上、旨味の増加などに関わる工夫を経験的に行ってきた結果であると考えられる。

## 4. 食べ方にみる多様性

発酵・熟成後の製品を三形態に大別し、食べ方の工夫を探っていくことにした。材料の魚介類に大小はあるものの形がそのまま混在する形態（以下塩辛形態という）が約70%、魚介類が溶解してドロドロ、粥状となった形態（以下ピューレ形態という）が約25%、そして、漉す、垂らす、上清液を取るなどの液体状の形態（以下魚醤形態という）が5%をしめていた。

### (1)　塩辛形態の食べ方

塩辛形態のほとんどは、飯にのせて副食としたり、なめながら酒を飲む「なめ味噌タイプ」の食べ方であった。しかしこの他に調理材料、調味料としての利用がみられた（表4）。

塩辛形態79例の中には魚体全体または頭・内臓を除去した魚を原料に漬け込み、製品となっても魚体の形態が保たれているものが多い。したがって、一尾なりの塩辛（三重県）、鯖の塩辛（島根県）のように鰯や鯖だけを取りだし、煮物や焼き物、和え物の材料として使うもの29例（37%）がみられた。一方、魚介類を小さく切って漬け込んだ形態は調味料としての位置付けが高く、和え衣や浸し物の味付け、煮物や汁物の味付けに使われていたものが28例（35%）みられた。これらのなかには、コウナゴの塩辛（秋田県）、ムロの一尾塩辛（伊豆大島）、鯖や鰯の塩辛（福井県）、イカ

表4　塩辛の主な食べ方

| | | | | |
|---|---|---|---|---|
| 塩辛形態 | なめ味噌タイプの食べ方 | 79例（100%） | 飯にのせて食べる，なめながら酒の肴 | |
| | 調理材料として利用 | 29例　（37%） | 煮物 | 15例　（52%） |
| | | | 焼き物 | 8例　（28%） |
| | | | 和え物・酢の物 | 6例　（21%） |
| | 調味料として利用 | 28例　（35%） | 煮物・汁物 | 14例　（56%） |
| | | | 和え物・酢の物 | 11例　（44%） |
| ピューレ形態 | なめ味噌タイプの食べ方 | 28例（100%） | 飯にのせて食べる，なめながら酒の肴 | |
| | 調理材料として利用 | 2例　（7%） | 焼き物 | 2例（100%） |
| | 調味料として利用 | 13例　（46%） | 煮物 | 8例　（62%） |
| | | | 和え物・酢の物 | 5例　（3%） |

（『日本の食生活全集』より作成）

表5　魚醤の使い方と食べ方

| 名　　称 | | 魚の種類（部位） | | 加工法 | 使用法 | 料理例 |
|---|---|---|---|---|---|---|
| こなごのしょっつる | （秋田県） | こなご | （全体） | 加熱・ろ過 | 調味料 | 煮物 |
| はたはたのしょっつる | （秋田県） | はたはた | （全体） | 加熱・ろ過 | 調味料 | 野菜や魚の煮物<br>しだ餅につける |
| いしり | （石川県） | いわし | （内臓） | 加熱・ろ過 | 調味料 | 煮物，貝焼き<br>なす・大根の漬物 |
| いしり | （石川県） | い　か | （内臓） | 加熱・ろ過 | 調味料 | 煮物，貝焼き<br>刺身醤油 |
| たらし | （和歌山県） | さんま | （全体） | 汁をたらす | 調味料 | 魚や野菜の煮物 |
| | | いわし | （全体） | 汁をたらす | 調味料 | 魚や野菜の煮物 |
| いかなご醤油 | （香川県） | いかなご | （全体） | ろ過 | 調味料 | 野菜の煮物（だし兼用），刺身醤油 |

（『日本の食生活全集』より作成）

や鯖の塩辛（山口県）のように、上清液やろ液部分は醤油の代用として使い、残りの魚の部分は調理材料として利用するなど、塩辛形態と魚醤形態を兼ねるものもみられた。そして、調味料としての利用では、濃厚な旨味と塩分を生かして芋類、大根、白菜などの野菜類や豆腐など、淡白な味をもつ材料の味付けに使われていた。

このように伝統的食生活においては、塩辛形態の製品の使い方は、塩辛そのままを副食とする、塩辛の魚のみを調理材料として使う、塩辛を調味料として使うなど多彩であるところに特徴が認められた。現在では、塩辛は嗜好品の一つであるが、発酵液のなかの魚を調理材料として利用することから考え、伝統的食生活における塩辛は、魚介類保存の目的も大きかったといえよう。

### (2) ピューレ形態の食べ方

ピューレ形態の製品も塩辛形態と同様にそのままをなめ味噌タイプとして副食としていたが、その半数近くは煮物、汁物、和え物、浸し物の調味料として使われていた（表4）。粥状の濃度はあるものの液体に近い形態が、魚醤と類似した使いやすさにつながっていったものと考えられる。

### (3) 魚醤形態の食べ方

『日本の食生活全集』から収集した資料には、現在でも郷土の伝統食品として伝承されている秋田県のハタハタのしょっつる、石川県の鰯やイカを使ったいしりのように、発酵・熟成後、火入れをして完全に残渣をろ過した魚醤が6事例みられ、現在の醤油同様に煮物や和え物・浸し物の調味料として使われていた（表5）。さらにこれらに加え、形態的には前述の塩辛形態に分類されるものであったが、汁の部分を加熱・ろ過したり、上清部分を使うなど、魚醤と同様な使い方がなされてきたものが6例みられた（表6）。したがって魚醤形態としての利用は12例で、全体の一割程度に当たるものであった。現在よりも魚醤の利用頻度は高かったものと推測される。

以上のように、塩辛・魚醤類の食べ方は予想以上に多様なものであったが、行事食としての位置付けは低く、いずれも日常食としての利用が基本であった。

ここで、食べ方に視点をおき、塩辛・魚醤類114例を分類してみると、調味料として使うもの約40%、調理材料となるもの約30%、そして、普通になめ味噌として食べるもの約30%という割合であった（図3）。すなわち、伝統的食生活にあっては、魚醤のみならず塩辛も調味料としての役割が大きいものであった。これらの結果は、一般家庭では塩辛と魚醤を明確に区別することなく漬け込み、必要に応じて利用していた可能性が高いことを示している。

表6　塩辛と魚醤油を併用した食べ方と使い方

| 名　　称 | 魚の種類（部位） | 魚の食べ方 | 発酵液の使い方 |
|---|---|---|---|
| こなごの塩辛（秋田県） | こなご（全体） | 熱い飯にのせる<br>大根と塩辛なます | 煎じてしょっつる<br>調味料 |
| むろの一尾塩辛（伊豆大島） | むろあじ（全体） | 製造初期には魚を食す | 上清液をしょっつる<br>えんばい汁 |
| 塩　辛（福井県） | さば，いわし（内臓，あら） | なめ味噌同様に食す | 布袋で漉し調味料<br>煮物 |
| いわしの塩辛（山口県） | いわし（魚肉） | 焼き物，骨ごと刺身<br>大根なます | 醤油の代用<br>つけ汁 |
| 剣先いかの塩辛（山口県） | いか（魚肉） | 焼き物，大根なます<br>ダイダイ酢をかけて | 醤油の代用<br>つけ汁 |
| さばの塩辛（山口県） | さば（魚肉） | 焼き物，大根なます<br>ダイダイ酢をかけて | 醤油の代用<br>つけ汁 |

料理名は資料に記された名称で示した。（『日本の食生活全集』より作成）

## 5. 塩辛・魚醤の必要性とその背景

伝統的食生活のなかで、魚介類の下処理、漬け込み、熟成・発酵過程と長期間を要し、しかも長年の経験と高度の技術を必要とされる塩辛・魚醤類が、なぜ各地域の家庭で伝承され、必要とされてきたかを考えてみたい。

各調査地で明記されていた塩辛・魚醤類を作る理由と、各地域の気候風土や生業形態、四季の食生活に関する記述を考慮して塩辛・魚醤類が伝承されてきた背景を探ってみると、13種もの要因が浮かび上がってきた。これらは食環境に関わる要因と、食生活に関わる要因に大別された（表7）。

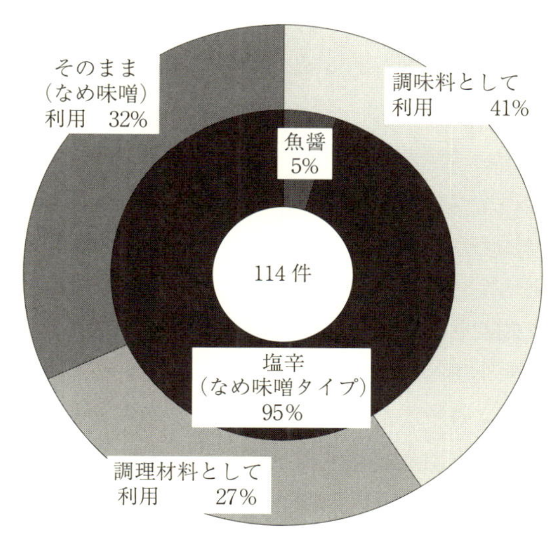


図3　食べ方からみた塩辛・魚醤類の分類

食環境の中でも魚の生態・漁業形態・加工業の発達に関わる要因が最も多い。大量に漁獲され、腐敗しやすい魚介類を無駄なく利用するという理由は全国的にみられるものであった。また、漁業の盛んな東北・北陸・紀伊半島地方では、鮭の塩引き、干しアワビ、スルメ、カツオ節、塩鯖や鰯のへしこなど、水産加工品の発達があり、その際にでる廃棄部分である内臓を無駄なく塩辛や魚醤に加工するという理由も多くみられた。これらは、無駄なく漁獲された魚介類を有効に生かすという価値観の反映であろう。

次に気候風土の影響をあげることができる。特に北海道、東北、北陸、山陰地方、紀伊半島沿岸でみられた背景で、積雪や季節風、休漁、台風による不漁時、凶作時の食糧不足を緩和するための保存食である。大量に漁獲された安価な時期の魚介類をトロ箱で購入し、漬け込むことが、漁村だけでなく近隣の農村でも習慣として行われていた。

さらに、食環境の一つとして経済的要因をあげることができる。耕地が少ない漁村において毎日の食材である米や野菜と物々交換する対象として塩辛・魚醤類を加工するという理由が東北、北陸、山陰、近畿地方の日本海側、四国、九州など広い地域に認められた。

表7　塩辛・魚醤類伝承の背景

| | 背景・必要性 | 事例数（%） | 地　域 |
|---|---|---|---|
| 食環境に関わる背景 | 魚の生態，漁業規模，加工業の発達 | 109（40） | |
| | 大量漁獲→無駄のない利用 | 53 | 全国 |
| | 材料の腐敗大→長期保存 | 20 | 北海道，東北，山陰，関東，四国，九州 |
| | 加工の廃棄箇所→有効利用 | 36 | 東北，北陸，南紀 |
| | 気候・風土 | 55（20） | |
| | 食料確保（積雪，季節風，休漁） | 28 | 北海道，東北，北陸，山陰 |
| | 食料確保（台風，水害，離島） | 19 | 東北，北陸，山陰，南紀 |
| | 海産物の確保（海に遠い） | 3 | 東北，中部 |
| | 出荷不可能（消費地遠隔） | 5 | 北海道，東北 |
| | 経済的側面 | 30（11） | |
| | 商品化→現金収入 | 7 | 東北，山陰，南紀，九州 |
| | 物々交換のため→米や野菜類 | 23 | 東北，北陸，山陰，近畿，四国，九州 |
| 食生活に関わる背景 | 食生活の状況 | 78（29） | |
| | 自家製調味料として | 13 | 全国（九州・沖縄除く） |
| | 食事に変化をつける | 45 | 全国 |
| | 食事の手間を省く | 12 | 東北，関東，九州 |
| | 地域独自の貴重な素材を生かす | 8 | 九州，沖縄 |

（『日本の食生活全集』より作成）

食生活に関わる背景としては、食事の手間を省き食事に変化をもたらす、自家製の調味料となり使い方が多彩であるなど、毎日の食事に直接関わる要因が全国的にみられた。

このように、塩辛・魚醤類が必要とされ伝承されてきた背景を考えたとき、加工が生業の一部となり生計の一助となり得た可能性は低いものであった。すなわち、塩辛・魚醤類は、決して物質的に豊かとはいえなかった伝統的食生活のなかで、自然からの恵みである魚介類を無駄なく有効に保存して、自然災害に対して食料を確保し、できるだけ安定した食生活を営むための工夫の一つであったことが明らかとなった。そして、もう一つの大きな背景として、塩辛・魚醤類は、いつでも間に合い、簡単に副食となり、調理材料とも調味料ともなり得たという便利さを見逃してはならない。生業のほとんどを手作業に頼っていた伝統的食生活のなかにあって、これらの便利さは伝承背景の重要なものである。さらに、この伝承背景は、塩辛・魚醤類が非日常的な食べ物ではなく普段の食べ物であり、ほぼ全国的にみられる習慣であったことの背景でもある。

## 6. 塩辛・魚醤の歴史的背景

明治中期に編纂された『日本水産製品誌』[25]、には、塩辛と魚醤の製造法が示されており、「醤」を「しおから」と読むとの解説がみられる。そして、魚醤は「魚介類の肉、腸、卵などを塩漬けにして醤を作り、その滷液を搾り取り食用とする」とある。本書が当時の水産局で編纂されたものであること、記載内容に各地の地名がでてくるなどを考えると、明治時代には、漁村各地で塩辛はもとより魚醤はまだまだ作られ、利用されていたと推測される。すなわち、魚醤は一般に中世以降すたれたとされているが、庶民生活のなかでは明治時代から昭和初期あたりまでの近代初期においても、まだまだ需要の高いものであったと考えることができる。さらに、「自家製調味料として重宝した」という記載や多彩な利用法が示すように、魚醤だけでなく塩辛も調味料としての役割が大きかったことは、伝統的食生活のなかで、塩辛・魚醤の位置付けがいかに高いものであったかを示すものである。

魚醤の名称はすでに平安時代の『延喜式』(927) にみえ、各地方から朝廷に貢献されたものの一つであることが明らかにされている[26]。材料となったものはアワビ・鯛・鮭・鯖・小鰯などの魚介類だけでなく、鹿や兎などの獣肉を使ったものも見られる[27]。和仁によると醤の発酵技術は古代に中国から伝来したもので、奈良朝の律令のなかに「醤院(ひしおいん)」の存在が記録されているという。そして中国の魚醤の作り方については、魚肉に塩、香辛料、酒などを加えて漬け込み、漬けた魚肉を賞味する食品であったと紹介し、我が国においては、塩辛の液体部分を調味料として使うように変形したと説明している[28]。伝統的食生活における塩辛の利用には、塩辛の魚肉を煮物や焼き物、和え物の材料としたことが示されたように、中国から伝来した漬けた魚肉を賞味する前者の方法と、塩辛の粥状部分や上清液を煮物や汁物、焼き物、和え物、浸し物の調味料とする後者の方法を併せた多彩な利用法がみられ、古い習慣が民間の食生活のなかで生き続けてきたといっても過言ではない。この多彩な利用法が可能であった要因は、明治時代から昭和初期の近代になっても、庶民階層の日常食のなかで塩辛・魚醤類が有用なものであったことが大きい。

これらの特徴を考えたとき、伝統的食生活のなかでは、塩辛・魚醤は明確に区別されず加工保存され、必要に応じて使い分けがなされた可能性が高い。これこそが民間の伝統的食生活における塩辛・魚醤にまつわる食文化の特徴であると考えられる。とはいえ、湿度の高い日本においては、魚介類の発酵食品の管理は決して容易なものではなかったことも事実である。穀類に比べ魚介類の発酵食品は生臭みも高く、腐敗しやすいという問題点がある。したがって、中世・近世には秘伝抄や料理書などの公の場から魚醤の名称は消え、その後鮮魚の保存法や運搬法の発達に伴い、加工や管理に手間がかかり、しかも長年の経験が必要とされる塩辛・魚醤は家庭から徐々に姿を消し、限られた地域の郷土料理として、または珍味の一品として伝承されるにすぎなくなったものと思われる。

しかしながら、本調査研究結果より、塩辛・魚醤の利用は、伝統的食生活においては日常食として高い位置付けをもち、日本人の伝統的な魚食文化、発酵食文化の特徴を示す一つであったことが明らかになった。

＊図版出典：今田節子 2003b より

## 第3節　「へしこ」の伝統的食習慣とその背景

発酵を伴う魚介類の加工保存法の一つである「へしこ」を取りあげ、加工法の特徴や地域性、その必要性を探り、伝統的魚食文化の特徴の一端を明らかにすることを目的とした。へしこは、魚介類を米糠と塩で漬けた加工保存法で、日本の稲作文化と深いかかわりをもつものである。

調査研究は塩辛・魚醤同様に昭和初期の食生活を記録した『日本の食生活全集』[29] を資料に、日本全国に伝承されてきたへしこに関する事例を収集した。なお、へしこは糠漬けのことであるが、地域によって名称が異なるものであっても、内容から明らかに糠漬けと判断できるものについては資料に加えることにした。

またへしこの食習慣が集中して存在した地域については聴き取り調査も実施した。2001 年 3 月

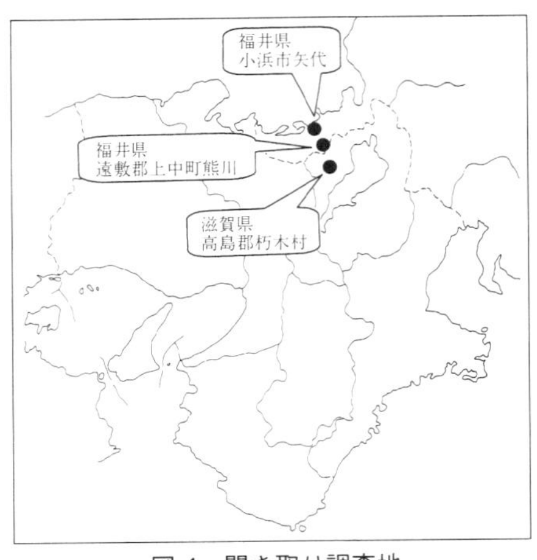

図4　聞き取り調査地

および9月に福井県小浜市、遠敷郡熊川、同年9月に滋賀県朽木村を訪れ、住民からへしこに関する聴き取り調査を実施し、へしこの変容や伝承背景を探った。聴き取り調査地は現在でもへしこが伝承されている地域であり、小浜市は日本海沿岸に面し、漁村が点在する地域、熊川は小浜市に隣接する農村地帯、朽木村は熊川に比較的近い中山間地域である（図4）。

## 1. へしこの分布と地域性

へしこの一般的な製法は、「いったん塩漬けした魚介類を塩と米糠で漬け込み、自己消化作用や微生物の発酵作用で生成した生産物によって特有の風味を付与したもの」で（図5）、いわゆる魚の糠漬けのことである[30]。地方ではへしこ、こぬか漬、糠ニシン、こんか鰯など、魚介類の名称を付けたものも多い。名称の由来については、「圧しこむ」からきたとも、鰯を「ひしこ」ともいい、これをよく糠漬けにしていたことから「へしこ」に転訛したともいわれている[31]。

『日本の食生活全集』には54調査地に70例のへしこが紹介されており、その分布は図6に示す通りであった。日本全国に散らばって分布するものの、富山県、石川県、福井県、京都府、兵庫県、すなわち、北陸から北近畿にかけての日本海沿岸地域への分布が多いという特徴が明らかであった。しかも、漁村、農村、山村に出現した事例数からみて、漁村で加工されたものが農山村へ流通し、使われたことをうかがわせる結果であった。

しかし、分布密度は低いものの太平洋沿岸や瀬戸内沿岸地域にもへしこの出現がみられた。このことから、以前はどこの地域でも行われてきた加工法であり、もっと広い地域に分布する習慣であったと考えられる。なぜなら、聴き取り調査結果によると福井県小浜市矢代、田烏などの漁村一帯では鮮魚を用いてへしこの加工が盛んに行われ、また、小浜市に隣接する農村地帯の遠敷郡熊川においても、以前は鮮魚をトロ箱で購入してへしこに加工していた。さらに山間に入った滋賀県朽木村においては、鮮魚が入りにくい時代には塩鯖を材料としてへしこが作られていたからである。すなわち、へしこに適した鮮魚や塩蔵魚が入手でき、米糠と塩があれば大根の糠漬の技法を応用して、どこの地域でも製造可能

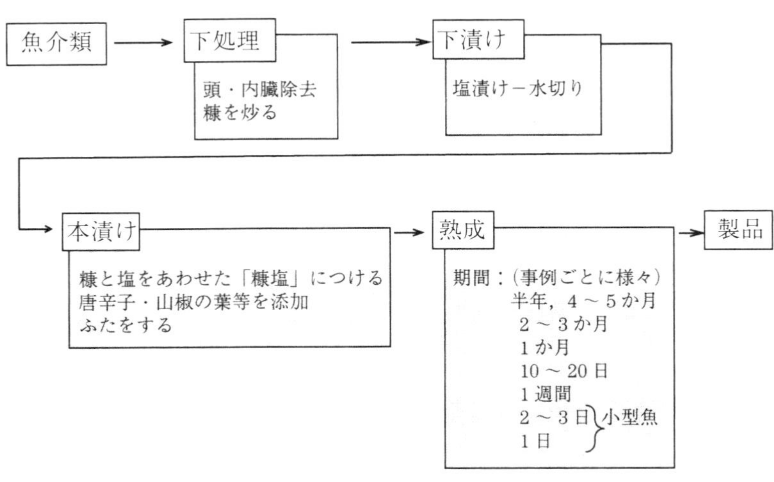

図5　へしこの加工工程（『日本の食生活全集』より作成）

な加工保存法であったと考えられる。魚介類の漁獲が多い、魚介類の保存の必要性が高いなどの諸条件が関与し、時代が経るに従い地域で変容に差が生じ、図６のような明確な地域性が形成されていった可能性が高い。

一方、へしこの事例がほとんどみられなかった地域は、奥羽山脈から飛騨、木曽、赤石山脈間の地域と沖縄地域であった（図6）。沖縄地域を除き、山脈に囲まれたこれらの地域にはへしことなる鮮魚が流通しなかったこと、また、加工されたへしこは比較的重量もあり運搬に便利とはいえなかったなどの要因が関与し、へしこの出現が認められなかったものと推測される。逆に沖縄では年中豊富な漁獲に恵まれ、魚介類の加工保存の必要性は低いものであったといえよう。

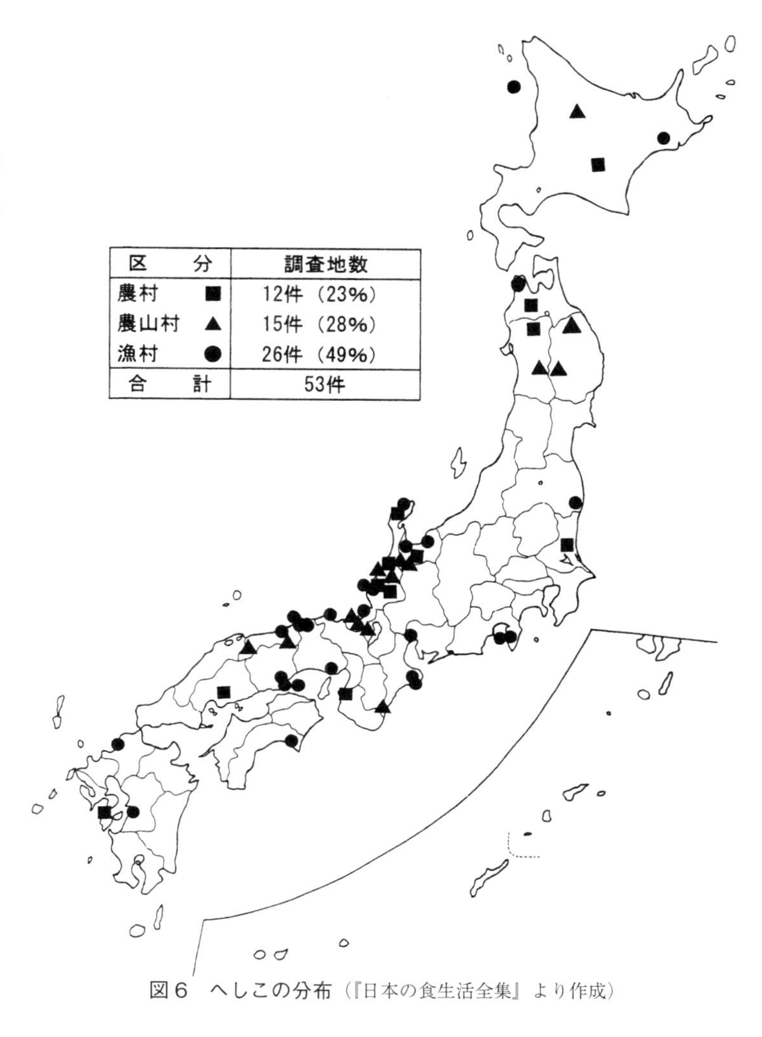

| 区　　分 | 調査地数 |
|---|---|
| 農村　■ | 12件（23%） |
| 農山村　▲ | 15件（28%） |
| 漁村　● | 26件（49%） |
| 合　　計 | 53件 |

図６　へしこの分布（『日本の食生活全集』より作成）

## 2. 魚介類の種類と特徴

『日本の食生活全集』に記載されていた70種類のへしこには16種類の魚介類が使用されていた（表8）。その中で最も多く使用されていたのは鰯で全体の40％をしめ、次いで鯖16％、ニシン14％、サンマ9％であった。これらでへしこ全体の約80％をしめることからも、へしこの主たるものは、鰯、鯖、ニシン、サンマであるといっても過言ではない。そして、ニシンは北海道から東北地方にかけて、サンマは福島県から三重県にかけての太平洋沿岸地域に、鰯、鯖は富山県から鳥取県にかけての若狭湾を中心とした日本海沿岸地域に使用が多いという地域性が認められた（図7）。この特徴は、第１章で述べた伝統的食生活のなかで利用されてきた魚介類の種類の地域性と酷似したものであった。へしこの材料からみた地域性にも魚介類の生息域や漁獲地が関与していることはいうまでもない。

へしこの主材料には地域性が認められたが、これらの魚介類には共通した性質がみられる。いずれも回遊魚であり、年により差があるものの以前には大量に漁獲されていた魚である。そして、鰯

表8　へしこの主材料の出現割合

| 主材料 | 件　数 | 脂質含量（%） |
|---|---|---|
| いわし | 28（40%） | 13.9 |
| さば | 11（16%） | 12.1 |
| にしん | 10（14%） | 15.1 |
| さんま | 6（9%） | 24.6 |
| いか | 3（4%） | するめいか1.2<br>ほたるいか3.5 |
| つなし | 2（3%） | − |
| ぼら | 1（1%） | 5.0 |
| いかなご | 1（1%） | 5.5 |
| はたはた | 1（1%） | 5.7 |
| ままかり | 1（1%） | − |
| さけ | 1（1%） | 4.1 |
| めじか | 1（1%） | − |
| ふくらぎ | 1（1%） | − |
| かつお | 1（1%） | 6.2 |
| あじ | 1（1%） | 3.5 |
| たら | 1（1%） | 0.2 |
| 計　16種類 | 70件 | |

（『日本の食生活全集』より作成
脂肪含量：「五訂食品成分表」を参照）

13.9%、鯖12.1%、ニシン15.1%、サンマ24.6%と魚介類の中でも特に脂肪含有率が高いものばかりである[32)]。「鯖の生き腐れ」という言葉で象徴されるように脂肪を多く含む魚介類の鮮度低下は非常に速い。一方、へしこの漬け床に使う米糠は、米糠自身が脂肪分を含有するために魚介類の脂肪を吸収しやすいという利点がある。したがって、へしこは脂肪含有率の高い魚介類を長期間保存するためには最適な加工保存法であるといえよう。

上記の材料以外に事例数は少ないものの、イカ、アジ、鮭などの脂肪含有率の低い魚介類もへしこの材料となっていた（表8）。若狭湾周辺地域の聴き取り調査においても以前は鰯や鯖以外にアジやイカ、カワハギ、トビウオなど、漁獲が多かった魚介類がへしこに加工されていたという。したがって、脂肪分が少なく淡白な魚介類に対しても、米糠の風味を生かした保存性の高い加工保存法の一つとして使われてきたものと思われる。

## 3. 加工工程の工夫

### （1）　漬け床の工夫

地域や家庭で漬け床の材料にも多少の差はあるものの、漬け床の基本は米糠と食塩である。多くの地域で使用されていた糠床は、「糠塩」と呼ばれる米糠と食塩を混ぜたものが一般的であった。しかし、その割合を明記した事例は少なく不明瞭なものが多かった。また、聴き取り調査においても明確な答えは返ってこなかった。すなわち、魚介類の大きさ、性質の違いによって米糠と塩の割合や漬ける期間は異なり、それらは経験に頼ってきたという伝統食の特徴がへしこにもみられたわけである。

記載がある事例は多くはなかったが米糠と食塩の割合を考察してみると、米糠1升に対して塩3合、いわゆる一般に3合塩と呼ばれる割合が多かった。「塩加減が薄いと虫がわいたり、腐ってしまう」といわれるように、米糠と食塩を同量、米糠3に対し食塩2という高濃度のものもみられた。いずれにしても現在の漬け物と比較して食塩濃度が非常に高いことには間違いない。また、伝統食のなかでは事例は少ないが、糠塩に酒をふって湿らせて使う事例もみられた。これは、酒の風味で魚の生臭みを抑え、旨味を付ける目的で使われたものである。現在では酒を使うところも増えてきているようである。

富山県や和歌山県の事例、朽木村の聴き取り調査結果のなかには米糠を妙ってから使う場合もみられた。米糠の香ばしさで魚介類の生臭みを抑える効果をねらったものであろう。また、米糠には15～20%の脂肪が含まれているため、保存中に酸化して酸化臭が生成されることもある。したがって、米糠を加熱することによって脂肪の分解酵素を失活させ、長期保存中の酸敗臭を防ぎ、へしこの旨味を持続させる効果があったものと考えられる。

北陸・北近畿沿岸一帯では、糠床に唐辛子、山椒の葉、笹の葉などの副材料を混ぜたり、漬け込む際に魚介類と糠塩の間に層状に挟んでいく習慣が比較的多くみられた。なかでも唐辛子の利用は多い。唐辛子の辛み成分であるカプサイシンは脂肪の酸敗を著しく抑制することが明らかにされている[33]。また、山椒の葉は辛みと芳香を有し、辛み成分には殺虫、解毒作用がある[34]。そして、笹は防腐作用が高く、古来からすしなどの食品を包むことに使われてきている。これらの副材料は防虫作用や防腐作用を目的に使われてきたと同時に、それぞれのもつ香りが魚臭を抑え、旨味を増すことにもつながっていったものと考えられる。

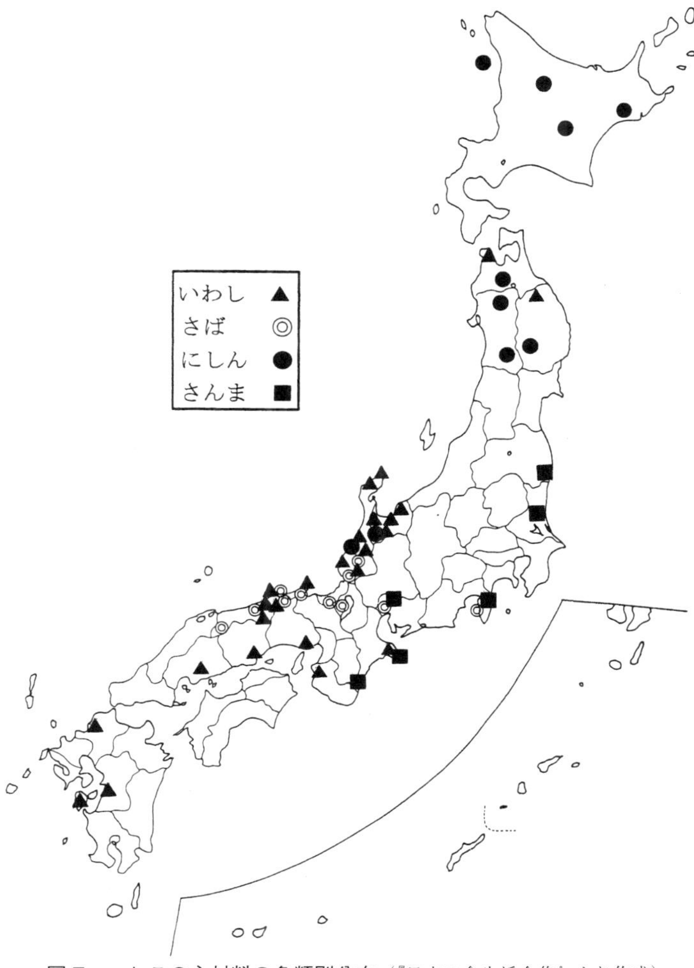


図7　へしこの主材料の魚類別分布（『日本の食生活全集』より作成）

### (2) 漬け方の工夫と特徴

へしこの製法を漬け込む時期、下処理、本漬け、熟成過程に大別し、それぞれの過程での工夫点を探っていくことにする。

①漬け込み時期と魚の旬の関係

へしこの品質に影響する要因として、まず主材料の魚と漬け込む時期の関係をあげることができる。表9にへしこの代表的な材料であった鰯、鯖、ニシン、サンマの漬け込みの時期と産卵期、漁獲時期の関係をまとめた。いずれの魚も産卵期前、または産卵期の脂の乗った時期のものを材料として、春または秋に漬け込まれているものが多く、産卵期後の脂の落ちた時期のものが漬け込まれた事例は極めて少ない。小浜市の漁村での聴き取り調査によると、へしこの主材料となる魚介類は産卵期前の脂が乗った時期のものが最適といわれる。すなわち、産卵前から産卵期にかけてが一番味がよく、産卵後は味が落ちるという魚の習性をうまく生かした漬け込みの時期ということができる。そして、脂分を吸収しやすい米糠を漬け床とする漬け物であったからこそ、脂の乗った時期の魚介類を長期間保存でき、旨味の濃厚な保存食を作りあげることができたとみなすことができよう。

漬け床と一緒に魚介類を樽に漬け込んでいく前の段階を下処理の工程とした（図5）。まず、魚介類を水洗いする工程がある。鰯など比較的小さな魚は内臓や頭などを取り除かず使う事例も多かっ

表9　へしこを漬ける時期と漁獲時期・産卵期の関係

| 主材料 | 漬ける時期 | 漁獲時期 | 産卵期 | 漬ける時期と産卵期の関係 | |
|---|---|---|---|---|---|
| | | | | 産卵前・産卵中 | 産卵後 |
| いわし | 春，春先 | 1～5月<br>2～4月，2～7月<br>9～11月 | 3～6月 | ○ | |
| | 晩秋～冬 | 9～11月<br>11～6月 | | | ○ |
| さば | 春，春先 | 3～5月，9～11月 | 3～6月<br>5～7月 | ○ | |
| | 晩秋～冬 | 5～11月 | 5～7月 | | ○ |
| にしん | 春先 | 2～4月，10～5月 | 3～6月 | ○ | |
| さんま | 秋 | 8～10月，10～11月<br>5月 | 10～12月 | ○ | |

（『日本の食生活全集』より作成）

たが、まず水で魚の表面をよく洗うことから始められた。これによって汚染物や粘質物が除去される。特に魚の表面に付く粘質物質は粘質多糖を含んでおり、熟成過程で苦みを生成する原因ともなるといわれている[35]。海水で洗う例もあったが、滑りの除去には塩分を含む海水がより効果的であったという理由からかもしれない。

脂肪を多く含む鯖やニシンの場合は鱗や内臓を取り除くのが一般的であったが、内臓は腐敗が速く、生臭みが強いため取り除いた後、十分に水洗いして使われていた。さらにニシンのこぬか漬けの場合は、水さらしという工程が行われていた。内臓を除去したあと赤水（血液）が出なくなるまで水にさらすことによって、血の生臭さを取り除く工夫であった。また、魚介類を切って漬けることもあったが、これは材料の表面積を大きくし、脂分が米糠に吸収されやすくなる、成熟を速めるなどの利点があったといえよう。

前述の米糠を妙って使用する場合を含め前処理にみられた工夫は、全て魚臭の除去や防腐作用の向上、味の向上につながるものばかりであった。

③本漬け・熟成工程の工夫

糠塩で漬け込み、食べられるまでの工程を本漬け・熟成工程とした（図5）。

漬け込みは、樽の底に糠塩を敷き詰めその上へ魚を並べ、さらに糠塩を被せていく、これを繰り返し上層へはたっぷりの糠塩を敷き詰め重しをかけるという操作である。鯖のように比較的大きな魚で内臓を取り背開きにしたものには、頭から腹のなかまで糠塩を詰めたものを漬け込んでいく。小浜市の漁村ではこれとは異なった漬け込みの方法が伝承されていた。まず新鮮な鰯や鯖の内臓やえら、目まで取り除き塩漬けにする。これを米糠だけで漬けていき、重い石をかけた隙間から米糠が湿る程度に塩漬けの際に出る汁を静かに注ぐという方法である。結果として、糠塩で漬け込んだ状態と同じものができあがることになる。この漬け汁は「しえ」と呼ばれ、加熱して殺菌、酵素を失活させたものを使う場合もある。

漬ける期間は魚の大きさや季節によって異なるが、2、3ヶ月から長いものでは1年以上と幅が広い。また、春に漬け夏を越したものは製品が良いといわれるが、気温の関係でより熟成が進んでいるということであろう。この期間に塩の浸透圧で脱水が起こり、水分や脂分は米糠に吸収され、逆に米糠の旨味が魚肉に浸透していく。さらに魚肉たんぱく質の分解も起こり濃厚な旨味が生成される。そして、虫や腐りを防止し、身のしっかりしまったへしこに仕上げるためには重石をしっかりかけることがコツであると言い伝えられている。これがへしこの熟成過程であるが、当然のことながら経験に頼る部分が非常に多い。

次に塩や米糠の化学的な性質を明らかにすることによって、経験に頼ってきた漬け込み・熟成期間の工夫点をさらに明確にしていきたい。まず塩については、高濃度の食塩水に接している主材料から浸透圧により脱水が起こると、腐敗細菌の発育が阻止され、貯蔵性が増す[36)]。そして、高濃度の食塩は乳酸菌などの耐食塩性微生物を選択的に生育させ、発酵によって生成される乳酸が適度に酸味を生じ、風味を付けるのを助けると考えられている[37)]。塩分濃度が低くて腐らせてしまったことがあるという話を聞いたが、経験に頼って使われてきた高濃度の食塩であったからこそ、へしこの細菌の増殖を抑え、有害微生物と有用微生物をうまく制御し、保存性を増すという効果をもたらしたとみなすことができる。

さらに米糠は、漬け込んだ後の熟成期間にさまざまな効果をもたらす。まず、米糠自体に含まれる酵素や乳酸菌などの微生物によって発酵が起こり、特有の風味を生成する。米糠に含まれるデンプンは酵素によって糖類に分解され甘みを生じ、さらに乳酸発酵により乳酸を生じ魚介類のたんぱく質は凝固し、適度な酸味を帯びてくる。この酸味は塩からさに丸みを持たせ、へしこ特有の風味を形成していくという利点がある[38)]。一方、魚肉中の脂肪の存在は腐敗を促進させる大きな要因であるが、米糠は魚介類の脂肪を吸収して防腐性を高める役割を持っている。そして、米糠の作用による脂肪の減少は、魚自身の臭みをとることへも繋がっている。

経験の積み重ねによって工夫されてきたへしこの製法は、塩と糠の共同作業によって保存性の増加、旨味の向上をもたらす、化学的にも合理的な製法であるといえる。

## 4. 食べ方にみる多様性

へしこは日常のおかず、漁や山仕事の弁当のおかず、そして日頃の酒の肴として重宝されてきた。へしこは、あくまでも日常の食べものであり、行事食としての利用はまれであった。食べ方は表10に示したように、へしこをそのまま食べる、焼き物、酢の物、煮物、汁物、そして、なれずしの材料とするなどの用途がみられた。

へしこはそのまま食べてもおいしいといわれるが、塩で身が締まり、米糠の自然の甘みが浸透しているために、自然の旨味を味わうことができる食べ方であるといえよう。魚の種類に関わらず最も多い調理法は焼き物であった。糠のついたままが良い、糠を落としたもののほうがよいなど個人差はあるが、いずれにしても米糠の焦げ臭が香ばしく、魚の臭みを感じずおいしく食べられる方法であったと思われる。薄く切ったものを酢じめにして食べる方法は、食感を変化させ、酸味によって塩辛さを抑えた食べやすい方法であったうえに、酸によって防腐作用が付与される方法である。また、使用頻度は低いものの椀種にも使われていた。これはへしこをぶつ切りにして野菜類と一緒に煮る方法であるが、汁物の具、だし、調味料を兼ねた合理的な使い方であった。そして、聴き取り調査を行った小浜市や熊川地域では、鯖のへしこの塩抜きをして米こうじで漬け込み、なれずしを作る習慣が伝承されていた。塩魚を飯で漬ける古代からのなれずしとは異なり、一旦糠漬けにされた魚を使うために、臭みが少なく食べやすいなれずしとして、今日でも正月には購入して食べる

表10　へしこの食べ方・使い方

| 食べ方 | 件数(%) | 料理名（例） | 料理方法 |
|---|---|---|---|
| そのまま | 2<br>（2.3） | いわしのぬか漬（三重）<br>さんまのぬか漬（三重） | さんまやいわしの漬物を食べるときは，焼いて食べたり，ぬかを洗い落として**生のままで**食べたりする |
| 焼き物 | 59<br>（68.6） | いわしのへしこ（兵庫）<br>こんかいわし（富山） | いわしのへしこも食べるときには，できるだけ**ぬかを落とさないようにして軽く焼く**，こんかいわしを食べるときは**ぬかを落として焼く**。 |
| 酢の物 | 16<br>（18.6） | こんかいわし（石川）<br>へしこ（福井） | こんかいわしはぬかを洗い落として薄切りにし，**酢をかけ**て食べるのもおいしい |
| すし | 2<br>（2.3） | すしにしん（北海道）<br>いわしの塩ぬか漬（青森） | すしにしんは新しい者は焼いて食べるほか，塩出しして**飯ずし**を作る |
| 煮物 | 2<br>（2.3） | にしんのぬか漬（北海道）<br>いわしのからがき（福岡） | いわしのからがきはぶつ切りにして，**大根と一緒に煮て**食べるのもおいしい |
| 汁物<br>（汁の実，調味料） | 5<br>（5.9） | ぬかにしん（北海道）<br>さんまのぬか漬（福島） | ごしょいも，大根，にんじん，長ねぎ，キャベツなどと，ぬかにしんのぶつ切りをにしんの塩気だけで**三平汁**にする |

（『日本の食生活全集』より作成）

家庭も多い。

へしこは、「おかずのないときにいつでも取り出して食べられるもので、便利なものであった」、「塩からいために少しのおかずで沢山の飯が食べられ、漁や山仕事の弁当に便利であった」などといわれるように、長期間の保存ができ、いつでも使えて、多彩な食べ方ができるなどの利点がある。この特徴はへしこ伝承の背景の一つであり、鮮魚がいつでも手に入る今日においても、へしこが郷土料理として伝えられてきている理由の一つでもあるように思われる。

## 5. へしこの必要性とその背景

小浜市や熊川、朽木村で聴き取り調査をした際の話である。「以前は海面に鰯や鯖がわいてくるほど生息し、鮮魚をトロ箱何杯も買いへしこに漬けた」、「海から離れており魚介類が手に入りにくいため漁獲時期の安価な鯖を沢山購入してへしこに漬け、冬場の食べ物とした」などである。すなわち、保存食であるへしこは、それぞれの地域で理由は異なるが、必要性があったからこそ作られ、製法が伝承されてきたと考えられる。

表11　へしこの必要性と背景

| 背景・必要性 | 事例数 |
|---|---|
| 魚の生態，漁業規模に関わる要因 | 47 |
| 大量漁獲　→　無駄のない利用 | 26 |
| 〃　→　安価なもの | 17 |
| 材料の腐敗が大きい　→　長期保存 | 4 |
| 気候・風土に関わる要因 | 26 |
| 食料確保（休漁，積雪，季節風） | 14 |
| 海産物の確保（海から離れている） | 12 |
| 経済的側面 | 2 |
| 商品化（現金収入，物々交換） | 2 |
| 食生活の状況に関わる要因 | 62 |
| 食事に変化 | 34 |
| 主菜となる食材の確保 | 13 |
| 食事の手間を省く | 6 |
| 行事食の食材としての保存 | 9 |

（『日本の食生活全集』より作成）

そこで、『日本の食生活全集』に記載されていたへしこについても、それぞれの地域のへしこの必要性を探ってみることにした。表11に示すように、へしこを必要とした要因は食生活の状況に関わる要因が最も多く、次いで魚の生態的特徴と漁業規模に関わる要因、地域の気候・風土に関わる要因と続き、経済的側面に関わる要因は少ないものであった。すなわち、へしこは商品として製造されるための技術として伝承されてきたのではなかった。大量に漁獲された魚介類を新鮮な内に無駄なく加工し長期間保存するため、冬場の食糧確保のために安価な時期の魚介類を保存するため、そして単調な食事に変化をつけるための加工調理法の一つとしてなど、直接日常の食生活に関わる要因がへしこの必要性の背景として浮かびあがってきた。

地域差を考慮してみると、漁家や直接鮮魚が手に入る漁村、近隣の農村地帯では、売りさばくことができないほど大量に漁獲された鮮魚を無駄なく加工する、安価な鮮魚を多量に購入し保存する等の理由が目立って多いのが特徴である。これに対し行商などから魚介類を購入する農山村地域においては、漁獲が多く安価である時期の魚介類をトロ箱で大量に購入してへしこに加工し、冬場の食糧とするという食糧確保の意味が強いものであった。へしこの伝承されている地域は北陸、北近畿地方が中心であったが、冬場は積雪もあり、農作業がままならない地域も多い。そして、伝統的食生活のなかにあっては、冬季は交通も途絶え物資の流通が途絶えがちになる季節でもあった。このような生活環境のなかで、貴重なたんぱく源でもある魚介類を長期間保存したへしこは、食糧確保という意味でも、また栄養補給という意味でも貴重なものであったとみなすことができよう。これらの要因は、漁村である小浜市矢代、近隣の熊川、そして中山間に位置する朽木村での聴き取り調査結果と共通性の高いものであった。そして、単調な伝統的食生活のなかにあって、食事に変化をつけるための一品ともなり得たという要因は地域差なくみられるものであった。

以上のように、現在と異なり流通網がまだまだ未発達であったり、厳しい気候・風土のなかでの生活であったりしたからこそ、人々は経済的に、少しでも豊かな生活を送りたいと願い、その努力を惜しまなかったものと思われる。その努力は、へしこをはじめ食べるための工夫につながっていくものであったと考えられる。

## 6. へしこの歴史的背景—へしこ・稲作文化・発酵文化の関わり—

へしこは、脂肪分が多く鮮度が低下しやすい魚介類と防腐性の高い食塩、そして脂肪分を吸収しやすく発酵する性質をもつ米糠を上手に組み合わせた水産発酵加工食品の一つで、材料の選択、下処理、本漬け、発酵熟成、全ての工程を通して魚臭の抑制、腐敗防止、保存性の向上、風味の向上を目的とした工夫を凝らしたものであった。経験的勘に頼るへしこの製法は、塩乾魚などに比較して長期間の管理が必要であり、しかも湿度や温度によって発酵に差がでるなど複雑な要因が絡み合い出来栄えも変わってくる。すなわち、水産加工品のなかでも複雑で困難な加工保存法であるといえる。にも関わらず伝統的食生活においては、各家庭で漬けられたり、製品を購入して日常の副食として重宝され、特に北陸・北近畿地方では使用が多いという明確な地域性を示した。現在においても少しづつ味の改良を加えながら、若狭を中心とした周辺地域に郷土料理として伝承されている。

この伝承背景には、前述したような各地の生活環境を反映した必要性があったわけであるが、それ以外に古代から存在していた稲作文化、発酵文化の影響も大きいように思われる。酒の存在が示すように飯や米麹を使った発酵技術はすでに奈良時代から存在していた[39)]。そして、平安時代には魚介類を使った発酵食品であるなれずしや魚醤、獣肉を使った宍醤の類が各地から朝廷へ貢献され[40)]、味噌や醤油の原型であった豆類や穀類を原料とした発酵食品の穀醤の存在もすでにあった[41)]。すなわち、米や魚、肉、穀類と塩を原料とする発酵食品はすでに古代から作られ、発酵技術も各地へ普及していったものと推測される。そして、江戸時代の料理書には糠漬けや糠味噌漬けのこと、糠床の作り方などが記載されており、大根や茄子などの野菜の糠漬けの記載は多い[42～44]。例えば『四季漬物塩嘉言』（1836）には「万家、糠味噌漬のないところはないけれど…」などと記されている[45]。糠床を使った漬け物が各家庭で作られていたことを示す資料である。魚介類の糠漬の始まりは明らかでないが、享保12年（1727）の租税覚書のなかに「ふぐ糠漬」の記録があるといわれる[46]。農家で根菜類や果菜類を糠漬けにしたのと同様に、漁村や半農半漁村では魚介類を糠漬けにしていたとしても不思議はない。また、江戸時代は唐臼や石臼などの道具が庶民階層にまで普及し、精米や製粉技術が進んだ時代であったといわれる[47]。精米の副産物として得られる米糠を無駄なく上手に活用したものの一つが大根の糠味噌漬けやへしこなどであったとみなすことができよう。さらに、温暖で多湿の日本の気候は、発酵の条件に適していたという好条件もあった。「活きのよい魚と塩と糠、そして良質の水があれば、品質の良いへしこやなれずしができる」という主婦の話からもわかるように、日本の生活環境はへしこなどの発酵食品の製造に適した環境を持ち得ていたといえそうである。

このように考えてみると、米糠と塩を使った発酵食品であるへしこの伝承背景の根底には、古代から発達してきた稲作文化や発酵文化の影響があったことを見逃してはならないように思われる。へしこは稲作文化や発酵文化の存在のもとで、長い年月を経て培われ、工夫されてきた加工技術であったといっても過言ではないであろう。

本調査研究はへしこを一つの指標として魚食文化の特徴を探ってきたわけであるが、単なる魚にまつわる食習慣としてだけでなく､稲作文化との関わりを持ちながら形成されてきた魚食文化こそ、日本独自の魚食文化の特徴であることを示唆する結果であった。

＊図版出典：今田節子 2002 より

# むすび―加工保存食にみる鯖・鰯の伝統的食文化の特徴―

伝統的食生活のなかにあっては、魚介類の加工保存食は塩蔵や塩乾品とならんで、発酵を伴う加工品が多いという実態が明らかになった｡なかでも比較的事例数が多くみられた加工法である塩辛･魚醤類とへしこ、すなわち糠漬けを取り上げ特徴を探ってきたが、主たる材料としていずれにも鯖と鰯が含まれていた。脂肪含有量が多く鮮度が落ちやすい鯖や鰯を塩とともに漬け込み発酵させる塩辛・魚醤類、塩糠で漬け込み脂肪分を糠に吸収させて保存性を増すへしこ、いずれも鯖や鰯の性質を熟知した加工保存法である。

大量に漁獲され、安価に出回る時期にはトロ箱などで大量の鯖や鰯を購入し、家庭で漬け込むことも多かったようである。塩辛・魚醤油、へしこの用途は幅広く、塩辛・魚醤油はなめ味噌様に食べる、調理材料としても、調味料としても利用する、またへしこについても焼物、煮物、酢物、すし、汁物の身や調味料とするなど、料理法や食べ方は多彩であった。これらの多彩な使用法の存在が、手間をかけてでも加工保存し、一年中の食材とする習慣の背景にあったのである。

また地域差はあるものの、魚介類の有効利用はもとより積雪や台風などによる休漁時や凶作時の食料確保、海から距離のある地域の海産物の確保、商品化による現金収入や物々交換の対象となる等の様々な食環境に関わる背景も関与していたといえる。

鯖と鰯の塩辛・魚醤、へしこも大衆魚の合理的な利用法の一つであり、大衆魚の伝統的食文化に位置付けられるものであった。

【註】

1）日本の食生活全集編集委員会編『日本の食生活全集』全 48 巻、農山漁村文化協会、1985 ～ 1992。
2）前掲註 1）。
3）今田節子「山陰沿岸地帯にみられる海藻の食習慣とその背景」、家政誌、45（7）、1994、pp.621 ～ 632。
4）今田節子「北近畿沿岸地帯にみられる海藻の食習慣とその背景」、家政誌、46（11）、1995、pp.1069 ～ 1080。
5）今田節子、藤田真理子「魚食文化に関する研究（第２報）―保存食「へしこ」の伝統的食習慣とその地域性―」、ノートルダム清心女子大紀要　生活経営学・児童学・食品栄養学編、26（1）、2002、pp.46 ～ 56。
6）三輪勝利監『水産加工品総覧』、光琳、1983、p.263。
7）前掲註 6）、p.391。
8）前掲註 6）。
9）前掲註 7）。
10）野白喜久雄、吉澤淑、鎌田耕造、水沼武二、蓼沼誠編『醸造の事典』、朝倉書店、1988、p.492。
11）前掲註 10）、p.399。
12）佐藤信監『食品の熟成』、光琳、1984、pp.637 ～ 649。
13）農商務省水産局編『日本水産製品誌』復刻版、岩崎美術社、1983、pp.412 ～ 444。
14）岡山県編『岡山県の食習俗』、岡山県、1961、pp.67 ～ 70。
15）岡山民俗学会編『加茂川町の民俗』、岡山民俗学会、1990、pp.2 ～ 46。
16）建部町編『建部町史　民俗編』、建部町、1992、pp.38 ～ 88。
17）金光町史編纂委員会『金光町史　民俗編』、金光町、1998、pp.11 ～ 45。
18）前掲註 12）。
19）前掲註 1）。
20）前掲註 13）。
21）前掲註 10）、p.422。
22）上海科学技術出版社、小学館編『中薬大辞典』第４巻、小学館、1998、p.5384。
23）須山三千三、鴻巣章二、浜辺基次、奥田幸雄『イカの利用』、恒星社厚生閣、2000、pp.102 ～ 104。
24）藤井建夫『魚の発酵食品』、成山堂書店、2000、pp.28 ～ 31。
25）前掲註 13）。
26）石川寛子編『食生活と文化』、弘学出版、1988、p.58。
27）前掲註 26）。
28）和仁航明「醤の成立」、石川寛子編『食生活の成立と展開』、放送大学教育振興会、1995、pp.37 ～ 39。
29）前掲註 1）。
30）渡邊悦夫編著『魚介類の鮮度と加工・貯蔵』、成山堂書店、1995、p.8。
31）日本の食生活全集福井県編集委員会『聞き書 福井県の食事』、農山漁村文化協会、1987、p.292。
32）科学技術庁資源調査会編『五訂日本食品成分表』、医歯薬出版、2001、pp.142、156、160、166。
33）桜井芳人編『総合食品事典』第３版、同文書院、1974、p.612。
34）三橋博監修『原色牧野和漢薬草大図鑑』、北隆館、1988、p.257。
35）前掲註 10）、p.491。
36）山崎清子、島田キミエ『調理と理論』第２版、同文書院、1989、pp.27、28。
37）前掲註 24）、pp.98 ～ 103。

38）河野友美編『漬物』新食品辞典⑧、真珠書院、1991、p.133。
39）関根真隆『奈良朝食生活の研究』、吉川弘文館、1989、pp.263 ～ 271。
40）前掲註 26）。
41）前掲註 28）、pp.34 ～ 41。
42）博望子著『料理山海郷』（1749）、吉井始子編「翻刻江戸時代料理本集成』第 4、臨川書店、1979、p.96。
43）無名子著『合類日用料理抄』（1698）、吉井始子編『翻刻江戸時代料理本集成』第 1 巻、臨川書店、1978、p.233。
44）池田東籬亭編『四季献立会席料理秘嚢抄』（1853）、吉井始子編『翻刻江戸時代料理本集成』第 10 巻、臨川書店、1981、pp.205 ～ 209。
45）川上行藏、西村元三朗監『日本料理由来事典』中、同朋舎、1990、pp.257、258。
46）前掲註 12）、p.91。
47）三輪茂雄『粉の文化史―石臼からハイテクノロジーまで―』、新潮社、1989、pp.85 ～ 87。

# おわりに

本来、我々の生活はケとハレ、すなわち日常と非日常から構成されており、自給自足を大原則とした昭和初期あたりまで両者は区別されるものと認識されていた。非日常を表すハレ着、ハレ食、ハレの間という衣食住に関する言葉が伝えられていることからも明らかである。

このような生活背景のもとで、大衆魚の代表ともいえる鯖と鰯、鱈にまつわる伝統的食文化は、いずれも日常食と非日常食の二面性をもつものであったことを大きな特徴としてあげることができる。さらにこれらの二面性は大きな地域差なく日本各地に存在していたことも鯖と鰯の食習慣の特徴である。具体的な食習慣については、その詳細を本書第2部を通して述べてきたわけであるが、要点をまとめると次のようになる。まず鯖については塩鯖を多用した焼き物や煮物を中心とした普段の副食と、祭りや祝儀の鯖ずし、盆行事の一環として行われた生見玉の刺鯖や塩鯖、田植儀礼の塩鯖の焼き物やなます類が非日常食としてあげられる。そして鰯については煮干しだしや目刺しや塩鰯の焼き物を副食とした日常食、年取り魚・正月魚としての目刺しや塩鰯の焼き物、おせち料理の田作り、節分に魔除け・厄除けに使われる鰯の頭などは非日常食としての習慣である。すなわち鯖と鰯は普段の食事の副食としても、また信仰や精神性を反映した年中行事の供物や食べものとしても存在してきたのである。

両者が日常食となり得た背景には共通性が認められ、漁場が広く漁獲量が多い鯖や鰯は乾物や塩物、発酵食品に加工され、街道や魚道を通して魚屋や振り売りによって各地域へ運ばれ、安価に購入され利用されたのである。日常食とはいえ週に1、2回、ひと月に数回といった魚介類の使用であったため普段の副食の中ではご馳走の部類に入り、変化の少ない質素な食事にメリハリを付け、労働の糧に繋がる役割を担っていたといえよう。一方、非日常食となり得た背景には両者に相違点が認められた。鯖は大魚であるという点で縁起物とされ、貴重で神聖な米と組み合わせたすしはより神聖な祝いの食べものとみなされたのである。そして生見玉に一対の刺鯖を膳料理の一品とする習慣は、塩乾品であるが大魚のお頭付きという意味で縁起物とみなされたものと考えられる。鯖に比較して小魚である鰯はお頭付きでの利用が基本で、祝いやめでたさを表現する縁起物としての意味が大きいものであった。そして鰯の頭のもつ悪臭も魔除け・厄除けの呪術的意義をもたせた習慣であったといえよう。このように非日常食としての意義は異なるものの、鯖や鰯を供物の一品として神事を行い、その後料理を囲んで親類縁者が交流をもつことは、共同体意識を再確認させるとともに、労働に明け暮れる生活の節目となり、明日への活力に繋がっていったものと考えられる。鯖や鰯の食文化もその一端を担う意義を持っていたのである。

さらにもう一つの特徴として、非日常食としての鯖と鰯の食習慣には江戸時代の習慣を継承したものが多いことがあげられる。民間の年中行事は江戸時代に上層階層から普及したものが多いといわれるが、江戸時代はまだまだ生活習慣に格差が大きい時代である。そのなかにあって生見玉の刺鯖、正月の田作り、節分の鰯などの年中行事やそれに使われる行事食は身分の差なく行われてきた行事であり、また行事食であったことが記録に残されている。江戸時代にも漁獲量が多く安価であった鯖や鰯を使う行事食であったからこそ、民間の食習慣として受け入れられ、明治・大正・昭和初期の近代初期にまで多少の変化を伴いながらも継承されてきたと考えられよう。

一方､鯖や鰯と異なり鱈の非日常食としての食習慣は地域的にも内容的にも特異なものであった。近畿地方では正月料理の芋棒や棒鱈の煮物であったのに対し、九州地方では盆料理の棒鱈や鱈おさの煮物であるという明確な差が存在していたのである。棒鱈を煮るという調理法に差はないものの、近畿地方の神事、九州地方の仏事と、地域により行事の性格は大きく異なるものであった。今回の調査からはその背景は不明である。

これまで述べてきた調査研究結果から、鯖や鰯については大衆魚であるからこそ二面性をもつ、地域差のない民間の食文化となり得たことが示された。安価な鯖や鰯を日常の食材として労働の糧とする、それに精神的な意義を持たせることによって非日常食として心の満足感を得る、このような大衆魚にまつわる食文化は、漁場が広く漁獲量が多く安価で身近な魚介類を有効利用した日本人の知恵であり、また質素な生活のなかでおいしさと豊かな精神性を求め続けてきた庶民階層の努力の結果といえるものであった。

# 第3部
# 岡山県の年中行事にまつわる食文化と伝承背景

# はじめに

我々日本人の生活は、昭和30年代、40年代の高度経済成長にともない大きく変化してきた。一般には、近代化・多様化・合理化などという言葉でその変化を言い表している。都市はもちろんのこと、農村地帯においても生活をより便利にする家庭電化製品が普及すると共に、農業生産は機械化され、昔の農村のイメージを一変させた。また、交通網・情報網が整備されると物資の流通は活発となり、他地域との交流が拡大された結果、地域的結合の強かった集落においても共同体意識は薄れ、個人・家庭単位の生活が中心となり、農村本来の姿が失われてしまった感が強い。

我々の生活は各地域の自然環境、各時代の経済状態や価値観などの社会環境のもとで営まれ、日々の繰返しの中で、それぞれの場に適した生活様式を形作ってきた。したがって、生活環境に変化が生ずれば、生活様式が変容するのも当然のことなのかもしれない。しかし一方では、自然の暴威・凶作・厳しい社会統制下にあっても生活をつづけ、その中で培ってきた個々の家庭の生活習慣や地域の慣習が簡単に失われてしまうものであろうかという懸念も感じる。生活様式に変容があるとすればどのような要因が影響をおよぼし合っているのであろうか。その実態は明らかでない。

本書第3部に述べる調査研究は、このような疑問が契機となり取り組んだものである。各方面から日本人の生活の見直しが叫ばれている今日、まず、生活様式の変容実態を具体的に把握することが、今後の生活のあり方を検討していく上で必要ではないかと考える。しかしながら、日常と非日常で構成され、物質・精神の両面が複雑に絡み合う生活を総合的に捕えることは容易なことではない。そこで、我々の身近に存在する食様式の具体的表現形である年中行事食を一指標としてその実態と伝承背景を明らかにしてみようとした。なぜなら、年中行事は本来、自然・信仰・農耕の結びつきのもとで、豊作と健康を祈る素朴な精神活動を反映し、地域住民が共同で育み慣習化してきたものが多い。そこには、精神的関与が大きく、それらが行事の儀礼や行事食の上に具体的に表現されると考えられるからである。

これまでの聴き取り調査結果から、年中行事および行事食本来の姿が伝承さてきたのは昭和10年頃までであると推測している。そこで第3部で扱う伝統的食習慣については次のように定義することにした。ここでいう伝統的食習慣とは、昭和30・40年代の高度経済成長の影響を受け食生活が洋風化、多様化、合理化の名の下で変化していく以前のもので、しかも昭和10年代の戦中および昭和20年代の戦後の極度の物不足により年中行事が中断、もしくは行事食が簡略化せざるをえなかった時代を除いた、明治・大正・昭和初期頃まで伝承されてきた自給自足を大原則とした時代の食習慣をさす。

まず第1章では現瀬戸内市牛窓町牛窓（師楽）の年中行事および年中行事食を一指標として岡山県における年中行事食を概観することを目的とした。次に第2章、第3章では、2大年中行事である正月と祭りの行事食を取り上げ、岡山県の正月雑煮や祭りのすしの特徴を地域性としてとらえ、伝承背景を探っていくことにした。これらの調査結果を敷衍して考察することにより、岡山県の年中行事食にまつわる食文化の特徴と変容、そしてその伝承背景が浮かびあがってくるものと考える。

# 第１章　岡山県の年中行事および行事食の特徴と変容
## ―牛窓町師楽の年中行事・行事食を中心に―

本章は、調査当時の岡山県邑久郡牛窓町師楽（現岡山県瀬戸内市牛窓町牛窓）における伝統的年中行事と行事食およびその変容実態について、伝承背景を考慮しながらまとめたものである。年中行事食の伝承に関わる背景としては、生活環境の変化のみならず日常食との関わりも考慮した。日常食と非日常食の関わりを考慮することにで、行事食にまつわる食文化の特徴を物心両面からより把握できるものと考える。

研究方法としては聴き取り調査を中心に進めたが、数回の予備調査から生活環境を概観するとともに、住民の気風をつかむことから始めた。昭和54～58年の本調査実施にあたっては調査地の各家庭を訪問し、主に主婦を対象にして現在または過去の食生活の実態、年中行事と行事食の種類や内容などについて聴き取りを実施した。さらに老人会へ参加し複数の老人達を囲んで雑談する形で、年中行事や行事食のいわれ、変容などについて聴き取りを行った。

牛窓町の聴き取り調査で明らかになった伝統的食習慣は、話者の年齢（調査当時40代から80代）や話の内容から明治時代後期から昭和10年頃までの内容であると判断した。

## 第１節　師楽の生活環境と生業

岡山県邑久郡牛窓町師楽は、県南東部の瀬戸内海沿岸地帯に位置する一集落である（図1）。牛窓は、笠岡・宇野・日生と並ぶ良港の一つとして古くから風待・潮待港として栄え、江戸時代には池田藩が朝鮮通信使を牛窓で接待し、朝鮮をはじめ大陸とも関係を持った所である。その牛窓港の裏側に位置する師楽（図2）も三韓征伐の頃（4世紀）より記録が残されており[1)]、その地名は朝鮮の「新羅」より由来しているともいわれている。また、近年発掘された師楽土器窯跡からも古墳時代の頃から人が生活していたことが推定されている。現住民の先祖である山本孫治良が師楽に移住してきたのは江戸時代中期頃といわれ、それ以来、現在に致る約250年間に、分家に分家を重ね74戸（昭和50年代）にまで発展していった経過を持つ集落である。すなわち、師楽は、住民のほとんどが同姓である、いわゆる同族集落なのである。そして、その分家は限られた土地の中で無計画に行われた感が強く、普通の農村地帯で見られる農家特有の広い敷地を持つ家並はみられず、密集した家の間を路地が迷路のように走り、外観からは、74戸の集落とは思えぬほどの小集落にみうけられる。このように、250年前から一族が分家を慣行できた

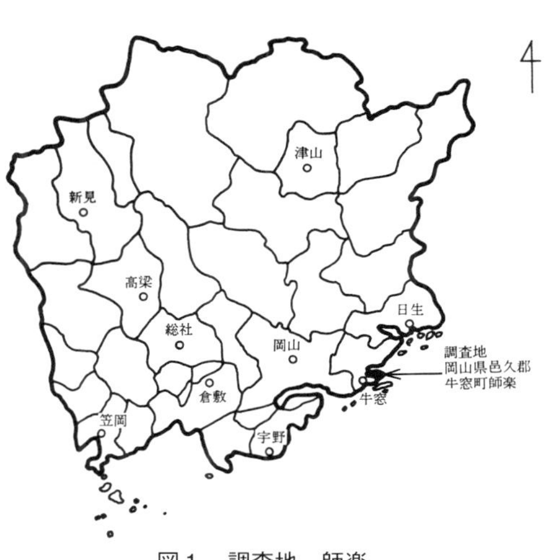


図１　調査地―師楽―

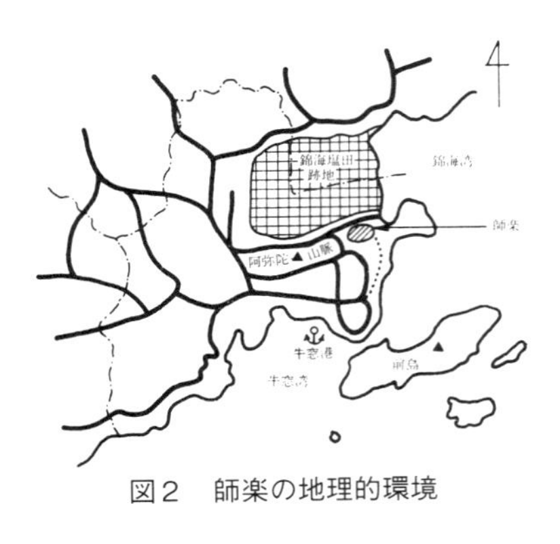

図2　師楽の地理的環境

のは、温暖な気候で自給自足のできやすい土地柄に恵まれた生活環境によるところが大きいのはいうまでもない。

歴史的にみても、村の成り立ちからみても古くから開けていた観のある師楽は、背後に阿弥陀山脈、前方には錦海湾（現在は塩田跡地）が迫り、地理的には閉鎖的特徴を持ち、孤立した様相を呈していた（図2）。しかし、このような静かな生活環境は、昭和36年の錦海塩田完成（昭和32年着工、36年完成）により大きな変容を余儀なくされた。この塩田は東洋一の広さを持ち[2)]、昭和46年頃まで製塩が盛んであったが、製塩法の改良によりその塩田も閉鎖されている現状である。塩田完成以前は、幡（地名）を通る道（図2…印で示す）が師楽と牛窓を結ぶ主要な陸上交通手段で、海路を積極的に利用した生活が行われていたといわれるが、住民の行動範囲は限られたものであったらしい。

戦前の生活を顧みて、故山本倉蔵は次のようなことを書き残している。「畑作を主としての農家経営で水田は極めて僅少で、全体的にいえば米は漸く自家用飯米を収穫するのが普通であった。畑作物としては南瓜・すいか・甘藷・小豆類の雑穀、きび・栗など自家用として作付け、8月中にはとんど収穫を終り、9・10月は無作の状態で、多くは所謂半農半漁で、畑はいたずらに遊ばせ、糧を海に求め、生活は決っして楽ではなかった。」[3)] と述べている。このことと、古老達の話を合わせて考えてみると、金銭的には豊かではなかったにしても、温暖な気候・肥沃な土地は住民が生きていくために必要なだけの物資を提供してくれていたようである（表1）。錦海湾からは豊富な魚貝類が、畑と僅かな水田からは野菜と米が、山からは十分な燃料が入手でき、自給自足を基本にした生活が営まれていたようであった。故山本満寿一の「この村にいれば出世はできないが、食いはずれはなかった」という言葉からも、塩田完成前の村の生活をうかがい知ることができる。そして、

表1　塩田完成前の農作物・漁獲物（昭和30年以前）

| 自家用作物 | 換金作物 | 錦海湾からの漁獲物 |
|---|---|---|
| 米・麦・栗・きび・さとうきび・こうりゃん・小豆・大豆・芋類・野菜類 | 馬鈴薯<br>南瓜<br>西瓜<br>はっか | 魚類：鯛・いか・はも・はぜ・たこ・ちぬ・つなし・えび・こち・ままかり・あみ・ひら・うなぎ・ぼら・すずき・べらし・きす・めばる・かわはぎ<br>貝類：も貝・あさり・おおの貝・にし・かき<br>海草：白藻・イゲス・天草・岩のり・ふのり |

表2　主要換金作物の種類

◎白菜，◎種子馬鈴薯，◎食用馬鈴薯，◎西瓜，◎南瓜，◎キャベツ，◎プリンスメロン，白瓜，レタス，レッドキャベツ，カリフラワー，ブロッコリー，生しいたけ，胡瓜，玉ネギ，広島菜，ささげ，水菜，スイートコーン，かぶと，青瓜，甘藷，一寸豆，オランダ豆，

| 総収入金額 | 95,259,300円 |
|---|---|

※本表は昭和52年度，師楽出荷共同組合が取扱ったものである。◎印は，特に出荷量の多い作物を示す。

この頃より換金作物である馬鈴薯・南瓜・すいかの栽培が行なわれており、小規模ながら共同出荷も行われ、後の牛窓町出荷組合の前身が、すでに、この地で芽生えていたという。

昭和36年の塩田完成により、豊かな漁場であった錦海湾を失い、塩運搬用の陸路が整備されてくると、住民の行動手段は海路から陸路に移り、行動範囲は一挙に拡大された。しかし、塩田従事者となった者はほとんどなく、半農半漁の生活手段は、温暖な気候と野菜栽培に適した土壌をうまく利用した商品作物中心の畑作農業へと移っていった（表2）。細々と行なわれていた馬鈴薯·南瓜·すいか栽培は大きく発展をとげ、師楽住民の生業の中心となったばかりでなく、県下でも有数な畑作地帯へと変化していった。また、促制・抑制栽培技術の導入、機械化による農業の合理化は、若年労働層（20～40歳代）の地域外流出を招き、兼業農家へと移行していった。昭和50年代には成人の約40%は給料生活者であり、農業従事者の中心は50歳以上の夫婦で、70歳以上の老夫婦が機械化農業に従事している場合も少なくなく、ほとんどの家庭で換金作物の栽培、出荷が行なわれていた。したがって、調査時には現金収入も増加し、物質的にも金銭的にも豊かな集落となっているように見うけられた。

＊図版出典：今田節子 1982a より

## 第2節　食材料の段取りと日常の食事

### 1. 食材料の段取り―生産・採取・加工保存―

昭和初期頃までの自給自足を大原則とする食生活においては、まずその基本は1年を通じての食料確保にあったといっても過言ではない。このことは、各地の伝統食の踏査研究を行う過程で、岡山県のみならず他府県にも、また、農村・漁村地域や生業を問わず共通して確認できたことであった[4～9]。

表3は、牛窓町師楽における昭和初期の食材料の段取り、すなわち食材料の生産・採取・加工保存過程を月毎にまとめたものである。前述したように畑作中心の農業に自給程度の沿岸漁業を組み合わせた生活のなかで、季節毎に芋類、豆類、野菜類を栽培、収穫、加工保存し、1年間の食材料を確保するのは主婦の重要な役割であった。

温暖な気候とはいえ冬は寒さのため田畑が凍り、しかも止め海のため農業も漁業も比較的暇な季節である。この冬の寒さと家庭内にいる時間が長いことを有効に生かし、家族の協力も得ながら穀類の精白や製粉、保存食作りが行われてきた。冬の大切な仕事は1年分の漬物作りである。夏を越す寒漬け、春頃までに食べる浅漬けなど、保存期間と塩加減を考慮して冬野菜の漬物が作られた。年末になると「もう漬物はすまされましたか」という挨拶が主婦の間で交わされたというから、どこの家庭でも重要な食料確保の一つとして、大根や蕪、白菜の漬け物が大量に作られていたことがうかがえる。そして、大寒を迎えると、夜間の凍り付く寒さを利用して大根のねじ干しや切り干し大根が作られたが、これは夏野菜が出回るまでの野菜の端境期のためである。また、寒の内に製粉した米粉には虫が付かない、寒味噌は熟成に時間がかかるがカビや虫がこないといって、寒さを利用して寒晒し粉の製粉や味噌の仕込みが行われた。主婦は1年に必要な米や麦の量、その配分、春の菜園物の栽培計画をめぐらせながら家事に励んだ。

表３　昭和初期における食材料の段取り（岡山県牛窓町師楽の事例）

| 月 | 食材の栽培 | 収穫・採取 | 加工・保存 | 漬物 | 調味料・その他 |
|---|---|---|---|---|---|
| 1 | | 藻貝<br>冬野菜 | 寒さらし粉 | | 藻貝の佃煮 |
| 2 | | 藻貝<br>冬野菜 | ねじ干し・切り干し大根<br>寒ざらし粉米・麦の寒搗き | | 寒味噌<br>藻貝の佃煮<br>へぎ餅・あられ |
| 3 | 春馬鈴薯の作付け<br>夏野菜の播種 | 冬野菜 | | しゃくし菜・<br>白菜の漬物 | |
| 4 | 里芋・なんきんの植え付<br>さつま芋の芽だし<br>苗代作り | | | | 甘酒の仕込み |
| 5 | 夏野菜の定植<br>小豆・ささげ・うわの播種 | 麦刈り<br>そら豆<br>山菜 | そら豆の乾燥 | | 醤油絞り |
| 6 | さつま芋の植え付<br>田植え | 麦刈り・馬鈴薯<br>貝類・海藻<br>夏野菜 | 海藻の乾燥 | らっきょう漬<br>梅漬 | |
| 7 | 粟・稗の播種<br>大豆・いんげん豆の播種<br>粟・黍播種 | 夏野菜<br>海藻 | かんぴょう干し<br>海藻さらし乾燥<br>米・麦の土用搗き | 梅の土用干し | 醤油の仕込み<br>小味噌作り*<br>醤作り** |
| 8 | | 夏野菜・小豆<br>ささげ・うわ | 豆類の乾燥 | なす・きゅうり・<br>うりの塩漬・<br>味噌漬・糠漬 | |
| 9 | 秋馬鈴薯の植え付<br>秋冬野菜・そばの播種 | | | ツナシの塩漬 | |
| 10 | えんどう・そら豆の播種<br>ねぎの播種 | さつま芋 | エビ・ハゼの乾燥<br>さつま芋の保存 | | 甘酒仕込み |
| 11 | | 米・秋野菜<br>粟・稗・そば<br>大豆・胡麻 | 小魚の干物<br>かんころ作り<br>大豆・胡麻の乾燥 | アミの塩漬 | |
| 12 | 麦播き | 冬野菜<br>秋馬鈴薯 | もち米の精白<br>米・そばの製粉 | 大根の寒漬<br>大根・かぶ・<br>白菜の浅漬 | 麦刈り・馬鈴薯<br>貝類・海藻<br>夏野菜 |

*麦麹と大豆、塩を混ぜ日向で発酵させたなめ味噌
**米麹と大豆、塩、醤油の素、水あめを混ぜ日向で発酵させたなめ味噌

春は夏野菜の播種から始まり、出荷用の野菜栽培のかたわら、家族の人数、毎日の食事、漬物など加工保存用のものを考慮して、自給野菜の苗作りが行われた。そして、秋に播いたそら豆の収穫と乾燥保存、仕込んでほぼ１年が経過した醤油絞りも晩春の仕事であった。

夏野菜は梅雨明けから初秋までが収穫期で、煮材やすしの材料としてなくてはならない干ぴょうもこの時期に乾燥し、大量に保存された。そして、海遊びも兼ねて海藻採取が行われ、テングサやイギス、シラモなどの海藻が日常や仏事の食材として乾燥保存された。夏には茄子やきゅうり、瓜の塩漬、味噌漬、糠漬などの夏野菜の漬物、らっきょう漬、梅漬が行われ、土用になると梅干の土用干しが行われた。また、発酵に適した高温多湿の夏の気候を利用して、醤油や子味噌、醤が仕込まれ、暑さのために農作業が厳しい時期には、米や麦の土用搗きが行われた。

９月になると秋から冬にかけて収穫される大根、人参、白菜、水菜、蕪、葱などの秋冬野菜の栽培が始められた。男達は内海に群をなして回遊してくるツナシやアミの漁獲を楽しみにしており、大量にとれたものは主婦の手によって塩漬けにして保存され、農繁期の副食や秋祭りのすし材料に使われた。晩秋は空気が乾燥し気温も低く、ハエもいなくなることから魚の乾燥に適した時期で、

エビの茹で干しやハゼの焼き干しが行われ、副食の一品となった。この時期にとれる小魚類はだし汁の材料として乾燥保存され、冬の間の煮材やだし汁の材料として使われた。そして、主食の代用となるさつま芋は寒さで腐ることがないように、芋壺に藁や籾殻をいれて保存した。

以上が瀬戸内海沿岸地帯の師楽における食の段取りの概略であるが、農山村地域でも大差は認められないものであった。栽培時期や種類に多少の差はあるものの、年中野菜栽培が行われ、特に山村地域では野菜と共に山菜や茸類が乾燥や塩漬けにされた[10～12]。また、水田地帯では海水魚と同様に淡水魚の乾燥保存がなされ、煮材やだし汁の材料として使われてきた[13、14]。秋から冬にかけては、稲作に必要不可欠な水を確保するために整備された用水路や溜池の水を抜く川干し、池干しが行われた。その際フナやハエ、ウナギ、ドジョウなど淡水魚を獲り食材としたのである。

以上のように、食材料の段取りを行う中心的存在であった主婦に視点を置くと、穀類や野菜・山菜類の生長時期である春と秋には生業に従事する割合が高くなり、厳寒、猛暑のために農作業や漁が厳しい冬や夏には、家庭の中で食材の加工・保存に従事する比重が高くなる。このように伝統的な食生活は、季節と生業、食の段取りが合理的に組み合わさったものであった。すなわち、冬の寒さ、春の暖かさ、夏の高温多湿、秋の乾燥気候など自然環境を上手に生活に取り込み、１年中食材が切れることのないように計画的に栽培、収穫、漁獲、保存が行われてきたということである。食生活の担い手である主婦は、家族と共に農業や漁業に携わる中で、四季の移り変わり、それに沿った栽培や漁獲に関する知識や技術、合理的な加工保存法のコツなどを経験的に身につけてきたものと思われる。そして、食事作りの過程で家族に見合った量の把握がなされてきたものと思われる。これらの知識は文字や数値ではなく、経験に基づく知識であり、姑と嫁の関わりの中で会得したものでもあった。

## 2. 日常の食事

農家の食事は一年中を通してほとんど４回食で、夜なべ仕事をする際には夜食をとるのが普通であった。各季節の食事内容とそれぞれの季節に作られた主な副食を表４にまとめた。

食事は麦飯と季節野菜の煮物が中心で、「ばっかり食」といわれるように収穫時には同じ材料が毎回の食事に登場した。また、だし汁の材料や煮材、焼き物として使用された小魚類は、頭から尾まで食べる「全体食」といわれる形態であった。食の段取りで述べた季節素材が（表3）季節、季節の日常食に生かされていることが明らかである。決して豊かで、変化に富んだ食事とはいえないが、栄養的には意外に合理的であったように思われる。新鮮な野菜や芋類、小魚類は繊維質やビタミン類、カルシウムなどの供給源であった。主婦達は栄養学的な知識が豊富であったとはいいがたいが、季節や労働の強弱を考慮しながら、子供達の食欲を観察し、家族の健康を気遣いながら、季節の食材を煮たり、焼いたり、汁物にするなど、手のかからない方法で調理し、食事の準備が行われた様子をうかがうことができる。

現在と異なり系譜家族が多かった伝統的食生活において、食事の担当は姑と嫁（主婦）の共同作業であったといった方が適切であるかもしれない。生産者でもあった主婦は、朝起きてすぐ番茶を沸かし、茶の子の用意をしてから農作業に出るのが普通であった。その後、姑は麦飯を炊き、孫を起こし、弁当を持たせて学校へ送り出した。そして、昼飯の麦飯や煮物を用意し、農繁期には田畑へ運んだ。夕飯や翌朝の用意は主婦の仕事で休む暇のない一日であった

表4　昭和初期における日常の食事（岡山県牛窓町師楽の事例）

| 季節 | 茶の子（朝起床後） | 昼飯（朝はん）（午前10時頃） | お茶ず（午後2～3時頃） | 夕はん（暗くなって、家族揃って） | 夜　食 |
|---|---|---|---|---|---|
| 冬の食事 | 茶漬け（冷え麦飯・番茶）<br>沢庵<br>子味噌・醤 | 炊き立ての麦飯<br>冬野菜の煮物<br>しゃくし菜の漬物<br>沢庵・醤 | お茶づけ<br>昼飯の残り物<br>漬物 | 雑炊や粥（さつま芋、大根、なんきん ねぶか、にら、うわなど）、漬物 | さつま芋、芋がき<br>番茶 |
| 冬の料理 | | 煮材：大根、人参、里芋、牛蒡、馬鈴薯、干しエビ、干しジャコ | | 麦飯・粥・魚のかけ飯<br>ゲタの団子汁、かきの味噌汁<br>ゲタの煎り物、イカやタコの煮物<br>切り干し大根の煮物、<br>大根や里芋の煮物、はりはり漬け | |
| 春の食事 | 茶漬け・沢庵<br>子味噌・醤 | 炊き立ての麦飯<br>冬野菜の煮物<br>沢庵 | お茶づけ<br>昼飯の残り物<br>沢庵 | 麦飯、イイダコとねぎのぬた、<br>春菊のお浸し、アサリの汁、漬物 | |
| 春の料理 | | 太刀魚の干物<br>そら豆の煮物<br>春菊のお浸し<br>でんぶ | | 粥、雑炊、うけじゃ（米、さつま芋、そら豆）、イイダコやベカの煮物、<br>ハゼの煎り物、切り干し大根の味噌汁<br>ねじ干し大根や切り干し大根の煮物 | |
| 夏の食事 | 茶漬け・沢庵<br>子味噌・醤 | 麦飯<br>きゅうり・なすの煮物<br>はさりものの煮魚*<br>きゅうり・なすの漬物 | お茶漬け<br>昼飯の残り物<br>漬物<br>トコロテン | なんきん雑煮（なんきん、小豆、うどん）、なすの芥子漬け、<br>きゅうりの塩漬 | |
| 夏の料理 | | | イギス | 麦飯、にゅうめん（小豆、そうめん）<br>ハゼの煎り物、白藻の酢の物、<br>なんきんとなすの煮物、焼きなす、<br>きゅうりの酢の物 | |
| 秋の食事 | 茶漬け・沢庵<br>子味噌・醤 | 麦飯<br>秋野菜の煮物<br>漬物 | お茶漬け<br>昼飯の残り物<br>漬物 | いも粥、ほうれん草のお浸し、<br>アミと大根の煮付け、漬物 | 煮込み**<br>（人参、里芋、牛蒡、油揚げ、こんにゃく、藻貝、干しエビ、醤油味）<br>沢庵 |
| 秋の料理 | | | | 雑粥、すいとん、コチのかけ飯、<br>ゲタの煮付、魚の団子汁、<br>ママカリやツナシの焼物・酢漬け、<br>イワシの酢煎り、アミの糠煎り<br>里芋と大根の煮物 | |

*雑魚のこと
**醤油味の炊き込みご飯のこと

が、夕飯だけは畳の上で家族揃ってとるのが普通で、親と子が顔を合わせる団欒の場であった。主婦はこの時間が一番ホッとする時間であったという。

この事例からもわかるように、限られた食材料と調理法のもとで、季節の芋類や豆類、野菜類、小魚類をいかに取り合わせ、単調な食事に変化を持たせるか、精一杯の工夫が行われていたといえる。

## 第3節　師楽の伝統的年中行事と行事食

毎年一定の時期がくると決まって繰り返して行われる行事を年中行事という。この日には村で、または家庭で神仏に供え物をして神事を行い、普段とは異なる料理を作り祝うのが通例であった。

『むらの記録―師楽―』[15]には明治後期から昭和初期頃までの村の生活が記載されており、当時行われていた年中行事を概観することができる。そこでこの資料と聴き取り調査結果を合わせて、伝統的な年中行事と行事食の特徴を明らかにしていきたい。

## 1. 伝統的年中行事の内容と変容

明治後期から昭和10年頃まで行われてきた伝統的年中行事は表5に示す通りである。1年365日のうち50日に近い年中行事が行われ、普段とは異なる何らかの行事食が作られてきた。ひと月に少なくとも２～３日以上の行事が行なわれていたことになる。伝統的な年中行事の特徴をまとめるにあたり、まず代表的な行事の内容について述べることにする。

**元旦**　暁に牛窓神社へ初詣、氏神の若宮様へも参拝。家では神棚に御燈明をあげ家中で朝祝いの膳につく。祝膳の料理には漁獲物と自家栽培した野菜を使った煮〆・煮豆・鯛の塩焼・ブリの照焼・なますなどが作られた。また、正月三が日の雑煮も「すまし仕立て・ぜんざい・味噌仕立て」の日替わり雑煮であったが、現在では家族の好みを重視するようになった。

**十日えびす**（1月10日）　大漁を祈願し、恵比寿様で漁祭りを行った。舟に幟を立て男の子が一緒に海に漕ぎ出していった。また、祷屋（とうや）が米や金を集めて、握り飯と酒の肴を作り若宮様で神事を行ない、酒宴を開いてお通夜をした。塩田完成により漁場を失い、一時は廃れた行事となったが、昭和53年に住民の有志によって復活した。現在では、コミュニティーハウスに有志が集まり、酒を酌み交わす程度になった。

**左義長**（さぎっちょ、1月14日）　注連飾りのおはやしで「お飾りおろし」、「どんど」ともいい、共同で行う村行事であった。午前3時頃に起きお飾りを下ろし、本屋（もとや）の左義長田に集め、2本の松（雄松・雌松）を立て、その根元に各家のお飾りを寄せて焼いた。この時、各家から持ち寄ったおすわり餅（鏡餅）を焼き、それを食べると風邪をひかないともいわれた。また、男の子が各家から米や大豆を集めて大豆おにぎりを作ったりもした。

現在では、村全体で行なうことはなくなり、各家の庭でお飾りを焼き、その灰を家の周囲に撒き魔除けにしたり、火鉢に入れたり、木の根元に埋めて人が踏まないようにしている。

**お日待ち**（1月15日）　氏神様のお籠りで、以前は年4回季節ごとに行なわれていたが1回となった。14日の夜から若宮様に夜具を持って上りお通夜をし、夜が明けるまで酒を飲んでいたという。この日は農休日で、行事食としては握り飯やなますなどが作られた。

現在では通夜は行なわず、祷屋が供え餅をつき、各家の代表者参加のもとで神事が行なわれる。その後、なますと酒で簡単に酒宴が開かれる。翌朝、祷屋は、供え餅・酒・洗米を各家庭に配る。

**彼岸**（3月21日、9月23日）　先祖の墓参りをし、おはぎ・団子・よもぎ餅（春のみ）等を花と共にお供えする。この行事は今も昔もあまり相異ないようであった。

**ひな祭り**（4月3日）　桃の節句といわれ、桃の花が咲く旧暦の３月３日（1ヶ月遅れ）に行なわれている。初びなの所では現在でも盛大に行なわれている。嫁の里からひな人形が贈られ、赤飯・すし・草餅・あられ・豆・白酒・ひし餅（赤や青くそめたもの）で祝う。以前は「ひな荒し」といって初びなを祝う家に近所の人が押しかけたが、現在では祝ってくれた人にひし餅をお返しする程度となった。

**端午の節句**（5月5日）　柏餅・ちまきを作り祝った。茅と菖蒲と蓬（よもぎ）を束ねて屋根の上に放り上げ、「屋根を葺く」といって魔除けにした。

現在では、初びなと同様に、嫁の里から鯉幟が贈られ初菖蒲だけが盛大に祝われる。

**春祭り**（5月12・13日に近い土・日曜日）　春祭りは祇園様（牛窓神社）のお祭りで、以前は旧暦7

表5　昭和初期における伝統的年中行事と行事食（岡山県牛窓町師楽の事例）

| 月 | | 行　事 | 行　事　食 | 祷屋関連行事 | 高度経済成長期以後昭和50年代存在※ |
|---|---|---|---|---|---|
| 1月 | 正月元旦 | 初詣<br>若水汲み | 雑煮（小豆雑煮）<br>おせち料理（煮しめ、なます、昆布巻き 数の子、黒豆） | | ○ |
| | 2日 | 事始め<br>舟の載り始め<br>田畑の打ち始め<br>縫い始め<br>紡ぎ始め<br>書き初め | <br>屠蘇<br>白飯<br>餅 | | |
| | 3日 | 正月礼 | | | ○ |
| | 6日 | 寒の入り<br>初伊勢講 | 油揚げ（煮物、五目飯）<br>酒、五目飯、刺身、盛り込み | | <br>○ |
| | 9日 | 初金毘羅<br>山の神様の日 | 酒、五目飯、 | | ○ |
| | 10日 | 十日恵比寿<br>漁祭 | 酒、なます、煮しめ、数の子、など | ○ | ○ |
| | 11日 | やれぼう（百姓のお正月） | 米粉団子のぜんざい | | |
| | 14日 | 左義長（どんど）<br>氏神様のおこもり | 豆米握り、鏡餅を焼いてぜんざい | ○ | ○ |
| | 15日 | お日待ち | 酒、餅、白飯にぎり、なます、 | ○ | ○ |
| | 23日 | 二十三夜 | 五目飯 | | |
| 2月 | 1日 | 小正月 | 餅、ぜんざい、赤飯または五目飯 | | |
| | 3日 | 節分 | 豆まき<br>魔除け（鰯の頭や切身を串ざしにして 戸口へ刺す） | | ○ |
| | 10日前後 | 旧正月 | 餅、ぜんざい | | |
| 3月 | 21日 | 彼岸の中日 | 彼岸団子（ぼたもち）をもって墓参り | | ○ |
| 4月 | 3日 | ひな祭り<br>（桃の花が咲く。1ヶ月遅れの行事） | よもぎ餅、菱餅、あられ、すし、赤飯<br>藻貝やあさりの酢味噌和え、など | | ○ |
| | 8日 | お釈迦様の誕生日（花祭り） | お寺で甘茶をいただく | | ○ |
| 5月 | 5日 | 端午の節句 | 赤飯、柏餅、ちまき、<br>茗荷の葉に包んだ団子 | | ○ |
| | 10〜12日 | 春祭り | ばらずし、煮染め、尾頭付き魚の<br>いりもの、木の芽和え、汁、甘酒など | ○ | ○ |
| | 下旬 | お大師巡り<br>麦熟らし | お接待（あられ、炒り豆、餅など） | | ○ |
| 6月 | | 田植え準備<br>田植え | | | ○<br>○ |

※聞き取り調査を実施した昭和５０年代に実施されていた行事、行事食を示した。

月、すなわち夏の終りから秋にかけての「夏祭り」であった。牛窓は寄港地として栄えた町であったため赤痢やチフスなどの疫病が流行しやすく、祇園様を疫病の神様として祭ったといわれている。行事食として手打ちうどんが作られたことから「うどん祭り」とも呼ばれた。その夏祭りが時候の良い5月7・8日に行なわれるようになり、さらに明治44年政府の方針で祇園様が牛窓神社に合祀された後は、牛窓神社の春祭り（5月12・13日）に合わせて前日が師楽の春祭りとされた。しかし、師楽住民の強い要望により大正7年、戸主クラブを新築し、大正13年にご神体をお迎えし、現在では若宮様と祇園様合祀でお祭りされている。最近では、従来の行事の日に最も近い土・日曜日をあてるようになった。それは職業が多様化し、村全体が同時に休日をとることが困難になったためだという。

| 月 | 行事 | | 行事食 | 祷屋関連行事 | 高度経済成長期以後昭和50年代存在※ |
|---|---|---|---|---|---|
| 7月 | 旧6月1日 | ろっかつしてえ | 流し焼き | | |
| | 上旬 | 代満（村中の田植え終了後） | ぼたもち | | |
| | 7月10日前後 | 夏祈祷<br>虫送り | 酒、なます | ○ | ○ |
| | 20日頃 | 土用の入り<br>水神祭り（井戸祭り） | うなぎや穴子の照り焼き | | |
| 8月 | 5日 | 先祖祭り | 酒、なますなど、各家持ち寄り料理 | ○ | ○ |
| | 7日 | 七夕祭り（1ヶ月遅れ）<br>墓掃除（村中で） | 七夕団子（7個ずつ7回食べる） | | ○ |
| | 13～15日 | 盂蘭盆（1ヶ月遅れ） | あん餅、迎え団子と送り団子（ぼたもち）、ささげの煮干し、いげすのからし酢味噌和え、白藻の酢の物、ばらずし、うどん、そうめん | | ○ |
| | 17日 | 法界祭り（2ヶ月おくれ）<br>雨乞い | なます | ○ | ○ |
| | 旧7月 | 夏祭り（うどん祭り） | うどん | | |
| 9月 | 旧8月1日 | 八朔 | 八朔団子、奉公人の追い出し団子 | | |
| | 9日 | 菊の節句 | 赤飯、酒と野菊の花 | | |
| | 旧8月15日 | 名月 | 月見団子、月見酒 | | ○ |
| | 中旬 | 二百十日の穏当休み | 酒 | | |
| | 21日 | 彼岸の中日 | 彼岸団子（おはぎ）を作り墓参り | | ○ |
| | 23日 | 二十三夜 | 酒、五目飯、供物を新しくする | | ○ |
| 10月 | 9～10日 | 秋祭り（若宮様の大祭） | ばらずし、煮しめ、なます、尾頭付きの魚いりもの、焼き魚、盛り込み汁、甘酒 | ○ | ○ |
| | 11日 | 祷屋渡し（申し送り） | つなしの丸ずし、赤飯、煮しめ、刺身、なます、魚の炒りもの、おつゆ、盛り込み | ○ | ○ |
| 11月 | 15日 | 花くらべ（菊を持って墓参り） | | | ○ |
| | 下旬 | 庭あげ | ぼたもち、五目飯 | | |
| 12月 | 8日 | 八日待ち（砂おろし） | こんにゃくの煮物、五目飯など | | |
| | 中旬 | 冬至<br>亥の子 | なんきん雑煮<br>（冬至なんきんは難を衣ぬの意）<br>亥の子団子 | | ○ |
| | 下旬 | 餅搗き（28日は搗かず）<br>すすはらい<br>買い物<br>しめ飾<br>実をいれる | | | ○ |
| | 31日 | 大晦日、年取り | そば切り | | ○ |

※聞き取り調査を実施した昭和５０年代に実施されていた行事、行事食を示した。

行事内容としては、１日目は前日配られたお供え袋にお供え料を入れ、家族の名前を書いて牛窓神社へ参拝する。２日目は地元の若宮様に暗燈をつけ、祷屋の世話で神事を行い、その後、簡単な酒宴を行う。

春祭りは親戚交際の義務であり、その交流の場であった。海の幸をいっぱい用いたばらずしや赤飯・甘酒・盛りこめ（現在のお〻詰めに当る料理）が作られ、接待がなされた。現在では、客を招くことも少なくなり、大げさな料理は作らなくなったという。しかし、どの家庭でも、ばらずしは作られていた。

**お大師巡り**（５月下旬）　麦熟らしのお大師巡りは農休日で、お大師様の１日巡りといって邑久郡八十八ケ所を組にふり分け巡礼した。毎月20日に真言宗の信徒が参拝したが、他の村人も付き合いでお参りした。

現在では、個人参拝が多く、有志が赤飯・なます・煮物・煮豆などの膳をお供えし、お喚起をしてもらう程度になっている。

**夏祈祷・虫送り**（７月10日前後）「悪疫退散」・「無病息災」・「悪虫駆除」・「五穀豊穣」のお札を寺からいただき、村内安全の神事が行なわれた。祷屋の忘れてはならない行事の一つで、「しろみて」の日と決まっていた。

「虫送り」は男の子の担当で、「悪疫退散」・「害虫駆除」と書いた紙幟りを竹の先につけて鉦をたたき、法螺貝の代わりに竹法螺を吹き鳴らしながら、「おおねぶり、さねぶり、鉦について行きやれ」と呼びながら、田んぼの決ったコースをねり歩いた後、牛窓半島の東端に近い海岸に行き幟りを海に流し、竹法螺は海水で洗って山のふもとに収めて帰った。大人は「夏祈祷」といって五穀豊穣を祈り、誦経を行い、特に病気の厄除けを行なった。

現在では、子供達による虫送りは行なわれなくなったが、夏祈祷は行なわれている。しかし、日時は「しろみて」の日とは限らず、田植えが終った後の土曜日、もしくは日曜日に行なわれている。各戸１名が村の集会所（現在のコミュニティーハウス）に集まり読経を行ない、その後、祷屋の世話で酒宴（ばらずし・なます類）を催す。祷屋の男達は、お札を竹の先にさし村の出入口に立てたり海に流したりする。共同で行なう行事の中で最も出席者の多い行事である。

**先祖祭り**（８月５日）　この日は先祖山本孫治良の命日で旧暦の７月５日に行なわれている。村は半日総休みで１戸１名は必ず、子供は全員、本屋に集まり祭典を行う。参加者全員が行列を作りお墓参りをし、その後酒宴が開かれる。以前は料理を各自が持参していた。現在は、祷屋が酒となます程度を準備し、子供には菓子袋が配られる。この行事に関しては、ほとんど昔と変化していないようである。

子供の参加については、子供はこれからの師楽を背おっていく者達であるということ、先祖が一つであるということを、この行事を通して伝えてゆきたいという意図が含まれているようであった。

**七夕**（８月７日）　旧暦の７月７日（１ヶ月遅れ）に行なわれている。６日の早朝、稲や里芋の葉に溜っている露をとって墨をすり、短冊に願い事を書いて七夕飾りを作った。すいか・瓜・茄子などで牛などを作り、団子と共に供えた。７日の満潮日に子供が笹を集めて小舟にのせ、浜から100m程沖合に立て、笹竹の所まで泳ぐと風邪をひかないといわれた。

今は、小学生が笹に短冊を飾る程度で、個人単位の行事となってしまった。

**盂蘭盆**（８月13～15日）　旧暦７月13～15日（１ヶ月遅れ）に行なわれる。先祖の霊を迎える行事で、お墓参りが一番の務めであった。13日には、迎え団子を作り仏を迎えた。たいていの家で餅を搗き、すいか・すし・素麺など精進料理でもてなした。15日には送り団子を作り供えた。そして、夜が更けてから鉦をつきながら、手造りの麦桿で編んだ小舟にお供え物をのせ、岐阜提灯に灯をともし海に流した。

今も昔も変らず行なわれているが、塩田完成後は海に流すことはせず、提灯は集めて処理している。

**法界祭り**（８月17日）　無縁仏のお祭である。牛窓が港町であったため疫病が流行しやすく、その当時は師楽にも流行していた。その死人を丁重に葬ると疫病がおさまると神からのお告げがあったという。「浜のある場所に必ず石碑がある」とのことで、村中総出でその石碑を探し、それを祭ると疫病がおさまったと伝えられている。それ以来、例年のように無縁仏を祭るようになった。

現在でも祷屋が酒代を集めて酒となますを用意し、法界様でお務めをし、その後簡単に酒宴を開いている。

**秋祭り**（10月25日頃）　秋祭りは若宮様のお祭りで、豊作祈願と感謝の祭りであった。春祭りと同様に祭典が行なわれた。当初は10月9・10日に行なわれていたが、その後、牛窓神社の秋祭りの前日である10月24日に行なわれるようになった。2～3年前より、住民全てが参拝しやすい10月25日に最も近い第4日曜日が牛窓神社の祭り、その前日が師楽の秋祭りと決められた。春祭りと同様に、秋の材料を豊富に盛り込んだばらずし等が作られている。また、子供会が、各自の作った行燈を持ち寄り、若宮様で子供会を開いたりもする。

**大晦日**（12月31日）　家々で正月の準備を行ない、餅は隣家・親戚同士で搗いた。現在では、各家で餅を搗き（餅搗き機利用も多い）、お正月の準備を行なう。

以上が聴き取り調査を実施した昭和50年代頃まで行われてきた年中行事の今昔である。以前は村が一つとなり、海の幸・山の幸を豊富に取り入れた手料理を作り、夜を徹して儀式をとり行ない、酒宴を催していたことが想像される。しかしながら、様々な生活環境の変化に伴い、行事内容は簡略化傾向にあり、共同で行なわれていた行事（左義長・お大師巡り・七夕など）が個人単位の行事となり、通夜をしていた行事（お日待ち・十日えびすなど）が1日、もしくは数時間の行事に変化している。また、「以前は神を祭る日を変えることなど考えられなかった」と古老はいうが、現在では、人間本位の考えに基づき、春・秋の祭りは、住民の参加し易い土・日曜日が当てられ、祭りの主体が神から人間に移った感が強い。そして、行事食についても同様に省略化傾向がみられるが、昔ながらの行事食である「餅・雑煮・ばらずし・赤飯・団子・おはぎ」などは、今なお、機会あるごとに作られているようであった。最後に大きな変容の一つとして、祷屋行事などの村行事の担い手の変化があげられる。職業の多様化が影響してのことか、主婦の参加が多くみられ、行事の担い手は男性から女性の手に移ってきているように思われた。

一方、大きな変化をみせず伝承されているものに「彼岸・盆・先祖祭り」などの仏事があげられる。信仰心が薄れているといわれる今日にあっても、家に対する意識・先祖仏に対する信仰、これらは根強いものがあるように感じられた。また家庭単位で行われる行事とは異なり、行事の世話役である祷屋が関与している村行事のみが全て残されていることは興味深い事実であった。

戦中戦後の極度の物不足や人手不足により中断を余儀なくされた年中行事や行事食、高度経済成長による生活様式の変化により廃れた年中行事や行事食など、変容はさまざまである。昭和40年代の高度経済成長期以降、ほとんどの家庭で行なわれていた年中行事は半減してしまったといっても過言ではない。

廃れていった年中行事として、「事始め・初金比羅・ヤレボー・二十三夜・六月シテー・八朔・二百十日・重陽の節句・亥の子・庭あげ・オトジイタチ・八日待ち」など農耕・漁業と深い関係を持った行事があげられる。その背景として、塩田完成を契機に漁場を失い、生業としての漁業が成り立たなくなった今日、海の安全や大漁を祈願する行為は必要とされなくなったこと、また、促制・抑制栽培技術、農業機械の導入による近代農法をとり入れた商品作物中心の畑作農業への移行は、従来のものと全く異なる農耕サイクルを生み出し、毎年安定した収穫をもたらすようになったことなどがあげられよう。見方を変えるならば、一年中、作付け・収穫・出荷に追われる農耕サイクルは自然に対する祈り、感謝の気持ちを現わす心の余裕さえも奪い去ったのかもしれない。同時に、職業の多様化は、住民がこぞって休みをとることを不可能にしてきた。このことも行事減少の一要因となっているように思われた。

## 2. 伝統的年中行事の特徴

前述した年中行事の具体な内容から、伝統的行事食の特徴をまとめておきたい。表5に示したように、1年の間に50日にもおよぶ年中行事が行われていたが、6月の田植え準備や田植えの時期、10月から11月にかけての稲刈りの農繁期には行事も少なく、生業の中心である稲作と年中行事が上手く組み合わさった生活が営まれていた様子がうかがえる。師楽における伝統的年中行事の礎がここにあったと考えられる。

年中行事は正月関連行事、祭り関連行事、節句関連行事、講関連行事、仏事関連行事、農業・漁業関連行事、自然や季節の移り変わりに関連した行事に大別できるものであった（表6）。

年中行事のうち二大行事といえば、正月関連行事と祭り関連行事があげられる。なかでも正月三が日と春祭り・秋祭りは儀礼としての神事、祝いの料理・もてなし料理としての行事食ともに盛大に祝われ、親類縁者の交流が盛んに行われた。この点においても正月と祭りは二大年中行事とみなすことができる。

正月関連行事は年末の大掃除や餅搗きに始まり年取り、正月三が日、2日の事始め、9日の山の神の正月、10日の十日恵比寿（漁師の祭り）、11日のヤレボー（百姓の正月）、14日の左義長（どんど）、そして2月1日の旧正月と、さまざまな神祭りが続く。正月関連行事には健康長寿や家内安全、子孫繁栄などを祈願する意味が根底にあるが、舟の乗り始め、田畑の打ち始め、紡ぎ始めなどの事始、山の神の正月、十日恵比寿（漁祭り）、百姓の正月（ヤレボー）などの行事には五穀豊穣や豊漁、また農作業や山仕事、漁の安全を祈る意味が大きいものであった。これらの行事は正月関連行事の一環として行われたが、第1節、第2節で述べた農業や漁業などの生業、そして日常の食の段取りに繋がる意味を持つ年中行事ととらえることができる。

祭り関連行事も大小様々な祭りがおこなわれ、その中心は5月の春祭りと10月の秋祭りで、儀礼として神社で行われる神事の後、家庭に親類縁者を招いて行事食でもてなす祝宴が恒例であった。産土神である若宮様の秋祭りでは日頃の感謝の意をこめて山のもの、野のもの、海のものが供えられ、豊作祈願と豊作への感謝の意が表された。

さらに祭りや神事の一環としてとらえることができる雛祭りや端午の節句は、子供の成長や健康を祈る行事で、初節句は特に盛大に祝われ、神社への参拝と親類縁者が祝の膳を囲んだ。

これら二大行事に続き重要な年中行事として仏事関連行事をあげることができる。春・秋の彼岸、盂蘭盆、無縁仏の法界祭りなどで、供物を持って墓参りが行われ、先祖を供養した。同族集落として発達してきた師楽独自の村行事として先祖祭りが行われ、各戸の代表がこぞって先祖を供養し墓参りが行われた（第4節で詳述）。この他にも毎月の御大師堂への参拝、お釈迦様の誕生日や御大師巡りでの寺への参拝など、檀那寺や近隣の寺との繋がりも強く、生活の安定や村の安全が常に意識された生活が営まれていたことが想像される行事である。

稲作関連行事として、田植え終了後の代満、労働の無事や稲の生長を祈願する夏祈祷や虫送り、米の収穫後の庭あげなどがあげられる。全てを手作業に頼る農業形態の時代、農繁期の重労働を癒やす代満や庭あげも重要な稲作関連行事であり、次の労働力を生み出す原動力に繋がっていくものであった。このように稲作関連行事として独立して行われた年中行事は多いとはいえないものの、前述した正月関連行事の一環として行われた事始めや漁祭り、山の神の正月、百姓の正月などの行事の持つ意義、祭りの豊作祈願や収穫への感謝の気持ちを表す収穫祭などを考慮すると、稲作に関連した行事は一年を通してさまざまな場で行われていたといっても過言ではない。

これらの他に寒の入りや土用の入り、名月、冬至など、自然や季節の移り替わりを示す行事が存在する。これらは季節の節目を示す行事であり、農作業の準備や種まきの時期などの目安となる行事でもあった。単調な生活のなかで自然や季節の移り変わりを認識し、生活にリズムをつけ、農作業に計画性をもたらす役割をもつ行事であったともいえるのである。

民間に伝承されている年中行事は、農業や漁業などの生業と深い関わりをもつものもが多く、自然、信仰、農耕、漁業などの結びつきのもとで、豊作や豊漁、家族の健康や子孫繁栄を祈る素朴な精神活動を反映して形成されてきたものであるといわれる[16)]。明治時代から昭和10年頃まで行われてきた師楽の伝統的年中行事もこの特徴を明確に反映したものであった。

## 3. 伝統的年中行事食の特徴

行事の日には神前や仏前に山のもの、野のもの、海のものなどの供物を供えて儀礼が行われ、その後、家族や親類縁者がこぞって普段とは異なる料理を食べ、祝うのが恒例であった。これが行事食であり、本来、日常と非日常を区別する意味が含まれていた。

師楽において個々の年中行事で作られてきた行事食については表6に示す通りであるが、これらの行事食を料理形態別に整理してみると、ある一定の決まり事とも思われる食習慣が認められる。その特徴について述べていくことにする。

行事食の中心は、酒、餅、団子、雑煮、白飯（銀飯ともいう）、赤飯、すし、五目飯といった米料理である。日本人は米食民族といわれながらも、米は食べものというより税の対象として認識された時代が長く、古代より米は神の力が宿る神聖なものという価値観が養われてきたことはよく知られたことである。そして昭和21年の農地改革以前の土地制度のもとでは生産者の農民にとっても米は自由に消費できない貴重なものであった。しかも農業偏重型の半農半漁村で水田より畑の方が多い師楽においては、米はより貴重な存在であった。このような歴史的条件や地理的、生業的条件が反映して米を使った行事食は高い位置付けを持ってきたものと考えられる。

これらの米料理も年中行事の規模や位置付けの違いによって使い方は様々であった。前述した二大年中行事では米料理を主食とした膳料理が組まれる場合が多い。正月三が日には酒、餅、白飯、雑煮、煮しめ、なます、数の子、田作り、黒豆、昆布巻きなどの正月雑煮とおせち料理が用意されてきた。決して豪華とはいえないものであるが、すまし雑煮、小豆雑煮、味噌雑煮の日替わり雑煮（詳しくは第３章で後述）、縁起物の昆布や田作り、数の子、黒豆などを使った伝統的なおせち料理が作られてきた。

正月雑煮として小豆雑煮、すなわちぜんざいを作る習慣は師楽およびこの周辺地域の特異的な習慣ともみなされる。この小豆雑煮は百姓の正月、ヤレボー、小正月、旧正月などの正月関連行事の

表6　伝統的年中行事の分類と行事食の特徴（岡山県牛窓町師楽の事例）

| 行事の分類 | 年中行事 | 主な年中行事食 | | | | | | | | | | | | | | | | | |
|---|---|---|---|---|---|---|---|---|---|---|---|---|---|---|---|---|---|---|---|
| | | 酒 | 白飯 | 餅 | 団子 | 雑煮 | 赤飯 | すし | 五目飯 | そば | なます | 和え物 | 刺身 | 煮しめ | 煮魚 | 数の子 | 黒豆 | 盛り込み | 備考 |
| 正月関連行事 | 餅搗き | | | | | | | | | | | | | | | | | | |
| | 大晦日、年取り | | | | | | | | | ○ | | | | | | | | | |
| | 正月三が日 | ○ | ○ | ○ | | ○ | | | | | ○ | | | ○ | | ○ | ○ | | |
| | 事始め | ○ | ○ | ○ | | | | | | | | | | | | | | | |
| | 正月礼 | | | | | | | | | | | | | | | | | | |
| | 山の神の正月 | | | | | | | | | | | | | | | | | | |
| | 十日恵比寿 | ○ | | | | | | | | | ○ | | | ○ | | ○ | | | |
| | 百姓の正月(ヤレボー) | | | | | ○ | | | | | | | | | | | | | 米粉団子のぜんざい |
| | 左義長(どんど) | | ○ | | | ○ | | | | | | | | | | | | | 豆米握り、ぜんざい |
| | 小正月 | | | ○ | | ○ | ○ | | ○ | | | | | | | | | | ぜんざい |
| | 旧正月 | | | ○ | | ○ | | | | | | | | | | | | | ぜんざい |
| 祭り関連行事 | 氏神様のおこもり | | | | | | | | | | | | | | | | | | |
| | お日待ち | ○ | ○ | ○ | | | | | | | ○ | | | | | | | | |
| | 二十三夜(春、秋) | ○ | | | | | | | ○ | | | | | | | | | | |
| | 春祭り | ○ | | | | | | ○ | | | | ○ | | ○ | ○ | | | ○ | 甘酒 |
| | 水神祭り | | | | | | | | | | | | | | | | | | |
| | 夏祭り(うどん祭り) | | | | | | | | | | | | | | | | | | うどん |
| | 秋祭り | ○ | | | | | | ○ | | | ○ | | | ○ | ○ | | | ○ | |
| | 祷屋渡し(申し送り) | ○ | | | | | ○ | ○ | | | ○ | | ○ | ○ | ○ | | | ○ | |
| | 亥の子 | | | | ○ | | | | | | | | | | | | | | |
| 節句関連行事 | 節句 | | | | | | | | | | | | | | | | | | 豆まき、鰯の串刺し |
| | 雛祭り | | | ○ | | | ○ | ○ | | | | ○ | | | | | | | あられ |
| | 端午の節句 | | | ○ | ○ | | ○ | | | | | | | | | | | | 柏餅、粽、茗荷団子 |
| | 七夕 | | | | ○ | | | | | | | | | | | | | | |
| | 菊の節句 | ○ | | | | | ○ | | | | | | | | | | | | |
| 講関連行事 | 初伊勢講 | ○ | | | | | | | ○ | | | | ○ | | | | | ○ | |
| | 初金毘羅 | ○ | | | | | | | ○ | | | | | | | | | | |
| 仏事関連行事 | 彼岸(春) | | | | ○ | | | | | | | | | | | | | | ぼたもち |
| | 彼岸(秋) | | | | ○ | | | | | | | | | | | | | | ぼたもち |
| | お釈迦様の誕生日 | | | | | | | | | | | | | | | | | | 甘茶 |
| | 御大師巡り | | | ○ | | | | | | | | | | | | | | | あられ、煎り豆 |

| | | | | | | | | | | | | | | | | | | | |
|---|---|---|---|---|---|---|---|---|---|---|---|---|---|---|---|---|---|---|---|
| 仏事関連行事 | 先祖祭り | ○ | | | | | | | | | ○ | | | | | | | | 持ち寄り料理 |
| | 盂蘭盆 | | | ○ | ○ | | | | ○ | | ○ | ○ | | | | | | | ぼたもち、いげす、うどん、そうめん |
| | 法界祭り | | | | | | | | | | ○ | | | | | | | | |
| | 花くらべ | | | | | | | | | | | | | | | | | | |
| 農耕・漁業関連行事 | 麦熟らし | | | | | | | | | | | | | | | | | | |
| | 代満 | | | ○ | | | | | | | | | | | | | | | ぼた餅 |
| | 夏祈祷 | ○ | | | | | | | | | ○ | | | | | | | | |
| | 虫送り | ○ | | | | | | | | | ○ | | | | | | | | |
| | 雨乞い | | | | | | | | | | | | | | | | | | |
| | 二百十日の穏当休み | ○ | | | | | | | | | | | | | | | | | |
| | 庭あげ | | | ○ | | | | | ○ | | | | | | | | | | ぼた餅 |
| その他（自然や季節の移り変わりに関連した行事） | 寒の入り | | | | | | | | ○ | | | | | ○ | | | | | 油揚げ |
| | ロッカツシテー（旧6月1日） | | | | | | | | | | | | | | | | | | 流し焼き |
| | 土用の入り | | | | | | | | | | | | | | | | | | ウナギ、穴子の照り焼き |
| | 八朔（旧8月1日） | | | | ○ | | | | | | | | | | | | | | |
| | 名月 | | | | ○ | | | | | | | | | | | | | | |
| | 八日待ち（旧12月8日） | | | | | | | | ○ | | | | | ○ | | | | | こんにゃく |
| | 冬至 | | | | | ○ | | | | | | | | | | | | | なんきん雑煮 |

なかで度々作られる習慣であった。百姓の正月には贅沢をさけ、餅ではなく米粉団子のぜんざいを作る習慣もあったという。

二大行事の一つである春祭りや秋祭りでは酒に鮮魚を豊富に使ったばらずしを主食として、煮しめや煮魚、焼き魚、季節野菜と魚介類のなますや和え物、汁物などの膳料理と、巻きずしや高野豆腐の煮物、さつま芋の天ぷら、蒲鉾、昆布巻き、みかんやバナナを一皿にもった盛り込め料理が作られ、祭り客をもてなした。1年で最もご馳走といっても過言ではなく、豪華なばらずしは行事食の中心で楽しみ的要素も大きいものであった（詳細は第4章で後述）。祷屋渡しにも祭り同様の豪華なもてなし料理が作られた。またばらずしは雛祭りの代表的な行事食でもあった。

すなわち、二大行事の正月では餅を使った雑煮が、祭りではばらずしが行事食の中心的存在であり、現在においても根強く伝承されている習慣である。

すしと並び祝の意味が大きい米料理として赤飯がある。特に子供の成長を祝う節句には赤飯が主食の中心となっており、米の神聖さとともに邪気を祓う小豆の赤、そして米と小豆の紅白のめでたさが反映した行事食である。

五目飯が度々行事食として作られているのは、現在とは大きく異なる習慣である。小正月や二十三夜、伊勢講や初金毘羅講、庭あげ、寒の入り、八日待ちなどの各家庭で比較的小規模に行われる行事では炊き込み飯である五目飯が度々登場する。五目飯は野菜や魚介類を入れた醤油味の煮込み飯で、麦を入れずに米ばかりの米料理である。「百姓にとって、自分で獲った藻貝や菜園物の人参や牛蒡に一銭五厘の油揚げが入った五目飯はのどが鳴るほどご馳走であった」という古老の話からも、昭和初期頃には米を使った五目飯は手軽な行事食としての価値があったのである。

団子類も代表的な行事食である。米粉を用いた柏餅や粽、そして小麦粉団子を茗荷の葉で包んで焼いた茗荷団子も端午の節句の行事食となった。また、白飯を搗きつぶした団子に小豆餡をまぶしたぼた餅は彼岸や盆の供え物としてどこの家庭でも作られてきた。そして代満や庭あげなどの農休日には慰労のご馳走として甘い小豆餡を使ったぼた餅はなくてはならないものであった。米粉や米の団子に、当時まだまだ貴重品であった砂糖と小豆を使った柏餅やぼた餅は、普段より手間をかけて作られるものであり行事食としての価値が高かったものとみなされる。

米料理の他に縁起物の食材料が多用されているのも行事食の特徴である。おせち料理には子孫繁栄や出世を願って、お頭付きの魚や頭芋（人の先頭に立つ意）、橙（代々富貴）、昆布（喜ぶ）、数の子（子孫繁栄）、エビ（腰が曲がるまで元気）などの縁起のよい食材料が使われている。また季節の変わり目には厳寒や猛暑を健康に乗り越えるための縁起物の食材料が行事食として使われてきた。寒の入りには油揚げを食べると寒くないといわれ、土用の入りにはウナギやアナゴの照り焼きを食べて体力をつけ、砂おろしともいわれる八日待ちはこんにゃくの煮物やこんにゃくの入った五目飯を食べ腹の掃除をする意味があった。そして冬至にはなんきん雑煮が作られ、なんきんは「難をきん」に通ずる縁起のよい食べものとされた。

以上のように昭和初期頃までの自給自足を大原則とする変化の少ない生活の中で、大小様々な行事食が作られ、年中行事が祝われてきた実態が明らかになった。正月の雑煮とおせち料理、祭りのすしと膳料理、節句の赤飯、仏事のぼた餅、労働を慰労するぼた餅や五目飯など、決して豪華なご馳走といえるものばかりではない。しかし大切に栽培された米や野菜類、計画的に加工保存された豆類や魚介類、普段は購入することがまれであった鮮魚や油揚げ、こんにゃくなどを使った手作りの年中行事食は、住民にとっては普段の食事とは異なるご馳走であり、楽しみ的要素が大きく、季節の節目としての意義が大きかったことをうかがい知ることができた。そして、自給できる食材料と経済的に負担の少ない食材料を上手く行事食に取り込み、年中行事食に変化を持たせる習慣を形成してきたからこそ、長年の間、毎年繰り返される年中行事食として定着し継承されてきたともいえるのである。

## 第4節　師楽における祷屋行事の伝承とその背景

「とうや」についての研究は、民俗学の分野で行われてきたものが多い[17～19]。「とうや」は「とう」とも呼ばれ、當・頭・塔・祷など、さまざまな文字が用いられ[20、21]、漢字の当て方によって、それぞれの意味があるように述べられている[22]。中山[23]によると、「氏上のかみに頭という文字をあてたのが、当屋の先をなした頭人・頭屋の制度となった」と述べられ、肥後[24]は、「頭はカミと訓ぜられ、主宰するものの義、正に神事の頭であり、一定の有資格者であったが、今日では当を用いる場合が多く、当番を意味することになり、古い意義を失っているものが多い」と述べている。また、和歌森[25]も、「神主と同じ意味を持ったが、輪番制になってから当屋といわれた」と述べている。

前述したように、村行事として行われる師楽の祷屋行事は廃れることなく、江戸時代後期に始められて以来、昭和50年代まで伝えられてきている実態が明らかになった。このように長年に亘り行事が毎年繰り返し行われて来たことは、多くの年中行事が廃れたり簡略化されたりしていくなかで、まれであるといっても過言ではない。

そこで師楽集落のなかでの祷屋の役割や行事の位置付けを具体的に探ることで、祷屋の意味や性質が明確となり、引いては祷屋行事と祷屋行事食の伝承背景が明らかになると考えた。

調査に当たっては、昭和55年の夏・秋に調査地である岡山県邑久郡牛窓町師楽を訪れ、昭和55年祷屋担当の主婦・老人を中心に、行事の内容、祷屋の役割、祷屋に対する意識などについて聴き取り調査すると共に、古くから書き残されている「若宮御祷屋廻帳」や「祷屋行事記録」などの資料調査も実施した。「若宮御祷屋廻帳」とは、寛政９年（1797年）から今日まで毎年、祷屋担当者の氏名を書き綴ったものであり、また、「祷屋行事記録」とは、昭和43年より毎年、祷屋の責任者である祷本（とうもと）が、それぞれの行事の仕事内容を詳細に記録していったものである。

## 1. 師楽における祷屋組織

### （1）祷屋組の構成と変容

「若宮御祷屋廻帳」によると、師楽における祷屋は寛政９年（1797年）から始められたと記録されており、「祷屋」の文字が用いられている。しかし、「祷屋行事記録」には「祷家」の文字もみられ、現在では、「祷屋」・「祷家」の両方が用いられている。

現在の祷屋は集落を９組に分け、１組が４～12戸で構成されている。祷屋を構成する一つの集団を「祷屋組」と称し、その中の責任者にあたる者（家）は「祷本」と呼ばれ、任期は１年である。

「師楽山本家略系譜」および「若宮御祷屋廻帳」の資料を中心に、聴き取り調査で補足しながら各年代の祷屋組構成をさぐっていくと、次の様な実態と変容を把握することができた。祷屋の開始は、寛政９年（1797年）の７代目の頃からで、１組２～３戸で構成されており、行事を住民全てが平等に行えるように貧富の差や家族構成・地縁などを考慮して組を構成していたらしいと伝えられている。その後昭和50年代まで、組み替えが４回行われているようである。文政２年（1819年）の組み替えは分家によって村内の軒数が増加したため、以前より地縁を重視し、貧富の差も考慮に入れながら、村内を10組に分け、１組２～３軒で組を構成していたとみうけられる。しかし、文政８年（1825年）頃から凶作が続き、世の中は不景気となり、祭事の経済的負担を軽減すべく文政12年（1829年）に10組から８組に組数を減らし、組内の軒数を３～４軒に増加した様子がうかがえる。この頃はまだ地縁的結びつきが強かったようであるが、中には兄弟同士で組むという組もみられはじめている。そして、天保８年（1837年）に行われた組み替えでは、分家による戸数の増加で一統同士が組み、残りの家は新しく組むという構成になり、血縁関係が組構成の基盤となっている様子が明確になってきている。１組が３～５軒で構成され、10組に分かれていたようであった。さらに明治になると各地で一揆が繰り返されるなどを反映してか、師楽においても生活状態が不安定になり、10軒ほど師楽外への転出者も現われ、明治10年（1877年）、組み替えざるを得なくなったようである。９代目の頃より兄弟は同じ組に入るという傾向が強く現われ、「本家と離れたくない」という意識が多少地理的に離れていても本家の組に入り、血縁で固まる傾向を強めていったようである。この時代になると同族集落とはいえ戸数が増加し、血縁の濃い、薄いという区別が明確に意識され始め、祷屋構成にも大きく影響を及ぼしていると考えることができよう。

その後、明治10年（1877年）以来、現在までの約100年間、組み替えは行われていない。分家の多い組は同じ一統で、分家の少ない家は二つの統が組を構成するという血縁関係の組織が成立している。したがって、構成人員は４～12戸と組によって不均等が生じ、組み替えを行う時期にきているという。しかし、現状では、村の人口増加によって意見がまとまりにくい、経済状態が平均化し不合理を感じない、一統意識が強いなどの背景から組み替えは行われていない。

以上のように、祷屋は「住民全てが平等に行事に参加する」という相互扶助の精神を軸として分家の増加・貧富の差・凶作・生活の不安定などの社会情勢を反映し、地縁から血縁的性格の強い集団へと移った感がある。しかし、同族集落ということを前提として考えるならば、成立当初はどの家も血縁が濃かったわけで、最初から血縁的組織といえるのかもしれない。

### (2) 祷本の決め方

祷屋組の任務遂行にあたっては、祭事の責任者である祷本が組内から選出される。「若宮御祷屋廻帳」には、大正３年（1914年）より祷本の記載があるが、それ以前のものにはない。古老の話から推測すると、祷屋組ができた当初から存在していたのではないかと思われる。そこで、「若宮御祷屋廻帳」に記載されているその年の最初の人物を祷本と仮定すると、次の三通りの決め方が存在していたようである。

第一の方法は、一軒の家が務める方法で、とくに本家筋が務めている場合である。第二の方法としては、当初は一軒の家が務めていたが10代目の頃（1900年頃）より輪番制となっているものである。これは当初は本家筋が務めていたが、分家も増加し、貧富の差も少なくなり生活が安定してきたため輪番制をとるようになったものと考えられる。第三の方法は、初めから輪番制で務める方法で、いずれも分家同士の組で、当初から組内での貧富の差がなかったものと思われる。

このように、祷本は経費や他の面でも負担が大きく、裕福な家が務めるという原則が存在していたようであり、本家筋が主導権を持っていた時代も長かったのではないかと感じられた。

以上のように、祷屋組構成の変容、祷本の決め方からみても、本来、祷屋は相互扶助の性格が強く、その基盤には血縁意識や一統意識が大きく影響しているように感じられた。

## 2. 祷屋の役割

古老によると、祷屋は「住民全てが行事を平等に行う」という意図のもとで始められたと伝えられている。祷屋の担当する行事は、大晦日の正月準備・十日えびす・お日待ち・春祭り・夏祈祷・先祖祭り・法界祭り・秋祭りの８つの行事と、祷屋の仕事を次年度に引き渡す「申し送り」行事である（表5）。したがって、祷屋の行事は10月下旬の「申し送り」を受けた直後から始まり、翌年10月に次の祷屋組に引き継ぎをする「申し送り」で終了する。まず各行事における祷屋の仕事内容から、祷屋の役割を明確にしていきたい。

**正月の準備**（12月31日）　祷屋行事記録によると、「申し送り」を受けた後の最初の仕事は、大晦日に行われるお正月の準備である。その記録によると、「お宮掃除、国旗立て、注連飾り、お供物の準備、初詣の人達の為に12時前に神前の電灯を点灯」（昭和54年）と記されている。おそらく、家庭で正月の準備をするのと同じように、祷元の家で神社用の供え餅を搗き、神社へ注連を飾ったものと思われる。いうまでもなく、正月中のお宮の管理・後始末も祷屋の仕事である。

**十日えびす**(1月10日)　大漁を祈願し､若宮様に恵比須神社の幟を立て､漁祭りを行った。以前は、祷屋組が各家を祷枡を持って廻り、3合ずつ米をもらい、集金して祭典の準備をし、酒宴のための酒の肴料理を作り、接待も行った。

塩田完成により漁場を失った現在では、「戎祠に幕を張り、恵比須神社の幟を立て、牛窓神社の宮司よりお札を載く」のが祷屋の主な仕事で、住民の参拝者はない。

**お日待ち**（1月14日）　氏神様のお籠りの行事で、以前は年4回のお通夜が行われていたが、現在では、1月14日午後3時頃より祭典が行われている。祷屋組は前日の13日、祷本の指示により御神酒代を各戸から集金し、祷本の家に持ち寄り、祭典の準備が始められる。この日、お供え用の餅搗きも祷本の家で行われ、祭典に必要なお供え、酒宴料理の材料購入、菓子の注文、神職の依頼等も行われる。行事当日（14日）は午前中に若宮様の掃除、神事の準備を整える。午後3時より祭典が始められ、その後、参拝者の男性は酒となますで簡単な酒宴を行い、女性・子供の参拝者には菓子袋が配られる。翌15日の朝7時30分より、お供え物の御神酒・餅・洗米を氏子全戸に配り、四方固めのお札は青竹に挟んで村の四方の路傍に立てる。これら全てが祷屋の仕事である。

第二次大戦前は、お日待ちはお通夜で行われていたため、各戸から米を集め、にぎり飯などの夜食を作るのも祷屋の仕事であったという。

**春祭り**（5月12・13日に近い土曜日）　春祭りは祇園様を疫病の神として祭る行事で、各戸1名が参拝し、若宮様で祭典が行われる。各家庭でも、「すし」などを作りお祝いする1年の内でも最も大きな行事の一つである。

祷屋の仕事としては、まず前日、御神酒代を集め祭典の準備や酒宴の相談などを祷本の家で行う。当日の朝、若宮様の掃除を行い、午後から祷本の家で女達は酒の肴を準備し、必要な諸道具（座布団・盆・食器類など）を持ち寄る。3時より宮司を迎え祭典、この時、祷本は住民の代表として玉串の奉納を行う。その後、男の参拝者を中心に酒となますで酒宴を開き、女・子供達は、菓子袋でもてなす。その日のうちに片付け、経費の精算も行い、祷屋の仕事は終了する。

**夏祈祷**（7月10日前後）　田植えの終了後、住民が集まりやすい土曜日か日曜日を選んで行われている。五穀豊穣・無病息災を祈願する行事で、各戸1名（男中心）が村の集会所に集まり、仏式の儀式を行う。この行事は祷屋行事の中でも、最も参列者が多く、行事内容も一番手間のかかるものであるという。

いつものように、前日、御神酒代を集めて前準備や相談が行われる。祷本は、「悪疫退散」・「無病息災」・「悪虫駆除」・「五穀豊穣」のお札をお寺でいただく。当日は朝からコミュニティーハウスで祈祷のための準備を祷屋組の男達が中心となって行う。女達は祷本の家で、すしやなますなどの料理を作り、必要な所道具をそろえる。夏祈祷では、参拝者が60名以上あるため、食器類も個人の家庭の物では間に合わず、婦人会所有のものを借用するのが恒例となっている。11時よりお寺様を迎え誦経を行い、お札は、祷屋組の男達によって、村の出入口に立てられたり、海へ流されたりする。その後、酒宴を行い、夕方には全てを終了する。

**先祖祭り**（旧暦7月5日）　先祖を同じくする師楽独自の行事で、先祖の命日である旧暦7月5日（新暦8月5日）に行われる。各戸1名、子供全員が本屋に集まり神式で祭典が行われ、全員で墓参りを行う。師楽外からの親類関係者の参加もある。その後、祷屋の作った酒の肴で酒宴が開かれ、子供達には菓子袋・飲物・ラーメンなどが配られる。

この行事は以前とほとんど変っていないが、以前は料理を各自が持ち寄っていたという。

**法界祭り**（8月17日）　無縁仏の祭りである。盆の初日（13日）祷屋の手で法界様の掃除を行い、お寺様の指示で塔姿の準備を行う。そして前日の16日、御神酒代を集め、祭典の相談と準備を行う。17日の当日、午後5時頃より祭典を行う。この時、子供会による踊りの奉納もある。その後、いつものように、酒となますで簡単な酒宴が開かれ、子供達には菓子袋が配られる。

**秋祭り**（10月第4日曜日の前日）　春祭りと同様に、1年のうちでも大きな行事の一つである。祷屋の仕事はほとんど春祭りと同じであるが、秋祭りでは、夕方、子供会による行燈の奉納と子供会も開かれるため、この時の火の管理等も祷屋の仕事となる。

**申し送り**（10月下旬～11月上旬）　申し送りは祷屋が1年間の任務を終え、次期の祷屋へ引き渡しをする締括りの重要な仕事で、「御祷屋渡し」とも呼ばれている。いつ頃から、どのように行われていたかは不明であるが、従来は、秋祭りの翌日に祷本の家で行われていた。しかし、現在では、秋祭りの翌日は月曜日となるので、ここ2年（昭和53年ごろより）ほどは、住民の都合のよい次の日曜日に、コミュニティーハウスで行われるようになった。

1年の勤めを終えた祷屋が各戸2名（夫婦で、下番者と呼ばれる）と、次年度の祷屋からは各戸1名（戸主、上番者と呼ぼれる）が出席し、1年間の反省をし、祷本の管理する旗・神社の鍵・若宮御祷屋廻帳などの記録や祭具を御祷屋函に入れ、「申し送ります」という趣旨の言葉と共に引き渡しを行う。その後、祝宴が催される。数年前までは扇子を広げて次の祷屋へ引き渡しが行われるなど、かなり格式ばったものであったようである。

以前は、祷本の家で宴会用の一汁五菜程度の膳や、盛り合わせ料理が作られていたが、4～5年前より、すしや赤飯だけは作るが、膳は仕出し屋から取るようになった。そしてみやげ用の菓子箱なども用意する。この時の料理やみやげの基本的なもの（膳・すし・菓子箱）は、慣習化されているらしいが、祷屋組の構成人数によって、赤飯がついたり、みやげに折り料理がついたり様々なようである。これらの経費は、その年の祷屋組で負担する。

申し送り行事の終了後、1年間の行事に必要であった経費の過不足などの精算が行われるが、組内で均一に負担したり、祷本の負担額が大きい場合など、その精算方法も祷屋組によってまちまちであるという。

以上のように、師楽における祷屋組の役割は、若宮様の管理と、年8回の年中行事全般の世話をするもので、責任者である祷本を中心に祷屋組が御神酒代を集めることに始まり、祭事・酒宴の準備をし、祷本は住民の代表者として神事に参加、行事を滞りなく終了させるものであった。その中でも祷本の家を宿として、主婦を中心に行われる酒宴料理の準備・接待が最も重要な役割であり、金銭的・物質的・精神的負担も大きいように感じられた。これらの仕事内容は祷本が代々引き継いできている「祷屋行事記録」に基づいて行われており、昭和55年度担当の祷本婦人（30歳代と思われる）も「今年の祷屋は何をしているのかと言われぬように、この記録にできるだけ忠実に従って仕事をしています。」と話してくれた。最近世代の交代により、中年層（30～40歳代）の者が祷本を勤めるようになると、役割がだんだんと不明確になる。それを防ぐため、祷屋の仕事を詳細に書き綴った記録が昭和43年より残されるようになったものと思われる。そして、行事の準備等については、祷屋組の中の古老が指示し、料理の味付け等も指導することが多いという。そこには、慣習化されてきたものを、自分の担当の年に変えることなく遂行し、責任を果していこうとする保守的な態度が存在しているように思われた。

師楽においては、現在、当の字は用いられておらず、「祷屋」もしくは「祷家」の両方が、区別なく用いられているが、いずれも、個人をさすものではなく、「家」をさし、その代表者が行事に参列する形をとり、特別の資格制限はみられない。慣習によって定まった一定の順序に従って輪番で任務にあたっている。そして、現在の役割をみる限り、「神事の主宰者」という理解はできず、神事の舗設責任者的性格が強いようである。肥後によると、「現在の当屋の任務は、神酒・神饌・その他の神供品の調達にあるということができる。それらは、やがて直会に充当させるものであるから、これを一面からみれば、共同飲食の準備をなすものといえる」26) とある。師楽においても同様なことがいえ、「祷」の文字が用いられているが、一般に使われている「当屋」と同じ意味を持ち、神主の下働きをする意味を含むものと理解することができよう。

以上のように、師楽における祷屋の役割は、何らかの変化を生じながらも、200年もの間引き継がれてきていた。そして、行事記録が書き続けられ、村の古老達が口伝えしていく以上、また、祷屋担当者に慣習を守っていこうとする態度がなくならない限り、祷屋の役割は大きく変容することなく引き継がれていくであろう、そして、同時に、祷屋の関与する行事も伝承されていくであろうと感じられた。

## 3. 祷屋行事食の変容

祷屋の重要な役割の一つに、祷屋組の主婦を中心に行われる祷屋行事食の準備があることを述べてきた。戦前、戦後、現在（昭和50年代）を通して祷屋行事食として慣習化されてきた料理は「酒となます」で、大きな変容は認められない（表5）。季節の野菜（大根・きゅうり・人参等）と魚貝類（ボラ・ツナシ・カニ・シャコ等）を用いたなます料理は、男性の参拝者に酒の肴として供された。夏祈祷は代満の行事も兼ねているため60～70名の参拝者があり、祷屋行事の中では一番参加者が多く、酒やなますに加えてばらずしや巻きずし、きつねずしなどのすし類が作られており、これも古くからの慣習であった。また、戦後のいつの頃からか時期は明確でないが、菓子袋が行事食に加わるようになった。これは兼業農家の増加に伴い勤め人が増え、戸主に変わって主婦が行事に参加するようになったためで、女性や子供の参拝者には酒となますの代わりに100円程度の菓子袋が配られるようになった。以前から「酒・膳料理・みやげ用菓子箱」という基本形がみられたが、祷屋組の構成人数の多少によって、さらにすし、赤飯、みやげ用の折り料理もつけられることも多いという。4～5年前（昭和50年代前半）までは「一汁五菜」程度の膳料理（吸物・刺身・煮〆・酢物・和え物・焼魚・いり物＝魚の煮付など）が、祷本の家で手作りされていたが、現在では、手間がかかりすぎる、台所が狭いなどの要因が影響して、すしと赤飯は手作りし、膳料理は仕出し屋からとるのが普通となってしまったようである。

明治時代末期から昭和10年頃までの行事食として古老の記録に残っているものは、なます料理と共に「丸寿し」、「盛りこめ」、「白飯のおにぎり」があげられる。丸ずしは錦海湾でとれたコハダ（ツナシの子）の背を割り、骨・内臓を取り塩漬けにしておく。使う時塩脱きをし、すし飯を詰め一夜置くか、または、すぐにでも食したという、いわゆる姿ずしの一種である。おそらく、祭りの家庭料理でもあり、申し送り行事のばらずしに代わるものであったと思われる。また、住民が楽しみにしていた料理として「盛りこめ・盛り合わせ」をあげることができる。大皿に「巻きずし・カステラ・洋かん・焼魚・果物……」など５品または７品が盛られたといわれる。中でも、「さつま芋の天ぷら」は必ず作られていたそうで、日頃は食べない料理の一つであったという。この盛りこめは、申し送りの御馳走であった。そして現在の感覚では行事食とは考えられない「白飯のおにぎり」があるが、戦前には、お日待ち・左義長の行事食として用いられていたという。水田の少ない師楽においては米は貴重なもので、日常の主食が麦飯（麦７米３）であったというから、米ばかりの飯が「銀飯」と呼ばれるように、いかに御馳走であったかが想像される。したがって白米の握り飯や白米で作られる丸ずしが最大の晴れの料理であったことをうかがい知ることができる。

戦前の祷屋行事食は、米料理となますが中心であったが、戦争中の物資不足の影響から米料理は消滅し、酒の肴としてのなますのみが残り、現在に至っているものと思われる。

このように師楽の祷屋行事食は申し送り行事を儀礼的に行うという感が強いように思われた。

## 4. 祷屋行事および行事食伝承の背景—住民意識の影響—

「まつりほど古くかつ新しいものも少ないだろう。本質はきわめて古くからのもので、しかも現実に現われるすがたはその時代時代の流行を採り入れている。」と萩原龍夫[27]は述べている。

邑久郡牛窓町師楽においても、多くの年中行事が消滅したり、さまざまな変化を生じながら伝承されていた。具体的には神事の簡略化、日時の短縮・変更、行事食の変更などにその変化がみられたのであるが、その中にあって、祷屋のかかわる行事は、あまり大きな変容もなく、毎年繰返され今日に至っていた。そして、その背景には祷屋の仕事内容を詳細に綴った「祷屋行事記録」の存在とそれに忠実に従っていこうとする祷屋担当者の意識の存在が大きいものであった。しかしながら、表面的には大きな変容が見受けられないにしても、現在までに数回行われている祷屋組構成の変更、祷本の年齢層の若年化、主婦の参加などを考えてみた時、それぞれの時代の社会情勢の影響がさまざまな形で表われ、祭りの変容につながっていることも事実である。

過去になされている「とうや」に関する多くの研究[28~31]をみた時、とうやの行事内容・とうもとの決め方・とうや組構成の仕方は地域・時代によってさまざまである。おそらく、集落の成り立ち・歴史的背景・生業など、さまざまな社会的環境のちがいが関与しているものと思われる。したがって祷屋行事の変容実態をつかもうとした場合、社会情勢を考慮しながら祷屋組構成の変化、祷本の決め方など、できるだけ具体的につかんでおく必要があると思われる。

現在の師楽における祷屋は、一統意識を基盤とした血縁的性格の強い組織であることが推測できたわけであるが、このような背景が住民の意識にどのように反映し、祷屋任務遂行の面にどのような形で表われてきているか探ってみたい。

祷屋が担当する行事は年８回で、いずれの行事についてもだいたい慣習化された役割が存在しており、責任者である祷本を中心に御神酒代を集めることに始まり、祭事・酒宴の準備をし、祷本は住民の代表者として神事に参加、行事を滞りなく終了させるもので、神事の舗設責任者的性格が強いように感じられた。その中でも祷本の家を宿とし主婦を中心に行われる酒宴料理の準備・接待は最も重要な役割であり、金銭的・物質的・精神的負担も大きいようであった。その年の祷屋を担当する組は、前日、もしくは数日前から祭事の相談・準備を行うと共に供物や酒宴料理の材料を各家庭から持ちよる。また、祭事の際に必要な食器類・座布団・ストーブ・扇風機などの貸し出し、祷本が自分の家･台所を公の場として貸し出すなど、物質的負担も大きいように感じられる。とくに、年齢の若い主婦・最近分家した家の主婦にとっては、日常の活動の場である台所を村の公の場として提供することは、非常に大きな負担、束縛となっているようで、「台所も狭いし、平常きれいにしてないから、何日も前から掃除しています。」･「新しい家なので、十分な道具・食器もそろっていないし……。」という言葉に、主婦の複雑な心境を感じることができた。そして、1年の担当が終わった時点で経費の清算が行われるが、各行事で集められる御神酒代の範囲で賄いきれなかった場合は、祷屋担当者の負担となると共に、申し送り行事に必要な接待費も全て祷屋組の負担となっており、金銭的負担も大きいようである。会計を任される祷本は御神酒代の中でできるだけ賄えるように気を使っているようであった。清算方法は、組によってさまざまで、組内で負担額が均一な場合、祷本の負担額が大きい場合などがある。また、「何事もなく行事が終ったらホッとする。」･「今年の祷屋は何をしているのか… …といわれないように」という言葉に感じられるように、祷屋組の行事に対する責任は重いようで、精神的負担も大きいようであった。

祷屋に対する受けとめ方は世代によってさまざまなようで、「祷本を務めることは名誉なことでありがたくお受けする。」･「家を守って下さる。」などの言葉から、神聖な意味を感じることができる一方、若い世代になると「順番だから仕方がないが、名誉なことには違いない。」など義務感めいた感じを受けることも事実である。

祷屋に関する先行研究[32～35]をみる時、古い年代のものほど祷本に対して精進潔斎を義務づけているものが多いように思われる。すなわち、神の代役、もしくは神に近い存在であったことを示すと考えることもできる。師楽においては古老の記憶にある限りでは、精進潔斎の慣習はないようであるが、「ありがたくお受けする。」･「家を守る」などの言葉から推測してみると、信仰的なものとの結びつきが強いことが示唆される。しかし、祷屋担当者の年齢が徐々に若くなり、今日のように年中行事自体が形式化され毎年繰返すことが目的となってくると、その行事を担当する祷屋の意識の方にも忠実に繰返すことを義務とする感情が強く現われてくるのかもしれない。「信仰心がまったくなくなれば行事はなくなってしまう……。」という古老の言葉が印象深く思い出されるが、祷屋行事の伝承には無意識下に何らかの信仰心が働いていると考えるべきなのであろうか。

このようなさまざまな束縛・受けとめ方の変化があるにもかかわらず、祷屋組を継続させてきた別の感情が存在していることも事実である。「今年の祷屋組は何をしているのかといわれないように……。」･「昨年は～だから今年も～」･「～一統は、うちの一統は～」といった言葉をよく耳にした。例年通り、またはそれ以上に仕事をやりとげ、周囲の人達の批判の対象になりたくない、他の一統にひけを取りたくないという血縁意識に基づく協力精神に加え、「はり合い、競争心」の意識が生じ、物質的・金銭的・時間的負担を越えたものを生み出した場合も少なくないようである。

師楽における祷屋組構成の変容でみられたように、他の地域ではだんだんと縮小、消滅していく傾向にあるなかにあって[36]、200年もの年月を経ながらも現在まで受け継がれてきているのは、血縁意識・一統意識の強い絆にささえられてきたのに他ならない。この意識は祷屋行事運営の面にも影響をおよぼし、毎年くり返すことを強固にしている要因の一つとなっていると考えられる。

# むすび
# —年中行事および行事食にみる日常と非日常の関わり—

以上述べてきたように、年中行事や行事食には精神的な意味が反映されており、そこに日常と非日常の違いが認められた。しかし、日常と非日常は別々に存在するものではなく、一連の日々の生活のなかで営まれるものである。そこで日常の営みである生業や食材料の段取り、非日常の営みである年中行事と行事食の関わりについて考えてみることで、年中行事と行事食の意義を考察してみたい。

第1、2節で述べてきたように、調査地とした師楽は、昭和30年初期に錦海湾が干拓され塩田となる以前の生活は、畑作を中心とする農業と自給自足程度の沿岸漁業を組み合わせた農業偏重型半農半漁村であった。自給程度の米栽培と野菜類の栽培、おかず獲り漁業と称される程の漁、そして収穫や漁獲、さらには季節、季節の食材料の加工保存、これらの一連の作業はほとんどが手作業で、労働の毎日であった。1年に50日にも及ぶ年中行事はこのような労働に明け暮れる平凡な生活の節目となり、質素で単調な日常の食事に変化を持たせたのが行事食であった。正月や祭りの行事食は勿論のこと、決して豪華とはいえないが五目飯や団子類やなます料理などの普段より少し手をかけて作られる行事食は大きな楽しみであり、平凡な生活に区切りをつけ、精神的な区切りや満足感を与えてくれた。農繁期の重労働で消耗した体力を回復するためにも大きな役割を果たしてきたといえよう。そして、祭りなどにみられたように、客を招いての食事の場は親類縁者の交流の場となり、食習慣の伝承の場であっただけでなく、血縁や地域の共同体意識の再認識や向上につながっていった。ほとんど全てを自給と手作業に頼り、時には助け合いが必要とされた生活形態の中で、親類縁者の交流を通して培われた人間関係は円滑な日常生活を営むためにも必要であったのである。「儀礼は、しばしば共同飲食を伴う場合がある。ことに重要なのはこの共同飲食を通じて参加者の間の社会的統一感を強める機能である」[37)]といわれるように、また「ハレはケに還元される」、「ハレとケの循環としての生活」[38)]といわれるように、この日常と非日常の組合せによって円滑な生活が営まれてきたといえるのである。

すなわち、年中行事および行事食は庶民の生活に精神的にも肉体的にも生きていくための生活力を与えてくれたのである。ここに年中行事および行事食の意義があったといっても過言ではない。

しかし師楽においても、戦中戦後の極度の物不足や人手不足、価値観の変化などの影響を受け、伝統的な年中行事や行事食は廃れていったものも多くみられた。また、高度経済成長による社会環境の変化は農業の機械化や換金作物中心の農業へ、地域外への勤めとの兼業農家へと生業に変化をもたらした。そして、生活の合理化、近代化の名のもとに多くの年中行事が消滅、簡略化されていき、行事食も手作り料理から仕出し料理や家庭外の会食へと変容していった。年中行事や行事食の本来の意義は希薄化、形骸化していったといえる。

**【註】**

1）小林久磨雄『改訂邑久郡史』上巻、邑久郡史刊行会、1953、p.19。
2）石田寛『岡山県の地理』、福武書店、1978、pp.241、242。
3）山本倉蔵『馬鈴薯と生きる六十年』、山本倉蔵発行、1968、p.3。
4）日本の食生活全集 岡山編集委員会編『聞き書 岡山の食事』、農山漁村文化協会、1985。
5）岡山民俗学会編『加茂川町の民俗』、岡山民俗学会、1990、pp.2 ～ 46。
6）建部町編『建部町史 民俗編』、建部町（岡山県）、1992、38 ～ 88。
7）金光町史編纂委員会編『金光町史 民俗編』、金光町、1998、pp.11 ～ 45。
8）牛窓町史編纂委員編『牛窓町史 民俗編』、牛窓町、1994、pp.29 ～ 100。
9）上下町史編纂委員会、上下町教育委員会編『上下町史 民俗編』、上下町、1991、pp.39 ～ 97。
10）前掲註 3)。
11）前掲註 5)。
12）前掲 9)。
13）前掲註 6)。
14）前掲註 7)。
15）山本満寿一『むらの記録―師楽―』、山本満寿一発行、1979。
16）福田アジオ、新谷尚紀、湯川洋司、神田より子、中込睦子、渡邊欣雄編『日本民俗大辞典』下、吉川弘文館、2000、pp.310、311。
17）肥後和男『宮座の研究』、弘文堂、1970、pp.306 ～ 354。
18）平凡社『信仰と民俗』日本民俗学大系 8、平凡社、1959、pp.270 ～ 278。
19）和歌森太郎『祭祀集団の研究』、和歌森太郎著作集第 3 巻、弘文堂、1980、pp.370 ～ 378。
20）岡山民俗学会編『岡山民俗事典』、日本文教出版、1975、p.235。
21）（財）民俗学研究所『改訂総合日本民俗語彙』第 3 巻、平凡社、1970、p.1024。
22）前掲註 17)。
23）前掲註 18)。
24）前掲註 17)。
25）前掲註 19)。
26）前掲註 17)。
27）萩原龍夫「祭祀研究の再構成」、『日本祭祀研究集成』第 2 巻、名著出版、1978、pp.147 ～ 181。
28）前掲註 17)。
29）島村智章「祭りの諸形態Ⅲ」、『日本祭祀研究集成』第 5 巻、名著出版、1977、pp.76 ～ 108。
30）岩井宏実・日和祐樹『神饌　神と人との饗宴』、同明舎、1981。
31）岡山民俗学会『岡山民俗』、2 号～ 136 号、名著出版、1951 ～ 1980。
32）前掲註 17)。
33）前掲註 29)。
34）前掲註 30)。
35）前掲註 31)。
36）今田節子・岡井球美子「瀬戸内沿岸地帯の食伝承（7）―牛窓町にみられる当屋組織と当屋行事食の慣習―」、ノートルダム清心女子大学紀要 生活経営学・児童学・食品栄養学編、8 巻 1 号、1984、pp.65 ～ 73。
37）大林太郎「祭祀研究の再構成」、前掲註 27)、pp.276 ～ 310。
38）中井信彦「史学としての社会史―社会史にかんする覚書―」、『思想』、633 号、岩波書店、1979、pp.25 ～ 39。

# 第2章　岡山県の正月雑煮の地域性とその背景

本来、家庭料理には家風がみられ、材料の種類、組み合わせ方、味付けの仕方などに家々の特徴が実感として認められるものであった。その特徴を地域に広げてみた場合、そこにはある種の共通性や類似性が認められる。その共通性や類似性が認められた空間の拡がりを、食様式からみた「地域性」と理解することができる。そして、それらの家風は、「姑から嫁へ」・「母親から娘へ」と伝承され、地域性は維持されてきた。

しかし、この昔ながらの伝承形態のなかにテレビの料理番組や料理雑誌、料理学校などの情報媒体が介在するとともに、食糧生産技術や流通機構の発達により、食材料の季節性や地域性は失われ、家庭料理は画一化された感が強く、本来の伝承形態は崩れてしまったかにみえる。このような生活環境の変化の中で、自然・信仰・農耕の結びつきのもとで、豊作と健康を祈る素朴な精神活動を反映し地域住民が共同で育み慣習化してきた年中行事食は、依然として地域の伝統が維持されているのかどうか、その詳細は明らかとはいえない。

第1章で述べたように年中行事食の代表といえば、現在でも正月の雑煮と祭りのすしであることが確認された。そして、岡山県全域に分布する行事食であるため、それらの特徴を地域性としてとらえることが可能である。そこでまず本章では、年の始めの行事食である「正月雑煮」の慣習をとりあげ、特徴を地域性としてとらえ、その背景を探ることを目的とした。

正月雑煮に関する調査研究は古くから行なわれているが[1~5]、地域的特徴や変容実態を生活環境との関わりを考慮しながら論じているものは多いとはいえない。食習慣を東北・関東・中部・中国・四国などの大きなブロックでとらえた場合、平均化された特徴は把握できるものの、時代や生活環境の違いがいかに反映された習慣であるか、変容に関わる要因は何か、また逆に変容する生活環境のなかで地域特性を維持してきた要因は何かなど、地域性とその背景の関わりを曖昧にする場合も少なくないと考えられる。

そこで、正月雑煮の習慣を生活環境とのかかわりのなかで、地域性としてとらえたいと考え、可能な限り多くの資料を収集し易く、しかも生活環境の変容を歴史的にとらえ易い地元の岡山県全域を調査地とした。岡山県は中国山脈を背後にひかえた県北地域、吉備高原地帯の県中部地域、豊かな水田が広がる県南地域、瀬戸内海に面し農業偏重型の半農半漁が営まれた瀬戸内海沿岸地帯という異った生活環境を持つ。そして県南地域の一部は工業・商業の発達の中心となり生活環境の変化が大きかった地域でもある。これらの生活環境の違いが正月雑煮にどのようにかかわり、地域性とし

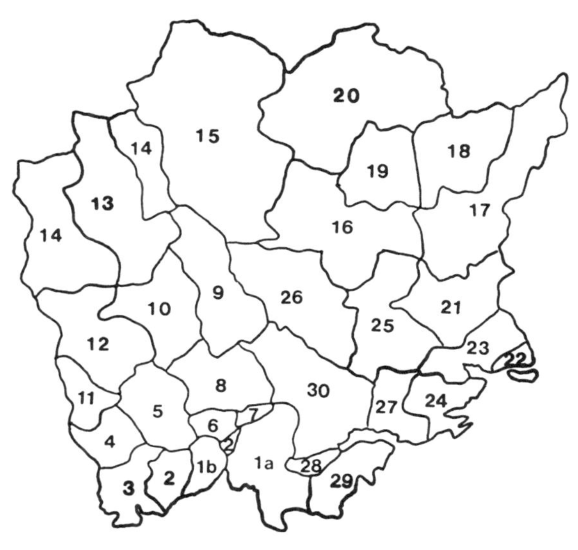

図1　調査地域（図中の番号は表1の地区No.を示す）

表1　調査対象者の概要

| | 地区No. | 市町村名 | 全体 | | 核家族 | 同居家族 |
|---|---|---|---|---|---|---|
| | | | 人数 | % | % | % |
| 備中地域 | 1a | 倉敷市 | 220 | 10.0 | 58.6 | 17.7 |
| | 1b | 旧玉島市 | 213 | 10.0 | 51.2 | 29.6 |
| | 2 | 浅口郡 | 197 | 9.3 | 37.1 | 31.5 |
| | 3 | 笠岡市 | 204 | 9.6 | 44.1 | 30.4 |
| | 4 | 井原市 | 211 | 9.9 | 41.2 | 31.3 |
| | 5 | 小田郡 | 162 | 7.6 | 29.0 | 44.4 |
| | 6 | 吉備郡 | 66 | 3.1 | 34.8 | 37.9 |
| | 7 | 都窪郡 | 119 | 5.6 | 59.7 | 29.4 |
| | 8 | 総社市 | 111 | 5.2 | 34.2 | 27.9 |
| | 9 | 上房郡 | 135 | 6.3 | 23.0 | 54.8 |
| | 10 | 高梁市 | 71 | 3.3 | 32.4 | 46.5 |
| | 11 | 後月郡 | 25 | 1.2 | 20.0 | 48.0 |
| | 12 | 川上郡 | 152 | 7.1 | 30.3 | 55.3 |
| | 13 | 新見市 | 181 | 8.5 | 48.6 | 44.8 |
| | 14 | 阿哲郡 | 61 | 2.9 | 23.0 | 32.8 |
| 美作地域 | 15 | 真庭郡 | 131 | 11.5 | 32.1 | 46.6 |
| | 16 | 久米郡 | 143 | 12.6 | 30.8 | 35.7 |
| | 17 | 英田郡 | 268 | 23.6 | 39.6 | 46.3 |
| | 18 | 勝田郡 | 196 | 17.2 | 49.0 | 36.2 |
| | 19 | 津山市 | 292 | 25.7 | 29.8 | 26.4 |
| | 20 | 苫田郡 | 107 | 9.4 | 30.8 | 29.0 |
| 備前地域 | 21 | 和気郡 | 154 | 7.3 | 40.3 | 41.6 |
| | 22 | 和気郡(日生) | 70 | 3.3 | 71.4 | 24.3 |
| | 23 | 備前市 | 237 | 11.3 | 62.0 | 33.8 |
| | 24 | 邑久郡 | 202 | 9.6 | 43.6 | 49.0 |
| | 25 | 赤磐郡 | 203 | 9.6 | 46.3 | 44.3 |
| | 26 | 御津郡 | 147 | 7.0 | 40.1 | 36.7 |
| | 27 | 西大寺・上道 | 266 | 12.6 | 48.1 | 32.7 |
| | 28 | 児島郡 | 289 | 13.7 | 50.5 | 30.4 |
| | 29 | 玉野市 | 175 | 8.3 | 69.7 | 21.1 |
| | 30 | 岡山市 | 362 | 17.2 | 56.6 | 18.5 |
| 計 | | | 5,370 | 100.0 | 51.5 | 34.6 |

て理解できる食習慣を形成してきたか、そしてどのように食習慣に変容をもたらしてきたかなどを考察可能な調査結果が得られるものと考えたからである。

調査に当たっては、まず設問紙法により正月雑煮の概要を把握し、特徴的な地域については、古老や主婦達を対象に聴き取り調査を実施した。調査実施は、昭和56年1月から2月、昭和57年12月から翌年58年2月にかけて、岡山県下の各市町村に存在する38高等学校にアンケートを依頼し、各地域の正月雑煮の慣習を種類・材料・作り方などの面からできるだけ具体的にとらえようとした。回答方法については各高等学校の生徒を通じて母親に解答してもらうことを原則とした。また、ノートルダム清心女子大学家政学部家政学科および食品栄養学科の学生にも同様にアンケート調査を依頼した。なお、聴き取り調査はアンケート調査結果を得た後、昭和60年頃まで、数年にわたり実施した。

アンケートの有効回答部数は5,370部で回収率は77.8%であった。回答者は圧倒的に40歳代の主婦が多く、各地域とも7割近くをしめた。また、家族構成の影響をみるため、核家族（夫婦とその子供を中心とする）、同居家族（舅・姑、そのいずれか一方と同居する）に分類したが、県南の方に核家族が多い傾向がみられた。なお、対象者の概要は表1・図1に示す通りであるが、解説の便宜上各市町村を1～20の番号で表示した。

# 第１節　岡山県における正月雑煮の地域性

## 1. 正月雑煮の実施状況

年々行事食が簡略化されてきているとはいえ、昭和 60 年頃の実態調査では岡山県全域を通じて「正月雑煮を作らない」と答えた者は 1%にも満たず、その中でも「以前は習慣としてあったが現在ではやめてしまった」という家庭は僅かに 0.3%であった。正月雑煮を作る理由としては、「正月を祝うために必要」と答えた者が約半数をしめ、「作るのが習慣」（42%）、「雑煮を食べるとお正月らしい」（18%）とつづいている。このように、正月雑煮はほとんどの家庭で作られており、今日でも正月と雑煮は切り離せないものといえる。一方、正月雑煮は作らないと答えた者は僅かであったが、「めんどう」・「嫌い」という理由が約 40%をしめ、「作らないのが習慣」という家庭も 30%みられた。坪井洋文[6] は慣習として「餅なし正月」の地域があることを、また、篠田統[7] も雑煮を作らぬ村について報告している。本調査では「正月雑煮を作らない習慣」と答えたものが 5,370 人中僅か 11 名であったため、この習慣を地域性としてとらえることはできなかった。

このように、正月雑煮の慣習は表面的に根強く継承されてきていたわけであるが、雑煮に用いられる餅の搗き方は大きく変容しており、県南・県北いずれの地域でも 8 割以上の家庭で餅搗きが行なわれているものの、昔ながらの「杵と臼」で餅搗きをする家庭は 2 割以下で、ほとんど「餅搗き機」が使用されていた。これに見逃せない大きな変容の一つである。

## 2. 三日間雑煮の地域性

まず、「三日間雑煮」を定義しておきたい。元旦から３日までの正月三が日に毎日雑煮を祝う習慣を「三日間雑煮」、三が日のうち２日間だけのものを「二日間雑煮」、１日だけを「一日雑煮」と呼ぶことにする。

正月と雑煮が結びついたのは江戸時代に入ってからのことらしく、『日本歳時記』[8]（1684 ～ 1688）や『本朝食鑑』[9]（1697）には、元旦から三日間雑煮を食べることが記され、『守貞謾稿』[10]（1853）では諸国で雑煮が祝われることが述べられている。また、江戸時代料理書研究家である川上行蔵も、雑煮の記録の最も古い料理書は『山内料理書』（1497）であるが夏の献立の中にみられ、雑煮が正月季語として用いられる程普及したのは『花火草』（1636）が最初らしいこと、大衆が正月雑煮を祝う風習の成立したのは江戸初期以来の事らしいと述べている[11]。これらの資料は正月に雑煮を祝う習慣が各地に普及したのは江戸時代からで、雑煮は正月三が日の間祝うのが一般的な習慣であったことを示している。

図２「三日間雑煮」の地域性

調査を実施した昭和 50 年代後半から 60 年代には岡山県においては「三日間雑煮」が一般的で、とくに、県中

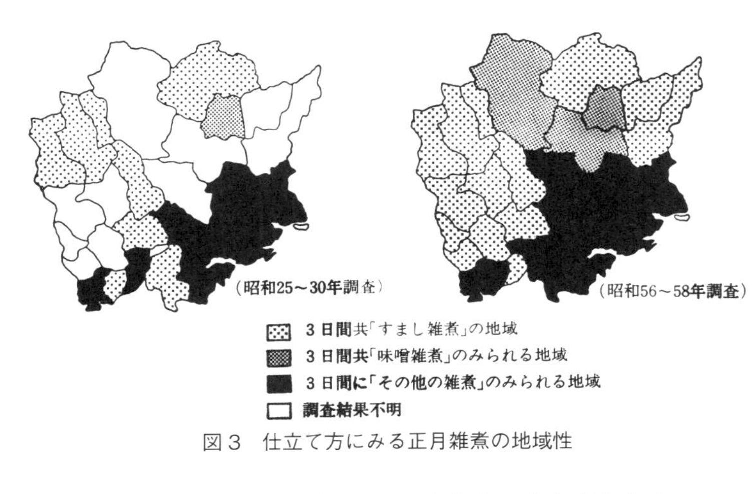


図3　仕立て方にみる正月雑煮の地域性

部・北部では9割以上の家庭が三日間雑煮であった（図2）。これに比べ県南地域では三日間雑煮は7割強で、二日間雑煮13%、一日雑煮11%であった。そして、県南・県北共に核家族よりも同居家族の方に三日間雑煮の習慣は多くみられた。県南地域では「昔は餅がなくなるまで毎日雑煮を食べたが、今は餅を沢山搗かなくなったし、雑煮も元旦だけになった」という家庭もある。

県南地域は県北にくらべ核家族が多いこと[12]や工業化・商業化による生活環境の変化に伴ない県外からの居住者が多くなっていることも[13]、三日間雑煮の慣習に影響を及ぼし変容の契機になっているのかもしれない。

## 3. 正月雑煮の仕立て方と地域性

すでに江戸時代から正月雑煮の仕立て方には地方差があったようで、『守貞謾稿』[14]には「江戸では清し仕立、大坂では味噌仕立」と、『皇都午睡』[15]（1850年）には「江戸にては菜を入れた清し雑煮、大坂では味噌雑煮」などと記されており、現在の「関東風の清し仕立」、「関西風の味噌仕立」の基盤がすでにできていたとみなすことができる。

そこで醤油仕立を「すまし雑煮」、味噌仕立てを「味噌雑煮」、それ以外を「その他の雑煮」として分類すると、岡山県全地域を通してみると元旦・2日・3日ともにすまし雑煮を作る家庭が多く、美作地域の東部と備中地域の中部以北では9割以上をしめた。また、美作地域の一部では三が日共に味噌雑煮を作る家庭が15%前後みられた。そして、備中地域の沿岸部と備前地域では、すまし雑煮を基本としながらも「その他の雑煮」に分類されるものが30%程度みられ、その使用割合は元旦よりも2日・3日の方に増加した。備前地域を中心としてみられた「その他の雑煮」とは「小豆雑煮」のことで、小豆と砂糖で作るいわゆる「ぜんざい」「しるこ」のことである。

現在の正月雑煮の慣習を仕立て方から分類すると次のような地域的特徴を明らかにすることができた。岡山県下のほとんどの地域はすまし雑煮であり、美作地域の一部では3日間共に味噌雑煮が作られ、備前地域一帯では小豆雑煮の使用が多く、とくに、備前地域南部では三が日共に小豆雑煮という特異的な慣習が存在していた。これらの地域性は昭和25年から30年頃にかけて行なわれた調査結果[16]と酷似しており、備前·備中·美作という廃藩置県当時の行政区分と類似したものであった（図3）。

戦後間もない昭和20年代の慣習と、物質的に豊かになった昭和60年頃の慣習の地域性が酷似していたという事実は、昭和30年代、40年代の高度経済成長に伴なう生活様式の多様化・洋風化の影響を受けながらも、非日常の料理である正月雑煮の慣習は、大きな変容もなく伝統的な習慣が伝承されていることを示している。

# 第2節　正月雑煮の特徴とその背景

## 1. すまし雑煮の特徴

すまし雑煮の習慣は、仕立て方からみる限りでは伝統的な習慣が継承されていたことが明らかになった。しかしながら、地域や季節に関係なく様々な食材料が手に入る今日、すまし雑煮の慣習が仕立て方だけでなく、材料や作り方においても伝統的慣習が伝承され、地域性としてとらえることができるかどうかは不明である。そこで、すまし雑煮を作る家庭4,702家庭を対象として、餅の使い方、だしの種類、材料の種類などの特徴を探り、さらに正月雑煮の特徴を明確にしていきたい。なお、元旦、2日、3日で材料的に違いがみられなかったので三日間を通しての特徴を述べていくことにする。

### (1) 餅の使い方

正月雑煮に使われる餅は年末に用意された丸餅で、雑煮を作る際に前もって「焼く」、「茹でる」、「煮込む」などの加熱操作がなされる。すまし雑煮では、前もって餅を湯の中で茹でる家庭が県下全域にみられ77%をしめた。煮込むという操作は餅を醤油仕立ての汁の中で煮る方法で約16%をしめ、県南部一帯に認められた。「元旦には焼くことはしない」、「正月三が日は焼かない」などという習慣もあり、餅を焼いてすまし雑煮に用いる家庭は少なく、全体の約6%にすぎず、県南地域に比較的多く用いられる方法であった（表2)。

### (2) だし材料の種類

日本料理ではだし材料の種類やその品質が料理の味を大きく左右する。古来から上等なだしというと「カツオとコンブ」が代表的であるが、昨今では化学調味料や即席だしの素が使用される機会が増えていることも事実である。年の始めのめでたい食事である雑煮のだしには、どのような材料が用いられているだろうか。

いずれの地域でも多く使われていた材料は「カツオとコンブまたはその一方」(43%）で、「次に雑煮の具材とだし材料を兼ねる」(38%）というものであった（表3)。県北では材料をだしとして用いる家庭が半数近くみられたのに対し、県南では約3割しかみられず、「カツオとコンブ」が半数をしめた。これらの特徴は、すまし雑煮に使われる具材の種類と深くかかわっているように思われる。

以上のように、だし材料の種類については当初想像した即席だしの使用は約1割と僅かであり、非日常の食事の代表である正月雑煮のだしには、カツオとコンブ、具材としての魚貝類が用いられているようで、非日常と日常の区別が

表2　餅の使い方

| 餅の使い方 | 使用率 |
|---|---|
| 茹でる | 77.1±13.9% |
| 煮込む | 15.8± 9.8% |
| 焼く | 6.3± 5.2% |

表中の数値は平均値±標準偏差(%)を示す。

表3　だし材料の種類

| 材料 | 使用率 |
|---|---|
| 昆布＋カツオ<br>昆布・カツオ | 43.2±9.0% |
| 材料 | 38.3±6.9 |
| カツオ＋コンブ＋小魚 | 10.2±5.0 |
| 煮干 | 5.2±4.9 |
| 鶏骨 | 0.2±0.9 |
| だしの素<br>化学調味料 | 1.7±1.3 |

表中の数値は平均値±標準偏差(%)を示す。

存在しているように感じられた。

### (3) 具材の種類

どの地域のすまし雑煮にも様々な材料が彩りよく用いられている。代表的な材料は、魚介類および肉類としては「ブリ・カキ・モ貝・スルメ・エビ・鶏肉」、彩り効果の大きい野菜・芋類には「ほうれん草・人参・大根・午蒡・葱・里芋・百合根・白菜・椎茸」など、加工食品としては「カマボコ・チクワ・豆腐・油揚げ」などが使用されていた（表4）。これらの材料には地域的特徴が認められたので地域環境を考慮しながら詳細を述べていくことにする。

**魚介類および肉類**　とくに使用頻度の高かったものは、ブリ（39％）、貝類（33％）、スルメ（24％）で、亘理氏らの行なった調査の全国平均（鰯6.3％、スルメ2.1％）[17] よりも高い使用率を示した。一方、鶏肉の使用は約1割程度で、全国平均76％にくらべ遙かに低い使用率であった（表4）。

ブリは備中地域全域と隣接する美作西部地域・備前西部地域に使用が多くみられた（図4）。『岡山県の食習俗』[18] や『岡山民俗事典』[19] によると、備中北部地域から西美作地域には年の暮れにブリ市がひらかれたことが記述されており、本調査のブリの地域性と一致したものであった。このブリ市で売られているのは当然のことながら塩ブリが一般的で、昭和14年頃まで市が開かれていたという。この市に行かぬと翌年の運が悪いとまでいわれ、住民の生活と密着したものであったといわれる。また、新見市に住む古老は幼い頃のブリの思い出を次のように語ってくれた。正月には必ず塩ブリを買いこもに包んで土間に吊しておいた、友達の家のものを見て歩いて自分の家の方が大きいブリであると子供心に嬉しくもあり、誇りでもあったという。このブリ市は近年再開されたと聞く（詳細は本章3節で述べる）。一方、備前南部地域ではブリは正月料理の必需品とまではいえないようで、冬には魚が少なくなるのでそれを補うためにもブリを購入したといわれる。また正月魚としてブリを購入しても雑煮に使うことはなく、照り焼きにし、おせち料理の一品とするのが普通であった。

スルメの使用はブリとは対照的な地域性を示し、美作全地域と美作地域に隣接した備前北部地域に集中してみられ、ブリは備中、スルメは美作という明確な地域区分ができる習慣であった（図4）。

そして備前南部地域では鶏肉やエビの使用がみられたが、使用率は10％、2％と低いものであった。貝類の使用は明確な地域性を示さなかったが、備中地域と備前地域に比較的多く、美作地域ではほとんど使用されていなかった（図4）。

県北地域では、雑煮の具材とだし材料をかねる習慣がみられることを前述したが、魚貝類の地域性

表4　すまし雑煮の具材

| 魚・貝・肉類 | | 野菜・芋・茸類 | | 加　工　食　品 | |
|---|---|---|---|---|---|
| 種　　類 | 使用％±標準偏差 | 種　　類 | 使用％±標準偏差 | 種　　類 | 使用％±標準偏差 |
| ブ　　リ | 38.5±25.4％ | ホウレン草 | 83.2±15.8％ | カマボコ | 48.4±10.3 |
| 貝　　類 | 32.9±15.8 | 人　　参 | 58.8±23.7 | 豆　　腐 | 15.9±15.2 |
| ス ル メ | 23.6±26.6 | 大　　根 | 23.3±20.0 | チ ク ワ | 9.1± 4.8 |
| 鶏　　肉 | 10.3± 5.6 | 午　　房 | 21.5±12.8 | 油 揚 げ | 8.7± 5.4 |
| エ　　ビ | 2.2± 2.6 | ネ　　ギ | 14.9± 5.6 | | |
| | | 椎　　茸 | 16.1±17.9 | | |
| | | ゆ り 根 | 9.2± 7.9 | | |
| | | 里　　芋 | 6.0± 9.3 | | |
| | | 白　　菜 | 3.7± 2.6 | | |

と合わせ検討すると、備中北部地域ではブリが、美作地域ではスルメがだし材料を兼ねていると推察される。

では何故、魚貝類の種類に地域性がみられたのであろうか。渡辺[20、21]は北陸地方の正月魚（ブリ・鮭）の分布は河川と深いかかわりを持つことを指摘している。今回の調査についても魚貝類の地域性は岡山県の三大河川である吉井川・旭川・高梁川と何らかの関係がみられるようである。交通網が未発達発な時代、三大河川とその支流には高瀬舟が往来していた。高瀬舟は交通運搬に寄与したことも大であるが、文化・言語・芸能なども舟によって伝播したことを湯浅[22]は指摘している。また、鶴藤[23]は食習俗の聴き取り調査結果として次のようなことを述べている。瀬戸内海の魚は吉備高原まで運ばれる程度で、中国山地へは日本海の魚が入ったといわれ、魚を必ず買ったのは秋祭には塩鯖、秋の神楽にはタコ、年取りには塩鰯、正月には塩ブリで、それらの塩物・干物類は高瀬舟で運ばれた、という内容である。ブリは高梁川およびその支流の周辺地域に、スルメは吉井川およびその支流周辺地域に慣習の拡がりがみられたわけであるが、日本海側との交通の難易・地形的要因・高瀬舟の往来など、様々な要因が、このブリ・スルメの地域性に関与しているものと想像される。しかし、何故このような明確な地域差を示すのかについては、今回のアンケート調査・聴き取り調査では明らかにすることはできなかった。

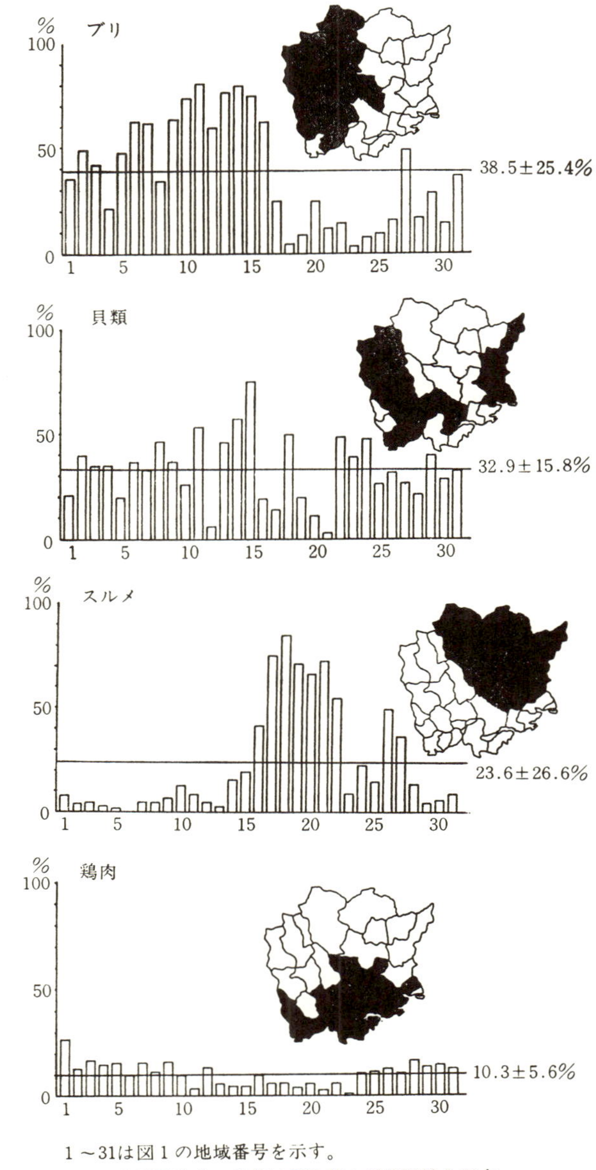


図4　すまし雑煮の具材からみた地域性—魚貝肉類—

**野菜・芋・茸類**　どの地域でも複数の野菜類がすまし雑煮を彩り良く飾っていたわけであるが、全地域を通じて使用頻度の高かった材料としてはほうれん草83%、人参59%があげられる。青味としてのほうれん草の使用は県南地域に比較的多く、県北では葱の使用がみられた。赤色を添える人参は、県南地域に使用が多く県北には比較的少ないものであった（図5-1・5-2）。

この他に、大根・午蒡・百合根などの根菜類の使用が1～2割程度、里芋が約6%をしめていた。大根の使用は備中地域の海岸沿いを除く地域に集中してみられ、午蒡は県中部地域に、里芋は備中

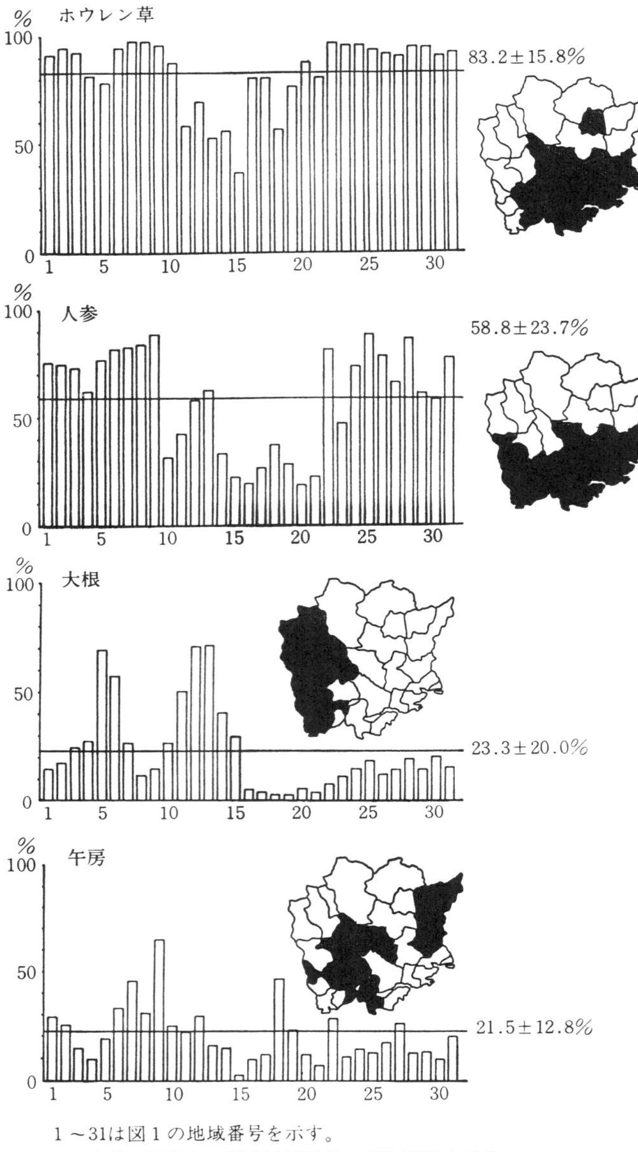


1～31は図1の地域番号を示す。
——は使用平均率、数値は平均値±標準偏差を示す。
地図中の黒い部分は使用率が平均値以上の地域を示す。

図5-1　すまし雑煮の具材からみた地域性—野菜・芋・茸類—

の中・南部地域の広島県側にみられた。また、百合根・椎茸は県中部・南部地域に使用が多い傾向にあった（図5-1・5-2）。

大根・午蒡・里芋は古来からの食材料であり、神饌の代表とされてきた。これらの材料が雑煮の具として用いられていることは、非日常の食事が神との供食を意味することを物語るものであろう。大根の民俗学的意味については、桜田[24]・前田[25]が述べているように、大根の丸い形、白い色がめでたさを象徴しているといえるようである。集落によっては雑煮の大根は必ず丸く切って入れると聞く。しかし、なぜ備中地域中心に県中部に集中してみられる慣習であるのかは不明である。強いて言うならば、水田よりも赤土の畑地の方が多く、根菜類の栽培に適するという吉備高原の風土に影響を受けているといえるかもしれない。

**加工食品**　カマボコ・チクワ・豆腐・油揚げなど日本の伝統的食品の使用がみられた。カマボコはどの地域においても5割に近い家庭で使用がみられたが、比較的県南部地域に使用が多いものであった。チクワは県西部・東部地域にみられた。豆腐は14％の使用がみられたが、備中中部・北部、備前北部・東部地域に多く使われていた（図6）。県北・吉備高原の地域では、正月・盆・葬式など何事かあると、まず豆腐作りから始めたと聴き取り調査過程で聞いたことがある。豆腐の白い色は大根と共通した民俗学的意味が含まれると考えることはできないだろうか。また、交通網が整備される以前、吉備高原以北の地域では魚貝類の入手は容易ではなかった。一方、自家栽培でき年中保存が可能である大豆から作られる豆腐は製造に手間がかかるものであったが、入手し易い非日常の調理材料と考えられ、雑煮の中にも使われてきたと推測される。

**江戸時代の正月雑煮との比較**　先述したように正月雑煮が民衆へ拡まったのは江戸時代になって

からといわれる[26]。限られた資料[27]からではあるが、江戸時代の正月雑煮の具材と今回の調査結果を比較してみると、次のような特徴が明らかとなった（表5）。

魚貝類では、アワビ・キンコ・カツオ・イリコ・スルメ・ブリ・数の子などが江戸時代の雑煮には使われている。出現頻度の高いアワビ・キンコは現在の調査ではまったくみられなかったが、明確な地域性を示したスルメやブリは、すでに江戸時代から正月雑煮の材料として使用されている。野菜・芋類については里芋・午蒡・大根が高い使用頻度を示しており、現在にも共通してみられる材料であった。また、青菜・小松菜・くきたち、うきな等の葉菜類は、現在ではほうれん草に取って代わられていったようである。加工食品の中では、豆製品である豆腐の使用は両時代に共通してみられ具材であった。

以上のように古来から神饌として使われてきた里芋や午蒡・大根、縁起物としての意味や民俗学的意味をもつスルメや大根などは、今日まで雑煮の具材として伝承されてきている習慣であった。

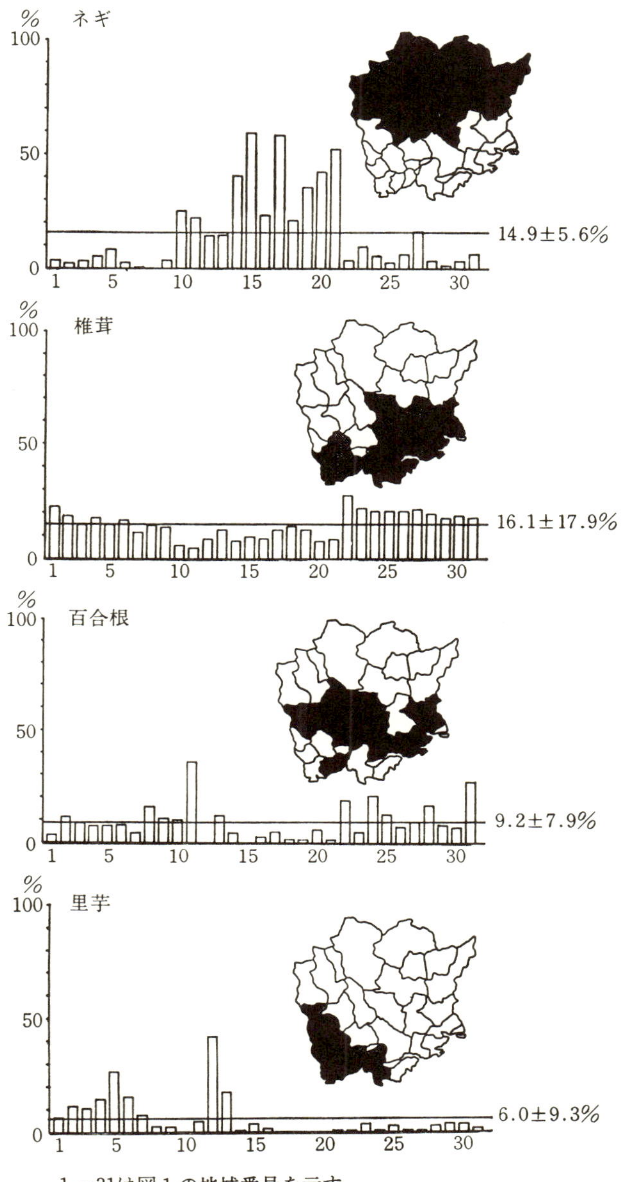

1～31は図1の地域番号を示す。
——は使用平均率、数値は平均値±標準偏差を示す。
地図中の黒い部分は使用率が平均値以上の地域を示す。

図5-2　すまし雑煮の具材からみた地域性―野菜・芋・茸類―

### (4) 具材・作り方からみたすまし雑煮の地域性

醤油仕立の「すまし雑煮」という共通した慣習がみられた地域においても、使用される材料に視点を移すと、交通網や情報網などの発達する以前の生活環境を反映したすまし雑煮の地域性が明らかになった。岡山県のすまし雑煮の慣習は次のように6地域に大別してとらえることができるものであった（図7）。

(A)　岡山県北西部地域（備中北部地域）：〔茹でた丸餅＋ブリのだし汁、ブリ・大根・葱・豆腐〕型すまし雑煮

(B)　岡山県北東部地域（美作地域）：〔茹でた丸餅＋スルメのだし汁、スルメ・葱〕型のすまし雑煮

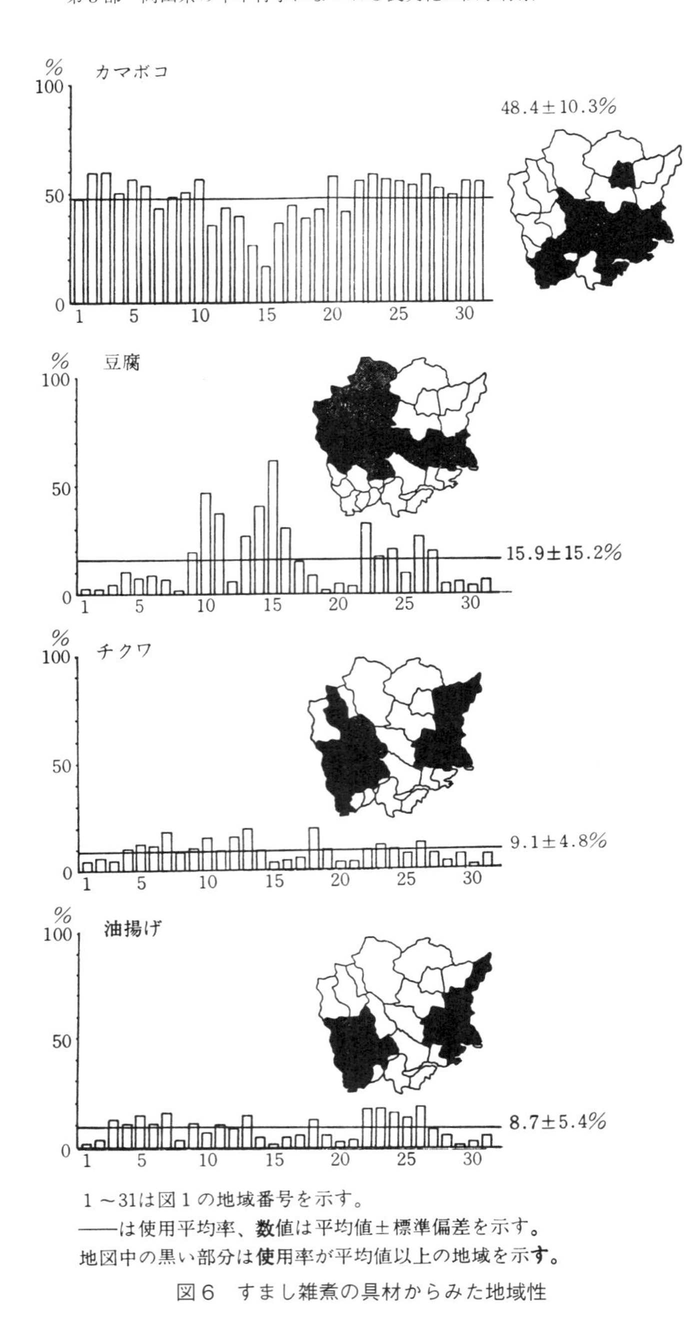


１～31は図１の地域番号を示す。
──は使用平均率、数値は平均値±標準偏差を示す。
地図中の黒い部分は使用率が平均値以上の地域を示す。

図６　すまし雑煮の具材からみた地域性

(C) 岡山県中西部地域（備中中部地域）:〔茹でた丸餅＋ブリのだし汁、ブリ・人参・大根・ほうれん草・午蒡・里芋・豆腐〕型すまし雑煮

(D) 岡山県中東部地域（備前北部地域）:〔茹でた丸餅＋スルメのだし汁、スルメ・人参・ほうれん草・椎茸・豆腐・油揚げ・カマボコ〕型すまし雑煮

(E) 岡山県南西部地域（備中南部地域）:〔茹でた丸餅＋カツオ・昆布のだし汁、ブリ・貝類・人参・ほうれん草・里芋・椎茸・カマボコ〕型すまし雑煮

(F) 岡山県南東部地域（備前南部地域）:〔茹でた丸餅＋カツオ・昆布のだし汁、人参・ほうれん草・椎茸・百合根・カマボコ〕型すまし雑煮

以上のような地域区分は、主にだし材料の種類、ブリとスルメの使用の有無、葱・ほうれん草・大根・豆腐の使用の差によって大きく分類でき、さらには具材として使用される材料の数によって地域的な特徴が明確になったといえよう。すなわち、比較的県北が雑煮の具の種類が少ないのに対し、県南の方は多い。県中部では、県北・県南の両方の影響を受けているせいか、野菜・根菜類・芋類の利用が多い点は県南と共通性がみられ、だしの種類・魚類については県北の慣習と類似しているなど、両方の慣習を取り込んでいる様子がうかがえた。

この地域性は地形的にみても類似した区分ができそうである。すなわち､中国山地を背後に控え、山間部の水田・畑作を生業とした県北地帯、吉備高原が広がり畑作中心の県中部地帯、瀬戸内海に面し水田耕作・漁業を生業とし、また、商業と工業発達の中心となった県南地域である。そして、旭川が岡山県を東西に二分し、県東部の中央を吉井川が、県西部の中央を高梁川が流れ土地を潤している。このような生活背景のもとで、食習慣は形成されてきたと考えられる。

今回の調査結果は、生活環境・生業との結びつきが随所に感じられる地域特性を示している。そ

して、今日では、交通網の整備・運搬技術の発達により、県南・県北を問わず鮮魚が入手でき、また、農業栽培技術の発展は、地域・季節を問わずあらゆる作物の栽培を可能にしてきた。このような状況の中で、日本人の食生活は画一化されたといわれているが、非日常の食事の代表である正月のすまし雑煮は、材料・作り方においても地域的特徴を明確に残していることが明らかとなった。

表5　すまし雑煮の具材―江戸時代と現在の比較―

| | 種類 | 出現頻度 | 現在 | | 種類 | 出現頻度 | 現在 |
|---|---|---|---|---|---|---|---|
| 魚貝肉類 | アワビ | 10 | × | 豆類 | 豆 | 1 | × |
| | キンコ | 6 | × | | 大豆 | 1 | × |
| | カツオ | 4 | だし材料 | | 豆乳 | 1 | × |
| | イリコ | 3 | だし材料 | | 豆腐 | 3 | ○ |
| | スルメ | 3 | ○ | 野菜類 | 午蒡 | 6 | ○ |
| | ブリ | 1 | ○ | | 大根 | 9 | ○ |
| | イワシ | 1 | × | | ネギ | 1 | ○ |
| | 数の子 | 2 | × | | 小松菜 | 1 | × |
| | 田つくり | 1 | × | | 青菜 | 1 | × |
| | 蹲鴟 | 1 | × | | みず菜 | 1 | ○ |
| | クジラ | 1 | × | | 菘 | 2 | × |
| 海草 | コンブ | 6 | × | | くきたち | 1 | × |
| | アラメ | 1 | × | | うきな | 1 | × |
| 芋類 | 里芋 | 12 | ○ | その他 | 栗 | 3 | × |
| | 山の芋 | 4 | × | | | | |

・本表は「古事類苑歳時部」にみられる13種の雑煮に使用されている材料の使用頻度を示したものである。
・○本調査においても使用されていた材料
・×本調査では使用されていなかった材料

## 2. 味噌雑煮の特徴

味噌雑煮の慣習は岡山県全域を通してみると多い習慣とはいえず、限られた地域の習慣であった。岡山県北東部に位置する美作地方では、すまし雑煮を基盤としながらも、三日間共味噌雑煮を作る習慣の拡がりが他地域以上に認められた。とくに真庭郡（27%）、津山市（13%）、久米郡（8%）で高い率を示した。昭和25～30年にかけて行なわれた調査結果[28]においても、美作地方に味噌雑煮の慣習がみられたことから、以前から存在した慣習であると考えることができる。

味噌雑煮は仕立て方が異なるものの、餅の使い方や具材についてはすまし雑煮と共通性が高い習慣であった。餅の種類は当然のことながら丸餅で、すまし雑煮と同様に前もって茹でて用いる家庭が9割近くをしめている。だしの種類についても真庭郡・久米郡は雑煮の具材であるスルメやブリからだしをとっている家庭が半数をしめているのに対し、津山市では2割程度と低く、その代わりに「コンブ・カツオ」をだしとして用いる家庭が4割をしめている。味付けに用いる味噌は真庭郡では中味噌が6割以上をしめ、白味噌が25%とつづく、久米郡では中味噌・白味噌がそれぞれ3割強をしめ、赤味噌も2割をしめた。津山市でも中味噌が約5割で、白味噌3割、赤味噌1割であった。古くは、味噌は自家製造していた家庭が多く、この地方の一般的味噌は米を用いた中味噌

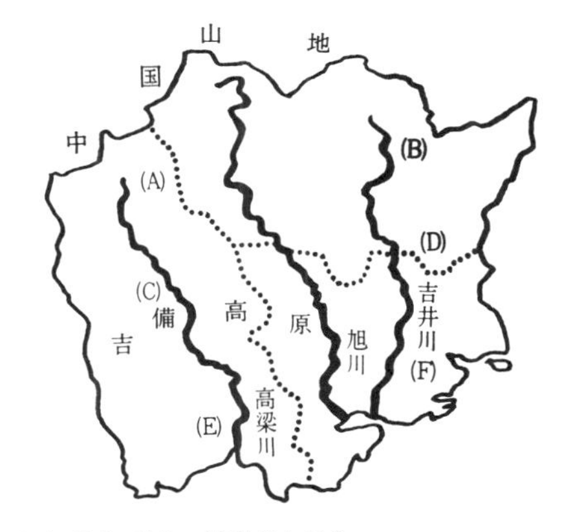


……備前・備中・美作の境界線を示す
(A)備中北部型：〔魚鰤・大根・葱・豆腐〕
(B)美作地型：〔スルメ・葱〕
(C)備中中部型：〔魚鰤・大根・人参・午蒡・豆腐・法蓮草・貝〕
(D)備前北部型：〔スルメ・人参・法蓮草・カマボコ・豆腐・椎茸・油揚げ〕
(E)備中南部型：〔カツオ＋コンブ出し・魚鰤・貝・カマボコ・人参・里芋・法蓮草・椎茸〕
(F)備前南部型：〔カツオ＋コンブ出し・人参・法蓮草・カマボコ・椎茸・百合根〕

図7　すまし雑煮の地域性

であったため雑煮にも中味噌を用いる家庭が多かったものと考えられる。

味噌雑煮に用いる具は美作地方のすまし雑煮と大差は認められなかった。真庭郡では「茹でた丸餅・スルメまたはブリのだし汁・中味噌・ブリ・スルメ・カマボコ・人参・ほうれん草など」、久米郡では「茹でた丸餅・スルメのだし・中味噌又は白味噌・スルメ・カマボコ・葱・人参・午蒡・椎茸」、津山市では「茹でた丸餅・コンブとカツオのだし・中味噌・スルメ・カマボコ・葱・人参・大根」である。すなわち味噌雑煮独自の作り方はみられず、美作地方のすまし雑煮に用いる材料と同様で、味付けだけを変えた雑煮と考えてもよさそうである。

美作地方以外にも三日間味噌雑煮を作る慣習が全くないわけではない。聴き取り調査の結果、邑久郡牛窓町（現瀬戸内市牛窓町）の本町・東町の集落では、例外なく正月雑煮は味噌仕立てという所がある[29]。丸餅を茹でて用い、海岸沿いの集落のせいかだしは焼きハゼやフグの干物、中味噌もしくは白味噌で味付けされる。雑煮の具としては、「焼アナゴ・エビ・豆腐・人参・ほうれん草・里芋・大根」などがよく用いられる。また、笠岡諸島の北木島・白石島・真鍋島などでも三日間味噌雑煮の慣習が存在する。慣習としては、広い拡がりは持たない味噌雑煮は、近畿地方の影響を受けている可能性が想像される。牛窓町の慣習についても他地域との交流の多かった牛窓港周辺の集落にのみみられるもので、船の修繕、風待ち、潮待ちなどで寄港した人たちとの交流によって伝えられた習慣である可能性が高い。古老達からの聴き取り調査過程で、牛窓町には味噌雑煮以外にも、白菜の漬け物を「おくもじ」、卯の花のことを「あずま」などという、近畿地方の言葉を彷彿とさせる場面に接した経験がある。このことは過去において牛窓港周辺の集落は近畿地方との関わりがあり、言葉や食習慣の影響を受けてきたことを物語っているように思われる。

## 3. 小豆雑煮の特徴

備前地域を中心とした県南地域では、すまし仕立、味噌仕立の他に小豆雑煮の分布がみられた。ここでいう「小豆雑煮」とは小豆と砂糖で作る「ぜんざい」「しるこ」のことで、粒あん状で用いたもの、こしあん状にしたものと、家庭により異なる。

正月三が日のうちに、1日でも小豆雑煮を正月雑煮として用いる家庭は、備前地域でもとくに南部に多くみられ、半数以上の家庭で作られていた。この地域性をさらに詳細に探ってみると、邑久郡（現瀬戸内市）を中心に和気郡日生（現備前市日生）、西大寺市（現岡山市西大寺）、上道郡（現岡山市上道）にその拡がりがみられ、使用率も高い（図8）。そして、核家族よりも同居家族の方に多くみられる慣習のようで、とくに、牛窓町では核家族で23％、同居家族で75％と、その差は顕著である。さらにこの地域には、正月三が日共小豆雑煮を作るという家庭も1割程度みられた。

小豆雑煮の使用は、元旦よりも2日・3日に使用率は増加しているが、餅の使い方と何らかの関係がありそうである。すまし雑煮・味噌雑煮に比較して、小豆雑煮は「焼いた餅」を用いる場合が多い（7割）。「元旦には焼かぬもの」という慣習があるせいか、元旦よりも、2日・3日に小豆雑煮を作る家庭が増加していくものと思われる。

雑煮とは文字が示すように、神饌とした様々な材料を一緒に煮込んだものと解せられるが、その点から言及すると、小豆雑煮は形態が異なる。小豆雑煮の起源、いわれについて明確に示した資料は見当たらないが、『嬉遊笑覧』[30]（1829年）の中に、「尺素往来に、新年の善哉は、是修正之祝著也とあり、年の初めに餅を祝ふこと聞ゆ、善哉は仏語にてよろこぶ意あるより取たるべし、…」とある。『尺素往来』が15世紀中期から後期頃に書かれた書物であることを考えると、ぜんざいが正月の、宗教的意味を持っためでたい食べ物であったと想像はされるものの、ここ備前地域の食習慣も同様な意味を持ったものであるかどうかは不明である。とくに、小豆雑煮の使用が多かった牛窓町地域の古老達に、起源やいわれについて聴き取り調査を試みたが明確な解答を得るには及ばなかった。「古くからの習慣であるから」と答えたものがほとんどであり、「家族の好み」と答える者もいた。その中で、「小豆はめでたい食物である」と答え、「めでたい時には小豆を、盆などの仏事にはササゲを、区別して用いる」と話してくれた古老がいた。牛窓町では、盆には「ササゲのにぼし」を作り仏に供えたという家庭が、あちらこちらでみられた。これは小豆より少々粒の大きいササゲを用いたぜんざいである。小豆雑煮のいわれは明確ではないが、小豆自身が、また、赤い色がめでたさを現わしていることには、まちがいないようである。そして、小豆雑煮に用いた小豆・砂糖という材料からみても、その様子がうかがえそうである。岡山県南では小豆は自家栽培されていたものの、収穫の多い作物とはいえないようであり、また購入するとしても非常に高価なものであったといわれる。非日常に必要な量だけ各家庭で大切に保存されていたという。また、砂糖にしても、現在のように自由に使えるようになったのは最近のことで、戦中・戦前の時代にあっては、砂糖は大へん貴重なものであり、非日常の食事のために購入したり、サトウキビを栽培して「しろじた」を絞ったりもしていた。しろじたはサトウキビを絞って得た汁を煮詰めたものであった。こういう貴重な材料を用いた小豆雑煮は、材料自身が非日常の意味を持っていたと推察される。

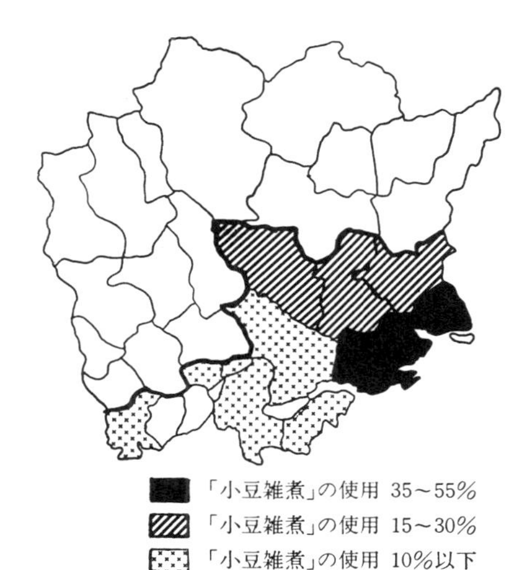


本図は、その他の雑煮のみられた地域について、正月三箇日に一度でも「小豆雑煮」を作った割合を示したものである。

図8　小豆雑煮の分布

この小豆雑煮の分布については、篠田が「米の文化史」[31]の中で詳しく述べており、小豆雑煮の習慣は主に漁業を生業とする地帯にみられ、牛窓町を中心とする邑久郡にもみられることを指摘している。篠田の調査からすでに20数年を経て社会情勢の大きな変動期を経過して今日に至っているわけであるが、小豆雑煮の慣習は地域性として明確にとらえることができる程今日にもなお伝承されている。そして、現在でも、篠田の指摘した地域より広い備前一帯にみられ、漁村のみならず農村地帯にも広く分布がみられる。一方、牛窓町という一地域の聴き取りからであるが、小豆雑煮は今後、少なからず減少していく運命にある慣習のようにも感じられる。なぜなら、古老達の間では、「雑煮といえば小豆雑煮」という考え方が今でも根強いが、若い世代では甘味離れの影響を受けてか、好まぬ者も少なくない。同居家族では、小豆雑煮とすまし雑煮の二種類のものを作り、好みの方を食べるという家族も多くなっているからである。小豆雑煮は、現在もなお、めでたい食べ物として伝承されてきているものの、一方では、変容をまぬがれない習慣のようにも感じられる。

## 4. 伝承の担い手「主婦」の意識

正月雑煮の慣習は今日でもなお地域的特徴を維持していることが明確になったが、正月雑煮を作る担当者の意志により各家庭の習慣が伝承されていくか、また、新しい習慣が取り入れられていくかが決定されるわけである。篠田[32]も伝承の背景として「主婦の力」を指摘している。

今回の調査でも正月雑煮を作る担当者は主婦が80%以上をしめていたが、主婦の伝承意識として「婚家の習慣に従う」か「生家の習慣に従う」かを聞いてみた。県北・県南、核家族・同居家族を問わず7割前後の者は「婚家・生家どちらの家風も意識していない。」と答えており、残り3割の主婦が何らかの家風を意識していた。そして、「婚家の習慣」・「生家の習慣」と明確にちがいを意識している者は、その中の8割程度であった。興味深い現象としては、県北の主婦の方に「婚家の習慣に従う」者が多く、また県南、県北を問わず姑・舅・そのいずれか一方と住居を共にする同居家族の方に「婚家の習慣に従う」者が多く、逆に、核家族では「生家の習慣に従う」者が多くみられたことである（図9）。すなわち、同居家族の比較的多い県北では「姑から嫁へ」の昔ながらの保守的な伝承形態がみられ、各家庭の特徴が引き継がれ易い状況にあるが、核家族の比較的多い県南では、「家族の好み・主婦の嗜好」を取り入れた新しい形の伝承形態がみられるといえないだろうか。これらの家風に対する意識は、通婚圏の問題ともかかわっているようで、習慣が同一もしくは類似した地域からの婚姻である場合、主婦はどちらの家風とも意識せず以前からの様式を継承していくことであろう。古くは、通婚圏もせまく、それぞれの地域の慣習が伝承され易い状況にあったと思われるが、今後はこの背景は徐々に形を変えたものになっていくであろうと推測される。

伝承の背景としてもう一つの要因が考えられる。工業・商業の発達に伴ない、生活環境に変化が生じると共に他県からの居住者が増加してくる。言いかえれば、都市化の波が主婦の意識にも影響を与えることも生じてくる。現在もなお生業の基盤が農業にある県北の主婦の方がより食に対し保守的であると推測される。

本調査は、非日常食の代表である正月雑煮の実態を地域性としてとらえ、年中行事食にまつわる食文化の特徴とその背景の一端を明らかにしようとしたものである。

昭和30年代の高度経済成長は、岡山県という地方においても、工業化・商業化、農業生産技術・流通機構の発達をもたらし、また情報媒体の増大に伴い、我々の生活は大きく変容していったといわれる。調理材料の種類・調理法は画一化され、日本の伝統料理がすたれていくのも無理からぬ点も多い。

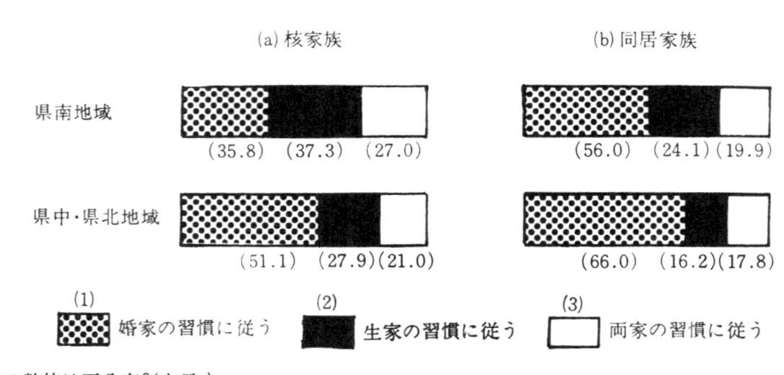


図中の数値は百分率%を示す。
県南a－1とb－1の間・a－2とb－2の間、県中県北a－1とb－1の間・a－2とb－2の間に有意差あり（$P<0.05$）

図9　正月雑煮の家風

しかし、今回の正月雑煮の調査については予想以上に変化はゆるやかで、現在もなお、地域差や地域的特徴をとらえることができた。そして、その地域性は、非日常の食様式形成に気候・風土など自然的環境、河川、街道にかかわる人々の交流、物の流通、さらには、藩の政策的背景などが何らかの影響を及ぼしているのではないかと示唆されるものであった。

柳田国男[33]がいうように、我々は食に対して保守的であり、衣・食・住の生活の中でも食にかかわる部分の変化はゆるやかである。正月雑煮の慣習には、この保守的な考え方が反映しているためであろう、物質的には非常に豊かな今日にあっても、「餅」は非日常食の象徴として、雑煮は正月の象徴としての意味を失っていないようであった。

＊図版出典：今田節子 1986 より

# 第３節　正月雑煮にブリを使う習慣と伝承背景 —暮れの市（ブリ市）との関わり—

食生活の形成には地域独自の地勢、気候、風土に基づくばかりでなく、長い歴史のなかで政治、経済、宗教などの社会動向が大きく影響し、その変容には住民の食生活に対する意識や姿勢、そして社会の進歩・発展、異文化との接触などが関与すると石川は指摘している[34]。食習慣の地域性は様々な要因の影響を受け、多少の変容を繰り返しながら長い歴史のなかで伝承されてきたものといえよう。

前述したように岡山県における正月雑煮にブリを使う習慣も地域性を維持しながら伝承されてきた食習慣の一つで、食べ物に地域差がなくなったといわれる今日にあっても、その特徴を明確な地域性としてとらえることができる。正月雑煮にブリを使う習慣は、備中地方一帯にみられ、なかでも吉備高原一帯およびそれ以北で使用が顕著であるという特徴が認められる。交通網や運搬技術が未発達であった昭和初期当たりまでは、吉備高原地帯には瀬戸内海の魚介類は流通しにくく、魚介類は入手しやすい環境とはいえない地域であった。にもかかわらず大魚であるブリを雑煮に入れる習慣が形成され、伝承されてきたのはどのような背景が関与してきたのであろうか。備中中北部地域の正月雑煮の聴き取り調査において、「ブリは毎年買えるわけではなかった」「暮れの市と呼ばれるブリ市が存在した」「どこの家でも雑煮にブリを使うようになったのは戦後の事である」などの話がたびたび聞かれた。これらの住民の話から、正月雑煮にブリを使う習慣が形成され、地域性として把握できるまでに広まった背景には、交通網や運搬技術の発達によりブリが入手しやすくなったという条件以外に、明治・大正・昭和時代の社会動向が大きく関与していると推測される。

そこで、昭和62年以来数年にわたり実施してきた新見市・北房町・有漢町・高梁市など吉備高原地帯に属する備中中北部地域の聴き取り調査結果や市町村史を資料に、「暮れの市（ブリ市）」、「耕地整備・農地改革」などの関与を取り上げ、吉備高原地帯の正月雑煮にブリを使う習慣の社会的背景を検証してみたい。

## 1. 正月雑煮にブリを使う習慣の分布と特徴

岡山県の正月雑煮の詳細についてはすでに述べたが、ここでは、すまし雑煮の具材としてブリを使う食習慣が定着した背景について考察を進めるうえで必要な内容をまとめておきたい。

岡山県の伝統的な正月三が日の雑煮の習慣はすまし雑煮を基本に、備前地方ではすまし雑煮の他に味噌雑煮、小豆雑煮（しるこ、ぜんざい）の日替わり雑煮がみられ、美作地方ではすまし雑煮の他に味噌雑煮を作る家も多く、備中地方ではすまし雑煮が主流であるという地域差が認められる。また、すまし雑煮の具材に視点を置くと、美作地方とそれに隣接する備前地方北部ではスルメを雑煮の具材の一品とするのに対し、備中地方ではブリを具材とする習慣の広がりが認められ、備中地方の正月雑煮の大きな特徴としてとらえることができた（図10）。なかでも上房郡・後月郡・川上郡・高梁市・新見市・阿哲郡・真庭郡などの吉備高原地帯から中国山地にかけてブリの使用率が顕著に高い。これらの地域は昭和初期の伯備線開通までの食生活のなかでは海産物の入手が困難な地域であった。

この正月雑煮にブリを使う習慣の地域性については、岡山県が生活普及員の協力を得て昭和25年から30年頃に実施した伝統的な食習慣の調査結果でも確認できるものであった[35]。すなわち、昭和56～60年にかけて筆者がおこなった正月雑煮に関するアンケート調査および聴き取り調査結果[36]とあわせ考察すると、昭和20年代には備中地方の正月雑煮にはほぼ全家でブリが使われていたとみなすことができ、今日までその習慣は伝承されていることを示している。

第2節で述べたが、具体的にブリを使った雑煮の例を示すと、備中北部では「茹でた丸餅にブリのだし汁、ブリ・大根・葱.豆腐のすまし雑煮」、備中中部では「茹でた丸餅にブリのだし汁、ブリ・蛤・大根・人参・ほうれん草・里芋・豆腐のすまし雑煮」であった。いずれもブリの切り身は焼き物より小さめで、茹でて使い、茹で汁はだし汁としても使われ、ブリは雑煮の一番上に「上置き」として盛りつける家が多くみられた。昭和20年代の話として聞かれた「ブリがなければ正月雑煮らしくない」「ブリが入っていると、いくらでも雑煮が食べられた」という古老の話からも、当時い

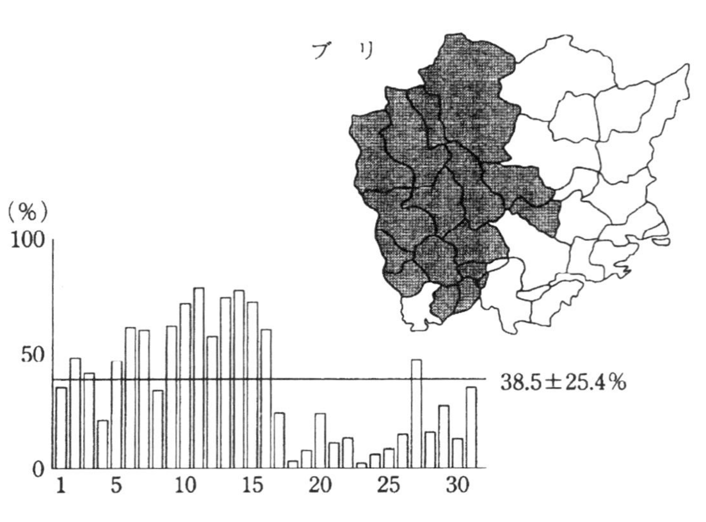


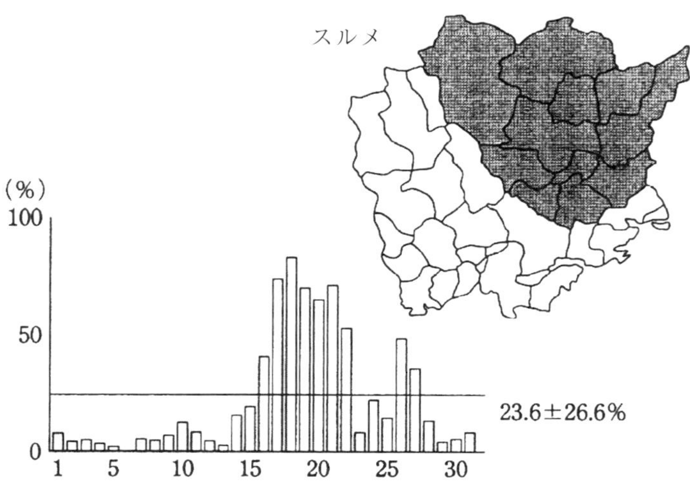


**――は平均使用率、数値は平均値±標準偏差を示す**
**地図の黒い部分は、使用率が平均値以上の地域を示す**

図10　正月雑煮にブリやスルメを使う習慣の地域性

かにブリがご馳走であったかをうかがい知ることができる。そして、鮮魚が入手しにくい環境のなかにあって、ブリといえば塩ブリであったことは当然のことである。

## 2. 吉備高原地帯の「暮れの市（ブリ市）」の特徴

### (1) 連鎖市としての「暮れの市」

備中中北部地域にかつて存在した「暮れの市」は、「連鎖市」といわれるものであったことが『北房町史』にも明記されている[37]。連鎖市とは一つの場所だけで開かれる市ではなく、日にちを追って場所を移動して連日開かれる市のことをいう。備中中北部の連鎖市は、北は旧暦12月22日頃より真庭郡勝山から始まり南下していく真庭方面の市と、西は旧暦12月20日頃より川上郡吹矢から始まり北上していく川上方面からの市があり、毎日移動していき旧暦12月25日に北房町の中津井で合流する連鎖市であった（図11）。中津井の市は「ブリ市」とも呼ばれ、瀬戸内海沿岸の漁業が盛んであった尾道や玉島の当たりから商人によって海産物が運び込まれ、南下および北上してきた商人が合流して大層盛大な市として賑わったといわれる。さらにその後、年末まで有漢・塩坪など高梁方面へ市は移動し、終了するものであった。

真庭郡、北房町、阿哲郡、高梁市、川上郡の各地で開かれた連鎖市と正月雑煮にブリを使う習慣が伝承されている地域に一致性が高いことは、両者に何らかの関わりがあることを示唆する興味深い結果である。

### (2) 暮れの市（ブリ市）の歴史とその背景

暮れの連鎖市と正月雑煮にブリを使う習慣の形成や伝承には何らかの関わりがあることが示唆された訳であるが、その成立年代は聴き取り調査からは明らかではなかった。しかし、連鎖市が合流した中津井の市については、残存する古記録からその成立を江戸時代まで遡ることができる。中津井のブリ市については、古文書に「札之事」として「当町市の儀　前々より七月五日、十二月十五日、同二十五日の市日　一日

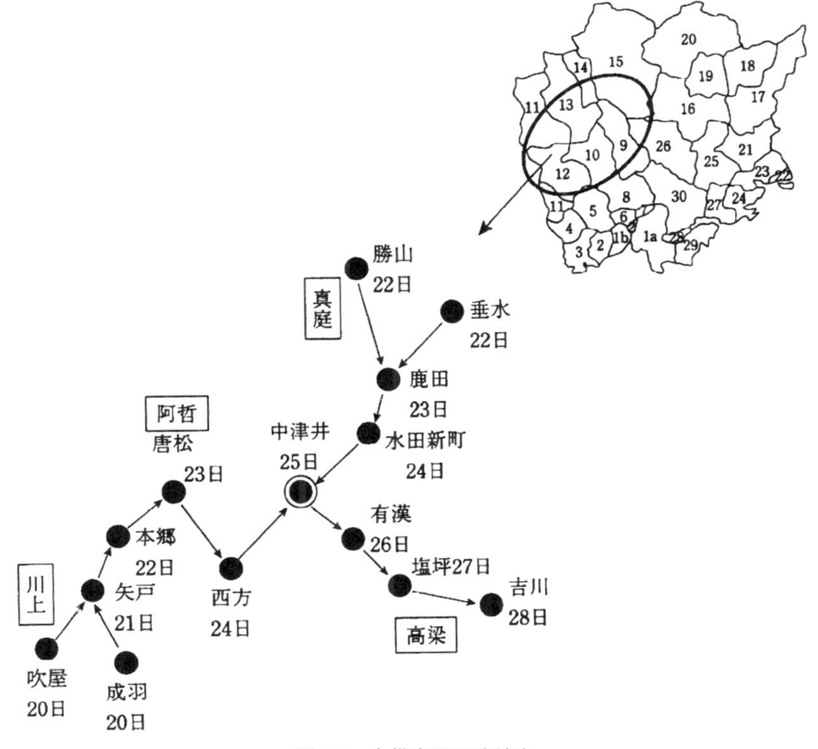


図11　吉備高原の連鎖市

替りに立て来り候事　元禄十三年辰」とあり[38]、すでに元禄13年（1700年）には市が存在していたことになる。そして、『中津井誌』に掲載されている昭和34年新暦2月2日のブリ市の日の講演では、「大正末期を境にして時世は一変し、市も廃れてきたが、商工会などが一丸となって、ブリ市こそは一年最後の歓楽だと信じられるように、全盛の昔に劣らぬ世界を作ろう」[39]と呼びかけている。これらの内容は、中津井の暮れの市は江戸時代中期頃より高度経済成長期前まで長年に渡って存続していたことを物語っている。

ではなぜ、吉備高原地帯に位置し、交通の便が良いとはいいがたい中津井で江戸時代中期頃より市が開かれ、明治・大正・昭和の時代まで存続してきたのであろうか。聴き取り調査結果や『北房町史』、『中津井誌』などを参考に、市の成立や継続の背景について考えてみたい。

市の成立や継続には、人や物資が集まりやすく、収益のあがる商売として成り立つことが基本条件として存在する。まず、市の成立した環境として、江戸時代より中津井は政治の中心として開けたところで、代官所が置かれた関係もあり、人が集まりやすい条件が備わっていたことをあげることができよう。江戸時代、北房町は天領であり、1744年に伊勢亀山藩の石川氏が中津井に陣屋を置き、中津井は政治の中心地となった[40、41]。そのために代官の家来だけでなく、庄屋や地主から庶民に至るまで、中津井を中心に人々の出入りが盛んになったと想像される。

また、北房町一帯は吉備高原の気候・風土を生かして葉たばこの栽培が盛んで、『中津井誌』によると弘化・嘉永（1845～1854年）の頃は、中津井の刻みたばこの全盛期で「御用産物煙草」という亀山藩が交付した看板を掲げた製造家が30戸もあったと伝えられている[42]。そして、「物産会所」を設け、毎月競売をさせ、なかでも12月15日と25日には家族全員が葉たばこを背負って出荷し、暮れの市に立ち寄りその収益で正月買い物をしたと伝えられている[43]。その後も明治30年代には葉たばこの収納所が中津井に設けられた。このことからも葉たばこや刻み煙草に限らず、中津井は江戸時代中期頃から物資の流通の場として栄えていた様子がうかがえる。

そして、備中地方北部は中世の頃から砂鉄の産地であり、北房町は刀鍛冶が盛んな地域であった[44]。このことも市の成立、継続に影響したようである。砂鉄の採集には地域外の労働者が多かったといわれ、「暮れには市にお金を落として行った」と古老がいうように、労働賃金を得た人々が暮れの市で買い物をし、郷里へ帰っていったことも、商売が成り立つ好条件であったといえよう。

さらに、江戸時代、代官の領民保護政策の一環として市も保護されたことが記録に残されており、地元の商店と行商人の並び順やトラブルが発生した際の罰則にまで触れられている[45、46]。このことも町の繁栄とともに市の発達に繋がっていったと考えられる。

このように、中津井が江戸時代から昭和初期あたりまで政治の中心地であり、市は保護政策の一つであったこと、物資の流通の拠点であったこと、そして他地域の労働力を必要とする環境をもちえたことなどが、市の発生・継続の基本である人が集まりやすく、商売が成立する好条件となっていたといえよう。

この中津井の市の発達は、近隣地域の市へも影響を及ぼしていき、伝統的な連鎖市となって成立し伝承されてきたものと考えられる。中津井の市は昭和初期頃までの間、盛大な市として賑わっていくが、それ以降、北房町の商業的、行政的中心地が中津井から呰部に移っていくのにともない、中津井の市は小規模となり、昭和30年前後からは呰部の市が中心となっていったという。しかし、市の内容自身は大きく変わるものではなかったようで、近年では地域の活性化の一つとして、旧暦の12月25日に呰部でブリ市が開かれていることが、毎年のようにマスコミで取り上げられている。

## 3. 住民と暮れの市（ブリ市）の関わり

江戸時代末期以降、特に明治・大正時代の内容が多く盛り込まれている『中津井誌』には、「塩鰤は、昔から（御陣屋時代）から、正月用品の随一、倉敷、尾道へはるばる仕入れに行って「鰤市」にさばく。正月の雑煮餅に一切れがのったら天下泰平」[47]といった内容や「亀山藩の領地十三ヵ村をはじめ近隣の庶民は中津井の市に行くのが家例であり、来年の気運はまず市からと一日をかけて一家総出での、大きな経済行為をかねたレクレーションでもあった」[48]と紹介されている。すなわち、中津井の市は北房町の住民だけでなく、隣接する地域住民も参加した市であり、ブリ市の名の通り古くから沢山の塩ブリが売られていた一方で、自給自足を原則とする伝統的な生活のなかでは、市は年中行事として位置付けられ、年末の大きな楽しみごとでもあったと理解できる。

北房町や有漢町での聴き取り調査でも、同様な内容を確認することができた。大正時代から昭和初期の中津井の市を経験したことのある古老達の話を紹介しながら、ブリ市と住民の関わりについて考えてみたい。

ブリ市はブリを購入することもさることながら、日頃会うことのない人々の集まる場でもあり、物々交換も盛んに行われていたらしい。吉備高原地帯でも畑作地帯の住民は炭や煙草を、水田地帯に住む住民は米やむしろを持ち寄り、必要なものと交換したり、売って現金に替えてブリ市で正月用の買い物をしたりしたといわれる。ブリ市で売られたものは、その名の通り塩ブリであったが、「ブリ一本米一俵」といわれるほど高価で、庶民にはなかなか手の出るものではなく、地主や庄屋階層になればブリを丸ごと一本購入できたと伝えられている。大正・昭和初期あたりまで、農家ではせいぜい「しかいち」（4分の1）購入できればいい方で、その年の収穫によっては購入できない年も多かったといわれる。ブリ市には他に正月用品が並べられていた（表6）。住民達が必ず購入したものは、注連飾りにかけ鯛やかけ鰯として使う塩鯛や塩鰯、ホンダワラ、橙、コンブなどであった。他には、若水迎えの木の杓子、雑煮やおせち料理を並べるための日光膳などを購入した（表7）。またおもちゃ、植木、唐津物、金物、履き物、呉服、足袋などの店が並び、子供達は正月用の新しい下駄や凧を買ってもらうのを楽しみに市に参加した。その他に、駄菓子屋、御茶屋、見せ物小屋、熱い豆腐汁を食べさせてくれた臨時の飲食店なども立ち並び、ブリ市に出向いた人々は足を休めてくつろいでいったという。

小学校も平日であっても昼終いで、子供達も五銭から十銭を小遣いにもらい、ブリ市に参加したという。「中津井の市に行かんとマンが悪い」、「風邪を引く」「市の風に当たりに行く」「市風が吹いてくると幸せが来る」などと縁起を担ぎ（表8）、人々はこぞって市に出かけ、肩が触れ合うほどの人出で、「芋の子を洗うようであっ

表6　暮れの市で売られた品および出店の種類

| 魚介類 | 塩ブリ（ブリ1本米1俵）、塩鯛、塩鮭、ハマグリ、数の子、スルメ |
|---|---|
| その他の食品 | みかん、だいだい、コンブ、ほんだわら |
| 食器類 | 日光膳、唐津物 |
| 食べ物屋 | 御茶屋、臨時飲食店（豆腐汁）、駄菓子屋 |
| その他の店 | 金物屋、呉服屋、履き物屋、おもちゃ屋、植木屋、見せ物、賭け事 |

表7　正月用品として購入したもの

| お飾り用の塩鯛または塩鰯、だいだい、コンブ、ほんだわら、若水迎えの木杓子、おせち料理の日光膳 |
|---|

表8　住民の暮れの市に対する気持ち

| 中津井の市に行かんとまんが悪い、市に行かんと風邪を引く、市風にあたりに行く、市風が吹いてくると幸せが来る、市の風にあたるとまんが良い、市を買いにいく、市をこうた |
|---|

た」といわれるほど大勢の住民で賑わったという。

このように、暮れの市はブリ市ともいわれるものの、多くの住民にとっては正月用品の買い物の場、物々交換の場としての意味が大きく、市に出かけること自体が縁起のよい精神的意味をもち、さらに毎日労働に追われる住民にとって大きな楽しみであったといえるのである。また、市を通しての人々の交流は情報交換、生活習慣の伝承にも繋がっていたことを見逃してはならないように感じられる。

## 4. 正月雑煮と暮れの市（ブリ市）の関わり

雑煮にブリを使う習慣が顕著であった備中中北部地方の聴き取り調査では、「ブリ市」とも呼ばれた暮れの市の賑わいや正月魚であるブリへの思いを懐かしそうに語ってくれる古老が多かった。その話から想像しても、伝統的食生活のなかにあって、ブリは暮れの市の代表的な商品であり、正月にはなくてはならない魚介類の代表であったことがうかがえる。住民にとって市は正月雑煮用のブリを購入する場であった。

しかし、前述のようにブリは「ブリ一本米一俵」といわれるほど高価であったため、現金収入が多いとはいえない当時の農民にとっては市には出かけるものの、ブリを毎年購入できたわけではなかったといわれる。市でブリを購入できることは、その年の収穫が豊富であったことを意味し、大きな喜びでもあったのである。正月に塩ブリ一本を購入してこもに巻き土間に吊してあることは豊かさの象徴でもあり、子供心にも嬉しく、誇りであったという話からも、昭和初期頃までの伝統的食生活のなかでのブリのもつ意味や位置付けが想像できよう。

すでに述べたようにブリが購入できなくても、住民はこぞって市に出かけたわけであるが、市に参加することでブリの存在を身近に感じ、来年はブリが買えるように頑張ろうという労働意欲にも繋がったものと想像される。そして、古くからの地主や庄屋階層の習慣に接することで、贅沢へのあこがれを持ってきたともいえる。すなわち、年によってブリが購入できなくても、正月雑煮にブリが使えなくても、常に住民の意識のなかには正月雑煮にはブリという習慣

表9　正月雑煮にブリを使う習慣の定着背景

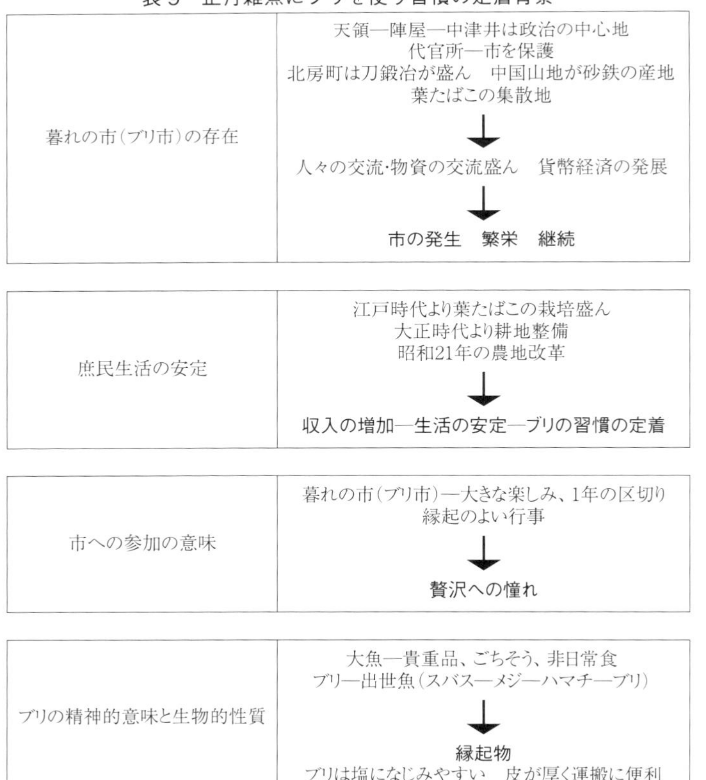

は存在したといえるのである。

「日頃から憧れを持ってきた上層階層の習慣は、生活が豊かになれば水の流れのようにあっという間に庶民層に広まる」と古老が表現したように、明治・大正時代の葉たばこの栽培や加工技術の発達、耕地整備による米の増産に伴う現金収入の増加は、市でブリを購入する機会を増やし、「しかいち」（4分の1）からブリ1本の購入へと購入量を増やすことに繋がっていったと考えられる。そして昭和21年の農地改革による庶民生活の向上は、ブリを正月雑煮に使う習慣を各戸に広め、地域全体にみられる習慣として定着させる原動力となっていったのである。

このように、江戸時代中期から昭和20年代に至る長い年月をかけて定着していった吉備高原地帯の正月雑煮にブリを使う習慣には、ブリ市といわれた暮れの市の存在が間接的にも直接的にも大きく影響をおよぼし、ブリ市は正月雑煮にブリを使う習慣の伝承の場であったとみなすこともできるのであった。言い換えれば、正月雑煮にブリを使う習慣の成立・伝承には、市の成立・継続条件、ブリ市の存在と住民の意識、農業技術の発達、農業政策など社会的要因が大きく関与してきたといえるものであった（表9）。

## 5. 行事食としてのブリの意義

これまで述べてきた吉備高原地帯で暮れの市が盛んであった明治・大正時代と同時代の食習慣の概要が記載された『日本の衣と食』を参考に全国の正月魚の種類を探ってみると、塩ブリや塩鮭、塩マス、棒鱈、塩鰯などがあげられ、ブリを使う習慣は西日本に多く、正月料理、正月飾り、暮れの贈答に使われてきた特徴が明らかであった[49]（図3）。

したがって、伝統的食生活のなかにあって、ブリを正月関連行事に使う習慣は決して珍しいものではないといえよう。しかし、ブリを正月雑煮に使う習慣については、亘理らの調査によると全国平均でブリの使用は調査家庭の6%程度に過ぎないことが報告されている[50]。この結果に比較して吉備高原地帯の正月雑煮にブリを使う習慣は調査対象者の70～80%近くをしめ（第2節図10）、全国的視野からみても吉備高原地帯の正月雑煮の大きな特徴ととらえることができる。

「正月雑煮と暮れの市（ブリ市）の関わり」で前述したように、伝統的な食生活のなかにあっては、吉備高原の住民にとって正月のブリには特別な思いがあったように感じられる。正月のブリは行事食としてどのような意味を持っていたのであろうか。

昭和初期あたりまでの伝統的食生活では、日常食は当然のこと行事食においても魚介類の使用は限られており、ましてや大魚の使用はまれであった。例えば、北房町の昭和初期の行事食に使われた魚介類をあげてみると、正月の注連飾りの塩鯛や塩鰯、大晦日の年取り鰯、節分の塩鰯、鰆ぶれまいのサラワ、秋祭りの鯖ずし程度である。大魚であるブリは「ブリ一本米一俵」といわれたように高価であり、貴重品であり、ごちそうであったのである。

また、ブリは成長するに従い呼び名がかわる「出世魚」であった。ブリは一生のうちにスバス、メジ、ハマチ、ブリと四度名前を変えるため、出世魚と呼ばれ、縁起物としての意味が高いものであった。『海魚考』（1807年）にはブリについて「俗ニ大魚ト称ス。塩脯トシテ歳末ノ祝儀トシ、親戚及交友ノ間ニ饋ス。蓋シブリノ名久シキヲ経ルノ義タルヲ以テ、延年ノ意ヲ寓シ、新春ヲ迎ル寿ヲナシ、大魚ト云ヲ以テ、小ヨリ大ニ至リ卑キョリ高キニ登ル出身ノ賀儀トスルモノナリ。……」とあり[51]、古くから、塩ブリが親類縁者の年末の贈答品とされたり、新年や出世の祝いに使用されたりなど、縁起物として精神的意義の高いものであったと推測される内容である。出世魚のブリのように大きく育ち、出世するようにとの意味を込めて、正月のめでたい縁起物として今日まで使われてきたとみなされる。地形的に海産魚の入手が困難で高価であったからこそ、ブリ市に参加しながらもブリを思うにまかせて購入できなかった時代が長かったからこそ、吉備高原の人々にとって、ブリはより縁起物としての精神的意味の大きなものであったのかもしれない。

さらに現実的な問題として考えられることは、魚介類のなかでも脂肪分の多いブリは塩になじみやすく、塩をすることによって味も良くなるという特徴をもつ。運搬技術や加工保存法の未発達な時代、塩による保存が可能であり、しかも味も塩に馴染みやすいという利点は、吉備高原という海から離れた地域での市に適した魚であったのである。さらに、ブリは皮が厚く、傷が付きにくく運搬に便利であったという点でも大量のブリを遠隔地へ運ぶのに適していた。魚市場で魚介類を扱う人の話によると、サラワのように皮が薄く、身が柔らかい魚は運搬中に身が崩れやすいが、塩ブリは重ねて箱に入れても身が崩れることはなく、丈夫であったという。すなわち、商品価値を下げることなく、大量に運搬できるという商売上の利点があったといわれる。このようなブリの生物的な特性も吉備高原のブリ市には必要な条件であったのである。

以上のように、魚介類が貴重であった吉備高原地帯で、皮が厚く身が崩れにくく、塩になじみやすいという商売人にとっては好都合のブリの調理・加工特性を背景にブリ市は成り立ってきたともいえるのである。そして、住民達にとっては、大魚で高級品であり、しかも出世魚としての精神性が高いブリは、一年の最大行事である正月の、しかも伝統的な正月雑煮という行事食の材料として高く位置付けられる要素が備わった魚であったといっても過言ではない。ブリは販売する側にとっても、購入する側にとっても好条件が整った魚介類であったからこそ、江戸時代中期から昭和30年頃まで吉備高原の暮れの市（ブリ市）で扱われ、正月雑煮にブリを使う習慣を地域性としてとらえることができる食習慣として定着してきたと考えられる。

このような暮れの市（ブリ市）の存在を通して形成された住民のブリや正月雑煮に対する意識は、北房町だけでなく連鎖市が開かれた地域や中津井の市に参加した近隣の地域にも同様にみられたものであり、吉備高原一帯の習慣となって広がり、正月雑煮の特徴を地域性としてとらえることができる状況に至ったものと考えることができる。

正月雑煮にブリを使う習慣は、このように江戸・明治・大正・昭和20年代までの約250年もの時を経て、地域の気候、風土だけでなく、政治・経済的要因、住民の価値観、ブリのもつ精神性など複雑な要因を反映して形成、定着してきた習慣であった（表9）。だからこそ、高度経済成長期以降の行事食の衰退、縮小化の現在にあっても根強く伝承されている習慣であるといえるのである。

＊図版出典：今田節子 2008 より

# 第4節　行事食としての小豆の意義
# —正月および盆関連行事を中心に—

正月雑煮というと醤油仕立ての「すまし雑煮」、味噌仕立ての「味噌雑煮」が一般的で、正月に雑煮を祝う習慣が庶民に広まった江戸時代から、江戸のすまし雑煮と上方の味噌雑煮が知られていた[52、53]。しかし、これらの他に小豆を使用したぜんざい・しるこ様の「小豆雑煮」の習慣が、今日でも一部の地域に伝承されている。この食習慣の分布については、聴き取り調査および文献調査を通して岡山県の牛窓町を中心とした備前地域や島根県東部、鳥取県、兵庫県西部一帯に分布していることが報告されている[54、55]。しかし、今回の正月雑煮に関する調査結果からは、岡山県の正月雑煮は餅と魚介類、野菜、芋類を一緒に煮炊きし醤油仕立て、味噌仕立てにしたものが一般的であった。この視点に立つと小豆雑煮はすまし雑煮や味噌雑煮に比べ特異的な習慣とみなされても過言ではない。しかし一方では、小豆が古くから行事食の代表的食品として位置付けられてきたことを考慮すると、小豆雑煮を限られた地域の特異的食習慣と簡単にみなしていいのか、という疑問を常に感じてきたことも事実である。

そこで本節では、行事食としての小豆の意味を探り、ひいては小豆雑煮の意味を検討していくことを目的とした。岡山県および鳥取県・島根県を中心とした伝統的食習慣の聴き取り調査結果および大正後期から昭和初期の伝統的食生活を記録した『日本の食生活全集』[56]を資料とし、正月雑煮だけでなく、正月準備が始まる暮れから正月関連行事が終了する小正月までの小豆の食習慣を調査対象とするとともに、一年二分性の視点を考慮して盆関連行事の小豆の食習慣も調査対象とした。なお、鳥取県の小豆の食習慣に関する聴き取り調査は主に平成6年(1994年)に実施したものである。

## 1. 正月関連行事にみる小豆の食習慣

正月準備から小正月の松の内が明けるまで様々な正月関連行事が行われる。ここでは餅つき、大晦日、正月三が日、正月三が日以降の行事に大別し、具体的な小豆の利用実態とその分布を明らかにし、正月関連行事における小豆の食習慣の意味を考えていくことにする。

### (1) 小豆を使った正月雑煮の分布

まず、本研究の発端となった正月三が日の小豆雑煮および小豆を使った正月雑煮の分布を明確にしておきたい。『日本の食生活全集』に記載された正月三が日に小豆を使った正月雑煮を作る習慣は全国的にみても少なく、図12に示したように限られた一部の地域の習慣であることは明らかである。形態、呼称は一律ではないが、ぜんざい・しるこ様の小豆雑煮、あん餅雑煮、ゆで小豆を使った雑煮に大別される。

岡山県と鳥取県の聴き取り調査結果を合わせると、ぜんざい・しるこ様の小豆雑煮は島根県東部、鳥取県一帯、岡山県東部沿岸部、兵庫県西部、石川県一帯、大分県北部、滋賀県琵琶湖沿岸、三重県志摩地方と茨城県北部に分布がみられ、正月三が日ともに小豆雑煮の地域はまれで、多くは小豆雑煮とすまし雑煮または味噌雑煮を組み合わせた習慣であった。そして、あん餅雑煮は香川県西部、熊本県南部、和歌山県北部に分布し、すましおよび味噌仕立ての両方がみられた。また、小豆雑煮

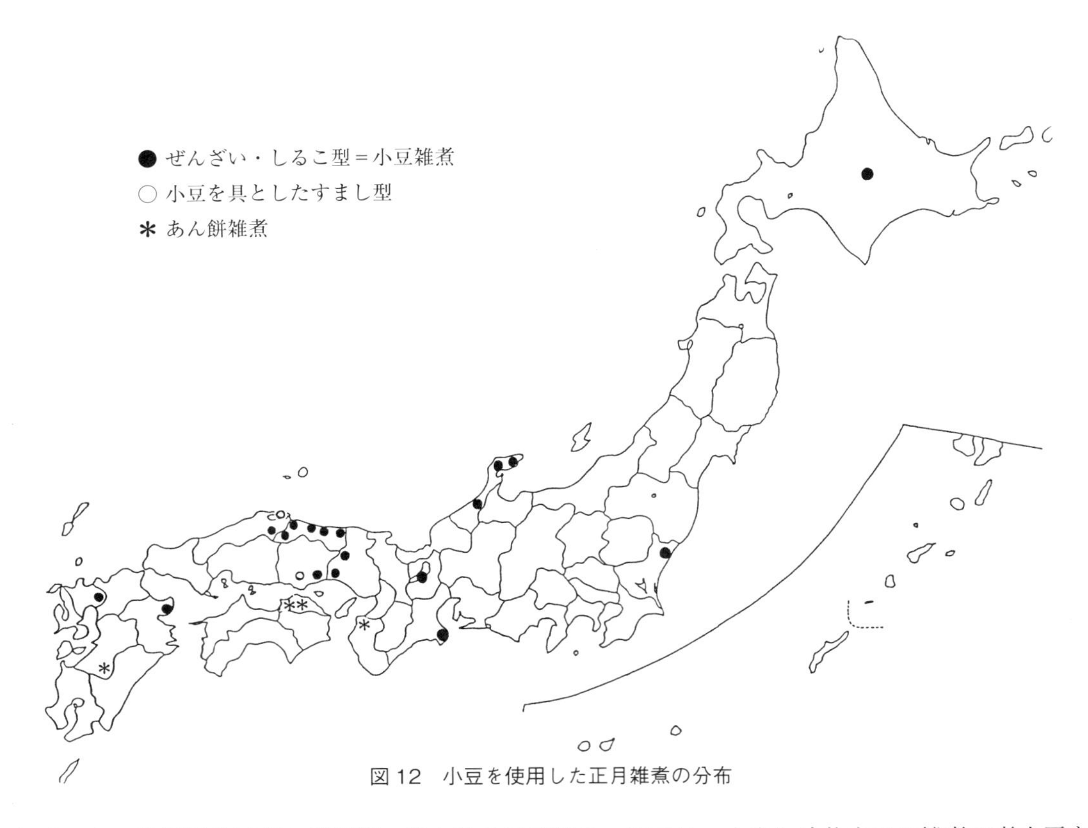


図12　小豆を使用した正月雑煮の分布

とはいえ、島根県松江市や横田町、岡山県の早島町の一部では、すまし汁仕立ての雑煮に煮小豆を入れた習慣も存在した。

### (2) 餅つき・大晦日における小豆の食習慣

餅つきは12月25日から30日までに行われ、縁起を担いで「苦餅はつくな」「苦労をつき込む」などといって29日を、また、「一夜餅はつかぬもの」といって30日を嫌う地域も多い。餅の種類は白餅、豆餅、あん餅、きび餅など様々であり、「お手入れ」「とりつけ」「ぬりもち」「小豆どり」などといって、小豆あんに限らずきな粉やおろし大根をつきたての餅にまぶして食べる習慣も広くみられた。

小豆の利用はあん餅、つきたての餅に小豆あんをまぶす、ぜんざいに大別された。あん餅は九州、四国、東海、北陸、関東地方にかけて広く分布したが、鳥取県や岡山県など小豆雑煮の地域には正月餅としてあん餅をつく習慣はほとんどみられず、鳥取県若桜町では「神様には餡を供えるものではない」といわれ、また、岡山県などでは「正月にあん餅を食べるとおできができる」などの言い伝えがある。つきたての餅に小豆あんをまぶして食べる習慣は九州南部、近畿地方を除いて全国に分布し、餅つきの恒例の行事となっていたことがうかがえる。これに対し、餅つきの際にぜんざいを作る習慣や年越しの大晦日に小豆を使う習慣はまれであった（図13）。

### (3) 正月三が日における小豆の食習慣

正月三が日には、雑煮以外にさまざまな祝いの料理が作られ、その中でも小豆は祝いの食材とし

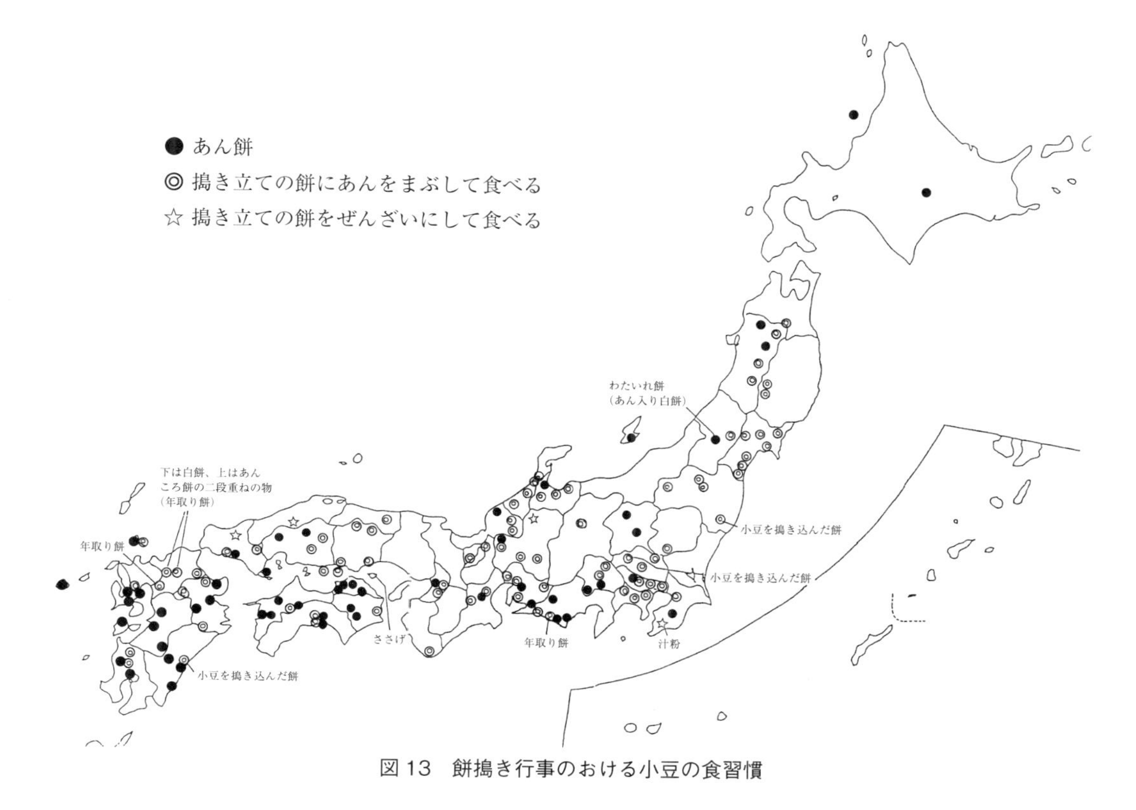


図13　餅搗き行事のおける小豆の食習慣

て欠かせないものであった。ほぼ全国的にあん餅、あんころ餅、小豆粥、赤飯、ぜんざい、ようかん、煮小豆、いとこ煮、ささげの煮豆など多彩な料理を作る習慣が分布していた（図14）。

**赤飯・小豆飯・ようかん**　元旦の朝祝いの膳に赤飯や小豆飯を用いる習慣は全国的にみられたのに対し、ようかんは関東地方と熊本県に集中してみられる習慣であった。赤飯や小豆飯はすし類と並び祝い事には欠かせない行事食であり、また、ようかんは祭りや結婚式などの盛り込め料理には欠かせないものであった。したがってこれらが正月の祝いの膳にも使われるのは不思議なことではない。

**ぜんざい・しるこ・あんころ餅**　正月雑煮としてすまし雑煮または味噌雑煮を食べる地域に、日時を問わず正月三が日の内にぜんざい・しるこを作る習慣があり、青森県、新潟県、福井県、愛媛県、島根県、関東地方、近畿地方、九州地方と、比較的その分布は広い。正月雑煮との区別を明記した資料は稀であったが、京都上加茂では「神様ごとが休みの二日にぜんざいを食べる」とあり、ぜんざいは神事には避ける習慣があったことを示唆している。そして、大分市のぜんざいには餅ではなく団子を使うとあり、餅を使う正月雑煮とは区別されていた。また、兵庫県香住町、和歌山市田浦、福井県越前町、伊豆大島では船祝いには船方の正月行事食としてぜんざいやしるこが祝われ、すまし雑煮を主体とする歳神様の祝いとは区別されていたとみなされる。

正月三が日にあんころ餅を食べる習慣は宮城県や岩手県周辺地域に集中してみられ、なかでも宮城県の田尻町、亘理町、小野田町では、すまし雑煮と共に数種類の餅が祝い膳に付けられており、あんころ餅もその中の一つとして位置付けられていた。その形態は焼き餅にトロリとした小豆あんが絡まった汁気の多いものといわれ、極めてぜんざいに近い形態であったと想像される。

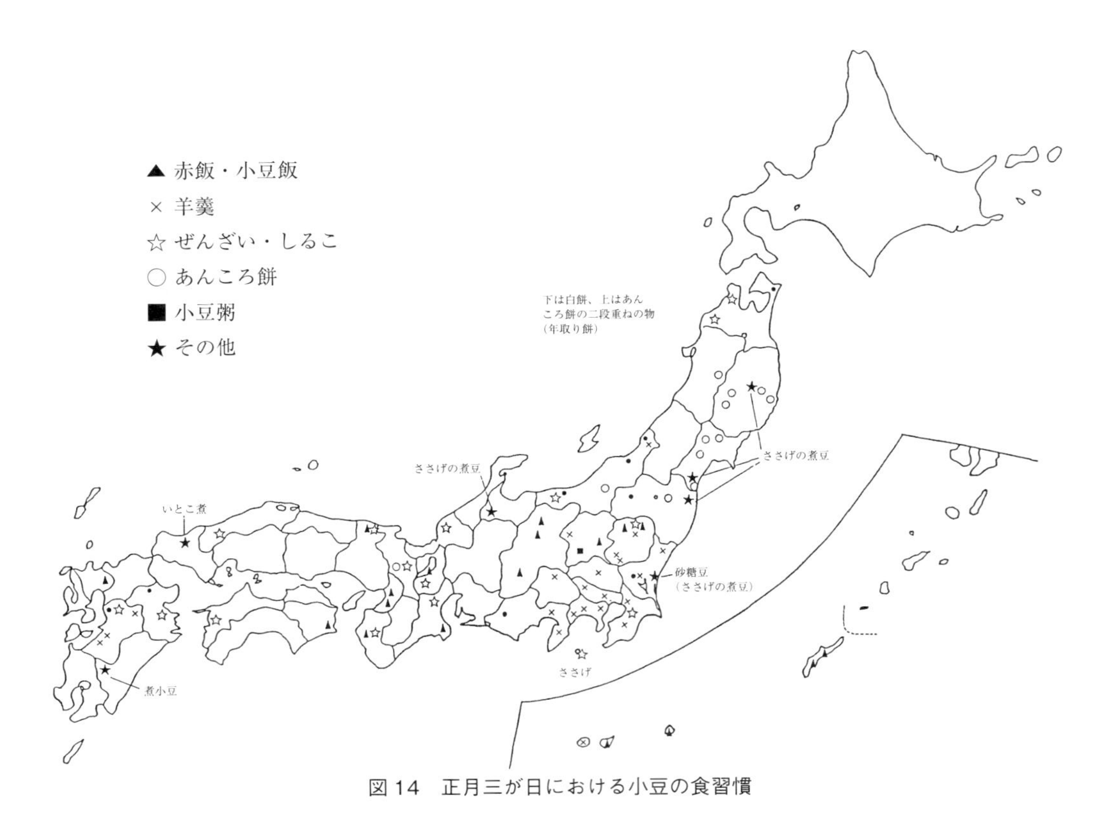


図14　正月三が日における小豆の食習慣

これらのぜんざい・しるこ・あんころ餅の習慣は、正月雑煮とは別の食習慣として存在していたと考えるべきであろうが、そのいわれなどは不明である。

**煮小豆・ささげの煮豆**　少数例であるが、煮小豆、ささげの煮豆の習慣もみられた。宮崎県小林市では、元旦の祝いの膳に皿に盛った煮小豆が付けられ、一つの鞘にたくさんの実を付ける小豆に子孫繁栄の願いが込められていたと伝えられている。また、関東地方から東北地方にかけては、小豆の代わりにささげの煮豆が使われている。関東ローム層のやせた土地柄のため小豆の収穫は少なかったと想像され、ささげの栽培の方が盛んであった背景が影響しているのであろう。そして、千葉県千倉町のように「腹が割れる」といって小豆の使用を嫌う地域もみられた。宮城県や秋田県では小豆の収穫が比較的多いにもかかわらず、煮豆にはあえてささげを用いる地域もみられた。茹でると半分に割れやすい小豆の性質を忌み、煮豆にはささげを使う地域も少なくなかったと考えられる。このような背景のもとで、赤色、形態ともに小豆に酷似したささげが利用されたものと思われ、ささげは小豆と同様な習慣ととらえることができる。

以上のような正月三が日に作られる小豆を使った行事食は､雑煮と共に祝いの膳に付けられたり、年始客に振る舞われたりするなどから、めでたさを象徴する祝いのご馳走であったと考えられる。そして、正月三が日に小豆雑煮以外で小豆を使う習慣は、想像以上に全国的に広い地域に分布し、これに対し前述した正月三が日の雑煮として小豆雑煮やあん餅雑煮を作る地域にはほとんどみられない習慣であることが明らかになった。これは『日本の食生活全集』および聴き取り調査に共通した興味深い結果である。一方視点を変え、小豆雑煮を含め正月三が日に形態の類似したぜんざい・しるこ･あんころ餅を食べるという習慣の分布をみると、中部地方を除く広い地域に分布しており、

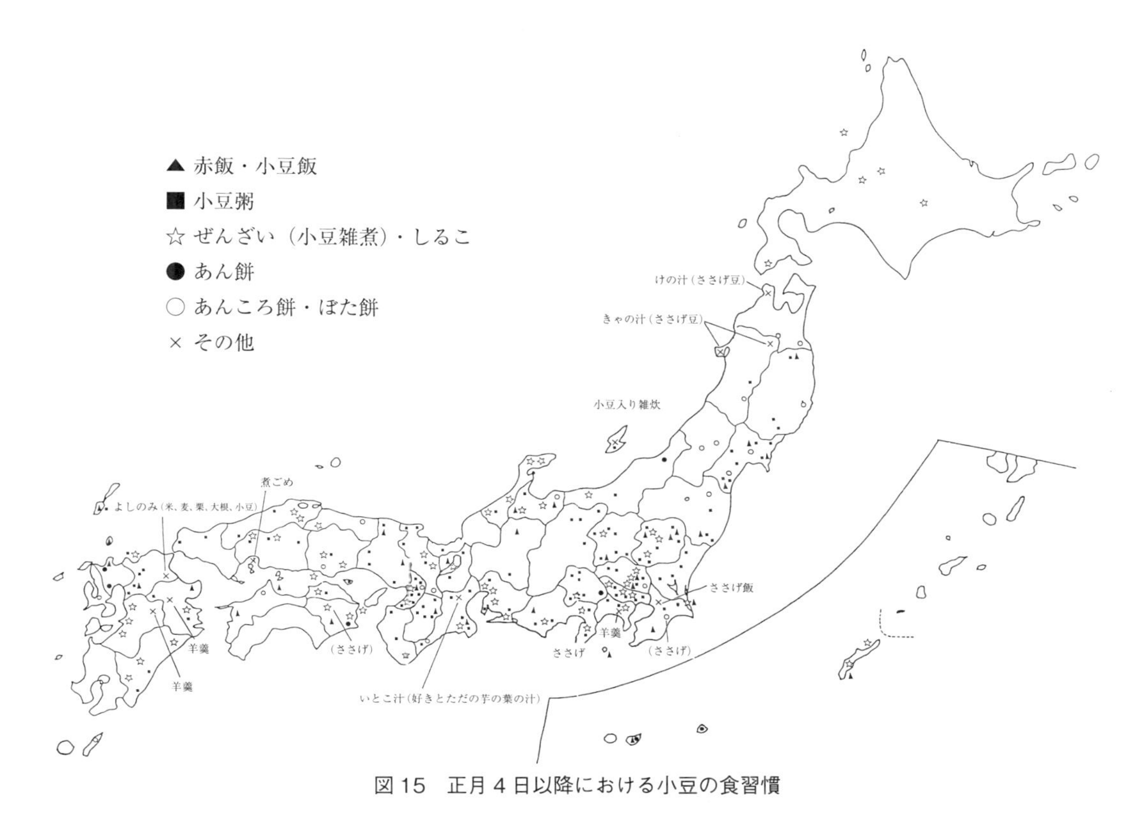


図 15　正月４日以降における小豆の食習慣

決して珍しい特異的な習慣とは言い難いものであった。しかし、いずれの習慣も「以前からの習慣である」、「小豆はめでたい食べ物」という程度で、いわれなどは不明であった。

### (4) 正月三が日以降における小豆の食習慣

正月三が日以降、11 日の鏡開き・歳おろし、14 日のどんど、15 日の小正月、16 日の仏の正月、さらにひてい正月・しまい正月と呼ばれる２月１日まで正月関連行事は続く。これらの正月関連行事のなかでも、小豆粥、ぜんざい・しるこ、赤飯・小豆飯、あん餅、あんころ餅、ぼた餅、ようかんなど、正月三が日同様に小豆の利用は多い（図 15）。

**小豆粥**　正月三が日以降、最も使用が多かったのは小豆粥で、九州南部、四国、北海道を除く広い地域に分布していた。小正月に小豆粥を食べると一年中無病息災で暮らせるなどといわれるが、小豆に厄除けの意味を持たせた習慣である。また、小正月に行われる農事に関連した行事である粥占いや成木責めにも小豆粥が使われた。粥占いは竹や茅の管を刺して小豆粥を炊き、管のなかの小豆の数によって作物の豊凶を占う行事であり、成木責めは樹木に傷をつけ、その傷口に小豆粥を塗り豊熟を誓わせるまじないである。また、小豆粥を吹いて食べると田植えに風が吹くなどどいわれる地域もみられた。いずれにしても五穀豊穣を祈願する農耕儀礼のなかで小豆に呪術的意味をもたせた習慣である。

**ぜんざい・しるこ**　小豆粥に次いで使用が多かったものはぜんざい・しるこで、鏡開きやどんどの日のぜんざい・しるこの習慣は、東北地方を除く全域に分布し、鳥取県中東部ではこの日のぜんざい・しるこを小豆雑煮とも呼んでいる。神饌であった鏡餅やどんど餅をぜんざいやしるこにして食べる習慣には、神の加護を授かり健康に幸せに暮らしたいという強い願いが込められていた。ここでも小豆には厄除けの意味があったと考えられる。また鳥取県中東部のすまし雑煮・味噌雑煮の地域では16日の仏の口開けに始めて小豆雑煮を作る家庭もみられ、小豆と仏事の関わりを示唆する習慣といえよう。

**赤飯・小豆飯**　三が日以降の農始めと呼ばれる日、農村では農神としての性格をもったえびすの日にその年の豊作を祈り、祝福する意味で赤飯や小豆飯を作り祝う習慣が各地でみられた。祭りや祝い事の赤飯・小豆飯と同様に、貴重な米の白色と小豆の赤色は祝い事の象徴であったと理解される。

**あん餅・あんころ餅・ぼた餅**　正月三が日以降もあん餅やあんころ餅、ぼた餅が正月の食べ物として食べられた。あん餅は沖縄県八重山、佐賀県太良町、徳島県柚木町、山梨県上野原町、新潟県村上市の各地域に使用が多く、餅の周りに小豆あんをまぶしたあんころ餅やぼた餅は東北地方を中心に使用が認められた。

**その他の小豆料理**　14日に五穀豊穣を祈って米、麦、粟、大根、小豆を煮込んだ「よしのみ」の習慣が福岡県豊前市にみられ、五穀の一つとして小豆は位置付けられている。また、親鸞聖人の命日である15日のお逮夜には小豆入り煮物である「煮ごめ」の習慣が広島湾沿岸地域と芸北町に、三重県鈴鹿市でも弘法大師や親鸞聖人の命日に小豆とただ芋（里芋）の葉で作った「いとこ汁」の習慣がみられた。これも小豆と仏事の関わりを示す事例である。

以上のように、正月三が日は歳神様を中心とした神々を祭る3日間であるのに対し、4日以降は行事内容がさまざまである。したがって小豆はめでたさの象徴、魔よけや厄除け、呪術的意味をもつ、仏事との関わりが深いなど、行事の性格によってその意味が異なることが明らかとなった。そして、正月三が日の小豆雑煮の形態と酷似したぜんざい・しるこの習慣は、小正月の行事食としてはごく一般的な習慣であることが明確であった。民俗学的には、元来、旧暦の15日は満月の日で、神祭りをするのが古くからの習わしであったが、新暦の採用で朔日が重んじられ1月1日の大正月が一般的となったという見方がある[57]。この視点からみると、旧暦の小正月から新暦の大正月に移行した際、一部の地域に小正月の小豆雑煮の習慣が大正月の方へ残存したという見方もできないわけではない。すなわち、小豆雑煮を正月雑煮とする習慣は限られた地域の特異的習慣と断定することには少々問題が残るように思われる。

### (5) 供物としての小豆および小豆雑煮

正月関連行事のなかでは、小豆雑煮や小豆料理は年始客や家族の食べ物として使われたと同時に神仏の供物となる場合も多くみられた。小豆粥、赤飯、小豆飯などが神仏に供えられており、正月雑煮として小豆雑煮を作る地域では、正月元旦に神前に供える習慣があり、小豆雑煮は供物としての価値も持っている。

表10、表11に示すように小豆は神仏の供物としても使われており、小正月やえびす講、鏡開き、農始めなど正月三が日以降の行事での利用が多い。正月が歳神様を中心とする神々を祭る行事であることを考えると、小豆雑煮や小豆を使用した料理が神前に供えられることは当然のことと考えられる。しかし、資料とした『日本の食生活全集』や聴き取り調査結果のなかに、正月行事のなかで小豆を神饌とすることを忌むものが少なからずみられた。「正月三が日にはあんこ餅は食べるが、

表１０　正月関連行事における供物としての小豆の使用状況

（『日本の食生活全集』より）

| 都道府県名 | 市町村名 | 供物（神前・仏前） | | | | 日時 | | 行事 | 供物 | 備考 |
|---|---|---|---|---|---|---|---|---|---|---|
| | | 神 | 仏 | 神仏両方 | 不明 | 月 | 日 | | | |
| 青森 | 弘前市 | | ○ | | | 1 | 15 | 小正月 | かえの汁 | かえの汁（けの汁）大根、人参、蕨、じんだ（大豆をすったもの）、芋（じゃがいも）、ささげ豆、昆布などの具に味噌味を付けた汁。 |
| | 平舘村 | | ○ | | | 1 | 16 | 小正月 | けの汁 | けの汁（かえの汁）ふき、大根、人参、ぜんまい、油揚げ、豆腐に味噌で味をつけ、別に煮たささげ豆を混ぜたもの。 |
| 宮城 | 田尻町 | ○ | | | | 1 | 11 | 農はだて | 小豆ご飯 | |
| | 亘理町 | | | | ○ | 1 | 11 | 農はじめ | あんこ餅 | この日から供える。 |
| | | ○ | | | | 1 | 14 | | 小豆粥 | |
| | | ○ | | | | 1 | 18 | お十八夜 | あんこ餅 | 神棚に供える。 |
| | 東和町 | | | | ○ | 1 | 15 | | 小豆粥 | |
| | 森丸町 | ○ | | | | 1 | 15 | | 小豆粥 | 産土神に無病息災を祈って供える。 |
| 栃木 | 馬頭町 | ○ | | | | 1 | 15 | | 小豆粥 | 氏神様に供える。 |
| | 小山市 | ○ | | | | 1 | 20 | | 小豆粥 | 神棚に供える。 |
| 群馬 | 高崎市 | ○ | | | | 1 | 15 | | 小豆粥 | 繭玉団子入りの小豆粥を繭の増産を願って供える。 |
| | 板倉町 | | ○ | | | 1 | 15 | | 小豆粥 | |
| 埼玉 | 入間市 | ○ | | | | 1 | 20 | えびす講 | 赤飯 | えびす様に供える。 |
| | 川越市 | | | ○ | | 1 | 15 | | 小豆粥 | |
| 神奈川 | 相模原市 | | | ○ | | 1 | 15 | 小正月 | 小豆粥 | 餅入の小豆粥（「糸ひきかゆ」という）を供え、朝飯に食べる。 |
| 石川 | 松任市 | | | ○ | | | | 餅搗き | 小豆どり | ちぎった餅を小豆あんにまぶし、供えたもの。 |

表10つづき

| 都道府県名 | 市町村名 | 供物（神前・仏前） | | | | 日時 | | 行事 | 供物 | 備考 |
|---|---|---|---|---|---|---|---|---|---|---|
| | | 神 | 仏 | 神仏両方 | 不明 | 月 | 日 | | | |
| 長野 | 飯田市 | ○ | | | | 1 | 3 | 恵比寿開き | 小豆飯 | 恵比寿様に供える。 |
| | 佐久市 | ○ | | | | 1 | 3 | 恵比寿様の年とり | 小豆飯 | 恵比寿様に供える。 |
| 岐阜 | 国府町 | | ○ | | | 1 | 15 | | 小豆飯 | |
| 静岡 | 御殿場市 | ○ | | | | 1 | 11 | 鏡開き | 小豆のしるこ | お供え餅入の小豆のしるこを食べ、屋敷内の神様や蔵の入口にも供える。 |
| 三重 | 鈴鹿市 | | ○ | | | 1 | 21 | 弘法大師の命日<br>親鸞聖人の命日 | いとこ汁<br>いとこ汁 | いとこ汁とは、小豆とただいもの葉の汁のこと。 |
| | 志摩町 | ○ | | | | | | 祝い膳 | 赤飯 | 神様・氏神・井戸の神に供える。 |
| 滋賀 | 朽木村 | ○ | | | | 1 | 9 | | 小豆ごはん | 神棚にお灯明をあげ餅と小豆ご飯を供える。 |
| 京都 | 上賀茂 | | | | ○ | 1 | 2 | | ぜんざい | 神様ごとは休みである。 |
| | 和束町 | | | ○ | | 1 | 15 | | 小豆粥 | |
| 兵庫 | 千種町 | ○ | | | | 1 | 1～3 | | ぜんざい | １日はすまし雑煮で３日はぜんざい。雑煮を供える。 |
| | | ○ | | | | 2 | | 正月じまい | 小豆ご飯 | |
| 鳥取 | 鳥取市（賀露） | ○ | | | | 1 | 1 | 元旦 | 雑煮（ぜんざい） | 神棚に供えて拝む。 |
| | 東郷町 | ○ | | | | 1 | 1 | 元旦 | 小豆雑煮 | 神棚に供えて拝む。 |
| | 大山町 | ○ | | | | | | | 小豆雑煮 | 神さんのお供えは、小豆雑煮、煮しめ、おせちのとり合わせもので三つものにするが、四角にして供える家も多い。 |

表10つづき

| 都道府県名 | 市町村名 | 供物（神前・仏前） | | | | 日時 | | 行事 | 供物 | 備考 |
|---|---|---|---|---|---|---|---|---|---|---|
| | | 神 | 仏 | 神仏両方 | 不明 | 月 | 日 | | | |
| 島根 | 松江市 | | | | ○ | 1 | 1 | 元旦 | 小豆雑煮 | |
| | 横田町 | ○ | | | | 1 | 6 | 大黒様正月 | 雑煮 | すまし雑煮と小豆雑煮の２種類がある。 |
| 広島 | 柚木町 | | ○ | | | 1 | 15 | 御逮夜 | 小豆粥 | 御逮夜とは、親鸞入滅の前夜のことである。 |
| | 芸北町 | | ○ | | | 1 | 16 | 御逮夜 | ぜんざい | 夜食にする。 |
| 香川 | 綾南町 | | | ○ | | 1 | 1 | 元旦 | あん餅雑煮 | |
| 長崎 | 北松浦・壱岐 | | | | ○ | 1 | 11 | 神様の鏡開き | おごく（小豆飯） | |
| | 対馬 | ○ | | | | 1 | 15 | もどり正月 | 小豆粥 | |
| | | ○ | | | | 1 | 16 | 山の神祭り | 赤飯 | |
| 沖縄 | 八重山列島 | | ○ | | | 1 | 16 | | あん餅、赤飯 | 墓に供える。 |

表11　正月関連行事における供物としての小豆雑煮

（聞き取り調査より）

| |
|---|
| ○餅搗き後の餡まぶりは仏様と阿弥陀様に供え神前には供えず（若桜町春米）、神前には味噌雑煮を供え、小豆雑煮は供えず（若桜町上町） |
| ○正月15日までは神祭で、小豆は食べず（関金町掘） |
| ○仏の口開け：１月16日、餡餅や小豆雑煮を仏前に供える（関金町・三朝町・東郷町） |
| ○小豆雑煮は仏様の精進料理（牛窓町） |
| ○大晦日に小豆餅を仏前のみに供える（宮城県小野田町） |

正月様には供えない」（宮城県亘理町）、「大晦日に小豆餅を仏前のみに供える」（宮城県小野田町）、「正月二日は神様ごとが休みで、ぜんざいを作る」（京都府上加茂）、「餅つき後の餡まぶりは仏様と阿弥陀様に供え、神前には供えない」・「神様にはあんこを供えるものではない」（鳥取県若桜町春米）、「家族は小豆雑煮を食べ、神前には味噌雑煮を供える」（鳥取県若桜町上町）、「神祭りである正月15日までは小豆は使わず、16日の仏の正月に小豆雑煮や餡餅を仏に供える」（鳥取県関金町、三朝町、東郷町）、「小豆雑煮は仏様の精進料理」（岡山県牛窓町）などである。また、『嬉遊笑覧』（1830年）[58]に「尺素往来（1400年代中期頃）に新年の善哉は是修正の祝い著也とあり、歳のはじめに餅を祝うと聞ゆ、善哉は佛語にてよろこぶの意あるより取たるべし」とある。これらを合わせて考えると、小豆やぜんざいは先祖への供物としての価値を持ち、仏教行事と深い関わりを持ったものであると

理解されよう。

このように小豆は神事だけでなく仏事との関わりも深く、行事食としての小豆の意味を考えるとき、見逃せない要因の一つであることが、正月関連行事のなかからもうかがえる。

## 2. 盆関連行事における小豆の食習慣

小豆は神事との関わりだけでなく仏事との関わりをもつことが、正月関連行事のなかから明らかとなった。また、民俗学的視点から正月と盆は１年を二分する行事であると理解されていることも考慮し、盆行事における小豆の利用実態とそのいわれを探っていくことにした。

新暦７月13日から15日、または１ヶ月遅れの８月13日から15日の盆の期間に、小豆が多用されてきた実態が明確になった。図16に示すように、いずれの地域においても、盆行事におはぎ・ぼた餅・あんころ餅・小豆団子、あん餅、ぜんざい・しるこ、赤飯・小豆飯、小豆粥、そして煮ささげが全国的に作られ、盆の行事食、先祖の供物として使われてきた。

**おはぎ・ぼた餅・あんころ餅・小豆団子**　餅や団子の表面に小豆あんを塗したこれらを盆の食べ物や仏の供物とする習慣は、北海道・東北・北陸地方の一部を除く全国にみられる習慣であった。なかでも飯粒が残る程度に搗いた団子に小豆あんをまぶしたおはぎやぼた餅の利用が最も多く、迎え団子、送り団子、仏の供物として欠かせないものであることは現在と変わらない。一方、小豆あんを包んだまんじゅうやあん餅の類は岩手県・愛媛県・長崎県・大分県・福岡県の限られた地域の習慣であった。いずれにしても餅の利用が少ないが、「夏の餅はおいしくない」「夏の餅は犬も食わない」などといわれる地域もあり、高温のために保存しにくいことが関与しているものと思われる。

**ぜんざい・しるこ**　岩手県では「小豆ばっとう」、宮城県では「小豆はっと」、佐賀県では「ぜんざい雑炊」などと名称は地域で異なるが、小豆汁のなかに餅や団子、小麦粉団子が入っているもので、供物として使われていた。盆におけるこの習慣はまれで、岩手県、宮城県、静岡県、京都府、佐賀県の限られた地域での分布であった。

**赤飯・小豆飯**　広い地域に見られ、赤飯と小豆飯が主体となっている北海道・青森県・秋田県・新潟県地域と、赤飯・小豆飯の他におはぎ・ぼた餅・饅頭・餡餅が併用される岩手県・千葉県・福井県・奈良県・大阪府・香川県・愛媛県地域に二分される特徴が認められた。前者は小豆が多く収穫される地域であり、小豆より米を貴重視する価値観が反映し、米を主体とする赤飯・小豆飯が中心となっている可能性が考えられた。

**その他**　宮城県小野田町の「ささげ入り煮物」、新潟県佐渡島の「ささげ豆」、東京都葛飾の「餅と小豆あん」、大阪府河内長野市の「小豆となすの煮物」、岡山県牛窓町の「ささげの煮干し」、徳島県鳴門市の「水ようかん」、宮崎県小林市の「煮小豆」、鹿児島県西之表市の「ささげの塩煮」などの習慣がみられ、仏様の供物としてささげの使用が多いのが特徴である。盆におけるささげの使用は、ささげ餅、ささげのぼた餅、ささげ飯、ささげ粥、ささげぜんざい、ささげ汁粉などにもみられ、明らかに正月と異なる特徴である。

盆以外の仏事関連行事でも小豆は使われており「親鸞聖人や弘法大師の命日にいとこ汁を供える」（三重県鈴鹿市）、「逮夜には小豆粥やぜんざいを供える」（広島県由岐町・芸北町）などの言い伝えや、『洛陽集』（1680年）[59]には「日蓮忌御影講には他宗の羨む善哉餅」の記載もあり、なかでも浄土真宗や真言宗、日蓮宗などの宗教との関わりもうかがえる習慣である。

図 16　盆行事における小豆の食習慣

以上のように、盆においても正月同様に小豆またはささげをよく使用していることが明確となったが、仏の供物としての利用が主流である、またささげの利用が多いなど、正月関連行事とは異なる特徴が認められた。一方、正月関連行事でみられたように盆行事においても小豆またはささげと団子、餅、飯といった米の組み合わせが欠かせないものであるという共通点が明確となった。

## 3. 行事食としての小豆・小豆雑煮の意義

前述のように正月雑煮として小豆雑煮・あん餅雑煮を位置付けるのは限られた地域の習慣であったが、正月三が日に小豆と餅を組み合わせた行事食は全国でみられ、また小正月には小豆雑煮と同様なぜんざいやしる粉が全国的に祝われていたことが明確となった。すなわち、行事食としての小豆の意味を考えていく上で、正月に小豆を小豆雑煮として使用することは特異的であるといえるが、行事食として小豆を使うことは何らまれなことではないといえる。そして、１年を二分し正月と並ぶ最大の行事である盆行事においても小豆の使用は多彩で、正月の神事だけでなく、仏事にも小豆が多用されることが確認された。小豆は正月と盆行事という二大年中行事に欠かせない、非日常食としての意義が高いものであることが明確となった。

最後に、これまで述べてきた調査結果をふまえ、行事食としての小豆の意義、そして正月雑煮としての小豆雑煮の意義をまとめておきたい。

## (1)　行事食としての小豆の意義

### ① 小豆のもつ精神的意義

今回の調査結果のなかには行事食としての小豆の意義を明確に記載したものはなく、習慣として毎年繰り返してきたというものがほとんどであった。今一度年中行事の由来、供物のもつ意味を見直し、行事食としての小豆のもつ意義を考えてみたい。

年中行事の由来を大別してみると、まず一つ目として、日本古来の農耕社会のなかで生じた豊作を祈願する自然信仰が、儀礼的な要素を伴いながら生業にまつわる行事へと変化したもので、正月行事のなかにもみられた農初めや成木責め、豊作を占う粥占いなどもその性格をもつ行事である。二つ目としては、奈良・平安時代に隋・唐から伝来した大陸文化が貴族社会のなかで儀礼化し年中行事のなかに組み込まれ、後世に民間に普及定着したもので、正月行事や盆行事もその一つにあげられよう。そして、三つ目は江戸の武家文化・町人文化の全盛期に都市部だけでなく農村にも浸透していった娯楽的要素の大きい花見などの行事をあげることができる。いずれも神仏を迎え、儀礼を行い、普段とは異なる食べ物を供え、料理を頂くという共通点がある。民俗学的な視点からみると、行事食は供物を下ろして煮炊きして頂く直会であり、神から加護を受ける願いが込められた神人共食の儀礼である。本来、行事食は神聖な神仏への供物が基本となり、普段の食べ物とは区別されるものでなくてはならなかった。したがって、本調査結果のように小豆が正月・盆行事に欠かせないものであるということは、小豆に神聖で日常の食べ物と区別される理由があったはずである。

小豆は中国から渡来したものである。『齋民要術』(532 ～ 544 年頃) に記載されている『雑五行書』(1 世紀頃) には、正月に小豆を体内に入れ、また井戸のなかに小豆を置けば疫病から免れると記されている[60]。さらに『龍魚河図』(成立年代不詳) には、辟邪辟疫の目的で大晦日に小豆を呪いに用いた例があげられている[61]。中国では小豆は魔除け、厄除けの効果を持つ呪術性を有したものとしてとらえられている。そして、陰陽五行説から小豆の赤色に対する特別な観念も存在していた[62]。一方、我が国では『朝野群載』(1161 年)[63] では奈良時代に小豆が傷を治療する効果を持つことが認められ、『公事根源』(1423 年)[64] では正月に小豆粥を食すれば年中の邪気を払うことができると記載されている。そして、『延喜式』(927 年)[65] には神饌として小豆の使用がみられ、春日大社や明喜神社など多くの神社の祭典に神饌として小豆を使用する習慣が伝承されている[66]。また、平安時代から鎌倉時代の食饌に関して記された『厨事類記』(1295 年)[67] には、宮中の節句に赤飯が供物として使用されたとある。したがって、我が国でも中国の影響を受けながら、古代から小豆を辟邪辟疫、あるいは占いや呪いに用いる呪術性をもつものとして、また、薬効をもったものとしてとらえ[68、69]、神饌や行事食とする習慣が形成されてきた様子がうかがえる。

本調査でも正月および盆関連行事ともに、ぜんざい・しるこ・あんころ餅、赤飯・小豆飯・小豆粥などを行事食および供物とする習慣が各地でみられた。いずれも小豆と米を組み合わせたものばかりであり、普段自由に食べられない白い米とめでたさの象徴である赤色の小豆の組み合わせでより神聖な供物・行事食と成り得たのであろう。これらの赤色の小豆または赤飯などを神饌とする背景には、古代日本人が赤米を供物としていたことが関与しているのではないかといわれる。また、先史時代の人々は血や火との関連から赤色に特別な観念を抱き、赤色の小豆を体内に入れることで辟邪辟疫の効果を見いだしていたとされる見方もある[70、71]。さらに紅白に関しては、吉凶事に用いる観念が中国の清の時代に生まれ[72]、我が国でも『禮容筆粋』(1717 年)[73] に「正月元旦に紅白の餅を以て、我が荒魂をまつらば、国の中災なうして幸福を来しめん」とあり、米と小豆の組み合わせには福を招く意味があったと理解できる。

さらに、どんど餅を入れたぜんざいや小豆粥を食べれば年中邪気を払い健康でいられる、小正月に行われる粥占いでは粥に入った小豆の数でその年の豊作を占い、成木責めなどの農耕儀礼では小豆粥を樹木に塗ることで豊熟を呪う、農初めには赤飯や小豆飯を供えて祝うなどの習慣には、小豆は神聖なものであり、呪術性、魔除け、厄除けなどの辟邪辟疫の性質をもつ精神性の高いものという見方があったと想像される。

これらは前述の中国での小豆の見方、我が国の古代からの価値観が反映したものともいえる。現在では小豆の持つ精神性は薄れ、行事食としての小豆の意味を知るものは少なくなっており、形骸化した習慣だけが伝承されているといっても過言ではない。しかし、小豆と米の組み合わせによる神聖さ、赤色のめでたさ、呪術性、辟邪辟疫の価値観、古代から根付いていたこれらの価値観が行事食としての小豆の意味であり、日常と非日常を区別する理由であったといえよう。

② 小豆のもつ経済的意義

小豆のもつ高い精神性の他に実生活に密着した経済的な要因も、小豆が行事食と成り得た背景として見逃せない。聴き取り調査からも明らかなように、小豆の収穫量は決して多いものではなく、「土地を選ぶ作物」といわれるように栽培しにくいものであった。昨今でも「赤いダイヤ」と呼ばれるほど高い価値を有したものであった。したがって、収穫量の多い地域でも日常食として小豆を利用する機会は少なく、行事の食べ物であり、換金作物としても貴重な穀物であった。古代の『延喜式』[74]にみられるように小豆は正税として備前・備中・播磨など中国地方を中心として貢献されていた事実がある。古代から小豆は貨幣的な価値を持っていたことになる。すなわち、小豆は経済的にも高い商品価値を有するものであり、生産面からみても貴重なもので、このような要因が、小豆が日常食と非日常食を区別する行事食と成り得た背景にあるものと考えられる。

以上、限られた資料からではあるが、行事食における小豆の意味につてまとめると、小豆は、本来呪術的、あるいは厄除け、魔除けとしての概念が中国から伝わり、我が国においてもそれに則した使用が行われてきたと考えられる。しかし、様々な行事における神饌としての小豆の使用、つまり、神を祀り慰め、神の力を宿す神聖なものとしての考え方、また、仏の供物としての考え方は我が国の小豆に対する観念、価値観かもしれない。すなわち、我が国の行事食としての小豆の意味とは、中国から伝来した呪術的観念と我が国における自然崇拝や先祖崇拝の心が融合した霊力を宿す存在であるとの見方ができるのではないだろうか。

しかしながら、現在では小豆はその赤色からめでたいものとしての観念が主流となり、本来の呪術的、あるいは厄除け、魔除けの意味は希薄化し、形骸化した習慣のみが伝承されている現状である。

## (2) 正月雑煮としての小豆雑煮の意義

前述のように小豆は高い精神性を有するものであり、正月および盆関連行事のなかでは飯、粥、もち、団子といった米を材料とする行事食と小豆を組み合わせたものが中心であった。米は古代から正税として徴収され、身近で栽培される穀物でありながら、自由に口にすることができない貴重な穀物であったという社会情勢のなで、米は神の力が宿る神聖なものとして扱われてきた。その米

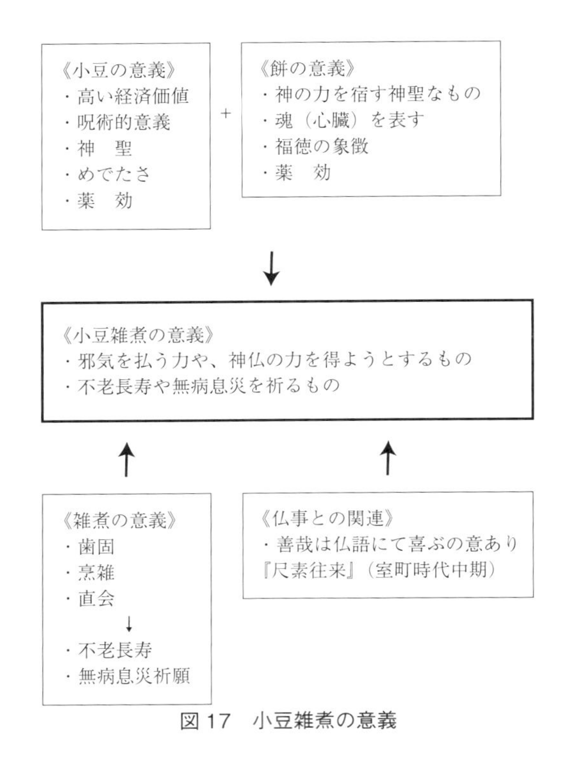

図 17　小豆雑煮の意義

と小豆が組み合わされることにより、より神聖なものとなり、より大きな生命力を有する行事食と信じられてきたのであろう。ぜんざい・しるこ様の小豆雑煮もその中の一つで、年中行事のなかでも最も大きな行事である正月の精神性の高い行事食と成り得たものと考えられる。

小豆雑煮、すなわちぜんざいに関する文献資料は極めて少ない。前述したように『嬉遊笑覧』[75]のなかで紹介されている『尺素往来』（1400 年代中期）には「新年の善哉は　修正の祝いである」とし、善哉は仏語にて喜ぶの意味があると紹介されている。

また同様に『嬉遊笑覧』に紹介されている『洛陽集』には「日蓮忌御影講には、他宗の羨むぜんざい餅」とある[76]。すなわち、中世･近世の時代、ぜんざいは仏事に使われ、めでたいものという意識が存在していたことを物語っている。正月関連行事の「供物としての小豆雑煮」の項で事例の詳細を述べたように、昭和初期あたりの伝統的食生活のなかにあっても小豆雑煮と仏事は深い関わりを持っていたと理解される。小豆雑煮は先祖崇拝においても供物となっており、神の力を宿すものとしてだけでなく、仏の力、先祖の力を宿すものとしても理解されていたと推測できよう。

正月雑煮には年の初めに無病息災や不老長寿を願う思いが根本にある。小豆雑煮には、小豆のもつ厄除け、魔除けの力で病魔や邪気を取り除き、神仏の力が宿る餅を合わせて食することでより大きな生命力を得、一年の無事を祈願する高い精神性が存在したものと見なすことができる（図 17）。すなわち、すまし雑煮、味噌雑煮同様に、小豆雑煮は無病息災や不老長寿を祈るものであったと解することができよう。

＊図版出典：今田節子 2007 より

## むすび―正月雑煮の由来と意義―

雑煮は室町時代から記録にみられるというが、必ずしも正月の食べ物であったとはいえないようである[77]。正月と雑煮が結びついたのは江戸時代に入ってからの事らしく、諸国とも元旦から三日間食べ、江戸ではすまし仕立て、上方では味噌仕立てであったことなどが複数の書物[78～81]に記載されていることはすでに述べた通りである。すなわち、正月雑煮の習慣は江戸時代に民間へ普及し、正月元旦から三が日が祝われ、各地域で材料や味付け等に差があったことが推測される。このような歴史的背景のもとで、岡山県の正月雑煮の習慣も農山漁村を問わず普及・定着してきたものと考えられる。

この江戸時代からの習慣である正月雑煮の意義を考察するうえで、その由来を探っておく必要がある。正月雑煮の由来については三つの説がある。一つには古代貴族の歯固行事が変化したものという説[82]、二つ目には、近世の『貞丈雑記』（1763～1843年）[83]や『当流節用料理人全』（1714年）[84]にみられる説で、五臓を保養する意味でカツオは心臓、里芋は肝臓、串アワビは脾臓、餅は肺、海参（いりこ）（ナマコを茹でて干したもの）は腎臓を現し、これらを一緒に煮た「保臓（烹雑）」を起源とするものである。そして、三つ目には、柳田国男が提唱してきた供物を下げて共食する「直会」を起源とする説である[85]。歯固とは正月１日もしくは６月１日に餅やかち栗などを食べる行事で、年玉の象徴である餅で年齢の象徴である歯を固く丈夫に保ち延命長寿を願ったものと位置づけられると解説されている[86]。また保臓は五臓を模した食品を一緒に煮て食べることで五臓の調子を整え健康を保つといった意味があり、神事の後の直会では供物と同じものをいただくことで神の加護を受けることができると考えられた。いずれの説からも雑煮に健康や不老長寿を祈願する精神的意味が込められていたと理解できる。

今回の調査結果を考慮したとき、庶民階層に伝承されている正月雑煮の由来は、柳田があげる「餅直会」の説に礎があると考える。すなわち、行事ではまず儀礼として神前に地域の特産物や季節の初物など山の物、野の物、海の物などの供物を献げて祭礼が行われ、その後これらの供物を下ろして煮炊きして参拝者全員でいただく直会が行われる。この神の力が宿った行事食に精神性の高い餅が入ったものが雑煮であるという民俗学的なとらえ方である。地域の産物やその地域に流通した貴重な食品類が供物とされたことを考えると、正月雑煮の具材に地域差がみられるのは当然のことである。岡山県の正月雑煮の由来もこの餅直会に通じるものであるととらえることができる。本来の正月雑煮の意義はここにあり、供物と同じ材料を用いて作られた雑煮を頂くことで、年の初めに１年の健康や家内安全、豊作などを祈念したものと思われる。

現在では正月雑煮を作る理由として「正月を祝うために必要」「作るのが習慣」「雑煮を食べるとお正月らしい」などといった回答がかえってくる。正月雑煮本来の精神性は希薄になってしまったといっても過言ではないが、正月と雑煮の結び付きは根強いものであることも事実である。

岡山県の正月雑煮の習慣は民俗学的な精神的意義だけでなく、複雑な要因が影響を及ぼしあい習慣が形成され定着し伝承されてきたといえるものであった。例えば備中地域のブリ雑煮の習慣には暮れの市の存在、それを通しての人びとの交流、農業技術の発達や農地改革による経済的発達など社会環境の改善が大きく影響を及ぼしていた。また、小豆雑煮に関しては由来や背景を明確にしたとはいえないものの、小豆のもつ呪術的意味や赤色のもつめでたさなどの民俗学的要因の他、収穫量が多くを望めない貴重品であり、高価なものであったなどの生産性や経済性など社会的要因の影響も大きいものであった。また１年の節目を正月と盆におく一年二分性の考え方の反映や仏教では善哉をめでたいものととらえる考え方など、仏教との関わりを感じさせる習慣でもあった。

このように、岡山県の正月雑煮の習慣は、歴史的要因、民俗学的要因を基盤におき、地域独自の生産・物資の流通・人びとの交流・経済的な発達など社会環境の変容を受けとめ、住民達の価値観を反映させながら作りあげ、定着させ、伝承してきた行事食にまつわる食文化の一つであるといえるものであった。

## 註

1）江馬務「諸国雑煮ばなし」、『風俗研究』、32号、1923、pp.26、27。
2）江馬務「正月の餅の研究」、『風俗研究』、116号、1930、pp.1 ～ 8。
3）藤井駿編『岡山県の正月行事』、岡山民俗学会、1967。
4）亘理ナミ、吉中哲子、岩倉さち子、石錦きみ子「行事食からみた食生活の動向（第二報）正月行事食について」、家政学会誌、32巻6号、1981、 pp.80 ～ 90。
5）堀田千津子「正月雑煮の材料についての一考察」、鈴鹿医療科学大学紀要、9巻、2002、pp.136 ～ 146。
6）坪井洋文『イモと日本人』、未来社、1980、pp.68 ～ 138。
7）篠田統『贈訂 米の文化史』、社会思想社、1977、pp.122、123。
8）貝原好古編『日本歳時記』（1688）、8オ～8ウ、国立国会図書館デジタルコレクション。
9）人見必大著、島田勇雄訳注『本朝食鑑』1、平凡社、2004、pp.158、212。
10）喜多川守貞著『類従近世風俗志』（原名守貞謾稿）、更正閣書店、1934、p.231、国立国会図書館デジタルコレクション。
11）川上行蔵「雑煮」、『飲食史林』第4号、飲食史林刊行会、1982、pp.35 ～ 37。
12）本調査では、県北地域では同居家族は約45%、県南地域では約33%であった。
13）岡山県統計協会『昭和57年度岡山県人口の動き―岡山県毎月流動人口調査結果から―』（1983、pp.12 ～ 13）によると、昭和57年度県南地域の転入者は56470名で、その内県外者は31760名で半数以上をしめる。解説には「例年、県外からの転入者の70%以上が県南圏域に転入…」とある。
14）前掲註10）。
15）西沢一鳳著『皇都午睡』（1850）、甫喜山景雄刊、1883、p.9、国立国会図書館デジタルコレクション。
16）岡山県編『岡山県の食習俗』、岡山県、1961、pp.179 ～ 187。
17）前掲註4）。
18）前掲註16）。
19）岡山民俗学会編『岡山民俗事典』、日本文教出版、1975、p.298。
20）渡辺定夫「松本—糸魚川間の正月魚＝ブリとサケの問題（上）」、『民間伝承』第39巻第2号、1975、pp.104 ～ 112。
21）渡辺定夫「松本—糸魚川間の正月魚＝ブリとサケの問題（下）」、『民間伝承』第39巻第3号、1975、pp.172 ～ 177。
22）前掲註19）、p.205。
23）鶴藤鹿忠『岡山の食習俗』、日本文教出版、1977、pp.114 ～ 120。
24）桜田勝徳「民俗としての大根」、『伝承文化』、3号、1962、pp.22 ～ 27。
25）前田信子「大根の民俗」、日本民俗学学、第72号、1970、pp.20 ～ 27。
26）前掲註11）。
27）古事類苑刊行会『古事類苑 歳時部』、吉川弘文館、1928年復刻版、pp.839 ～ 842。
28）前掲註16）。
29）今田節子、岡井球美子「瀬戸内沿岸地帯の食伝承（六）—牛窓町にみられる正月雑煮の慣習—」、『岡山民俗 柳田賞受賞記念集』、1983、pp.226 ～ 245。
30）喜多村信節著「嬉遊笑覧」（1830年）、日本随筆大成編輯部『日本随筆大成』別巻10、吉川弘文館、1979、p.103。
31）前掲註7）、pp.281 ～ 324。
32）前掲註7）、pp、317、318.
33）柳田国男『明治大正史世相編（上）』、講談社、1976、pp.55 ～ 65。
34）石川寛子『食生活の成立と展開』、放送大学教育振興会、1995、pp.9、12、13。
35）前掲註16）。
36）今田節子、岡井球美子「食の伝承—正月雑煮の習慣からみた岡山県食習俗の特徴と地域性—」、日本民俗学学、第163号、1986、pp.1 ～ 22。

37）北房町史編集委員会『北房町史民俗編』、北房町、1983、p.516.
38）横上若太郎『中津井誌』、中津井誌刊行会、1959、p.336。
39）前掲註38）、pp.50、336～338。
40）前掲註39）。
41）前掲註37）、pp.481～482、510～526。
42）前掲註38）、pp.334、335。
43）前掲註42）。
44）北房町史編集委員会『北房町史 通史編上』、北房町、1992、pp.52～54、606～634、993～996。
45）前掲註38）。
46）前掲註39）。
47）前掲註38）、pp.37、38。
48）前掲註47）。
49）平敷令治・恵原義盛編「日本の衣と食』全10巻、明玄書房、1974。
50）前掲註4）。
51）「海魚考」（1807）、島田勇雄訳注『本朝食鑑』4、平凡社、1980、p.84。
52）前掲註8）。
53）前掲註10）。
54）前掲註7）、pp.116～123、282～324。
55）前掲註36）。
56）日本の食生活全集編集委員会編『日本の食生活全集』全48巻、農山漁村文化協会、1984～1992。
57）鶴藤鹿忠『岡山県の食事文化』、日本文教出版、1984、p.174。
58）前掲註30）。
59）「洛陽集」、喜多村信節著『嬉遊笑覧』下、成光館出版、1932、p.437、国立国会図書館デジタルコレクション。
60）「雑五行書」（1世紀頃成立）、「校訂訳注齋民要術上下」齋民要術巻2、アジア経済出版会、1969、p.84。
61）「龍魚河図」（成立年代不詳）、「齋民要術」（532～544年頃）古事類苑刊行会編『古事類苑』植物部、吉川弘文館、1985、p.257。
62）塩田芳之「小豆の文化史（その2）―儀礼・習俗―」、福山女子短期大学紀要、16巻、1990、pp.79～88。
63）「朝野群載」（1161）、前掲註61）、259頁。
64）「公事根源」（1423）、古事類苑刊行会編『古事類苑』飲食部、吉川弘文館、1984、p.456。
65）「延喜式」大膳（927年）、正宗敦夫編「復刻日本古典全集　延喜式三」、現代思潮社、1978、pp.235～274。
66）岩井宏美編『神饌　神と人との饗宴』、同朋舎、1981、pp.66、231。
67）「厨事類記」第一（1295年推定）、『新校群書類従』巻第364、内外書籍、1929、pp.819～832。
68）「宜禁本草」（江戸初期）、「食物本草本大成』第一巻、臨川書店、1980、pp.252、253。
69）人見必大著、島田勇雄訳注『本朝食鑑』一巻、平凡社、2004、p.82。
70）前掲註62）。
71）前掲註64）。
72）諸橋轍次編『大漢和辞典』第八、大修館書店、1985、pp. 951、952。
73）「禮容筆粹」（1717）、前掲註27）、pp.839～840。
74）「延喜式」民部（927年）、正宗敦夫編「復刻日本古典全集　延喜式二」、現代思潮社、1978、pp.205～231。
75）前掲註58）。
76）前掲註58）
77）前掲註11）。
78）前掲註8）。

79）前掲註9)。
80）前掲註10)。
81）前掲註15)。
82）前掲註7)。pp.84 ～ 86。
83）伊勢平蔵貞丈著『貞丈雑記』六之上（1843序)、文溪堂、p.9、国立国会図書館デジタルコレクション。
84）「当流節用料理大全」(1714年)、吉井始子編『翻刻江戸時代料理本集成』第3巻、臨川書店、1978、p.133。
85）柳田国男『食物と心臓』、創元社、1948、pp.191 ～ 197。
86）福田アジオ、新谷尚紀、湯川洋司、神田より子、中込睦子、渡邊欣雄編『日本民俗学大辞典』下、吉川弘文館、2000、p.344。

# 第3章　岡山県のすしの地域性とその背景

祭りのすしは、正月雑煮と並ぶ二大年中行事食の一つである。中国山地、吉備高原地帯、水田地帯、瀬戸内海沿岸地帯とさまざまな自然環境を持つ岡山県では、それぞれの生活環境を反映したすし類が工夫され、伝承されてきている。

本章では、すしをとりあげ、その特徴を地域性としてとらえ、その背景を明確にしていこうとした。

正月雑煮の調査と同様に設問紙法により、岡山県全域のすしの種類・地域性を把握し、さらに詳細な食習慣については聴き取り調査を実施した。主な聴き取り調査地は、苫田郡加茂町、新見市新見・豊永、上房郡北房町・有漢町、高梁市巨瀬町、御津郡加茂川町、笠岡市真鍋島、倉敷市玉島、邑久郡牛窓町、和気郡日生町である。調査実施は、昭和56年1月から58年2月にかけて岡山県下の各市町村に存在する38の高等学校を通じてアンケート調査を実施し、聴き取り調査は昭和62年9月まで継続して行った。回答者は40歳代の主婦が7割近くをしめ、アンケート有効回答部数は5,246部、回答率は77.9%であった。なお、質問紙法による調査対象者は、第2章の正月雑煮に関するものと同様で、第2章　第1節の表1および図1に示した（本書xx頁）。

## 第1節　すしの種類

調査実施時に作られていたすしは表1で示す通りであるが、そのなかでも地域差がなく80%以上の家庭で作られていたものは「巻きずし」「ばらずし（ちらしずし）」「いなりずし」と限られたものであった。これらは、家庭での手作りのすしが減少している今日にあっても、いつでも、どこでも購入が可能なものばかりである。一方、地域差が明確なすしとしては、吉備高原以北の鯖ずし、瀬戸内海沿岸地帯のにぎりずしやままかりずしがあげられる。使用する魚の種類や入手方法に関する要因が関係する地域差である。これらの特徴とその背景については、以後に詳細に述べていくことにする。

表1　すしの種類と使用率

| 種　　類 | 使用率 | ± | 標準偏差(%) |
|---|---|---|---|
| 巻きずし | 85.6 | ± | 7.0 |
| ちらしずし | 80.8 | ± | 7.5 |
| いなりずし | 80.0 | ± | 8.6 |
| にぎりずし | 38.8 | ± | 11.5 |
| さばずし | 26.2 | ± | 23.0 |
| ままかりずし | 12.7 | ± | 12.0 |
| 押しずし | 9.1 | ± | 5.0 |
| 蒸しずし | 3.0 | ± | 2.4 |
| 姿ずし | 2.4 | ± | 2.1 |
| 茶巾ずし | 1.3 | ± | 1.1 |
| ふくさずし | 0.8 | ± | 1.0 |
| その他 | 2.9 | ± | 1.9 |

## 第2節　鯖ずしの食習慣

### 1. 鯖ずしの分布

すし（表1）の中でも、地域性を明確にとらえることのできるものに鯖ずしがあげられる。鯖ずしの使用頻度の高い地域は、吉備高原以北に集中しており、その南限は、川上郡・高梁市・上房郡・御津郡加茂川町・建部町・赤磐郡吉井町あたりである。すなわち、現在でも吉備高原付近が鯖ずしの習慣の境界線であるといえ（図1）、この結果は、立石が昭和46年（1971年）に発表した調査結果[1]と一致したものであった。県南地域では、鯖ずしはなじみの薄いすしであるのに対し、県中部以北では、祭りといえば鯖ずしのイメージが強く、祭りには何はなくとも鯖

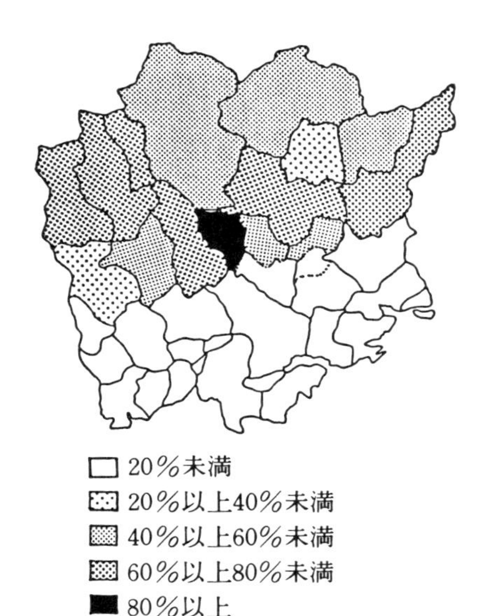

図1　鯖ずしの分布

ずしだけは欠かせないといわれる。

鯖ずしは、なぜ県中部以北にのみ伝承されてきた食習慣なのであろうか。篠田は、鯖ずしの分布は京都を中心に滋賀・奈良・大阪・兵庫・岡山美作から広島県の山間部にかけて広く分布しており、その分布範囲は鯖の主産地である日本海からの距離に支配されていると指摘している[2]。京の鯖ずしは、日本海の若狭から山を越え、峠を越えて一夜中走りつづけて夜明けに京都に入った塩鯖で作られたもので、昨夕浜で当てた塩がちょうど鯖ずしの塩加減になっており、鮮魚を入手しにくい地域であったからこそ、京都で鯖ずしが発達したというのである。この条件は、岡山県中部以北にもあてはまるものである。鶴藤は、交通網の発達する以前、瀬戸内海の魚は吉備高原の南までしか入らなかったと述べている[3]。また、鯖ずし地帯の古老の話によると、昭和3年の伯備線開通以前は鮮魚の入手は非常に困難で、塩物が米子や境港方面から入ってきた（新見市）、昭和5～6年頃からは自転車で塩蔵の魚を鳥取から売りに来た（苫田郡加茂町）などの話もあり、魚類の入手は山陰からが主流であったことが推測される。これらのことを考慮すると、京都で発達した鯖ずしの手法が、日本海側を通り魚の入手と共に広まり伝えられた。すなわち、岡山県中部以北の鯖ずしは、篠田のいう京都の鯖ずし文化圏に含まれるとも考えられる。

しかし、独自に鮎のなれずしから変容してきたとも考えられないだろうか。『延喜式』(927年)中に、美作からは「鮎鮨」が、備前からは「雑魚鮨（クサクサノスシ）」が貢納されたことが記されている[4,5]。奈良・平安時代よりすしの原形である「なれずし」が県北地帯にも存在し、税として扱われる程多量に漬けられていたのである。今回の調査でも、まれにではあるが「腐れずし」という名称や、以前は現在よりも長時間漬けていたという話も聞かれた。おそらく、鯖ずしも現在の早ずしの形態になる以前、「半なれずし」の状態、飯がある程度自然発酵する段階まで漬け込んでいた時代があったのではないかと推測される。すなわち、岡山県中部以北の鯖ずしは、鮎のなれずしから始まり、海魚の入手と共に鯖ずしにも応用され、半なれ・早ずしへと変容し、今日の習慣の広がりへとつながってきた可能性も考えられるのである。

岡山県の鯖ずしの系譜が、いずれにあるかは定かではないが、海魚の入手が容易ではなかった地理的環境のもとに、住民達が塩からい塩蔵の魚をいかにおいしく食べるかを工夫してきた結果でもある。塩魚とはいえ、日頃容易に口に入るものではなかった山間の人達にとって、お頭付きの海魚はご馳走であり、貴重な米を合わせ用いることにより、鯖ずしは、供物として、晴れ食としての意味が大きかったにちがいない。この習慣は、鮮魚が簡単に入手できるようになった今日でも、明確な地域性としてとらえることができる程、各家庭で伝承されている。

## 2. 鯖ずしの材料・作り方からみた特徴

表2に示すように、鯖ずしの基本材料は塩鯖と白米で、鯖の大きさや出来上がりの形には、地域・

家庭によって多少差が見られたものの、昭和10年頃までの鯖ずしの基本は、お頭付きの塩鯖を一本で用い、ただ米（うるち米）に糯米を混ぜて炊いたすし飯を詰め込み、2、3日重石をかけて漬け込んだ姿ずしであった。

塩鯖の入手経路については明確にすることはできなかったが、前述したように、昭和3年の伯備線開通以前は塩物が米子や境港方面から入ってきた（新見市）、昭和5～6年頃からは自転車で塩蔵の魚を鳥取から売りに来た（苫田郡加茂町）などの話から考え、塩鯖は日本海のものが主流であったろうと推測される。秋祭りが近づくと商人達は得意先を回り注文をとったようである。また、毎年のことなので信用取り引きが行われ、留守をして代金を払わなくても置いて帰ったという。魚屋はざる振りとも呼ばれ、塩鯖の入った竹製の丸い籠を天秤棒で担いで売りに来た所もあった。祭り客の多い所では30本も40本も購入し、漬け込んだといわれる。

表2　鯖ずしの作り方（昭和初期～戦後）

| 事例 | 地　域 | 鯖 | すし飯 | 鯖ずしの形態 | 漬け方 | 漬ける期間 | その他 |
|---|---|---|---|---|---|---|---|
| 1 | 新見市新見 | 塩　鯖（14～15cm）腹開き | うるち米　1升 もち米　1合 軟らかく炊く 練り気味にまぜる。 | 鯖の片身の方にすし飯を5勺程入れ，片身をのせる。頭とあごの間にもすし飯を詰める。腹から飯がはみ出す程。 | すし桶又は木製の箱に鯖ずしを並べ，軽く塩をふり，間に笹の葉を敷く。重石をかける。 | 2～3日 | 昔は，発酵臭がする程長時間漬けた。くされずしともいった。 |
| 2 | 新見市豊永 | 塩　鯖（20～30cm）背開き | うるち米　1升 もち米　2合 | 頭付きのまま腹一杯にすし飯を詰める。 | 竹の皮に包んだ鯖ずしを，すし桶に並べ，押し蓋をして，重石をかける。 | 1～2日 | ―― |
| 3 | 上房郡北房町 | 塩　鯖（20～30cm）背開き | うるち米　1升 もち米　1～2合 粘りが出るようにまぜる。 | 頭の方から飯を詰め端を少し丸めるようにして形を整える。 | 竹の皮に包んで漬ける。隙間には，つめ飯を詰め，落し蓋の上に重石（石・水を入れた鍋）をかける。 | 2～3日 | ―― |
| 4 | 上房郡有漢町 | 塩　鯖 背開き | ―― | すし飯を鯖で包み込むような形にする。 | きりだめ・すし鉢に漬け落し蓋をし，重石（石・分銅）をかける。 | ―― | ―― |
| 5 | 高梁市塩坪 | 塩　鯖（35cm位）背開き | うるち米　1升 もち米　1合 粘り気が出る。 | すし飯を棒状にして，開いた鯖をのせ包みこむように形を整える。 | すし桶（楕円形）に竹の皮を敷き並べる。中蓋をし重石（分銅）をかける。 | 3日 | ご飯がつわって魚の汁がよく染み込むとおいしかった。 |
| 6 | 御津郡加茂川町 | 塩　鯖（30～40cm）背開き | うるち米　1升 もち米　2合 | すし飯が冷えたら刻みしょうがをまぶし，鯖の腹一杯に詰める。1升2合の米で12本程度。 | （戦前）すし桶に鯖ずしを詰め，めつぶしに飯をつめる。（戦後）竹の皮に包んで桶につけ，重石(石)をかける。 | 1日 | 稲秋の頃まで食べた。カビが生えてもあたることはなかった。 |
| 7 | 苫田郡加茂町 | 塩　鯖（30～40cm）背開き | うるち米 軟らかく炊く。粘りが出るようにまぜる。 | 頭のついている片身の方へはみ出す程すし飯をのせる。もう片身をかぶせる。頭の中へも飯をつめる。 | 半ぎりに，竹の皮又は熊笹の葉で仕切りをして鯖ずしを並べ，重石をかける。 | 2～3日 | 鯖を使ったこけらずしも作る。 |

（本表は聴き取り調査結果より作成）

塩鯖の大きさは、新見市の例は小さめであったが、他の地域では30センチメートルも40センチメートルもある大きな塩鯖が使用されており、背開きされたものが多かった。まず塩鯖の塩抜きから始めるが、一塩物の場合は3時間程度、塩の濃い場合は一晩以上水に漬けて塩出しをする。骨抜きは塩抜きの前後でするが、小骨は毛抜きで抜くのが良い。塩抜きした塩鯖はよく水気をとって酢に浸けたり、尻尾を縄で括って干して身が少ししまってから酢に浸けたりする。長時間水に浸けて塩抜きをするため、よく水気を取り陰干しにすることは、酢を十分浸透させよく身をしめ、こくの

写真１　鯖ずし（姿ずし）（加茂町）

写真２　すし桶と竹の皮に包んだ鯖ずし（加茂川町）

あるものに仕上げるための工夫であった。そして、一晩以上合わせ酢に浸けておくが、砂糖のきいた甘酢になったのは戦後になってからのようで、砂糖を使わないのが建て前とされた（苫田郡加茂町）、酢だけに浸けてあったので身震いするほど酸っぱいものであった（御津郡加茂川町）などの例から考え、従来は生酢に浸けられていたと想像される。

鯖ずしに詰めるすし飯は、加茂町の例を除きただ米と糯米を混ぜて炊いている。その割合はただ米１に対し糯米は１～２割で、軟らかめに炊き、さらに合わせ酢を混ぜる際にも粘り気が出るように混ぜる。これは、ばらずしや巻きずし用のすし飯と大きく異なる点で、粘り気のあるすし飯は飯を棒状にまとめやすく、魚の姿になじませ漬け込みやすくするためのものであった。すし飯の合わせ酢も鯖ずしを長持ちさせるために、他のすしより酸っぱめにするのが普通であった。

酢から引き上げた鯖にすし飯を詰めるわけであるが、大きく二通りの形があった。加茂町や加茂川町の事例のように、鯖の腹や頭の中まですし飯を詰め込んだものと（写真１）、北房町・有漢町・高梁市塩坪・新見市豊永の例のように、棒状のすし飯の上に鯖の両身を開いてのせ、すし飯を包み込むようにする形である。いずれの形でも鯖が大きいので、すし飯をいっぱいに詰めなくては鯖ばかりを食べているように感じられたという。このような鯖ずしの形態の差は、家庭の差なのか、地域の差なのか、その理由を明確にすることは出来なかったが、古くから使われてきた塩鯖の大小が関係しているのではないかとも考えられる。大魚の場合は平らに開いて用いると扱いにくく漬けにくい。これに対し、小魚にすし飯をはさみ込むのは難しいと思われる。おそらく鮎やツナシなど比較的小さめな魚が使われる場合、そして、飯が主体となる後世のすしの場合、すし飯の上に魚を開いてかぶせるような形で使用してきたのではないだろうか。そうすると、鯖ずしの形態の差には、鮎ずしやツナシずしなどの姿ずしを作る習慣が存在していたかどうかが、少なからず関係しているのではないかとも考えられる。

すし飯を詰めた鯖ずしは、すし桶・切りだめ・半ぎり等に漬けられたが、鯖ずし同志がくっつかぬように熊笹の葉や竹の皮を仕切りに入れたり、形が崩れないようにめつぶしに握り飯を詰めたりした。この飯は詰め飯ともいわれ、涙が出るほど酸っぽい物で若嫁や主婦が食べたといわれる。また、笹の葉には毒消しの作用があった。戦後になってから鯖ずし１本ずつを竹の皮で包んで漬け込むようになり（写真２）、一度に十本位を漬けることができたが、落し蓋をして軽く重石をかけて１～３日漬けておくと味がよくなじみ食べやすくなった。このすしは祭りの期間中２～３日間食べられたが、客の接待には、食べやすい厚さに丸切りにしたり、鯖が片身になるように半分に切り、さらに食べやすい厚さに切って用いた。

谷岡[6)]は、新見市一帯の鯖ずしは半なれずしと押しずしの中間型であると述べている。しかし、奥村作成の「日本のすしの系譜」[7]によると、半なれは2週間から1ケ月間漬け、飯の自然発酵が完熟する前に食べるものとある。今回の調査で明らかとなった昭和10年頃までの鯖ずしは、漬ける期間が1～3日間であることから考え、飯の自然発酵を待たずに食べる早ずしに分類できるものであった。ただし、腐れずしという名称をまれに聞くことがあり、10日も漬け込みよく発酵させたものを好んで食べた（新見市新見）、早めに漬けておくと飯がつわり魚の汁がよく染み込んでおいしかった（高梁市塩坪）、稲秋の頃まで取って置き弁当にしたが、カビが生えていてもあたることはなかった（加茂川町）等の話もあり、これらは漬け込み期間も長く発酵臭の強いものであったらしい。したがって、早ずしの形態になる以前、谷岡[8]の指摘のような半なれずしと早ずしとの中間型が存在した時代があった可能性が高い。

## 3. 鯖ずしの変容

前述したように戦前の頃までは、どこの地域でも多少形は異なるものの鯖ずしというと、頭つきの一本物の姿ずしであった。しかし、鮮魚がいつでもどこでも簡単に入手できる今日では、薄塩の鯖や無塩の鯖が使用され、塩抜きの手間がなくなり、鯖を3枚におろして木製の箱で作るバッテラ風のものが一般的な鯖ずしの姿になっている。味についても砂糖やみりんが使われるようになり、酢のきつさが円やかなものとなった。

ここでは、新見市草間で実際に教示していただいた鯖ずしを具体的に示したい。3枚におろした甘塩の鯖は、薄塩の状態になるように水に短時間浸け塩出しをし、酢がよく浸透するように、尾を藁で括り日なたに干し、水気を飛ばしてから使う。昭和55年ごろより無塩の鯖を使うようになったが、この場合には3枚におろし薄塩をし半日程おいてから使う。鯖はあらかじめ酢洗いしてから皮をはいでおくと味がよく入り食べやすい。その後、鯖がたっぷり浸かる程度の甘酢に一晩浸けて置く。

すし飯は、ただ米一升に糯米一合を入れ軟らかく炊き上げ、飯が熱いうちに合わせ酢を混ぜ、味ききをしながら練らないように切り混ぜる。合わせ酢は米一升に対して酢1合強が普通で、砂糖や塩は味をみながら適当に入れる。すし飯は鯖が煮えないように冷やしておく。

現在では、各家庭に鯖ずし用の押し抜き箱がある（写真3）。酢じめした鯖は身の厚い所をそぎ取り、身の薄い尾の部分に厚さをそろえるようにおく（写真4）。酢で湿らせた箱の底に鯖の皮が外になるように敷き（写真5）、冷えたすし飯をしっかり詰め（写真6）、上から木の蓋をして体重をかけて押す（写真7）。頃合をみて箱をはずし（写真8）、アルミホイルで鯖ずし1本ずつを包み1日おくと味がなじみおいしくなる（写真9）。昭和14年に結婚した主婦は、その頃から3枚おろしの鯖ずしであったという。このことから考えると姿ずしは、すでに戦前の頃より食べやすい3枚おろしの形に徐々に変容していたのではないか、そして、昭和55年頃になると生鯖が主流となり、箱を用いた押しずしのバッテラ風が一般化してきたと推測される。

鯖ずしという名称のもとに調査を進めると、祭りの鯖ずしの習慣は、現在も依然として根強いものであったが、その形態は大きく変容しており、漬ける期間を考慮すると半なれから早ずしへ、形態からみると姿ずしから3枚

**写真3　鯖ずし用の木製の箱**（新見市草間）

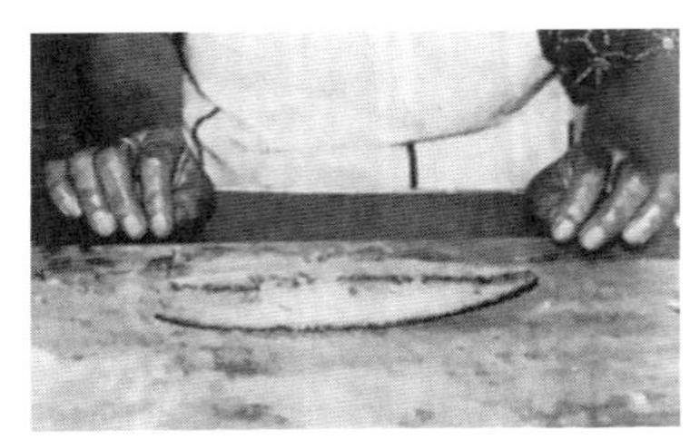
写真４

写真５

写真６

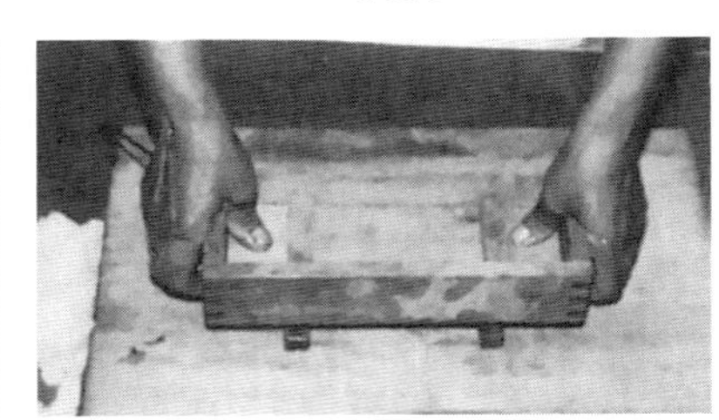
写真７

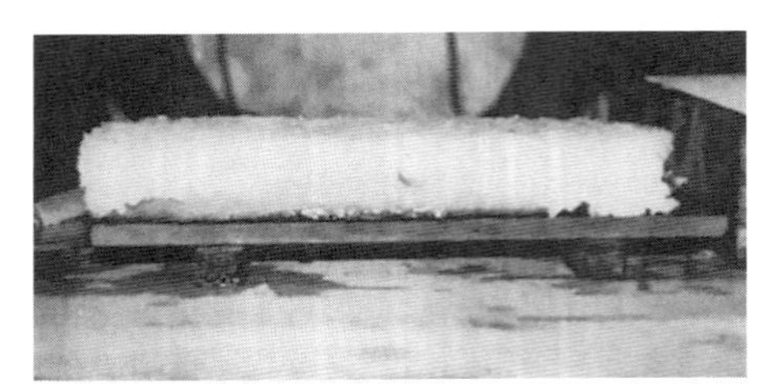
写真８

写真９

写真４～９は押し抜き箱を用いた鯖ずしの作り方。（新見市草間）

おろしの棒ずしへ、さらに押し箱を用いたバッテラ風のすしへと変化していた。

## 第３節　ばらずしの食習慣と地域性

ばらずしは五目ずしとも呼ばれ、観光化の影響を受け、祭りずし、岡山ずしとも呼ばれるようになり、岡山の代表的なすしとして全国的にも知られている。

岡山のばらずしの起源には、様々な説があり、藩主池田光政候の倹約令「食膳は一汁一菜」の裏をかいてでき上がった庶民の贅沢ずしともいわれたり[9)]、篠田によると散らしずしのもとは押しずしをほぐしたもの[10)]といわれたりする。いずれにしても、なれずしの形で古代から作られてきたすしに比べると米を主体とした新しい形態のもので、酢の普及や米の精白技術の発達に伴ない江戸時代以降一般化したすしといえる。

### 1. ばらずしの材料

ばらずしは県全域で作られ、彩りの季節野菜や魚介類が使用される。ここではそれらの特徴を材料別に探っていくことにする。

①魚介類

ばらずしの材料として使用される魚介類は50種類にもおよびその代表的なものは春・秋を問わずサワラ・鯖・エビ・アナゴ・イカ・モガイ等である（表3）。昭和30年代後半に行われた調査結果[11]では、夏から秋にかけてのすしにはサワラの使用は減少し、アナゴ・イカ・モガイ・ママカリ・ツナシなど旬の材料が使われ、季節による変化がみられているが、現在ではほとんど季節による差はみられない。

表3　ばらずしの材料—魚介類—

| 春（50種） | | 秋（49種） | |
|---|---|---|---|
| 材　料 | 平均±標準偏差(%) | 材　料 | 平均±標準偏差(%) |
| サワラ | 45.7±26.0 | エ　ビ | 43.1±20.0 |
| エ　ビ | 42.3±18.7 | アナゴ | 41.2±24.4 |
| アナゴ | 39.1±24.1 | サワラ | 34.2±24.0 |
| イ　カ | 19.2±19.3 | イ　カ | 17.1±18.3 |
| サ　バ | 11.1±13.6 | サ　バ | 15.9±15.4 |
| モガイ | 10.4±13.7 | モガイ | 14.8±21.3 |

しかし、地域による差は明確である。祭りのばらずしには酢魚はなくてはならぬ一品で、県中部以南ではサワラの酢じめが必ず使用されているのに対し、鯖ずし地帯ではばらずしに酢魚を用いないことも多く、使用する場合も鯖の酢じめが多いという興味深い結果であった（図2）。他の魚介類についても同様な地域性がみられ、エビ・アナゴ・イカの使用は県南地域に集中してみられるものである（図2）。

エビはどの地域でも茹でて用いるのが普通で、牛窓町では春のクロバカマは色も鮮やかで皮も軟らかく絶品であったという。イカは茹でたものが多いが、牛窓町の照り焼き、玉島の塩焼きのように焼いて用いる場合もある。モガイは倉敷市玉島・小田郡・吉備郡・都窪郡・総社布など、県南西部地域で多く使用される傾向にあった。中でも玉島ではモガイを「あけみ」とも呼び、すし以外の料理にもよく使用される材料であった。そして、アナゴは醤油と砂糖かみりんをつけて焼いた照り焼きを使用するのが普通で、サワラの酢魚と並び県南のばらずしにはなくてはならない材料である。

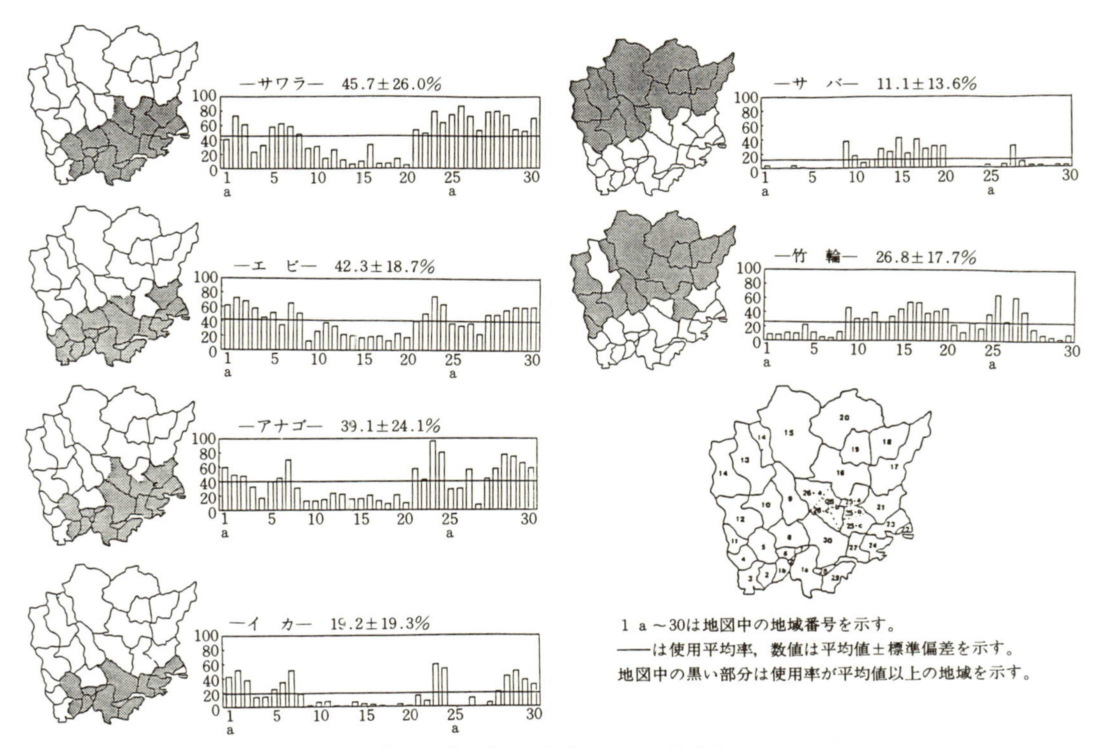


図2　ばらずしの材料からみた地域性

表4　ばらずしの材料―野菜類―
（使用率10%以上）

| | 種　類 | 春（39種） | 秋（37種） |
|---|---|---|---|
| | | 使用率±標準偏差(%) | 使用率±標準偏差(%) |
| 野菜類 | 人　参 | 83.2 ± 10.3 | 83.1 ± 11.7 |
| | 牛　蒡 | 53.1 ± 14.8 | 56.9 ± 12.8 |
| | 蓮　根 | 37.1 ± 20.4 | 43.7 ± 20.1 |
| | 筍 | 42.7 ± 8.6 | 12.1 ± 4.7 |
| | 生　姜 | 36.1 ± 10.5 | 24.7 ± 10.6 |
| | えんどう | 54.1 ± 10.3 | 37.2 ± 17.1 |
| | いんげん | ― | 9.6 ± 6.8 |
| | 蕗 | 22.5 ± 7.9 | ― |
| | 山椒の葉 | 18.9 ± 10.3 | ― |
| | わらび | 11.3 ± 8.1 | ― |

表5　ばらずしの材料―乾物類・練り製品・卵―
（使用率10%以上）

| | 材　料 | 春 | 秋 |
|---|---|---|---|
| | | 使用率±標準偏差(%) | 使用率±標準偏差(%) |
| 乾物類(6種) | 椎　茸 | 87.1 ± 7.0 | 85.4 ± 7.8 |
| | かんぴょう | 51.4 ± 18.5 | 51.9 ± 18.2 |
| | 高野豆腐 | 41.1 ± 12.1 | 44.1 ± 14.7 |
| 練り製品（7種） | 竹　輪 | 26.8 ± 17.7 | 28.2 ± 19.5 |
| | かまぼこ | 22.6 ± 13.3 | 22.8 ± 14.6 |
| 卵 | 卵 | 76.6 ± 6.9 | 73.5 ± 7.4 |
| その他(3種) | あ　げ | 9.9 ± 13.6 | 10.7 ± 14.8 |

以上のように、輸送技術・保存技術の発達により鮮魚の入手が容易になった今日であっても、ばらずしの材料として用いられる魚介類の種類には地域差が認められ、伝統的な習慣が伝承されているといえそうである。しかし、魚介類の使用の多い県南地域でも、魚の季節性は希薄化している。

②野菜類

野菜はばらずしに彩り・香り・季節感を与える材料として重要なものである。春・秋ともに40種類に近い材料が使用されており、人参・牛蒡・蓮根・筍・サヤエンドウ・紅生姜などには地域差はほとんどみられない。そして、春には蕗・ワラビ・山椒の葉を、秋には松茸などが加わり、季節の香りが添えられている（表4）。

珍しいものとしては、日生町の「サワラのこうこずし」がある。沢庵とサワラが主材料となっており、春の行事である「魚島」の代表的な料理である。

③乾物類

椎茸・かんぴょう・高野豆腐などの乾物類も、ばらずしになくてはならない材料である（表5）。干し椎茸は天然に自生する松茸に対し購入する貴重品であり、ハレの日の材料として使われてきた。高野豆腐も購入材料の一つで、強いていうならば県南に使用が多く、豆腐がよく手作りされてきた県北地域では、冬の寒さを利用して凍り豆腐作りをした家もある。かんぴょうは自家栽培し、夏の強い太陽で乾燥させ保存した家が多かった。

これら乾物類は手間をかけて加工保存されるもの、購入されるものが多く、日頃頻繁に食べられる材料ではなかった。正月や祭り料理のお平（煮物）や盛り込め料理の材料によく使用され、また贈答品としても使われてきたことを考えても、貴重品であり、非日常食の材料として適したものであったと考えられる。

④卵

卵はどこの地域でも非常に使用頻度の高い材料で、薄焼き卵として彩りを添えている（表5）。農家ではたいてい鶏を飼っており、年寄りの小銭もうけに卵を売ったり、病気見舞いなどの贈答品としたり、重宝されてきた。卵の代りにカステラ（魚のすり身・卵黄・砂糖・浮き粉を入れ成形し焼いたもの）を購入し使用した家もある（表5）。

### ⑤その他の材料

前述の材料以外に使用頻度は低いが珍らしい材料として、竹輪・かまぼこ・油揚げなどの加工品や、里芋などがあげられた（表5)。これらの使用は県中部以北に比較的多くみられ、魚介類の使用の少ない地域と重複している特徴がみられた（図2)。魚介類の代わりに竹輪やかまぼこを用い、すしの味にこくをつけるためであったろう。

竹輪・かまぼこ、油揚げ・里芋などは煮込み飯によく使われる材料であるが、戦前ににどこの地域でもご馳走の部類として煮込み飯が作られた。以前県北のある古老から次のような話を聞いたことがある。戦後になって生活普及員から講習会で現在のばらずしの作り方を習った。それまでは煮込み飯と同じような材料を醤油味で炊き、酢味のついた飯に混ぜていたので、茶色の汁気のあるすしが出来ていたというのである。当時のなごりが現在のばらずしの材料の面に現われたものと思われる。この話は、県北地域ではすしといえば鯖ずしで、ばらずしは主流ではなかったことを物語っている。

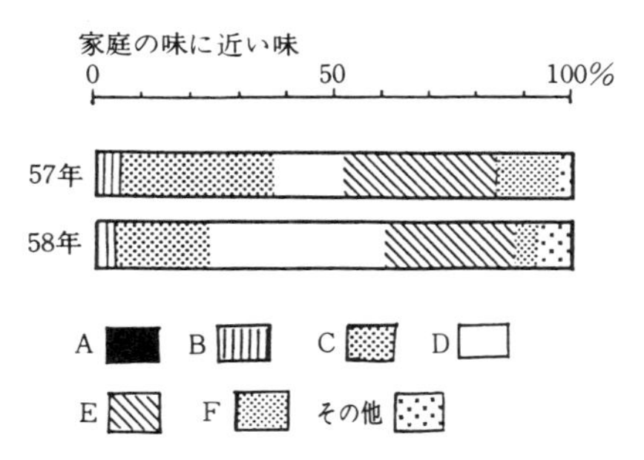


|  | 酢：砂糖 | 酢 cc* | 砂糖 g* | 塩 g* |
|---|---|---|---|---|
| A | 1：0.2 | 12.5 | 2.5 | 2 |
| B | 1：0.5 | 12.5 | 6.5 | 2 |
| C | 1：0.8 | 12.5 | 9.5 | 2 |
| D | 1：1 | 12.5 | 12.5 | 2 |
| E | 1：1.2 | 12.5 | 15.0 | 2 |
| F | 1：1 | 12.5 | 15.0 | 2 |

＊米100ｇに対する量

図３　すし飯の味の特徴
—女子大生の味覚テストから—

以上のようにばらずしの具として用いられてきた材料は、季節の野菜を中心に、過去においては貴重品であった魚介類・乾物類を組み合わせたものであった。そして、県南地域のばらずしにはサワラ・エビ・イカ・アナゴなどの鮮魚が多種類用いられ、県北では鮮魚の代りに塩鯖や竹輪・かまぼこなどの練り製品が使用されるという材料的特徴を明らかにすることができた。

## 2. ばらずしの味

東京の某大学の先生から次のような質問を受けたことがある。飯料理の調査を進めているが、岡山県のすしに回答された砂糖の量は誤りではないかというのである。すなわち、関東の人達には想像しがたい程、岡山県のばらずしに使用される砂糖の量は多いのである。

すし飯用の酢は米の量に対して１割の量を用いるのが一般的で、関東ずしの場合は酢の約２割前後（重量比）の砂糖を、関西ずしは約５割程度の砂糖を用いる場合が多いのに対し[12～14]、岡山県のばらずしでは、食酢と同量もしくは食酢の２～３割増しの砂糖を用いる家庭がほとんどである。これは岡山県出身の女子大生の好みをみても明らかである（図3)。初めて食べた人がお菓子のようという程、他県のものに比べ岡山のばらずしは甘いのが特徴である。しかし一方では、醤油や塩で味付けした多種類の具材をすし飯に混ぜるせいか、驚くほど甘いすしとは感じていない住民が多いのも事実である。

戦後の頃まで砂糖は調味料の中でも高価なものであった。古老達の話によると、明治生れの人が幼い頃は酸っぱい物であったが、昭和初期に結婚してからは甘いすしであったという。県南ではサトウキビを栽培して絞り「しろじた」を作っていたといわれるが、おそらく明治・大正の頃までは砂糖の使用量は少なく、昭和初期頃までに徐々に現在のような甘いすしに変化していったと考えられる。柳田国男は『明治大正史　世相篇』の中で[15]、食べ物の大きな変容の一つとして「食べ物

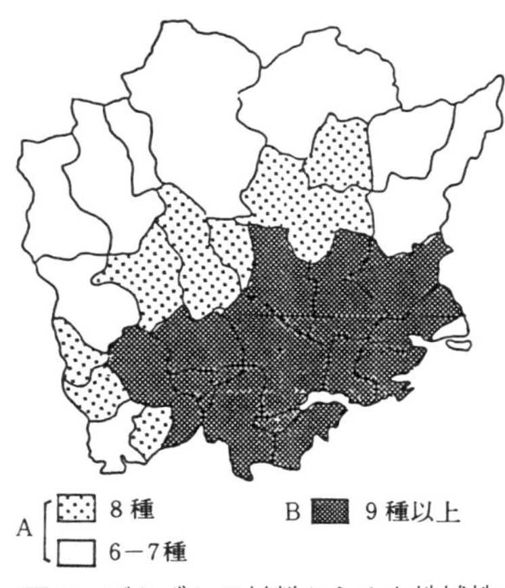

図4　ばらずしの材料からみた地域性

が甘くなったこと」をあげている。明治･大正･昭和初期の頃、甘いもの程ご馳走という時代があったのである。岡山県のばらずしもこのような社会的風潮の影響を受けているのかもしれない。

### 3. ばらずしの地域性

祭りずし＝ばらずしの習慣が存在するのは、鯖ずし地帯とは対照的に吉備高原より南の地域であった。そして、岡山県のばらずしは砂糖の使用が多く甘いすしであること、多種類の材料、とくに鮮魚が多種類用いられ、すし飯に具を混ぜ込んだ上に、さらに表面に彩りの季節の野菜や魚介類を飾りつけることが大きな特徴であることを確認することができた。そして、県南地帯と鯖ずし地帯のばらずしには材料的に地域差がみられ、次のような地域性としてとらえることができる（図4)。

A. 県北地域（鯖ずし地域、図4のA)

材料：7～8種

主な材料：人参・筍・椎茸・高野豆腐・卵・竹輪・かまぼこなど

魚介類：1種、鯖

B. 県南地域（図4のB)

材料：9～10種又はそれ以上

主な材料：人参・牛蒡・蓮根・椎茸・干瓢・高野豆腐・さやえんどう・卵・紅生姜など

魚介類：3種又はそれ以上、サワラ・エビ・イカ・アナゴ・モガイ

ばらずしの地域性を決定づける背景には、鯖ずしの地域性同様に魚介類の入手の難易が大きくかかわっている。鮮魚の入手が容易であった県南では豊富に魚介類が用いられ、一方、魚の入手が困難であった吉備高原以北では鮮魚の代用として塩鯖や竹輪・かまぼこ等の練り製品を利用したすしが作られ、両地域に接する県中部では両方の特徴を取り入れたすしが作られてきた。これらの特徴は今日でもなお地域性としてとらえることができるものであった。

## 第4節　巻きずし・いなりずし・ままかりずし・つなしずしの食習慣

### 1. 巻きずしの特徴

巻きずしは現在では最も一般的なすしで、どの地域でも9割に近い家庭で作られ（表1)、花見、遠足、運動会などの弁当として、また、日常食としても作られている。しかし、戦後になっても海苔は高級品であり、貴重品であった白米と海苔を使い手間をかけて作る巻きずしは、過去においてはハレ食としての位置付けが高いものであった。

巻きずしは、昭和30年代まで秋祭りには欠くことのできないすしで、一度に10本も20本も巻き、

大皿に盛って接待料理として供されたことは勿論のこと、盛り込め料理の一品、みやげ用料理として用いられてきた。巻きずしの芯となる具は、干瓢・椎茸・高野豆腐・人参・ほうれん草・卵・アナゴ・竹輪などで、ほとんど地域差はみられない。珍しい材料として牛蒡・干大根・鯖などを使う家庭が県北地域に僅かにみられた。

海苔は高価なものであったが、牛窓など海岸地域の集落では、冬になるとアマノリを採取して真水で洗い、和紙をすくように薄くのばして干し、巻き海苔を手作りし保存していた。素人が作るので色が赤くなるなど、品質の良いものとはいえなかったが、自給用には間に合っていたという。しかし、海苔を自給できるのは限られた地域であり、ほとんどの地域では海苔は高級品でご馳走の意味が大きかった。戦後、海苔養殖が盛んになり、過剰生産により安価になるにつれ、巻きずしはハレ食としての意味が薄れてきたものと思われる。

## 2. いなりずしの特徴

巻きずし同様に祭りのすしとして作られてきたものにいなりずしがある。いなりずしというよりも、きつねずし・こんこんずし・あげずしという方が一般的であった。

いなりずしも使用頻度の高いすしの一種であるが（表1）、とくに、県中部以北に使用が多く９割以上の家庭で作られているのに対し、県南では７割と使用率が僅かに低い。聴き取り調査からその背景を探ってみると、祭りに鯖ずしを作る地域では、いなりずしも必ず作られてきた。戦後の頃までは、いなりずし用の小さな油揚げではなく、大きな三角揚げを数十枚も買い、具入りのすし飯をいっぱいに詰め、すし桶や箱に並べ、重石をかけ身をしめた後、食べやすい大きさに切ったという。加茂町では炒ったおの実を、加茂川町では人参・牛蒡・胡麻などの具を入れたもので、子供達は大喜びで食べ、作っても作っても間に合わぬ程であったという。白米を用いるいなりずしは戦後の頃まで大へんなご馳走であった。

県南でも祭りのすしとしていなりずしが作られなかったわけではないが、やはり祭りのすしはばらずしで、必ず作られるものでもなかった。揚げは小型の油揚げで、具の入らない白いすし飯を詰めるのが一般的であった。

このような習慣の違いが、県中部以北の方が県南に比較し、いなりずしの使用率が高いことにつながっているのかもしれない。

## 3. ままかりずし・つなしずしの食習慣

ままかりずしは、観光化の影響を受け、祭りずしと並び岡山県の郷土料理として全国的に有名になった。しかし、本調査では岡山県全体を通してみると10％程度の家庭でしか作られておらず、比較的使用率の高い地域は、旧玉島市・浅口郡の50％、笠岡市・小田郡・吉備郡・日生町の約30％で、備中地方の海岸沿いに多くみられる習慣であった。ままかりずしを作るには鮮度の高い魚が必要である。ママカリの多く捕れる漁場は、笠岡・寄島・玉島・児島・牛窓・日生であり[16)]、ままかりずしの使用頻度の高い地域とほぼ一致している。

倉敷市玉島ではままかりずしを丸ずしと呼び、秋祭りには必ず作って大皿に盛り客のもてなしに供された。ママカリのうろこを取り、頭を落し腹から開き、中骨を取り塩をして三杯酢に浸け一昼夜おく。すし飯を俵状に握りその上に酢漬けにしたママカリをかぶせる。わさびを入れたり、握りずしのように醤油を付けて食べたりする家もある。以前はすし飯の量が多く、フグの腹のようであったといわれるが、現在作られているものはすし飯の量が少なく、握りずしを少し大きめにした位である。

一方、同じ沿岸地帯でも牛窓町では作り方に多少差がみられる。ママカリは背開きして内臓・大骨を取り去り、塩をして酢に浸けすし飯を詰める。これを木製の箱に詰め落し蓋をして重石をかける。ここでも丸ずしと呼ばれており、主食としてではなく膳の一品として、また酒の肴として用いることが多かったという。現在ではあまり作られていない。

つなしずしもままかりずしと同様の方法で作られ、姿ずしに分類できるものであったが、今回の調査ではつなしずしを作る地域はまれであった。

立石は鯖ずし圏とばらずし圏の間、すなわち備中中部地域につなしずしの習慣が帯状に分布していたことを報告している[17)]。古老の話や先行研究の結果[18～20)]を参考にして考えてみると、備中中部以外にもそれを延長した備前北部の御津郡加茂川町・和気郡吉永町や、沿岸地帯の日生町や牛窓町にも、つなしずしの習慣は存在していた。

牛窓町や日生町では、ママカリはツナシより骨が硬いといわれ、ままかりずしよりもつなしずしの方が重宝され、牛窓町では戦前の秋祭りには必ず作られていた。ツナシが沢山とれると塩漬けにしておき、それを使用した。柿の葉を一枚入れ塩出しをするとよく塩が抜けたと伝えられている。昭和初期頃までは、すし飯の代りに酢の味をつけたおから（うの花）を詰めることもあり、これは「あずま」とも呼ばれていた。

鯖ずしは山陰から入った塩鯖を利用したのに対し、つなしずしは瀬戸内海でとれるツナシが使われた。有漢町や加茂川町では樽に漬けられた塩蔵のツナシが入ってきたといわれる。また吉永町八塔寺では、昭和初期になり備前地区との交流が始まり、無塩のツナシをトロ箱に入れ商人が売りに来たといわれる[21)]。

つなしずしの分布は、瀬戸内海からの魚の販路と深くかかわっており、瀬戸内海の魚を入手可能であった吉備高原南部地帯に存在していたと考えられる。しかし、つなしずしの習慣は、鮮魚の入手と共にだんだんと廃れてしまった。

## 第５節　祭りのもてなし料理としてのすし

すしを作る日といえば、何事かあった日、祝い事があった日と決まっていた。１年でご馳走を作るのは正月と祭りであったといわれ、正月の餅に対して、祭りの代表的な料理はすしであった。とくに秋祭りを盛大に祝う地域が多く、稲刈り前に豊作を祈願し、これから続く農繁期に備えて力を得るためにも大切な行事であった。この日はできるだけご馳走を作り、客を招き盛大に祝った。すしの他に赤飯やお頭付きの魚の煮物・焼き物、里芋や高野豆腐などの煮しめ、吸い物、盛りごめ、甘酒などであり、盛りごめには必ず一品さつまいもの天ぷらが盛られた。日頃塩物しか入手しにくい地域でも、無塩の魚を購入した。鯖ずし地帯では、必ず祭りのすしとして、鯖ずしの他に巻きずし・いなりずしが、何十本も何十個も作られ、また、加茂町などでは、塩鯖を使ったこけらずしも作られた。これらは、客のもてなし用としてだけでなくみやげ用として、また、祭りに来ることのできなかった親類縁者への届け物として使われた。祭りは村ごとで日時が異なる。主婦は何処から何本の鯖ずしを貰ったかをよく覚えていて鯖を注文し、漬ける必要があった。そして、隣り近所へも「うちの鯖ずしじゃあ、食べてみてえー」などといって配ったといわれる。

ばらずし地帯でも同様の習慣が見られた。ばらずしは重箱に詰め、贈ったり贈られたりした。各家庭には三升取りの大きなすしはんぼう（すし桶）があり、それだけでは足りなくて作りかえていたといわれる。重箱には、まず底に魚類・卵・野菜類を彩りよく並べ、その上に具を混ぜたすし飯を入れ、さらに上にも底と同じような飾り付けをした。これは、すし桶や大皿などに移しかえたときにすしの豪華さが失われないようにという配慮である。

このようにすしの種類には差が見られるが、どこの地域においても、日頃労働に明け暮れる質素な生活を営んでいる人々にとって祭りのすしは非常に大きな楽しみであり、また、「呼ばぬに行くのが祭りの客」・「祭りを拾うて歩く」などといわれたほど、祭りは親類縁者の交流の場であった。しかし、何日も前から材料を調達し、料理を全て手作りし、客をもてなす主婦にとっては大きな楽しみの反面、気苦労の多い数日間であったという

もてなし料理のすしには楽しみ的要素とともに大きな負担がともなうものであったといえるのである。

## むすび―行事食としてのすしの意義―

なぜすしが祭りの代表的な料理であったのか。行事食は神饌としても使われ、日常の食べ物とは区別されるものでなければならなかった。米は普段十分に食べられるものではなく貴重品であり、しかも古代より神の力が宿るものとして神聖視されてきた。秋祭りの頃には米は食い尽してしまい、すし用の米は、刈り入れ前に少しだけ稲を刈り取り脱穀して新米を用いたという家も多く、いかに米が貴重であり祭りが大きな行事であったかがうかがえる。また、塩物にしても魚を食べる機会は一年のうちでも限られたものであった。ましてや大魚やお頭付きの魚、鮮魚を食べるのは正月と祭りぐらいであり、魚は縁起物とされてきた。これらのことを考慮すると、米も魚も日常食と非日常食を区別する適切な材料であった。しかも、鯖ずしを漬けるにしても、ばらずしを作るにしても大変手間がかかるものであり、一年のうちでも一番味がのる春の鰆や秋の鯖を使ったすしは味も良く、ハレ食として最適なものと認識され伝承されてきたと考えられる。

また、柏村は「祭りの日に日常のカマドを使って炊事をすることは忌むべきことであり、こうした意味でも馴れ鮨や生なれ鮨は、ハレの食べ物としてうってつけである」[22]とも指摘している。すしの起源は魚介類の保存法ともいえる古代の「なれずし」にある。塩漬けされたフナや鯖などの魚の腹中に塩を混ぜた飯を詰め込み、この魚と飯と塩を交互に樽に漬け込み、数ヶ月から数年かけて自然発酵させるなれずしは、柏村のいう日常のカマドを使わず別火での調理であり、普段の食べ物と大きく区別されるものであった。このなれずしは中世には発酵期間が短縮された「生なれずし」になり、近世には無発酵で食酢を混ぜたすし飯を主体とする「早ずし」に変容し、今日の飯料理に分類されるすしが主流となった。この発達課程の延長線にある岡山県の鯖ずしとばらずしも、柏村の説を反映した日常とは区別される行事食であったとみなすことができる。

すなわち、貴重な米と魚介類を使ったごちそうという意味だけでなく、神の力が宿る神聖な米と縁起のよい魚類を材料とし、そして別火の調理法に起源をもつすしという民俗学的な価値観に、祭

りのすしの本来の意義が内在していたといえよう。

そして、前述したように祭りのすしは親類縁者の交流の場にはなくてはならないもので、コミュニケーションの媒体としての役割も行事食としてのすしの意義の一つとみなすことができる。

しかし現在では、すしは祭りだけではなく日常のほしいときに作られるものとなり、非日常食としての認識やすしを通しての人々の交流は希薄化してしまった。

ではいつ頃から、ハレ食としてのすしの位置付けに変化が生じたのであろうか。いずれの聞き取り調査地においても、高度経済成長期の昭和30年代後半から40年代前半が一つの境となっているように思われる。明治・大正・昭和初期の自給自足を原則としていた時代や物資が豊富とはいえなかった戦後の時代にはすしは餅と並びハレ食の代表であったが、高度経済成長にともない食材料が豊富になり、調理法も多様化し、すしは特別な料理ではなくなり日常化してきたものと思われる。このような傾向は食生活全般に見られることで、厳密に区別されてきた日常と非日常の食事の間に格差がなくなったことを示すものであった。

＊図版出典：今田節子 1988b より

【註】

1）立石憲利「祭ずし―さばずしを中心にして―」、岡山民俗、91号、1971、pp.1 ～ 4。
2）篠田統「関西ずしの系譜」、『すし技術教科書関西ずし編』、旭屋出版、1979、pp.69 ～ 80。
3）鶴藤鹿忠『岡山の食習俗』、日本文教出版、1977、p.114。
4）「延喜式」巻39内膳司、経済雑誌社編『国史大系』第13巻、経済雑誌社出版、1879 ～ 1901、p.1029、国立国会図書館データーコレクション。
5）「延喜式」巻24主計上、前掲註4)、p.746、国立国会図書館データーコレクション。
6）谷岡操「備中新見の馴れ鮓に就て」、生活文化研究、5号、1956、pp.119 ～ 122。
7）奥村彪生「日本のすしの系譜」、『世界の食べもの 日本編すし』 週刊朝日百科98号、朝日新聞社、1982、p.204。
8）前掲註6)。
9）荒木裕臣『備前藩百姓の生活』、日本文教出版、1966、pp.114 ～ 116。
10）前掲註2)。
11）伊東慶子「岡山ずしについて」、生活文化研究、14号、1965、pp.79 ～ 88。
12）関西調理研究会編『調理実習』、化学同人、1983、pp.66 ～ 68。
13）山崎清子、島田キミエ『調理と理論』、同文書院、1983、pp.51 ～ 56。
14）梅棹忠夫、辻静雄監『日本料理 第五巻 調理の基礎』、講談社、1976、pp.102 ～ 105。
15）柳田国男『明治大正史　世相篇』（上）、講談社、1976、p.60.
16）青木五郎『岡山の魚』、日本文教出版、1968、p.26。
17）前掲註1)。
18）前掲註1)。
19）岡山県『おかやまの味』、岡山県郷土文化財団、1984、p.108。
20）野口文枝『郷土の味―つなしずし―』、岡山県郷土文化財団会報きび野、第15号、1984、p.13。
21）前掲註18)。
22）柏村祐司「栃木県における鮨―生成鮨と押し鮨の場合―」、栃木県立博物館研究紀要、第2号、1985、pp.1 ～ 13。

# おわりに

岡山県は多彩な自然環境をもつ。県北部の中国山地、県中部の吉備高原地帯、県南部の水田地帯、そして瀬戸内海沿岸・島嶼部地帯である。そして県中央部を朝日川、東部を吉井川、西部を高梁川の三大河川が南北に流れる。この変化に富んだ気候風土のなかで、地域に適した農作物が栽培・収穫され、河川や瀬戸内海からは魚介類が得られた。比較的恵まれた食環境のなかで食生活が営まれてきたといえよう。また鉄道の開通や道路が整備される以前は、三大河川を通して物資の流通や人びとの交流がもたれ、高瀬舟もその一役をかった。

岡山県における年中行事食や正月雑煮、祭りのすしも、この生活環境を反映した地域的特徴をもつものであった。例えば、瀬戸内海に面する牛窓町の年中行事食には地元で漁獲される鮮魚を使ったすしやなます、煮魚、焼き魚などが多用されてきた。また正月雑煮では暮れの市で購入した塩ブリを具材とした備中地域のブリ雑煮、高瀬舟で運ばれたといわれるスルメを具材とする美作地域や備前地域の雑煮、祭りのすしでは日本海産の塩鯖を主材料とした吉備高原以北の鯖ずし、瀬戸内海の鮮魚を多種類使った県南地帯のばらずしなど、いずれの食習慣の地域性にも生活環境を反映した物資の流通が大きく関与していることが明らかである。特に岡山県の正月雑煮や祭りのすしには、使われる魚介類の種類と加工形態が地域差を示す主要な指標となっているといえる。

しかし、行事食のもつ本来の意味を考慮すると、今回調査研究対象とした年中行事食や正月雑煮、祭りのすしのもつ意義については地域性は稀薄で、共通性が認められるものであった。いずれの行事食にも神聖で貴重なものとされてきた米や縁起物とされた魚介類が使われ、日常と非日常を区別する精神性の高いものであったところに行事食としての意義が存在していた。そして、祭典後に行われる親類縁者の交流の場では、行事食はもてなし料理としての意味をもち、コミュニケーションの媒介としての役割をもつものであった。とくに祷屋行事食や祭りのすしには、この役割は大きなものであり物理的にも精神的にも負担が伴うものであった。このことも行事食のもつ意義の一つであったと考えられ、行事に参加し同じ行事食を食することで再認識される共同体意識は、日常生活を円滑に送るために必要な時代であったのである。現在では本来の行事食のもつ意義や役割は必要とされなくなり、伝承されている行事も行事食も形骸化されたものになったことも事実である。

本書第3部では、岡山県の事例を中心に年中行事食の地域性とその背景を明らかにしてきたわけであるが、他の地域においても行事食の地域性にかかわる要因や行事食のもつ意義については共通した実態があるものと推測される。

# 終章―民間伝承にみる食文化伝承の背景―

本書1部、2部、3部で詳細を述べてきた海藻、鯖、鰯、鱈、祷屋行事食、正月雑煮、祭りのすしにまつわる食文化の伝承背景の共通点、相違点を整理し、民間伝承にみる食文化伝承の背景について特徴を明確にしたい。

いずれの食文化においても、伝承背景の根底にある共通要因として「自然環境、食材の生産と入手・加工・流通」をあげることができる。今回取り上げた海藻、鯖、鰯、鱈は勿論のこと、祷屋行事食、正月雑煮や祭りのすしに関しても魚介類がそれぞれの食文化を特徴付けているといえるものであった。海産物は農産物に比較してより人の手が加わらない海の恵みであり、自然環境の関与が大きいものである。そして、漁獲地以外の地域には漁獲物が加工され各地へ流通して初めて食文化形成に結びつく。すなわち食文化の形成・伝承の根底には「自然環境、食材の生産と入手・加工・流通」という共通した一連の背景が必ず存在するといえる結果であった。

しかし、生産や流通などに関しては社会環境の違いによって異なった要因が関係しており、食文化の地域的特徴を生み出す背景ともなっている。例えば、海藻採取で明らかになったように、沿岸漁業の一環として採藻漁を組み込み海藻の採取が盛んな地域、大規模漁業のため手間がかかり採算が取れにくい海藻採取には価値が置かれない地域などのように、食材の生産には生業の種類や規模の関与も見逃せない要因である。また流通に関しては、鯖街道を通しての鯖の運搬、北前船による鯖や鱈の流通、河川を往来する高瀬舟による煮干しやスルメなどの乾物類の流通、各地で開かれた暮れの市であるブリ市、婦人の活躍もあった鯖など魚類の行商であるぼてふりなどの習慣が示すように、街道、魚道、海上、河川を通しての物資の流通、市や行商・ぼてふりによる販売は、物資の供給のみならず人々の交流をもたらし、食習慣に関する情報の伝達にも結びついて行く要因となっていたのである。

リュシアン・フェーヴルは「生活様式の概念」のなかで、「必然性はどこにもなく、可能性は至る所にある。そして人類、可能性の主人がその採否を決める。したがって、大地でも気候の影響でも場所に由来するする諸決定条件でもなく、当然逆転して、人類が全面に置かれる。」[1)] と述べている。周囲を海に囲まれた環境のなかで住民達が海や陸と関わりを持ちながら食材に関する知識を経験的に習得し価値観を育み、利用目的に適する食材や加工品を選び、実生活に取り込み、決して豊かとはいえなかった生活のなかで精一杯有効利用してきた結果が庶民階層における伝統的食文化であったといっても過言ではない。

日本人の食文化を特徴付けている魚介類については、大衆魚であるか高級魚であるかによって伝承背景に相違点が認められた。鯖や鰯、鱈は日常食としても非日常食としても利用される二面性を持つ食文化が形成されていた。大量漁獲され、安価で購入できる大衆魚であったからこそ全国の庶民階層で多用されてきたことが背景として大きく関係しており、鯖の料理法の多様性や縁起物としてのお頭付きの鰯、稀少価値があり料理に長時間を要した棒鱈にみられたように、料理法で区別するか、精神性を持たせるか否かで日常と非日常に差を持たせることが可能であったのである。一方、魚介類のなかでも大魚で高価であるブリや鮮魚は非日常食としての食習慣が中心で地域的特徴を形成する背景となっている。そして生活の安定や経済的豊かさなどの生活環境の変化のもとで、習慣の形成や伝承は長い年月を経て徐々に広まりをみせたという特徴がある。すなわち、大衆魚と高級魚の食文化形成・伝承には背景の違いが認められる。

非日常食としての食文化に関しては民俗学的価値観や歴史的背景の関与が大きいという共通性が認められた。例えば神事・仏事の供物やもてなし料理、お頭付きの縁起物、魔除け・厄除けの縁起物、米と魚介類の組み合わせによる民俗的価値などは、すでに江戸時代にみられる習慣であり、酷似した儀礼や行事食が昭和初期まで、また一部については高度経済成長期前まで伝承されてきた。しかしながら徐々に形骸化したものになっていったことは否めない。

親類縁者の交流が大きい祭りなどのもてなし料理の伝承には、張り合い意識ともいえる精神的背景の関与が大きい。祷屋行事や祭りのように招き招かれる行事の接待は、相手側の接待以上の、またはそれに劣らぬものでなくてはならないという張り合い意識が無意識下で働き、それが毎年繰り返されることによって伝統的な食文化は伝承されてきたといえるのである。「習俗としてというのは、当事者に一定の規模と内容をもって宴をひらくことが、そして関係者には一定の役割をもってそれに参加することが義理として課せられる」という説がある[2)]。これは村という集団のなかで生きるための知恵であったともいわれる。非日常のもてなし料理の伝承にも義務と義理といった精神活動が大きい時代があったといえるのである。

このように、民間伝承にみられる食文化の伝承には、物理的・精神的に関わるさまざまな背景が複雑に絡みあい関与してきたといえよう。それゆえに各地域で形成され伝承されてきた食文化は、柳田がいう「非日常は日常に還元される」という役割にも通じ、村共同体のなかで平穏な日常生活を送ることへ繋がっていったといっても過言ではない。

最後にもう一度食文化の定義を確認しておきたい。石毛は文化について「人間が自然界に対処しながら蓄積してきた人間らしい行動様式を示す」[3)]とし、食文化は「食料生産や食料の流通、食物の栄養や食物摂取と人体の生理に関する概念など、食に関するあらゆる事項の文化的側面を対象としている」と解説している。さらに川喜多は「文化は人々の共有財産となり、先輩から後輩へと伝承されない限り文化とはならない」[4)]としている。江原はこれらの説を引用しながら「食文化」とは、「民族・集団・地域・時代などにおいて共有され、それが一定の様式として習慣化し、伝承されるほどに定着した食物摂取に関する生活様式をさす」[5)]と定義している。

この食文化の定義をより具体的に解説したものとして、次のような説をあげることができる。石川は食物摂取の形態に関して、日本独自の地勢、気候風土、長い歴史のながれのなかでおりおりの政治的、経済的、宗教的な社会動向が大きく影響しており、社会動向のなかで変化を余儀なくされた食物摂取に、各時代の人々の工夫と努力を重ねて対処し、優れた食文化を構築してきたと解説している[6)]。さらにこの食物摂取の営みの総体を食生活と呼び、生産、流通、科学、情報などの「食料供給因子」と、食品の組み合わせ、調理・加工、食習慣・伝承に対する意識、嗜好、食に関わる振る舞い方、食費などの「食料消費因子」から構成されるとしている[7)]。日本独自の地勢、気候風土、社会動向や食料供給因子は、江原のいう食物摂取に関する生活様式に影響を及ぼす要因であり、食料消費因子の多くは食物摂取に関する生活様式を構成する因子ととらえることができる。

これまでまとめてきた民間伝承にみる食文化伝承の背景は、生産、流通の食料供給因子を礎に食品の組み合わせ、調理・加工、食習慣・伝承に関する意識などの食料供給因子を組み合わせて成り立つものととらえることができ、食生活は食文化そのものであるとみなすことができる。本書で述べてきた海藻、大衆魚、岡山県の行事食にまつわる食文化とその背景も、この一端を示す具体的なものであると結論付けられる。

【註】

1）フェーヴル著、田辺裕訳『大地と人類の進化—歴史への地理学的序論—』、岩波書店、1981、p.98。
2）中井信彦「史学としての社会史—社会史にかんする覚書—」、『思想』、岩波書店、1979、p.663。
3）石毛直道『食事の文明論』、中央公論社、1982、p.2。
4）川喜田二郎『素朴と文明』、講談社、1989。
5）江原絢子「食文化・食習慣の概念」、日本家政学会編『新版 家政学事典』、朝倉書店、2004、p.479。
6）石川寛子『食生活の成立と展開』、（財）放送大学教育振興会、1995、p.9。
7）前掲註 6)、pp.10 ～ 12。

# あとがき

本書をまとめるにあたり、38年間に渡る母校ノートルダム清心女子大学家政学部（現人間生活学部）食品栄養学科での教育・研究生活、退職後10年間の研究への取り組みを振り返ってみると、民間伝承を中心とする食文化に関する調査研究の出発点は「実習だけしててはだめなんだよ。大学での調理学はいかにあるべきか考えなさい」という、当時の学科長　故長沢俊三教授の言葉にあったように思う。大学を卒業して副手に採用されたばかりの私にとっては、荷の重い大きな課題であった。数年間に渡る思考錯誤のなかで調理学は学際領域の実践学でなくてはならないという考えに達したものの、その教育・研究の手法は曖昧模糊としていた。

実験によるホウレン草や馬鈴薯、トマトなどの調理性に関する研究から聴き取り調査を手法とした伝統的食文化の研究に切り替えたのは、昭和52、53年頃であったように思う。最初の訪問地である牛窓町師楽（現岡山県瀬戸内市）での山本満寿一氏（明治30年生）との出会いは、話者に恵まれた聴き取り調査の始まりであり、本書第3部「岡山県の年中行事にまつわる食文化と伝承背景」、第1部「海藻にまつわる伝統的食文化の地域性とその背景」の調査研究の礎となった。90数歳で他界されるまで、話者であるとともに私にとっては調査研究の指導者であった山本満寿一氏にまず最初に心から感謝の意を表したい。予備調査・本調査・報告会を繰り返しながら師楽での伝統的食生活全般の調査は数年間続いた。食材料の栽培、採取、加工保存や料理法、行事食を手ほどきしてくださったのは山本春子さん、坂口千歳さん、山本富貴栄さんを中心とした師楽の方々であった。その後、服部養老会の正富弘己氏にお世話いただきながらその輪は牛窓町全域に広がり、多くの住民の方々のご協力を得ることができた。師楽での数年間の調査で、生産から調理に至る一連の習慣や、精神面を反映した行事食の伝承を含め、食生活を総合的にとらえる基礎を、無意識下で学んだように感じている。本書記載の食文化研究の出発点となった師楽や牛窓町の方々に改めて厚く御礼を申しあげたい。

石毛直道氏の「調理はサイエンスとしての側面と文化の学としての性格をもち、人間を主体として繰り広げられる総合的な行為である。日本人の調理文化について論じる際には、日本の社会の歴史のなかで調理がどのように変わってきたかをみきわめることが大切である」という視点は、手探りで始めていた伝統的食習慣の聴き取り調査や文献資料による伝統食の歴史に関する調査研究を継続していく指針となり、原動力となった。

師楽での食習慣全般に関する聴き取り調査は、様々な課題を提起してくれるものであった。師楽の年中行事食を発展させ、県立高等学校の家庭科の先生方のご協力のもとで各地域の主婦の方から回答を得て、岡山県の正月雑煮や祭りのすしの地域性とその背景を明確にすることができた。さらに師楽で出会った米糠を使う不思議な海藻料理イギスは、その後10年をかけて西日本沿岸地帯の海藻の食文化の地域性を検証する聴き取り調査へ発展していった。そして海藻の聴き取り調査過程で度々耳にした鯖の料理や加工保存法は大衆魚の食文化を明確にする調査研究に繋がっていった。

聴き取り調査を進めるに当たっては、数え切れないほど多くの方々にご協力、ご指導をいただいた。研究対象としたものは民間に伝承された庶民の食文化であり、実際に生活体験を持つ二百数十名におよぶ方々からの聴き取り調査結果である。そしてお世話になった話者お一人お一人が食文化の伝承者である。すべての方々のお名前をあげることはできないが、改めて心より御礼申しあげたい。特に食習慣と生活背景の関わりを意識しながら調査を進めたが、地域の歴史や生活の変容などについては教育委員会の方々から貴重な資料の提供を受けた。また、生業や漁業形態などの生活環境は漁業協同組合や市町村役場産業課、漁業従事者の方々から詳しくご指導をいただいた。そして海藻の生態や利用に関して、近畿大学水産研究所熊井英水教授、高知大学海洋生物教育センター大野正夫教授から貴重なご助言を賜り、海藻の分類や種類の判定に関しては山陽学園短期大学大森長朗教授にご指導をいただいた。心より感謝申し上げます。

海藻の食文化に関する調査の多くは、ノートルダム清心女子大学学内研究助成（昭和56年度、62年度）、日本食生活文化調査研究助成（日本食生活文化財団、昭和59年度、60年度、平成2年度、10年度）、食生活文化に関する研究助成（アサヒビール生活文化研究振興財団、平成2年度）を賜り実施したものである。ここに記し謝意を表したい。

食文化に関する調査研究を継続し、少しずつではあるが充実させることができたのは、充実させることができたのは、日本家政学会食文化研究部会へお誘いいただき、研究発表やシンポジウムへの参加、論文などを通して故石川松太郎先生（日本教育史学会会長・日本女子大学名誉教授）、石川寛子先生（元武蔵野女子大学教授・元日本家政学会食文化研究部会会長）からご指導、ご助言を賜ったことが大きな契機となった。地方ではまだまだ食文化のとらえ方や研究方法に関して意見交換をする機会が多いとはいえなかった1990年代、参加者全員が食文化研究に取り組み、同じ悩みを持ちながら意見交換ができる食文化研究部会への参加は、研究への真摯な取り組み姿勢が伝わってくるもので、研究意識を再認識させてくれる場でもあった。そして江原絢子先生（前同会会長・東京家政学院大学名誉教授）や石川尚子先生（元同会会長・日本女子大学等非常勤講師）、諸先輩方の食文化研究への取り組みを身近に接し多くのことを学ばせていただいた。なかでも石川寛子先生、江原絢子先生からいただいた食文化に関する分担執筆は私にとっては少々荷が重かったが、これまでの調査研究の整理と新たな補充調査に繋がり、苦労のあとの喜びは大きいものであった。そして石川尚子先生からは江戸時代の貴重な資料である「おかず番付」をご提供いただき、研究内容が充実した。心から感謝申し上げます。また研究会や夏期研修旅行での富岡典子先生（近畿大学非常勤講師）や五島淑子先生（山口大学教育学部教授）方、同年代の食文化研究者との交流は充実した楽しい時間であり、研究のエネルギーを得る機会であった。退職後から10年間も続いている秋山照子先生（香川県明善短期大学名誉教授）との、月一度のミニ食文化研究会は1ヶ月の研究成果を発表する場であり、忌憚のない意見交換は研究の視野を広げ、考察の充実に繋がっている。叱咤激励をいただき、身を引き締める場でもある。

いうまでもなく在籍していたノートルダム清心女子大学人間生活学部食品栄養学科の諸先生方のご理解とご指導、ご協力の元で調査研究は進められた。食文化伝承の背景の一つと考えられているイギス料理の化学的解明に関する実験は、高橋正侑教授のご指導の元で進められた。後に高橋教授のご尽力により故安本教傳京都大学名誉教授のご指導を受けることができ、博士の学位（農学）を取得することができたのは予想外の喜びであった。深く感謝申し上げます。また退職後も論文の投稿をご許可下さり、本書の出版にご助言をいただきましたノートルダム清心女子大学生活文化研究所所長横山學教授に厚く御礼申し上げます。

調査の計画・実施・まとめまで共に研究に取り組み、支援して下さった実験実習助手の岡井球美子さん、川原近代さん、小川真由美さん、高尾悟子さん、藤田真理子さんに心から感謝いたします。そして共に調査に参加し懸命に聴き取り調査に取り組み、卒業論文を完成した卒論生に敬意を表します。卒論生が残してくれた成果は本書の内容にいかされている。

本書出版に関しましては、お誘いをいただき、ご尽力下さいました髙橋雅夫先生に感謝の意を表しますとともに、ご助言をいただきました江原絢子先生に厚く御礼申し上げます。また、出版をお引き受け下さいました（株）雄山閣宮田哲男氏に、そして編集や校正を担当して下さりいろいろとご苦労をおかけいたしました八木崇氏に厚く御礼申し上げます。

大学における調理学のあり方を模索することを切っ掛けに取り組んだ庶民階層の食文化に関する研究であったが、その成果は大学院の調理学特論、調理文化論の講義のなかでいかされている。

最後に私的なことではあるが、心配しながらも常に研究を応援してくれた亡き父に、そして私が書いたものには目を通し、体が不自由になった今日でも本書の完成を心待ちにしてくれている母に感謝の気持ちを伝えたい。

平成30年5月

今田　節子

## 初出論文一覧（各部発表年次順）

本書の多くは既発表論文に基づいたもので、その各部ごとの初出を発表年次順に示した。しかし論を進めるにあたり、発表年次順の展開とはならず再構成を行い、加筆した部分もある。また、第1部第3章の太平洋沿岸南部地帯の海藻の食文化とその背景、第4章九州西岸地帯の海藻の食文化とその背景、おわりに1の西日本における海藻の食文化の地域性とその背景については新稿である。

### 第1部　海藻にまつわる伝統的食文化の地域性とその背景

1984a 「瀬戸内沿岸地帯の食伝承（8）―牛窓町のイゲス料理―」、岡山民俗159号、岡山民俗学会、pp.1～7。岡井球美子と共著。

1988a 「海藻の食習俗―瀬戸内・北近畿・北陸沿岸地域にみられる紅藻類の事例より」、ノートルダム清心女子大学　生活文化研究所年報、第2輯、pp.3～43。小川真由美と共著。

1991 「海藻の食習俗―「備前の白藻」の特徴とその変容―」、日本食生活文化財団、日本食生活文化調査研究報告集8―平成2年度助成対象―、pp.31～46。

1992 「瀬戸内沿岸地帯にみられる海藻の食習慣とその背景」、日本家政学会誌、43巻9号、pp.915～924。

1993 「海藻の食文化に関する研究―西日本の太平洋沿岸地帯にみられる紅藻類の食習慣とその歴史的背景―」、アサヒビール生活文化研究振興財団、食生活文化に関する研究助成（平成2年度）研究紀要、第6巻、pp.85～97。

1994 「山陰沿岸地帯にみられる海藻の食習慣とその背景」、日本家政学会誌、45巻7号、pp.43～54。

1995 「北近畿沿岸地帯にみられる海藻の食習慣とその背景」、日本家政学会誌、46巻11号、pp.55～66。

1999a 「海藻の食習慣に関する研究―漁村・農村における海藻の食習慣の相違点と共通性―」、ノートルダム清心女子大学紀要　生活経営学・児童学・食品栄養学編、23巻1号、pp.70～80。藤田真理子と共著。

1999b 「海藻の食習慣とその背景―「薬効をもつ食べ物」としての海藻利用―」、日本食生活文化財団、日本食生活文化調査研究報告集16―平成10年度助成対象―、pp.57～78。

2000 「海藻の食習慣に関する研究―近世以前の海藻に関する知識と利用―」、ノートルダム清心女子大学紀要　生活経営学・児童学・食品栄養学編、24巻1号、2000、pp.39～51。藤田真理子と共著。

2003a 『海藻の食文化』、成山堂書店。

### 第2部　大衆魚（鯖・鰯・鱈）の伝統的食文化とその背景

2001 「魚食文化に関する研究―伝統食にみる魚の種類と地域性―」、ノートルダム清心女子大学紀要　生活経営学・児童学・食品栄養学編、25巻1号、pp.47～59。藤田真理子と共著。

2002 「魚食文化に関する研究―保存食「へしこ」の伝統的食習慣とその地域性―」、ノートルダ

ム清心女子大学紀要　生活経営学・児童学・食品栄養学編、26 巻 1 号、pp.46 ～ 56。
藤田真理子と共著。
2003b 「魚食文化に関する研究―保存食「塩辛・魚醤」の伝統的食習慣とその地域性―」、
日本家政学会誌、54 巻 2 号、pp.171 ～ 181。藤田真理子と共著。
2005 「魚食文化に関する研究―盆に鯖や鱈を使う習慣について―」、ノートルダム清心女子大学
生活文化研究所年報、第 18 輯、pp.115 ～ 138。
2009 「魚食文化に関する研究―非日常食としての鯖の伝統的食習慣とその背景―」、
ノートルダム清心女子大学　生活文化研究所年報、第 22 輯、pp.67 ～ 89。
2011a 「鯖の伝統的食習慣とその背景―近世における鯖の食習慣と格付けのかかわり―」、
日本家政学会食文化研究部会、会誌食文化研究、7 巻、pp.13 ～ 21。
2011b 「魚食文化に関する研究―若狭・近江地方の鯖の伝統的食習慣と鯖街道のかかわり―」、
ノートルダム清心女子大学　生活文化研究所年報、第 24 輯、pp.49 ～ 77。
2013 「魚食文化に関する研究―鯖の食習慣と田植儀礼のかかわり―」、
ノートルダム清心女子大学 生活文化研究所年報、第 26 輯、pp.57 ～ 90。
2014 「魚食文化に関する研究―非日常食としての鱈の伝統的食習慣とその背景―」、
ノートルダム清心女子大学　生活文化研究所年報、第 27 輯、pp.45 ～ 74。
2015 「魚食文化に関する研究―非日常食としての鰯の伝統的食習慣とその背景―」、
ノートルダム清心女子大学　生活文化研究所年報、第 28 輯、pp.67 ～ 100。

**第３部　岡山県の年中行事にまつわる食文化と伝承**

1982a 「瀬戸内沿岸地帯の食伝承（1）―師楽における生活環境と年中行事の変容実態について―」、ノートルダム清心女子大学紀要　生活経営学・児童学・食品栄養学編、6 巻 1 号、
pp.61 ～ 68。岡井球美子と共著。
1982b 「瀬戸内沿岸地帯の食伝承（2）―師楽における年中行事の伝承と祷屋の役割について―」、
ノートルダム清心女子大学紀要　生活経営学・児童学・食品栄養学編、6 巻 1 号、
pp.69 ～ 75。岡井球美子と共著。
1983a 「瀬戸内沿岸地帯の食伝承（3）―師楽における祷屋の成り立ちと住民の祷屋伝承意識について―」、ノートルダム清心女子大学紀要　生活経営学・児童学・食品栄養学編、
7 巻 1 号、pp.63 ～ 75。岡井球美子と共著。
1983b 「瀬戸内沿岸地帯の食伝承（4）―師楽の生活組織と祷屋のかかわりについて―」、
ノートルダム清心女子大学紀要 生活経営学・児童学・食品栄養学編、7 巻 1 号、
pp.77 ～ 83。岡井球美子と共著。
1983c 「瀬戸内沿岸地帯の食伝承（6）―牛窓町にみられる正月雑煮の習慣―」、岡山民俗学会、
岡山民俗―柳田賞受賞記念特集―、pp.226 ～ 245。岡井球美子と共著。
1984b 「瀬戸内沿岸地帯の食伝承（7）―牛窓町にみられる当屋組織と当屋行事食の習慣―」、
ノートルダム清心女子大学紀要　生活経営学・児童学・食品栄養学編、8 巻 1 号、
pp.65 ～ 73。岡井球美子と共著。
1986 「食の伝承―正月雑煮の慣習からみた岡山県食習俗の特徴と地域性―」、日本民俗学会、

日本民俗学、第163号、pp.1～22。岡井球美子と共著。

1988b 「食の伝承―岡山県のすしの特徴と地域性―」、日本民俗学会、日本民俗学、第175号、pp.124―144。

1999c 「食の伝承―伝承者としての主婦の役割―」、ノートルダム清心女子大学創立50周年記念論文集『環境と女性』、pp.365～383。

2007 「行事食としての小豆の食習慣の意味を考える―正月および盆関連行事を中心に―」、ノートルダム清心女子大学　生活文化研究所年報、第20輯、pp.47～73。

2008 「正月雑煮に鰤を使う習慣の伝承背景―吉備高原地帯の「暮れの市（鰤市）との関わりを中心に―」、ノートルダム清心女子大学 生活文化研究所年報、第21輯、pp.45～64。

終章

2016 「民間伝承にみる食文化伝承の背景―海藻・鯖・鰯・正月雑煮・祭りのすしにまつわる食文化を中心に―」、ノートルダム清心女子大学　生活文化研究所年報、第29輯、pp.13～49。

■著者紹介

今田節子（いまだ　せつこ）

1947年　岡山県に生まれる。
1970年　ノートルダム清心女子大学家政学部食品・栄養学科卒業。管理栄養士。
　　　　同学科助手、助教授を経て、
1997年　ノートルダム清心女子大学人間生活学部教授およびノートルダム清心女子大学大学院人間生活学研究科教授。博士（農学、京都大学）。
2008年　ノートルダム清心女子大学依願退職。
　　　　ノートルダム清心女子大学名誉教授。
2011～2015年
　　　　岡山大学大学院教育学研究科特任教授。
現　在　ノートルダム清心女子大学大学院人間生活学研究科非常勤講師（調理学特論、調理文化論）。

《主要著書》
『聞き書　岡山の食事』（共著、農山漁村文化協会）、調理科学講座『調理と文化』（共著、朝倉書店）、『食文化の領域と展開』全集日本の食文化第1巻（共著、雄山閣出版）、『郷土と行事の食』全集日本の食文化第12巻（共著、雄山閣出版）、『食と教育』（共著、ドメス出版）、『近現代の食文化』（共著、弘学出版）、『海藻の食文化』（単著、成山堂書店）、和食文化ブックレット8『ふるさとの食べもの』（共著、思文閣出版）など



2018年6月25日　初版発行　　《検印省略》

# 食文化の諸相

## ―海藻・大衆魚・行事食の食文化とその背景―

著　者　今田節子
発行者　宮田哲男
発行所　株式会社 雄山閣
　　　　東京都千代田区富士見2-6-9
　　　　TEL　03-3262-3231 / FAX　03-3262-6938
　　　　URL　http://www.yuzankaku.co.jp
　　　　e-mail　info@yuzankaku.co.jp
　　　　振　替：00130-5-1685
印刷・製本　株式会社ティーケー出版印刷





ISBN978-4-639-02585-6 C3077
N.D.C.596　384p　28cm